新款宝马汽车电控系统维修精华与经典实例

曾凯凯　田　朕　董玉江　主　编

秦冠庶　徐　琳　蔡永福　副主编

北方联合出版传媒（集团）股份有限公司

辽宁科学技术出版社

图书在版编目（CIP）数据

新款宝马汽车电控系统维修精华与经典实例 ／ 曾凯凯，田朕，董玉江主编. -- 沈阳 ：辽宁科学技术出版社，2025．6．-- ISBN 978-7-5591-4083-8

Ⅰ．U472.41

中国国家版本馆CIP数据核字第20256BF917号

出版发行：辽宁科学技术出版社
（地址：沈阳市和平区十一纬路25号　邮编：110003）
印　刷　者：辽宁新华印务有限公司
经　销　者：各地新华书店
幅面尺寸：210mm×285mm
印　　张：38.625
字　　数：700千字
出版时间：2025年6月第1版
印刷时间：2025年6月第1次印刷
责任编辑：艾　丽
封面设计：郭芷薇
责任校对：张诗丁　孙　阳
书　　号：ISBN 978-7-5591-4083-8
定　　价：198.00元

编辑电话：024-23284373
E-mail：atauto@vip.sina.com
邮购热线：024-23284626

前　言

随着国内经济的快速发展，中国市场逐渐成为全球汽车业的重要市场之一。而对于宝马汽车来说，中国市场成了其全球战略的重要组成部分。全新宝马车型是基于灵活的车辆架构为 3 种驱动形式而设计的。由此为豪华商务轿车配备全新模块化的宝马高效动力发动机，并且采用最新规格的轻度混合动力技术，以及配备插电式混合动力技术和 eDrive 模式。另外，电气化、联网、自动驾驶体验以及驱动程序接口的配合也发挥着越来越重要的作用。主要推动因素为高级舒适要求以及更严格的废气排放规定和安全规定。在这种情况下，近年来开发出了复杂的信息娱乐系统和驾驶辅助系统，这些系统只能通过许多控制单元的共同作用来实现。本书将对新款发动机、底盘、电气架构、宝马 PHEV 及以前车型的新技术和新特点进行了详细介绍，并整理和总结了最新宝马车型的电控系统典型故障实例进行剖析。

本书具有如下特点：

（1）全新。这本书汇集最新款宝马 X5 系列（G05）、7 系列（G70）、5 系列（G60/G61），详细介绍驱动系统、底盘系统、舒适系统、信息娱乐系统的结构和工作原理。

（2）经典。书中的一些故障案例都是碰到过的典型故障，具有很好的代表性，很多故障在各个车型中经常出现，碰到同类故障时可以参考此书，对从事宝马汽车维修的技师来说指导性强。

（3）实用。本书内容新颖，图文并茂，通俗易懂，是一本价值很高的宝马汽车维修图书。

本书由曾凯凯、田朕和董玉江担任主编，秦冠庶、徐琳和蔡永福担任副主编，参加编写的人员还有吴一沛、张伟、鲁子南、钱树贵、艾明、付建、艾玉华、刘殊访、徐东静、黄志强、李海港、刘芳、李红敏、李彩侠、徐爱侠、李贵荣、胡秀寒、李园园、刘金、李秀梅、徐畅、鲁晶、梁维波、张丽、梁楠等。由于编者水平有限，书中的不当之处在所难免，如有发现，真诚地希望广大热心读者能及时指正。

编 者

目　录

第一章　宝马车系

第一节　宝马车型代码概述

一、宝马车型代码体系概述

宝马的车型代码体系起源于德语单词"Entwicklung"，意为"开发"。宝马内部使用特定的代码来指代不同的车型，这些代码通常由一个字母（如E、F、G等）加上一系列数字组成。随着车型的不断更新换代，宝马的代码体系也经历了多次变化。

二、主要代码系列及其代表车型

1.E系列（1960—2000年初期）

起源与特点：E系列代码首次出现在20世纪60年代，随着宝马车型的不断发展而扩展。E系列代码最多出现了三位数字，代表了宝马在多个细分市场的车型。

代表车型：

E3：宝马2500/2800三厢（1968—1977）

E12：第一代宝马5系（1972—1981）

E21：第一代宝马3系（1975—1983）

E23：第一代宝马7系（1977—1986）

E30：宝马第二代3系（1982—1994）

E36：宝马第三代3系（1990—2000）

E46：宝马第四代3系（1998—2007）

E60：宝马第五代5系（2003—2010）

E65：宝马第四代7系（2001—2008）

2.F系列（2010—2020年初期）

起源与特点：随着E系列代码的扩展达到极限，宝马引入了F系列代码来指代新的车型。F系列代码同样由一个字母F加上一系列数字组成，代表了宝马在新世纪的产品线。

代表车型：

F01：第五代宝马7系（2008—）

F02：第五代宝马7系长轴版（2008—）

F03：第五代宝马7系防弹车（2008—）

F04：宝马Active Hybrid 7（2009—）

F06：宝马6系Gran Coupe（2012—）

F07：宝马5系Gran Turismo（2009—）

F10：第六代宝马5系三厢（2010—）

F11：第六代宝马5系旅行版（2010—）

F12：第三代宝马6系敞篷版（2011—）

F13：第三代宝马6系Coupe（2011—）

F15：第三代宝马X5（2014—）

F16：第二代宝马X6（2014—）

F18：第六代宝马5系长轴版（2010—）

F20：第二代宝马1系五门版（2011—）

F21：第二代宝马1系三门版（2011—）

F22：宝马2系Coupe（2013—）

F23：宝马2系敞篷版（2014—）

F25：第二代宝马X3（2011—）

F26：宝马X4（2014—）

F30：第六代宝马3系三厢（2011—）

F31：第六代宝马3系旅行版（2012—）

F32：宝马4系Coupe（2013—）

F33：宝马4系敞篷版（2014—）

F34：宝马3系Gran Turismo（2013—）

F35：第六代宝马3系长轴版（2012—）

F36：宝马4系Gran Coupe（2014—）

F45：宝马2系Active Tourer（2014—）

F46：宝马2系Gran Tourer（2015—）

F48：第二代宝马X1（2015—）

F49：第二代宝马X1长轴版（2016—）

F52：宝马1系四门轿车（2016—）

F87：宝马M2 Coupe（2016—）

3.G系列（2010年末期至今）

起源与特点：随着宝马产品线的不断扩展和更新换代，G系列代码被引入以指代最新的车型。G系列代码标志着宝马在设计、技术和性能方面的进一步提升。

代表车型：

G01：第三代宝马X3（2017—）

G05：第四代宝马X5（2018—）

G11：第六代宝马7系（2015—）

G12：第六代宝马7系长轴版（2015—）

G20：第七代宝马3系（2018—）

G21：第七代宝马3系的旅行版（2019—）

G22：下一代宝马4系Coupe（2020—）

G23：下一代宝马4系敞篷版（2020—）

G30：宝马5系四门轿车（2017—）

G31：宝马5系旅行版（2017—）

G38：宝马5系长轴版（2017—）

G80：第六代宝马M3（2020—）

G82：下一代宝马M4 Coupe（2021—）

G83：下一代宝马M4敞篷版（2021—）

G70：第七代宝马7系（2023—）

G60：宝马5系四门轿车（2023—）

三、特殊代码与细分市场

除了上述主要的E、F、G系列代码外，宝马还使用了一些特殊代码来指代特定细分市场或特殊版本的车型。

M系列：宝马的M系列车型代表了高性能版本，如M3、M4等。这些车型通常拥有更强大的发动机、更运动的悬架和刹车系统以及更激进的外观设计。M系列车型的代码通常与基础车型的代码相似，但会添加额外的字母或数字加以区分（如F80代表第四代M3，G80代表第六代M3）。

X系列：宝马的X系列车型代表了SAV（运动型多功能车）细分市场。这些车型结合了轿车的舒适性和SUV的通过性，深受消费者喜爱。X系列车型的代码通常以"X"开头后跟数字（如X1、X3、X5等）。

i系列：宝马的i系列车型代表了新能源细分市场。这些车型通常搭载电动或混合动力系统，旨在推动宝马向可持续发展方向转型。i系列车型的代码以"i"开头后跟数字或字母组合（如i3、iX3、i5和i7等）。

四、总结

宝马的车型代码体系是宝马品牌历史和产品线发展的缩影。通过不同的代码系列和代表车型，我们可以清晰地了解到宝马在不同时期的产品布局和市场定位。同时，特殊代码的使用也进一步丰富了宝马的产品线，满足了不同消费者的需求。

第二节　宝马各车型技术亮点

一、宝马G70车型技术亮点

在宝马7系首次亮相45年后，第七代车型作为豪华车型中最现代、最创新的车型出现。同时，新宝马7系的整体车辆和谐性在竞争环境中也是独一无二的。宝马7系再次成为宝马集团创新力量的象征。新宝马7系首次可选择内燃机、混合动力型驱动装置和全电动驱动系统。驱动组合的多样性以新开发的灵活的车辆结构为基础，是新宝马7系面向全球的供应战略的体现。通过这种方式，宝马集团考虑到了全球所有相关汽车市场的个别客户需求、基础设施条件和法律规定。在欧洲，首先仅将宝马i7投入市场。在美国、中国汽车市场和其他选定销售区，除了纯电力驱动的车型外，还将提供配备汽油发动机、柴油发动机和48V轻度混合动力技术的车型。

（一）车型

技术数据是指相应车型在应用时的数值。如果不同市场的车型名称相同，则技术数据是指欧洲规格的型号，如表1-2-1所示。

表1-2-1

车型	发动机	传动机构	功率	扭矩［N·m］	量产时间
BMW 735i	B58B30U2	GA8HPTU3	210 kW/286 PS★	425N·m★	2022年7月
BMW 740i	B58B30M2	GA8HPTU3	280 kW/380 PS★	540N·m★	2022年7月
BMW 760i xDrive	S68B44T0	GA8HPTU3	400 kW/544 PS★	750N·m★	2022年7月
BMW 740d xDrive	B57D30O3	GA8HPTU3	220 kW/300 PS★	670N·m★	2022年11月
BMW 750e xDrive	B57B30U2	GA8PTU3	360 kW/490 PS★	700N·m★	2022年11月
BMW M760e xDrive	B58B30M2	GA8PTU3	420 kW/571 PS★	800N·m★	2022年11月
—	前侧电力驱动单元	后侧电力驱动单元	—	—	—
BMW i7 xDrive60	220MF	220LRTU	400 kW/544 PS★	745 N·m★	2022年7月

★包括发动机驱动（所述额定值）和电力驱动（达到所述额定值）。
务必将数值与最新的销售资料进行比对！

（二）驱动系统

宝马G70投入市场时推出了4种搭载发动机的车型。设计为B58的6缸汽油发动机是搭载发动机的宝马G70的再一次升级。搭载新发动机，高效的6缸发动机现在不仅用于发动机驱动，还用于插电式混合动力汽车（PHEV）。新6缸汽油发动机将在BMW 735i和BMW 740i中投入批量生产。此外，这些发动机将被用于BMW 750e xDrive和BMW M760e xDrive新款宝马G70插件式混合动力中。8缸汽油发动机也针对宝马G70重新进行了调整，并且拥有了新的发动机名称，即S68发动机。在BMW 760i xDrive车型中，新的8缸发动机首次在宝马G70中使用。对于喜欢柴油发动机的客户，B57发动机也像汽油发动机一样，在投入市场时进行了全面修订。B57发动机与B57TU3发动机一样，是BMW 740d xDrive的G70驱动产品组合的拓展。宝马G70轻度混合动力电动车MHEV如图1-2-1所示。

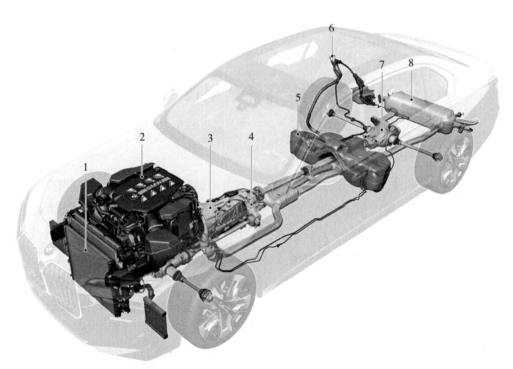

1.冷却系统　2.发动机　3.传动机构　4.分动器　5.燃油箱　6.燃油箱盖　7.后桥主减速器　8.排气系统
图1-2-1

（三）PHEV

在其投入市场3个月后，宝马G70补充了两款混合动力车型。开发序列代号为宝马G70插电式混合动力车 PHEV的BMW 750e xDrive和BMW M760e xDrive（以G70为基础）。第5.0代混合动力基于PHEV技术持续的进一步发展。宝马G70 PHEV是一款全混合动力车，配备了第5.0代锂离子高压电池单元（高压蓄电池SP56）。宝马G70 PHEV的驱动系统包括1个采用Twin Power涡轮技术的6缸汽油发动机（B58TU2发动机）、1个新的8速自动变速器（GA8HPTU3）和1个电机。毫无疑问，与采用传统驱动方式的宝马7系相比，宝马G70所用混合动力技术的主要优势在于，全轮驱动在进一步提高驱动功率的同时可降低耗油量。宝马G70 PHEV中的驱动组件如图1-2-2所示。

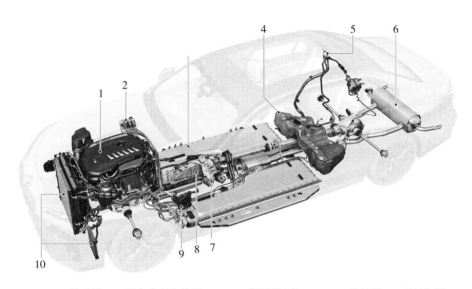

1. B58TU2 发动机　2. 组合式充电单元 CCU　3. 高压蓄电池 SP56　4. 燃油箱　5. 燃油加注口
6. 排气系统　7. 分动器ATC14-1　8. 电气化自动变速器　9. 充电接口　10. 热交换器/散热器

图1-2-2

（四）BEV

在投入市场时，宝马G70有一款纯电动车型。作为"选择的力量"战略的一部分，宝马7系客户还可以首次选择采用纯电力驱动技术的车辆。BMW i7 xDrive 60提供了毫不妥协的豪华、无排放的动力，驾驶的乐趣，旅行的舒适和不折不扣的豪华氛围，却不会在本地产生任何污染物排放。宝马G70 BEV中的第五代BMW eDrive技术包括前桥和后桥上高度集成的驱动单元，在电动机上，功率电子装置和变速器非常紧凑地组合在同一个壳体中。高效的第5.0代高压驱动装置与220MF和220LR电驱动单元相结合，作为全轮驱动，让新宝马i7进入了一个全新的驾驶动感维度。宝马G70 BEV高电压驱动系统概览如图1-2-3所示。

（五）底盘

宝马G70的底盘技术的设计和调整既考虑到了全球汽车市场上不同的客户要求，也考虑到了从传统发动机到插电式混合动力系统，再到纯电动汽车的驱动组合的更强的多样性。车轮悬架、悬架和减震系统、转向和制动系统的设计即使是在最新一代车型中，也能拥有宝马7系典型的动力性和乘坐舒适性。密集的测试及所有驱动和底盘系统的内装应用，确保所有类型车辆的操控特性都能在竞争环境中达到独一无二的水平。操控方向盘所带来的运动驾驶乐趣与后座的乘坐舒适性一样突出。宝马G70 Integral主动转向系统如图1-2-4所示。

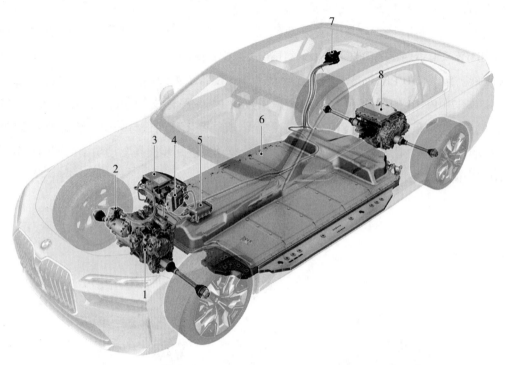

1. 电气驱动单元220MF 2. 电动制冷剂压缩机EKK 3. 组合式充电单元CCU 4. 电子暖风装置EH 5. 5kW高压蓄电池单元 5. 电子暖风装置EH 9KW车厢内部 6. 高压蓄电池SE 30 7. 高压电充电接口 8. 电气驱动单元220LRTU

图1-2-3

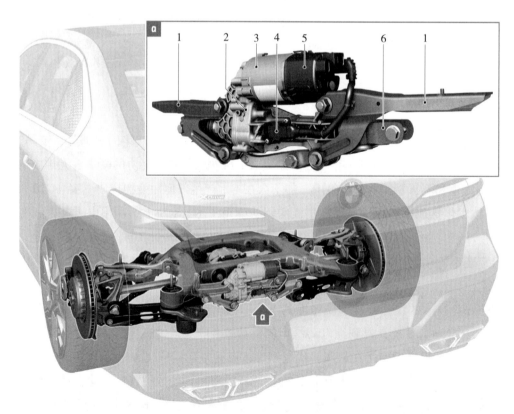

1. 支撑板 2. 转向器 3. 电动电机 4. 位置传感器 5. 控制单元 6. 轮距导臂定位件

图1-2-4

（六）电气

在宝马G70中采用了第2.2代48V车载网络。在不带高压系统的车辆中，它是标配。在带高压系统的车辆（PHEV，BEV）中，它只能与选装配置"魔毯智能空气悬架系统"（SA 2VS）连接使用。宝马G70配备了全LED车灯、动态照明功能和FLA远光辅助系统作为标准配置。12段LED矩阵远光灯支持具有动态光线分布效果的近光灯（市内灯光、乡村道路光和高速公路光分布），同时不断进行调整。宝马G70 MHEV第2.2代48V车载网络系统概述如图1-2-5所示。宝马G70大灯前视图（水晶大灯Iconic Glow）如图1-2-6所示。

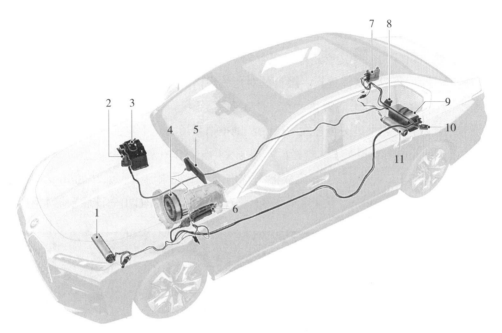

1. 前部电动主动式侧翻稳定装置　2. 发动机舱配电盒　3. 12V蓄电池　4.48V电机　5. 电控辅助加热器48V（仅限柴油机车辆）　6. 电机电子装置48V　7. 电源控制单元PCU 48V　8. 基础配电器　9.48V电池　10. 配电盒48V　11. 后部电动主动式侧翻稳定装置

图1-2-5

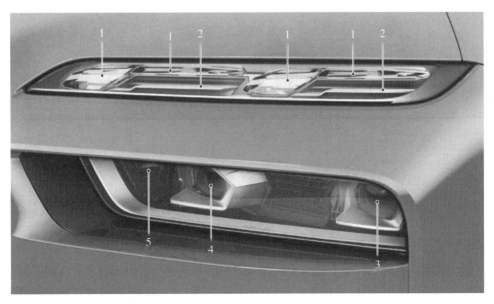

1. 水晶玻璃元件　2. 日间行车灯、方向指示灯、泊车灯和驻车灯　3. 近光灯（不对称）、远光灯（12段矩阵）　4. 近光灯（前部）、远光灯（云）　5. 静态随动转向灯

图1-2-6

（七）驾驶员界面

在宝马G70的驾驶员界面中，在I20中引入的显示操作系统"带第8代BMW操作系统的BMW iDrive"得到了进一步发展。例如宝马G70 BMW Interaction Bar以及后座区的全新触摸显示器（宝马G70后排娱乐系统"操作"）等新元件进一步丰富了显示操作系统，新模式也扩展了"我的模式"的内容。2023年7月发布了第8.5代宝马操作系统，配备Headunit High 5（HU-H5）的车辆可于2023年11月起通过宝马远程软件升级服务升级至新操作系统。与I20相比，宝马G70的信息娱乐系统已升级，在某些情形下甚至替代了I20。例如，全新的Headunit High 5（HU-H5）接替了Headunit High 4。经过改进后，性能更强的远程通信系统盒4 TCB4 HAF版本（5G）首次用于宝马车辆。

宝马G70的信息娱乐领域的最终亮点是全景显示器。这块屏幕在营销中被称为"宝马剧院屏幕"，包括一个用于亚马逊Fire TV的集成流媒体连接。屏幕的对角线规格为31.3英寸（1英寸≈2.54厘米）。全景显示器设计为触摸显示器，最大屏幕分辨率为8K。在"G70扬声器系统"中，介绍了顶级高保真系统和宝马个性化高端音响系统的创新成果，以及进一步开发的RAM和助推器系统，其中包括一个全新主动音效设计（ASD 3.5）。宝马G70中的无线充电方案得到了大规模的扩展（文中宝马G70无线充电板2.0）。此外，在连接性主题方面也有创新：USB、WLAN（WIFI）和流媒体（音乐流和新视频流）。如"Multimapping"和"Login Mapping Merge"等全新ConnectedDrive服务在宝马G70上是首次量产。宝马G70全景显示器如图1-2-7所示。

图1-2-7

二、宝马G60车型技术亮点

宝马5系是宝马品牌的核心。5系颇受欢迎，以至于占据宝马销售量的近1/5。多年来，它始终是高端商务款大型豪华轿车领域的市场领导者。第八代车型将于2023年10月上市，开发代号为G60。该系列包括汽油发动机车型、柴油发动机车型以及插电式混合动力车，并且首次推出宝马i5全电动车型。所有大型豪华轿车均基于同一平台。全新宝马5系进一步强化驾驶动态，而高舒适性保持不变。选配照明的加大尺寸散热格栅成为其标志。配备的全新BMW iDrive和巧控浮窗的宝马曲面显示器与BMW Interaction Bar相辅相成，共同造就全新设计的豪华内部装备。视频流媒体和车载游戏为乘客提供新的数字娱乐方式。作为选配的自动泊车辅助系统Pro的一部分，即由My BMW应用的遥控驻车功能同样首度亮相。全新高速公路辅助系统接管大量单调的动态驾驶任务，让长距离行驶轻松自如。它可控制速度以及与前方车辆的距离，还负责变道。

（一）概览

（1）辉煌历史：自1972年推出第一代宝马5系以来，已售出约1000万辆。

（2）发动机系列：四缸和六缸动力总成。汽油发动机、柴油发动机、插电式混合动力车和全电动车型。

（3）搭载插电式混合动力驱动的顶级车型：配备直列6缸、功率可达360kW/490 HP的BMW 550e xDrive。0~100km/h：4.4s。

（4）首次采用纯素材质的内部装备：座垫和方向盘标配高品质真皮替代品Veganza。

（5）主要竞品：梅赛德斯–奔驰于2023年推出的新款E级，奥迪A6改款。

（6）将于2023年10月投入市场。首先推出汽油与柴油发动机车型，稍后将推出PHEV车型。

（7）搭载宝马曲面显示器的前排座舱，如图1-2-8所示。

图1-2-8

（二）外饰

宝马5系的设计并非完全颠覆，而是重新诠释其独特性。于是，一款在职业生涯乃至人生前路上伴您前行的商务款大型豪华轿车应运而生。经典比例久经考验，但与前任车型相比，各项尺寸又明显增大。线条轮廓优雅流畅，同时增添醒目细节，更具运动观感。

前部以增大的散热格栅为主。其首次采用可根据需要通过宝马炫影光幕格栅外部套件进行照明的框架。宝马5系在光线与造型方面独具特色。而这时尚前卫的LED大灯和立体美观的车身之间的巧妙配合使得宝马5系大型豪华轿车无论在白天还是夜晚都呈现出独特外观。

修长的侧面轮廓延伸直至尾部，彰显协调舒展的运动风格。狭长的LED技术尾灯从两侧向中间收窄，造型独特另类。宝马5系大型豪华轿车历经多代，不断注入新鲜元素来营造视觉冲击，突破自我勇于创新。全新宝马5系与前任车型的尺寸比较，如表1-2-2所示。宝马5er外部装备技术亮点如图1-2-9和图1-2-10所示。

表1-2-2

	G80	G30	误差
长度（mm）	5,060	4,963	+97
宽度（mm）	1,900	1,868	+32
高度（mm）	1,515	1,479	+36
轴距（mm）	2,995	2,975	+20

1. 加大尺寸的散热格栅着实引人注目。借助宝马炫影光幕格栅外部套件，周围轮廓都被照亮　2. 车身线条轮廓时尚硬朗，不容忽视　3. 凭借前照灯的竖向 LED 嵌条，日间行车灯新颖亮眼，因而尤为吸睛。灯光设计造就独特外观

图1-2-9

1. 搭配混装轮胎的 20 英寸空气动力学车轮 937，银色成为一大视觉亮点。根据机动化装置不同，标配 18 英寸或19 英寸轻质合金轮辋　2. 凭借全新设计且附有5系字标的霍夫迈斯特折弯线和向尾部的流畅过渡，这款大型豪华轿车看起来就像双门轿跑车一样　3. 尤为狭长的LED技术尾灯使优雅奢华的效果更为鲜明

图1-2-10

（三）内部

　　注重实用性和智能舒适性是全新宝马5系内部装备的特色。驾驶导向型宝马曲面显示器是前排座舱的突出亮点。近似悬浮的设计将使用自然语言和触摸屏控制的简易交互与纯数字通信完美结合。得益于照明条件的无缝衔接，即使用余光亦可将一切尽收眼底。作为在视觉和功能上的独特创新，全新BMW Interaction Bar贯穿整个仪表板并延伸至车门。驾驶员通过触敏操作区来控制空调和其他功能，如闪烁报警灯以及打开手套箱。通风喷嘴藏身于BMW Interaction Bar中，尽显优雅风范。它与氛围灯巧妙配合，根据个人喜好营造出独特的照明氛围。BMW 5er内部装备技术亮点如图1-2-11所示。

1. 标准方向盘手感舒适且抓握牢固，水平方向盘轮辐上设有换挡拨片和一体式操作元件。宝马5系首次采用底部扁平化设计　2. 驾驶导向型宝马曲面显示器由12.3英寸多功能仪表显示屏和带触摸功能的14.9英寸控制显示器组成　3. 创新型自发光BMW Interaction Bar用于控制空调及其他功能。在所示的型号中，它是选装配置"氛围灯"（SA 4UR）的组成部分　4. 选配的无线充电板可为智能手机充电　5. iDrive控制器和中央操控中心上的其他元件都经过重新设计，但又让人颇感熟悉。这些元件可被直观操作

图1-2-11

　　座垫标配高品质真皮替代品Veganza。M运动套件采用了M Alcantara/Veganza组合材质，其核心在于以最大化使用可持续材料。标配的运动型座椅经过重新设计，在转弯时为人体提供出色的包裹性。凭借多种个性化设置和部分电动的调节方式，可显著增强驾驶体验。而舒适型座椅提供多样化全电动座椅调整装置和记忆功能，由此确保行程轻松惬意。后排座椅延续了前部宽敞的空间感，与前任车型相比，最多3名乘客能够得享从脚部空间到头部位置的更多活动自由。宝马5系大型豪华轿车展现出作为理想旅行伴侣的出色品质，尤其是在与团队或家人同行的长途旅行中。前座椅如图1-2-12所示，后座椅如图1-2-13所示。

（四）车型和装备

　　全新宝马5系的标准装备具备诸多亮点，造就舒适愉悦的驾驶体验。除基本车型外，还提供配备M运动套件和M专业版运动套件的特别运动版车型。

图1-2-12

图1-2-13

1.基础车型

BMW 5er的主要标准装备：

（1）缎纹铝制散热格栅竖条和散热格栅框架。

（2）LED前灯。

（3）进出车门照明装置。

（4）驻车距离监控装置（PDC）。

（5）18英寸/19英寸轻质合金轮辋。

（6）黑色高亮B柱挡板。

（7）黑色高亮镜角。

（8）缎纹铝制车窗导轨封条。

（9）缎纹铝制侧窗框。

（10）带宝马曲面显示器的宝马智能互联驾驶座舱高级版。

（11）配备巧控浮窗的第8.5代宝马操作系统。

（12）BMW Interaction Bar。

（13）范围扩大的2区自动空调。

（14）座垫和方向盘采用高品质真皮替代品Veganza。

（15）运动型座椅，可部分电动调节。

（16）直通装载系统，后座椅靠背按照40∶20∶40划分。

（17）带换挡拨片的Steptronic变速器。

（18）驻车辅助系统。

（19）主动防护系统。

（20）行车安全辅助系统（视市场而定）。

2.M运动套件

M运动套件凸显了全新宝马5系的动态特征。M运动套件包括空气动力学前挡板、运动型宽门框下梁和带有标志性扩散器的车尾裙板。轻质合金轮辋是另一运动风格亮点。M运动型底盘和用于极致提速的电动加速功能可增添额外的驾驶乐趣。

（1）采用8mm降低底盘设计的M运动型底盘。

（2）运动型电动加速功能可短暂提升功率，例如在超车时。

（3）M空气动力学套件包括特殊的前挡板和车尾裙板、门框下梁及扩散器。

（4）专属19英寸或20英寸轻质合金轮辋。

（5）M版高亮Shadow Line黑色高亮窗框确保流畅过渡或形成鲜明对比。

（6）提供专属颜色，如Fire Red Metallic（中国红金属漆）（从2023年11月起）、M Brooklyn Grey Metallic（M布鲁克林灰金属漆）和M Carbon Black Metallic（M版碳黑色金属漆）。

（7）采用3辐设计的M真皮方向盘。

（8）个性版墨灰色车顶篷。

（9）专属M Alcantara/Veganza护套，其他护套承索。

3.M专业版运动套件

M专业版运动套件通过深色细节使宝马5系大型豪华轿车显得更加动感。发光散热格栅框架和M后扰流板均采用黑色高亮设计。大灯和尾灯经过黑化处理。

（1）黑色高亮发光散热格栅框架。

（2）黑化M Shadow Line大灯和尾灯。

（3）黑色高亮M后扰流板。

（4）带红色制动钳的M运动型制动系统。

（5）带M版颜色精织设计的M安全带。

（6）配有12个扬声器的Harman Kardon（哈曼卡顿）高保真系统。

（7）主动音效设计。

（8）礼遇灯毯。

（9）弹射起步控制功能。

（10）专业模式。

4.其他选装配置

（1）前排舒适型座椅，全电动调节，带记忆功能。

（2）前部主动式座椅通风装置。

（3）采用矩阵技术和无眩目的远光灯LED随动控制大灯。

（4）配有12个扬声器和205 W放大器功率的Harman Kardon（哈曼卡顿）高保真系统。

（5）配有18个扬声器和655 W放大器功率的Bowers &Wilkins环绕音响系统。

（6）腰部支撑。

（7）前部和后部的座椅加热装置。

（8）后座区舒适旅行系统，配有智能手机或平板电脑支架、置物板或用于固定在前排座椅上的挂钩。

（9）宝马炫影光幕格栅外部套件，包括发光散热格栅和迎宾光毯。

（10）高级四区自动空调。

（11）后备箱盖自动操纵装置。

（12）通过车钥匙、智能手机或Key Card的无钥匙进入功能。

（13）用于通过5G技术和个人热点实现连通性的个人eSIM。

（14）驻车暖风，可通过My BMW应用操作。

（15）遮阳玻璃。

（16）全景玻璃天窗。

（17）方向盘加热装置。

（18）电动全自动挂车挂钩。

（19）适用于车库门或大门的集成式通用遥控器。

（20）专业版自适应底盘（在BMW 550e xDrive和BMW i5 M60 xDrive中均为标准装备）。

（21）用于操作元件的Crafted Clarity玻璃饰面，采用磨光水晶玻璃。

（22）缎纹铝制外部组件。

（23）升级版装备套件，主要包括自动泊车辅助系统Plus、带宝马全彩平视显示器的宝马智能互联驾驶座舱专业版、内部摄像头、宝马自然交互系统和自适应LED大灯预留装置。

5.宝马M高性能零部件

所有宝马5系都可以通过宝马M高性能套件在运动性方面进一步个性化。该系列不受驱动形式限制。该系列涉及技术功能以及外观细节。通常采用轻质但十分稳定的碳纤维材料。个别示例：

（1）18英寸到21英寸的M Performance轻质合金轮辋，有多种设计和颜色。

（2）20英寸M高性能制动盘。

（3）M高性能碳纤维侧门槛附加件。

（4）M高性能碳纤维后扰流板，如图1-2-14所示。

图1-2-14

（五）驱动装置和充电

新款宝马5系的发动机系列包括四缸和六缸发动机。有汽油发动机、柴油发动机以及新上市的插电式混合动力车可供选择。宝马i5还首次推出了纯电力驱动版本。所有车型均动力强劲、奢华高效，符合商务款大型豪华轿车的特点。动力总成系列视市场而定。其能够适应各个国家和地区的不同客户需求。所有新款宝马5系均配备带换挡拨片的8挡Steptronic变速器，该变速器在测试中屡获媒体赞誉。几乎所有新车型都标配或选装车载智能全轮驱动xDrive。2023年10月投入市场时，BMW将首先在欧洲提供配备两款机动化装置的全新宝马5系：除了配备汽油发动机的520i（153kW/208HP）之外，新款柴油车型520d（145kW/197HP）在经销商处发售。新型直列六缸柴油发动机于2024年秋季上市。宝马530i（190kW/258HP）将于2023年秋季在美国和韩国独家首发。搭载汽油发动机的性能尤为强劲的G60于2024年起专供美国市场。配备直列六缸发动机540i xDrive功率可达280kW/381HP。全新宝马5系的汽油和柴油版本均配备最新的48V轻度混合动力技术。这将减少能耗和排放值，确保加速时提升动态性。宝马5系驱动型号如图1-2-15所示。

性能尤为强劲的全新宝马5系是一款插电式混合动力车型，配备直列六缸发动机，于2024年作为BMW 550e xDrive上市。与前任车型545e xDrive相比，新款顶级车型的功率增加了70kW/95HP。BMW 550e xDrive的总功率为360kW/490HP，赋予其高度动态的驾驶性能，从0加速至100km/h仅需4.4s，其电动续航里程可达90km（WLTP）。另一款插电式混合动力车型530e（220kW/299HP）进一步完善了新款宝马5系的发动机系列，纯电动行驶里程可达100km（WLTP），与宝马550e xDrive相同，它也配备了净容量为19.4kWh的蓄电池，充电功率高达7.4kW（交流电流）。因此，高压蓄电池可以在3h内从0充电到100%。无论采用何种驱动设计：全新宝马5系始终彰显奢华运动风格，借此提升驾驶动态，而高舒适性保持不变。根据需要，这些限值可做进一步改变。如果偏爱运动风格，则可选择采用拉紧设置和8mm低底盘设计的M运动型底盘。配有整体主动转向系统的专业版自适应M底盘满足从高动态性到出色舒适性的各类要求。它是适合

图1-2-15

所有行驶状况和旅途情况的理想全能车型。后轮可协同转向，减少转弯直径并增加灵敏性。在BMW 550e xDrive和BMW i5 M60 xDrive中，具有防摇摆稳定功能的专业版自适应M底盘可根据需要实现舒适的动态行程。

（六）BMW CONNECTEDDRIVE

全新宝马5系是首款配备巧控浮窗和第8.5代宝马操作系统的全新BMW iDrive车型。全新初始画面持续显示导航系统的地图模式或其他可单独配置的视图。在同一层级，驾驶员侧的宝马曲面显示器提供竖向分布的小组件。通过垂直滑动，可在小组件之间切换。与智能手机相似，这些小组件会显示当前的车载电脑数据或天气。因此，重要信息一目了然。控制显示器底部边缘的菜单栏经过重新设计，主页图标居中布置，特别方便点按，由此可随时返回初始画面，其左侧和右侧是直接访问常用菜单的图标。借此可控制空调、应用、导航、多媒体、电话以及Apple CarPlay或Android Auto（如已启用）。通过这种布置方式，从副驾驶座椅亦可轻松操纵。宝马5系大型豪华轿车不仅在驾驶动态方面值得信赖，更是令人放松的休憩场所，同时也能提供丰富的娱乐服务，BMW iDrive提供新的游戏和流媒体服务与应用。携手AirConsole游戏平台，实现顶级的车载娱乐功能。通过宝马曲面显示器上的二维码，智能手机将变成控制器。由此打造出独一无二的竞赛游戏体验。在多人游戏模式下，全家人可以同时在车内展开PK。根据需要最多可达7人。多款游戏可供选择，游戏种类仍在不断增加。乘客可直接在车辆内播放互联网视频，尽享无限娱乐。因此，宝马控制显示器也能成为通往YouTube媒体世界的窗口。

新款宝马5系大型豪华轿车的更多数字创新：

（1）通过5G移动电话，利用车载天线和热点能够与最多10台设备实现最佳连通性。

（2）宝马智能个人助理：更好地了解乘客并控制新功能，如座椅设置。

（3）个性化：初始设置期间自动将车钥匙与BMW ID链接。

（4）使用宝马地图导航：例如用于BMW PHEV或BEV车型的全新服务和改进功能可特别精确、快速地考虑到充电的优化路线计划。

（5）支付更便捷：在所选的国家/地区在车内按分钟精确支付相关停车位的停车费。

（6）内部摄像头可用于抓拍，当防盗报警系统触发时也会自动开始录制。

（7）采用安全性升级的超宽频无线电技术（UWB）的宝马数字钥匙Plus。使用合适的智能手机可以安全、方便地解锁和锁定。

（8）BMW ConnectedDrive升级：免费使用所选功能长达1个月，然后按照相应指定的有效期订购。BMW Operating System 8.5如图1-2-16所示。

图1-2-16

（七）辅助系统

全新宝马5系提供种类丰富的标配和选装驾驶辅助系统。这些系统在道路行驶中为驾驶员提供支持并减轻其负担。客户因此得享更加舒适安全的宝马5系驾驶体验。在许多市场（美国、加拿大和德国从2023年7月起），BMW 5er今后将通过高速公路辅助系统承担更多自主任务。

1.标配的驾驶辅助系统：

（1）基于摄像头的驾驶员辅助系统。

①具有主动返回功能的车道偏离警告系统。

②带刹车功能的前方碰撞危险警告系统。

③带刹车功能的左转弯警告。

④包含路况预判和禁止超车显示的限速信息。

（2）基于雷达和摄像头的驾驶员辅助系统。

①带有主动返回功能的车道变更警告系统。

②带制动干预的后方横向来车警告（在倒车驶离驻车位时提供保护）。

③尾部碰撞警告系统。

④开门碰撞预警。

（3）基于摄像头和超声波的驾驶辅助系统。

①自动泊车入位：将车辆平行或横向停入，也可驶出侧方泊车位。

②驻车辅助页面：识别侧方障碍。

③带广角泊车影像的后部倒车影像。

17

④倒车辅助系统：操控时记录最多50m的前进路线，然后根据需要沿同一路线往回倒车。

⑤拖车辅助：在拖车倒车时提供帮助，并将已选定方向转换为转向运动。

（4）另外标配。

①注意力监测辅助：分析行驶性能，考虑行驶时间，调整休息建议。

②定速巡航控制系统自约30km/h起启用。

2.选配的驾驶辅助系统：

（1）基于雷达和摄像头的驾驶员辅助系统。

①具有自动熄火启动功能的车距控制功能。

②车道居中辅助（基础款）。

③道路限速及禁止超车提醒与路况预判。

④带路线调整的自动限速辅助。

⑤车道偏离警告系统及返回车道。

⑥带制动干预的前向碰撞预警。

（2）基于雷达和摄像头的驾驶员辅助系统。

①转向和车道导向辅助系统。

②紧急停车辅助系统。

③带路线调整的自动限速辅助。

④自动变道辅助。

⑤车距控制功能，包括交通信号灯识别（视市场而定）。

⑥车道保持辅助系统。

⑦前方/后方横向来车警告。

⑧避让辅助系统。

⑨选装配置"行车安全辅助系统"和"自动驾驶辅助系统"的功能。

高速公路辅助系统可在速度高达130km/h的高速公路上提供支持，并减轻操纵任务负担。驾驶员的双手可以离开方向盘，但仍需密切关注交通情况。这由智能内部摄像头持续监控。动态驾驶任务仍由驾驶员完全负责。因此，其必须随时能够全面接管。

3.选配的自动泊车入位：

（1）基于摄像头和超声波的驾驶辅助系统。

①环视摄像头系统。

②远程3D视图。

③宝马行车记录仪。

④防盗记录仪（外部）。

⑤自动泊车辅助系统功能。

（2）基于摄像头和超声波的驾驶辅助系统。

①泊车路径辅助，包括通过My BMW应用进行远程操作。先前记录的泊车操作可由车辆自主执行，并可通过智能手机从外部进行监控。

②专业版循迹倒车辅助：可记忆长达200m的行驶路径，随后宝马以倒车挡按同一路线倒车。

③选装配置"自动泊车辅助系统"和"自动泊车辅助系统Plus"的功能。

（八）结论

宝马5系是商务车款的市场领导者。新一代车型稳固捍卫这一标杆地位，它提供颠覆性创新功能、全面联网以及更多乘客空间。凭借主动式关怀，车载虚拟助手首度亮相。同全方位无忧套件一样，它主动进行报告。先进的驾驶辅助系统和发动机使宝马5系在各个方面都更加出色。它将携手客户走向未来，同时忠于自己，不忘初心。

三、宝马G61车型技术亮点

继宝马5系大型豪华轿车之后，第六代全新宝马5系旅行车于2024年推出。与全球首发相结合，全新宝马i5旅行车是首款纯电动豪华商务轿车。该车型系列彰显了宝马的技术能力。客户可以在4种驱动版本中进行选择：纯电动（BEV）、插电式混合动力车（PHEV）以及采用48V轻度混合动力技术的高效柴油与汽油发动机。可以从宽大和选配照明的双肾格栅上识别该车型。宝马曲面显示器和BMW Interaction Bar是内部装备的主要特征。第8.5代宝马操作系统确保最佳联网。该系统也是享受视频流媒体服务以及通过Airconsole平台玩游戏的基础。主动式关怀自动处理服务问题，全新高速公路辅助系统在以高达130km/h的速度行驶时特别方便（目前仅适用于德国）。

（一）概览

（1）独一无二的组合：运动旅行车、4种驱动选项和现代数字服务。

（2）尺寸有所增大，储物空间比大型豪华轿车更多，所有驱动版本的行李箱容积一样大。

（3）尽管尺寸更大，仍拥有修长、运动的轮廓和动态的线条。

（4）强大的存在感：突出车辆宽度的宝马双肾格栅、选配照明的双肾格栅框架、宝马炫影光幕格栅。

（5）高速公路辅助系统：首次可通过视线控制自动化变道（仅适用于德国，不超过130km/h）。

（6）竞争对手：奥迪A6 Avant和梅赛德斯-奔驰E级T车型，目前都没有BEV版本。

（7）全新宝马5系旅行车自5月25日起投入市场。

（二）外饰

全新宝马5系旅行车不仅因其魅力仍然是同级别中最具运动性的代表。在外部尺寸刚过5m的情况下，没有任何一款旅行车拥有如此修长的轮廓，如表1-2-3所示。得益于更快向下倾斜的车顶线条和两侧更加收紧的尾部，全新旅行车看起来比前任车型更加动感和运动。因此，宝马5系旅行车特别适合想要将自信形象与商务外观和动感气息相结合的客户。并在这一切之中，非常重视实用性和多功能性。如今采用一体式设计的尾门上的后窗玻璃、车顶扰流板和尾灯凭借其纤薄的水平设计凸显尾部宽度。外观亮点如图1-2-17和图1-2-18所示。

表1-2-3

	G61	G31	区别
长度（mm）	5060	4963	+97
宽度（mm）	1900	1868	+32
高度（mm）	1515	1498	+17
轴距（mm）	2995	2975	+20

1. 与大型豪华轿车一样，在全新宝马5系旅行车上，宝马双肾格栅是车辆前脸的显著特征，凸显其宽度。在黑暗中，选配照明的双肾格栅框架（宝马炫影光幕格栅）也能赋予旅行车一眼可辨的形象　2. 全新大灯设计以分别充当日间行车灯的2个垂直LED元件为主　3. 更加修长的比例。因此，全新宝马5系旅行车在道路上行驶时，从视觉上比前任车型更低

图1-2-17

1. 多种18英寸到21英寸的轻质合金轮辋可用于宝马5系旅行车　2. 拉长的车顶线条和车辆尾部动态向下倾斜的 D 柱，赋予旅行车运动轮廓　3. 尾灯图形专为全新宝马5系旅行车而开发。车灯一直延伸到车身侧面，凸显车辆宽度

图1-2-18

（三）内部

宝马5系旅行车的车厢内部提供大量空间，营造出宽敞的空间感。根据需要，通过一体式连续全景玻璃天窗还能增加这种感觉。前排座舱本身与宝马5系大型豪华轿车相同。定点是质量卓越、以驾驶员为导向的宝马曲面显示器。车上标配宝马智能互联驾驶座舱高级版，包括采用巧控浮窗的BMW iDrive和第8.5代宝马操作系统。通过语音控制和触摸控制明显减少开关和按键数量。标准型的内部装备包括高质量的真皮替代品Veganza内饰和标配运动型座椅。在BMW i5 M60 xDrive旅行车上，采用M型Alcantara/Veganza内饰组合，连同M真皮方向盘以及红色中心标记与M颜色的接缝。所有车型均可选配不同颜色的宝马个性化定制Merino真皮。全新宝马5系旅行车的特殊优势在于其高度的灵活性。标配的后座椅靠背可以40∶20∶40的比例翻折，得益于靠背遥控解锁机构，也可直接从行李箱进行翻折。尾门和行李箱的宽度增加，可运输更多货物，包括大件物品。翻折后座椅靠背后的行李箱容积介于570~1700L之间（先前在柴油车和汽油车上为560~1700L）。所有驱动版本的该数值相同。全新PHEV车型尤其能从中获益，其前任车型提供430~1560L的装载容积。内饰亮点如图1-2-19所示。

1. M真皮方向盘是M运动套件的组成部分。该方向盘底部扁平，在水平的方向盘轮辐上设有一体式操作元件。BMW i5 M60 xDrive旅行车标配红色中心标记与M颜色的接缝。而便于抓握的标准方向盘有2条多功能轮辐　2. 宝马曲面显示器由12.3英寸多功能仪表显示屏和带触摸功能的14.9英寸控制显示器组成。其凸显宝马5系特有的以驾驶员为导向的设计理念　3. BMW Interaction Bar是宝马5系旅行车前排座舱中的视觉亮点，其主要用于操作空调与座椅功能。此处所示为在宝马i5上额外采用水晶玻璃外观设计的 BMW Interaction Bar （SA 4UR）　4. 可以在无线充电板中为一部智能手机充电和存放另一部手机　5. 选配的Crafted Clarity玻璃在前排座舱中显现高贵氛围。其通过打磨的水晶玻璃元素令宝马控制器、启动/关闭按钮、音量旋钮和选挡按钮像珠宝一样闪耀

图1-2-19

（四）车型和装备

全新宝马5系旅行车的标准装备已能满足商务、家庭、休闲方面的很多需要。例如，特定车型的外部装备包括18英寸和19英寸的轻质合金轮辋与LED随动控制大灯。在内部装备上，车辆始终标配包括宝e曲面显示器和采用巧控浮窗的第8.5代宝马操作系统的宝马智能互联驾驶座舱高级版。行车安全辅助系统和自动泊车辅助系统可提升舒适性与安全性。宝马i5旅行车还具有用于优化直流充电的电池热量管理，充电功率高达205kW。蓄电池电容为81.2kWh。其可以最高11kW的标准功率和最高22kW的选配功率（在BMW i5 M60 xDrive旅行车上是标准装备）用交流电流（AC）充电。与大型豪华轿车一样，宝马为蓄电池提供8年或160 000km的保修服务。选装配置M运动套件和在此基础之上的M专业版运动套件可满足对动感驾驶的需求。

1.M运动套件

M运动套件凸显动感形象。其中包括空气动力学前挡板、运动型宽门框下梁和带有标志性扩散器的车尾裙板。M运动型底盘连同用于极致提速的加速功能可增添额外的驾驶乐趣。

（1）采用8mm低底盘设计的M运动型底盘。

（2）运动型电动加速功能可短暂提升电动机功率，例如在超车时。

（3）M空气动力学套件包括特殊的前挡板和车尾裙板、门框下梁及黑色高光扩散器。

（4）专属19英寸或20英寸M轻质合金轮辋。

（5）可选配带蓝色制动钳的M运动型制动系统。

（6）M版高亮Shadow Line。

（7）额外提供专属颜色，如中国红金属漆、M布鲁克林灰金属漆和M版碳黑色金属漆。

（8）采用3轮辐设计的M真皮方向盘，底部扁平。

（9）M Alcantara/Veganza护套，其他护套承索。

2.M专业版运动套件

M专业版运动套件通过深色细节使宝马5系旅行车更显动感。其中包括带照明的黑色高光双肾格栅框架和经过熏黑处理的大灯与尾灯。

（1）黑色高亮发光散热格栅框架。

（2）黑化M Shadow Line大灯和尾灯。

（3）带红色制动钳的M运动型制动系统。

（4）带M版颜色刺绣条纹的M安全带。

（5）包括数字功率放大器、12个扬声器的205 W Harman Kardon（哈曼卡顿）音响系统。

（6）礼遇灯毯。

（7）起跑控制模式。

全新宝马5系旅行车丰富的标准装备已为非常强烈而又放松的驾驶体验奠定了基础。多样化的个性化选项带来了更多驾驶乐趣，同时彰显个人形象。19~20英寸的M空气动力学车轮和最大21英寸的宝马个性化定制空气动力学车轮等选装配置为此提供保证。Crafted Clarity玻璃元素通过闪闪发亮的水晶为操作元件增添高贵气息。车辆上的Bowers & Wilkins环绕音响系统营造出非同寻常的听觉体验。宝马i5旅行车具有17个扬声器（采用发动机驱动的车型有18个扬声器）。根据发动机不同，借助实用的电动式全自动挂车挂钩可牵引1500~2000kg之间的负荷，如图1-2-20所示。宝马5系旅行车可使用范围广泛的专属M高性能套件，以实现特殊的个性化。根据需要，这些套件可提供更引人注目的外观和进一步提升的驾驶动态性能。M高性能套件主要包括：

（1）21英寸M高性能轻质合金轮辋，花式轮辐943 M双色（墨黑色、光亮车削），夏季完整车轮套件。

（2）M高性能车顶边缘扰流板，黑色高光。

（3）M高性能车尾扩压器插件Aramid 3件式。

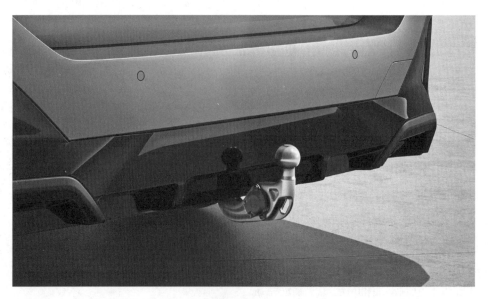

图1-2-20

（五）驱动系统

宝马5系旅行车的驱动方式非常多样化。在市场上，该旅行车的纯电动车型为BMW i5 eDrive40 和 BMW i5 M60 xDrive。此外，还有两款采用后轮或全轮驱动的520d版本。接下来，秋季将推出2个插电式混合动力版本（530e和530e xDrive）以及BMW 540d xDrive。

全轮驱动的BMW i5 M60 xDrive旅行车是该车型系列的顶级车型：前桥和后桥上各一台电机，可输出最高442kW/601HP的功率。在这种情况下，仅需3.9s即可从0加速至100km/h，如表1-2-4所示。通过方向盘左侧标有"Boost"字样的换挡拨片可在短时间内产生高达820N·m的扭矩。系统扭矩为795N·m。最高车速以电子方式限制在230km/h。凭借车辆底板上的81.2kWh高压蓄电池，WLTP可达里程最长为506km（综合耗电量18.3~20.8kWh/100km）。纯电动车型BMW i5 eDrive40旅行车上的高压蓄电池具有相同电容。

表1-2-4

	BMW i5 eDrive40旅行车	BMW i5 M60 xDrive旅行车	BMW 530e旅行车/Drive旅行车	BMW 520d旅行车/Drive旅行车	BMW 540d xDrive旅行车
驱动系统	BEV	BEV	PHEV	柴油	柴油
功率kW/HP	250/340	442/601	220/299	145/197	232/316
0~100km/h的加速用时	6.1	3.9	6.4	7.5	5.4
电动续航里程km（WLTP）	483~560	445~506	>80	—	—
批量生产开始	3/24	3/24	7/24	3/24	7/24

（六）行驶动力性

得益于进一步开发的底盘组件，全新宝马5系旅行车凸显出其作为豪华商务车中最具运动性的旅行车的地位。根据驱动方式，有针对性地为BEV、PHEV和仅搭载发动机的车辆分别调整了部件。所有车型均具有接近50：50的近乎理想的质量分配以及横向双臂悬挂前桥和5连杆后桥的底盘。通过这种底盘设计，可在舒适性与高驾驶动态之间实现更大差异。BEV和PHEV车型由于具有质量更大的高压蓄电池以及较高的载重量，需在后桥上标配空气弹簧。根据机动化装置不同，拖挂负荷范围为1500kg（BMW i5 eDrive40）至2000kg（BMW i5 M60 xDrive/520d/520d xDrive）。在行车稳定性令人放松的同时，转向系统的响应非常直接。M运动型底盘（作为选配M运动套件的一部分）具有更紧绷的悬架、减震器和稳定杆以及8mm低底盘，从而提供更高的驾驶动态。选配的专业版自适应底盘（BMW i5 M60 xDrive旅行车上的标准装备）具有整体主动转向系统和最多可一起转向2.5°的后轮，可提供更高的运动性。整体主动转向系统使得在狭窄空间内泊车和操控更加容易，还提升了快速变道和高速行驶时的稳定性。通过选配的专业版自适应M底盘实现最大驾驶动态。该装备仅留给BMW i5 M60 xDrive旅行车，可额外提供主动防侧倾系统。

（七）宝马充电

纯电动的宝马i5旅行车在充电技术方面具有与宝马i5大型豪华轿车相同的优点，同样提供方便在家充电的BMW Charging服务和即插即充服务。经过改进的充电技术和全新软件显著缩短充电持续时间。无论用交流电流（AC，最高11kW，选配最高22kW）还是用直流电流（DC，最高205kW），与大型豪华轿车一样，电动机的余热可用于控制蓄电池温度。通过这种热量输出，减少了提高蓄电池温度所需的能量。这是实现快速充电和缩短等待时间的重要前提，尤其是在寒冷天气下。宝马充电如图1-2-21所示。

图1-2-21

（八）数字服务

与大型豪华轿车一样，宝马5系旅行车采用搭载巧控浮窗和第8.5代宝马操作系统的BMW iDrive，并且也提供相同的全新数字服务。此外，全新BMW iDrive还实现通过Airconsole平台在车上玩游戏。这样在为高压蓄电池充电时，就可以愉快地消磨时间。根据需要，智能手机可充当控制器。BMW Operating System 8.5如图1-2-22所示。

图1-2-22

（九）辅助系统

与宝马5系大型豪华轿车一样，全新宝马5系旅行车凭借其超过30种的辅助功能让日常出行更加轻松。其通过智能技术在许多交通状况中为驾驶员提供支持。驾驶员显示器上的指示灯会提前显示功能，带来高度的安全感。目前仅有德国宝马5系旅行车和宝马i5旅行车可通过高速公路辅助系统承担减轻驾驶员负担的任务。在高速公路上，该辅助系统在最高130km/h的速度下提供支持。系统启用后，双手可离开方向盘，但仍需密切关注交通情况。这由智能内部摄像头持续监控。责任完全由驾驶员承担，是L2级别的驾驶辅助系统。高速公路辅助系统还首次具有通过视线操控进行主动变道的功能。交通拥堵辅助如图1-2-23所示。

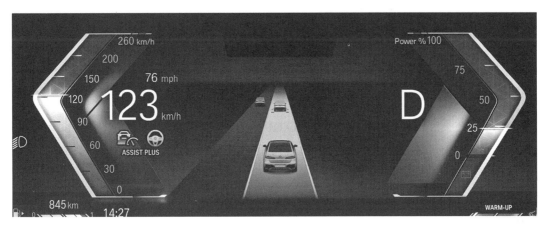

图1-2-23

（十）结论

从5月起，宝马5系旅行车将进入一个新时代。旅行车首次提供4种驱动版本，这是豪华中级车细分市场的首款纯电动旅行车。没有任何制造商可以在一个车型系列中展示其如此强大的驱动能力以及技术能力。例如，高速公路辅助系统通过视线控制变道（目前仅适用于德国），通过YouTube或自有视频平台实现视频流服务，通过Airconsole在车上玩游戏。此外，所有宝马i5旅行车均可以最高205kW（DC）的功率充电。其中，商务车型如今更具驾驶动态，也更加多变，可容纳更多行李。

特殊之处：所有旅行车车型具有一样大的行李箱容积570L。宝马5系旅行车只有少量的直接竞争对手，梅赛德斯E级T车型预计不会有BEV版本。奥迪A6 e-tron Avant在2024年秋季才上市，搭载发动机的全新A7 Avant最早于2025年发布。因此，全新宝马i5旅行车和宝马5系旅行车为成为"下一代领军者"做好一切准备。

第二章　宝马车系驱动系统

第一节　宝马G05驱动系统

一、动力传动系统

宝马G05上的新增项目满足2018年8月问世的欧6d-TEMP排放标准。这是通过喷射系统的进一步改进（喷射压力增大至最高350bar）或者发动机冷却方式的改进（分段冷却）来实现的。柴油发动机则采用了改版的选择性催化剂还原系统（SCR）。

（一）宝马G05动力传动系统变型

宝马G05传动系统如图2-1-1所示。

图2-1-1

1.车型

宝马G05于2018年11月投放市场，届时将推出以下车型（如表2-1-1所示），之后还会额外推出以下车型：

（1）BMW X5 sDrive40i搭配B58B30M1发动机。

（2）BMW X5 xDrive30i搭配B48B20O1发动机。

（3）BMW X5 M50i搭配N63B44T3发动机。

（4）BMW X5 xDrive45e iPerformance搭配B58B30M1发动机。

表2-1-1

车型	发动机	功率［kW（马力）］	扭矩（N·m）	排量（cm³）
BMW×5×xDrive40i	B58B30M1	250（340）	500	2998
BMW×5×xDrive50i	N63B44M3	340（462）	650	4395
BMW×5×xDrive30d	B57D30O0	195（265）	620	2993
BMW×5 M50d	B57D30S0	294（400）	760	2993

（5）BMW X5 xDrive 25d搭配B47D20T1发动机。

（二）F15/G05动力传动系统区别（如表2-1-2所示）

表2-1-2

组件	F15	G05
发动机代次	N发动机	B发动机
汽油废气再处理	不带颗粒过滤器	汽油颗粒过滤器
柴油废气再处理（发动机内部）	高压废气再循环	高压和低压废气再循环
柴油废气再处理（发动机外部）	选择性催化剂还原SCR2	选择性催化剂还原SCR3
后桥主减速器锁	否	是
后桥横向力矩分配系统	是	否
制动系统	动态稳定控制系统DSC	集成式制动系统DSCi
仿真声效设计（柴油）	用于车内空间	用于车内和车外空间

二、发动机

（一）B58TU发动机

B58TU发动机的特点：

（1）分段冷却。

（2）集成在气缸盖上的排气歧管。

（3）单件式链条传动机构。

（4）高压喷射装置，最高压力达350bar。

（二）N63TU3发动机

N63TU3发动机的特点：

（1）带有动力激发功能的废气涡轮增压器。

（2）采用旁通管的间接增压空气冷却。

（3）高压喷射装置，最高压力达350bar。

（4）数字式发动机电子系统（DME）8.8T。

（三）B57发动机

B57发动机的特点：

（1）一次和二次节温器。

（2）喷射压力达2500bar的共轨系统。

（4）高压和低压废气再循环。

（5）数字式柴油机电子系统（DDE）8.32。

三、发动机机械结构

（一）真空供给系统

B58发动机和B58TU发动机的油泵比较如图2-1-2所示。采用汽油发动机和"传统制动系统"的车辆需要一台真空泵来增大制动踏板压力。在采用汽油发动机和DSCi制动系统的车辆上，则无须真空助力，因为在DSCi制动系统中，制动踏板压力的增大是通过液压实现的。图2-1-2所示的是带集成真空泵的B58发动机和不带集成真空泵的B58TU发动机。

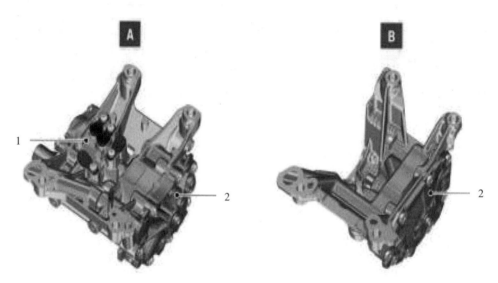

A. B58发动机，串列式发动机油泵，集成真空泵　B. B58TU发动机，发动机油泵

1.真空泵　2.发动机油泵

图2-1-2

四、进气和排气系统

（一）汽油发动机

1.汽油颗粒过滤器

B58TU发动机的汽油颗粒过滤器如图2-1-3所示。在欧6C排放标准中，对颗粒物质量PM和颗粒物数量PN的极限值进行了更严格的限定。其原因在于，现代汽油发动机多采用直接喷射方式，因而不能像进气管喷射那样，产生均匀的燃油空气混合气。这样一来，在燃烧的过程中就会产生更多的颗粒物。为了满足严格的排放规定，宝马G05的汽油发动机将根据具体的法律要求和国家规定为每个功率等级配备一个汽油颗粒过滤器。

根据具体的发动机功率等级，颗粒过滤器在排气装置内的定位是不同的，B58TU发动机和N63TU3发动机的汽油颗粒过滤器如图2-1-4所示。

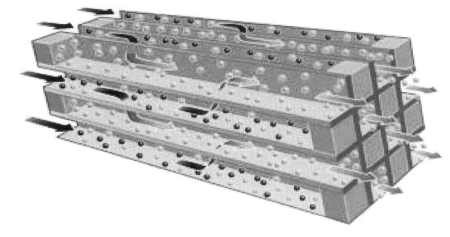

图2-1-3

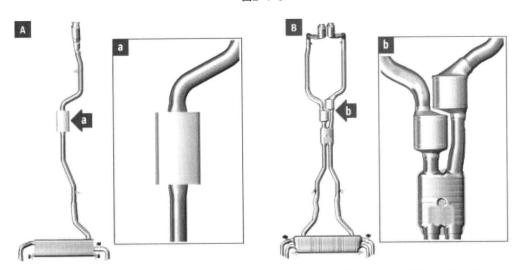

A.B58TU发动机　B.N63TU3发动机　a.汽油颗粒过滤器（背包式消音器）　b.汽油颗粒过滤器（串列式）

图2-1-4

根据实际驾驶方式以及维护保养状态，汽油颗粒过滤器的设计里程数约为240 000km。达到设计里程后，必须更新过滤器（包括壳体）。为此，必须拆开排气装置，安装新的过滤器壳体。有关负荷状态的信息可以通过维修车间信息系统ISTA进行查询。

2.再生策略

汽油颗粒过滤器再生策略如图2-1-5所示。

为确保废气背压低于规定的极限值，随着汽油颗粒过滤器灰分负荷的增加，再生循环也会变得频繁。一旦功率下降超过30%，DME就会在组合仪表中激活一条故障信息。在达到最大行驶里程时，会生成一条故障记录，可以通过维修车间信息系统ISTA读取该记录。除此以外，还会在CBS数据中预告汽油颗粒过滤器的更换，针对汽油颗粒过滤器更换的CBS提示如图2-1-6所示。

如果系统不能主动执行再生，则会在中央信息显示屏上用一个感叹号和附加的文字提示驾驶员：

（1）简短文字："汽油颗粒过滤器需要执行再生。"

（2）长文本："不能执行汽油颗粒过滤器的再生。尽可能通过一次长距离行驶，使车辆移动约30min，以便执行再生。更多信息参见用户手册。"

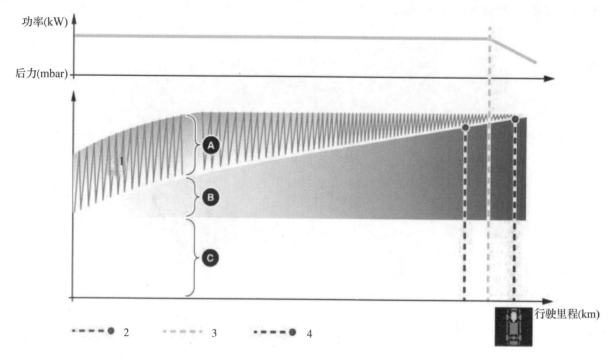

A. 积碳　B. 灰分　C. 全新状态（无负荷）1.负荷和再生阶段　2.汽油颗粒过滤器高负荷　3.达到的平均行驶里程　4.发动机的功率下降

图2-1-5

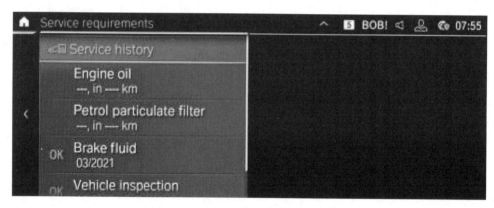

图2-1-6

在汽油颗粒过滤器灰分负荷达到最大的情况下，不能再通过燃烧消除灰分。这会导致发动机功率的逐步下降。在行驶结束后会在中央信息显示屏上出现一个扳手图标以及文字提示："动力传动系故障，可以继续行驶。"

这样一来，就可以保证车辆前往维修车间，并且更换汽油颗粒过滤器。

（二）柴油发动机废气再循环

1.低压废气再循环

低压废气再循环涉及以下组件：

（1）低压废气再循环冷却器。

（2）低压废气再循环阀（如图2-1-7所示）。

（3）废气滤网。

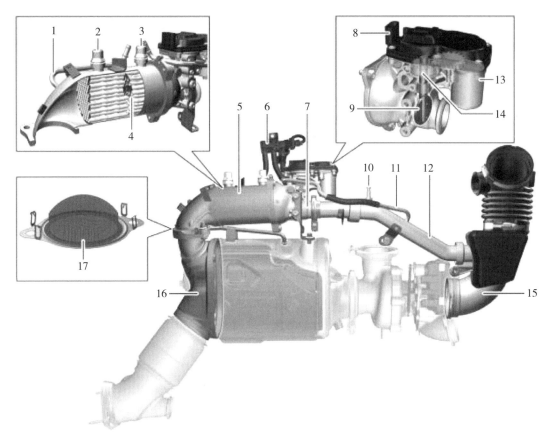

1.低压废气再循环模块前的差压管　2.冷却液供给管路　3.冷却液回流管路　4.热交换器　5.低压废气再循环冷却器　6.低压废气再循环模块上的差压传感器　7.低压废气再循环阀　8.电气接口　9.阀瓣　10.低压废气再循环模块后的废气温度传感器　11.低压废气再循环模块后的差压管　12.低压废气再循环管　13.低压废气再循环阀驱动装置　14.回位弹簧　15.洁净空气管　16.柴油颗粒过滤器　17.废气滤网

图2-1-7

低压废气再循环最大的优点在于，废气在经过废气涡轮增压器和柴油颗粒过滤器之后才会被移除。这样一来，可以减少废气涡轮增压器的废气能量损失。除此以外，通过低压废气再循环也可以在较高发动机负荷条件下实现废气再循环，并且在很大的发动机负荷范围内减少氮氧化物。因此，可以始终以很高的效率驱动涡轮增压器。通过采用低压废气再循环，可以获得如下优势：

（1）提高涡轮上的废气质量流量，继而提高效率。

（2）提高压缩机上的体积流量。

（3）增大增压压力，并且增加气缸充气。

低压废气再循环不仅能够提高涡轮增压器的效率，而且能提高发动机的总体效率，从而在发动机运行方面产生以下优势：

（1）优化耗油量。

（2）减少二氧化碳排放。

（3）提高废气涡轮增压器的动态特性和响应特性。

（三）柴油发动机废气再处理

1.选择性催化剂还原SCR

SCR系统（选择性催化剂还原）是宝马的一项高效动力措施，能够实现现代化柴油机车辆的经济运行。在SCR系统中，借助一种喷射到废气中的还原剂（AdBlue®)将氮氧化物含量降至最低。在此过程中，不会对实际的燃烧产生任何影响，因此可以保证柴油发动机的高效率。通过AdBlue®,废气中所含的氮氧化物（NOx）会被选择性地转化为氮气（N_2）和水（H_2O），同时不会产生任何有害的副产品。在此过程中，使用一种人工合成的水性尿素溶液，即AdBlue®进行转化，溶液装在一个或者两个附加液罐中。其投放量取决于废气质量流量。DDE和SCR控制单元会配合SCR催化转换器前后的氮氧化物传感器，确保精准的投放量。表2-1-3概括了车型（欧盟规格）中使用SCR的情况。

表2-1-3

车型系列	车型	发动机	SCR代次	主动罐	被动罐
G05	X5 xDrive30d	B57D30O0	SCR3	24	–
G05	X5 M50d	B57D30S0	SCR3	24	–

五、自动变速器

（一）自动变速器GA8HPTU2

GA8HPTU2自动变速器如图2-1-8所示。

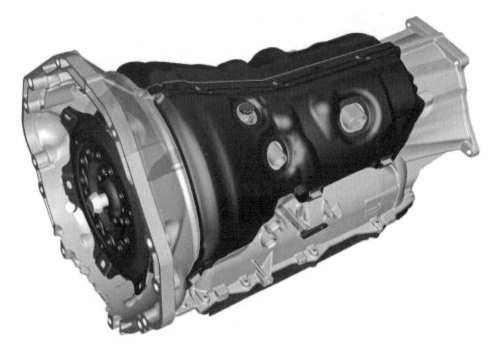

图2-1-8

在宝马G05中安装了GA8HPTU2自动变速器。根据实际发动机配置，采用以下两种型号（如表2-1-4所示）。

表2-1-4

发动机	自动变速器
B58B30	8HP51
N63B44和B57D30	8HP76

1.特点

通过以下的改良研发，使得8速自动变速器在舒适性、动态特性以及效率方面再次获得了提升：

（1）由于齿轮速比差的提高，因而可以扩大换挡间隔。

（2）通过全新研发的变速器电子控制系统EGS，改进了换挡动态特性。

（3）通过在变速器壳体上采用SynTAK，扩展了针对具体车型的静音措施。

（4）通过使用能够抵消发动机转动不均匀现象的离心摆式减震器，改进了行驶舒适性。

（5）通过驾驶员体验开关或换挡拨片等新型操作方式增强客户体验。

2.应急开锁装置

正如在自动变速器8HPTU的描述中已经提到的，在发生故障时，可以通过多种方式解锁自动变速器8HPTU2，以保证车辆的移动能力：

（1）机械式应急解锁。

（2）电子式应急解锁。

在车桥被驱动的情况下，不允许进行拖车。在一定时间和车速限制下进行拖车虽然不会使自动变速器受到技术损坏，但由于变速器机械或者电子应急解锁装置发生了改变，因此可能无法确保驻车锁持续解锁。在拖车过程中突然挂入驻车锁可能会导致部件和车辆损坏，以及严重的事故。

3.怠速滑行

宝马G05提供"怠速滑行"功能。在此过程中，发动机会在特定的前提条件下在选挡开关位置D上自动与变速器分离。在此过程中，发动机会以怠速运行。

六、前桥主减速器

采用两种不同的前桥主减速器，它们的名称如下：

（1）VAG 168AL。

（2）VAG 175AL。

调校：

（1）针对宝马G05调校的传动比。

（2）转换为黏度更低的机油。

（3）优化了齿轮油的流动性，降低了齿轮油的温度，并且减少了至前桥主减速器的热传导。

（4）被动齿轮采用焊接加工，因而降低了重量和搅油损失。

通过这些措施，前桥主减速器的效率得到了再一次的提升，同时还减少了二氧化碳排放。

七、后桥主减速器

（一）后桥主减速器的使用

采用2种不同的后桥主减速器，它们的名称如下：

（1）HAG 205AL

（2）HAG 215LW。

调校：

（1）针对G05调校的传动比。

（2）使用黏度更低的机油。

（3）优化重量的技术性措施。

通过这些措施，后桥主减速器的效率得到提升，同时还减少了二氧化碳排放。

（二）带锁止装置的后桥主减速器

对于四轮驱动的G05，提供了一款带锁止功能的后桥主减速器HAG 215LWS。可以通过一台从外部旋装的电动机来识别后桥主减速器锁。除此以外，还安装了一个铝合金壳体端盖，它向后封闭了由铸铁制成的壳体。G05后桥主减速器锁HAG 215LWS如图2-1-9所示。

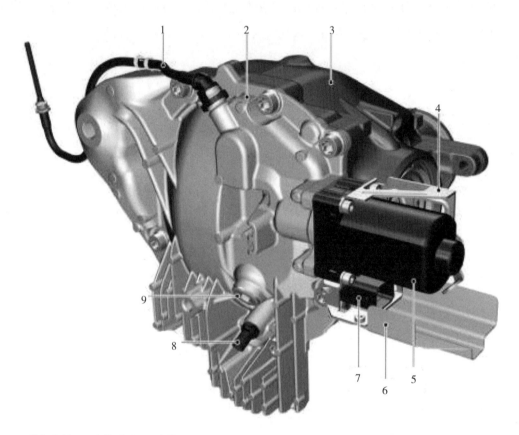

1.排气管路　2.壳体端盖　3.壳体　4.隔热板支架　5.电动机　6.隔热板　7.电动机电气接口　8.齿轮油温度传感器　9.加油螺塞

图2-1-9

电控后桥主减速器锁是一种电动机械式后桥锁，它基于M GmbH的最新M差速器。通过电控后桥主减速器锁，可以减小右后轮和左后轮之间的松弛，具体方法是通过一个片式离合器实现两个车轮的力配合连接。必要时，通过一台电动机吸合片式离合器单元，在右后轮和差速器壳体之间起作用。无论要求的驱动力矩有多大，都可以产生最高1500 N·m的锁止力矩。

和没有电控锁止装置的差速器相比，其优点在于：

（1）理想的牵引力。

（2）提高行驶稳定性。

（3）改进操控性。

1.结构

（1）内部结构。

G05带锁止装置的后桥主减速器HAG 215LWS，结构如图2-1-10所示。

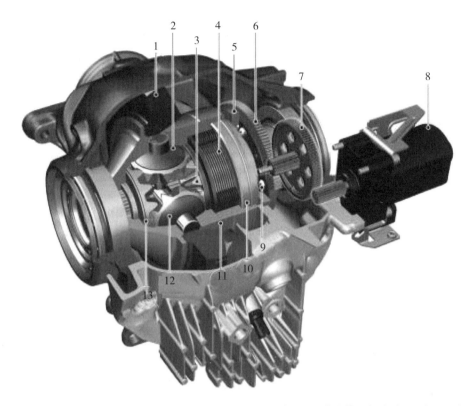

1.被动齿轮　2.平衡锥齿轮　3.驱动锥齿轮　4.片式离合器　5.带有第二条球道的压盘　6.球道　7.中间减速器　8.电动机　9.球底垫圈和滚珠　10.差速器端盖　11.差速器壳体　12.平衡锥齿轮　13.输出锥齿轮

图2-1-10

在动态稳定控制系统DSC中计算需要传递到后桥车轮上的驱动力矩，并且通过FlexRay数据总线传输至电控后桥锁GHAS控制单元。电控后桥锁控制单元会在要求的驱动力矩的基础上，计算需要在球道的移动啮合调整垫圈上设定的调整力矩。由电动机输出调控所需的调整力矩。在此过程中，通过一个球道机构，将电动机的转动动作转换为一个轴向动作，并且吸合或者断开片式离合器的离合器单元。根据具体要求的力矩分配，施加在片式离合器上的压力会增大或者减小。这样一来，就可以根据行驶状况，在两个后轮之间无级分配传递的发动机扭矩。

（2）机油更换。

后桥主减速器锁的机油一次加注无须更换。注意：带有电控后桥主减速器锁的宝马集团的车辆不是为在赛道上使用而设计的。如果违规使用，就会导致后桥主减速器润滑油及其部件提前磨损。如果客户投诉"后桥主减速器发出噪声"，则在更换部分组件或者整个部件之前，应首先对后桥主减速器执行机油更换。

（3）车型概览。

在表2-1-5中可以了解到在哪些车型中采用了带锁止装置的后桥主减速器HAG 215LWS。

表2-1-5

车型	发动机	后桥主减速器	传动比
BMW×5 xDrive40i	B58B30M1	HAG215LWS	3.38∶1
BMW×5 xDrive50i	N63B44M3	HAG215LWS	3.15∶1
BMW×5 xDrive30d	B57D30O0	HAG215LWS	2.93∶1
BMW×5 M50d	B57D30S0	HAG215LWS	3.15∶1

八、分动器

分动器ATC13-1是出自F15的模块化分动器ATC45L的升级产品，分动器ATC13-1的特点包括以下几点：

（1）可以在前桥/后桥之间实现完全可变的扭矩分配。

（2）可以根据需要降低油位，从而减小搅油损失。

（3）通过全新的油路系统优化了效率。

九、显示、操作方案

（一）油位测量

G05显示、操作方案及油位测量如图2-1-11所示。

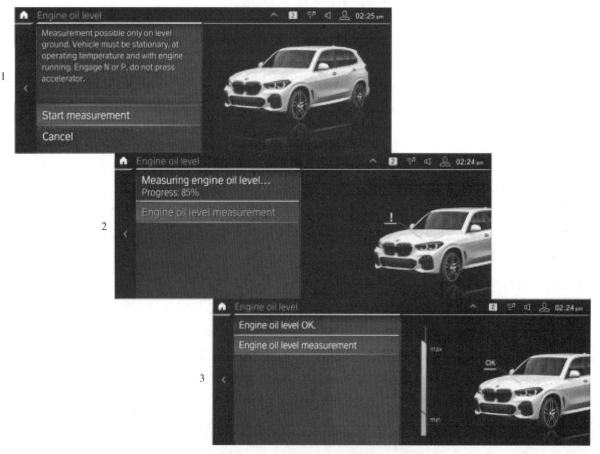

1.测量前提条件　2.正在执行测量　3.测量已结束

图2-1-11

对油位测量的显示、操作方案进行了改进。现在，在要求测量油位的情况下，会出现一段信息丰富的长文本，其中包含针对具体系统的测量限制条件，以及所需的测量持续时间。通过简化限制条件和预计时间的显示，就可以实现对测量过程的改进。

（二）运动显示

宝马G05运动显示如图2-1-12所示。G05运动显示示例如图2-1-13所示。

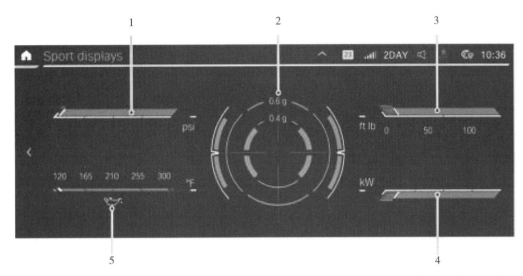

1.涡轮增压器增压压力　2.离心力（加速、减速、回转）　3.发动机扭矩　4.发动机功率　5.发动机油温度

图2-1-12

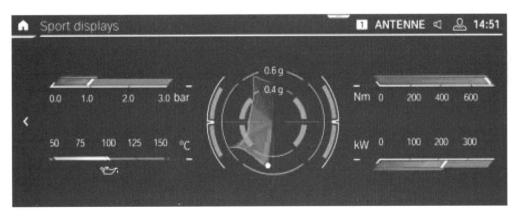

图2-1-13

对G05上的运动显示进行了改款和重新设计。根据实际地形选择和车辆的使用方式，车辆会承受不同程度的负荷。因此对于车辆可以通行的地形，显示的选择涉及最重要的一些参数。显示内容包括增压压力、发动机扭矩、发动机功率、发动机油温度以及在加速、减速或者转弯行驶过程中所产生的G力。

第二节　宝马G70驱动系统

全新宝马7系车型基于灵活的车辆架构，提供了3种驱动形式。由此实现为豪华轿车配备全新模块化的宝马高效动力发动机的目标，后者现采用最新规格的轻度混合动力技术，以及配备插电式混合动力系统和纯电力驱动系统。在BMW Group丁格芬（Dingolfing）工厂中，所有车型在一条装配线上生产。宝马

G70驱动系统概述如图2-2-1所示。驱动系统规格如表2-2-1所示。

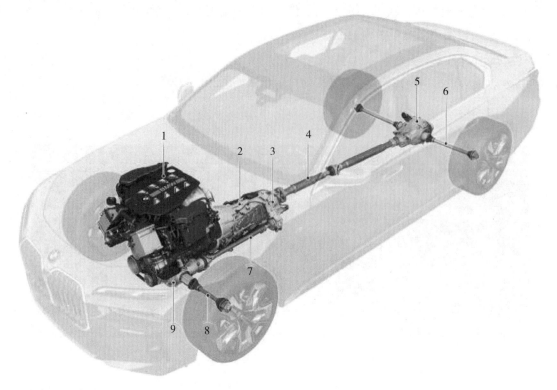

1.发动机　2.自动变速器　3.分动器VTG（仅限配备xDrive时）　4.传动轴　5.后桥差速器　6.后桥半轴　7.传动轴（仅限配备xDrive时）　8.前桥半轴（仅限配备xDrive时）　9.前桥差速器（仅限配备xDrive时）

图2-2-1

表2-2-1

系统	G70的规格
发动机	B58TU2发动机 B57TU3发动机 S68发动机
发动机控制单元	第9代数字式柴油机电子伺控系统DDE 第9代数字式发动机电子伺控系统DME
柴油发动机排气系统	SCR5
燃油箱功能电子系统	TFE基本版
发动机节能启停功能	MSA2.5
变速器	GA8HPTU3
分动器	具有节能模式的ATC 14-1
驱动系统型号	G70 BEV车型的驱动系统 G70插件式混合动力 后轮驱动 后轮驱动的四轮驱动

一、动力传动系统型号

与前任车型一样，宝马G70也可选配全轮驱动系统。投入市场时，根据市场情况可在6缸与8缸发动机之间选择。对于欧洲规格的宝马G70，仅提供柴油发动机、PHEV和电池供电式驱动系统。其他引擎将在以后推出。6缸发动机B58TU2和B57TU3是模块化系列（B系列发动机）中经过改进的汽油和柴油发动机，在宝马G07LCI和G70上批量使用。8缸汽油发动机S68同样在宝马G70上批量使用。宝马G70驱动系统概述BMW 760i xDrive如图2-2-2所示。

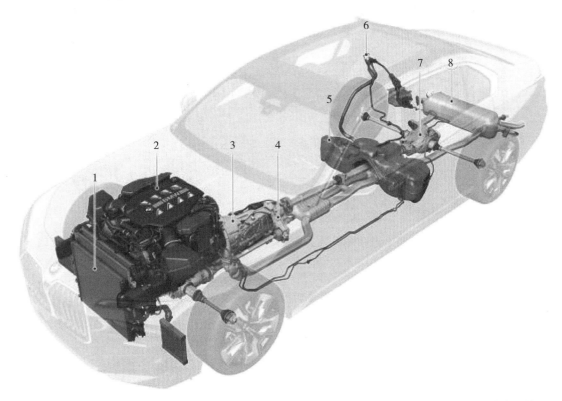

1.冷却系统　2.发动机　3.传动机构　4.分动器　5.燃油箱　6.燃油箱盖　7.后桥主减速器　8.排气系统

图2-2-2

二、汽油发动机

汽油发动机参数如表2-2-2所示。

表2-2-2

车型	发动机	结构形式	排量（cm³）	功率kW（马力）	扭矩（N·m）
BMW 735i	B58B30U2	R6	2998	210（286）	425
BMW 740i	B58B30M2	R6	2998	280（380）	540
BMW 760i xDrive	S68B44T0	V8	4395	400（544）	750

注意：由内燃机驱动（指定额定值）与电力驱动（最高为定额定值）组成。始终将数值与最新的销售资料进行比对。

（一）概览

宝马G70发动机室B58TU2发动机如图2-2-3所示。宝马G70发动机室S68发动机如图2-2-4所示。

1.车前盖锁 2.车头支柱 3.车辆识别号 4.进气消音器 5.弹簧减震支柱顶支撑杆 6.跨接启动接线柱 7.清洗液补液罐 8.12V电池饰盖 9.用于乘客车厢温度调节的空气输送 10.机油加注管的锁盖 11.发动机舱盖 12.风窗框板盖板 13.制动液储液罐饰盖 14.数字式发动机电子伺控系统DME饰盖 15.高温冷却液膨胀箱闭锁装置 16.低温冷却液膨胀箱闭锁装置

图2-2-3

1.车前盖锁 2.增压空气冷却器 3.机油加注管的锁盖 4.车辆识别号 5.气缸列1进气消音器 6.车头支柱 7.数字式发动机电子伺控系统DME1和集成供电模块PDM饰盖 8.跨接启动接线柱 9.清洗液补液罐 10.12V电池饰盖 11.用于乘客车厢温度调节的空气输送 12.低温冷却液膨胀箱闭锁装置 13.发动机舱盖 14.高温冷却液膨胀箱闭锁装置 15.风窗框板盖板 16.制动液储液罐饰盖 17.数字式发动机电子伺控系统DME2饰盖 18.气缸列2进气消音器

图2-2-4

（二）B58TU2发动机

6缸汽油发动机B58TU2发动机针对配备发动机的宝马G70再次改进，如图2-2-5所示。凭借全新B58TU2发动机，现在可采用高效的6缸发动机，其不仅应用在发动机驱动系统中，也可用于PHEV。

B58TU2发动机的特点：

（1）批量使用eVANOS。

（2）可通过排气可切换凸轮推杆停用排气门。

（3）新的燃烧室几何形状。

（4）米勒燃烧过程。

（5）双喷射。

（6）主动式点火线圈。

与48V电机相结合，可启动发动机并为全新8挡自动变速器（GA8HPTU3）中的12V与48V电池充电。

图2-2-5

（三）S68发动机

8缸汽油发动机针对宝马G70重新经过调整，并获得一个新的特有发动机名称：S68发动机，如图2-2-6所示。凭借车型名称BMW 760i xDrive，全新8缸发动机首次在宝马G70上使用。

S68发动机的特点：

S68发动机是未来唯一的V8发动机，并在BMW AG车辆的车型系列和BMW M GmbH的车型系列中投入使用。基本发动机经过调整，以便广泛应用于整个车型范围。与48V电机相结合，可启动发动机并为全新8挡自动变速器（GA8HPTU3）中的12V与48V电池充电。在配备PHEV驱动系统的车辆上，与全新8挡自动变速器（GA8HPTU3）相结合。

图2-2-6

三、柴油发动机

柴油发动机参数如表2-2-3所示。

表2-2-3

车型	发动机	结构形式	排量（cm³）	功率［kW（马力）］	扭矩（N·m）
BMW 740d xDrive	B57D30O3	R6	2993	220（300）	670

注意：由发动机驱动（指定额定值）与电力驱动（最高为指定额定值）组成。始终将数值与最新的销售资料进行比对。

（一）概览

宝马G70发动机室B57TU3发动机如图2-2-7所示。

（二）B57TU3发动机

对于偏好柴油发动机驱动版本的客户，B57TU3发动机同样经过改进，如图2-2-8所示。自2022年11月起，B57TU3发动机在BMW 740d xDrive上完善了宝马G70的驱动系统组合。B57TU3发动机的特点：

（1）采用欧6d排气技术的B57TU3发动机于2022年11月在宝马G70上批量使用。

1.车前盖锁　2.车头支柱　3.车辆识别号　4.进气消音器　5.机油加注管的锁盖　6.弹簧减震支柱顶支撑杆　7.跨接启动接线柱　8.清洗液补液罐　9.12V电池饰盖　10.用于乘客车厢温度调节的空气输送　11.发动机舱盖　12.风窗框板盖板　13.制动液储液罐饰盖　14.数字式柴油机电子伺控系统DDE和集成供电模块PDM饰盖　15.高温冷却液膨胀箱闭锁装置　16.低温冷却液膨胀箱闭锁装置

图2-2-7

图2-2-8

（2）B57TU3发动机能够满足未来的欧7废气法规。

（3）与B57TU2发动机相比二氧化碳排放量减少。

（4）与48V电机相结合，可启动发动机并为全新8挡自动变速器（GA8HPTU3）中的12V与48V电池充电。

四、发动机支撑

宝马G70具有纯液压发动机支座和电动阻尼可控式发动机支座。在配备柴油发动机的车型上，宝马G70采用电动阻尼可控式发动机支座。相比于已知的气动阻尼可控式发动机支座无须使用真空系统。宝马G70发动机和变速器支座（B58B30M2发动机）如图2-2-9所示。宝马G70发动机和变速器支座（B57D30O3发动机）如图2-2-10所示。

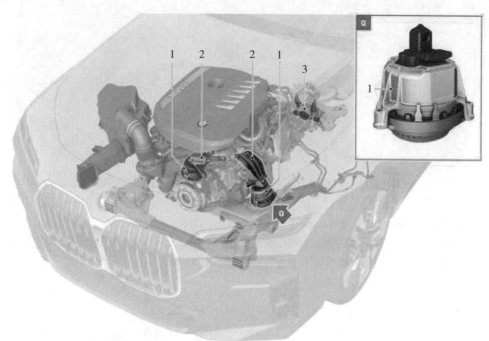

1.发动机支座（液压）　2.发动机支架模块　3.变速器轴承

图2-2-9

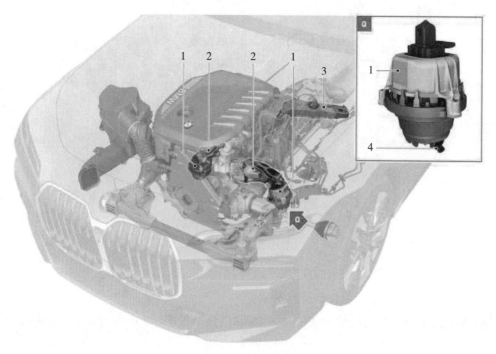

1.电阻尼可控发动机支座　2.发动机支架模块　3.变速器轴承　4.插接连接件

图2-2-10

五、SCR5

随着借助排气后处理系统满足废气法规要求的难度日益增大，SCR系统经过了再次改进。在宝马G70上，采用第5代SCR系统SCR5。SCR5是第2代SCR系统SCR2的进一步发展。两款系统皆源自Bosch®公司。SCR5的特点如下：

（1）采用全新组件，例如储罐法兰模块、SCR输送模块、SCR计量模块以及SCR控制单元。

（2）采用2个SCR计量模块。通过控制计量，现在也可控制2个SCR计量模块。

将SCR控制单元集成到服务包2021中。

在宝马G70上，AdBlue仅在主动储罐中储存，其最大容积为20L。宝马G70上的SCR系统不仅可以通过KRUSE瓶加注，还可以使用许多加油站提供的AdBlue加油枪进行加注，输送量可高达40L/min。宝马G70上的SCR加注系统没有气泡分离器，气泡分离器的功能已集成在AdBlue注入管接头壳体（如图2-2-11中2）上。加油时逸散的空气现在经通风盖(如图2-2-11中5)流入轮罩。由此可避免在加油期间产生异味。集成在通风盖（如图2-2-11中5）中的浮球式阀（如图2-2-11中6）防止AdBlue流出，尤其是在使用AdBlue加油枪快速加油时。

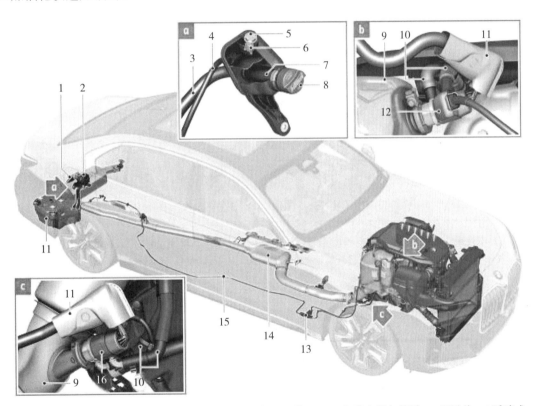

1.SCR控制单元　2.AdBlue注入管接头壳体　3.SCR加注通道　4.SCR加注和排气管道　5.通风盖　6.浮球式阀　7.AdBlue加注接头　8.SCR储罐盖　9.发动机侧催化转换器　10.冷却液接口　11.带有隔热件的SCR计量模块液压接口　12.柴油微尘过滤器 SCRF前的SCR计量模块　13.分配器块计量管路　14.SCR废气触媒转换器（车辆底板）　15.计量管路（加热式）　16.SCR废气触媒转换器前的SCR计量模块（车辆底板）　17.主动罐

图2-2-11

六、排气消音器系统

（一）B58B30U2发动机、B58B30U2发动机RDE和B58B30M2发动机

适用于BMW 735i的宝马G70上的排气系统带有（如图2-2-12所示）以下配置：

（1）6.4L前消音器。

（2）41.3L后消音器。

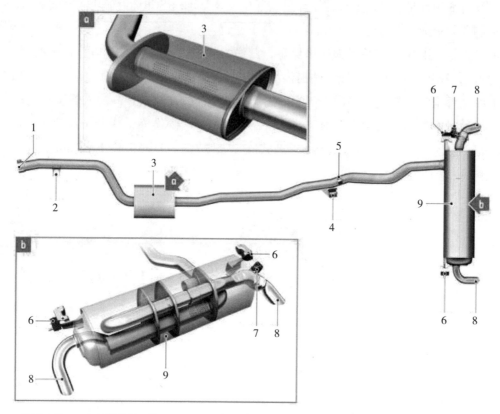

1.热端连接　2.变速器悬挂组件　3.前消音器　4.减震器的链轮　5.吊环　6.后消音器悬挂组件　7.废气风门伺服驱动装置　8.隐藏式排气尾管　9.后消音器

图2-2-12

适用于BMW 735i的宝马G70上的排气系统带有选装配置（如图2-2-13所示）：

（1）排气技术EU6 RDE II(SA 1DF)。

（2）排气技术C6b RDE(SA 1DD)。

带有以下配置：

（1）三元废气触媒转换器并结合。

（2）3.2L前消音器。

（3）41.3L后消音器。

适用于BMW 740i的宝马G70上的排气系统带有选装配置（如图2-2-14所示）：

（1）排气技术SULEV30(SA 1DR)。

（2）排气技术JPN-WLTP 2018(SA 1DK)。

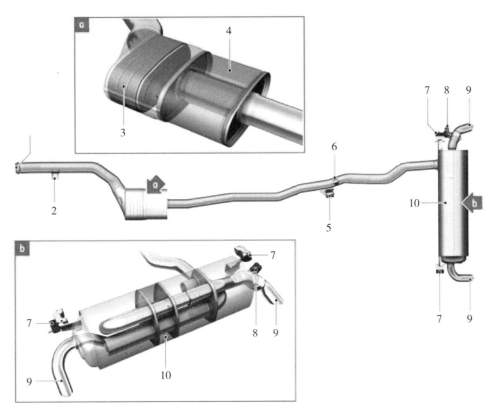

1.热端连接　2.变速器悬架组件　3.三元催化转换器　4.前消音器　5.减震器的链轮　6.吊环　7.后消音器悬架组件　8.废气风门伺服驱动装置　9.隐藏式排气尾管　10.后消音器

图2-2-13

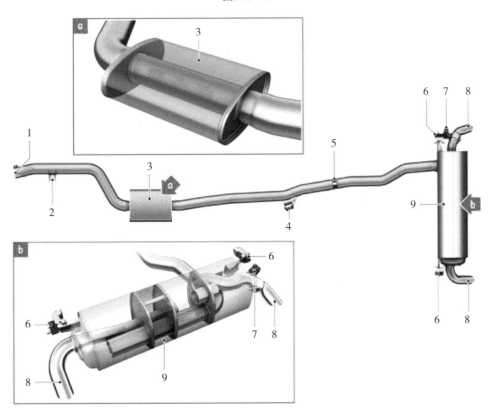

1.热端连接　2.变速器悬架组件　3.前消音器　4.减震器的链轮　5.吊环　6.后消音器悬架组件　7.废气风门伺服驱动装置　8.隐藏式排气尾管　9.后消音器

图2-2-14

带有以下配置：

（1）6.4L前消音器。

（2）41.3L后消音器。

（二）B58B30M2发动机RDE、S68B44T0发动机和B57D30O3发动机

适用于BMW 740i的宝马G70上的排气系统带有选装配置（如图2-2-15所示）：

（1）排气技术EU6 RDE II(SA 1DF)。

（2）排气技术C6b RDE(SA 1DD)。

带有以下配置：

（1）三元废气触媒转换器并结合。

（2）3.2L前消音器。

（3）41.3L后消音器。

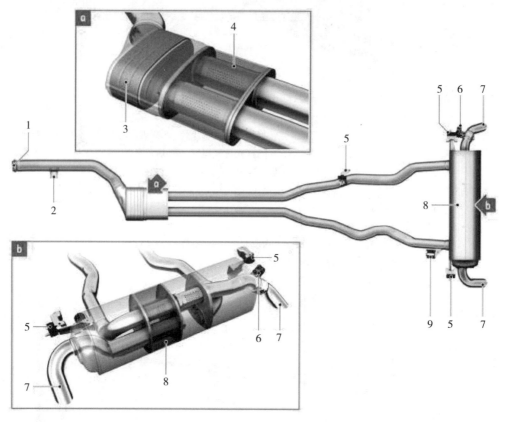

1.热端连接　2.变速器悬架组件　3.三元催化转换器　4.前消音器　5.悬架组件　6.废气风门伺服驱动装置　7.隐藏式排气尾管　8.后消音器　9.减震器的链轮

图2-2-15

适用于BMW 760i xDrive的宝马G70上的排气系统带有以下配置（如图2-2-16所示）：

（1）7.2L前消音器。

（2）7.2L中间消音器。

（3）45.1L后消音器。

适用于BMW 740d xDrive的宝马G70上的排气系统带有选装配置（如图2-2-17所示）：排气技术EU6d（SA 1DF）。

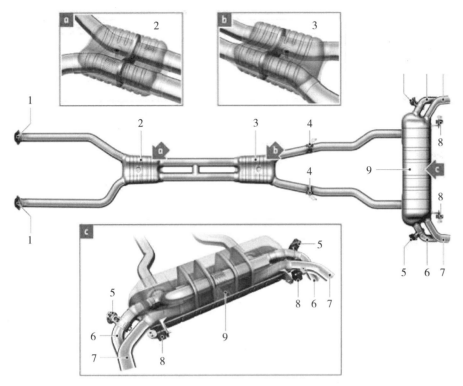

1.热端连接　2.前消音器　3.中间消声器　4.前部悬架组件　5.废气风门伺服驱动装置　6.隐藏式排气尾管　7.可见式排气尾管　8.后消音器悬架组件　9.后消音器

图2-2-16

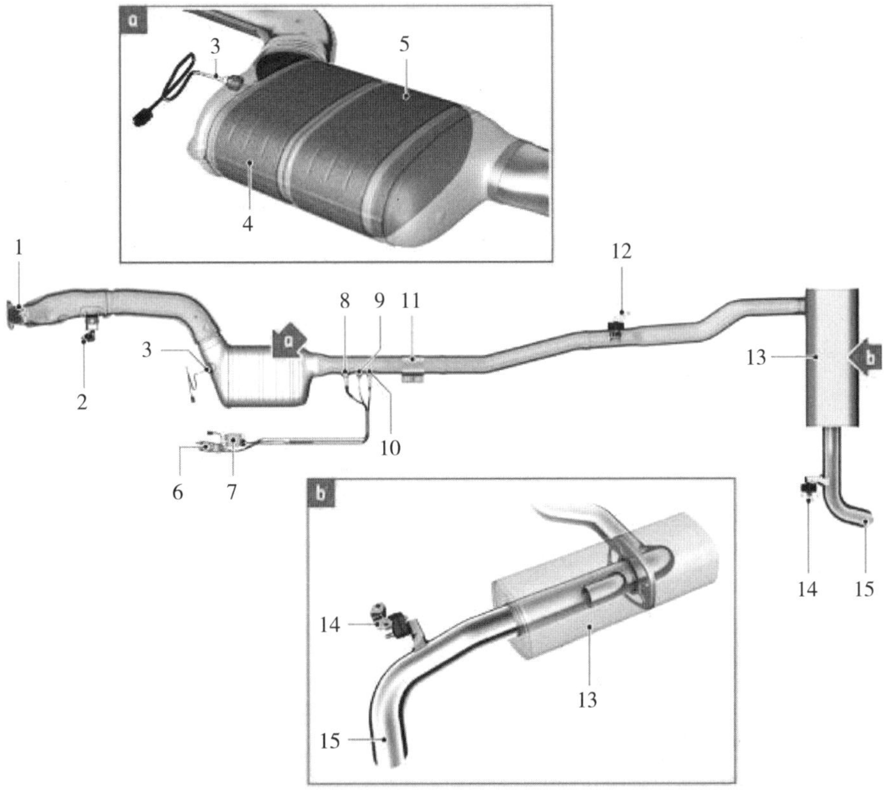

1.带SCR混合器的热端连接　2.前部悬架组件　3.SCR废气触媒转换器前的废气温度传感器（车辆底板）　4.前部SCR废气触媒转换器　5.后部SCR废气触媒转换器和集成的截止催化器　6.氮氧化物传感器控制单元　7.柴油颗粒传感器控制单元　8.柴油颗粒传感器　9.SCR废气触媒转换器前的废气温度传感器（车辆底板）　10.SCR废气触媒转换器后的氮氧化物传感器（车辆底板）　11.夹圈　12.后部悬架组件　13.后消音器　14.后消音器悬架组件　15.隐藏式排气尾管

图2-2-17

带有以下配置：

（1）5.7L SCR废气触媒转换器。

（2）18L后消音器。

七、燃油供给系统

（一）燃油箱

宝马G70的燃油箱以G11/G12的燃油系统为导向。在宝马G70上，针对所有发动机型号（PHEV除外）统一采用容积为74L的燃油箱。为满足地方性法规，采用以下型号：

（1）中国规格。

（2）欧洲规格。

（3）美国规格。

宝马G70欧洲规格燃油系统如图2-2-18所示。宝马G70美国规格燃油系统如图2-2-19所示。

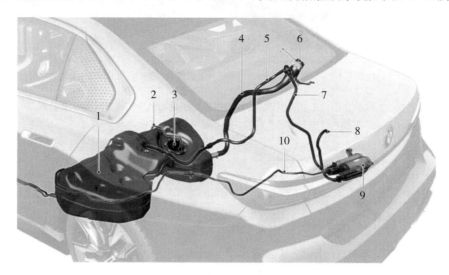

1.燃油箱　2.燃油供给管路　3.输送单元　4.燃油加注管　5.燃油箱排气管　6.燃油箱盖　7.油箱通风管路　8.活性炭过滤器排气管　9.活性炭过滤器　10.清洁空气管路

图2-2-18

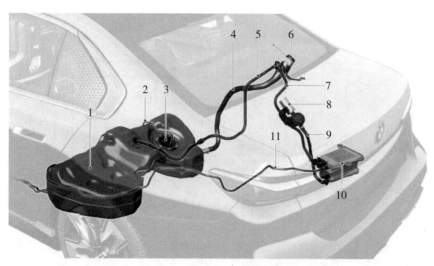

1.燃油箱　2.燃油供给管路　3.输送单元　4.燃油加注管　5.燃油箱排气管　6.燃油箱盖　7.油箱通风管路　8.自然真空检漏模块　9.从活性炭过滤器到自然真空检漏模块的燃油箱排气管　10.活性炭过滤器　11.清洁空气管路

图2-2-19

（二）活性炭过滤器

在设计宝马G70上的活性炭过滤器时，为满足地方性法规采用以下不同型号：

（1）中国规格。

（2）欧洲规格。

（3）美国规格。

宝马G70欧洲规格活性炭过滤器如图2-2-20所示。宝马G70中国规格、美国规格活性炭过滤器如图2-2-21所示。

1.燃油箱排气管接口　2.吹洗空气管路接口　3.活性炭过滤器　4.排气管路的接口

图2-2-20

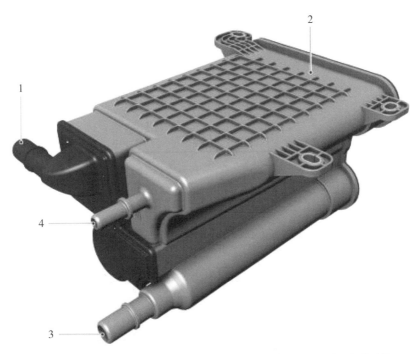

1.燃油箱排气管接口　2.活性炭过滤器　3.自然真空检漏接口　4.吹洗空气管路接口

图2-2-21

（三）燃油箱功能电子系统

在宝马G70上采用压力油箱电子控制系统TFE来控制电动燃油泵和进行功能监控。其有2个特定于车辆的TFE基本版和TFE高级版。

TFE基本版执行以下任务（外观如图2-2-22所示）：

（1）在规定的燃油低压状态下向发动机输送燃油。

（2）燃油箱液位检测。

（3）部件和信号诊断（车载诊断）。

（4）借助自然真空检漏NVLD的被动燃油箱泄漏诊断仅与汽油发动机相结合（目前仅限美国、中国、韩国或巴西规格）。

TFE高级版仅用于PHEV车辆，并且除了执行TFE基本版的任务外，还具有以下高级功能范围：

（1）通过控制油箱隔离阀对燃油压力油箱中的压力进行调节。

（2）借助燃油箱泄漏诊断模块DMTL进行主动燃油箱泄漏诊断（目前仅限美国、中国、韩国或巴西规格）。此外，TFE支持碰撞后的安全状态，TFE确保碰撞后停止供油。

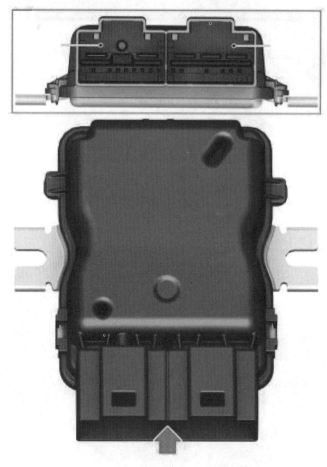

图2-2-22

八、发动机节能启停功能

在宝马G70上，采用发动机启动/停止自动装置MSA 2.5（宝马G70中未安装MSA按钮）。在MSA 2.5中实现以下变化：

（1）当行驶速度小于15km/h时进行MSA停止，这提高了MSA的可用性。

（2）即使未踩下制动踏板，也可进行MSA停止。

（3）MSA启动时启动机没有任何机构，因为这是用48V电机完成的。

（4）在MSA启动期间，车窗、车顶或刮水器的移动不会中断。

某些车辆在MSA 2.5方面具有一些特点，如图2-2-23所示。

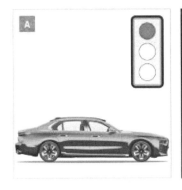 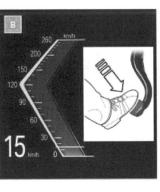 

A. 例如遇到红灯时减速至车辆静止　　B.驾驶员踩下制动踏板，　　C.发动机熄火，转速表显示"就绪"

行驶速度降至15km/h以下

图2-2-23

九、冷却系统

（一）主动风门控制

在宝马G70上采用第3代主动空气风门控制装置，如图2-2-24所示。其特点如下：

（1）简化和优化运动学。

（2）通过在节气门上的镀铬膜提升品质。

（3）通过2个伺服电机对冷却空气供应进行更有针对性的控制。

（4）改善风门系统和空气导管的密封性。

（5）为保护雷达传感器，在空气风门控制装置的连接元件中集成了弹簧套件。这实现了在轻微的作用力下，双肾格栅套件连同空气风门控制装置和雷达传感器无损伤的线性移动。

第3代主动空气风门控制装置显著降低了车辆的空气阻力。这减少了燃油消耗量，从而也减少了二氧化碳排放量。其适用于以下更改：

（1）左右两侧安装了一个空气风门，用于上部空气盖板控制装置，它们就在格栅后面。打开时，两个节气门通过居中布置的伺服电机向侧面转动。

（2）适用于下部空气盖板控制装置的空气风门现在由单独的伺服电机移动，这可根据冷却需求实现高效控制。使用下部空气盖板控制装置，也可以关闭制动空气冷却管道，这进一步提高了系统的效率。两个伺服电机由相应发动机控制单元通过LIN总线控制。

（二）低温冷却液循环回路

宝马G70根据机动化装置额外采用单独的低温冷却液循环回路。其中主要包括下列组件：

（1）电机电子装置EME GA8PTU3 Steptronic变速器。

（2）Combined Charging Unit CCU。

（3）GA8HPTU3 Steptronic变速器的电机电子伺控系统48V EME48。

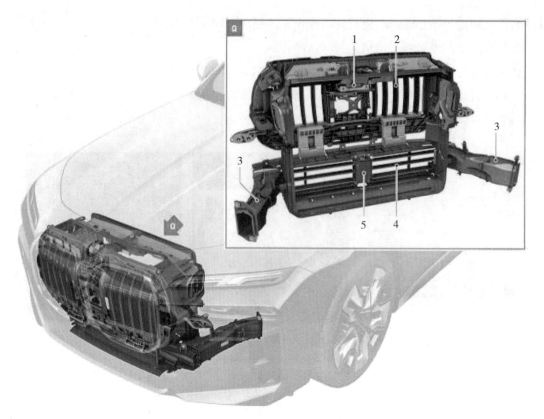

1.空气风门上部伺服电机　2.空气风门上部　3.制动空气冷却管道　4.空气风门下部　5.空气风门下部伺服电机

图2-2-24

（4）电池48V BATT48。

（5）电源控制单元48V PCU48（DC/DC转换器）。

根据发动机型号，宝马G70的低温冷却液循环回路还采用以下其他组件：

（1）增压空气冷却系统。

（2）空调系统冷却装置。

在冷却系统上工作或重新加注冷却系统后，必须按照维修手册中的规定执行排气过程。必须遵守加注规定。没有真空加注设备（均衡加注），则不允许进行加注，然后应执行冷却系统排气程序。根据安装的冷却液循环回路（仅限高温冷却液循环回路或高温和低温冷却液循环回路）注意差异，否则可能导致部件或发动机损坏。宝马G70 48V冷却组件（以BMW 760i xDrive为例）如图2-2-25所示。

十、Steptronic变速器

在全新宝马G70上，首次采用全新GA8HP Steptronic变速器，下面也将其称为自动变速器。全新Steptronic变速器是ZF公司(Zahnradfabrik Friedrichshafen AG)的第4代GA8HP变速器。在宝马保养服务中将其命名为GA8HPTU3。GA8HPTU3已具有众所周知的功能，但还有一些创新。

GA8HPTU3的关键更新包括以下几种：

（1）自动变速器的规格有传统型Steptronic变速器、采用轻度混合动力技术（简称MHEV）且名称为GA8HPxxMH的Steptronic变速器和采用插电式混合动力技术（简称PHEV）且名称为GA8PxxxPH的Steptronic变速器。

（2）在Steptronic变速器壳体中实现电机电子伺控系统48V EME48。

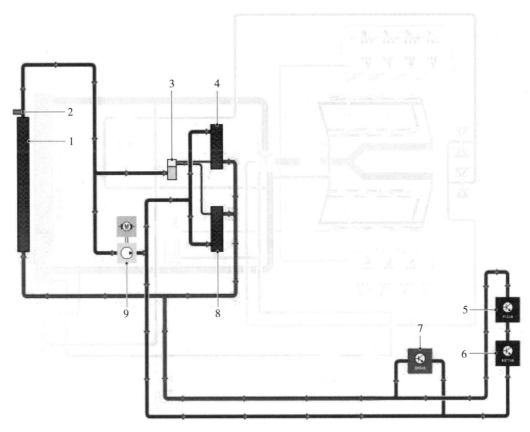

1.外置增压空气低温冷却液散热器　2.散热器出口冷却液温度传感器　3.增压空气低温冷却液膨胀箱　4.气缸列1间接增压空气冷却器　5.电源控制单元48VPCU48　6.48V电池BATT48　7.电机电子装置48V EME48　8.气缸列2间接增压空气冷却器　9.增压空气低温循环回路电动冷却液泵

图2-2-25

（3）在Steptronic变速器的壳体中实现电机电子装置EME EGS-EME。

（4）在自动变速器模块中覆盖3个扭矩范围。

GA8HPTU3 Steptronic变速器的其他特征如下：

（1）GA8HPTU3 Steptronic变速器仍支持功能互联换挡。

（2）我的模式引入全新调整杆套件。

（3）服务包2021中的全新功能SPORT BOOST代替了已经众所周知的冲刺功能。

（4）48V电机可以使没有发动机驱动的车辆，例如在自动蠕行和操控时，通过所谓的P1电动行驶移动（仅限带排气阀关闭的发动机）。

（5）通过驱动组件产生的扭振经电机平衡和补偿。

（6）进一步优化换挡干预和换挡时间点。

（7）滑行和发动机启动/停止自动装置MSA功能保持不变。

（8）可用于服务包2018、服务包2021和服务包2021R。

GA8HPTU3 Steptronic变速器的挡位生成基于GA8HP自动变速器。宝马G70 GA8HPTU3 Steptronic变速器结构如图2-2-26所示。

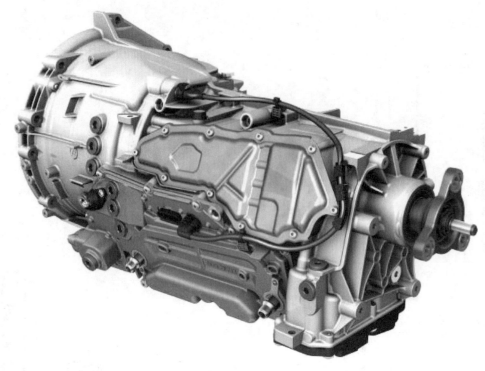

图2-2-26

十一、前桥主传动器

宝马G70的前桥差速器是在基于众所周知的G11/G12的前桥差速器基础上进一步发展的。在宝马G70上采用如表2-2-4所示前桥差速器：

表2-2-4

	VAG 170AL	VAG 173AL	VAG 175AL Top	传动比
BMW 740d xDrive	×	–	–	2.65
BMW 740i xDrive	×	–	–	3.08
BMW 760i xDrive	–	–	×	3.08
BMW 750e xDrive	–	×	–	3.08
BMW M760e xDrive	–	×	–	3.08

宝马G70上的前桥差速器的主要特点如下：

（1）为PHEV车辆新开发了前桥差速器VAG 173AL，后者在有限的安装空间内实现较高的扭矩传递。

（2）在配备S68发动机的车辆上采用VAG 175AL TOP。它是在G11/G12的VAG 175AL的基础上进一步发展起来的，为更高扭矩而设计。

始终借助电子零件目录ETK识别前桥差速器。这是为相应车辆安装适当的前桥差速器以实现适当传动比的基础。宝马G70前桥差速器VAG 170AL结构如图2-2-27所示。

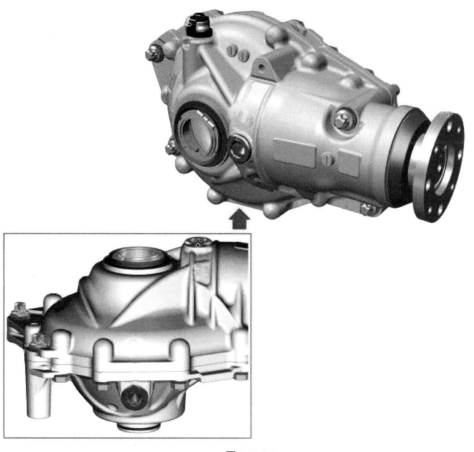

图2-2-27

十二、分动器

随着宝马G70的上市，其采用了全新分动器。名称为ATC 14-1的新分动器代替了分动器ATC 13-1，结构如图2-2-28所示。ATC 14-1分动器的主要特点如下：

（1）在将扭矩容量提高到1400 N·m的同时降低重量。

图2-2-28

（2）用于减轻震动和刺激的中间的变速器支座。

（3）采用链条传动的标准分动器和基于后轮驱动的全轮驱动系统，并作为ATC 13-1的进一步发展目标。前传动轴已拆下时，不允许车辆继续行驶。

十三、后桥主减速器

G70的后桥差速器在众所周知的G11/G12的基础上进一步发展。在宝马G70上采用表2-2-5所示后桥差速器。

表2-2-5

	HAG 205AL	HAG 225AL	传动比
BMW 735i	×	–	3.65
BMW 740d xDrive	–	×	2.65
BMW 740i	–	×	3.08
BMW 760i xDrive	–	×	3.08
BMW 750e xDrive	–	×	3.08
BMW M760e xDrive	–	×	3.08

宝马G70上的后桥差速器的主要特点如下：

（1）提高扭矩容量。

（2）减少可能传递至车辆的震动刺激。

始终借助电子零件目录ETK识别后桥差速器。这是为相应车辆安装适当的后桥差速器以实现适当传动比的基础。宝马G70后桥差速器如图2-2-29所示。

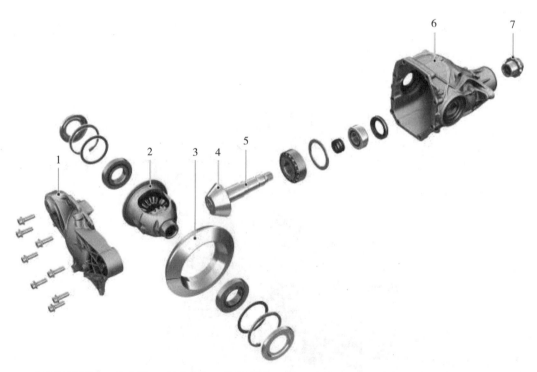

1.后桥差速器盖 2.差速器 3.环形齿轮 4.圆锥齿轮 5.变速器输入轴 6.后桥差速器壳体 7.双重螺母

图2-2-29

58

十四、传动轴

传动轴将驱动功率从手动变速器、自动变速器、分动器或圆锥齿轮传动装置以扭矩和转速的形式传递到后桥与前桥差速器。在宝马G70上，采用有G11/G12为人所知或衍生而来的传动轴。根据机动化装置，在宝马G70上采用不同规格。其不同之处如下：

（1）长度。

（2）连接至变速器或分动器的分度圆直径。

（3）十字接头的直径。

（4）用于连接至后桥差速器的万向节。

在传动轴中间轴承上工作时，不得超过最大允许的弯曲角度，务必遵守当前维修手册中的指示。宝马G70前部传动轴如图2-2-30所示。宝马G70后部传动轴如图2-2-31所示。

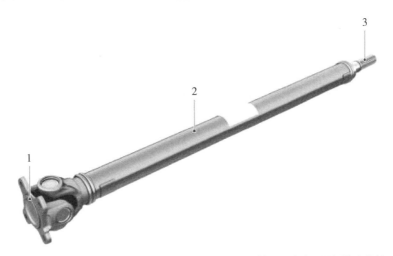

1.十字轴万向节（在前桥主传动器上）2.管状轴万向轴　3.分动器的插接连接件

图2-2-30

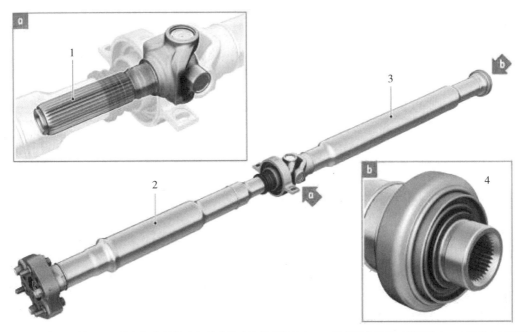

1.带移动单元的传动轴中间轴承　2.前半部分轴体（包括碰撞功能的管状轴）　3.后半部分轴体（管状轴）　4.后桥主减速器连接装置

图2-2-31

十五、从动轴

从动轴以扭矩和速度的形式将驱动功率从轴齿轮箱传输到车轮。在宝马G70上，前部采用由G11/G12组成的输出轴。后部输出轴具有以下的特点：

（1）输出轴重量经过优化。

（2）设计为空心轴，根据机动化装置的不同，直径大小有所区别。

（3）根据机动化装置采用其他万向节规格。

（4）带纵向啮合齿的插销作为与后桥的连接元件，适应于相应后桥差速器。

左侧和右侧输出轴由于后桥差速器的定位在长度上有所不同。因此，始终借助电子零件目录ETK识别输出轴。宝马G70前从动轴如图2-2-32所示。宝马G70后桥半轴如图2-2-33所示。

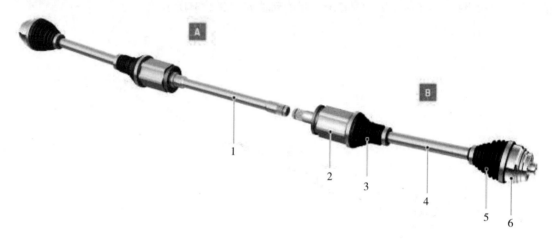

A. 右侧从动轴　B.左侧从动轴　1.右侧从动轴　2.万向节　3.变速器侧防尘套　4.左侧从动轴　5.车轮侧防尘套　6.端面啮合

图2-2-32

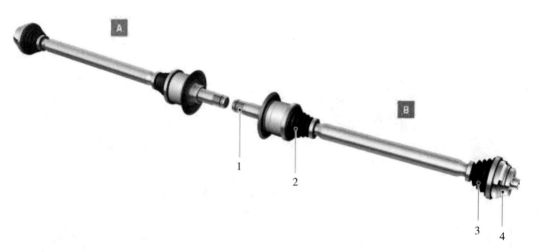

A. 右侧从动轴　B. 左侧从动轴　1.与主传动器的插接连接件　2.变速器侧防尘套　3.车轮侧防尘套　4.端面啮合

图2-2-33

第三节　宝马G60驱动系统

　　全新宝马5系车型（G60）灵活的车辆架构，一开始为3种驱动形式而设计。由此实现为豪华商务轿车配备全新模块化的宝马高效动力发动机的目标，现采用最新规格的轻度混合动力技术，以及配备插电式混合动力技术和eDrive。宝马G60驱动系统结构如图2-3-1所示。规格参数如表2-3-1所示。

图2-3-1

表2-3-1

系统	G60中的规格 B47TU2发动机 B48TU2发动机 B58TU2发动机
发动机控制单元	第9代数字式柴油机电子伺控系统DDE 第9代数字式发动机电子伺控系统DME
柴油发动机排气系统	SCR5
燃油箱功能电子系统	TFE基本版
发动机节能启停功能	MSA 2.5
传动机构	GA8HPTU3
分动器	具有节能模式的ATC 14-1
动力传动系统型号	G60 BEV车型的驱动系统 G60 PHEV 后轮驱动 后轮驱动的四轮驱动

一、动力传动系统型号

与前任车型一样，宝马G60也可选配全轮驱动系统。投入市场时，根据市场情况可在4缸与6缸发动机之间选择。在欧洲规格的宝马G60上，仅提供4缸汽油发动机、柴油发动机、插电式混合动力车（PHEV）和电动车（BEV），其他引擎将在以后推出。宝马G60上的所有发动机型号均为采用48V系统的轻度混合动力车（MHEV）。根据国别定制车辆和发动机型号的不同，使用曲轴启动器发电机（通过自动变速器中的电机启动发动机）或启动发电机48V SGR48，参数如表2-3-2所示。

表2-3-2

规格	欧洲规格	美国规格	中国规格	世界其他地区规格
B48TU2发动机	曲轴启动器发电机	启动发电机48V SGR48	启动发电机48V SGR48	启动发电机48V SGR48
B58TU2发动机	曲轴启动器发电机	曲轴启动器发电机	曲轴启动器发电机	曲轴启动器发电机
B47TU2发动机	启动发电机48V SGR48	–	–	启动发电机48V SGR48

二、汽油发动机

汽油发动机性能参数如表2-3-3所示。

表2-3-3

车型	发动机	结构形式	排量cm³	功率kW（hp）	扭矩（N·m/rpm）
BMW 520i	B48B20M2	R4	1998	140（190）	310
BMW 530i	B48B20O2	R4	1998	190（258）	400
BMW 530i xDrive	B48B20O2	R4	1998	190（258）	400
BMW 540i xDrive	B58B30M2	R6	2998	280（381）	520

始终将数值与最新的销售资料进行比对。

（一）B48TU2发动机（如图2-3-2所示）

由于欧盟对遵守排放限制有更严格的要求，因此需要采取进一步措施，提高汽油发动机的效率并降低废气值。RDE条件下的排放限制对现代汽油发动机的开发过程提出了巨大的挑战。为了满足新增要求，正在对2017年7月推出的B48TU1发动机进行后续开发。B48TU2发动机满足欧六E RDE II排放标准并且在设计方面能够符合未来的排放标准。同时，可以实现功率和扭矩的增加。凭借全新B48TU2发动机，高效的4缸发动机现在不仅用于发动机驱动，还用于插电式混合动力车(PHEV)。

B48TU2发动机的特点：

（1）可通过排气阀关闭停用排气门（仅限MHEV）。

（2）新的燃烧室几何形状。

（3）米勒燃烧过程。

（4）双喷射。

（5）主动式点火线圈。

（6）DME 9。

（7）第2代汽油微粒过滤器。

B48TU2发动机与48V电机相结合，可启动发动机并为自动变速器GA8HPTU3（国家/地区特定）中的12V电池与48V电池充电。

图2-3-2

（二）B58TU2发动机（如图2-3-3所示）

6缸汽油发动机（B58TU2发动机）针对配备发动机的宝马G70再次改进，因此也可在宝马G60上使用。凭借全新B58TU2发动机，高效的6缸发动机现在不仅用于宝马机驱动，还用于插电式混合动力车（PHEV）。

B58TU2发动机的特点：

（1）批量使用eVANOS。

图2-3-3

（2）可通过排气阀关闭停用排气门（仅限MHEV）。

（3）新的燃烧室几何形状。

（4）米勒燃烧过程。

（5）双喷射。

（6）主动式点火线圈。

（7）DME 9。

（8）第2代汽油微粒过滤器。

B58TU2发动机与48V电机相结合，可启动发动机并为自动变速器GA8HPTU3中的12V电池与48V电池充电。

三、柴油发动机

柴油发动机性能参数如表2-3-4所示。

表2-3-4

车型	发动机	结构形式	排量cm³	功率kW（hp）	扭矩（N·m/rpm）
BMW 520d	B47D20O2	R4	1995	145（197）	400
BMW 520d xDrive	B47D20O2	R4	1995	145（197）	400

始终将数值与最新的销售资料进行比对。

B47TU2发动机（如图2-3-4所示）。

图2-3-4

由于废气法规欧六E RDE II要求的提高，2017年11月推出的B47TU发动机正在进一步开发。在宝马5系（G60）批量生产开始之时，推出了采用纵向安装位置的B47TU2发动机。与B47TU发动机相比，

B47D20O2发动机的主要创新在于更好的反应特性，进一步降低燃油消耗，从而减少有害物质的排放。同时，发动机功率进一步提高。

进一步发展涉及以下方面：

（1）发动机机械机构。

（2）机油供应。

（3）冷却系统。

（4）进气及排气系统。

（5）混合气制备。

（6）以及发动机电气系统。

四、发动机支撑

宝马G60具有纯液压发动机支座和电动阻尼可控式发动机支座。在配备柴油发动机的车型上，宝马G60采用电动阻尼可控式发动机支座。相比于已知的气动阻尼可控式发动机支座，其无须真空系统。

五、SCR5

宝马G60配有第5代SCR系统SCR5，SCR5是第2代SCR系统SCR2的进一步发展。两款系统皆出自Bosch®公司。在G30上采用了Continental®公司的第3代及第4代SCR系统。

SCR 5的特点：

（1）采用全新组件，例如储罐法兰模块、SCR输送模块、SCR计量模块以及SCR控制单元。

（2）采用2个SCR计量模块。通过控制计量，现在也可控制2个SCR计量模块。

（3）将SCR控制单元集成到服务包2021中。

在宝马G60上，AdBlue仅在主动储罐中储存，其最大容积为20L。宝马G60上的SCR系统不仅能通过KRUSE瓶加注，还可以使用许多加油站提供的AdBlue加注枪，其输送量可高达40L/min。宝马G60上的SCR加注系统没有气泡分离器，气泡分离器的功能已集成在AdBlue注入管接头壳体（如图2-3-5中2）中。加油时逸散的空气现在经通风盖（如图2-3-5中5）流入轮罩，由此可避免在加油期间产生异味。集成在通风盖（如图2-3-5中5）中的浮球式阀（如图2-3-5中6）可防止AdBlue流出，尤其是在使用AdBlue加油枪快速加油时。

六、排气消音器系统

（一）B48B20M2欧洲规格发动机

宝马G60上用于B48B20M2欧洲规格发动机的排气装置带有以下配置（如图2-3-6所示）：

（1）2.7L前消音器。

（2）39.5L后消音器。

（二）B48B20M2美国规格发动机

宝马G60上用于B48B20M2美国规格发动机的排气装置带有以下配置（如图2-3-7所示）：

（1）2.7L前消音器。

（2）39.5L后消音器。

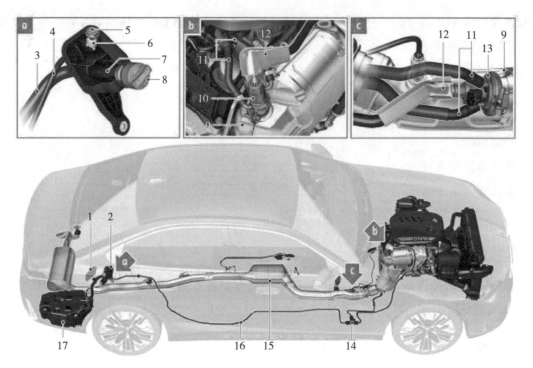

1.SCR控制单元　2.AdBlue注入管接头壳体　3.SCR加注通道　4.SCR加注和排气管道　5.通风盖　6.浮球式阀　7.AdBlue加注接头　8.SCR储罐盖　9.发动机侧催化转换器　10.柴油微尘过滤器SCRF前的SCR计量模块　11.冷却液接口　12.带有隔热件的SCR计量模块液压接口　13.SCR废气触媒转换器前的SCR计量模块（车辆底板）　14.分配器块计量管路　15.SCR废气触媒转换器（车辆底板）　16.计量管路（加热式）　17.主动罐

图2-3-5

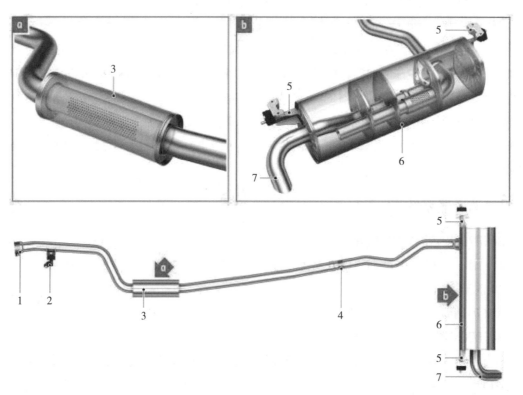

1.热端连接　2.变速器悬架组件　3.前消音器　4.吊环　5.后消音器悬架组件　6.后消音器　7.排气尾管（左侧被遮盖）

图2-3-6

66

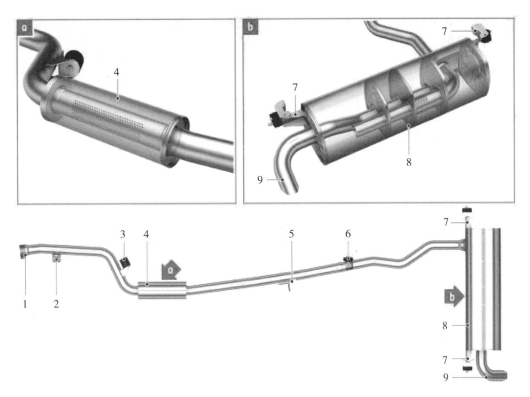

1.热端连接　2.变速箱悬挂组件　3.减震器的链轮　4.前消音器　5.吊环　6.悬挂组件　7.后消音器悬挂组件　8.后消音器　9.排气尾管（左侧被遮盖）

图2-3-7

（三）B48B20O2欧洲规格发动机

宝马G60上用于B48B20O2欧洲规格发动机的排气装置带有以下配置（如图2-3-8所示）：

（1）6.4L前消音器。

（2）41.3L后消音器。

（四）B48B20O2美国规格发动机

宝马G60上用于B48B20O2美国规格发动机的排气装置带有以下配置（如图2-3-9所示）：

（1）6.4L前消音器。

（2）41.3L后消音器。

（五）B58B30M2美国规格发动机

宝马G60上用于B58B30M2美国规格发动机的排气装置带有以下配置（如图2-3-10所示）：

（1）6.4L前消音器。

（2）41.3L后消音器。

（六）B47D20O2欧洲规格发动机

宝马G60上用于B47D20O2欧洲规格发动机的排气装置带有以下配置（如图2-3-11所示）：

（1）5.7 L SCR废气触媒转换器。

（2）16L后消音器。

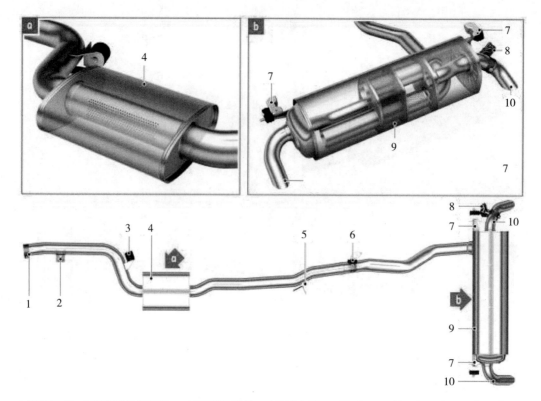

1.热端连接　2.变速器悬架组件　3.减震器的链轮　4.前消音器　5.吊环　6.悬挂组件　7.后消音器悬挂组件　8.废气风门伺服驱动装置　9.后消音器　10.排气尾管（左侧被遮盖）

图2-3-8

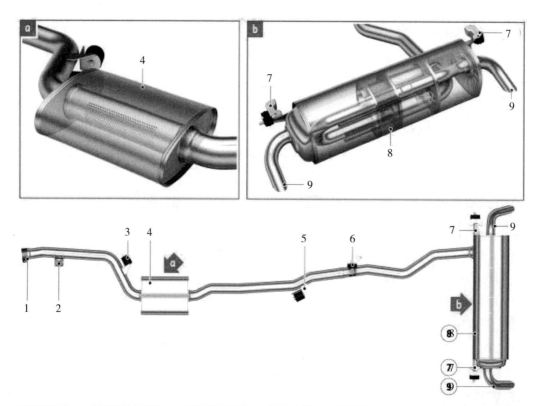

1.热端连接　2.变速器悬架组件　3.减震器的链轮　4.前消音器　5.减震器的链轮　6.悬架组件　7.后消音器悬架组件　8.后消音器　9.排气尾管（左侧被遮盖）

图2-3-9

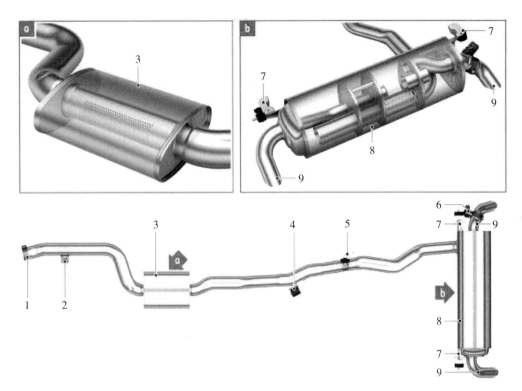

1.热端连接 2.变速器悬架组件 3.前消音器 4.减震器的链轮 5.吊环 6.废气风门伺服驱动装置 7.后消音器悬架组件 8.后消音器 9.排气尾管（左侧被遮盖）

图2-3-10

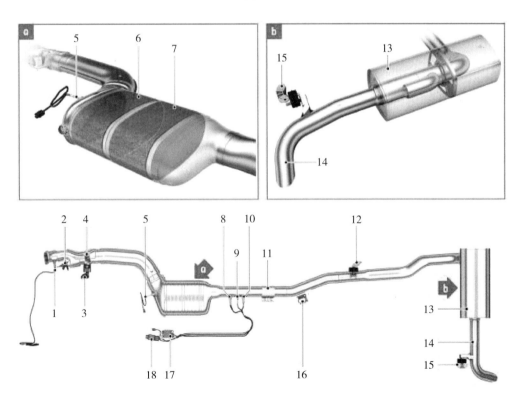

1.SCR废气触媒转换器前的氧和氮氧化物组合传感器（车辆底板） 2.SCR废气触媒转换器前的SCR计量模块（车辆底板） 3.前部悬挂组件 4.SCR混合器 5.SCR废气触媒转换器前的废气温度传感器（车辆底板）6.前部SCR废气触媒转换器 7.后部SCR废气触媒转换器和集成的截止催化器 8.柴油颗粒传感器 9.SCR废气触媒转换器前的废气温度传感器（车辆底板） 10.SCR废气触媒转换器后的氮氧化物传感器（车辆底板） 11.作为备件的夹圈（进行修复时的切割位置） 12.后桥架梁悬架组件 13.后消音器 14.排气尾管（左侧被遮盖） 15.后消音器悬挂组件 16.减震器的链轮 17.柴油颗粒传感器控制单元 18.氮氧化物传感器控制单元

图2-3-11

七、燃油供给系统

（一）燃油箱

宝马G60的燃油箱以G30的燃油系统为导向。在宝马G60上，针对所有发动机型号（包括PHEV）统一采用容积为60L的燃油箱。为满足地方性法规，采用以下型号：

（1）中国规格。

（2）欧洲规格。

（3）美国规格。

（4）柴油发动机。

（5）汽油发动机。

（6）带/不带驻车暖风。

宝马G60欧洲规格燃油系统如图2-3-12所示。宝马G60美国规格燃油系统如图2-3-13所示。宝马G60柴油燃油系统如图2-3-14所示。

欧洲规格和美国规格的燃油管路有所不同。因此，为了更好地区分，以不同颜色显示燃油管路。应始终借助电子零件目录ETK识别燃油管路。

（二）电动燃油泵

在配备B47发动机的宝马G60上，采用所谓的螺杆泵进行燃油供给。螺杆泵在降低能耗的同时提供更高的体积流量。螺杆泵的另一个优点是与进流驱动的喷射输送泵相结合，高压泵的供油压力最多可低至3bar（ECO模式），从而为车载网络节省能量。

1.燃油箱　2.燃油供给管路　3.输送单元　4.燃油箱排气管　5.燃油加注管　6.燃油箱盖　7.油箱通风管路　8.活性炭过滤器排气管　9.活性炭过滤器　10.清洁空气管路

图2-3-12

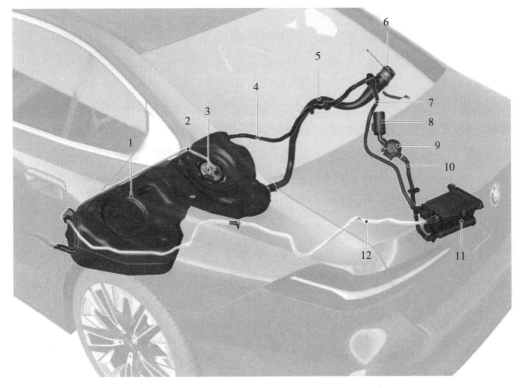

1.燃油箱　2.燃油供给管路　3.输送单元　4.燃油箱排气管　5.燃油加注管　6.燃油箱盖　7.油箱通风管路　8.滤尘器　9.自然真空检漏NVLD模块　10.从活性炭过滤器到自然真空检漏NVLD模块的燃油箱排气管　11.活性炭过滤器　12.清洁空气管路

图2-3-13

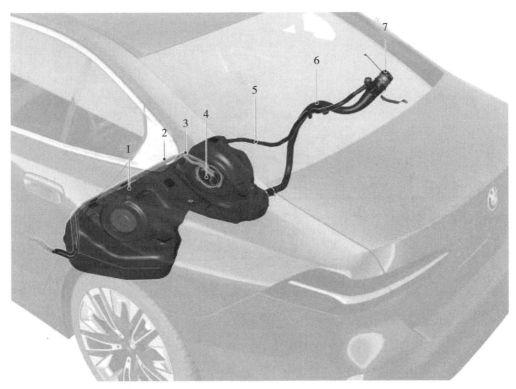

1.燃油箱　2.燃油回流管路　3.燃油供给管路　4.输送单元　5.燃油箱排气管　6.燃油加注管　7.燃油箱盖

图2-3-14

71

（三）活性炭过滤器

在设计宝马G60上的活性炭过滤器时，为满足地方性法规采用不同型号。在此涉及以下型号：

（1）欧洲规格

（2）中国规格。

（3）美国规格。

宝马G60欧洲规格活性炭过滤器如图2-3-15所示。宝马G60中国规格、美国规格活性炭过滤器如图2-3-16所示。

1.燃油箱排气管接口　2.吹洗空气管路接口　3.活性炭过滤器　4.大气管接头

图2-3-15

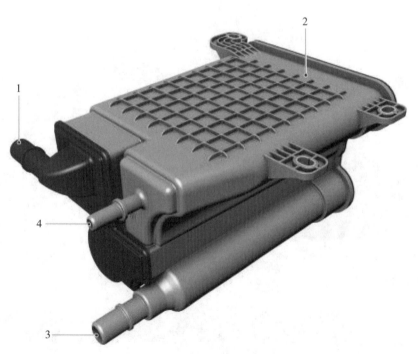

1.燃油箱排气管接口　2.活性炭过滤器　3.自然真空检漏NVLD接口　4.吹洗空气管路接口

图2-3-16

（四）燃油箱功能电子系统

在宝马G60上使用压力油箱电子控制系统TFE来控制电动燃油泵和进行功能监控。其特定于车辆的版本有2个，分别是TFE基本版和TFE高级版。

TFE基本版（如图2-3-17所示）执行以下任务：

（1）在规定的燃油低压下向发动机输送燃油。

（2）燃油箱液位检测。

（3）部件和信号诊断（车载诊断）。

（4）通过自然真空检漏NVLD的被动燃油箱泄漏诊断与汽油发动机相结合（目前仅限美国、中国、韩国或巴西规格）。

TFE高级版仅用于PHEV车辆，并且除了执行TFE基本版的任务，还具有以下高级功能范围：

（1）通过控制油箱隔离阀进行燃油压力油箱中的压力调节。

（2）使用燃油箱泄漏诊断模块DMTL的主动燃油箱泄漏诊断功能（目前仅限美国、中国、韩国或巴西规格）。此外，TFE支持碰撞后的安全状态，TFE确保碰撞后停止供油。

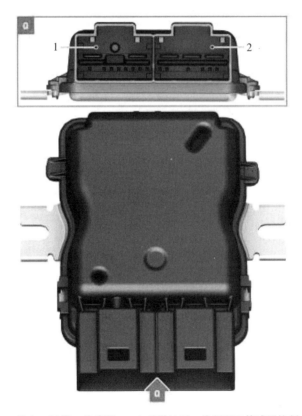

1.供电、通信、传感器　2.电动燃油泵、执行器和传感器控制

图2-3-17

八、发动机节能启停功能

在宝马G60上，采用发动机启动/停止自动装置MSA 2.5。宝马G60中未安装MSA按钮。

在MSA 2.5中实现以下变化：

（1）当行驶速度小于15km/h时进行MSA停止，这提高了MSA的可用性

（2）即使未踩下制动踏板，也可进行MSA停止。

（3）MSA启动时起动机不会发出嘎嘎声，因为此操作在48V电机上进行。

（4）在MSA启动期间车窗、车顶或刮水器的移动不会中断。

九、主动风门控制

在宝马G60上采用第3代主动空气风门控制装置，其特点如下：

（1）简化和优化运动学。

（3）通过节气门上的镀铬膜提升品质。

（4）通过2个伺服电机对冷却空气供应进行更有针对性的控制。

（5）改善风门系统和空气导管的密封性。

为保护雷达传感器，在空气风门控制装置的连接元件中集成了弹簧套件。这实现了在轻微的作用力下，双肾格栅套件连同空气风门控制装置和雷达传感器无损伤的线性移动。第3代主动空气风门控制装置显著降低了车辆的空气阻力。这减少了燃油消耗量，从而也减少了二氧化碳排放量。以下更改也同样适用：

（1）左右两侧安装了一个空气风门，可控制上部空气盖板。它们就在格栅后面。打开时，两个节气门通过居中布置的伺服电机向侧面转动。

（2）下部空气盖板控制装置的空气风门现在由单独的伺服电机移动，这可根据冷却需求实现高效控制。

（3）使用下部空气盖板控制装置，也可以关闭制动空气冷却管道。这进一步提高了系统的效率。

两个伺服电机由相应发动机控制单元通过LIN总线控制。宝马G60主动空气风门控制装置如图2-3-18所示。

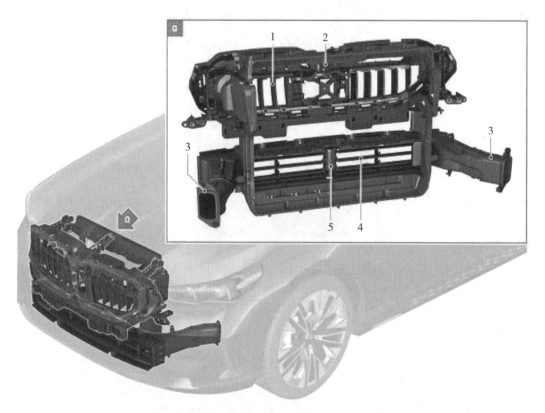

1.空气风门上部　2.上部节气门伺服电机　3.制动空气冷却管道　4.空气风门下部　5.下部节气门伺服电机

图2-3-18

在宝马G60上，根据机动化装置额外采用单独的低温冷却液循环回路。其中主要包括下列组件：

（1）电机电子装置EME GA8PTU3 Steptronic变速器。

（2）组合式充电单元CCU。

（3）GA8HPTU3 Steptronic变速器的电机，电子伺控系统48V EME48。

（4）启动发电机48V SGR48（视车型和国别定制车辆而定）。

（5）48V电池BATT48。

（6）电源控制单元48V PCU48（DC/DC转换器）。

根据发动机型号不同，在宝马G60的低温冷却液循环回路中可采用其他组件。

在冷却系统上工作或重新加注冷却系统后，必须按照维修手册中的规定执行排气过程，必须遵守加注规定，不允许在没有真空加注机（均衡加注）的情况下进行加注。然后应执行冷却系统排气程序，根据安装的冷却液循环回路（仅限高温冷却液循环回路或高温和低温冷却液循环回路）注意差异，否则可能导致部件或发动机损坏。

十、Steptronic变速器

在全新宝马G60上采用GA8HP Steptronic变速器，如图2-3-19所示。下面也将其称为自动变速器。全新Steptronic变速器是ZF公司（Zahnradfabrik Friedrichshafen AG）的第4代GA8HP变速器。在宝马保养服务中将其命名为GA8HPTU3。GA8HPTU3已具有众所周知的功能，但还有一些创新。GA8HPTU3的关键更新包括以下几点：

（1）自动变速器设计：常规Steptronic变速器、采用轻度混合动力技术且名称为GA8HPxxMH的Steptronic变速器和采用插电式混合动力技术且名称为GA8PxxxPH的Steptronic变速器。

（2）在Steptronic变速器的壳体中实现电机-电子伺控系统48V EME48。

（3）在Steptronic变速器的壳体中实现变速器控制系统电机电子伺控系统EGS-EME。

（4）在自动变速器模块中覆盖3个扭矩范围。

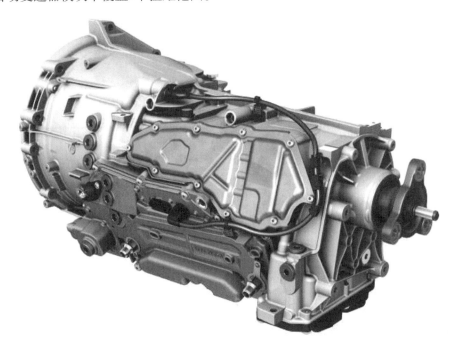

图2-3-19

GA8HPTU3 Steptronic变速器的更多特征：

（1）GA8HPTU3 Steptronic变速器仍支持功能互联换挡。

（2）我的模式引入全新调整杆套件。

（3）服务包2021中的全新功能SPORT BOOST代替了已经众所周知的冲刺功能。

（4）48V电机可以使用在没有发动机驱动的车辆上，例如在自动蠕行和操控时，通过所谓的P1电动行驶移动（仅限带排气阀关闭的发动机）

（5）通过驱动组件产生的扭振经电机平衡和补偿。

（6）进一步优化换挡干预和换挡时间点。

（7）滑行和发动机节能自动启停MSA功能保持不变。

（8）可用于服务包2018、服务包2021和服务包2021R。

GA8HPTU3 Steptronic变速器的挡位生成基于GA8HP自动变速器。

十一、分动器

与已经在宝马G70上引入的一样，在宝马G60上也采用名称为ATC 14-1的分动，如图2-3-20所示。ATC14-1分动器的主要特点在于以下几点：

（1）将扭矩容量提高到1400N·m的同时降低重量。

（2）用于减轻震动和刺激的中间的变速器支座。

（3）采用链条传动的标准分动器，针对基于后轮驱动的全轮驱动系统，前传动轴已拆下时，车辆不得继续行驶。

图2-3-20

十二、传动轴

传动轴将驱动功率从手动变速器、自动变速器、分动器或圆锥齿轮传动装置以扭矩和转速的形式传递到后桥与前桥差速器。在宝马G60上，采用新的、众所周知的或从宝马G70衍生而来的传动轴。宝马

G60上的前传动轴经过重新开发，在配备全轮驱动系统的所有衍生品上使用。视机动化装置而定，在宝马G60上采用不同规格的后传动轴。其不同之处在于以下几点：

（1）长度。

（2）连接至变速器或分动器的分度圆直径。

（3）十字接头的直径

（4）用于连接至后桥差速器的万向节。

在传动轴中间轴承上工作时，不得超过最大允许的弯曲角度。务必遵守当前维修手册中的指示。宝马G60前部传动轴如图2-3-21所示。宝马G60后部传动轴如图2-3-22所示。

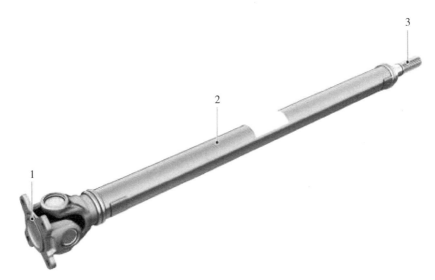

1.十字轴万向节（在前桥主传动器上） 2.管状轴万向轴 3.分动器的插接连接件

图2-3-21

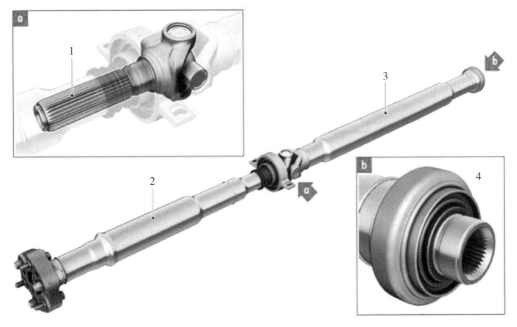

1.带移动单元的传动轴中间轴承 2.前半部分轴体（包括碰撞功能的管状轴） 3.后半部分轴体（管状轴） 4.后桥主减速器连接装置

图2-3-22

十三、前桥主传动器

宝马G60的前桥差速器基于众所周知的宝马G70的前桥差速器。在宝马G60上采用如表2-3-5所示的前桥差速器。

表2-3-5

发动机	VAG 170AL	VAG 173AL	传动比
B48B20M2	×	–	3.08
B48B20O2	×	–	3.15
B58B30M2	×	–	3.08
B58B30U2	–	×（PHEV）	3.08
B47D20O2	×	–	3.08

G60上的前桥差速器的主要特点如下：为PHEV车辆新开发了前桥差速器VAG 173AL，后者在有限的安装空间内实现较高的扭矩传递。始终借助电子零件目录ETK识别前桥差速器。这是为相应车辆安装适当的前桥差速器以实现适当传动比的基础。G60前桥差速器VAG 170AL如图2-3-23所示。

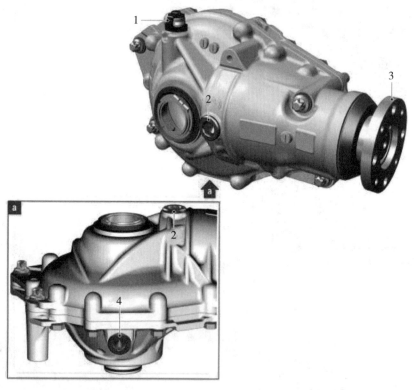

1.变速器通风装置　2.齿轮油加油塞　3.驱动法兰　4.齿轮油放油塞

图2-3-23

十四、后桥主减速器

宝马G60的前桥差速器是基于众所周知的G11/G12的前桥差速器而设计的，其已经在宝马G70上得到进

78

一步发展。在宝马G60上采用如表2-3-6所示后桥差速器。

表2-3-6

发动机	HAG 205AL	HAG 225AL	传动比
B48B20M2	×	×（配备后轮驱动系统的PHEV）	3.08
B48B20O2	×	−	3.15
B58B30M2	−	×	3.08
B47D20O2	×	−	3.08

宝马G60上的后桥差速器的主要特点在于以下几点：

（1）提高扭矩容量。

（2）减少可能传递至车辆的震动刺激。

始终借助电子零件目录ETK识别后桥差速器。这是为相应车辆安装适当的后桥差速器以实现适当传动比的基础。宝马G60后桥差速器如图2-3-24所示。

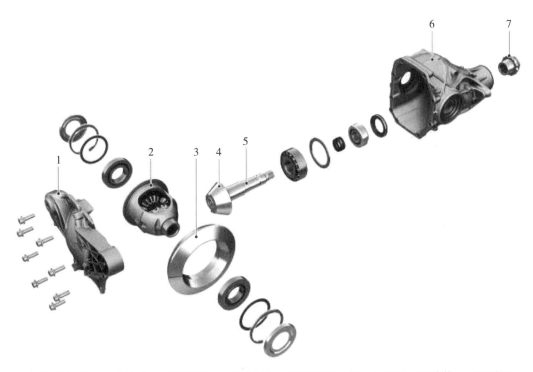

1.后桥差速器盖　2.差速器　3.环形齿轮　4.圆锥齿轮　5.变速器输入轴　6.后桥差速器壳体　7.双重螺母

图2-3-24

十五、从动轴

从动轴以扭矩和速度的形式将驱动功率从轴齿轮箱传输到车轮。在宝马G60的前部和后部采用众所周知的，从宝马G70衍生而来的输出轴，其具有以下特点：

（1）输出轴重量经过优化。

（2）设计为实心轴，直径因机动化装置而异。

（3）根据机动化装置不同，采用其他万向节规格。

（4）对于前输出轴，三头滚动面在末端填缝，以防装配时三头万向节脱出。

（5）对于车轮侧连接，前输出轴为特殊的球形固定万向节，其具有最大夹角为52°的S形弯曲滚道以减小转弯直径。

（6）带纵向啮合齿的插销作为与后桥的连接元件，适应于相应后桥差速器。

左侧和右侧输出轴由于后桥差速器的定位在长度上有所不同。因此，始终借助电子零件目录ETK识别输出轴。G60前从动轴如图2-3-25所示。G60后桥半轴如图2-3-26所示。

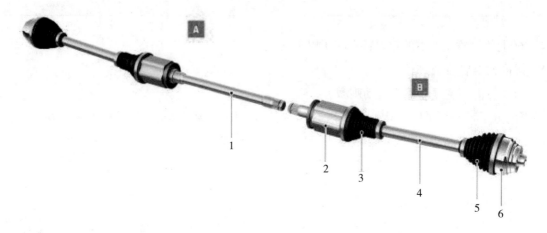

A. 右侧从动轴　B. 左侧从动轴　1.从动轴　2.万向　3.变速器侧防尘套　4.从动轴　5.车轮侧防尘套　6.端面啮合

图2-3-25

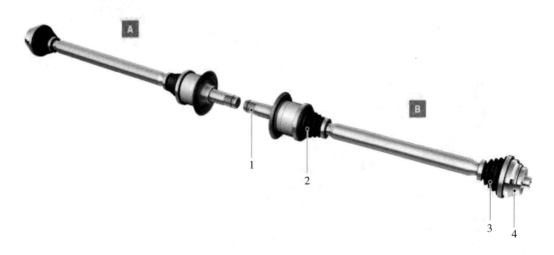

A. 右侧从动轴　B. 左侧从动轴　1.与主传动器的插接连接件　2.变速器侧防尘套　3.车轮侧防尘套　4.端面啮合

图2-3-26

第三章　宝马车系底盘系统

第一节　宝马G05底盘系统

一、底盘概述

（一）简介

研发代码为G05的新款宝马X5拥有相当多的亮点。客户可以享有大量配置套件，让他的爱车更具运动性或者具备全地形通过能力。因此，动力传动系和底盘对于客户满意度而言至关重要。宝马G05的赛车跑道行驶和野外行驶状态如图3-1-1所示。

总计为客户提供8种不同的底盘套件。对于不带选装配置BMW M Performance的车辆，可以采用5种不同的底盘型号，对于配有选装配置BMW M Performance的车辆，则还有另外3种底盘型号可供选择。宝马的客户可以选择采用钢制弹簧的运动型底盘，或者带有扩展客户功能（例如用于越野行驶）的舒适型空气底盘。宝马G05的底盘结构如图3-1-2所示。

A.赛车跑道　B.野外
图3-1-1

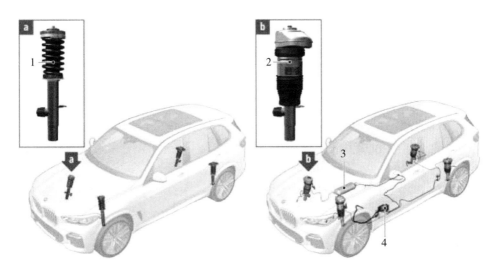

1.钢　2.空气弹簧减震支柱　3.蓄压器　4.空气供给装置
图3-1-2

81

（二）底盘比较

底盘比较如表3-1-1所示。

表3-1-1

组件	F15	G05
前桥	双横臂	双横臂
前悬架	钢	钢或者空气
前减震系统	传统或电子减震器控制系统EDC	电子减震器控制系统EDC
前稳定杆	传统或者液压主动式侧翻稳定装置	传统或电动主动式侧翻稳定杆EARS
后桥	整体式后桥Ⅳ	五连杆后桥
后悬架	钢或者空气	钢或者空气
后减震系统	传统或电子减震器控制系统EDC	电子减震器控制系统EDC
后稳定杆	传统或者液压主动式侧翻稳定装置	传统或电动主动式侧翻稳定杆EARS
制动系统	动态稳定控制系统DSC	集成式制动系统DSCi
前制动器	至385mm的制动盘	至395mm的制动盘
后制动器	至345mm的制动盘	至398mm的制动盘
驻车制动器	电动机械式驻车制动器EMF	电动机械式停车制动器
分布式制动回路	前桥/后桥独立	对角线分布
轮胎压力监控系统	轮胎压力监控系统RDCi	轮胎压力监控系统RDCi
轮胎充气压力	B柱上的说明	CID内的电子轮胎充气压力铭牌
前部转向系统	电子助力转向系统EPS或者液压主动转向系统	电子助力转向系统EPS或整体式主动转向系统
后部转向系统	否	后桥侧偏角控制系统HSR

（三）系统说明概览

在其他车型上已经介绍过的系统在本文中不再详述。如有需要，可以参阅下面列出的产品信息，以了解详细的系统描述，如表3-1-2所示。

表3-1-2

主题	产品信息
转向系统	G11/G12底盘
轮胎压力监控系统RDC	轮胎压力监控系统RDC
电子轮胎充气压力铭牌	G30底盘
电子减震器控制系统EDC	G11/G12底盘
电动主动式侧翻稳定杆EARS	G11/G12底盘

（四）底盘套件

底盘套件如表3-1-3所示。

表3-1-3

型号	悬架	EDC	EARS	EPS	GHAS
基本型		–	–		–
自适应M（必须配套M运动套件）			–		–
自适应M Dynamic Professional					 说明
自适应Comfort			–		–
自适应Comfort 2+ xOffroad			–		 说明

*.以下动力传动系型号不可用25d、30i、40i US和PHEV。空气悬架不能和主动式侧翻稳定装置配套提供。

1.缩写

缩写如表3-1-4所示。

表3-1-4

索引	说明
EARS	电动主动式侧翻稳定装置
EDC	电子减震器控制系统EDC
EPS	电子助力转向系统（电动机械式助力转向系统）
GHAS	控制式后桥差速锁

2.标准底盘

和上一代产品（F15）相比，对没有选装配置的量产底盘型号的标准款就提供了控制式减震器，从而可以显著提升行驶舒适性，同时也能显著提高宝马典型的行驶动态特性。和所有其他底盘套件不同，标准款的驾驶体验开关对电子减震器控制系统EDC的控制不会产生任何影响。

3.自适应M底盘（SA 2VF）

和标准底盘相比，该底盘套件可以通过驾驶体验开关改变悬架和减震特性。驾驶体验开关对EDC控制的影响：

（1）舒适（COMFORT）。

（2）运动（SPORT）。

运动模式在牺牲行驶舒适性的情况下，提供了明确的运动减震特性。该款底盘必须配套M运动套件。

4.M Dynamic Professional（SA 2VW）

在功能性方面，该款底盘套件主要对车辆的转弯行驶性能产生影响。这是通过采用前部电动主动式侧翻稳定装置EARSV和后部电动主动式侧翻稳定装置EARSH来实现的。两个主动式侧翻稳定装置由垂直动态管理平台VDP负责控制。行驶动态特性的提升主要得益于转弯行驶时显著减小的车身侧倾角以及平稳的行驶特性，可以进一步避免转向不足。这套底盘控制系统的特点在于，驾驶员在获得行驶动态性能提升的同时不必牺牲任何舒适性。

5.自适应底盘套件Comfort（SA 2VR）

和标准底盘相比，该款底盘套件在充分发挥行驶舒适性的同时还可以在很大程度上保证宝马典型的行驶动态特性。由于套件中包含了双轴高度调节系统，因此，即使是在带有负载的情况下仍然不会牺牲任何舒适性。通过驾驶体验开关，同样可以改变行驶特性。在SPORT和SPORT+行驶模式下，减震器会变得更紧，并且车辆高度会降低20mm。这样一来，车辆就会变得更加敏捷更具运动性，同时会略微牺牲减震舒适性。在该底盘套件中，客户还会额外获得一个高度切换翘板按钮，使其可以在−40~+40mm的范围内，总共设置5个不同的高度位置。

6.自适应底盘套件Comfort+xOffroad（SA 3E3）

越野套件包含自适应底盘套件Comfort（SA 2Vr），同时根据具体的发动机配置，还包含一个电子控制式后桥锁GHAS。在该款底盘套件中，除了空气悬架的高度切换翘板按钮以外，客户还会额外获得一个越野按钮。通过越野按钮，驾驶员可以选择4种不同的越野行驶模式。这样一来，车辆的行驶特性就会符合实际情况，例如雪地、沙地、碎石路或者岩石路。除此以外，根据所选择的越野模式，会激活一个预先配置的行驶高度。由此获得的离地间隙能够增大涉水深度，同时在通过复杂地形，例如上坡角较大的斜坡或者坡道时，可以提升车辆的越野能力。

（五）BMW M Performance底盘套件

BMW M Performance底盘套件如表3-1-5所示。空气悬架不能和主动式侧翻稳定装置配套提供。控制式后桥GHAS是所有MPA车型的组成部分。

表3-1-5

配置	悬架	EARS	EPS	HSR	GHAS
MHPA 自适应M		—		—	
MPA 自适应M Dynamic Professional			—		
MPA Comfort 悬架和减震系统（必须配合7座车型）		—	—		

1.缩写

缩写如表3-1-6所示。

表3-1-6

索引	说明
EARS	电动主动式侧翻稳定装置
EPS	电子助力转向系统（电动机械式助力转向系统）
GHAS	控制式后桥差速锁
HSR	后桥侧偏角控制系统（SA整体式主动转向系统）
MPA	BMW M高性能汽车

2.调校

（1）BMW M Performance底盘调校。

通过采取以下措施，使得宝马G05的底盘能够满足选装配置BMW M Performance的要求。

①改变动力和弹性动力特性。

a.更硬的上部横摆臂支座。

b.前桥上的架梁升高。

②更硬的后桥悬挂，确保直接的驾驶体验。

③标配控制式后桥锁。

④混装轮胎。

a.21英寸标准轮胎。

b.22英寸选装配置。

（2）BMW M Performance底盘的特性。

针对悬架和减震特性专门进行的底盘调校主要体现为以下行驶特性：

①提高的横向动态特性。

②转弯行驶过程中更灵敏的行驶特性。

③变道行驶（车道变更等）过程中更灵敏的行驶特性。

④更精确的转向特性。

3.特性

总共提供3种不同的M Performance底盘特性，如表3-1-7所示。

表3-1-7

配置	特性
MPA自适应M	入门型号，侧重于纵向动态特性
MPA自适应M Dynamic Professional	升级型号，在纵向和横向动态性能方面确保最高的性能和运动性
MPA Comfort悬架和减震系统（必须配合7座车型）	以舒适性为导向的型号，特别适合家庭使用：提供运动的纵向动态特性和灵敏的转向特性以及减小的转弯直径

（六）xOffroad套件

宝马G05上选装配置xOffroad的调校概览如图3-1-3所示。宝马G05是宝马集团首款获得越野能力提升、选装配置的车型。xOffroad可以搭配所有车型，但带有选装配置BMW M Performance（MPA）的车型除外。将来的PHEV车型也不能搭配选装配置xOffroad。

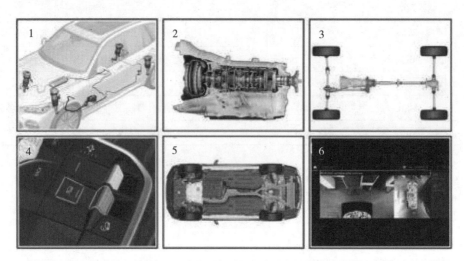

1.确保更大离地间隙的空气悬架　2.为越野行驶调整自动变速器的换挡策略　3.xDrive和控制
式后桥锁GHAS（GHAS，4缸发动机除外）　4.用于不同越野程序的越野按钮　5.加固的防
撞保护装置　6.用于越野行驶的xOffroad摄像机（必须配合高级驻车辅助系统5DN）

图3-1-3

1.操作

宝马G05中的中央操作单元如图3-1-4所示。越野按钮是越野驾驶体验开关，它可以借助不同的行驶程序在复杂地形上为驾驶员提供辅助。不能同时操作用于道路行驶的驾驶体验开关和用于越野的越野按钮。和空气悬架的高度切换翘板按钮不同，越野翘板按钮不仅会影响车辆高度，还会影响动力传动系、底盘和辅助系统。在通过操作越野按钮退出越野行驶程序后，切换至最后选择的道路行驶驾驶体验开关模式。

用如下按钮可以启用xOffroad模式：

（1）操作越野翘板按钮。

（2）操作越野按钮。

用如下按钮可以退出xOffroad模式：

（1）操作越野按钮。

（2）操作驾驶体验开关。

2.运行策略

为了在越野行驶时为驾驶员提供辅助，提供4种不同的行驶程序，可以借助越野翘板按钮启用上述程序。行驶程序通过有针对性地调校不同的动力传动系和底盘系统为驾驶员提供辅助。这样一来，车辆就可以完美地适应实际地形情况。宝马G05运行策略中的xOffroad底盘套件如图3-1-5所示。

（1）对动力传动系的影响。

对动力传动系的影响如表3-1-8所示。

1.越野按钮（仅限选装配置xOffroad） 2.车辆高度LED显示 3.高度切换翘板按钮（仅限选装配置自适应Comfort） 4.越野翘板按钮（仅限选装配置 xOffroad） 5.下坡车速控制系统 6.停车制动按钮 7.自动驻车 8.驾驶体验开关 9.START/STOP按钮

图3-1-4

A.雪地　B.沙地　C.碎石路　D.岩石路

图3-1-5

表3-1-8

越野模式	加速踏板	变速器
xSnow	稳定	降低的换挡转速 柔和的换挡
xSand	激进	增大的换挡转速
xGravel	普通	–
XRocks	可以优化定量	增大的换挡转速

（2）对锁止装置的影响。

对锁止装置的影响如表3-1-9所示。

表3-1-9

越野模式	xDrive	效能模式*	GHAS
xSnow	—	—	—
xSand	—	停用	在斜坡和侧倾情况下车速最高10km/h时增大锁止度
xGravel	—	停用	—
xRock	转弯行驶时增大的锁止度	停用	在斜坡和侧倾情况下车速最高10km/h时增大锁止度

*.在宝马G11/G12中，效能模式是伴随着新的分动器ATC13-1一起引入的。在效能模式下，分动器中的片式离合器会完全断开，从而切断至前桥车轮的动力输出。额外减少的润滑可以确保降低油耗。

驾驶员感觉不到表3-1-9中所示的对四轮驱动系统xDrive控制特性的影响以及对控制式后桥锁GHAS控制特性的影响。这是一种适度的预控制。由于两个系统的调节速度特别快，因此，在启用越野模式的情况下，无须对锁止度连续进行高度预控制。即使是在没有启用越野模式的情况下，两个系统也会对锁止度进行连续调控，同时不受实际地形的影响。

（3）对底盘的影响。

对底盘的影响如表3-1-10所示。

表3-1-10

越野模式	空气悬架	EDC	DSCi
xSnow	+/-0mm	—	—
xSand	+20mm	越野（柔和）	低速情况下扩大松弛度
xGravel	+20mm	越野（柔和）	—
xRocks	+40mm	越野（柔和）	低速情况下扩大松弛度

在超过30km/h的车速阈值（越野模式"岩石路"）或者超过60km/h的车速阈值（越野模式"沙地/碎石路"）的情况下，会分别调至降低后的行驶高度位置。在重新低于车速阈值的情况下，会自动恢复至初始高度。

（4）对辅助系统的影响。

对辅助系统的影响如表3-1-11所示。

表3-1-11

系统	雪地	沙地	碎石路	岩石路
MSA	停用	停用	停用	停用
越野摄像机	启用	启用	启用	启用

3.显示

中央信息显示屏CID中专门针对越野行驶的优化显示会向驾驶员提供信息，包括车辆的离地间隙以及侧倾、越野路段的上坡度或者下坡度。宝马G05中xOffroad菜单的CID显示如图3-1-6所示。

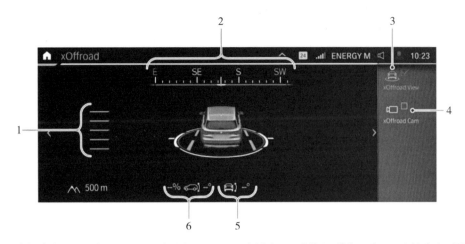

1.车辆高度　2.罗盘　3.xOffroad视图　4.xOffroad摄像机　5.侧倾，单位：度　6.上坡度和下坡度，单位：%和度

图3-1-6

对于狭窄的越野路段，xOffroad摄像机会为驾驶员提供辅助。这样一来，驾驶员就可以获得完美的全方位视野。

（1）xOffroad摄像机。

宝马G05中的xOffroad摄像机视图如图3-1-7所示。xOffroad摄像机适用于所有行驶模式。无论用于道路的驾驶体验开关或者用于越野的越野按钮的设置如何，驾驶员均可使用。

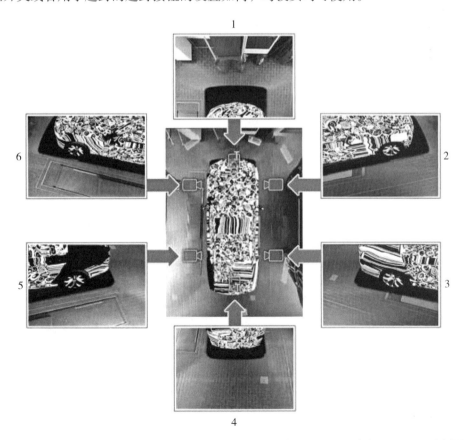

1.车辆正面视图　2.右前车轮视图　3.右后车轮视图　4.车辆后端视图　5.左后车轮视图　6.左前车轮视图

图3-1-7

89

（2）xOffroad摄像机取决于车速的功能。

xOffroad摄像机取决于车速的功能如表3-1-12所示。

表3-1-12

车速范围	功能
0~15km/h	可以自由选择摄像机视图
15~36km/h	自动选择前部摄像机，其他摄像机图标会被隐蔽
大于36km/h	xOffroad摄像机不可用

二、车桥

选用的是其他车型系列已经采用的双横臂前桥以及五连杆后桥。

（一）前桥

宝马G05中的双横臂前桥如图3-1-8所示。改进的弹簧减震支柱支架的几何构造为驱动轴提供了良好的通达性。

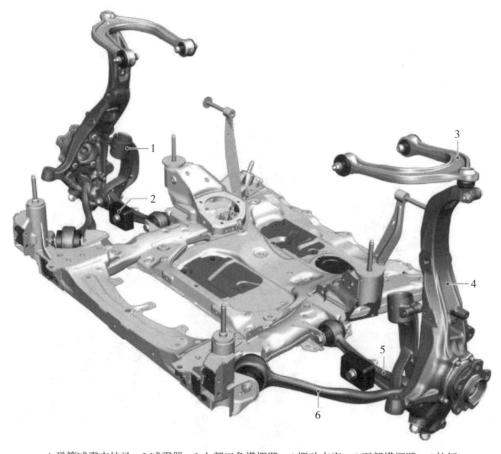

1.弹簧减震支柱叉　2.减震器　3.上部三角横摆臂　4.摆动支座　5.下部横摆臂　6.拉杆

图3-1-8

1.减震器

减震器的作用是消除前轮的滚动噪声。从以下车轮尺寸起，将会用到减震器：配有漏气保用轮胎的

19英寸车轮组。注意：在改装没有减震器的车辆的车轮/轮胎组合时，建议检查减震器是否可以后续加装。这样做可以提高舒适性，同时可以避免客户投诉。

（二）后桥

宝马G05中的五连杆后桥如图3-1-9所示。

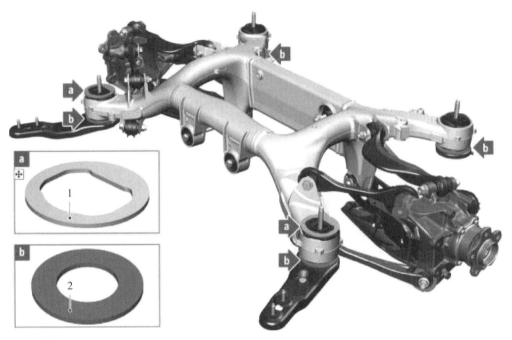

1.橡胶支座（Cellasto垫圈） 2.橡胶支座（仅BMW M Performance的Cellasto垫圈）

图3-1-9

如果客户决定配备两个选装配置"自适应 Comfort"的其中之一，那么，他将获得一个全新开发的空气悬架，它除了效率以外，还提供了众多扩展的客户功能。开放和封闭式空气弹簧系统的示意图如图3-1-10所示。宝马过去采用的空气悬架均为开放式系统。宝马G05是宝马首款采用封闭式系统的车型。对于封闭式系统而言，气压平衡不是连续地在环境和调节系统之间进行的，而是在调节系统内部蓄压器和空气弹簧减震支柱之间进行的。这样一来，由压缩机所产生的气压就可以被用于多个调节过程。这可以提高系统的效率，并且可以实现优异的效能。

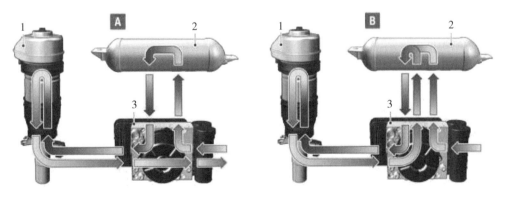

A.开放式系统 B.封闭式系统 1.空气弹簧减震支柱 2.蓄压器 3.空气供给装置

图3-1-10

三、双轴高度调节系统

（一）发展史

发展史如表3-1-13所示。

表3-1-13

插图		量架
E53		钢/钢 钢/空气 空气/空气
E70		钢/钢 钢/空气
F15		钢/钢 钢/空气
G05		钢/钢 钢/空气

（二）宝马G11/G12与宝马G05比较

宝马G11/G12与宝马G05比较如表3-1-14所示。

表3-1-14

组件	G11/G12	G05
双轴 空气悬架	双轴高度调节系统	双轴高度调节系统
控制单元 高度调节系统 （功能逻辑）	垂直动态管理平台VDP	电子 高度位置控制系统EHC
通道	3通道控制系统	3通道控制系统
行驶高度	高位高度（+20mm） 正常高度（+/-0mm） 运动高度（-10mm）	越野高度（+40mm） 高位高度（+20mm） 动态高度（-10mm） 运动高度（-20mm） 加载高度（-40mm）
操作选项	高度切换开关	高度切换翘板按钮

组件	G11/G12	G05
空气悬架	驾驶体验开关	驾驶体验开关 越野按钮 越野翘板按钮 加载高度按钮 带有显示屏的车辆钥匙
减震器	EDC High双级	EDC High单级

（三）结构和功能

宝马G05中的双轴高度调节系统概览如图3-1-11所示。空气悬架主要用于提高行驶舒适性。系统主要在停车时进行调控，以便补偿由于车辆负荷所导致的高度位置改变。对于行驶动态方面的干扰因素，例如在快速通过弯道时所产生的干扰，系统由于存在惯性而不能做出响应。

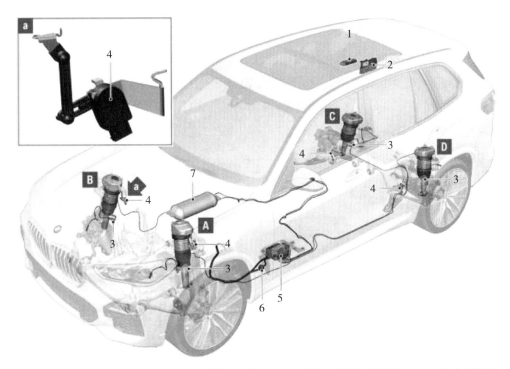

A.左前空气弹簧减震支柱　B.右前空气弹簧减震支柱　C.右后空气弹簧减震支柱　D.左后空气弹簧减震支柱　1.垂直动态管理平台VDP　2.后部配电盒　3.电子减震器控制系统EDC调节阀　4.高度位置传感器　5.空气供给装置　6.空气滤清器　7.蓄压器

图3-1-11

1.行驶期间的控制

在横向和纵向动态变化较小的情况下，可以实现行驶期间的控制。以下原因可能导致在行驶期间触发控制：

（1）取决于车速的行驶高度调控。

（2）由于燃油油位下降导致的行驶高度调控（改变的负荷状态）。

（3）由于空气弹簧减震支柱中空气温度的改变所导致的行驶高度调控。

（4）由于客户需要进行的手动行驶高度调节（驾驶体验开关运动模式、高度切换翘板按钮或者越野翘板按钮）。

垂直动态管理平台VDP会通过4个高度位置传感器读取当前的高度位置，并且将它们发送至电子高度位置控制系统EHC的控制单元。由EHC控制单元确定设定高度和实际高度之间的偏差，并且在需要时通过空气供给装置内的电磁阀加以调节。所需的空气量将从蓄压器获取，或者返回蓄压器。通过一台电动压缩机补偿蓄压器内过低的压力，压缩机控制则由EHC控制单元负责。宝马G05中的空气悬架控制系统是一套3通道控制系统。前桥的两个空气弹簧减震支柱会被一起控制，而后桥的空气弹簧减震支柱则会被分别控制。这种调控方式的目的在于，能够平衡由于不均匀的负荷状态所导致的车辆后桥倾斜。由于右侧和左侧前桥上的负荷状态在所有运行状态下都是相同的，因此，此处通过一个公共通道开展调控。在这里，EHC控制单元会在前桥高度位置传感器的两个传感器数值的基础上得出一个平均值，并且调整车辆高度，直至设定高度和实际高度一致为止。这种调控系统的优点在于，可以迅速到达对应的行驶高度，无须频繁调整。为避免对对向车辆构成眩目，在降低高度时首先降低前桥，然后才是后桥。在升高时，则会以相反的顺序进行（首先是后桥，然后是前桥）。为了避免吸水，进气软管被尽可能向上铺设，这样做有助于增加涉水深度。空气干燥器会对吸入的空气进行除湿，以避免使气动系统内部被腐蚀和结冰。

　　2.空气供给装置

　　空气供给装置由电子高度位置控制系统EHC控制单元、一台电动压缩机以及一个电磁阀体组成。宝马G05中的空气供给装置如图3-1-12所示。为了不将压缩机运行过程中的震动传导到车身上，空气供给装置的固定支架通过橡胶元件固定在车身上。空气供给装置有2个单独的出口，用于安装进气和排气软管。但它们会在空气滤清器前面通过一个Y型连接件汇集至一根软管。这样一来，进气和排气将通过一根共用的软管进行。

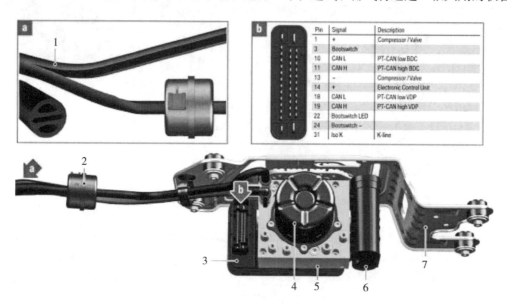

1.Y型连接件　2.空气滤清器　3.电子高度位置控制系统EHC控制单元　4.压缩机的电动机　5.电磁阀体　6.空气干燥器　7.支架

图3-1-12

　　（1）型号铭牌。

　　G05中空气供给装置的型号铭牌如图3-1-13所示。

　　（2）电动压缩机。

　　电动压缩机参数如表3-1-15所示。

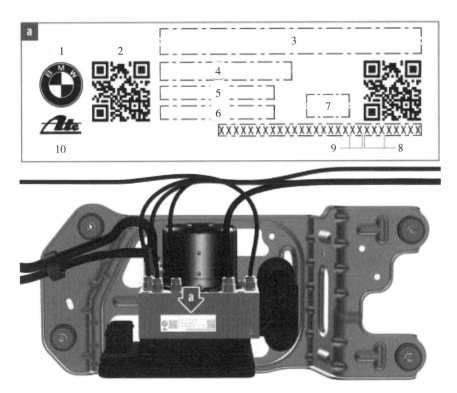

1.车辆制造商　2.数据矩阵二维码　3.大陆图标　4.客户编号　5.制造商标记（⋯制造）　6.产品编号　7.商标，供应商代码　8.制造日期　9.制造年份　10.ATE商标

图3-1-13

表3-1-15

项目	说明
电流类型	直流
工作电压	12V
额定电压	8.5~16V
最大持续电流	38A
最大启动电流（<200ms）	60A
噪声	60dB
工作温度区间	−40~100℃
连续运行的工作温度区间	−40~80℃
短时耐热能力	130℃
仓储温度区间	−40~80℃

（3）总线概览。

为了控制空气悬架，由电子高度位置控制系统EHC负责数据处理。它通过PT-CAN获得相应的数据，例如高度切换翘板按钮的位置。EHC控制单元负责控制电磁阀和压缩机，确保实现规定的高度位置。有关当前高度位置的信息则由垂直动态管理平台VDP提供。表3-1-16所示的是宝马G11/G12和G05空气悬架控制方式的不同之处。

表3-1-16

空气悬架	G11/G12	G05
通过VDP实现调控	●	–
通过EHC实现调控	–	●

3.蓄压器

宝马G05中的蓄压器如图3-1-14所示，参数如表3-1-17所示。在G05中，采用了一个容量为8L的蓄压器，其最大充气压力为15bar。这样一来，就可以获得总计120L的充气量。计算：8L×15bar:1bar=120L。

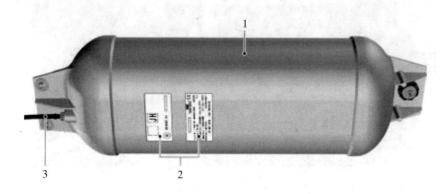

1.蓄压器 2.标签 3.压缩空气管路

图3-1-14

表3-1-17

蓄压器	数据
容量	8L
温度区间	−40~100℃
破裂压力	37.5bar
最大工作压力	15bar

4.空气弹簧减震支柱

宝马G05中前桥和后桥的空气弹簧减震支柱如图3-1-15所示，参数如表3-1-18所示。空气弹簧减震支柱包括减震器和膜片折叠气囊，不能单独更换膜片折叠气囊或者减震器。宝马G05中的所有减震器均标配一个扩展等级为High的电子减震器控制系统EDC。和标准EDC相比，EDC High的特点在于能够根据实际道路状况连续调整减震器的控制。标准EDC不能开展连续的调控，而是必须通过驾驶体验开关手动调整减震器特性。

EDC High提供以下2个扩展等级：

（1）EDC High双级（独立的拉力和压力级调控G11/G12/G30）。

（2）EDC High单级（共同的拉力和压力级调控G01/G05）。

和宝马G11/G12相比，宝马G05配有采用单级调控的EDC High。拉力和压力级的调控是通过同一个调节器进行的。

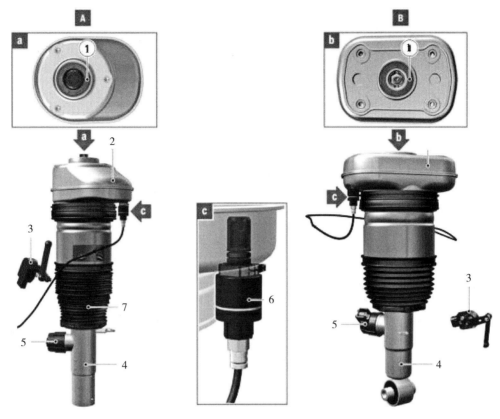

A.前桥　B.后桥　1.封盖　2.盖罩　3.高度位置传感器　4.减震器　5.电子减震器控制系统EDC调节阀
6.集成剩余压力保持阀的气动接口　7.防尘套

图3-1-15

表3-1-18

空气弹簧减震支柱	前桥	后桥
正常位置上的空气量	2.1	2.3
压缩行程	66mm	60mm
回弹行程	67mm	75mm
交付时的充气压力	2.2至3.2bar	2.2至3.2bar

　　为了避免空气弹簧减震支柱内完全失压，在气动接口内部有一个剩余压力保持阀。在松开压缩空气
管路时，就可以保持2.2~3.2bar的剩余压力。注意：在空气弹簧减震支柱上，集成的剩余压力保持阀的气
动接口不能单独更换。若尝试拆除，则会导致损坏。之后，必须更换整个空气弹簧减震支柱。

　　5.气路图

　　宝马G05中空气供给装置的气路图如图3-1-16所示。

　　（1）通过压缩机为蓄压器充气。

　　宝马G05中蓄压器的充气如图3-1-17所示。在低于系统内最小空气量的情况下，借助电动压缩机为蓄
压器充气。为此，EHC控制单元会根据表格中的说明，将空气供给装置的下列组件置于对应的状态，如
表3-1-19所示。

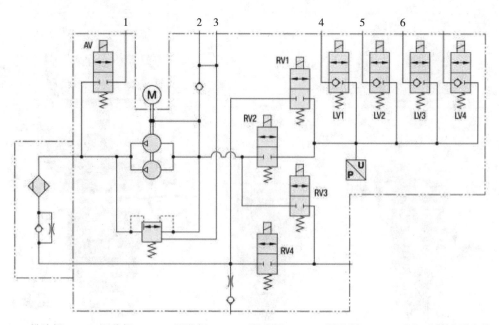

AV.排放阀　RV1.调节阀1　RV2.调节阀2　RV3.调节阀3　RV4.调节阀4　LV1.空气弹簧减震支柱阀门1　LV2.空气弹簧减震支柱阀门2　LV3.空气弹簧减震支柱阀门3　LV4.空气弹簧减震支柱阀门4M.电动机　1.排气软管接口　2.进气软管接口　3.控制单元排气装置　4.左后空气弹簧减震支柱接口　5.左前空气弹簧减震支柱接口　6.右后空气弹簧减震支柱接口

图3-1-16

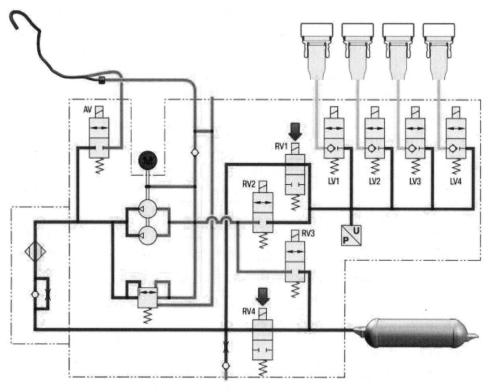

图3-1-17

表3-1-19

索引	说明	活跃状态	非活跃状态
A	进气压力	–	–
B	充气压力	–	–
C	空气弹簧压力	–	–
M	压缩机	●	–
AV	排放阀	–	●
RV1	调节阀1	●	–
RV2	调节阀2	–	●
RV3	调节阀3	–	●
RV4	调节阀4	●	●
LV1~LV4	空气弹簧减震支柱阀门1~4	–	●

通过控制调节阀1和4，对压力传感器施加蓄压器的充气压力。这样一来，就可以实现电动压缩机的压力控制。在达到对应的系统空气量的情况下，关闭阀门1和4，并且切断电动压缩机，在进气量非常大的情况下，可能会对蓄压器执行分步充气。只有这样做才能定期执行干燥器的再生。

（2）通过蓄压器和压缩机举升。

在宝马G05中蓄压器和压缩机举升情况如图3-1-18所示，对应状态如表3-1-20所示。

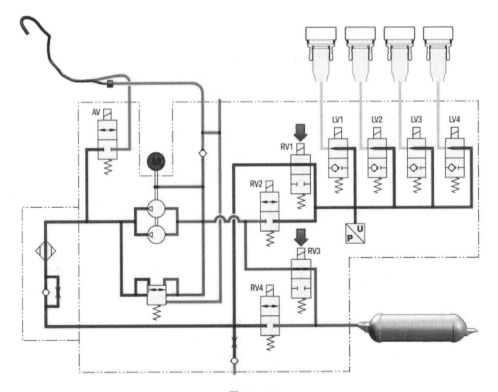

图3-1-18

表3-1-20

索引	说明	活跃状态	非活跃状态
A	环境气压	–	–
B	蓄压压力	–	–
C	空气压力	–	–
D	空气弹簧压力	–	–
M	压缩机	●	●
AV	排放阀	–	●
RV1	调节阀1	●	●
RV2	调节阀2	–	●
RV3	调节阀3	●	●
RV4	调节阀4	–	●
LV1~LV4	空气弹簧减震支柱阀门1~4	●	–

　　在实际操作中，以车桥为单位控制空气弹簧减震支柱阀门1-4。图3-1-18所示的同时通过所有4个空气弹簧减震支柱举升或者降低的情况是不会发生的。

　　（3）通过压缩机举升。

　　在宝马G05中压缩机举升情况如图3-1-19所示，对应状态如表3-1-21所示。在实际操作中，以车桥为单位控制空气弹簧减震支柱阀门1-4。上图所示的同时通过所有4个空气弹簧减震支柱举升或者降低的情况是不会发生的。

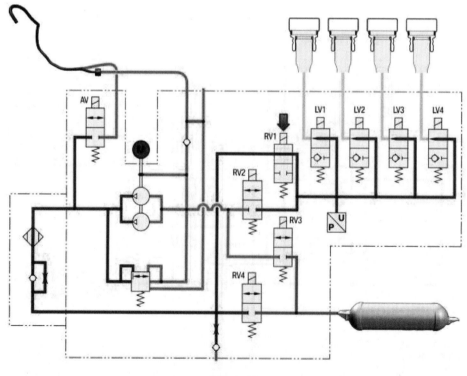

图3-1-19

表3-1-21

索引	说明	活跃状态	非活跃状态
A	进气压力	–	–
B	蓄压压力	–	–
C	充气压力	–	–
D	空气弹簧压力	–	–
M	压缩机	●	●
AV	排放阀		●
RV1	调节阀1	●	●
RV2	调节阀2	–	●
RV3	调节阀3		●
RV4	调节阀4		●
LV1~LV4	空气弹簧减震支柱阀门1~4	●	–

（4）通过蓄压器和压缩机降低。

宝马G05通过蓄压器和压缩机降低如图3-1-20所示，对应状态如表3-1-22所示。为了确保车辆顺畅地降低，在降低时会将压缩机接入蓄压器中。在实际操作中，以车桥为单位促动空气弹簧减震支柱阀门1-4。图3-1-20所示的同时通过所有4个空气弹簧减震支柱举升或者降低的情况是不会发生的。

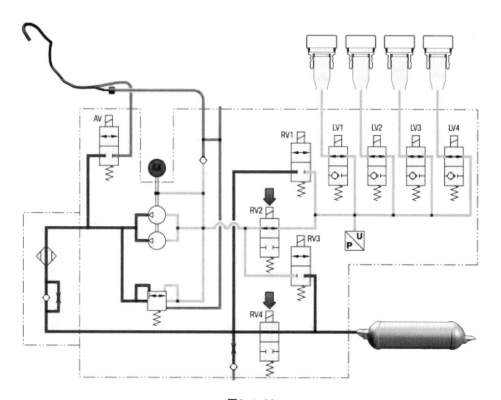

图3-1-20

表3-1-22

索引	说明	活跃状态	非活跃状态
A	环境气压	–	–
B	充气压力	–	–
C	空气弹簧压力	–	–
M	压缩机	●	–
AV	排放阀	–	●
RV1	调节阀1	–	●
RV2	调节阀2	●	●
RV3	调节阀3	–	●
RV4	调节阀4	●	●
LV1~LV4	空气弹簧减震支柱阀门1~4	●	●
LV1~LV4	空气弹簧减震支柱阀门1~4	●	–

（5）蓄压器的压力测量。

宝马G05中蓄压器的压力测量如图3-1-21所示，对应状态如表3-1-23所示。

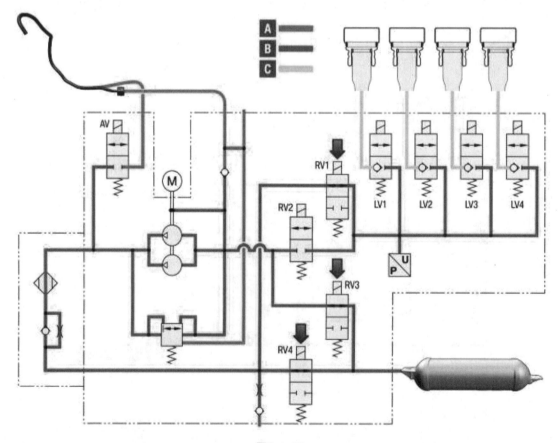

图3-1-21

表3-1-23

索引	说明	活跃状态	非活跃状态
A	环境气压	–	–
B	蓄压压力	–	–
C	空气弹簧压力	–	–
M	压缩机	–	●
AV	排放阀	–	●
RV1	调节阀1	●	●
RV2	调节阀2	–	●
RV3	调节阀3	●	●
RV4	调节阀4	●	●
LV1~LV4	空气弹簧减震支柱阀门1~4	–	●
LV1~LV4	空气弹簧减震支柱阀门1~4	●	–

（6）空气弹簧减震支柱的压力测量。

宝马G05中空气弹簧减震支柱的压力测量如图3-1-22所示，对应状态如表3-1-24所示。

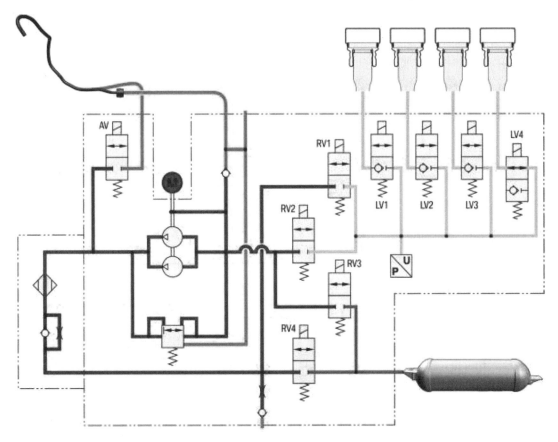

图3-1-22

103

表3-1-24

索引	说明	活跃状态	非活跃状态
A	环境气压	–	–
B	蓄压压力	–	–
C	充气压力	–	–
D	空气弹簧压力	–	–
M	压缩机	–	●
AV	排放阀	–	●
RV1	调节阀1	–	●
RV2	调节阀2	–	●
RV3	调节阀3	–	●
RV4	调节阀4	–	●
LV1	空气弹簧减震支柱阀门1	●	–
LV2~LV4	空气弹簧减震支柱阀门2~4	–	●

（7）空气干燥器的再生。

宝马G05中空气干燥器的再生如图3-1-23所示，对应状态如表3-1-25所示。在压缩机的前面借助空气滤清器对吸入的空气进行清洁，并且在压缩机的后面通过空气干燥器对吸入的空气进行干燥。为了使阀门避免污染，必须进行清洁。除去空气中的水分，以避免阀门在车外温度低的情况下结冰。如果由于空气供给装置内空气湿度过高而导致阀门结冰，则不能再对空气悬架进行高度调节。为避免出现这种情况，应持续对空气干燥器进行清洁或者排水。

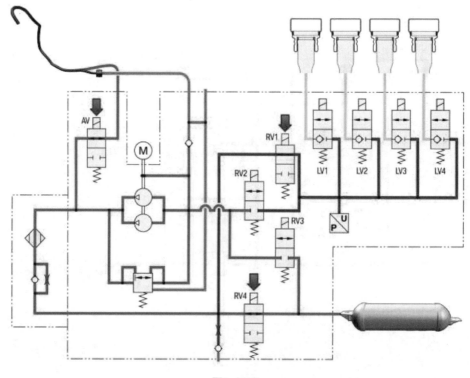

图3-1-23

104

空气干燥器中的颗粒物在高压时会吸收空气中的湿气，并且在低压时重新将它们释放。如果在为系统充气时压缩空气流经颗粒物，就可以除去空气中的湿气。为了对空气干燥器进行再生，通过一个节气门将空气从蓄压器引至空气干燥器。像这样带有低压并且流经空气干燥器的空气会从颗粒物中带走水气，并且将它们排放入大气中。通过空气干燥器的这种连续性再生，就可以确保系统正常的运行，无须开展保养工作。

表3-1-25

索引	说明	活跃状态	非活跃状态
A	环境气压	–	–
B	蓄压压力	–	–
C	充气压力	–	–
D	空气弹簧压力	–	–
M	压缩机	–	●
AV	排放阀	●	●
RV1	调节阀1	●	●
RV2	调节阀2	–	●
RV3	调节阀3	–	●
RV4	调节阀4	●	●
LV1~LV4	空气弹簧减震支柱阀门1~4	–	●
	空气弹簧减震支柱阀门2~4	–	●

（四）运行策略

在宝马G05中，最大调节范围被扩大至80mm。从正常位置出发，客户可以在−40mm~+40mm的范围内调节高度位置，以匹配车外的实际情况。

1.操作选项

宝马G05中空气悬架的操作选项如图3-1-24所示。

1.驾驶体验开关　2.越野按钮，越野翘板按钮（用于选装配置xOffroad的驾驶体验开关）　3.高度切换翘板按钮（选装配置舒适型底盘）　4.加载高度按钮　5.带有显示屏的车辆钥匙选装配置3Ds（高度调节功能从2018年11月开始可用）

图3-1-24

为了在高度位置调整方面尽可能提高客户的舒适度，在宝马G05中提供了多项操作选项。不同高度位置概览如表3-1-26所示。

表3-1-26

高度种类	高度，单位：mm	速度	操作
越野高度	+40	激活范围： 0~30km/h	
高位高度	+20	激活范围： 0~60km/h	
正常高度	+/−0	不操作按钮情况下的车辆高度： 0~140km/h	
动态高度	−10	车辆高度 自动降低： −140~200km/h	
运动高度	−20	通过运动按钮启用： 0km/h至最高车速 自动降低 没有按钮操作： 200km/h至最高车速	
加载高度	−40	激活范围： 仅在停车时	

2.调控限制条件

以下车辆状态会阻止高度位置变化：

（1）转鼓模式。

（2）运输模式。

（3）存储的车速阈值。

（4）提高的横向或者纵向动态特性。

（5）轮胎漏气。

（6）由于部件保护导致不可用（超过部件温度或者气压）。

（7）居住状态下车载电网电压低（能量不足情况下的启动机运行保护）。

（8）车门被打开。

（9）挂车牵引钩的电插头已插接。

通过调控限制条件，可以避免由于错误操作而导致的车辆损坏。在有效载荷增大导致空气弹簧减震支柱压力超过9bar的情况下，由于部件保护，无法再使用高位高度。

3.取决于车速的高度位置

在没有预设程序行驶的情况下，会根据车速自动调整车辆高度。这样做可以减小风阻，并且提高宝马G05的行驶动力。在低于对应车速的情况下，启用之前的高度位置。

（1）动态高度。

在车速超过大约140km/h的情况下，启用"动态高度（–10mm）"。"动态高度"不能手动激活，并且驾驶员不会收到关于此动态高度的通知。表3-1-27所示的是动态高度的调控策略（迟滞）。

表3-1-27

车速	时间	行驶高度
>160km/h	直接降低	动态高度（–10mm）
140~160km/h	>170s	动态高度（–10mm）
<100km/h	直接举升	正常高度（+/–0mm）
100~120km/h	>20s	正常高度（+/–0mm）

（2）运动高度。

在车速超过200km/h的情况下，会启用"运动高度"。运动高度同样也可以通过按下运动驾驶体验开关或者按下高度切换翘板按钮，在不受车速影响的情况下进行手动设置（从0至最高车速）。高度切换翘板按钮上的LED会提示启用的运动高度。宝马G05中取决于车速的高度位置如图3-1-25所示。

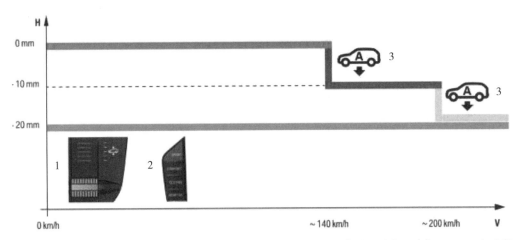

H.高度位置　V.车速　1.高度切换翘板按钮在运动高度上　2.驾驶体验开关在运动位置上　3.自动降低　0mm.正常高度　–10mm.动态高度　–20mm.运动高度

图3-1-25

4.可以手动选择的高度位置

宝马G05拥有6个不同的高度位置，其中5个可以手动选择。只有"动态高度"不能由驾驶员手动选择。在通过越野按钮启用"高位和越野高度"的情况下，除了高度位置会发生变化以外，还会对车辆的动力传输造成影响。出于这一原因，应只在相应的越野行驶过程中操作越野按钮。如果只是要使车辆的高度位置符合本地的实际情况，则可以借助高度切换翘板按钮提出请求。宝马G05中空气悬架的高度位置如图3-1-26所示。

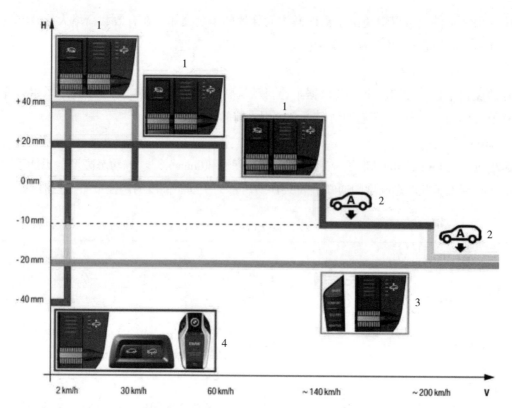

H.高度位置　V.车速　1.越野翘板按钮+高度切换翘板按钮　2.自动降低　3.高度切换翘板按钮+运动驾驶体验开关　4.高度切换翘板按钮+加载高度按钮+带有显示屏的车辆钥匙　40mm.越野高度　20mm.高位高度　+/-0mm.正常高度　-10mm.动态高度　-20mm.运动高度　-40mm.加载高度

图3-1-26

（1）加载高度。

加载高度可以在装载车辆的过程中提供舒适性辅助，可以通过以下的操作元件启用加载高度：

①高度切换翘板按钮。

②带有显示屏的车辆钥匙。

③加载高度按钮。

加载高度仅在停车状态下处于活跃状态。

（2）离开车速范围。

如果由于车速的原因退出了通过高度切换翘板按钮启用的行驶高度（例如越野高度40mm），则根据驾驶体验开关的设置自动启用车辆高度（舒适时为正常高度，运动时为运动高度）。在低于车速阈值的情况下，不会自动重新举升。如果由于车速的原因退出通过越野按钮激活的行驶高度（例如越野高度40mm），则会自动启用下一个更低的行驶高度（高位高度20mm）。在重新低于车速阈值的情况下，行驶高度会自动重新举升。宝马G05离开车速范围时的运行策略如图3-1-27所示。

5.越野高度位置

越野模式下可以启用两种不同的高度位置。在车速超过存储车速的情况下，自动启用下一个更低的行驶高度。在重新低于车速阈值的情况下，行驶高度自动重新举升。宝马G05中的越野高度位置如图3-1-28所示。

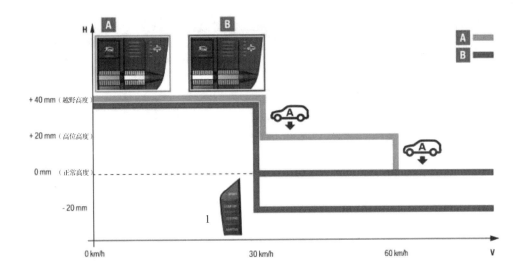

A.通过越野按钮启用时的高度位置变化情况　B.通过高度切换翘板按钮启用时的高度位置变化情况　H.高度位置　V.车速　1.驾驶体验开关

图3-1-27

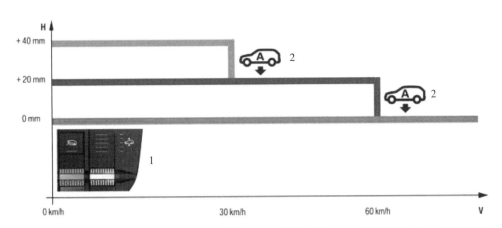

H.高度位置　V.车速　1.越野按钮　2.自动降低　40mm.越野高度　20mm.高位高度　0mm.正常高度

图3-1-28

6.涉水识别

需要涉水识别的主要是发动机控制单元DDE/DME。一旦识别到涉水，DDE/DME发动机控制单元就会关闭空气风门，这可以降低进气区域进水的风险。由于液体不能被压缩，因此，吸水会导致发动机损坏。通过4个高度位置传感器的信号变化进行涉水识别。通过特征电流和电压曲线，就可以推断出车辆正在通过水体。为了避免在车辆涉水的过程中错误地调控空气悬架，在识别到车辆涉水时，空气悬架会被停用。宝马G05中的涉水识别如图3-1-29所示。

在通过水体时，在车辆前部区域会形成一个小的顶头波。这会导致车辆出现轻度漂浮。由于在此过程中车轮会向下沉，因此，对应的车桥高度位置会发生改变。如果没有涉水识别，则空气悬架会从空气弹簧减震支柱中排放压力，以便修正高度位置。这会导致车辆进一步下沉。发动机控制单元DDE/DME会将涉水信息传递给电子高度位置控制系统EHC。之后，在整个涉水过程中，空气悬架的调节会被停用。

7.离地识别

对于越野行驶，空气悬架提供了一个离地识别功能。它可以应对由于多个车轮离地所导致的牵引力

1.高度位置传感器　2.垂直动态管理平台VDP　3.DDE/DME发动机控制单元　4.风门控制装置　5.电子高度位置控制系统EHC　6.空气弹簧减震支柱

图3-1-29

下降。如果通过高度位置识别到离地，并且同时确定出现车轮打滑，则会将高度切换至+70mm的最大高度位置。这样做可以改进车轮负荷的分布，帮助车辆摆脱困境。这里涉及的不是一个行驶高度。在离地识别处于活跃状态的情况下，不能对车辆高度进行手动调控。在车速超过10km/h的情况下，会自动执行一次位置降低。之后，对于不同车辆高度的调控，驾驶员可以重新进行一次手动操作。宝马G05中双轴高度调节系统的离地识别如图3-1-30所示。

1.空气弹簧减震支柱　2.没有牵引力的车轮

图3-1-30

8.车轮卸载功能

识别到的轮胎失压会被DSC控制单元传输至EHC控制单元。接下来，EHC控制单元会尝试对所涉及的车轮进行卸载。这样一来，就可能延长损坏的漏气保用轮胎的剩余可达里程。为此，会在后桥上启用一个+20mm和-20mm的侧倾位置。这就会在后桥上实现总计40mm的高度差。在车轮卸载功能被激活的情况下，车辆始终处于正常高度。如果在发生轮胎失压时没有选择正常高度，则会自动设置。在车轮卸载功能被激活的情况下，驾驶员不能手动变更车辆高度。宝马G05中的车轮卸载功能如图3-1-31所示。车轮卸载功能的调控如表3-1-28所示。

图3-1-31

表3-1-28

轮胎失压	左后轮	右后轮
左前轮	+20mm	−20mm
右前轮	−20mm	+20mm
左后轮	−20mm	+20mm
右后轮	+20mm	−20mm

9.挂车模式

一旦通过挂车插座将一台挂车和车辆连接，就不再能够通过高度切换翘板按钮对空气悬架进行任何操作。空气悬架的调控在挂车模式下仅限于正常高度条件下的负荷状态调节。宝马G05的挂车模式如图3-1-32所示。

为了避免由于错误操作而导致的损坏，挂车的连接必须始终在正常高度下进行。通过启用不同的高度位置而实现的空气悬架的升降功能并不是为舒适地连接挂车而设计的。车辆从装载高度举升至正常高度的过程不能被中断。因此，不能受控地启用可自由选择的空气悬架高度位置。宝马G05的正常高度上挂车的连接如图3-1-33所示。如果将连接挂车的插头与宝马G05的挂车插座连接，则空气悬架会自动调节到正常高度。这会导致一台在越野高度（+40mm）上插接的车辆的高度位置自动向下修正为正常高度（+/−

图3-1-32

1.正常高度　2.挂车插座　3.插头　4.带有显示屏的车辆钥匙　5.支撑底脚　6.高度调节系统

图3-1-33

0mm）。如果操作步骤有误，则空气悬架可能会作用于一个未按规定收回的挂车支撑底脚。反过来，在建立插头连接时，空气悬架会从装载高度（-40mm）调控至正常高度（+/-0mm）。在向上调控空间不足的情况下（<40mm），这可能会导致损坏。注意：为了避免由于错误操作导致的损坏，挂车的连接必须始终在正常高度下进行。

（1）手动启用挂车模式。

一般情况下，一旦将插头插入挂车插座中，就会自动进行挂车识别。在使用不带照明装置的移动式车尾运输系统的情况下，可以在中央信息显示屏CID中手动激活挂车模式。宝马G05中挂车模式的车辆设置如图3-1-34所示。

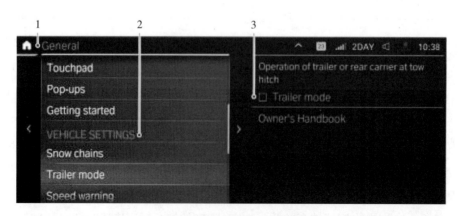

1.一般设置　2.车辆设置　3.挂车模式

图3-1-34

112

（2）启用挂车模式情况下的系统限制。

在启用挂车模式的情况下，会导致以下的系统限制：

①禁止通过驾驶员车门中的识别发射器或者按钮打开行李箱盖。

②后部驻车距离监控系统PDC停用。

③主动式PDC紧急制动功能停用。

④禁止空气悬架的高度切换。

⑤不能收回挂车牵引钩。

在启用挂车模式的情况下，自动挂车牵引钩虽然可以伸出，但不能重新缩回。注意：在启用挂车模式的情况下，自动挂车牵引钩不能收回。同样，众多系统也会受到操作方面的限制。这不是车辆故障，而是用以避免损坏的安全设置。

（五）售后服务信息

1.运输模式

在新车交付时，空气悬架处于运输模式。不能对高度位置进行变更。在交车检查时，必须借助维修车间信息系统ISTA删除运输模式。只有在空气悬架成功投入使用的情况下（删除运输模式），才能够启用空气悬架不同的高度位置。

2.升降台模式

空气悬架具有升降台识别功能。这样一来，就可以在维修车间内举升车辆的过程中，避免空气悬架的调控。为了在离开升降台后启用空气悬架的调控，必须以高于6km/h的车速移动车辆。

升降台识别，通过以下信号执行对升降台识别的分析：

（1）车速。

（2）高度位置传感器的信号曲线。

注意：在升降台上支撑车辆的情况下，必须确保空气悬架的组件和管路未被挤压或者损坏。

3.千斤顶

在使用千斤顶前，建议停用高度调节系统。

4.维修车间模式

（1）启用维修车间模式。

通过维修车间模式可以手动停用空气悬架的调控。按住高度切换翘板按钮超过7s就可以启用维修车间模式。在此过程中，将高度切换翘板按钮向前或者向后按压并无任何区别。高度切换翘板按钮上的LED一旦熄灭，则确认维修车间模式被启用。在进行四轮定位时，需要启用维修车间模式，以避免空气悬架的调控。宝马集团带有后桥空气悬架的车辆不提供高度切换开关。对于这些车型，为了避免调控，必须断开车辆蓄电池。

（2）退出维修车间模式。

为了启用空气悬架调控，必须停用维修车间模式。可以进行如下操作：

①车速高于6km/h。

②按住高度切换翘板按钮超过7s。

5.气道混淆

混淆压缩空气管路会导致车辆长期处于倾斜状态。气道混淆会导致不能再对系统进行调节。为了在售后服务安装工作过程中避免混淆，压缩空气管路采用了不同的颜色，如表3-1-29所示。

表3-1-29

颜色代码	组件
黄色	蓄压器
黑色	右前空气弹簧减震支柱
绿色	左前空气弹簧减震支柱
蓝色	右后空气弹簧减震支柱
红色	左后空气弹簧减震支柱

6.气动系统上的维修工作

在拆卸和安装工作过程中，必须保证空气弹簧的接口区域的最高清洁度。管路中即使存在最微量的污染也可能导致空气悬架损坏。注意：在打开压缩空气管路前，必须借助维修车间信息系统ISTA将空气弹簧系统置于无压状态。

（1）用于将压缩空气排放到环境中的服务功能。

在宝马G05中将空气弹簧减震支柱中的压缩空气排放到环境中，如图3-1-35所示，对应状态如表3-1-30所示。

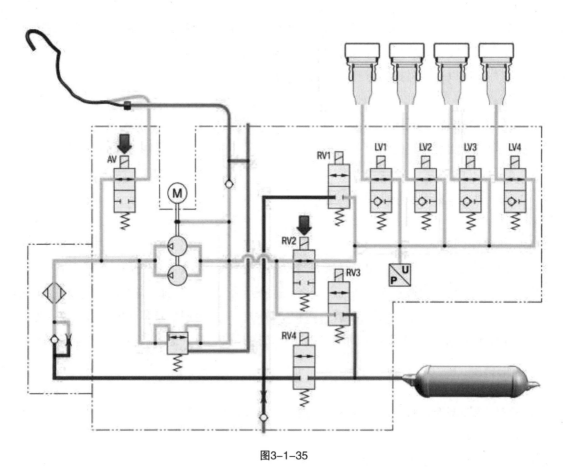

图3-1-35

114

表3-1-30

索引	说明	活跃状态	非活跃状态
M	压缩机	–	●
AV	排放阀	●	–
RV1	调节阀1	–	●
RV2	调节阀2	●	–
RV3	调节阀3	–	●
RV4	调节阀4	–	●
LV1~LV4	空气弹簧减震支柱阀门1~4	●	–

在更换空气供给装置时，必须排放整个系统的压力。这是借助维修车间信息系统ISTA中的一个服务功能实现的。为了避免空气悬架损坏，通过剩余压力保持阀在空气弹簧减震支柱中仅保留大约2bar的压力。前面插图所示的仅仅是从空气弹簧减震支柱中排放压缩空气的过程。蓄压器中的压力同样也是通过服务功能排放的。注意：对于空气悬架不同组件的更换，具体操作步骤应参见最新的维修手册。在松开某一根空气管路后，必须立即封闭所有开口。一旦有污垢侵入气动系统，就会导致故障或者系统失灵，而其原因则非常难以诊断。

7.高度位置校准

在更新垂直动态管理平台VDP控制单元或者对其进行编程后，必须重新确定双轴高度调节系统的高度位置。这是通过服务功能"高度位置校准"执行的。为此，必须用一把卷尺测量车轮罩和轮缘之间的距离，并且输入到维修车间信息系统ISTA中。宝马G05中的高度位置校准如图3-1-36所示。

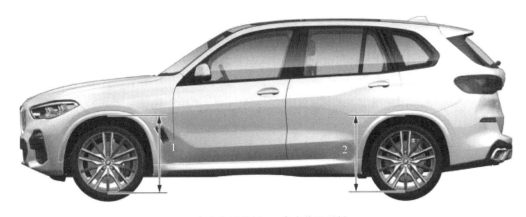

1.高度位置前桥　2.高度位置后桥

图3-1-36

8.泄漏

在车辆长期停用的情况下，可能由于泄漏而导致车辆处于低位。为了避免由于离地间隙减小而导致损坏，驾驶员会收到一条相应的检查控制信息。在32h内，可以通过唤醒调控最大限度地对泄漏进行补偿。为此，以不同的间隔唤醒车辆，并且在必要时修正高度位置。

怀疑存在泄漏时进行故障查询的操作步骤：

（1）借助维修车间信息系统ISTA设置并且记录下蓄压器的最大蓄压压力。

（2）空气悬架（维修车间模式）。

（3）检测泄漏（借助泄漏检测喷剂检查组件）。

（4）在经过一段时间后重新确定蓄压压力，并且检查可信度。

9.带有显示屏的车辆钥匙

根据具体的车辆配置，宝马G05中带有显示屏的车辆钥匙包含不同的显示菜单。在借助底盘编号订购带有显示屏的车辆钥匙时，会在宝马中央仓库根据车辆配置对其进行预配置。这样一来，每台车就会获得一个与其配置型号匹配的操作菜单。通过这样的操作菜单，客户可以改变其车辆的空气悬架高度。对于没有空气悬架的车辆，则不会显示这样的操作菜单。通过带有显示屏的车辆钥匙只能从正常高度降低至装载高度。通过带有显示屏的车辆钥匙改变车辆高度的功能从2018年11月开始提供。宝马G05中带有显示屏的车辆钥匙如图3-1-37所示。注意：举升或者降低至其他行驶高度的过程不能被中断。小心因被夹住而受到伤害。

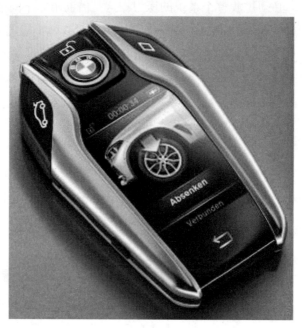

图3-1-37

（六）系统电路图

宝马G05中的双轴高度调节系统电路图如图3-1-38所示。

四、制动器

作为宝马集团的车型，宝马G05率先采用了一套全新开发的集成式制动系统。制动器的核心是集成动态稳定控制系统DSCi。这套制动系统的特点在于取消了真空供给系统和制动助力器。它采用的是一套电动液压式线控制动系统，能够确定驾驶员的制动需求，并且启用相应的液压制动压力。在正常运行时，驾驶员和连至车轮制动器的制动液压系统没有任何直接的联系。一个制动力模拟器会产生人们熟悉的制动踏板感觉。驾驶员不能察觉来自制动液压系统的反馈，例如在ABS或者DSC调控过程中出现的反馈。宝马G05中的集成制动系统概览如图3-1-39所示。

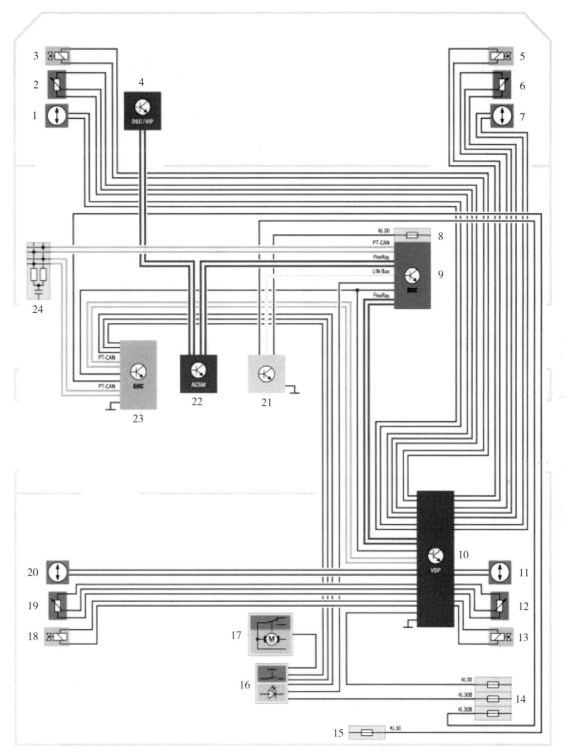

1.左前垂直加速度传感器（必须配合EARS） 2.左前高度位置传感器 3.左前电子减震器控制系统EDC调节阀
4.集成动态稳定控制系统DSCi 5.右前电子减震器控制系统EDC调节阀 6.右前高度位置传感器 7.右前垂直加速
度传感器（必须配合EARS） 8.前部配电盒 9.车身域控制器BDC 10.垂直动态管理平台VDP 11.右后垂直加
速度传感器（必须配合EARS） 12.右后高度位置传感器 13.右后电子减震器控制系统EDC调节阀 14.后部配电
盒 15.后部配电盒 16.加载高度按钮 17.行李箱盖按钮 18.左后电子减震器控制系统EDC调节阀 19.左后高度
位置传感器 20.左后垂直加速度传感器（必须配合EARS） 21.中央操作单元 22.碰撞和安全模块ACSM 23.电
子高度位置控制系统EHC 24.CAN终端电阻

图3-1-38

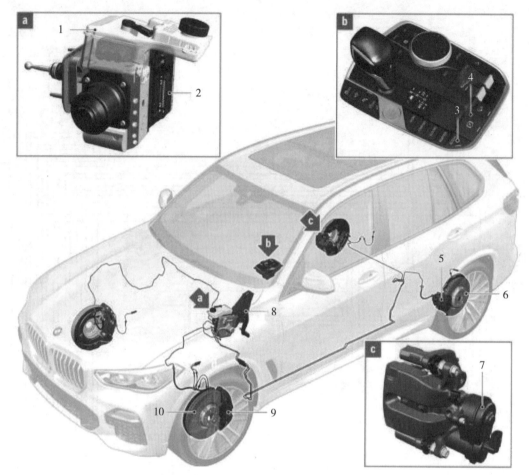

1.制动液补液罐　2.集成动态稳定控制系统DSCi　3.自动驻车　4.自动驻车按钮　5.组合式制动钳　6.后部制动器　7.电动机械式停车制动器执行机构　8.脚踏杆轴承座　9.前部制动钳　10.前部制动器

图3-1-39

（一）行车制动器

1.型号

根据具体的发动机配置和车辆配置，在前桥和后桥上会采用不同的制动钳。对于19英寸制动器，蓝色涂装的运动型制动器必须配套选装配置M Performance（M50d/M50i）。

（1）前桥。

宝马G05中前桥制动钳的型号如图3-1-40所示，参数如表3-1-31所示。

图3-1-40

表3-1-31

索引	说明	制造商	尺寸	制动盘
A	标准制动器	Continental®	17英寸	348×30 348×36
B	无涂装运动型制动器	Brembo®	18英寸	374×36
C	带涂装运动型制动器	Brembo®	19英寸	395×36

（2）后桥。

宝马G05中后桥制动钳的型号如图3-1-41所示，参数如表3-1-32所示。

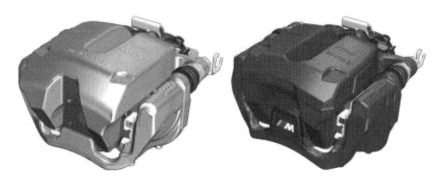

图3-1-41

表3-1-32

索引	说明	制造商	尺寸	制动盘
A	标准制动器	TRW	17英寸	330×20 345×24
A	无涂装运动型制动器	TRW®	18英寸	370×24
B	带涂装运动型制动器	TRW	19英寸	398×28

2.制动盘

所有发动机配置均采用铆接轻型结构制动盘。通过使用铝合金材质的制动盘固定毂达到减轻重量的目的。宝马G05中安装的制动盘如图3-1-42所示。在维修时，必须更新整个制动盘。不允许将铆钉拆开。

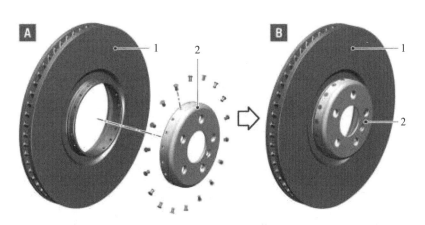

A.两件式轻型结构制动盘，分解视图（在维修时不能拆解） B.两件式轻型结构制动盘，组装视图 1.摩擦面 2.制动盘固定毂

图3-1-42

（二）驻车制动器

随着宝马G05的问世，过去在宝马X5上所使用的电动机械式驻车制动器被电动机械式停车制动器所取代。宝马F15和G05中的驻车制动系统如图3-1-43所示。

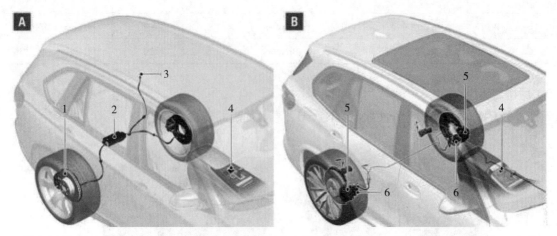

A.带有电动机械式驻车制动器的F15　B.带有电动机械式停车制动器的G05　1.双向自增力驻车制动器　2.电动机械式驻车制动器执行机构　3.应急解锁装置　4.停车制动按钮　5.电动机械式停车制动器执行机构　6.组合式制动钳

图3-1-43

五、车轮和轮胎

宝马G05可以选用的车轮尺寸最小为8.5J×18，配套255/55-R18轮胎，最大为10.5J×22，配套315/30-R22轮胎。20英寸、21英寸和22英寸的车轮尺寸可以通过混装轮胎选配。注意：对于采用四轮驱动系统xDrive的车辆，前桥车轮和后桥车轮的花纹深度或者滚动周长不应偏差过大。

（一）漏气保用轮胎

表3-1-33所示的车轮和轮胎组合可以选配具有应急运行特性的轮胎（漏气保用轮胎）。

表3-1-33

尺寸	特性	轮胎型号	轮胎尺寸
19英寸	夏季	漏气保用轮胎	265/50 R19 110W XL
19英寸	全天候	漏气保用轮胎	265/50 R19 110H XL
19英寸	冬季	漏气保用轮胎	265/50 R19 110H XL
20英寸	全天候	漏气保用轮胎	275/45 R20 110H XL
20英寸	冬季	漏气保用轮胎	275/45 R20 110V XL
20英寸	夏季	漏气保用轮胎	275/45 R20 110V XL 305/40 R20 112Y XL
21英寸	夏季	漏气保用轮胎	275/40 R21 107Y XL 315/35 R21 111Y XL

轮胎失压：在中等负载状态下，使用失压漏气保用轮胎，车辆可以以最高80km/h的时速继续行驶大约80km。

车轮卸载，在轮胎失压的情况下，以下系统通过车轮卸载功能可以增加漏气保用轮胎的可达里程：

①电动主动式侧翻稳定杆EARS。

②双轴高度调节系统。

在紧急情况下，也可以用普通轮胎替换损坏的漏气保用轮胎，但应尽快重新换回漏气保用轮胎。

（二）没有应急运行特性的轮胎

1.轮胎失压

对于采用没有应急运行特性轮胎的车辆，宝马提供以下失压辅助：

①应急维修套件。

②应急车轮，配有剪力式升降台车和用于更换车轮的工具（PHEV除外）。

在使用应急维修套件中的密封剂密封漏气的轮胎时，可能导致RDCi系统的车轮电子装置发生粘连。在这种情况下，除了损坏的轮胎以外，还必须额外更新对应的车轮电子装置。为了避免由于用剪式升降台车举升车辆所导致的空气悬架调控，必须手动停用空气悬架。

（三）越野轮胎

宝马G05中的越野轮胎如图3-1-44所示。

1.带有专门的Grabber AT3轮胎花纹的越野轮胎（36 12 2 459 610）

2.越野轮辋Style 748M黑色亚光9J×20（36 11 6 883 765）

图3-1-44

有特别高的越野要求的客户首次可以在宝马订购一款专门的车轮组合，以提高越野能力。这种车轮组合不能在出厂时订购，只能通过售后购买。它具有四季轮胎的特性，因而除了越野行驶以外，客户完全可以将其用作冬季轮胎组合。专门的Grabber AT3轮胎花纹实现了越野能力和道路行驶特性方面的理想结合。

1.技术数据

GrabberAT3轮胎具有以下标记：

①泥雪地（M+S）。

②三尖雪花。

因此，它属于一款完全的冬季轮胎，越野轮胎没有星形标记。但根据车轮和轮胎研发部门的广泛测试，仍然推荐将其投放市场。在选用越野车轮组合的情况下，同样可以使用宝马提供的驾驶员辅助系统，不会有任何限制。

2.轮胎花纹Grabber AT3

（1）任何路面均可以保证牵引力。

通过接触面上大量的抓地边缘，使得轮胎能够与松软的路面咬合在一起，从而理想地传递驱动力和制动力。侧开式轮胎花纹可以确保高效的自清洁，并且可以在泥泞路面上提供额外的牵引力。

（2）保护功能。

从胎肩至胎壁的实心保护块可以保护这个区域免受石块、岩石和碎石的损坏。设置在侧面的排斥槽纹能够排斥异物，从而保护上部侧壁区域，避免异物侵入。轮辋保护肋条能够在胎圈区域保护轮胎和轮辋，避免它们把路边石的边缘和越野行驶过程中的障碍物损坏，如图3-1-44所示。

（四）集成轮胎压力监控系统RDCi

宝马G05采用了已经为人熟知的集成在动态稳定控制系统中的轮胎压力监控系统RDCi。宝马G05的RDCi车轮电子装置的制造商是Sensata®，如表3-1-34所示。

表3-1-34

车辆	车轮电子装置
G11/G12	Schrader®
G30/G31	Schrader®
G05	Sensata®
G15	Sensata®

1.电子轮胎充气压力铭牌

宝马G05配有在G30（宝马5系）中引入的电子轮胎充气压力铭牌。可以通过中央信息显示屏CID获取有效轮胎充气压力。注意：对于启用了电子轮胎充气压力铭牌的车辆，在修正轮胎充气压力后无须执行RDC复位。

（五）车轮螺栓

宝马G05中的两件式车轮螺栓如图3-1-45所示。两件式车轮螺栓可以保证很高的预紧力。

1.车轮螺栓　2.定心锥

图3-1-45

六、行驶动态管理系统

（一）总线概览

G05中行驶动态管理系统的总线概览如图3-1-46所示。

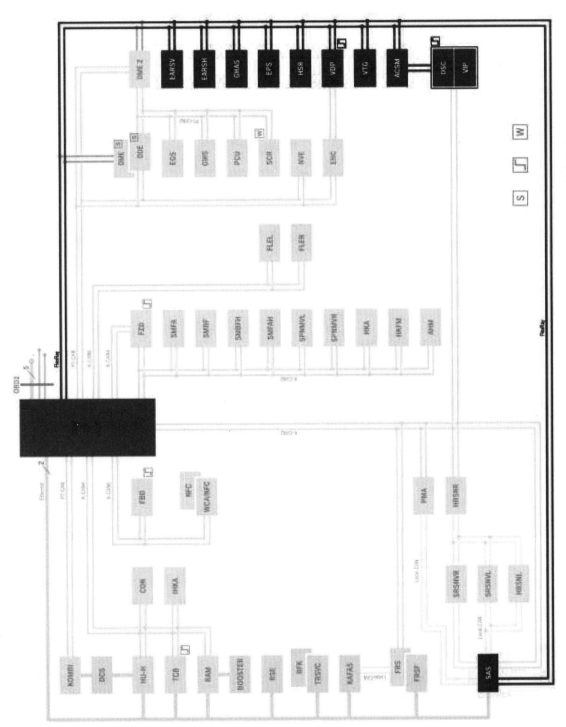

ACSM.碰撞和安全模块　DSC.集成动态稳定控制系统　EARSH.后部电动主动式侧翻稳定装置　EARSV.前部电动主动式侧翻稳定装置　EPS.电子助力转向系统（电动机械式助力转向系统）　GHAS.控制式后桥差速锁　HSR.后桥侧偏角控制系统　SAS.选装配置系统　VDP.垂直动态管理平台　VIP.虚拟集成平台　VTG.分动器

图3-1-46

123

（二）转向系统

采用的是一套车桥平行布局的电动机械式助力转向系统（EPS-APA）。首次可以为宝马的X系列车型订购一款配置型号为"整体式主动转向系统"的后桥转向系统。与之前配有整体式主动转向系统的车辆不同，宝马G05并未选用24V的型号。无论是怎样的发动机配置，所有车型出厂时均配备12V转向系统。宝马G05中的转向系统概览如图3-1-47所示。

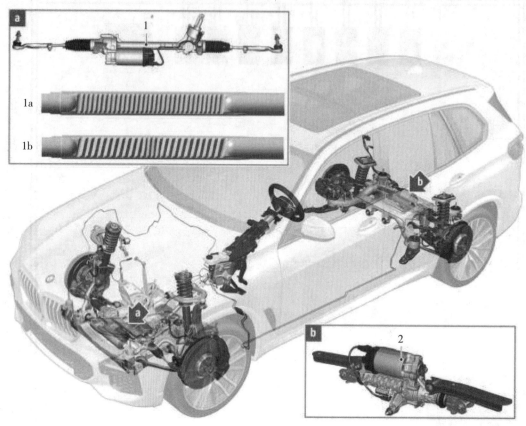

1.电子助力转向系统（电动机械式助力转向系统）　1a.传统齿条几何形状（标准转向系统）　1b.可变齿条几何形状（整体式主动转向系统）　2.后桥侧偏角控制系统HSR（整体式主动转向系统）

图3-1-47

后桥侧偏角控制系统HSR：宝马G05中后桥侧偏角控制系统HSR的最大转向角为2.5°。

（三）集成动态稳定控制系统DSCi

宝马G05采用了全新开发的集成制动系统，其内部名称为集成动态稳定控制系统DSCi。随着DSCi的引入，宝马的客户将获得全新的制动设计，它对行驶动力性会产生深远的影响。

1.特性

制动系统的优点主要表现在以下行驶特性上：

（1）通过车辆稳定性方面的动态和精确度，确保了最高的行驶动力性以及对车辆的操控。

（2）通过短促而亲切的制动踏板感受，保证更多运动性和安全感。

（3）在配合驾驶员辅助系统的情况下，通过缩短制动行程提高主动安全性。

（4）和过去的制动系统相比，由于可以快速减压，因此，可以显著提高调节干预的速度和精度。

宝马G05中的集成动态稳定控制系统DSCi如图3-1-48所示。

1.带有球头的制动连杆　2.补液罐　3.制动液液位传感器　4.供电插头接口（DC）　5.车载电网插头接口　6.控制单元　7.液压单元　8.制动踏板力模拟器　9.三相电动机（AC）

图3-1-48

2.特点

在宝马G05中，新款DSCi制动系统具有以下技术特点：

（1）电动液压式线控制动功能。

（2）取消了真空供给系统。

（3）取消了真空制动助力器。

（4）集成了串联制动主缸。

（5）集成式制动踏板行程传感器。

（6）从前桥/后桥独立转换为对角线制动分配。

（7）从制动液液位开关转换为制动液液位传感器。

3.制动功能

制动功能如表3-1-35所示。

表3-1-35

功能	说明
防抱死系统 ABS	通过有针对性地改变制动压力，避免在制动过程中车轮发生抱死。车辆的转向能力将会得到保留
弯道制动控制系统CBC	通过对制动压力进行适度调控，避免车辆在横向加速度很高的情况下，在轻度制动时发生内旋。可以提高转弯稳定性
自动稳定控制系统ASC	能够避免驱动轮打滑，具体方法是，有针对性地对它们采取制动措施，并且对由发动机提供的驱动力矩施加影响。优化车辆的驱动力，保持行驶稳定性
动态制动控制系统CBC	在由驾驶员触发危险制动的情况下，系统会通过自动迅速施加最大制动压力来帮助驾驶员，以便保证最可能的减速效果
动态稳定控制系统DSC	一旦车辆发生转向不足或者转向过度，就会通过每个车轮的有针对性的制动干预来保持车辆的稳定性
挂车稳定逻辑	一旦车辆和挂车一起出现摇摆，就会自动识别，通过有针对性的制动干预对两者进行稳定，并且将它们减速至对于摇摆而言没有危险的车速
自动差速制动系统ADB-X	模拟差速器锁的功能。一个车轮有打滑趋势时，系统会自动对该车轮制动，以便能够通过该驱动车桥的另一个车轮继续提供驱动力
动态牵引力控制系统DTC	其是集成动态稳定性控制系统DSCi的一个特殊模式
制动准备就绪状态	如果驾驶员将脚快速地从加速踏板上移开，就会在系统中建立适度的制动压力。一旦驾驶员接下来执行危险制动，制动效果将会更快地起作用
干式制动器	根据车窗玻璃刮水器的接通情况定期适度启用制动摩擦片，以便清洁制动盘（干燥）。这样一来，在制动的情况下，就可以显著提升制动效果
起步辅助系统	一旦驾驶员松开制动踏板准备起步，车辆会在坡道上保持静止大约1.5s。这样可使驾驶员舒适起步，不会出现意外向下溜车的情况
自动驻车	在车辆停止后，自动使车辆停住不动，无须在挂入行驶挡的情况下继续踩住脚踏制动器。通过操作加速踏板，自动松开制动，车辆可以正常起步。可以通过一个按钮接通或者关闭该功能

4.系统电路图

宝马G05中的DSCi系统电路图如图3-1-49所示。

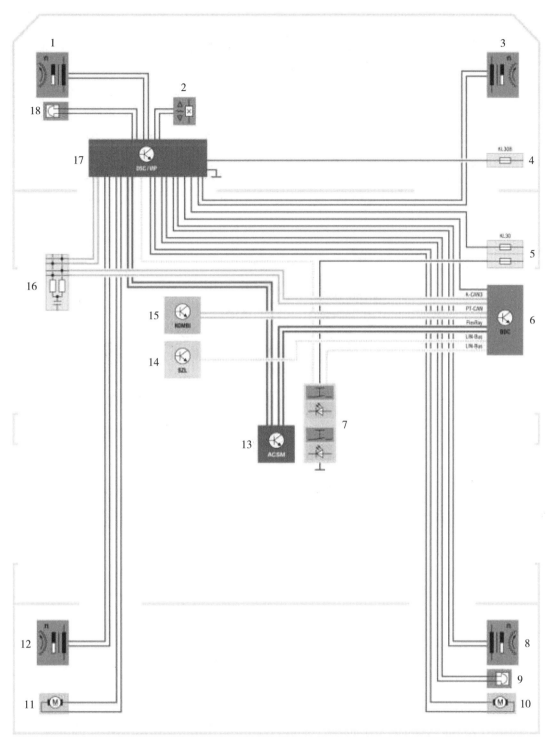

1.左前车轮转速传感器　2.制动液液位传感器　3.右前车轮转速传感器　4.发动机室配电盒　5.前部配电盒
6.车身域控制器BDC　7.中央操作单元　8.右后车轮转速传感器　9.右后制动摩擦片磨损显示　10.右侧电动机械
式停车制动器的执行机构　11.左侧电动机械式停车制动器的执行机构　12.左后车轮转速传感器　13.碰撞和安
全模块ACSM　14.转向柱开关中心SZL　15.组合仪表KOMBI　16.CAN终端电阻　17.带有虚拟集成平台VIP的集
成动态稳定控制系统DSCi　18.左前制动摩擦片磨损显示

图3-1-49

第二节　宝马G70底盘系统

宝马G70底盘技术的结构和调校既考虑到全世界汽车市场上的不同客户要求，又兼顾从传统发动机到插电式混合动力系统再到纯电气机动性的广泛而多样化的驱动系统组合。车轮悬架装置、悬架系统与减震系统、转向系统和制动系统旨在确保最新一代车型也具有宝马7系典型的动态性与行驶舒适性的组合。对所有驱动系统和底盘系统的密集测试与综合应用可确保所有车辆类型的行驶性在竞争环境中能取得独特的广泛性。方向盘后的动感驾驶乐趣与后座区出色的乘坐舒适性皆得到保证。宝马G70底盘如图3-2-1所示，宝马G70底盘规格如表3-2-1所示。

图3-2-1

表3-2-1

系统	G70的规格
车桥	双横臂前桥 五连杆后桥 具有空间功能的五连杆后桥
转向系统	电子助力转向系统EPS 整体式主动转向系统 后桥侧偏角控制系统HSR
悬梁与减震	双轴高度调节系统 电子减震器控制系统EDC High
动态驾驶与制动量	电控主动动态行驶稳定装置 EARS DSCi 电子机械式驻车制动器
车轮和轮胎	降噪轮胎 轮胎二维码轮胎失压显示RPA 第5代胎压监控（RDCi） 轮胎充气压力电子标牌 RDC工具 数字轮胎诊断 路面不平警告

一、底盘配置

宝马G70底盘的标准装备包括前任车型宝马G12为人所知的底盘装备，如表3-2-2所示。

表3-2-2

销售名称	技术	标准底盘	选装配置
运动型转向系统	前桥上带有可变齿条几何形状的Electronic Power Steering EPS	·	–
整体式主动转向系统	前桥上带有可变齿条几何形状的Electronic Power Steering EPS与后桥侧向偏离调节HSR相结合	–	·
自适应悬架+双桥自调标高悬架控制	电子式减震器控制装置EDC High与前后桥上的空气弹簧相结合	–	–
Executive Drive Pro	前后桥上的电控主动动态行驶稳定装置EARS与整体式主动转向系统相结合	–	·

·代表并非为所有驱动版本提供。

二、前桥

在所有驱动版本中，宝马G70的前桥均为所谓的双横臂前桥。宝马G70上所用前桥架梁具有不同特征。所有类型均提供最大刚度且有助于宝马典型的高动态驾驶。

（一）MHEV RWD

此处所示前桥类型可用于后轮驱动的轻度混合动力车型。通过沿用宝马G70 BEV和G70插件式混合动力驱动版本的前桥架梁设计，宝马G70 MHEV车型得益于前桥架梁的高强度。这又归因于两种替代驱动系统显著提高的车辆重量。宝马G70横向双臂悬挂前桥(MHEV RWD)如图3-2-2所示。

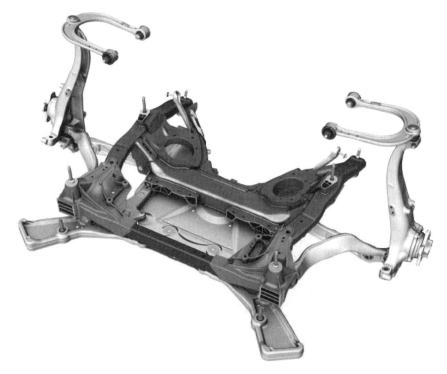

图3-2-2

（二）MHEV AWD和PHEV AWD

此处所示前桥类型可用于全轮驱动的轻度混合动力或插电式混合动力车型。该规格的前桥架梁提供可用于在前桥差速器与前桥车轮之间连接输出轴的额外安装空间。借助附加纵梁可通过车辆车身支撑产生的驱动力矩。宝马G70横向双臂悬挂前桥(MHEV AWD/PHEV AWD)如图3-2-3所示。

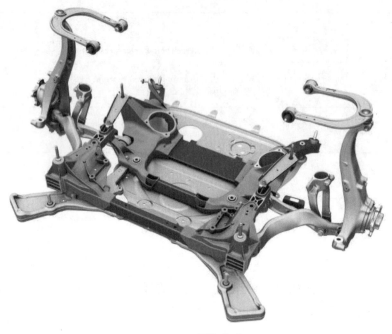

图3-2-3

（三）BEV RWD和BEV AWD

此处所示前桥类型可用于选择性配备后轮或全轮驱动的所有纯电动宝马G70车型，但配备轴向平行电力驱动系统（电力全轮驱动）车型的前桥架梁的不同之处在于额外的动力总成支架，其用于固定电气化驱动单元220MF。为提高刚度，宝马G70 BEV车型上的护板还与高压蓄电池SE30的壳体连接。宝马G70横向双臂悬挂前桥(BEV RWD/BEV AWD)如图3-2-4所示。

图3-2-4

三、后桥

在所有车型上，宝马G70的后桥均采用所谓的五连杆后桥。

（一）MHEV/PHEV

采用轻度混合动力或插电式混合动力驱动的车型配备了由其他BMW Group车辆为人所知的五连杆后桥。宝马G70五连杆后桥如图3-2-5所示。

图3-2-5

（二）BEV

纯电力驱动版本采用所谓的空间功能性五连杆后桥，其可提供足够的安装空间用于容纳电气化驱动单元220LR或220XLR。宝马G70空间功能性五连杆后桥如图3-2-6所示。

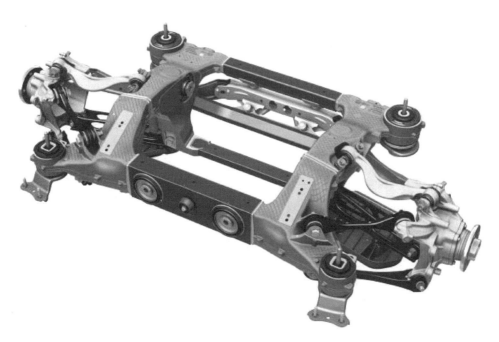

图3-2-6

四、转向柱调节装置

转向柱沿用I20的转向柱设计。以下为最重要技术数据概述：

（1）高度调整40mm（与G12类似）。

（2）纵向调整80mm（相比于G12+20mm）。

（3）重量4400g（相比于G12-800g）。

宝马G70转向柱如图3-2-7所示。

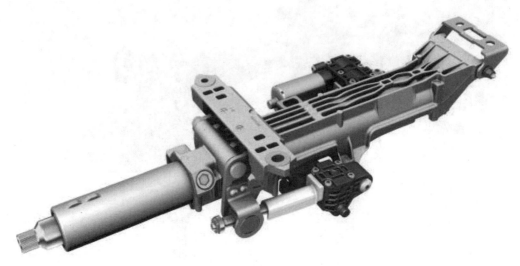

图3-2-7

五、运动型转向系统

宝马G70的标准装备就包括带有可变齿条几何形状的可变传动比运动型转向系统Electronic Power Steering EPS。通过轴向平行布置的电动机产生与车速有关的转向助力。可变齿条几何形状实现在较高行驶速度下的方向稳定性以及直接传动比，从而减小停车操作中的转向角。宝马G70电动助力转向系统EPS如图3-2-8所示。

图3-2-8

六、整体式主动转向系统

整体式主动转向系统为选装配置，为前桥上的运动型转向系统与后桥侧向偏离调节HSR的结合。

在宝马G70上使用的后桥侧向偏离调节HSR已经由I20为人所知，并可用于所有驱动版本（MHEV、PHEV和BEV）。HSR的最大转向角为3.5°。不同于HSR在达到最低速度时才启动的旧系统，I20和宝马G70车型系列上的当前所用版本在0km/h的静止状态下也可用。相比于运动型转向系统，配有整体主动转向系统的G70的转弯直径缩小0.8m。宝马G70 Integral主动转向系统如图3-2-9所示。

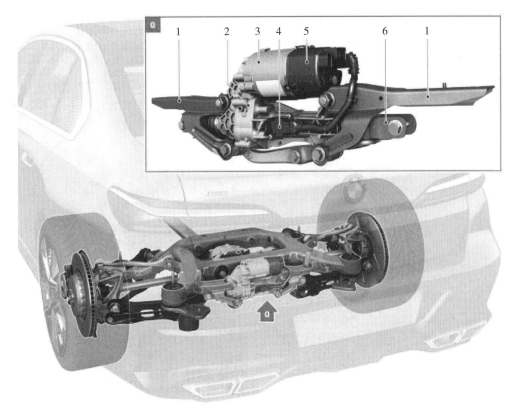

1.支撑板　2.转向器　3.电动机　4.位置传感器　5.控制单元　6.轮距导臂定位件
图3-2-9

七、双轴高度调节系统

标配的双桥自调标高悬架控制是一种开放式系统。这种结构的空气弹簧在2015年首次用于G11/G12，并稍后用于I20。表3-2-3所示提供了不同车型上的当前双桥自调标高悬架控制系统的对比情况。

宝马G70标配的双桥自调标高悬架控制具有以下几个新特点：

（1）取消供气装置上的温度传感器。

（2）通过将更大尺寸的蓄压器与改进的安装位置相结合以改善控制噪声。

（3）进一步发展的空气弹簧波纹管可延长使用寿命。

宝马G70双轴高度调节系统如图3-2-10所示。

表3-2-3

组件	G11/G12	I20	G70
蓄压器	2（2L+4L LCI前） 1（6L LCI后）	1（6L）	1（6L）
空气供给单元	压力传感器+温度传感器	压力传感器支座	压力传感器支座
高度位置	高位高度+20mm 正常高度+/-0mm 运动高度-10mm	高位高度+20mm 正常高度+/-0mm 运动高度-10mm	高位高度+20mm 正常高度+/-0mm 运动高度-10mm
启用	高位高度→高度切换按钮 运动高度→驾驶体验开关 SPORT或车速有关	高位高度→高度切换按钮 运动高度→My Mode SPORT或 与车速有关	高位高度→高度切换按钮 运动高度→My Mode SPORT或 与车速有关
维修车间模式	1.通过高度传感器自动识别 2.通过按下高度切换按钮至少7s 手动启动	1.通过高度传感器自动识别 2.通过按下高度切换按钮至少7s 手动启动	1.通过高度传感器自动识别 2.通过按下高度切换按钮至少7s 手动启动。

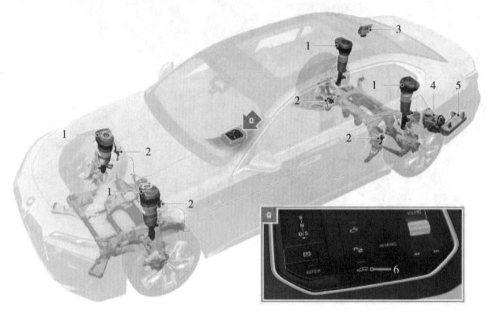

1.空气弹簧减震支柱　2.高度位置传感器　3.垂直动态管理平台VDP　4.空气供给装置　5.蓄压器(6L)　6.高度切换按钮

图3-2-10

八、高级版电子减震控制系统

宝马G70的电子式减震器控制装置，简称EDC，是一种高版本。通过用于拉伸与压缩阶段调整的两个单独的EDC阀门进行减震元件的调整。根据安装位置以及驱动方案，调节器的布置可能稍有不同，如图3-2-11所示。宝马G70空气弹簧减震支柱如图3-2-12所示。

调节：高级版电子式减震器控制装置主动进行车轮选择性调节，并以驾车方式和车辆上的传感器为基础。此外，驾驶员可通过My Modes在舒适性与运动性之间选择基本特征。阻尼力调节实现舒适性与运动性之间的巨大差异。原则上，设置较低的阻尼力可确保在驶过轨道或轨枕时有较高的舒适性。同时，在几毫秒内较高的阻尼力可防止接下来的车身摆动。此外，高级版电子式减震器控制装置通过在ABS制动期间调整阻尼力缩短制动距离。启动时，尤其是在不平整的车道上，高级版EDC可提供更好的牵引力。另外，可自动识别负荷状态并相应调整阻尼力调节。

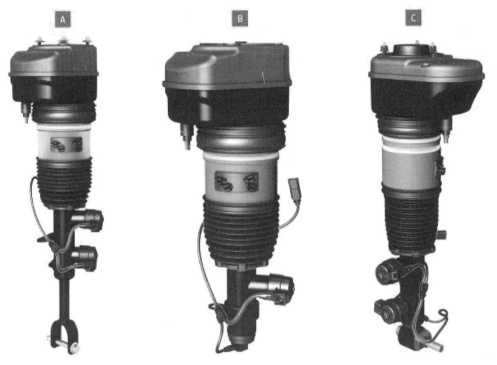

A.后轮驱动前桥　B.全轮驱动前桥　C.后桥

图3-2-11

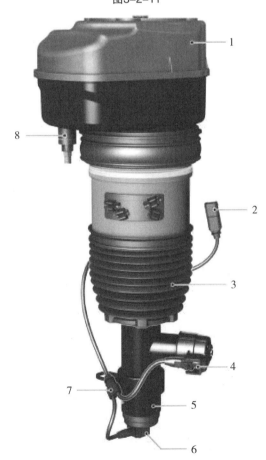

1.盖罩　2.电子式减震器控制装置EDC的电气接口　3.防尘套　4.拉伸阶段的EDC阀门　5.减震器
6.压缩阶段的EDC阀门　7.Y型电缆连接器　8.带集成式剩余压力保持阀的气动接口

图3-2-12

135

九、电控主动动态行驶稳定装置48V

宝马首次将电控主动动态行驶稳定装置（简称EARS）集成到第2.2代48V车载网络中。由于BEV和PHEV驱动版本的车辆重量较大，这是必要的装置。此外，还应将电压水平提升到48V以实现更高效率。原因在于优化了能量回收以及改善了能量平衡，但在两个电控主动式侧翻稳定器的48V供电方面存在区别。在不带高压系统的车辆上通过标配的48V锂离子蓄电池进行供电，而在带有高压系统的车辆(PHEV,BEV)上采用的是Supercap 48 Volt。电控主动动态行驶稳定装置48V系统概况如图3-1-13所示。

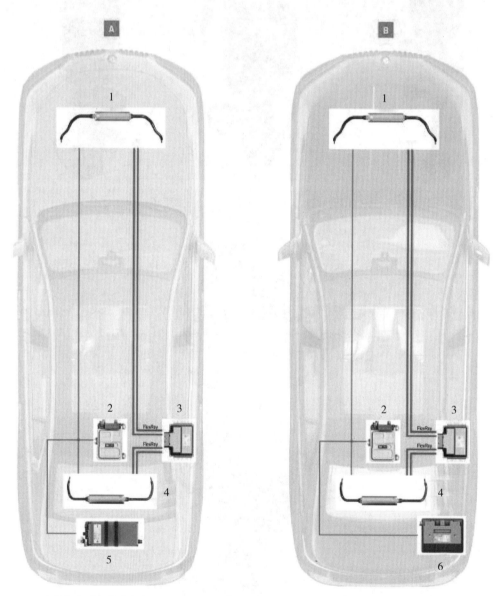

A.ICE（配备发动机的车辆） B.BEV、PHEV（配备电动驱动装置的车辆） 1.前部电控主动式侧翻稳定器48V 2.动力控制单元PCU 48V 3.垂直动态管理平台VDP 4.后部电控主动式侧翻稳定器48V 5.48V锂离子蓄电池 6.Supercap 48 Volt

图3-2-13

锂离子蓄电池废弃物处理：进行废弃物处理时，遵守国家/地区特定的操作方法。在修理厂诊断系统ISTA中，有用于确认运输安全性的相应表格。

（一）结构

电控主动式侧翻稳定器48V的内部结构与12V系统的结构在本质上并无不同，电控主动式侧翻稳定器48V结构，如图3-2-14所示。技术参数如表3-2-4所示。48V稳定杆内部有以下组件：

（1）控制单元EARSV（前部）或EARSH（后部）。

（2）力矩传感器。

（3）电机（3相电机）。

（4）行星齿轮组。

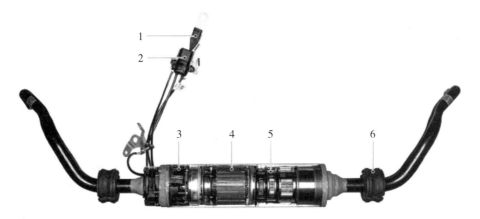

1.电气接口12V　2.电气接口48V　3.带力矩传感器的EARS控制单元　4.电动机48V　5.行星齿轮箱　6.稳定器橡胶支座

图3-2-14

表3-2-4

技术数据	
供电	48V
最大电流消耗	46A
最大功率	2200W
电机扭矩	7.5N·m
行星齿轮组后的扭矩	1200N·m
最大调节时间	250ms

（二）调节

通过竖向动态平台VDP对两个电控主动式侧翻稳定器48V进行调节。当行驶速度高于10km/h时进行控制。调节时主要处理以下信息：

（1）转向角（EPS）。

（2）压缩和弹出位移。

（3）横向加速度（ACSM）。

（4）车速。

在12V系统中使用的垂直加速传感器未用于48V侧翻稳定器。安全关键信息，例如低电压和过压的切断阈值，由Basis Central Platform BCP提供。电控主动式侧翻稳定器48V FlexRay连接如图3-2-15所示。电控主动式侧翻稳定器48V信号路径如图3-2-16所示。

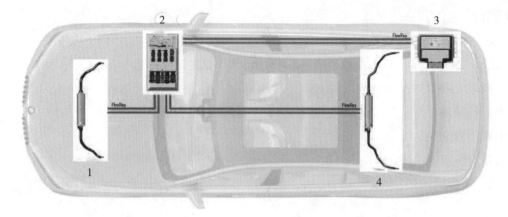

1.前部电控主动式侧翻稳定器EARSV　2.Basis Central Plattform BCP　3.垂直动态管理平台VDP
4.后部电控主动式侧翻稳定器EARSH

图3-2-15

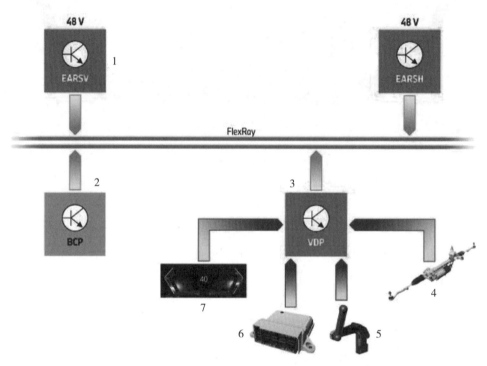

1.电控主动式侧翻稳定器　2.Basis Central Plattform BCP　3.垂直动态管理平台VDP　4.转向角
(EPS)　5.压缩和弹出位移（高度传感器）　6.横向加速度(ACSM)　7.行驶速度

图3-2-16

（三）ACTIVE ROLL COMFORT（防倾控制）

随着宝马G70的上市，首次采用了Active Roll Comfort ARC功能。其中，稳定半杆在直线行驶时不仅脱开，还主动抵抗侧倾，例如最大程度降低因驶过的载重车的空气压力而产生的侧倾。

十、制动器

宝马G70具有由其他车型已知的集成制动系统，即集成式动态稳定控制系统DSCi。在后部车桥上采用集成了电子机械式驻车制动器的制动钳。宝马G70制动系统概述如图3-2-17所示。

1.前制动器　2.综合动态稳定性控制系统DSCi　3.后制动器

图3-2-17

（一）制动钳

制动器打开后的剩余制动力矩可通过不同措施进一步降低。这样可减少二氧化碳排放量并增加电动续航里程。

1.前部复位措施

在前轮制动器上采用黏接式制动摩擦片。通过改进矩形环可增加制动器活塞的复位距离。由于前部车轮制动器的制动摩擦片黏接在制动器活塞上，因此其在制动器松开时被从制动盘上拉开。因此，通过这些措施增加的气隙减小了前轮制动器的剩余制动力矩。宝马G70前轮制动器如图3-2-18所示。

1.制动钳　2.制动摩擦片黏结面　3.制动器活塞上
的防尘套　4.制动器活塞上的矩形环　5.制动活塞

图3-2-18

2.后部复位措施

不同于前轮制动器，后部车轮制动器的制动摩擦片不是黏接的。采用两个扩张元件使制动摩擦片复位。在这两个扩张元件的弹性作用下，制动摩擦片在制动器松开后被从制动盘上推开。因此，通过这些措施增加的气隙减小了后轮制动器的剩余制动力矩。宝马G70后轮制动器如图3-2-19所示。

1.制动盘　2.制动摩擦片背板　3.外侧制动摩擦片　4.内侧制动摩擦片　5.膨胀元件
图3-2-19

（二）运动型制动器

对于运动型制动器，客户可以在两个不同颜色之间选择。宝马G70运动型制动器如图3-2-20所示。

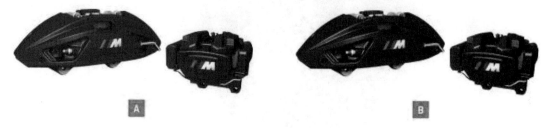

A.蓝色运动型制动器(SA3M1)　B.黑色运动型制动器(SA3M3)
图3-2-20

1.有M运动套件的车辆可配备如表3-2-5所示制动器

表3-2-5

型号	颜色	选装配置	前桥尺寸	后桥尺寸
基本制动器	灰色	–	17″ 18″ /19″	17″ /18″ /19″
运动型制动器	蓝色	SA3M1	18″ /19″	18″ /19″

2.M Performance 高性能车型可配备如表3-2-6所示制动器

表3-2-6

型号	颜色	选装配置	前桥尺寸	后桥尺寸
运动型制动器	蓝色	SA3M1	19″	19″
运动型制动器	黑色	SA3M3	19″	18″ /19″

3.有M专业版运动套件的车辆可配备如表3-2-7所示制动器

表3-2-7

型号	颜色	选装配置	前桥尺寸	后桥尺寸
运动型制动器	蓝色	SA3M1	18″ /19″	18″ /19″
运动型制动器	黑色	SA3M3	18″ /19″	18″ /19″

（三）DSCI

制动系统DSCi无须单独的真空供应装置，因此特别适合配有电动驱动装置的车辆。DSCi的基本工作原理在宝马G70上也没有改变，但所需制动压力和输送量经过相应调整，在液压机组内部可取消诊断阀。此外，还采用了计算速度更快、性能更强的处理器。各代DSCi如图3-2-21所示。

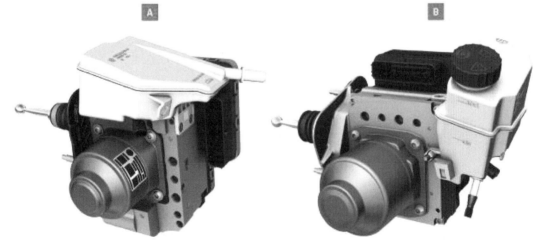

A.代次1.5　B.代次2.0
图3-2-21

更换制动液：带DSCi的车辆必须在更换制动液期间通过服务功能排气。操作错误可能导致线控制动失灵和回退激活。

（四）操作方式

在车辆设置下，有各种操作装置，可以根据驾驶员的需要调整DSCi制动系统。

1.启动协助

宝马G70没有动态牵引力控制系统按钮。在底盘设置菜单中，驾驶员可以选择启用起步辅助功能。起步辅助功能使车辆在困难的路面状态下，如雪地或泥地更容易起步。

2.驻车制动

当按下停车按钮时，电动机械式驻车制动器与电机式驻车锁一起被启用。如果连续按了两次停车按钮，在第二次启动后，电动机械式驻车制动器又被释放，而电机式驻车锁始终保持有效。若驾驶员选择"自动拉紧驻车制动器"菜单项，则电子机械式驻车制动器就会像电动机械式驻车锁止器一样，在每次停用行驶就绪状态时自动操作，无须按下驻车按钮。

在下列情况下，电动机械式驻车制动器会在离开行驶准备就绪时，自动启动：

（1）"自动拉紧驻车制动器"菜单项已启动。

（2）自动驻车功能激活。

可以用如下方式启用电动停车制动器：

（1）当相应设置已启动时，退出行驶就绪状态。

（2）按下停车按钮。

（3）选择CID中的菜单项"停车制动确认"。

可以用如下方式释放电动停车制动器：

（1）推入行驶挡位。

（2）按下停车按钮。

（3）选择CID中的菜单项"停车制动释放"。

"松开/拉紧驻车制动器"菜单项在踩下制动踏板时才能激活选择。在踩下制动踏板的情况下选择"松开驻车制动器"菜单项后，电子机械式驻车制动器将被松开。为了激活电动机械式驻车制动器，而不同时激活电动机械式驻车锁，可以使用以下功能：

（1）启用转鼓模式。

（2）选择菜单项"停车制动确认"。

（五）售后服务信息

在对后轴制动系统进行工作之前，必须松开已释放的驻车制动器。售后服务员工可以通过以下方式实现这一目标：

（1）在未按下停车按钮的情况下离开行驶准备就绪状态（没有激活自动保持功能，也没有激活自动停车制动功能）。

（2）连续按两次停车按钮。

当用后桥的车轮在转鼓试验台上行驶时，启用转鼓模式。这会通过停车灯闪烁显示将信息传给驾驶员，但也可通过组合仪表控制单元手动启动转鼓模式。

液压助力系统：宝马G70的制动系统具有液压助力功能。电子机械式驻车制动器在动作时因全部4个车轮制动器上的液压建压而卸载。因此，在更换制动摩擦片期间不得操作驻车制动器。

十一、车轮和轮胎

（一）优化空气阻力系数的车轮

通过采用优化空气阻力系数的车轮，WLTP中的电动续航里程最多可增加10km。同时，耗电量最多降低0.4kWh/100km。优化空气阻力系数的车轮如图3-2-22所示。

图3-2-22

（二）降噪轮胎

宝马G70配备了I20为人所知的降噪轮胎。降噪轮胎内部有一层泡沫衬里可吸收谐振，带泡沫衬里轮胎如图3-2-23所示。不同于宝马I20，宝马G70上的降噪轮胎出厂时仅以20英寸和21英寸的尺寸安装在前桥上。表3-2-8所示提供了投入市场时宝马G70的轮胎尺寸概览。

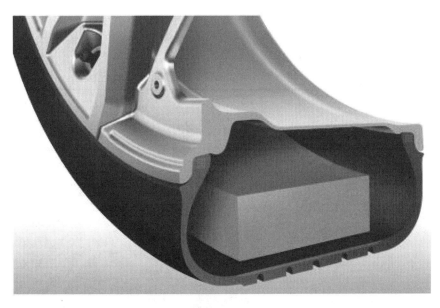

图3-2-23

表3-2-8

地区	245/50 R19	255/45 R20 285/40 R20	255/40 R21 285/35 R21	255/35 R22 285/30 R22
ECE	夏季 冬季M+S	夏季/夏季HP 冬季M+S	夏季 冬季M+S	夏季
CN	夏季 冬季M+S	夏季 冬季M+S	夏季 冬季M+S	—
US	夏季 冬季M+S全季	夏季/夏季HP 冬季M+S 全季	夏季 冬季M+S	夏季
RoW	夏季 冬季M+S	夏季/夏季HP 冬季M+S	夏季 冬季M+S	夏季

（三）胎压监控

视市场而定，在宝马G70上采用众所周知的宝马胎压监控系统：

（1）轮胎失压显示RPA。

（2）第5代胎压监控(RDCi)。

可通过轮胎充气压力电子标牌在中央信息显示器CID上进行不同的轮胎设置。更换车轮时，遵守维修手册中列出的提示：

（1）车轮电子装置的编程。

（2）轮胎充气压力电子标牌已设置为自动轮胎识别。

（3）在更换车轮期间车辆的静止时间至少为5min。

（四）数字轮胎诊断

根据轮胎制造商情况，轮胎侧面有一个二维码，上面包含所有重要的轮胎数据，如图3-2-24所示。可借助RDC工具扫描该二维码并传输至相应车轮电子系统。如果客户允许BMW Group使用其轮胎数据，则可利用数字轮胎诊断的各种功能。通过在宝马G70上引入全新车载网络，在静止状态下也可由数字轮胎诊断监控胎压，前提是车辆已经休眠。这样便可在车辆已长时间停放的情况下确定轮胎气压损失并通过My

图3-2-24

BMW应用告知车主，但车辆在启动深度睡眠模式的情况下停放属于例外情况。由于接收与发射天线在该状态下已停用，因此无法接收或转发数据。

客户可通过My BMW应用程序查询以下轮胎信息：

（1）轮胎充气压力。

（2）轮胎磨损。

（3）轮胎数据（尺寸、制造商、使用情况）。

更换车轮：更换车轮时，应履行宝马规定的工作，方可为客户提供数字轮胎诊断或My BMW应用的最大好处。

（五）应急车轮

出厂时不提供防爆轮胎。视国家而定，可能有备用轮胎或轮胎修理包。对于配备降噪轮胎（带泡沫衬里轮胎）的车辆，轮胎修理包中的密封胶加注量增加。

（六）路面不平警告

在美国在带有选装配置宝马智能互联驾驶座舱专业版（SA6U3）和专业型互联套件（SA6C4）的宝马G70上可使用提供路面颠簸警告的应用。该应用提醒驾驶员注意其路线上有潜在危险的不平路面，例如坑洼、减速带和不良路段。目的是避免抛锚或车辆损坏，由此提升驾驶员的行驶安全性以及一般的交通安全性。

第三节　宝马G60底盘系统

由于与宝马G30相比宝马G60（ICE，PHEV和BEV）的驱动技术得到扩展，因此车型的重量范围显著增加。可通过个性化调整底盘组件对此加以补偿。宝马G60在底盘方面与前任车型的不同之处在于提高了横向动态运动，同时保持了行驶舒适性，宝马G60底盘概览如图3-3-1所示，规格如表3-3-1所示。

图3-3-1

表3-3-1

系统	G60中的规格
轴	双横臂前桥 五连杆后桥 具有空间功能的五连杆后桥
转向系统	电子助力转向系统EPS 后桥侧偏角控制系统HSR
悬架和阻尼	电子减震器控制系统EDC High 液压行程减震器 单轴自调标高悬架控制（仅限PHEV和BEV）
驾驶动态与制动器	电控主动动态行驶稳定装置48V 综合动态稳定性控制系统DSCi 电动机械式驻车制动器（在制动钳处具有制动器的制动盘）
车轮和轮胎	降噪轮胎 轮胎失压显示RPA 第5代胎压监控（RDCi） 电子轮胎充气压力铭牌 RDC工具 数字轮胎诊断 路面不平警告

一、底盘比较

底盘比较如表3-3-2所示。

表3-3-2

底盘组件	F10	G30	G60
前桥	双横臂前桥	双横臂前桥	双横臂前桥
前悬架	钢制弹簧	钢制弹簧	钢制弹簧
前减震系统	常规减震器 电子减震器控制系统 EDC High	常规减震器 电子减震器控制系统EDC High	常规减震器（MHEV） 带液压回弹行程限制器的常规减震器 （PHEV/BEV） 电子减震器控制系统EDC High
前稳定杆	传统稳定杆 主动防侧倾系统ARS（液压）	传统稳定杆 电控主动动态行驶稳定装置12V	传统稳定杆 电控主动动态行驶稳定装置48V（仅限 PHEV/BEV）
后桥	整体V后桥	五连杆后桥	五连杆后桥
后悬架	钢制弹簧	钢制弹簧	钢制弹簧 后桥上的单轴自调标高悬架控制（仅限 PHEV/BEV）
后减震系统	常规减震器 电子减震器控制系统 EDC High	常规减震器 电子减震器控制系统EDC High	常规减震器（MHEV） 带液压回弹行程限制器的常规减震器 （PHEV/BEV） 电子减震器控制系统EDC High
后稳定杆	传统稳定杆 主动防侧倾系统ARS（液压）	传统稳定杆 电控主动动态行驶稳定装置12V	传统稳定杆 电控主动动态行驶稳定装置48V（仅限 PHEV/BEV）
后桥架中心固定架	是	是	是
前制动器	涂油脂的制动摩擦片背板	部分黏接式制动摩擦片	黏接式制动摩擦片

底盘组件	F10	G30	G60
后制动器	组合式制动钳（电子机械式驻车制动器）	组合式制动钳（电子机械式驻车制动器）	组合式制动钳（电子机械式驻车制动器）
电子机械式驻车制动器控制单元	单独（EMF）元	集成在DSC控制单元内	集成在DSCi控制单元内
制动摩擦片磨损传感器	单级	单级	单级
轮毂	72.5mm	66.5mm	66.5mm
螺栓孔分布圈	5×120mm	5×112mm	5×112mm
降噪轮胎	否	否	是
轮胎压力监控系统	爆胎警示RPA（间接）	胎压监控RDCi（Schrader公司）	胎压监控RDCi（Schrader公司）
轮胎充气压力铭牌	标签	标签和电子	标签和电子
数字轮胎诊断	否	否	是
静转向系统	电气及液压 整体主动转向系统（带叠加传动装置）	电子助力转向系统EPS 整体式主动转向系统（采用可变齿条几何形状）	带有可变齿条几何形状的Electronic Power Steering EPS
后转向系统	后桥侧偏角控制系统HSR	后桥侧偏角控制系统HSR	后桥侧偏角控制系统HSR

二、底盘配置

宝马G60的基本底盘主要来源于其前任车型宝马G30的底盘。作为对基本底盘的补充，客户可选择其他底盘装备，如表3-3-3所示。

表3-3-3

销售名称/选装配置	技术	标准配置	选装配置
转向系统	带有可变齿条几何形状的Electronic Power Sterring EPS	x	—
标准底盘SA 225	MHEV: 前桥和后桥上带钢制弹簧的双管气压减震器 PHEV/BEV: 前桥和后桥上带液压回弹行程限制器的双管气压减震器 前桥上的钢制弹簧，后桥上的单轴自调标高悬架控制	x	—
M运动型底盘SA704	运动型底盘调校（降低8mm）		x
专业版自适应底盘SA 2VV	电子式减震器控制装置EDC High作为双管气压减震器 后桥侧偏角控制系统HSR 降低4mm（仅BMW i5 M60×Drive降低8mm）	x[1]	x
专业版自适应M底盘SA 2VW	专业版自适应底盘 包括前桥和后桥上的电控主动动态行驶稳定装置48V	—	x[1]

1仅可用于以下车型：
● BMW 550e xDrive、BMW i5 xDrive40（欧洲规格）
● BMW i5 M60 xDrive。

三、前桥

在所有驱动版本中，宝马G60的前桥均为所谓的双横臂前桥。所有类型均提供最大刚度且有助于宝马典型的高驾驶动态。在所有驱动版本中，宝马G60的横向双臂悬挂前桥的特征在于与宝马G70的众多协同部件。不同之处主要体现在摆动轴承、拉杆以及上下横向摆臂。

（一）MHEV RWD

宝马G60横向双臂悬挂前桥（MHEV RWD）如图3-3-2所示。

图3-3-2

（二）MHEV AWD和PHEV AWD

宝马G60横向双臂悬挂前桥（MHEV AWD/PHEV AWD）如图3-3-3所示。

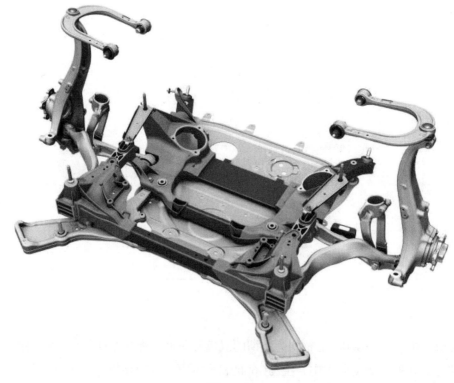

图3-3-3

（三）BEV RWD和BEV AWD

为了增加刚度，宝马G60 BEV的护板与高压蓄电池SE27的壳体连接。宝马G60横向双臂悬挂前桥（BEV RWD/BEV AWD）如图3-3-4所示。

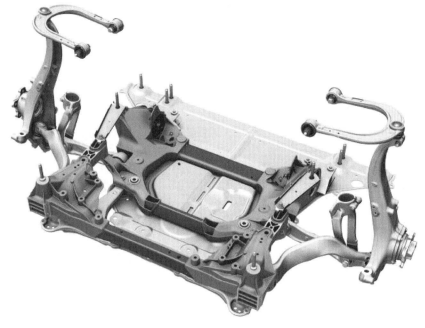

图3-3-4

四、后桥

在所有车型中，宝马G60均采用五连杆后桥。以下概览所示为所用后桥架梁的不同版本。

1.MHEV/PHEV

宝马G60五连杆后桥（MHEV，PHEV）如图3-3-5所示。

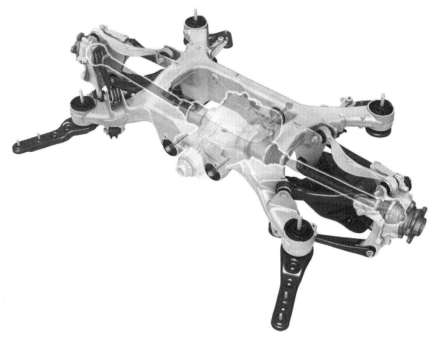

图3-3-5

2.BEV

宝马G60具有空间功能的五连杆后桥（BEV）如图3-3-6所示。

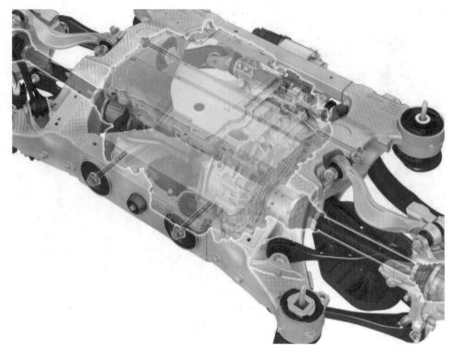

图3-3-6

五、转向柱调节装置

宝马G60的转向柱沿用宝马G70的转向柱设计，宝马G60转向柱（可电动调节）如图3-3-7所示。此处最重要的技术数据概述如表3-3-4所示。

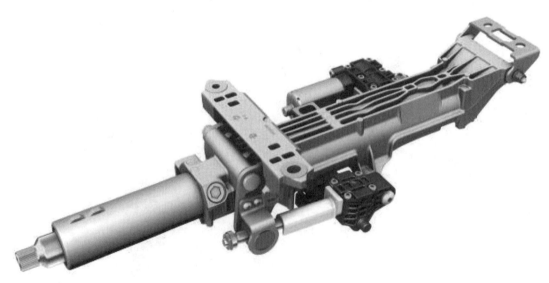

图3-3-7

表3-3-4

	机械 转向柱调节装置	电气 转向柱调节装置
高度调节	40mm （与G30类似）	
纵向调节	80mm （相比于前任车型G30+20mm）	
质量	3324g （相比于前任车型G30+79g）	4350g （相比于前任车型G30-1385g）

六、转向系统

1.运动型转向系统

与宝马G70一样，宝马G60的标准装备中也包括带有可变齿条几何形状的Electronic Power Steering EPS。通过轴向平行布置的电动机产生与车速有关的转向助力。可变齿条几何形状实现在围绕方向盘中间位置进行转向运动时的方向稳定性，以及通过直接转向器传动比减小需要的转向角（例如在转弯或停车调动时）。宝马G60 Electronic Power Steering EPS如图3-3-8所示。

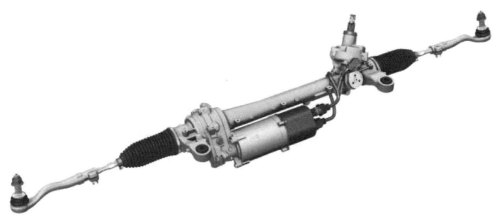

图3-3-8

2.后桥侧偏角控制系统HSR

在宝马G60上使用的后桥侧向偏离调节HSR已经因I20以及G70被人所知，并可视装备而定（SA 2VV和SA 2VW）可用于所有驱动版本（MHEV、PHEV和BEV）。在宝马G60上，HSR的最大转向角为2.5°。不同于HSR在达到最低速度时才启动的旧系统，当前所用版本在0km/h的静止状态下也可用。在宝马G60上，转弯直径在与后桥侧向偏离调节HSR相结合时最多可减少约0.6m。宝马G60后桥侧偏角控制系统HSR如图3-3-9所示。

七、垂直动态管理平台

在宝马G60上，竖向动态平台VDP是用于调节以下系统的中央控制单元：

（1）单桥高度调节系统。

（2）电子减震器控制系统EDC High。

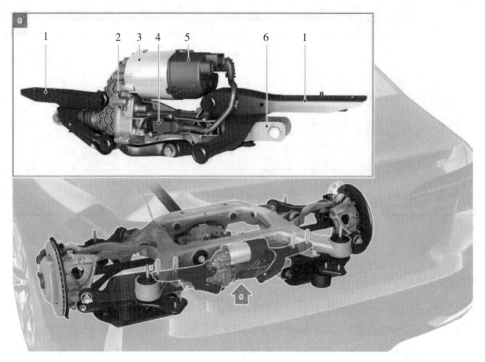

1.支撑板　2.转向器　3.电动电机　4.位置传感器　5.控制单元　6.轮距导臂定位件

图3-3-9

（3）电控主动动态行驶稳定装置48V。

特定于车型和装备，宝马G60可配备3种VDP控制单元型号。特定于装备，可采用2个、3个或4个高度传感器，如表3-3-5所示。

表3-3-5

高度位置传感器		控制单元（型号）（E/A）	功能垂直动态	选装配置	驱动变型
数量	安装位置				
2	左前 左后	BCP（非VDP）	–	–	仅限MHEV
3	左前 左后 右后	VDP（Low）	单桥高度调节系统	–	仅限PHEV和BEV
4	左前 右前 左后 右后	VDP（中等配置A）	电子减震器控制系统EDC High	专业版自适应底盘（SA 2VV）	仅限MHEV
		VDP（中等配置B）	单桥高度调节系统 电子减震器控制系统EDC High	专业版自适应底盘（SA 2VV）	仅限PHEV和BEV
			单桥高度调节系统 电子减震器控制系统EDC High 电控主动动态行驶稳定装置48V	专业版自适应M底盘（SA 2VW）	

（一）单桥高度调节系统

对于宝马G60，仅PHEV和BEV驱动版本在后桥上标配单轴自调标高悬架控制。对于MHEV驱动版本不提供单轴自调标高悬架控制。宝马G60的单轴自调标高悬架控制基于G31的系统。针对宝马G60的主要创新在于改善了供气装置的调节噪声，通过优化悬架组件实现了这一点。无论负载如何，单轴自调标高悬架控制都能调整到最佳后桥高度，由此确保舒适安全的行驶性能。即使满载时，仍有整个弹簧变形量可供使用，从而提供充分的行驶舒适性。在所有负荷状态下使车身高度保持在预定标准高度。驾驶员无法通过按键改变车身高度。宝马G60单车桥高度调节系统的系统概览如图3-3-10所示。

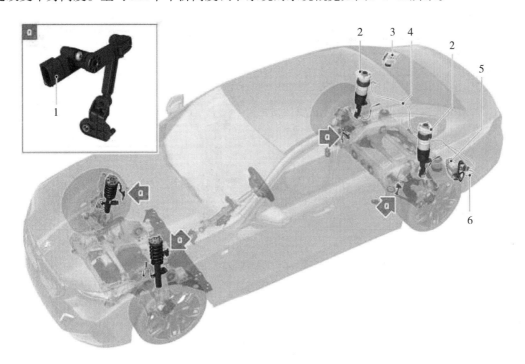

1.高度位置传感器　2.后侧空气弹簧减震支柱　3.垂直动态管理平台VDP　4.右后压缩空气管路　5.空气供给装置　6.左后压缩空气管路

图3-3-10

1.在压缩空气系统上工作时

在松开低压管路之前，必须对系统进行减压。可借助ISTA中的服务功能执行该操作。在工作和更换空气弹簧的组件时，务必遵守当前维修手册。拆卸和装配时，确保压缩空气管路的连接处特别干净。

2.高度位置校准

在修复或更换部件后，可能需要重新校准车辆的高度。可借助ISTA中的服务功能"高度调校"执行该操作。

3.泄漏

由于采用了带有相应压缩空气接口的压缩空气管路，无法确保空气弹簧100%密封。因此允许出现规定的少量压力损失。出于公差原因并非所有组件都会出现相同泄漏程度，因此经过较长停车时间后，车辆也可能处于倾斜位置。启动PWF状态"停留"后，车身高度调节功能会自动进行车辆倾斜状态以及车辆低位补偿。

（二）电子减震器控制系统EDC HIGH

宝马G60的电子式减震器控制装置（简称EDC）是一种高版本。机油流量的调节以及减震器的减震通过拉伸阶段和压缩阶段的共用EDC阀门进行。根据安装位置以及驱动方案，调节器的布置可能稍有不同。宝马G60减震支柱EDC High如图3-3-11所示。

（三）电控主动动态行驶稳定装置48V

宝马G60也配有宝马G70上为人所知的电控主动动态行驶稳定装置48V，简称EARS。在宝马G60上（特定于车型和装备），电控主动动态行驶稳定装置仅结合PHEV和BEV驱动版本使用。在这种情况下，第2.2代48V车载网络配备了Supercap 48 Volt。由于PHEV和BEV驱动版本的车辆重量较大，需要将电控主

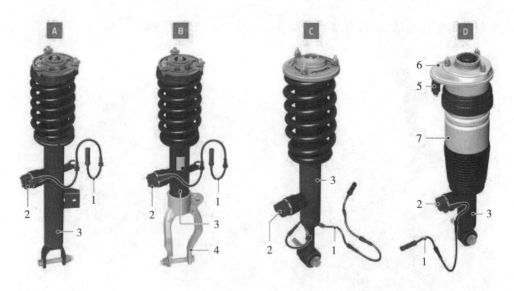

A.后轮驱动方案前桥减震支柱　B.全轮驱动方案前桥减震支柱　C.无空气弹簧的后桥减震支柱　D.带空气弹簧的后桥减震支柱　1.用于将EDC阀门连接至车辆电缆束的适配电缆　2.用于拉伸和压缩阶段的EDC阀门　3.弹簧支柱　4.弹簧减震支柱支架　5.带集成式剩余压力保持阀的气动接口　6.盖罩　7.防尘套

图3-3-11

动动态行驶稳定装置集成至48V车载网络。宝马G60电控主动动态行驶稳定装置48V系统概况如图3-3-12所示。

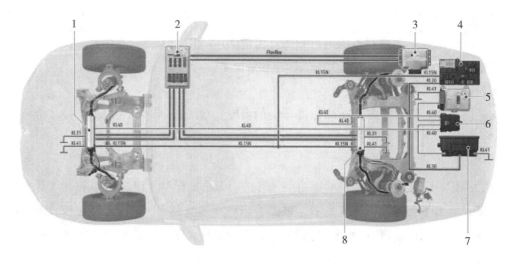

1.前部电控主动式侧翻稳定器48V　2.基本中央平台BCP　3.垂直动态管理平台VDP　4.右后配电盒
5.48V DC/DC转换器PCU48　6.配电器48V　7.超级电容器48V SC48　8.后部电控主动式侧翻稳定器48V

图3-3-12

八、制动器

宝马G60具有众所周知的集成制动系统，即集成式动态稳定控制系统DSCi。在后桥上采用集成了电子机械式驻车制动器的制动钳。

（一）制动钳

为了在宝马G60上也能减少未操作制动器时的剩余制动力矩，采用从宝马G70开始为人所知的措施：

（1）在前桥上采用黏接式制动摩擦片以及在制动器活塞上采用矩形环经过改进的制动钳。

（2）在后桥上采用两个扩张元件。在这两个扩张元件的弹性作用下，制动摩擦片在制动器松开后被从制动盘上推开。

通过这些措施增加制动盘与制动摩擦片之间的气隙，由此减小剩余制动力矩。这样可减少二氧化碳排放量并增加电动续航里程。G60前轮制动器如图3-3-13所示。

宝马G60后轮制动器如图3-3-14所示。

1.制动钳　2.制动摩擦片黏结面　3.制动器活塞上的防尘套　4.制动器活塞上的矩形环　5.制动活塞

图3-3-13

1.制动盘　2.制动器支架　3.外侧制动摩擦片　4.内侧制动摩擦片　5.膨胀元件

图3-3-14

（二）运动型制动器

在宝马G60上以选装配置形式提供运动型制动器，如图3-3-15所示。对于运动型制动器，可以在2种不同颜色之间选择。根据车辆类型和装备不同，车辆可配备以下制动器，如表3-3-6所示。

A.蓝色运动型制动器（SA 3M1）　B.红色运动型制动器（SA 3M2）

图3-3-15

表3-3-6

车辆配置	型号	颜色	选装配置	前桥尺寸	后桥尺寸
SA 337 "M运动套件"车辆类型 "M Sport"	–	灰色	–	17″ /18″	17″ /18″
	运动型制动器	蓝色	SA 3M1	17″ /18″	17″ /18″
SA 33B "M专业版运动套件"	–	红色	SA 3M2	17″ /18″	17″ /18″
	运动型制动器	蓝色	SA 3M1	17″ /18″	17″ /18″
M Performance Automobile（MPA）	运动型制动器	蓝色	SA 3M1	18″	18″
	运动型制动器	红色	SA 3M2	18″	18″

（三）综合动态稳定性控制系统DSCI

宝马G60同样具有集成制动系统，即集成式动态稳定控制系统DSCi。DSCi的主要优点在于无须单独的真空供应装置，因此特别适合配备电动驱动装置的车辆。在制动系统上进行保养工作和修复时，务必遵守当前维修手册。操作错误可能导致线控制动模式失灵和回退激活。宝马G60第2.0代DSCi如图3-3-16所示。

（四）驻车制动

按下驻车制动器按钮时，电子机械式驻车制动器与电动机械式驻车锁止器一起被启动。连续按下两次驻车制动器按钮后，电子机械式驻车制动器又被松开，而电动机械式驻车锁止器保持启用。若驾驶员在中央信息显示屏CID上选择"自动拉紧驻车制动器"菜单项，则电子机械式驻车制动器与电动机械式驻车锁止器会在每次停用行驶就绪状态时自动操作。不必按下驻车制动器按钮。在下列情况下，电子机械式驻车制动器会在退出行驶就绪状态时自动启动：

（1）"自动拉紧驻车制动器"菜单项已启动。

（2）自动驻车功能激活。

可以用如下方式启用电动停车制动器：

图3-3-16

（1）当相应设置已启动时，退出行驶就绪状态。

（2）按下驻车制动器按钮。

（3）选择CID中的菜单项"停车制动确认"。

可以用如下方式释放电动停车制动器：

（1）推入行驶挡位。

（2）按下驻车制动器按钮。

（3）选择CID中的菜单项"停车制动释放"。

"松开/拉紧驻车制动器"菜单项在踩下制动踏板时才能激活选择。在踩下制动踏板的情况下在CID上选择"松开驻车制动器"菜单项后，电子机械式驻车制动器将被松开。为了启动电子机械式驻车制动器，同时又不启动电动机械式驻车锁止器，可以使用以下功能：

（1）启用转鼓模式。

（2）选择菜单项"停车制动确认"。

（五）售后服务信息

在对后轴制动系统进行工作之前，必须松开已释放的驻车制动器。售后服务员工可以通过以下方式实现这一目标：

（1）退出行驶就绪状态，并且不按下驻车制动器按钮。此时自动驻车不能启用，并且CID上的自动拉紧驻车制动器已停用。

（2）连续两次按下驻车制动器按钮。

当用后桥的车轮在转鼓试验台上行驶时，启用转鼓模式。通过驾驶员显示器上的黄色制动报警灯慢闪向驾驶员表明这一情况。

液压助力系统：宝马G60的制动系统具有液压助力功能。电子机械式驻车制动器在动作时额外获得全部4个车轮制动器上的液压压力支持。因此，在更换制动摩擦片期间不得操作驻车制动器。

九、车轮和轮胎

（一）轮胎尺寸概览

表3-3-7所示提供了投入市场时G60的轮胎尺寸概览。

表3-3-7

地区	225/55 R18 （仅限MHEV）	245/45 R19 275/40 R19	245/40 R20 275/35 R20	245/35 R21 275/30 R21 （仅限MHEV）	255/35 R21 285/30 R21 （仅限PHEV/BEV）
欧洲规格	夏季 冬季M+S	夏季 冬季M+S	夏季/夏季UHP轮胎 冬季M+S	夏季	
中国规格	–	夏季 冬季M+S	夏季 冬季M+S	–	
美国规格	–	夏季 冬季M+S 四季轮胎	夏季/夏季UHP轮胎 冬季M+S 四季轮胎	夏季	
RoW	夏季 冬季M+S	夏季 冬季M+S	夏季/夏季UHP轮胎 冬季M+S	夏季	

（二）降噪轮胎

宝马G60同样配备了因I20和G70为人所知的降噪轮胎。降噪轮胎内部有一层泡沫衬里可吸收谐振，如图3-3-17所示。在宝马G60上，降噪轮胎仅结合以下车轮尺寸且仅在前桥上使用：

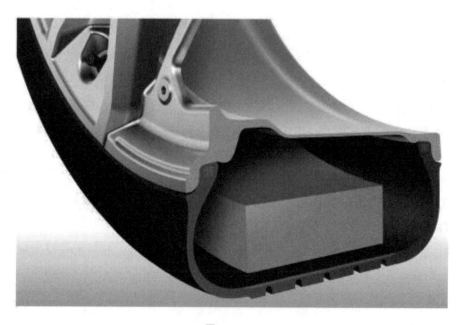

图3-3-17

（1）20″（仅限UHP轮胎）。

（2）21″。

（三）优化空气阻力系数的车轮

通过采用优化空气阻力系数的车轮，WLTP中的电动续航里程最多可增加10km。同时，耗电量最多降低0.4kWh/100km（WLTP）。宝马G60优化空气阻力系数的辐板式车轮如图3-3-18所示。

图3-3-18

（四）胎压监控

视市场而定，在宝马G60上采用众所周知的宝马胎压监控系统：

（1）轮胎失压显示RPA。

（2）第5代胎压监控（RDCi）。

可通过轮胎充气压力电子标牌在中央信息显示器CID上进行不同的轮胎设置。更换车轮时，务必遵守当前维修手册以及其中列出的提示：

（1）车轮电子装置的编程。

（2）轮胎充气压力电子标牌已设置为自动轮胎识别。

（3）在更换车轮期间车辆的静止时间至少为5min。

（五）数字轮胎诊断

宝马G60的轮胎没有二维码。使用RDC工具通过"手动编程轮胎数据"菜单将相关轮胎数据传输至相应车轮电子系统。通过在宝马G70上引入全新车载网络，在静止状态下也可由数字轮胎诊断监控胎压，前提是车辆已经休眠。这样便可在车辆已长时间停放的情况下确定轮胎气压损失并通过My BMW应用程序告知车主。车辆在启动沉睡模式的情况下停放属于例外情况。在该状态下，接收与发射天线已停用，因此无法接收或转发数据。为获得完全功能范围，必须存在以下选装配置并满足以下前提条件：

（1）胎压监控（SA 2VB）。

（2）远程服务（SA 6AE）。

（3）宝马互联驾驶服务（SA 6AK）

（4）智能互联驾驶座舱高级版/专业版，HU-H5（SA 6U2或SA 6U3）。

（5）星形符号形式的宝马轮胎标记。

（6）自动轮胎识别（使用RDC工具手动编程轮胎数据）。

（7）在"隐私保护"菜单中同意数据传输。

（六）应急车轮

宝马G60在出厂时同样不提供泄气保用轮胎（失压续跑轮胎技术）。视国家而定，可能有备用轮胎或轮胎修理包。对于配备降噪轮胎的车辆，轮胎修理包中的轮胎密封剂加注量增加。

（七）路面不平警告

在美国，用于路面不平警告的应用在配备了选装配置智能互联驾驶座舱专业版（SA6U3）和专业型互联套件（SA6C4）的宝马G60上同样可用。该应用提醒驾驶员注意其路线上有潜在危险的路面不平，例如坑洼、减速带和不良路段。目的是避免抛锚或车辆损坏。由此提升驾驶员的行驶安全性以及一般的交通安全性。

第四章 宝马车系电气系统

第一节 宝马G05电气系统

一、电气系统

（一）简介

在宝马G05中采用了2018款车载电网。

（二）总线系统

1.总线概览

总线概览如图4-1-1所示。

2.主总线系统

（1）K-CAN。

宝马G05采用了多套K-CAN总线系统。K-CAN总线系统：

①K-CAN2。

②K-CAN3。

③K-CAN4。

④K-CAN5。

⑤K-CAN6。

宝马诊断系统不会在总线概览中显示K-CAN5上的控制单元。通过车身域控制器进行诊断，所有K-CAN总线的数据传输率均为500kbit/s。

（2）PT-CAN。

在宝马G05上使用的PT-CAN有两种规格。PT-CAN总线系统：

①PT-CAN。

②PT-CAN2。

用于PT-CAN2的网关位于数字式发动机电子系统DME内。两个PT-CAN总线的数据传输率均为500kbit/s。

（3）FlexRay。

FlexRay概览如图4-1-2所示。FlexRay概览包含所有发动机型号和选装配置。4缸/6缸发动机采用DME1/DDE（序号1）。8缸/12缸发动机采用DME2（序号13）和DME1（序号1）。用于终止的终端电阻位于控制单元和车身域控制器内。FlexRay的数据传输率为10Mbit/s。

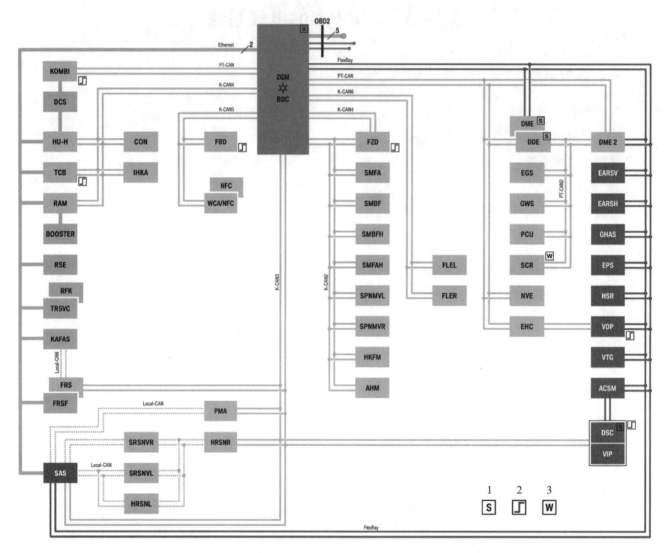

ACSM.碰撞和安全模块　AHM.挂车模块　BDC.车身域控制器　BOOSTER.高保真终端放大器　CON.控制器　DDE.数字式柴油机电子系统　DME.数字式发动机电子系统　DME2.数字式发动机电子系统2　DSC.动态稳定控制系统　DCS.驾驶员摄像机系统　EARSH.后部电动主动式侧翻稳定装置　EARSV.前部电动主动式侧翻稳定装置　EGS.变速器电子控制系统　EHC.电子高度控制系统　EPS.电子助力转向系统（电动机械式助力转向系统）　FBD.遥控信号接收器　FLER.右前部车灯电子装置　FLER.右侧前部车灯电子装置　FRS.前部雷达传感器　FRSF.远距离前部雷达传感器　FZD.车顶功能中心　GWS.选挡开关　GHAS.控制式后桥差速锁　HKFM.行李箱盖功能模块　HRSNL.左侧近距离车尾雷达传感器　HRSNR.右侧近距离车尾雷达传感器　HSR.后桥侧偏角控制系统　HU-H.Headunit High　IHKA.自动恒温空调　KAFAS.基于摄像机的驾驶员辅助系统　KOMBI.组合仪表　NFC.近距离通信系统　NVE.夜视系统电子装置　PCU.电源控制单元　PMA.驻车操作辅助系统　RAM.接收器音频模块　RFK.倒车摄像机　RSE.后座区娱乐系统　SAS.选装配置系统　SCR.选择性催化剂还原　SMBF.前乘客座椅模块　SMFA.驾驶员座椅模块　SMBFH.前乘客侧后部座椅模块　SMFAH.驾驶员侧后部座椅模块　SPNMVL.左前座椅气动模块　SPNMVR.右前座椅气动模块　SRSNVL.右前近距离侧面雷达传感器　SRSNVR.左前近距离侧面雷达传感器　TCB.远程通信系统盒　TRSVC.顶部后方侧视摄像机　VDP.垂直动态管理平台　VIP.虚拟集成平台　VTG.分动器　WCA.无线充电盒　ZGM.中央网关模块　1.用于FlexRay总线系统启动和同步的启动节点控制单元　2.有唤醒权限的控制单元　3.控制单元额外与总线端15WUP连接

图4-1-1

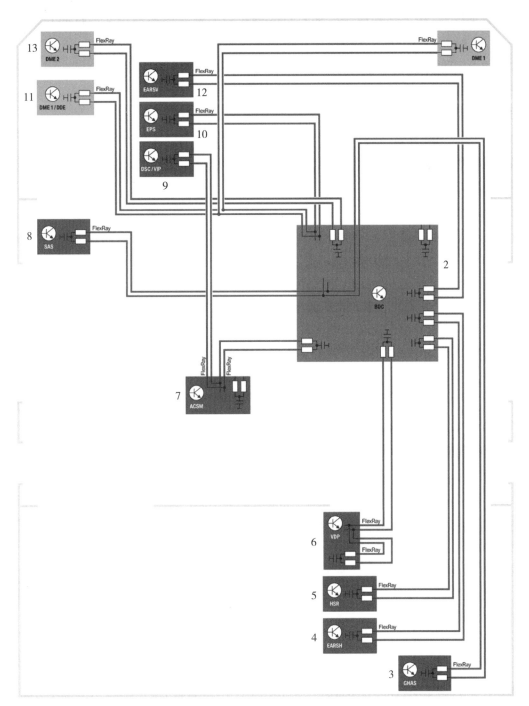

1.数字式发动机电子系统DME1（仅限4缸/6缸发动机） 2.车身域控制器BDC 3.控制式后桥锁GHAS
4.后部电动主动式侧翻稳定装置EARSH 5.后桥侧偏角控制系统HSR 6.垂直动态管理平台VDP 7.碰撞
和安全模块ACSM 8.选装配置系统SAS 9.动态稳定控制系统DSC 10.电子助力转向系统（电动机械式
助力转向系统）EPS 11.发动机电子装置DME1/DDE 12.前部电动主动式侧翻稳定装置EARSV 13.数字
式发动机电子系统DME2（仅限8缸发动机）

图4-1-2

（4）以太网。

以太网提供两种不同的型号。在G05中，为连至车身域控制器的OBD2接口采用了带有5根导线的型号（4根数据线和1根激活导线）。通过以太网执行所连接的控制单元的诊断和编程。第二个型号在G11/G12上已被采用，并且被用作2线制OABR以太网（Open Alliance BroadR- Reach）型号。

2线制OABR以太网上的控制单元：

①基于摄像机的驾驶员辅助系统（KAFAS）。

②顶部后方侧视摄像机（TRSVC）。

③Headunit High（HU-H）。

④后座区娱乐系统（RSE）。

⑤选装配置系统（SAS）。

⑥远程通信系统盒2（TCB2）。

⑦接收器音频模块（RAM）。

⑧远距离前部雷达传感器（FRSF）。

专门为车辆中的应用开发了作为新型数据传输层的"Open Alliance BroadR-Reach（OABR以太网）"标准。OABR以太网只需一个非屏蔽的绞合双线连接。OABR以太网支持两个节点间双向100Mbit/s的通信。两个节点也可同时以100Mbit/s传输率进行发送和接收。OABR以太网需要点对点联网，即总线系统不像CAN（控制器区域网络）等那样分布在多个节点之间，而是使用以太网交换机来连接其他节点。现在以太网交换机集成在以下控制单元内：车身域控制器（BDC）、Headunit（HU）、选装配置系统（SAS）、顶部后方侧视摄像机（TRSVC）。注意：对于仅连接在以太网上且不连接在K-CAN上的控制单元，可能需要一根唤醒导线。无法通过总线唤醒以太网上的控制单元，而是通过唤醒导线启用或直接通过总线端15接通控制单元。以太网系统电路图如图4-1-3所示。

（5）D-CAN。

对于没有用于诊断的以太网连接的控制单元，仍然需要用到D-CAN。D-CAN的数据传输率为500kbit/s。通过D-CAN执行所连接的控制单元的诊断和编程。

3.子总线系统

子总线系统一方面可以减轻主总线系统的负担，另一方面也不需要很高的数据传输率。

（1）LIN总线。

为了获得更好的概览效果，在此分多张电路图来展示宝马G05的LIN总线。

①车门区域内的LIN总线如图4-1-4所示。

②发动机电子系统和供电系统LIN总线如图4-1-5所示。

③车顶功能中心LIN总线如图4-1-6所示。

④转向柱开关中心和操作单元LIN总线如图4-1-7所示。

⑤自动恒温空调LIN总线（如图4-1-8所示），LIN总线概览展示了自动恒温空调IHKA及最多的LIN总线组件。根据IHKA型号，取消不需要的组件。

⑥环境照明LIN总线如图4-1-9所示。

（2）局域CAN。

如果要将两个控制单元直接相互连接，则经常会用到局域CAN。根据具体的车辆配置，最多可能用到4个不同的连接。

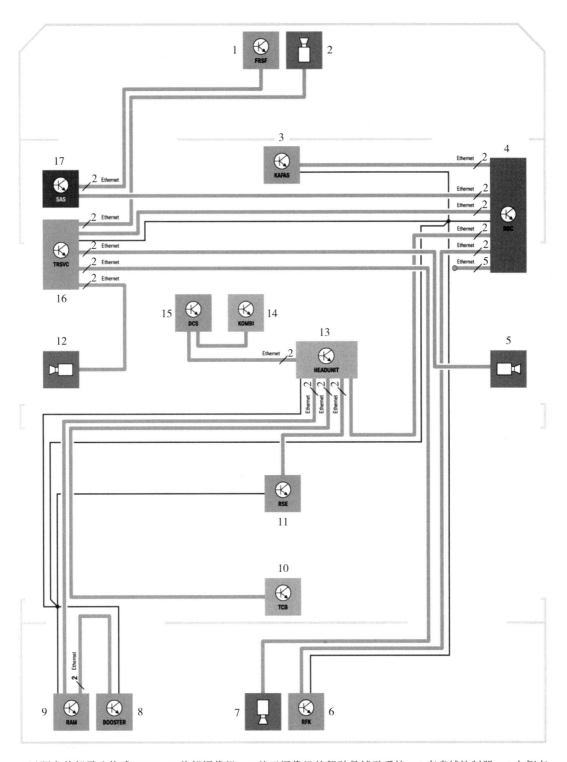

1.远距离前部雷达传感FRSF　2.前部摄像机　3.基于摄像机的驾驶员辅助系统　4.车身域控制器　5.右侧车外后视镜摄像机　6.倒车摄像机RFK（没有KAFAS的单摄像机）　7.倒车摄像机　8.放大器　9.接收器音频模块RAM　10.远程通信系统盒TCB　11.后座区娱乐系统RSE　12.左侧车外后视镜摄像机　13.Headunit High HU-H　14.组合仪表KOMBI　15.驾驶员摄像机系统DCS　16.顶部后方侧视摄像机TRSVC　17.选装配置系统SAS

图4-1-3

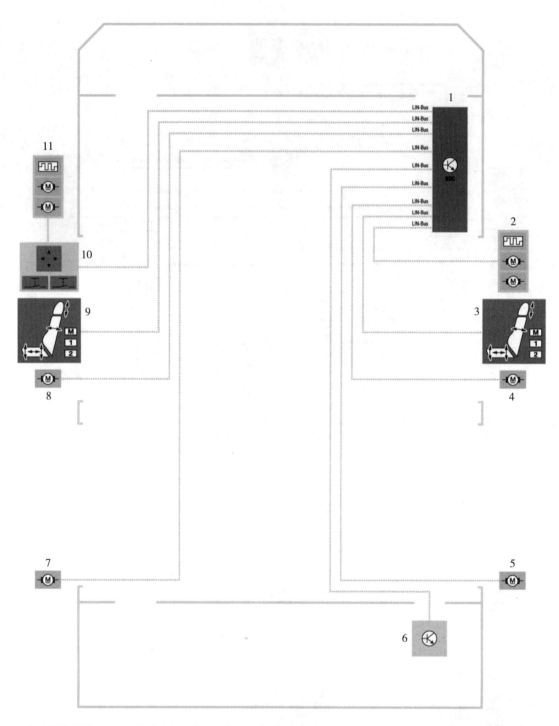

1.车身域控制器BDC　2.前乘客侧车外后视镜　3.前乘客侧前部记忆开关　4.前乘客侧前部车窗升降器电子装置　5.前乘客侧后部车窗升降器电子装置　6.非接触式行李箱盖开启功能　7.驾驶员侧后部车窗升降器电子装置　8.驾驶员侧前部车窗升降器电子装置　9.驾驶员侧前部记忆开关　10.驾驶员车门开关组件　11.驾驶员侧车外后视镜

图4-1-4

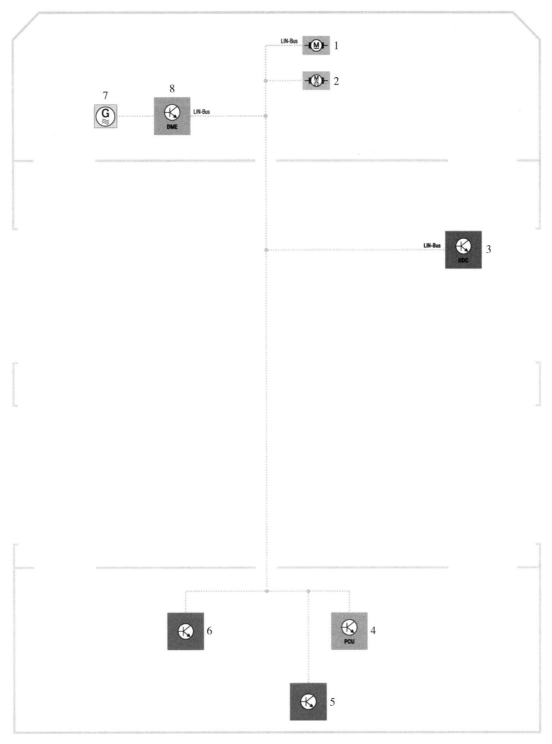

1.风门控制装置　2.电子扇　3.车身域控制器BDC　4.电源控制单元PCU 500W　5.右后配电盒　6.智能型蓄电池传感器IBS　7.发电机　8.数字式发动机电子系统DME

图4-1-5

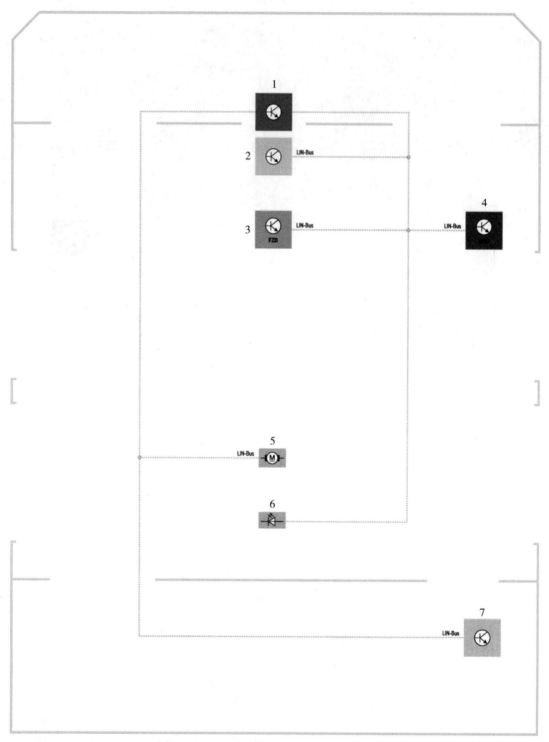

1.晴雨/光照/水雾传感器　2.车内后视镜　3.车顶功能中心FZD　4.车身域控制器BDC　5.天窗内衬电机　6.后部车内照明装置　7.带有倾斜报警传感器的报警器SINE

图4-1-6

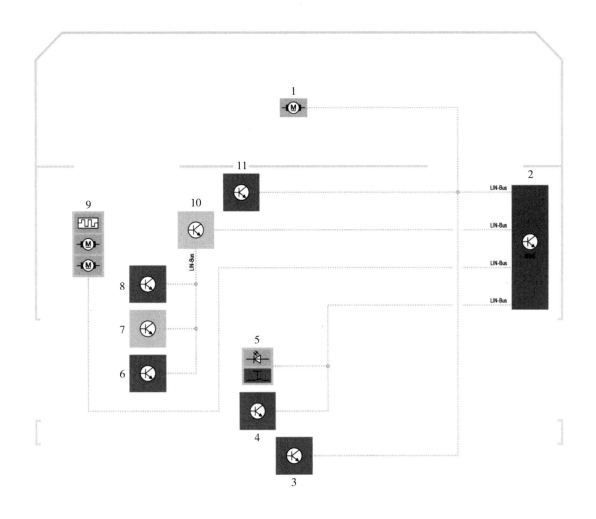

1.刮水器电机　2.车身域控制器BDC　3.中控台操作单元　4.音响系统操作单元　5.危险报警灯开关/智能型安全按钮　6.触摸识别装置HOD（放手检测）　7.方向盘电子装置　8.右侧多功能方向盘按钮　9.电动转向柱调节装置　10.转向柱开关中心SZL　11.车灯操作单元

图4-1-7

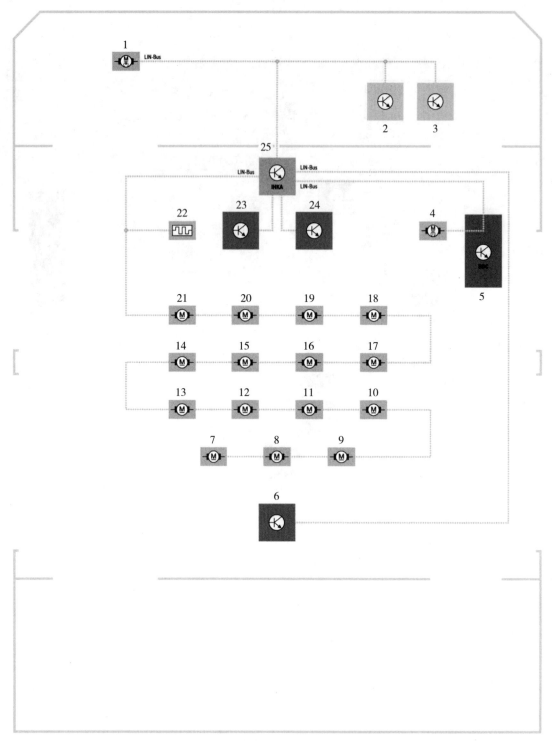

1.驻车暖风 2.芳香器 3.离子灭菌器 4.鼓风机电机 5.车身域控制器BDC 6.后座区操作单元 7.后座区右侧混合风门步进电机 8.后座区左侧混合风门步进电机 9.右侧混合风门步进电机 10.左侧混合风门步进电机 11.后座区右侧空气分布步进电机 12.后座区左侧空气分布步进电机 13.右侧脚部空间步进电机 14.左侧脚部空间步进电机 15.右侧分层步进电机 16.左侧分层步进电机 17.右侧通风步进电机 18.左侧通风步进电机 19.除霜步进电机 20.循环空气步进电机 21.新鲜空气步进电机 22.电气辅助加热器 23.空调系统操作单元 24.中间格栅中的触摸操作面板 25.自动恒温空调IHKA

图4-1-8

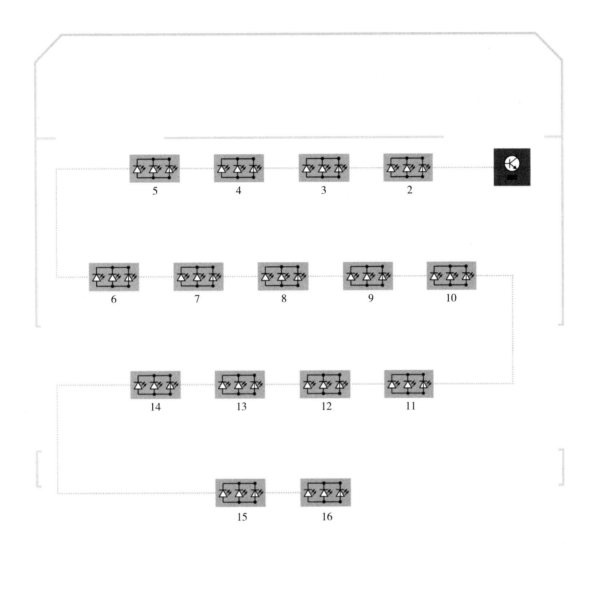

1.车身域控制器BDC　2.驾驶员座椅左侧靠背照明　3.驾驶员座椅左下部座椅靠背照明　4.前乘客座椅左侧座椅靠背照明
5.前乘客座椅左下部座椅靠背照明　6.前乘客侧右下部仪表板轮廓线照明　7.前乘客侧中间右侧仪表板轮廓线照明　8.前乘客侧
右上部仪表板轮廓线照明　9.驾驶员侧左上部仪表板轮廓线照明　10.驾驶员侧左下部仪表板轮廓线照明　11.左后全景车顶Sky
Lounge照明　12.左后全景车顶Sky Lounge照明　13.右后全景车顶Sky Lounge照明　14.右后全景车顶Sky Lounge照明　15.右前全景车
顶Sky Lounge照明　16.左前全景车顶Sky Lounge照明

图4-1-9

局域CAN连接：

①连至选挡开关GWS的变速器电子控制系统EGS。

②连至前部雷达传感器的基于摄像机的驾驶员辅助系统KAFAS。

③连至右前和左前近距离侧面雷达传感器的选装配置系统SAS。

④连至右侧和左侧近距离车尾雷达传感器的选装配置系统SAS。

宝马诊断系统不会在总线概览中显示局域CAN上的控制单元，可通过相应的主控制单元进行诊断，局域CAN的数据传输率为500kbit/s。

（3）USB。

在宝马G05上根据车辆配置提供不同的USB接口。

USB接口：

①中控台内的A型（标配）。

②中间扶手中的C型（SA 6WC）。

③座椅靠背中的2个仅用于充电的C型。

④后座区娱乐系统操作面板中的2个C型（从2018年11月起）。

中控台中的USB接口可以提供最高1.5A的充电电流。通过中间扶手中的USB接口以及后座区的所有其他USB接口可以提供最高3A的充电电流。

（三）控制单元

1.控制单元安装位置

宝马G05控制单元安装位置如图4-1-10所示。

2.网关

（1）车身域控制器BDC。

车身域控制器BDC如图4-1-11所示。

①BDC功能。

·网关。

·禁启动防盗锁。

·总线端控制。

·中控锁。

·车外照明装置。

·车窗升降器。

·喇叭。

·车内照明装置。

·刮水和清洗装置。

·车辆数据存储。

·车况保养CBS数据传输。

②BDC内的保险丝。

·音响系统操作单元。

·驾驶员辅助系统操作单元。

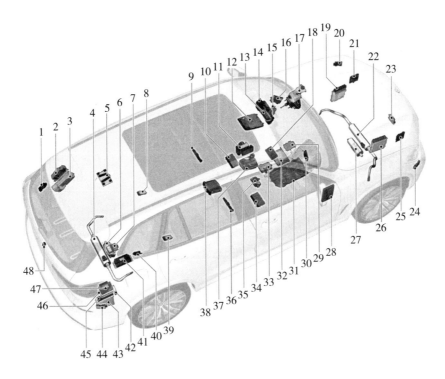

1.左侧近距离车尾雷达传感器HRSNL　2.接收器音频模块RAM　3.放大器　4.后部主动式侧翻稳定装置EARSH　5.远程通信系统盒TCB　6.后桥侧偏角控制系统HSR　7.控制式后桥锁GHAS　8.后部驾驶员座椅模块SMFAH　9.左前座椅气动模块SPNMVL　10.驾驶员座椅模块SMFA　11.电子高度位置控制系统EHC　12.车顶功能中心FZD　13.基于摄像机的驾驶员辅助系统KAFAS　14.组合仪表KOMBI　15.选装配置系统SAS　16.倒车摄像机和侧视系统TRSVC控制单元　17.动态稳定控制系统DSC/VIP　18.无线充电盒WCA/NFC　19.数字式发动机电子系统DME/数字式柴油机电子系统DDE　20.左前近距离侧面雷达传感器SRSNVL　21.左侧前部车灯电子装置FLEL　22.前部电动主动式侧翻稳定装置EARSV　23.前部雷达传感器FRS/远距离前部雷达传感器FRSF　24.右近距离侧面雷达传感器SRSNVR　25.右侧前部车灯电子装置FLER　26.数字式发动机电子系统2DME2　27.电子助力转向系统EPS　28.车身域控制器BDC/中央网关模块ZGM　29.夜视系统电子装置NVE　30.自动恒温空调IHKA　31.变速器电子控制系统EGS　32.Headunit HU-H　33.碰撞和安全模块ACSM　34.前乘客座椅模块SMBF　35.分动器VTG　36.右座椅气动模块SPNMVR　37.控制器CON/选挡开关GWS　38.后座区娱乐系统RSE　39.前乘客侧后部座椅模块SMBFH　40.遥控信号接收器FBD　41.垂直动态管理平台VDP　42.驻车操作辅助系统PMA　43.电源控制单元PCU　44.右侧近距离车尾雷达传感器HRSNR　45.行李箱盖功能模块HKFM　46.挂车模块AHM　47.选择性催化剂还原SCR　48.倒车摄像机RFK

图4-1-10

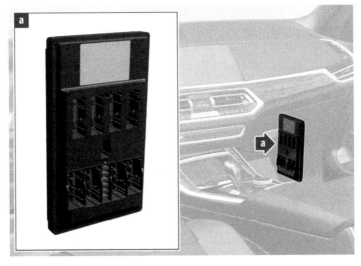

图4-1-11

173

- 车灯操作单元。
- 车窗升降器。
- 后窗玻璃加热装置。
- 行李箱盖功能模块。
- 自动恒温空调。
- OBD2接口。
- 电源控制单元。
- 晴雨/光照/水雾传感器。
- 转向柱开关中心。
- 远程通信系统盒。
- 车门外侧拉手电子装置。
- 垂直动态管理平台（电子装置）。
- 中控锁。

③BDC内的继电器。

- 总线端30F。
- 电动车窗升降器。
- 中控锁。
- 后窗玻璃加热装置。
- 前灯清洗装置。

④BDC内的网关。

中央网关模块ZGM集成在BDC内。它可以说是控制单元内的控制单元，因为在BDC内ZGM的工作方式就像是一个独立的控制单元。ZGM的任务是将所有主总线系统彼此连接起来。通过连接，可综合利用各总线系统提供的信息。ZGM能够将不同协议和速度转换到其他总线系统上。通过ZGM可经以太网将有关控制单元的编程数据传输至车内。BDC是LIN总线上许多组件的网关。

⑤LIN总线组件。

- 左侧和右侧车外后视镜。
- 驾驶员车门、前乘客车门开关组件。
- 转向柱开关中心。
- 车灯开关。
- 智能型安全按钮。
- 音响系统操作单元。
- 车内后视镜。
- 晴雨/光照/水雾传感器。
- 车顶功能中心（车内照明装置）。
- 左侧和右侧后座区舒适座椅。
- 电动转向柱调节装置。
- 刮水器。
- 中控台操作单元。

·后部配电盒。

⑥BDC中的唤醒功能。

·附加蓄电池充电单元。

·智能型蓄电池传感器。

·电子扇。

·主动风门控制。

·数字式发动机电子系统。

对于在唤醒功能下列出的控制单元，BDC仅负责唤醒功能。主控单元和网关功能继续由发动机控制系统负责。

3.以太网上的控制单元

（1）Headunit。

Headunit如图4-1-12所示。在宝马G05上除通过控制器操作外，还可在CID上以触摸方式操作Headunit。配备带有宝马手势控制功能的选装配置时，还可通过手势操作选择功能。

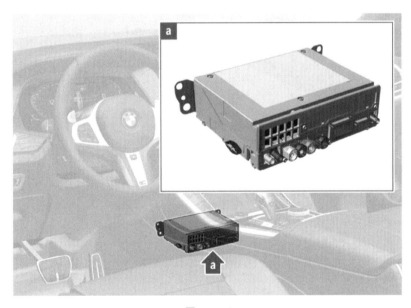

图4-1-12

（2）接收器音频模块RAM。

接收器音频模块RAM是一个控制单元并且是信息娱乐系统的一部分。接收器音频模块RAM是一个带集成调谐器和集成声音处理器的音响放大器。接收器音频模块RAM同样包含仿真声效设计ASD，因而无须额外的控制单元。接收器音频模块RAM如图4-1-13所示。

接收器音频模块RAM提供不同的版本和功率等级。

版本和功率等级：

·RAM BASIS。

·RAM MID。

·RAM HIGH。

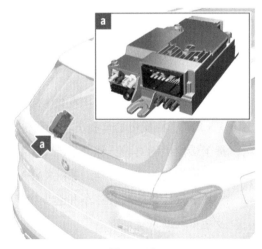

图4-1-13

根据扬声器的数量和功率，额外安装了一个放大器，音频数据通过一个以太网连接传送至放大器上。

（3）放大器。

根据具体的音响型号，安装了一个额外的放大器，如图4-1-14所示。对于立体声和高保真音响，一般情况下没有放大器。如果在车辆上根据发动机型号需要一个用于外部音响的外部扬声器，就会安装一个放大器。对于"Harman Kardon环绕立体声音响系统（SA 688）"和"Bowers & Wilkins Diamond环绕声音响系统（SA 6F1）"，安装了一台对应的放大器。

根据具体的音响型号，放大器提供不同的版本和功率等级。对应扬声器的功率输出级位于放大器中。放大器通过以太网和接收器音频模块RAM连接。

（4）顶部后方侧视摄像机TRSVC。

顶部后方侧视摄像机TRSVC安装位置如图4-1-15所示。顶部后方侧视摄像机控制单元可接收摄像机的图像信息，以便显示"鸟瞰图"。

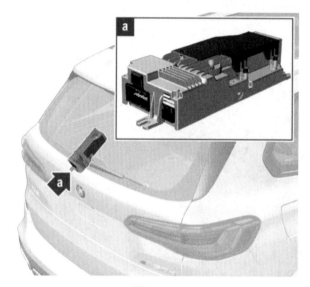

图4-1-14

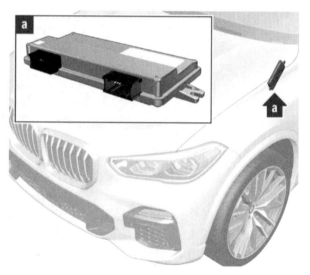

图4-1-15

连接的摄像机：

·前部摄像机。

·左侧车外后视镜摄像机。

·右侧车外后视镜摄像机。

·倒车摄像机。

各摄像机通过以太网连接在TRSVC上。

（5）基于摄像机的驾驶员辅助系统KAFAS。

基于摄像机的驾驶员辅助系统KAFAS的安装位置如图4-1-16所示。

基于摄像机的驾驶员辅助系统KAFAS的最高扩展等级包含6个辅助功能。可用的辅助功能如下：

·基于摄像机的具有停车和起步功能的定速巡航控制系统。

·堵车辅助系统。

·交通标志识别。

·碰撞警告系统。

·带城市制动功能的行人警告系统。

·带城市制动功能的碰撞警告系统。

（6）前部雷达传感器FRS。

前部雷达传感器FRS安装位置如图4-1-17所示。

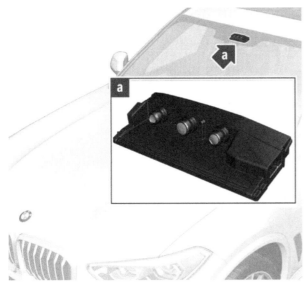

图4-1-16   图4-1-17

前部雷达传感器FRS提供的输入数据可用于以下几个方面：

·碰撞警告系统。

·行人/自行车警告系统。

·具有制动功能的定速巡航控制系统。

·具有停车和起步功能的主动定速巡航控制系统。

·车距信息。

（7）远距离前部雷达传感器FRSF。

远距离前部雷达传感器FRSF如图4-1-18所示。

在使用选装配置专业版行驶辅助系统时，会安装远距离前部雷达传感器FRSF。

（8）选装配置系统SAS。

选装配置系统SAS如图4-1-19所示。

选装配置系统SAS控制单元提供大量驾驶员辅助功能。SAS未安装任何传感器。功能所需信息由相应控制单元和传感器提供。SAS启用相应功能所需的控制单元可提供以下功能：

·带城市制动功能的碰撞警告系统。

·动态制动控制系统。

·带城市制动功能的行人警告系统。

·驻车操作辅助系统。

·堵车辅助系统。

·基于摄像机的具有停车和起步功能的定速巡航控制系统。

图4-1-18   图4-1-19

· 前方道路预测辅助系统。

· 转向和车道导向辅助系统包括堵车辅助系统。

· 车道变更警告系统。

· 带城市制动功能的碰撞警告系统。

· 车距信息。

· 动态定速巡航控制系统。

· 限速。

· 车道偏离警告系统。

· 交叉行驶警告系统。

· 限速辅助系统。

SAS所需的图像信息由KAFAS提供。

4.K-CAN2上的控制单元

（1）挂车模块AHM。

挂车模块AHM如图4-1-20所示。

挂车模块负责以下内容：

· 为挂车照明装置供电并对其进行控制。

· 以电动机械方式操纵挂车牵引钩。

（2）车顶功能中心FZD。

车顶功能中心FZD如图4-1-21所示。

根据车辆配置，车顶功能中心FZD包括用于以下装置的相应组件：

· 防盗报警装置。

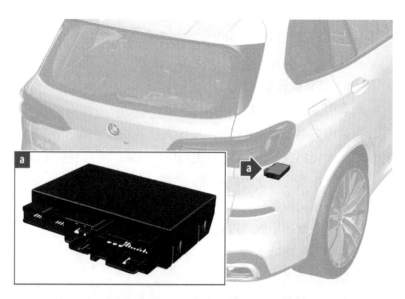

图4-1-20

178

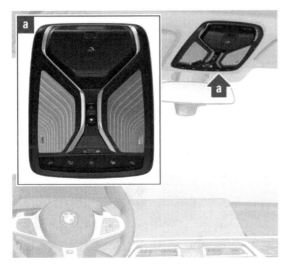 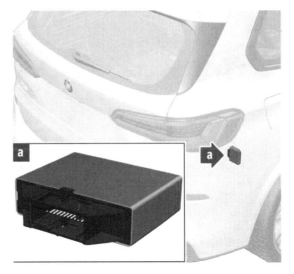

图4-1-21 图4-1-22

· 滑动天窗控制装置。

· 手势摄像机。

· 紧急呼叫按钮。

带有宝马手势控制的车辆上，车顶功能中心内装有手势摄像机。宝马诊断系统不将手势摄像机显示为诊断单元。通过车顶功能中心进行诊断。手势摄像机连接在PT-CAN4上，因此无须通过车身域控制器将总线电码传输到其他CAN总线上。车顶功能中心不负责控制车内照明装置。车内照明灯单元和车顶功能中心的电子系统安装在相同壳体内。

（3）行李箱盖功能模块HKFM。

行李箱盖功能模块HKFM如图4-1-22所示。

行李箱盖功能模块控制单元负责控制行李箱盖举升装置。

（4）座椅模块。

座椅模块如图4-1-23所示。

根据车辆配置使用以下座椅模块：

· 驾驶员座椅模块SMFA。

· 前乘客座椅模块SMBF。

座椅模块位于相应座椅内，用于控制伺服电机。根据配置，必要时车内可安装两个相同的座椅模块。通过导线束上的接口进行控制单元设码。根据附加的接地设码对车内控制单元进行相应分配。

（5）座椅气动模块。

右后座椅气动模块SPNMHR如图4-1-24所示。

根据车辆配置使用以下座椅气动模块：

· 左前座椅气动模块SPNMVL。

· 右前座椅气动模块SPNMVR。

座椅气动模块在相应座椅内负责控制按摩功能。根据配置情况，必要时车内可安装两个相同的座椅气动模块。通过导线束上的接口进行控制单元设码。根据附加的接地设码对车内控制单元进行相应分配。

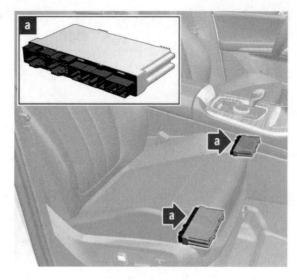

图4-1-23

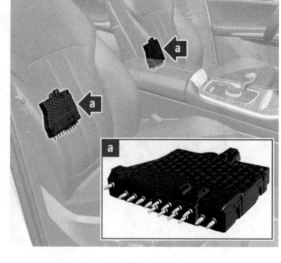

图4-1-24

5.K-CAN3上的控制单元

（1）前部车灯电子装置。

右侧和左侧前部车灯电子装置如图4-1-25所示。

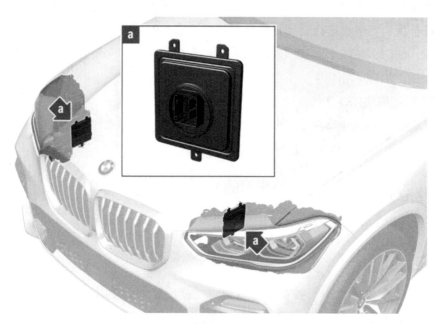

图4-1-25

左侧前部车灯电子装置FLEL和右侧前部车灯电子装置FLER的控制单元安装在左侧和右侧前灯内。前部车灯电子装置包括以下几种：

·控制相应前灯内的LED。

·控制转向信号灯。

·控制用于前灯照明距离调节装置的步进电机。

·控制风扇。

（2）驻车操作辅助系统PMA。

驻车操作辅助系统PMA如图4-1-26所示。

根据配置情况，PMA控制单元执行如下相应功能：

·驻车距离监控系统PDC。

·驻车辅助系统。

·高级驻车辅助系统。

驻车距离监控系统PDC可在驶入和驶出停车位时为驾驶员提供支持。通过声音信号和视觉显示报告目前至障碍物的距离。驻车辅助系统接管停车入位过程。

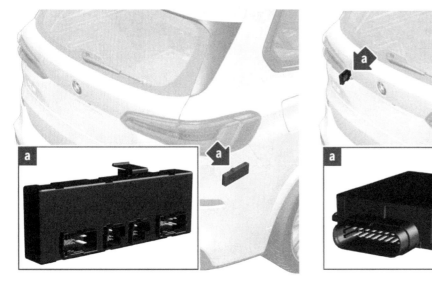

图4-1-26　　　　　　　　　　　　　　　　　　图4-1-27

（3）HRSNR车道变更警告系统SWW。

车道变更警告系统SWW如图4-1-27所示。

图4-1-27中显示了左侧车道变更警告系统HRSNL和右侧车道变更警告系统HRSNR的两个控制单元。右侧近距离车尾雷达传感器HRSNR和左侧近距离车尾雷达传感器HRSNL是对车道变更警告系统SWW的后续开发。现在，用宝马诊断系统进行诊断时，可以分别读取两个控制单元。

·高级行驶辅助系统（SA 5AT）。

SWW的主控制单元是HRSNR，通过它同样也对在本地CAN上连接的额外的控制单元进行诊断。车道变更警告系统HRSNL（副控单元）控制单元用于车道变更警告。选装配置高级行驶辅助系统还需要以下控制单元：

·左前雷达传感器。

·右前雷达传感器。

6.K-CAN4上的控制单元

（1）控制器CON。

控制器CON如图4-1-28所示。在宝马G05上根据导航系统使用带或不带触控板的控制器。配备带触摸操作面板的控制器时，客户可通过文字输入用于导航系统的地点信息或电话号码和联系人数据，例如进行地图操作时可通过移动手指来移动、扩大或缩小地图局部视图。

图4-1-28

图4-1-29

（2）自动恒温空调IHKA。

自动恒温空调IHKA如图4-1-29所示。

自动恒温空调IHKA是宝马G05的标准配置。

（3）远程通信系统盒TCB2。

远程通信系统盒TCB 2如图4-1-30所示。

在宝马G05上安装了第二代远程通信系统盒TCB。远程通信系统盒TCB 2直接与车顶天线连接，负责执行以下功能：

·BMW互联驾驶服务〔包括带eCALL（紧急呼叫功能）的 Assist + BMW在线〕。

·通过一个集成在车内的 SIM卡（P-SIM）实现BMW互联网功能。

·远程功能（接收和控制器）。

·办公方面的"语音转换文本"功能。

·通过 P-SIM实现宝马远程服务。

·通过 P-SIM实现WLAN热点。

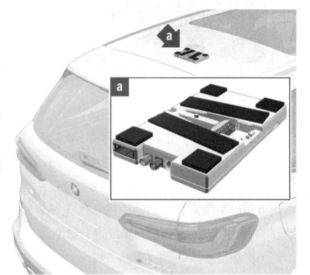

图4-1-30

7.K-CAN5上的控制单元

（1）遥控信号接收器FBD。

遥控信号接收器FBD如图4-1-31所示。

遥控信号接收器FBD控制单元负责远程操作服务通信，它也接收用于轮胎压力监控系统的车轮电子装置数据，宝马诊断系统ISTA不在总线概览内显示FBD控制单元，通过车身域控制器进行诊断。

（2）近距离通信系统NFC，带有无线充电盒WCA。

带有WCA的NFC如图4-1-32所示。在宝马G05上，WCA安装在中控面板杂物箱内，近距离通信系统NFC控制单元是车内近距离通信所必需的，宝马诊断系统ISTA不在总线概览内显示NFC控制单元和WCA，通过车身域控制器进行诊断。

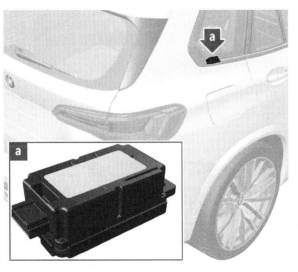

图4-1-31

图4-1-32

8.以太网上的控制单元

（1）主动定速巡航控制系统ACC。

主动定速巡航控制系统ACC如图4-1-33所示。在用于ACC Stop&Go的主动定速巡航控制系统控制单元内有一个基于雷达的传感器FRS，用于探测车辆前方区域。通过一个传感器实现近距离和远距离探测。

图4-1-33

图4-1-34

（2）倒车摄像机RFK。

倒车摄像机如图4-1-34所示。在配备倒车摄像机（不带其他摄像机）的车辆上使用一个连接在以太网上的倒车摄像机。

9.PT-CAN上的控制单元

（1）数字式发动机电子系统DME。

数字式发动机电子系统DME和DME2如图4-1-35所示。图4-1-35中显示了DME控制单元，DME控制单元在行驶方向上位于左侧。数字式发动机电子系统负责控制发动机，此外，数字式发动机电子系统还是PT-CAN与PT-CAN2之间的网关。在4缸和6缸汽油发动机上安装DME控制单元，在8缸发动机上除DME外还安装DME2控制单元。

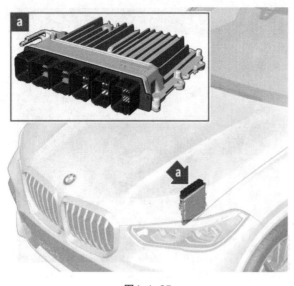

图4-1-35   图4-1-36

（2）数字式柴油机电子系统DDE。

数字式发动机电子系统DDE负责控制柴油发动机。此外，DDE还是PT-CAN与PT-CAN2之间的网关。

（3）组合仪表KOMBI。

组合仪表KOMBI如图4-1-36所示。宝马G05仅使用多功能仪表显示屏（SA 6WB）。

（4）夜视系统电子装置NVE。

夜视系统电子装置NVE如图4-1-37所示。夜视系统电子装置控制单元接收夜视系统摄像机的图像信息。图像信息通过FBAS传输至HEADUNIT，因此可根据需要在CID、组合仪表和平视显示屏内显示。

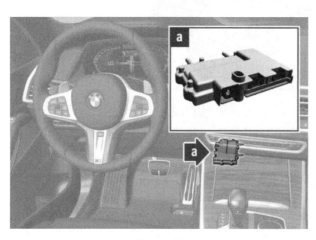

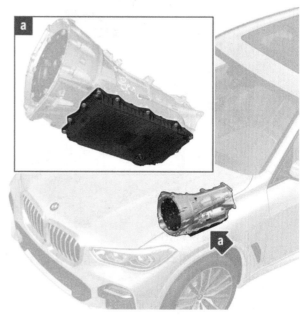

图4-1-37   图4-1-38

10.PT-CAN2上的控制单元

（1）变速器电子控制系统EGS。

变速器电子控制系统EGS如图4-1-38所示。变速器电子控制系统控制单元直接装在自动变速器内。

（2）选挡开关GWS。

选挡开关GWS如图4-1-39所示。选挡开关GWS用于选择行驶挡位。

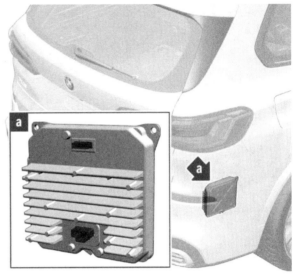

图4-1-39 　　　　　　　　　　　　　　图4-1-40

总线通过PT-CAN2和一个局域CAN连接至变速器电子控制系统EGS。

（3）电源控制单元PCU。

PCU如图4-1-40所示。

电源控制单元用于以下方面：

·为附加蓄电池充电。

·从附加蓄电池为车载网络供电。

在电源控制单元PCU内有一个500W功率的DC/DC转换器。能量管理方面的条件由车辆使用情况所决定。在发动机运行时，通过PCU为附加蓄电池充电。在发动机不运行时，例如执行MSA关闭功能期间，通过PCU从附加蓄电池为车载网络输送能量。

（4）选择性催化剂还原SCR。

选择性催化剂还原SCR如图4-1-41所示。

在柴油机车辆上，选择性催化剂还原SCR控制单元用于废气再处理。

11.FlexRay上的控制单元

（1）碰撞和安全模块ACSM。

碰撞和安全模块ACSM如图4-1-42所示。

ACSM探测横摆率并将该信息发送到FlexRay总线上。碰撞和安全模块ACSM的任务是持续评估所有传感器信号并由此识别出碰撞情况。ACSM分析传感器信息，随后采取相应措施以便有选择地触发所需的乘员保护系统。因此无须用于其他系统的附加横摆率传感器。

（2）动态稳定控制系统DSC。

动态稳定控制系统DSC如图4-1-43所示。DSC由两

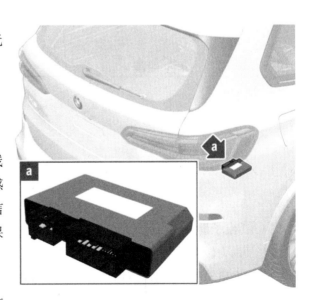

图4-1-41

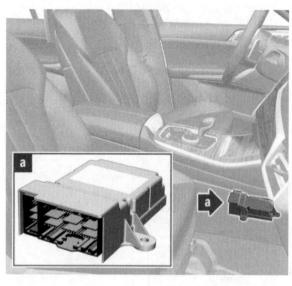

图4-1-42

图4-1-43

个集成的控制单元组成，动态稳定性控制系统和虚拟集成平台。DSC控制单元和DSC液压单元用螺栓相互连接在一起。为了降低维修成本，可单独更换DSC控制单元。轮胎压力监控系统RDC和电动停车制动器的功能集成在DSC控制单元内。

（3）电动主动式侧翻稳定装置。

前部电动主动式侧翻稳定装置EARSV如图4-1-44所示。后部电动主动式侧翻稳定装置EARSH如图4-1-45所示。电动主动式侧翻稳定装置控制单元直接安装在相应的执行机构内。

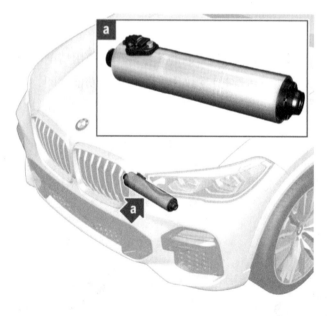

图4-1-44

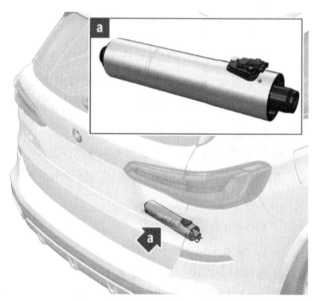

图4-1-45

（4）电子助力转向系统EPS。

电子助力转向系统EPS如图4-1-46所示。电子助力转向系统（电动机械式助力转向系统）通过12V电压供电。由EPS探测转向角信息并通过FlexRay总线提供给其他控制单元。

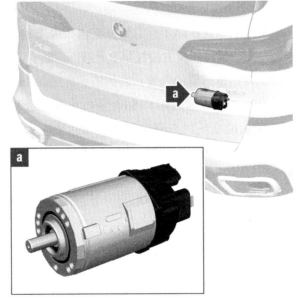

图4-1-46 图4-1-47

（5）后桥侧偏角控制系统HSR。

后桥侧偏角控制系统HSR如图4-1-47所示。侧偏角控制系统控制单元并负责后桥转向。

（6）分动器VTG。

分动器VTG如图4-1-48所示。在xDrive车辆上，分动器控制单元控制分动器内的离合器。

（7）垂直动态管理平台VDP。

垂直动态管理平台VDP如图4-1-49所示。垂直动态管理平台控制单元可用于以下配置：

·动态减震器控制系统。

VDP控制单元的任务如下：

·控制减震器内的阀门。

·通过高度位置传感器探测车辆高度位置。

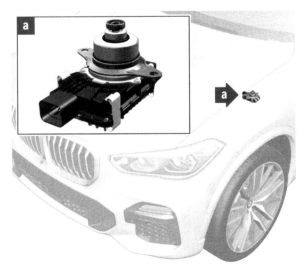

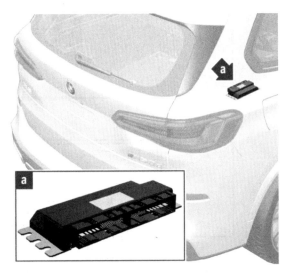

图4-1-48 图4-1-49

12.局域CAN上的控制单元

宝马诊断系统ISTA不在总线概览内显示局域CAN上的控制单元。通过相应主控控制单元进行诊断。

前部雷达传感器的位置：右侧雷达传感器RSR和左侧雷达传感器RSL如图4-1-50所示。在带有选装配置高级行驶辅助系统的车辆上，右前雷达传感器RSR和左前雷达传感器RSL控制单元安装在车辆右前侧和左前侧。

图4-1-50

（四）供电

1.供电概览

（1）ECE版本系统电路图如图4-1-51所示。

ECE供电如图4-1-51所示。

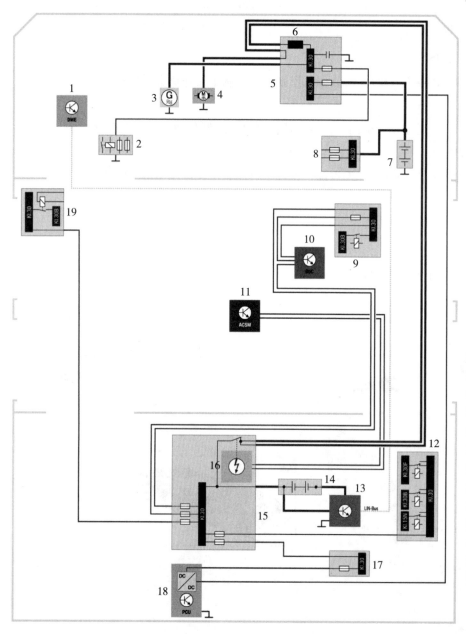

1.数字式发动机电子系统DME/数字式柴油机电子系统DDE 2.左前配电盒 3.发电机 4.启动机 5.发动机室配电盒 6.发动机室附加蓄电池正极接线柱 7.发动机室附加蓄电池 8.发动机室配电盒 9.右侧车内空间配电盒 10.车身域控制器BDC 11.碰撞和安全模块ACSM 12.右后配电盒 13.智能型蓄电池传感器IBS 14.蓄电池 15.后部蓄电池配电盒内的保险丝 16.安全型蓄电池接线柱 17.PCU配电盒中的保险丝 18.电源控制单元PCU 500W 19.左侧车内空间配电盒

图4-1-51

（2）美国版本双蓄能器系统电路图。

美国规格供电如图4-1-52所示。

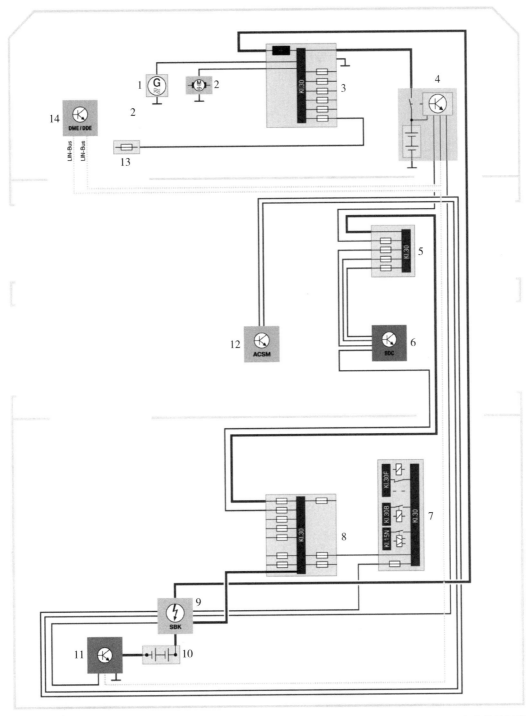

1.发电机　2.启动机　3.发动机室配电盒　4.发动机室附加蓄电池　5.右侧车内空间配电盒　6.车身域控制器 BDC　7.右后配电盒　8.后部蓄电池配电盒内的保险丝　9.安全型蓄电池接线柱　10.蓄电池　11.智能型蓄电池传感器IBS　12.碰撞和安全模块ACSM　13.左前配电盒　14.数字式发动机电子系统DME/数字式柴油机电子系统DDE

图4-1-52

189

2.组件

（1）行李箱概览。

蓄电池如图4-1-53所示。宝马G05的车辆蓄电池是一个90Ah或105Ah的AGM蓄电池。蓄电池型号取决于发动机型号、选装配置和国家规格。

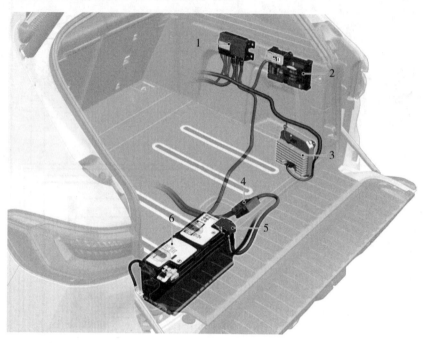

1.右侧蓄电池配电盒　2.后部配电盒　3.电源控制单元PCU 500W　4.中间蓄电池配电盒　5.安全型蓄电池接线柱　6.蓄电池

图4-1-53

（2）发动机室概览。

发动机室附加蓄电池如图4-1-54所示。在宝马G05上，发动机室内的附加蓄电池是一个60Ah AGM蓄电池或者10Ah锂离子蓄电池。蓄电池型号取决于选装配置主动式侧翻稳定装置和国家规格。

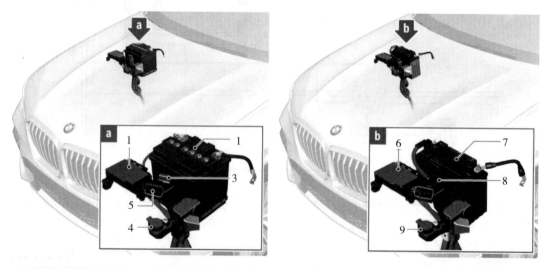

a.ECE版本附加蓄电池60Ah　b.美国版本附加蓄电池10Ah　1.发动机室配电盒　2.发动机室附加蓄电池60Ah　3.发动机室附加蓄电池正极接线柱　4.跨接启动接线柱　5.电容器　6.发动机室配电盒　7.发动机室附加蓄电池10Ah　8.10Ah蓄电池正极接线柱　9.跨接启动接线柱

图4-1-54

（3）蓄电池。

在宝马G05上使用AGM蓄电池供电。根据发动机型号和车辆配置，车上可能有两种不同尺寸的蓄电池。

· 行李箱内的90Ah或105Ah启动蓄电池。

· 发动机室内的60Ah附加蓄电池。

· 发动机室内的10Ah锂离子附加蓄电池。

针对车载网络支持措施在发动机室内装有一个附加蓄电池。在带有电动主动式侧翻稳定装置的车辆上也由此为两个稳定杆执行机构供电。在没有主动式侧翻稳定装置的车辆上，则采用了双蓄能器系统。在这里，除了AGM蓄电池，还同时安装了一块10Ah锂离子蓄电池。双蓄能器系统首次应用于美国市场。

（4）智能型蓄电池传感器。

智能型蓄电池传感器IBS探测出关于12V蓄电池的以下数据：

· 电压。

· 电流。

· 电极温度。

IBS对信息进行计算和分析。通过LIN总线将结果发送至上级控制单元（数字式发动机电气电子系统和车身域控制器）。

（5）安全型蓄电池接线柱。

安全型蓄电池接线柱如图4-1-55所示。发生相应严重程度的事故时触发安全型蓄电池接线柱SBK。发动机室内蓄电池正极接线柱供电中断，与之连接的用电器断电。安全型蓄电池接线柱安装在蓄电池旁配电盒内。

（6）AGLR发电机。

宝马G05采用了效率提升的发电机（主动式发电机功率控制），通过降低整流器内的损耗提高发电机效率。在此用主动控制的MOSFET晶体管取代造成损耗的二极管，通过提高效率可降低耗油量。根据发动机型号和车辆配置使用不同发电机，发电机型号如下：

· 4缸和6缸发动机使用Bosch 180A和250A产品。

· 8缸发动机使用Valeo 250A产品。

（7）集成式供电模块。

集成式供电模块如图4-1-56所示。通过集成式供电模块为发动机管理系统及其组件提供12V供电。

图4-1-55

图4-1-56

191

（8）右前配电盒。

右前配电盒如图4-1-57所示。一个总线端30B继电器安装在右前配电盒内，通过右前配电盒为用电器提供总线端30、总线端30B和总线端15N供电并进行相应熔断保护。通过后部配电盒为右前配电盒的总线端15N供电。

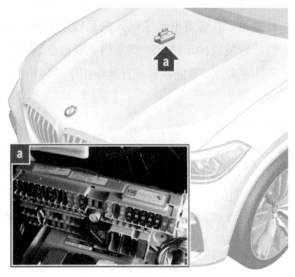

图4-1-57

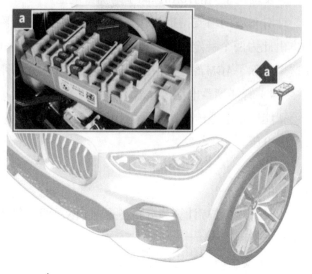

图4-1-58

（9）左前配电盒。

左前配电盒如图4-1-58所示。一个总线端30B继电器安装在左前配电盒内，通过左前配电盒为用电器提供总线端30和总线端30B供电并进行相应熔断保护。

（10）后部配电盒。

后部配电盒如图4-1-59所示。后部配电盒内装有以下继电器：

· 2个总线端30F继电器。

· 2个总线端30B继电器。

· 总线端15N继电器。

· 后窗玻璃加热装置继电器

所有继电器均采用双稳态设计。车身域控制器通过LIN总线控制继电器。通过后部配电盒控制两个前部配电盒的硬线连接总线端30B继电器。

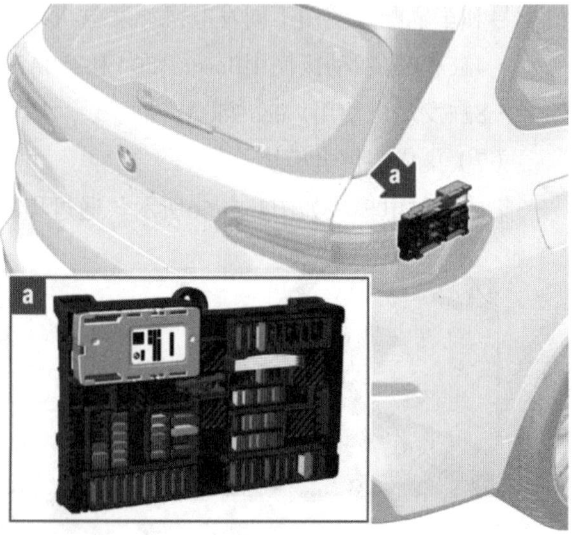

（11）车身域控制器。

车身域控制器BDC负责控制总线端。一个总线端30F继电器安装在BDC内，通过BDC为一些用电器提供总线端30和总线端30F供电并进行相应熔断保护。

（12）采用车载网络支持措施的PCU。

PCU如图4-1-60所示。现代车辆由于用电器较多而导致能量消耗较大。尤其在发动机不运转、发电机不提供能量（例如发动机自动起停阶段）时，蓄电池承受极大负荷。在宝马G05上为保护蓄电池，在电源控制单元PCU内装有一个DC/DC转换器，在发动机室内装有一个附加蓄电池。能量管理方面的条件由车辆

图4-1-59

使用情况所决定。在发动机运行时，通过传统车载网络为附加蓄电池充电。在发动机不运行时，例如执行MSA关闭功能期间，从附加蓄电池为传统车载网络输送能量。

在电源控制单元PCU内有一个与PT-CAN2连接的控制单元和一个500W功率的DC/DC转换器。在带有电动主动式侧翻稳定装置的车辆上，由发动机室内的AGM 60Ah附加蓄电池为其供电。

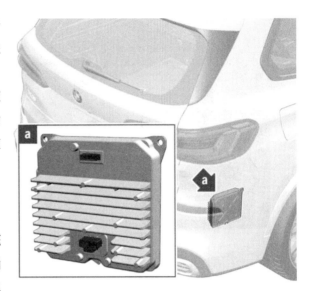

图4-1-60

（五）总线端控制

1.简介

宝马G05的总线端控制与G11/G12的总线端控制完全相同。从客户角度而言，宝马G05车辆始终处于正确状态。通过一个以客户为导向的状态管理系统控制各总线端。根据车辆状态进行总线端控制。

2.车辆状态

宝马G05车辆可处于以下状态：

·驻车。

·停留。

·行驶。

根据相应状态可实现不同车辆功能。

（1）驻车。

·客户不在车内。

·车辆已保险锁死或在一定时间内未使用。

·无法对车辆功能进行操作。

（2）停留。

·客户在车内。

·未建立行驶准备就绪。

·可操作静止状态下有效的功能。

（3）行驶。

·客户在车内。

·已建立行驶准备就绪。

·所有功能均可使用。

通过在考虑客户行为的前提下进行状态管理来切换车辆状态。在此还对以下附加信息进行分析，从而确定车辆状态：

·打开车门。

·关闭车门。

·在车内操作。

图4-1-61展示了车辆状态的切换。

193

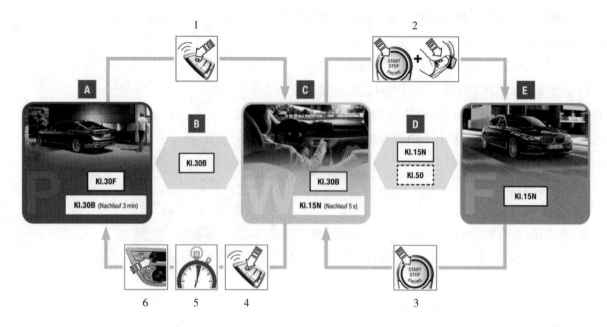

A.车辆状态"驻车"   B.驻车功能过渡状态   C.车辆状态"停留"   D.建立行驶准备就绪、结束行驶准备就绪或检查/分析/诊断的过渡状态   E.车辆状态"行驶"   1.解锁车辆   2.操作START/STOP按钮+制动踏板   3.操作START/STOP按钮   4.使车辆上锁   5.检测到车辆用户在10min内未进行任何操作   6.长按

图4-1-61

车辆状态详细概览如图4-1-62所示。

（4）自动关闭。

打开车门后关闭车辆。可在"车门/钥匙"菜单内启用，立即从车辆状态"停留"切换为车辆状态"驻车"。如果启用了该选项，则打开驾驶员车门后立即切换为车辆状态"驻车"。通过取消车辆状态"停留"下的继续运行时间可省能量。

3.供电总线端

车内控制单元仅在需要其执行功能时才会获得供电。在宝马G05上使用以下总线端：

·总线端15N。

·总线端30B。

·总线端30F。

·总线端30。

总线端15N仅为在行驶期间以及必要时用于安全结束行驶所需的控制单元供电。从"行驶"状态向"停留"状态过渡时，启动5s的继续运行。总线端30B对在驻车运行模式"停留"状态下以及客户不在车内期间执行驻车功能所需的控制单元供电。从"停留"状态向"驻车"状态过渡时，启动6min的继续运行，然后关闭总线端30B。总线端30F为在"驻车"状态下执行功能所需的控制单元供电。总线端30F通常在"驻车"状态下接通，但车载网络出现故障时可能会将其关闭。识别出故障时总线端30F以继续运行1min的方式关闭。总线端30控制单元（例如防盗报警装置）始终获得供电，即使出现故障也不会关闭，如表4-1-1所示。

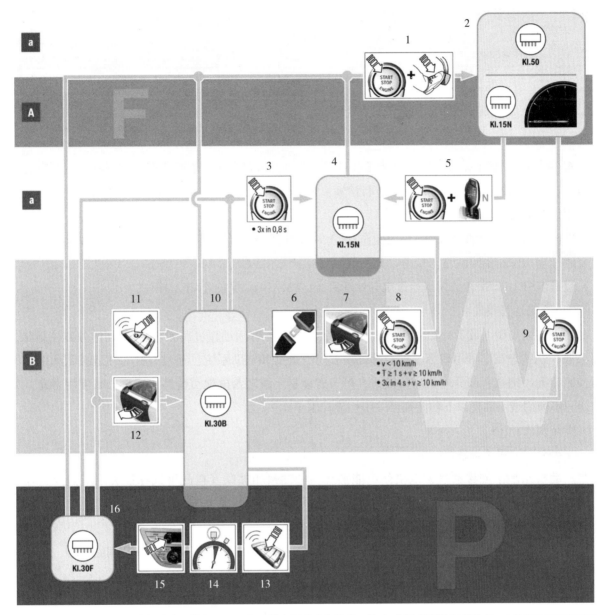

A.车辆状态"行驶"　　B.车辆状态"停留"　　a.建立/结束行驶准备就绪，检查/分析/诊断的过渡状态　　1.操作START/STOP
按钮+制动踏板+有效遥控器或有效识别发射器（位于车内）　　2.已建立行驶准备就绪，总线端15N（总线端50）　　3.操
作START/STOP按钮（在0.8s内操作3次）且有效遥控器或有效识别发射器（位于车内）　　4.总线端15N　　5.操作START/
STOP按钮+选挡位处于位置"N"　　6.松开驾驶员安全带（车速低于0.1km/h，驾驶员车门打开，选挡杆不在位置"N"，
未踩下制动器，近光灯关闭，无OBD通信，未处于诊断模式，未处于安装模式）　　7.切换车门触点（车速低于0.1km/h，
驾驶员安全带打开，选挡杆不在位置"N"，未踩下制动器，近光灯关闭，无OBD通信，未处于诊断模式，未处于安装模
式）　　8.操作START/STOP按钮+车辆静止或操作START/STOP按钮至少1s+车速高于10km/h或在4s内操作START/STOP按钮
至少3次+车速高于10km/h　　9.操作START/STOP按钮　　10.总线端30B　　11.解锁车辆　　12.停留状态交互活动或驻车功能交互活
动　　13.使车辆上锁　　14.10min未识别出用户交互活动　　15.长按Headunit媒体按钮　　16.总线端30F

图4-1-62

表4-1-1

	总线端30F	总线端30B	总线端15N
"驻车"，车载网络不正常（车载网络故障）	关闭	关闭	关闭
"驻车"，车载网络正常	接通	关闭	关闭
驻车功能（客户不在车内）	接通	接通	关闭
停留	接通	接通	关闭
行驶	接通	接通	接通

检查/分析/诊断PAD模式：针对诊断工作还要"检查/分析/诊断"车辆状态，在该状态下所有总线端均接通，这样可确保通过所有控制单元进行诊断。该车辆状态在宝马诊断系统ISTA内显示。

启用PAD模式：

·操作START/STOP按钮（在0.8s内操作3次）+有效遥控器或有效识别发射器（位于车内）。

·通过宝马诊断系统ISTA。

通过操作START/STOP按钮或通过宝马诊断系统ISTA结束诊断来结束PAD模式。

4.部分网络运行模式

在当前顶级车型上最多有70个控制单元，这些控制单元有远远超过100个相互联网的微型控制器，但根据当前车辆状态或车辆用户指令不会始终需要所有舒适和辅助系统。通过有针对性地关闭和接通不需要的控制单元，即选择部分网络运行模式，可节省能量、减轻蓄电池负荷并由此延长其使用寿命。如果行驶期间不使用或不需要以下功能则可关闭相应控制单元：

·座椅调节。

·挂车照明装置（未悬挂挂车）。

在发动机车辆上间接通过发电机使电能消耗与耗油量相关联。在此可选择性关闭不需要的控制单元，从而降低耗油量及二氧化碳排放量。

（1）部分网络运行模式的前提条件。

车身域控制器内的部分网络主控单元根据当前车辆状态和所需功能计算出部分网络状态，可通过相应总线信息关闭不需要的控制单元。

（2）部分网络运行模式控制单元的前提条件。

为实现控制单元部分网络运行，使用其他收发器。收发器可对信息进行分析和解释。只要进行任意总线通信且不存在相应控制单元的有效唤醒事件，该控制单元就会保持关闭状态。如果在总线上发送了一个相应控制单元的有效唤醒事件，收发器就会启用微控制器的电压调节器且控制单元启动。通过停用电压调节器关闭控制单元。

（六）车外照明装置

1.型号

在宝马G05上提供以下型号的车外照明装置：

·ECE标准LED前灯。

·自适应LED前灯（SA 552）。

·宝马激光灯（SA 5AZ）。

宝马G05不再使用普通的旋转车灯开关。新的车灯操作单元全部由按钮组成，如图4-1-63所示。在识别出光线阴暗的情况下，即使处于关闭模式且行驶准备就绪状态已启用时，也会自动接通近光灯（根据具体国家）。

图4-1-63

2.前部车外照明装置

宝马G05的前灯型号如图4-1-64所示。

1.LED前灯　2.自适应LED前灯　3.带有远光灯的宝马激光灯

图4-1-64

（1）系统电路图。

前部车外照明装置如图4-1-65所示。

所有前灯和转向信号灯均采用LED。

（2）LED前灯。

LED前灯如图4-1-66所示。采用LED前灯时，近光灯和远光灯位于相同反射器内。

（3）自适应LED前灯。

自适应LED前灯如图4-1-67所示。采用自适应LED前灯时，近光灯和远光灯位于相同反射器内。

（4）宝马激光灯。

宝马激光灯如图4-1-68所示。宝马激光灯采用了带有新功能的LED前灯"激光灯Ⅱ"。激光灯Ⅱ与GPS相连，这样一来，就可以在车道内实现更好的照明。在配备自适应LED前灯的车辆上装有一个防眩目远光灯辅助系统。车辆带有选装配置的行人识别功能的宝马夜视系统（SA 6UK）时，通过主前灯内的动态光束进行动物和行人识别。激光灯Ⅱ的制造商是Automotive Lighting公司。

3.后部车外照明装置

（1）系统电路图。

后部车外照明装置如图4-1-69所示。

（2）尾灯装置。

尾灯装置如图4-1-70所示。

4.KAFAS

在带有基于摄像机的驾驶员辅助系统KAFAS的车辆上，由KAFAS执行远光灯辅助系统功能。在所有ECE车辆上KAFAS都为标准配置。KAFAS摄像机如图4-1-71所示。

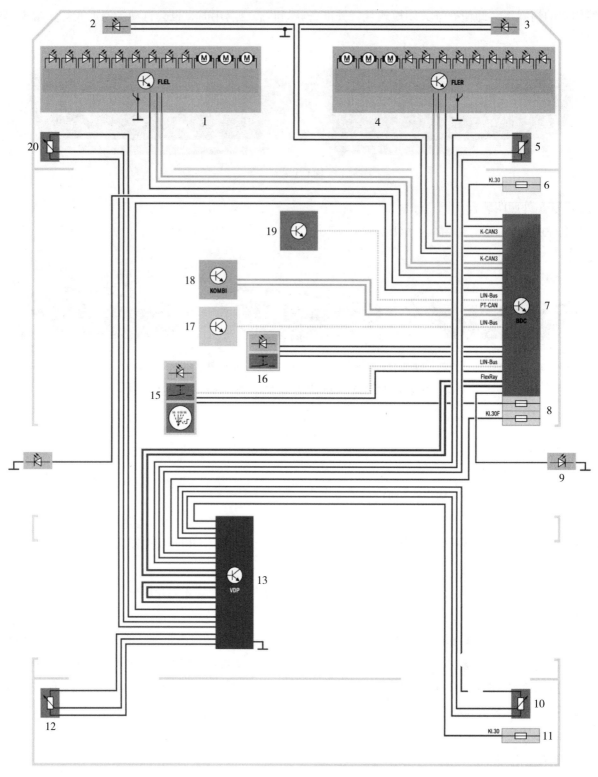

1.带左侧前部车灯电子装置FLEL的左侧前灯　2.左侧前雾灯　3.右侧前雾灯　4.带右侧前部车灯电子装置FLER的右侧前灯　5.右前高度位置传感器　6.右前配电盒保险丝　7.车身域控制器BDC　8.车身域控制器内的保险丝　9.右侧车外后视镜内的转向信号灯　10.右后高度位置传感器CAN终端电阻　11.右后配电盒内的保险丝　12.左后高度位置传感器　13.VDP控制单元　14.左侧车外后视镜内的转向信号灯　15.车灯开关　16.危险报警灯开关/智能型安全按钮　17.转向柱开关中心SZL　18.组合仪表KOMBI　19.晴雨/光照/水雾传感器RLSBS　20.左前高度位置传感器

图4-1-65

198

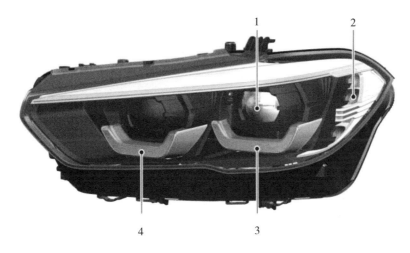

1.近光灯/远光灯　2.转向信号灯　3.停车示警灯和日间行车灯　4.停车示警灯和日间行车灯

图4-1-66

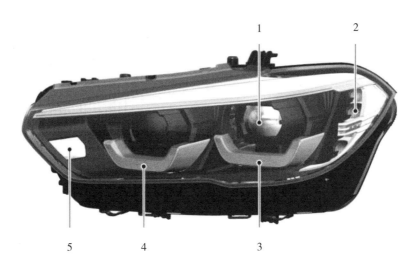

1.近光灯/远光灯　2.转向信号灯　3.停车示警灯和日间行车灯　4.停车示警灯和日间行车灯　5.转弯照明灯

图4-1-67

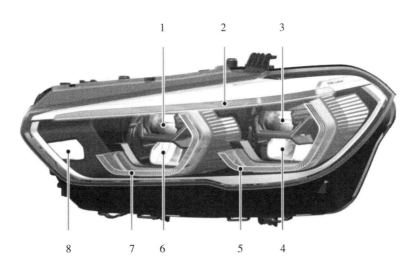

1.近光灯　2.转向信号灯　3.近光灯　4.远光灯　5.停车示警灯和日间行车灯　6.远光灯　7.停车示警灯和日间行车灯　8.转弯照明灯

图4-1-68

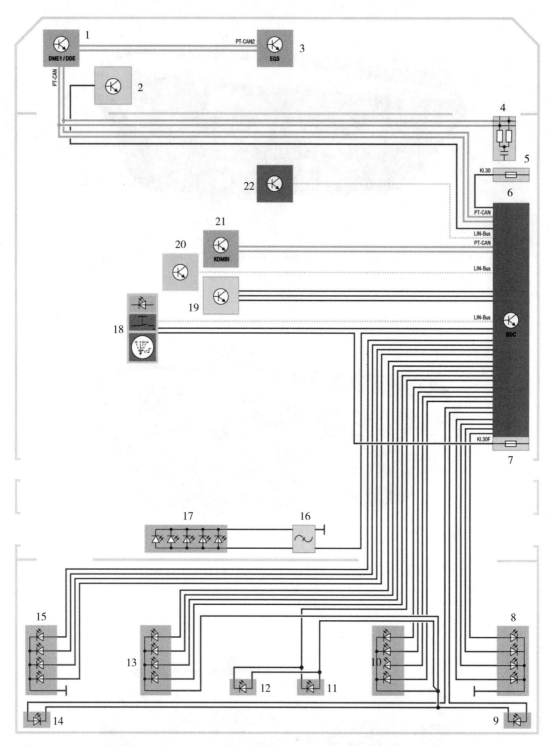

1.数字式发动机电子系统DME/数字式柴油机电子系统DDE　2.未来制动系统IB　3.变速器电子控制系统EGS，右前配电盒内的保险丝　4.CAN终端电阻　5.右前保险丝　6.车身域控制器BDC　7.车身域控制器内的保险丝　8.右侧外部尾灯单元　9.右侧后雾灯　10.右侧内部尾灯单元　11.右侧牌照灯　12.左侧牌照灯　13.左侧内部尾灯单元　14.左侧后雾灯　15.左侧外部尾灯单元　16.抗干扰滤波器　17.附加制动信号灯　18.车灯操作单元　19.危险报警灯开关/智能型安全按钮　20.转向柱开关中心SZL　21.组合仪表KOMBI　22.晴雨/光照/水雾传感器RLSBS

图4-1-69

1.尾灯　2.制动信号灯　3.转向信号灯　4.倒车灯　5.边灯　6.后雾灯

图4-1-70

A.KAFAS Mid　B.KAFAS High

图4-1-71

带有远光灯辅助系统的KAFAS摄像机如图4-1-72所示。

5.进出车门照明装置

进出车门照明装置安装在相应车门模块内。进出车门照明装置LED由车身域控制器BDC进行控制。

6.光毯

光源以客户看不见的方式嵌入车门槛内。通过使用多透镜阵列系统，可以在一个非常小的结构空间内实现功能。除此以外，还可以实现非常宽的光束角。通过多透镜阵列系统，实现了图像的反复重叠，因而非常耐脏。光毯的控制通过车身域控制器BDC进行。

7.挂车照明装置

挂车照明装置如图4-1-73所示。

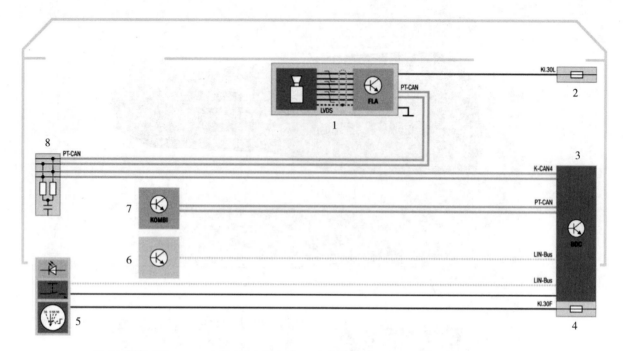

1.远光灯辅助系统FLA 2.右前配电盒保险丝 3.车身域控制器BDC 4.车身域控制器内的保险丝

图4-1-72

在带有挂车牵引钩的车辆上配备了挂车模块AHM。挂车模块负责执行以下功能：

· 用于挂车的车灯控制。

· 监控挂车电路。

· 控制和监控全自动挂车牵引钩。

（七）刮水和清洗装置

刮水和清洗装置如图4-1-74所示。刮水器电机是一个带减速器的12V电机。控制单元、刮水器电机和减速器构成了一个可更换的单元。该刮水器驱动单元包括以下两种：

· 一个装有减速器的永励式直流电机。

· 一个带有位置传感器的控制单元电子装置和带有安装式插口的抗干扰部件。

刮水器电机内的控制单元可识别出以下故障：

· 控制单元电子装置内的故障。

· 对电机和传感器系统短路。

· 对电机和传感器系统断路。

刮水器电机内的控制单元没有故障码存储器。在车身域控制器BDC内存储故障码存储器记录。由车身域控制器控制可加热喷嘴。同样由车身域控制器控制清洗泵和分析清洗液液位传感器信号。

（八）防盗报警装置

防盗报警装置如图4-1-75所示。宝马G05的防盗报警装置带有一个可监控车内空间的超声波车内监控装置。超声波车内监控装置USIS完全集成在车顶功能中心FZD内。车门触点、发动机室盖触点开关和打开行李箱盖均由车身域控制器进行监控。只要有一个状态发生变化，超声波车内监控装置就会通过K-CAN2接收到这个信息。如果防盗报警装置处于戒备状态，当有人侵入车内时控制单元就会触发带有倾斜报警传感器的报警器SINE警告。带有倾斜报警传感器的报警器SINE通过一个局域LIN总线与车顶功能中心相连。通过车内后视镜上的LED显示防盗报警装置的状态。

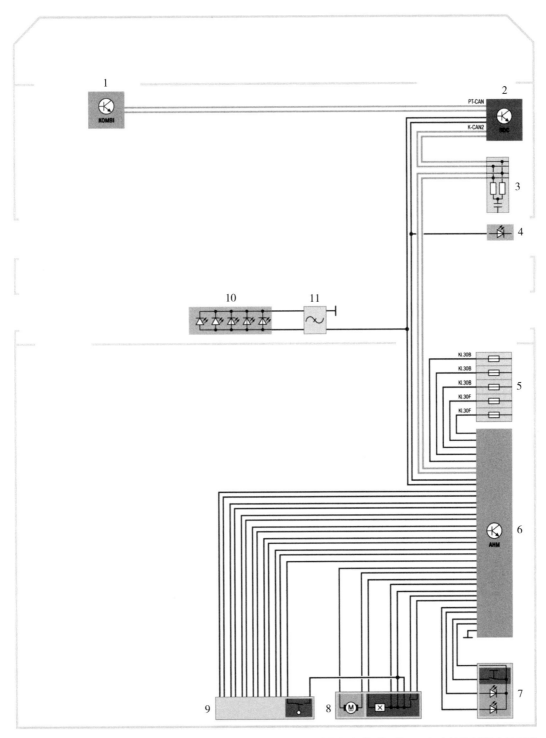

1.组合仪表KOMBI　2.车身域控制器　3.CAN终端电阻　4.前乘客侧车外后视镜　5.车身域控制器内的保险
丝　6.挂车模块AHM　7.用于挂车牵引钩的按钮　8.用于挂车牵引钩的电机　9.挂车插座　10.附加制动信号
灯　11.抗干扰滤波器

图4-1-73

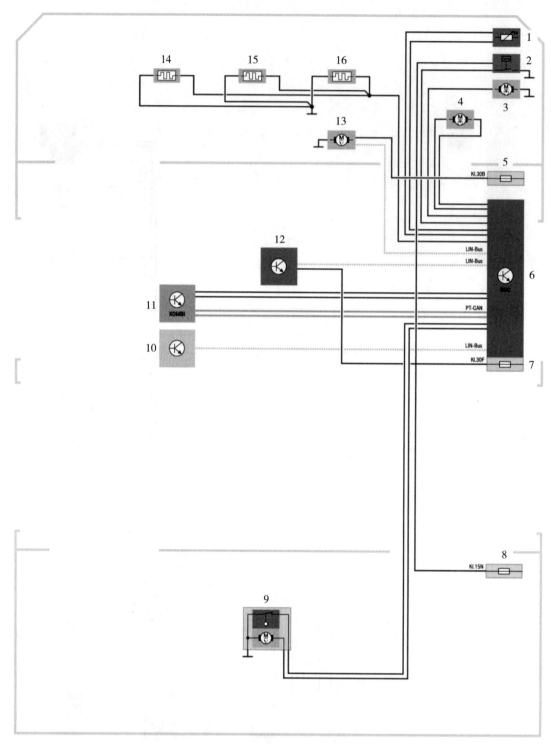

1.车外温度传感器 2.清洗液液位传感器 3.夜视系统摄像机清洗泵 4.风挡玻璃和后窗玻璃的车窗玻璃清洗泵电机 5.右前配电盒内的保险丝 6.车身域控制器BDC 7.BDC保险丝 8.右后保险丝 9.行李箱盖刮水器电机 10.转向柱开关中心SZL刮水器电机 11.组合仪表KOMBI 12.晴雨/光照/水雾传感器 13.刮水器电机 14.左侧可加热喷嘴 15.中间可加热喷嘴 16.右侧可加热喷嘴

图4-1-74

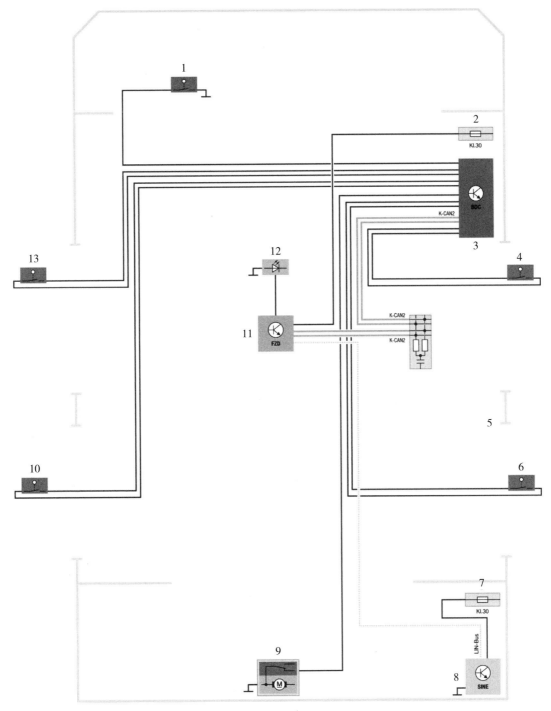

1.发动机室盖触点开关 2.右前配电盒保险丝 3.车身域控制器BDC 4.前乘客侧前部车门触点 5.CAN终端电阻 6.前乘客侧后部车门触点 7.右后配电盒内的保险丝 8.带有倾斜报警传感器的报警器 9.行李箱盖锁内的行李箱盖触点开关 10.驾驶员侧后部车门触点 11.车顶功能中心FZD 12.车内后视镜内的LED 13.驾驶员侧前部车门触点

图4-1-75

（九）电动车窗升降器

电动车窗升降器如图4-1-76所示。

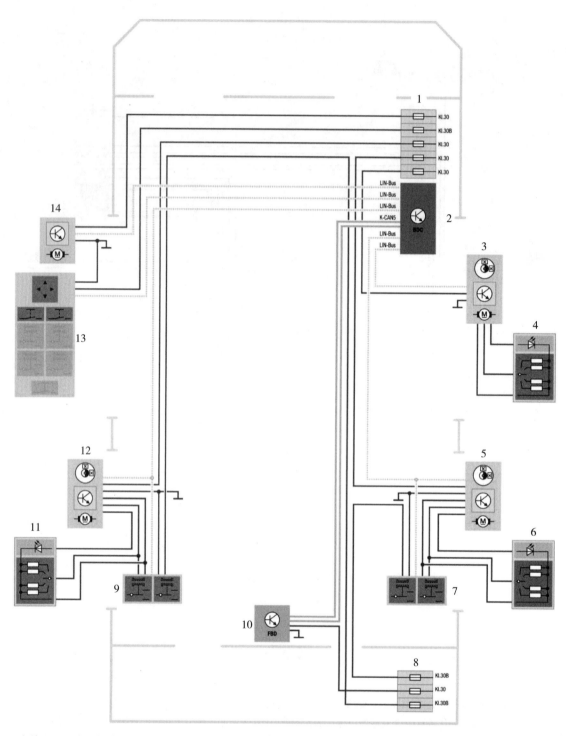

1.右前配电盒内的保险丝　2.车身域控制器BDC　3.前乘客侧前部车窗升降器电机　4.前乘客侧前部车窗升降器开关　5.前乘客侧后部车窗升降器电机　6.前乘客侧后部车窗升降器开关　7.右后侧窗玻璃遮阳卷帘开关　8.右后配电盒内的保险丝　9.左后侧窗玻璃遮阳卷帘开关　10.遥控信号接收器FBD　11.驾驶员侧后部车窗升降器开关　12.驾驶员侧后部车窗升降器电机　13.驾驶员车门开关组件　14.驾驶员侧前部车窗升降器电机

图4-1-76

（十）电动转向柱调节装置

电动转向柱调节装置如图4-1-77所示。

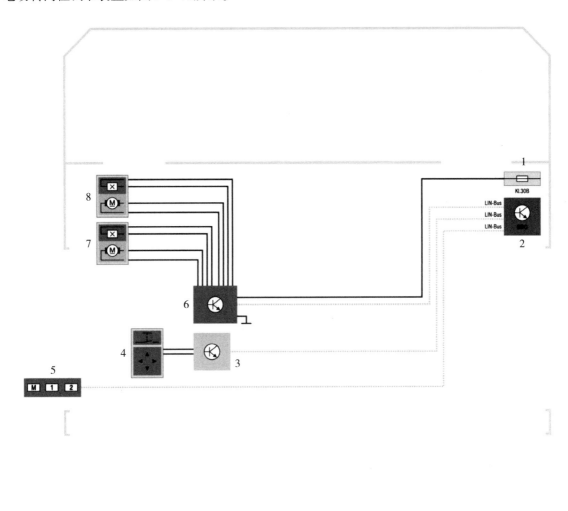

1.右前配电盒内的保险丝　2.车身域控制器BDC　3.转向柱开关中心SZL　4.转向柱调节按钮　5.记忆功能开关　6.用于转向柱调节装置的电子装置　7.电动转向柱高度调节电机　8.电动转向柱垂直调节电机

图4-1-77

（十一）车内照明装置

1.型号

根据所选选装配置，宝马G05的车内照明装置采用不同车灯元件。

2.基本型

标准型车内照明装置如图4-1-78所示。采用基本型车内照明装置时，以下车内照明灯通过LIN总线与车身域控制器相连。

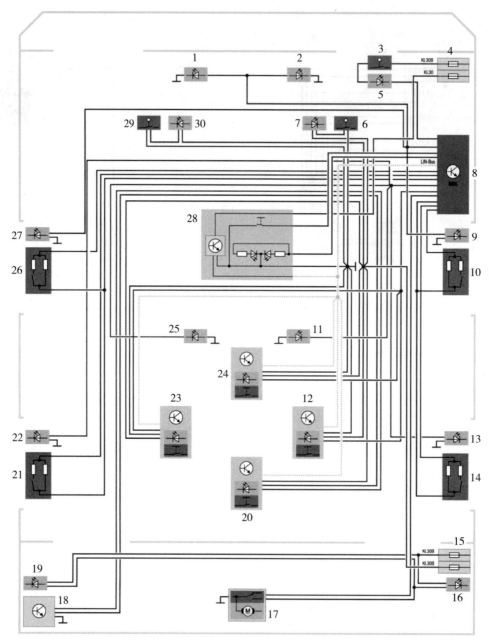

1.左前脚部空间照明灯　2.右前脚部空间照明灯　3.手套箱开关　4.右前配电盒内的保险丝　5.手套箱照明灯　6.右侧化妆镜开关　7.右侧化妆镜照明装置　8.车身域控制器BDC　9.前乘客侧登车照明灯　10.前乘客侧前部车门触点　11.左后脚部空间照明灯　12.右侧车内照明灯　13.前乘客侧后部登车照明灯　14.前乘客侧后部车门触点　15.右后配电盒内的保险丝　16.行李箱照明灯　17.行李箱盖锁内的行李箱盖触点开关　18.前部车内照明灯　19.驾驶员侧后部登车照明灯　20.后部车内照明灯　21.驾驶员侧后部车门触点　22.驾驶员侧后部登车照明灯　23.左侧车内照明灯　24.后部中间车内照明灯　25.右后脚部空间照明灯　26.驾驶员侧前部车门触点　27.驾驶员侧前部登车照明灯　28.车顶功能中心FZD　29.左侧化妆镜开关　30.左侧化妆镜照明装置

图4-1-78

·车顶功能中心FZD内的车内照明灯。

·后座区中间车内照明灯。

手套箱照明灯由手套箱开关接通。行李箱照明灯由行李箱盖锁内的行李箱盖触点开关接通。所有其他车内照明灯直接由车身域控制器控制。

3.环境照明装置

和标准型车内照明装置一样，车身域控制器同样也负责控制环境照明装置。环境照明装置包括11种预定的可选车灯设计。作为额外的选装配置，还提供全景玻璃天窗Sky Lounge，它和环境照明装置关联在一起，并且可以用6种不同的颜色加以控制。除此以外，通过环境照明装置还实现了以下若干提示功能：

·作为警告，环境照明装置可以切换颜色，例如在车门打开的情况下。

·一旦有电话打入，环境照明装置可以加以提示。

·作为附加功能，还提供欢迎/再见调光功能。

全景天窗的照明则是环境照明的一项扩展。为此，分别在全景天窗的左侧和右侧各安装了3个LED模块，可通过控制器选择车灯设计以及特殊功能和亮度。在CID内显示所选设计。

车内照明装置，环境照明装置如图4-1-79所示。

环境照明装置使用RGB（红、绿、蓝）LED模块。环境照明装置通过一个单独的LIN总线控制。在此各LED模块通过一个LIN总线相互连接，LED模块的LIN总线连接在车辆周围以串联方式实现。如果LIN总线在某处中断或LED上的微控制器损坏，就会在该处中断其他光线传输。应在最后LED亮起的地方查找故障。

4.扬声器照明装置

对于配有Bowers&Wilkins音响系统的车辆，扬声器盖板照明装置的控制是通过接收器音频模块RAM进行的。

RAM控制单元如图4-1-80所示。扬声器挡板照明装置采用LED模块，通过一个从RAM至扬声器盖板LED模块的局域LIN总线控制照明装置。

（十二）车外后视镜

高级型车外后视镜如图4-1-81所示。组合仪表接收车外温度传感器的车外温度数值并通过PT-CAN提供该信息。车身域控制器对该信号进行分析并通过LIN总线要求控制车外后视镜加热装置，根据车外温度和驾驶体验开关位置调节加热功率。后视镜调节电机由后视镜电子装置来控制，后视镜电子装置通过LIN总线接收调节车外后视镜的请求。

（十三）座椅

1.前座椅

（1）前部半电动标准座椅和运动座椅。

图4-1-82电路图展示了驾驶员侧座椅。前乘客侧完全相同，只是在另一侧。

（2）驾驶员侧前部记忆功能座椅和记忆功能运动座椅。

驾驶员侧前部记忆功能座椅和记忆功能运动座椅如图4-1-83所示。

（3）前部多功能座椅

图4-1-84电路图展示了驾驶员侧座椅。前乘客侧完全相同，只是在另一侧。

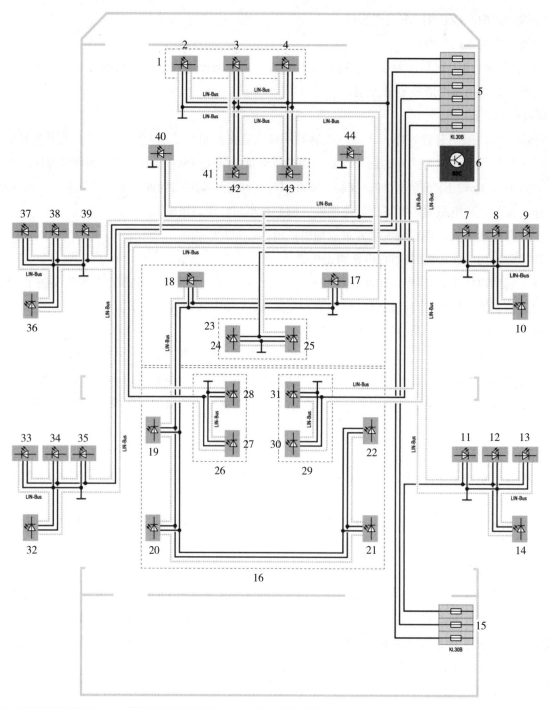

图4-1-79

1.上部仪表板环境照明装置　2.左侧仪表板照明装置　3.中间仪表板照明装置　4.右侧仪表板照明装置　5.右前配电盒保险丝　6.车身域控制器BDC中控面板照明装置　7.前乘客侧右前车门杂物箱照明装置　8.前乘客侧右前开门器照明装置　9.前乘客侧右前车窗升降器开关照明装置　10.前乘客侧右前车门轮廓线照明装置　11.前乘客侧右后车门杂物箱照明装置　12.前乘客侧右后开门器照明装置　13.前乘客侧右后车窗升降器开关照明装置　14.前乘客侧右后车门轮廓线照明装置　15.右后配电盒保险丝　16.后部全景天窗　17.右前全景天窗Sky Lounge照明装置　18.左前全景天窗Sky Lounge照明装置　19.左后全景天窗Sky Lounge照明装置　20.左后全景天窗Sky Lounge照明装置　21.右后全景天窗Sky Lounge照明装置　22.右后全景天窗Sky Lounge照明装置　23.中控台照明装置　24.左侧中控台重点照明装置　25.右侧中控台重点照明装置　26.驾驶员座椅照明装置　27.驾驶员座椅左侧座椅靠背照明　28.驾驶员座椅左下部座椅靠背照明　29.前乘客座椅照明装置　30.前乘客座椅右侧座椅靠背照明　31.前乘客座椅右下部座椅靠背照明　32.左后驾驶员侧车门轮廓线照明装置　33.左前驾驶员侧开门器照明装置　34.左前驾驶员侧车窗升降器开关照明装置　35.左前驾驶员侧车门轮廓线照明装置　36.左前驾驶员侧车门轮廓线照明装置　37.左后驾驶员侧开门器照明装置　38.左后驾驶员侧车窗升降器开关照明装置　39.左后驾驶员侧车门轮廓线照明装置　40.左前脚部空间照明灯　41.仪表板轮廓线　42.右下部仪表板轮廓线照明　43.右侧仪表板轮廓线　44.右前脚部空间照明灯

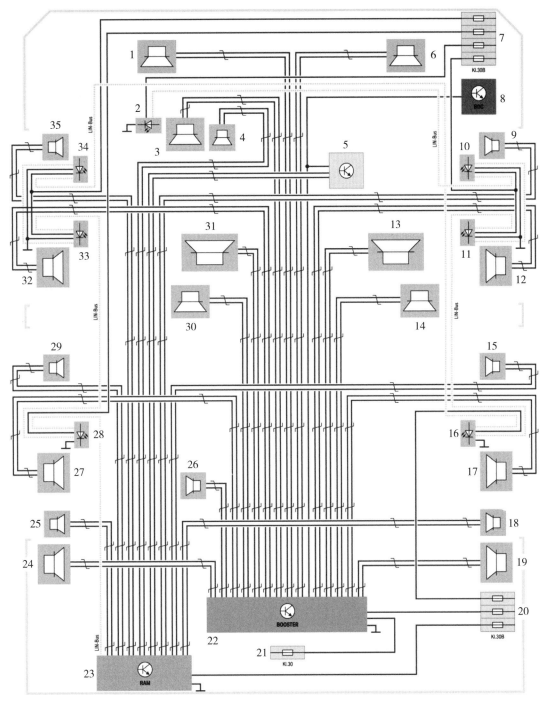

1.左前车顶中音扬声器　2.中央扬声器照明装置　3.中间前部中音扬声器　4.中间前部高音扬声器　5.Headunit High 3　6.右前车顶中音扬声器　7.右前配电盒内的保险丝　8.车身域控制器BDC照明装置　9.前乘客侧右前车门高音扬声器　10.前乘客侧车门高音扬声器盖板照明装置　11.前乘客侧车门高音扬声器盖板照明装置　12.前乘客侧右前车门中音扬声器　13.右侧低音扬声器　14.右后车顶中音扬声器　15.前乘客侧右后车门高音扬声器　16.前乘客侧后部车门中音扬声器盖板照明装置　17.前乘客侧右后车门中音扬声器　18.前乘客侧右后D柱高音扬声器　19.前乘客侧右后D柱中音扬声器　20.右后配电盒内的保险丝　21.后部蓄电池配电盒保险丝　22.放大器（高保真终端放大器）　23.RAM（接收器音频模块）　24.前乘客侧左后D柱中音扬声器　25.前乘客侧左后D柱高音扬声器　26.外接音源扬声器　27.驾驶员侧左后车门中音扬声器　28.驾驶员侧后部车门中音扬声器盖板照明装置　29.驾驶员侧左后车门高音扬声器　30.左后车顶中音扬声器　31.左侧低音扬声器　32.左侧低音扬声器　33.驾驶员侧车门中音扬声器盖板照明装置　34.驾驶员侧车门高音扬声器盖板照明装置　35.驾驶员侧左前车门高音扬声器

图4-1-80

211

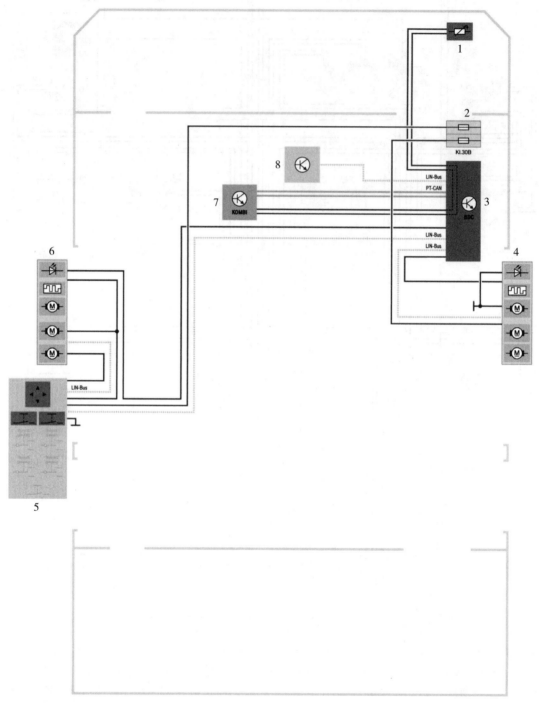

1.车外温度传感器 2.右前配电盒保险丝 3.车身域控制器BDC 4.前乘客侧车外后视镜 5.驾驶员车门开关组件 6.驾驶员侧车外后视镜 7.组合仪表KOMBI 8.车内后视镜

图4-1-81

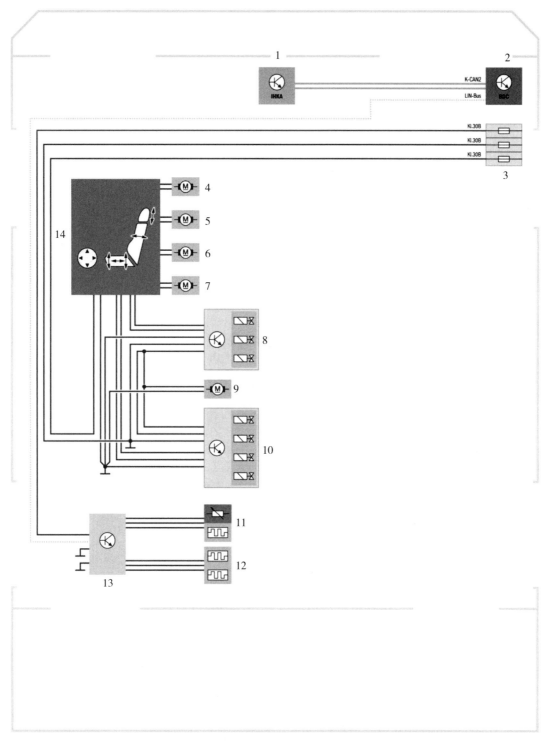

1.自动恒温空调IHKA 2.车身域控制器BDC 3.右前配电盒内的保险丝 4.座椅前后调节装置电机 5.座椅倾斜度调节装置电机 6.靠背倾斜度调节装置电机 7.座椅高度调节装置电机 8.靠背宽度调节装置阀体 9.座椅气动模块泵 10.腰部支撑调节装置阀体 11.座椅面座椅加热垫 12.靠背座椅加热垫 13.驾驶员侧座椅加热模块 14.座椅调节开关

图4-1-82

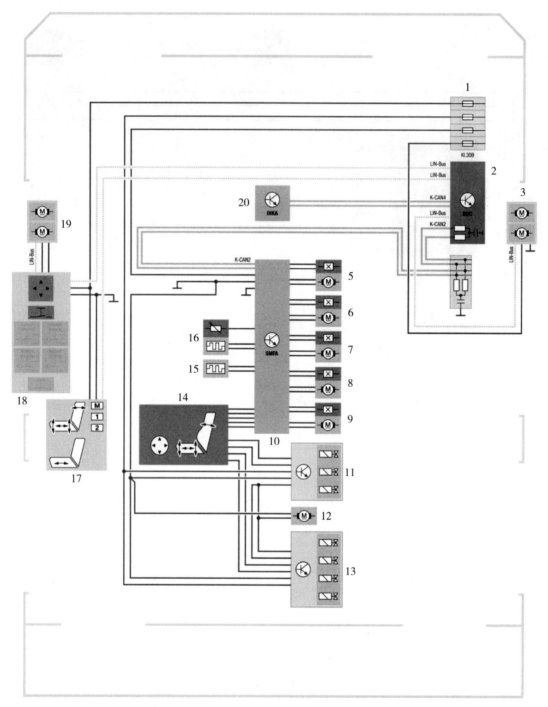

1.右前配电盒内的保险丝　2.车身域控制器BDC　3.前乘客侧车外后视镜　4.CAN终端电阻　5.座椅前后调节装置电机　6.座椅倾斜度调节装置电机　7.座椅高度调节装置电机　8.靠背倾斜度调节装置电机　9.头枕高度调节装置电机　10.驾驶员座椅模块SMFA　11.靠背宽度调节装置阀体　12.座椅气动模块泵　13.腰部支撑调节装置阀体　14.座椅调节开关　15.靠背座椅加热垫　16.座椅面座椅加热垫　17.记忆功能开关　18.驾驶员车门开关组件　19.驾驶员侧车外后视镜　20.自动恒温空调IHKA

图4-1-83

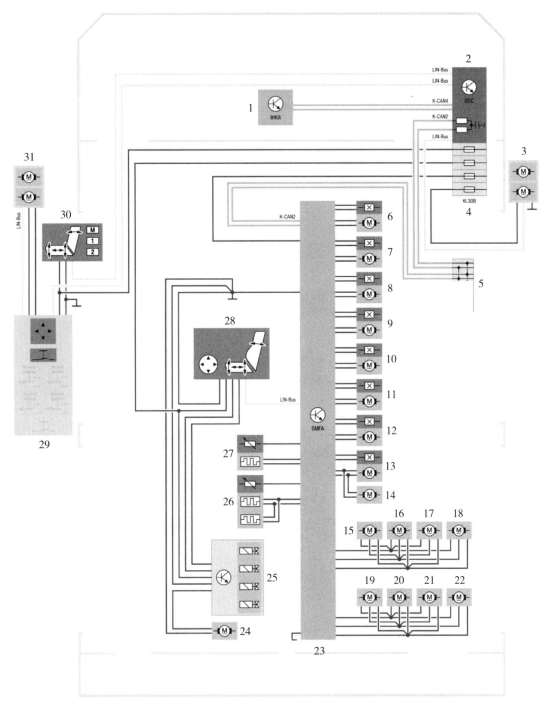

1.自动恒温空调IHKA 2.车身域控制器BDC 3.前乘客侧车外后视镜 4.右前配电盒内的保险丝 5.CAN终端电阻 6.座椅前后调节装置电机 7.座椅倾斜度调节装置电机 8.座椅高度调节装置电机 9.靠背倾斜度调节装置电机 10.头枕高度调节装置电机 11.座椅深度调节装置电机 12.靠背上部调节装置电机 13.靠背宽度调节装置电机 14.靠背宽度调节装置电机 15.座椅面主动式座椅通风装置电机 16.座椅面主动式座椅通风装置电机 17.座椅面主动式座椅通风装置电机 18.座椅面主动式座椅通风装置电机 19.靠背面主动式座椅通风装置电机 20.靠背面主动式座椅通风装置电机 21.靠背面主动式座椅通风装置电机 22.靠背面主动式座椅通风装置电机 23.驾驶员座椅模块SMFA 24.座椅气动模块泵 25.腰部支撑调节装置阀体 26.靠背座椅加热垫 27.座椅面座椅加热垫 28.座椅调节开关 29.驾驶员车门开关组件 30.记忆功能开关 31.驾驶员侧车外后视镜

图4-1-84

215

2.后座区电动座椅

带有后座区座椅加热装置的电动座椅如图4-1-85所示。

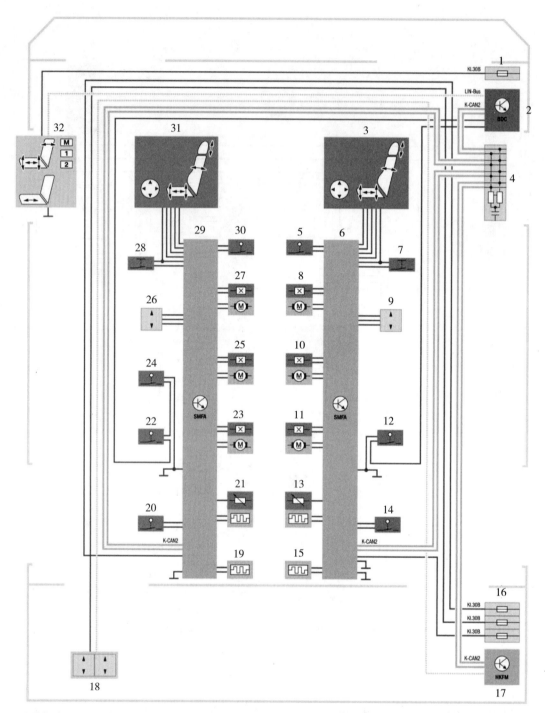

1.右前保险丝 2.车身域控制器 3.右后座椅调节开关 4.CAN终端电阻 5.右侧直通装载开关 6.右后座椅模块 7.右侧座椅折叠开关 8.右侧座椅靠背调节电机 9.右侧便捷进入开关 10.右侧座椅前后调节电机 11.右侧便捷进入电机 12.右侧便捷进入终端位置微型开关 13.前乘客侧后部座椅面座椅加热垫 14.右侧靠背应急解锁开关 15.前乘客侧后部靠背座椅加热垫 16.右后保险丝 17.车尾功能模块 18.行李箱内的座椅前后调节开关 19.驾驶员侧后部靠背座椅加热垫 20.左侧靠背应急解锁开关 21.驾驶员侧后部座椅面座椅加热垫 22.便捷进入终端位置微型开关 23.左侧便捷进入电机 24.便捷进入终端位置微型开关 25.左侧座椅前后调节电机 26.左侧便捷进入开关 27.左侧座椅靠背调节电机 28.左侧座椅折叠开关 29.左后座椅模块 30.左侧直通装载开关 31.左后座椅调节开关 32.记忆功能开关

图4-1-85

3.按摩功能

通过座椅靠背和座垫内的8个不同按摩功能可激活或放松肌肉，由此可使背部肌肉和椎间盘放松。8个程序分为3类：

·运动。

·放松。

·活力。

执行"运动"程序时通过有针对性的身体移动来放松脊柱。执行"放松"程序时通过按摩来放松肌肉。"活力"程序由"运动"和"放松"程序共同组成。将运动和按摩结合起来，特别有助于在长途行驶过程中获得恢复效果。

两个前座椅的座椅按摩功能如图4-1-86所示。

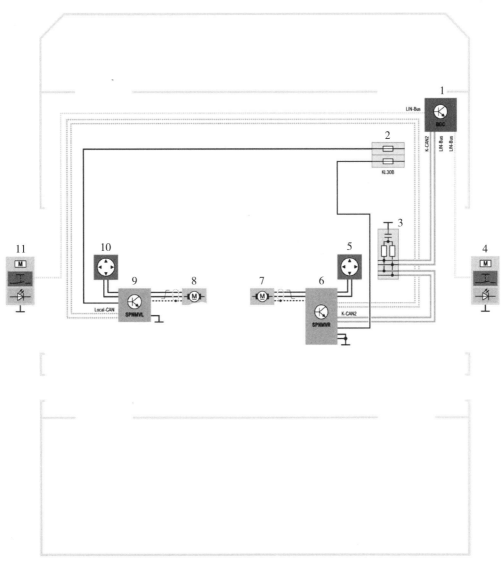

1.车身域控制器BDC 2.右前配电盒保险丝 3.CAN终端电阻 4.前乘客车门开关组件 5.前乘客座椅腰部支撑开关 6.右前座椅气动模块 7.前乘客座椅的座椅气动模块泵 8.驾驶员座椅的座椅气动模块泵 9.左前座椅气动模块 10.驾驶员座椅腰部支撑开关 11.驾驶员车门开关组件

图4-1-86

（十四）全景天窗

系统电路图如图4-1-87所示。

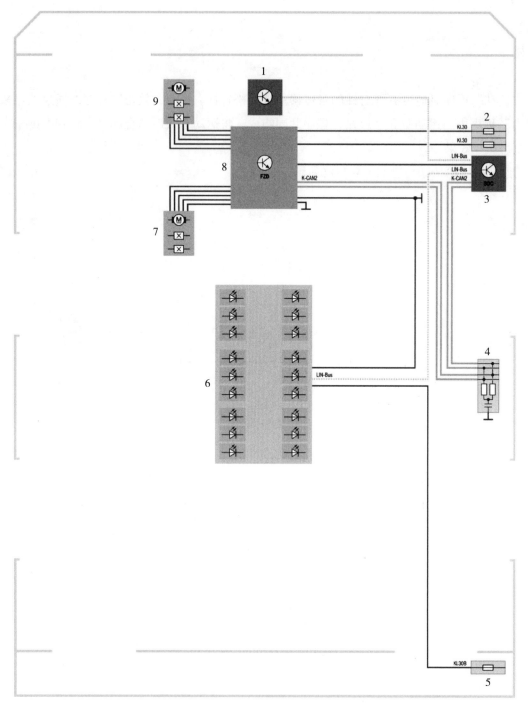

1.滑动/外翻式天窗电机　2.车顶功能中心FZD　3.右前配电盒内的保险丝　4.车身域控制器BDC　5.CAN终端电阻　6.天窗内衬电机

图4-1-87

（十五）转向柱开关中心SZL

1.系统电路图

转向柱开关中心如图4-1-88所示。

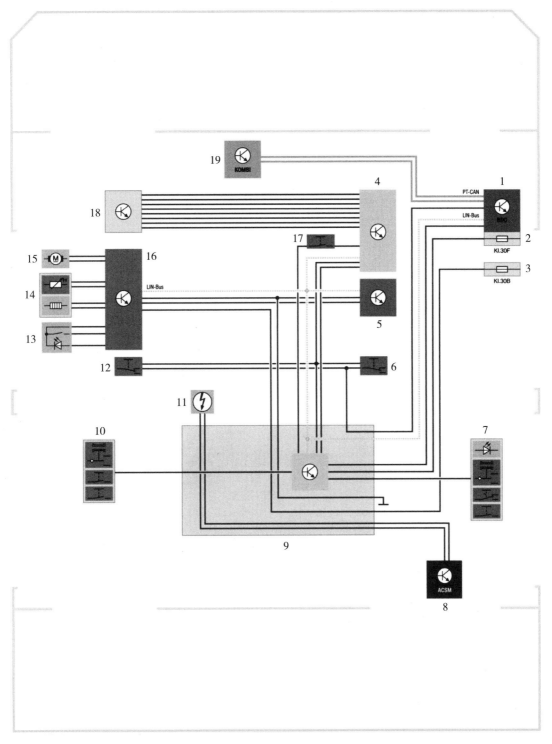

1.车身域控制器BDC　2.车身域控制器内的保险丝　3.右前配电盒保险丝　4.右侧多功能方向盘按钮　5.触摸识别装置HOD（放手检测）　6.右侧换挡拨片　7.右侧组合开关　8.碰撞和安全模块ACSM　9.转向柱开关中心SZL　10.左侧组合开关　11.驾驶员安全气囊　12.左侧换挡拨片　13.方向盘加热按钮　14.方向盘加热装置　15.震动电机　16.方向盘电子装置　17.喇叭按钮　18.左侧多功能方向盘按钮　19.组合仪表KOMBI

图4-1-88

2.SZL

转向柱开关中心SZL如图4-1-89所示。多功能方向盘MFL和转向柱开关中心SZL的所有按钮和开关信号均通过LIN传输至车身域控制器BDC。在宝马G05上操作转向信号灯/远光灯开关时，该开关以机械方式卡入相应位置。通过方向盘以机械方式回位。

图4-1-89

3.宝马显示屏钥匙

作为选装配置SA 3DS，宝马G05提供一把显示屏钥匙，如图4-1-90所示。

在显示屏中，客户可以在车辆上执行不同的功能，或者查询数据，例如剩余行驶里程（燃油油位）。同样也可以通过Micro USB电缆或者无线充电盒为宝马显示屏钥匙充电。钥匙的触摸屏的尺寸为2.36英寸。在宝马显示屏钥匙中提供了不同的主菜单，它们带有进一步的子菜单：

· 车门和车窗信息。

· 达里程信息。

· 空调设置。

· 车辆信息。

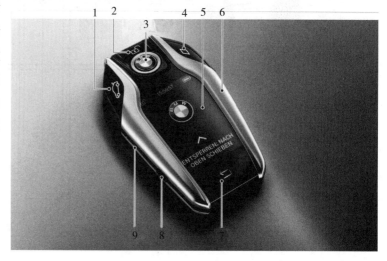

1.打开/关闭行李箱盖 2.解锁 3.上锁 4.可编程按钮 5.触摸屏 6.遥控驻车按钮 7.返回 8.接通/关闭显示屏 9.Micro USB接口

图4-1-90

从2018年11月起，SA 3DS的舒适功能降低。根据具体配置，宝马显示屏钥匙可以带有最多5个主菜单。具体显示屏钥匙功能的可用性取决于和车辆之间的距离，和车辆之间的距离定义如下：

· 近距离0~30m（所有功能都可用）。

· 远距离30~300m（仅暖风和空调功能）。

· 超出有效范围，从300m至无穷大（没有任何显示屏钥匙功能）。

钥匙功能的有效范围会随着环境和可能的其他干扰因素而发生变化。

4.舒适登车系统2.0

（1）系统电路图。

舒适登车系统2.0如图4-1-91所示。

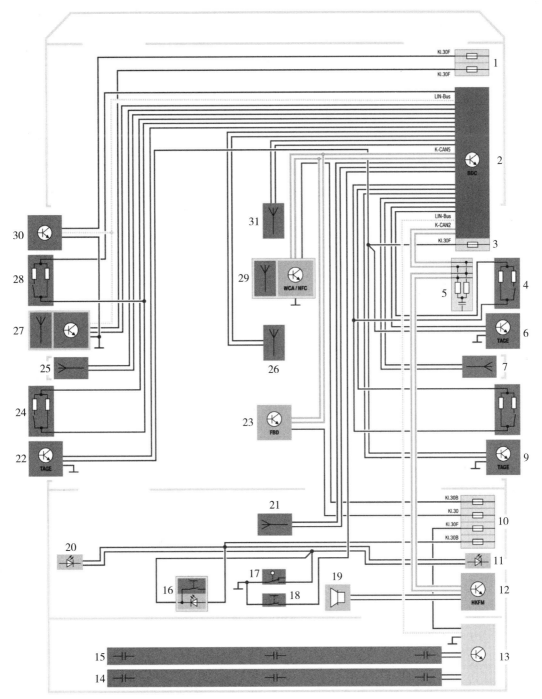

1.右前配电盒内的保险丝　2.车身域控制器BDC　3.车身域控制器内的保险丝　4.前乘客车门锁内的开关
5.CAN终端电阻　6.前乘客车门外侧拉手电子装置TAGE　7.右侧车门槛舒适登车系统天线　8.前乘客侧后部车
门锁内的开关　9.前乘客侧后部车门外侧拉手电子装置TAGE　10.右后配电盒内的保险丝　11.右侧行李箱照
明灯　12.行李箱盖功能模块HKFM　13.非接触式行李箱盖开启功能控制单元　14.非接触式行李箱盖开启功能
下部传感器　15.非接触式行李箱盖开启功能上部传感器　16.用于关闭行李箱盖的按钮　17.行李箱盖锁内的
行李箱盖触点开关　18.用于控制行李箱盖的按钮　19.行李箱盖操纵机构的声音警告装置　20.左侧行李箱照
明灯　21.行李箱舒适登车系统天线　22.驾驶员侧后部车门外侧拉手电子装置TAGE　23.遥控信号接收器FBD
24.驾驶员侧后部车门锁内的开关　25.左侧车门槛舒适登车系统天线　26.车内空间舒适登车系统天线　27.驾驶
员车门外侧拉手电子装置TAGE，带有近距离通信系统NFC　28.驾驶员车门锁内的开关　29.带有近距离通信电
子控制装置的无线充电盒　30.驾驶员侧前部车窗升降器电子装置　31.车内空间舒适登车系统天线

图4-1-91

221

5.中控锁

（1）系统电路图。

中控锁电路图如图4-1-92所示。

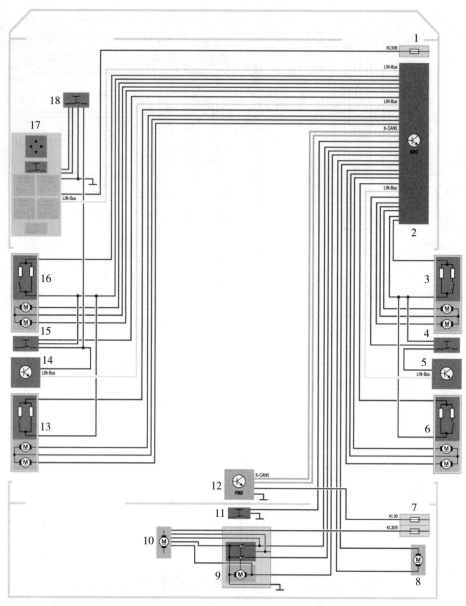

1.右前配电盒内的保险丝，宾馆设置开关（取决于国家规格）　2.车身域控制器BDC　3.前乘客车门锁　4.前乘客车门中控锁按钮（取决于国家规格）　5.集成的前乘客车门车窗升降器电子装置　6.前乘客侧后部车门锁　7.后部配电盒内的保险丝　8.用于控制燃油箱盖板的执行机构　9.行李箱盖锁内的行李箱盖触点开关　10.自动软关功能驱动装置　11.用于关闭行李箱盖的按钮　12.遥控信号接收器FBD　13.驾驶员侧后部车门锁　14.集成的驾驶员车门车窗升降器电子装置　15.驾驶员车门中控锁按钮　16.驾驶员车门锁　17.驾驶员车门开关组件　18.用于打开行李箱盖的按钮

图4-1-92

（2）功能。

宝马G05中控锁功能基于当前宝马车型。所有与中控锁有关的功能均由车身域控制器进行控制。具体功能如下：

·通过遥控信号接收器接收识别发射器的无线信号。

· 信号要求BDC控制中控锁和车内照明装置。

· BDC分析所有车门触点，行李箱盖和宾馆设置开关的状态。

· 中控锁按钮状态也由BDC进行分析，BDC根据该状态控制中控锁。

· BDC负责控制中控锁和行李箱盖内的自动软关功能传动装置。

· 燃油箱盖板解锁也由BDC控制。

6.行李箱盖上部件

宝马G05行李箱盖上部件电路图如图4-1-93所示。

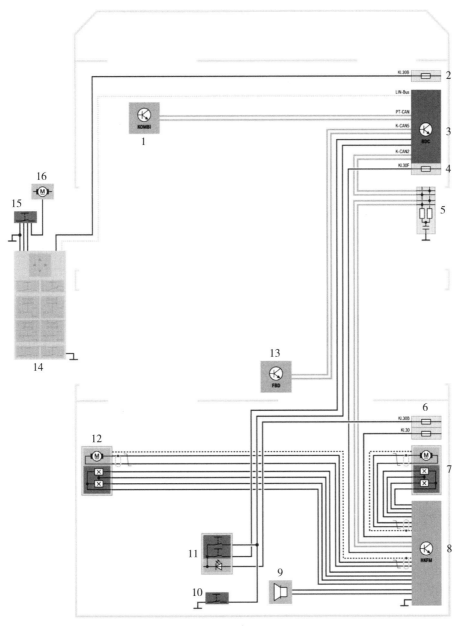

1.组合仪表KOMBI　2.右前配电盒保险丝　3.车身域控制器BDC　4.车身域控制器内的保险丝　5.CAN终端电阻　6.后部配电盒内的保险丝　7.右侧行李箱盖举升功能传动装置　8.行李箱盖功能模块HKFM　9.行李箱盖操纵机构的声音警告装置　10.用于控制行李箱盖的按钮　11.用于关闭行李箱盖的按钮（内侧）　12.左侧行李箱盖举升功能传动装置　13.遥控信号接收器FBD　14.驾驶员车门开关组件　15.驾驶员车门用于打开行李箱盖的按钮　16.驾驶员侧前部车窗升降器电机

图4-1-93

7.行李箱盖下部件

宝马G05行李箱盖下部件电路图如图4-1-94所示。

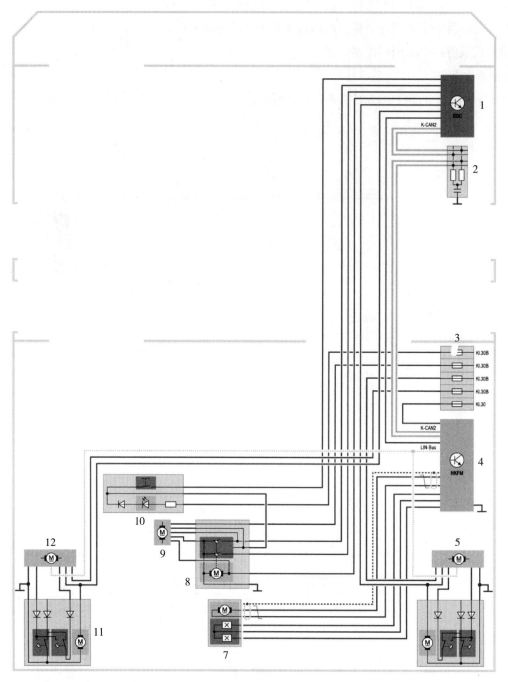

1.车身域控制器　2.CAN终端电阻　3.右后配电盒　4.行李箱盖功能模块　5.右侧自动软关功能驱动装置　6.右侧行李箱盖锁　7.行李箱盖下部件螺杆传动机构　8.上部行李箱盖锁　9.上部行李箱盖自动软关功能传动装置　10.行李箱盖按钮　11.左侧行李箱盖锁　12.左侧自动软关功能驱动装置

图4-1-94

8.自动软关功能

自动软关功能如图4-1-95所示。

224

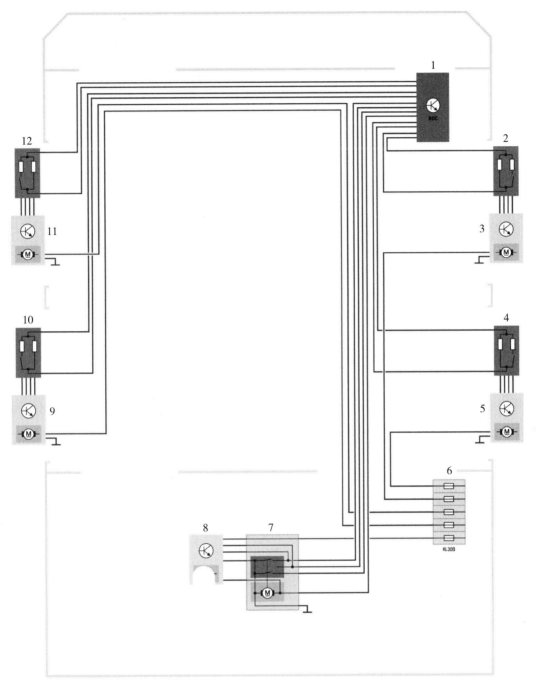

1.车身域控制器BDC　2.前乘客车门锁内的开关　3.前乘客车门自动软关功能传动装置　4.前乘客侧后部车门锁内的开关　5.前乘客侧后部车门自动软关功能传动装置　6.右后配电盒内的保险丝7.行李箱盖锁内的行李箱盖触点开关　8.行李箱盖自动软关功能传动装置　9.驾驶员侧后部车门自动软关功能传动装置　10.驾驶员侧后部车门锁内的开关　11.驾驶员车门自动软关功能传动装置　12.驾驶员车门锁内的开关

图4-1-95

（十六）车内后视镜

车内后视镜电路图如图4-1-96所示。车内后视镜通过LIN总线与车身域控制器相连，用于防盗报警装置的LED位于车内后视镜上。

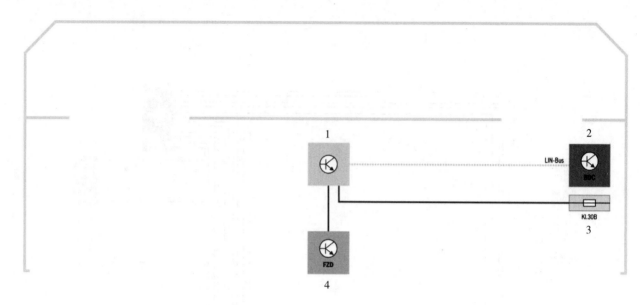

1.车内后视镜　2.车身域控制器　3.右前配电盒保险丝　4.车顶功能中心FZD

图4-1-96

（十七）被动安全系统

宝马G05的被动安全系统以当前宝马车型的目标和特性为基础。被动安全系统满足世界各国的相关法规要求。乘员保护系统负责降低乘员受伤的危险。作为被动安全系统的中央安全气囊控制单元，在宝马G05上采用了一套第5代高级碰撞安全模块ACSM（德语：碰撞和安全模块）。

1.系统概览

为了在被动安全系统上开展维修，请始终使用诊断系统中说明的电路图。

①欧洲规格系统电路图。

宝马G05欧洲规格系统电路图如图4-1-97所示。

②美国规格系统电路图。

宝马G05美国规格车辆系统电路图如图4-1-98所示。

③美国规格系统概览。

宝马G05美国规格车辆系统概览如图4-1-99所示。

2.功能

①停用安全气囊（欧洲规格）。

在前乘客侧使用儿童座椅运送幼儿时，为安全起见必须停用前乘客安全气囊和前乘客侧的侧面安全气囊。由驾驶员负责停用或启用前乘客安全气囊和前乘客侧的侧面安全气囊。注意：选择、安装和使用儿童保护系统时，必须遵守儿童保护系统制造商的规定，否则可能影响保护效果。发生事故后必须检查儿童保护系统和相关车辆安全带系统的所有部件并根据需要进行更换。这些工作只能由宝马售后服务部门或维修车间经过相应培训的人员遵照宝马规定来进行。带有SA 5DA的车辆配备一个前乘客安全气囊关闭开关和一个指示灯。通过使用机械车钥匙操作前乘客安全气囊关闭开关，可停用前乘客安全气囊和前乘客侧面安全气囊。通过前乘客安全气囊关闭指示灯的黄色符号显示停用状态，宝马G05前乘客侧的前乘客安全气囊关闭开关如图4-1-100所示。在宝马G05上用于停用前乘客安全气囊的关闭开关位于前乘客侧。只有前乘客车门打开时，才能接触到该开关且只能在静止状态下进行停用。

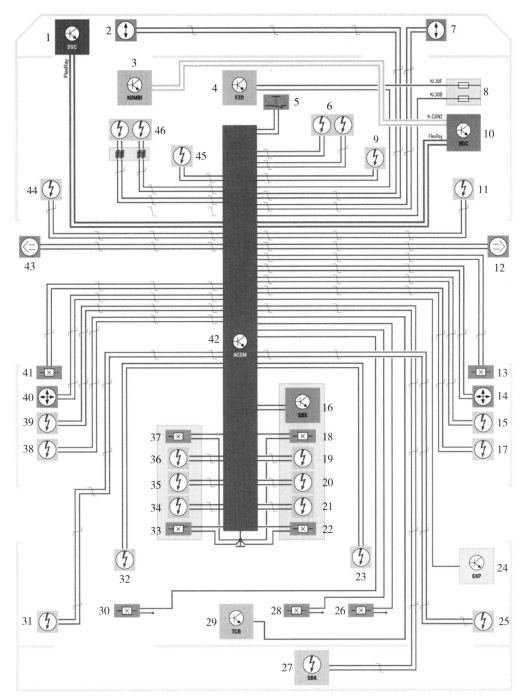

1.动态稳定控制系统（集成DSCi） 2.左侧安全气囊前部传感器（上部前部传感器） 3.组合仪表Kombi 4.车顶功能中心FZD
5.前乘客安全气囊关闭开关 6.前乘客安全气囊 7.右侧安全气囊前部传感器（上部前部传感器） 8.右前配电盒保险丝 9.前乘
客膝部安全气囊 10.车身域控制器BDC 11.右侧头部安全气囊 12.右侧车门安全气囊传感器（压力） 13.前乘客可逆式电动机
械式安全带收卷装置REMA 14.右侧B柱加速度传感器 15.前乘客自适应带力限制器 16.座椅占用识别垫 17.前乘客自动拉紧
器 18.右前座椅位置传感器 19.右前端头配件拉紧器 20.前乘客主动式防撞头枕 21.前乘客侧面安全气囊 22.前乘客安全带锁
扣开关 23.右后侧面安全气囊 24.电子燃油泵控制系统EKPS 25.右后安全带（取决于带有自动拉紧器的国家规格） 26.右后
安全带锁扣开关 27.安全型蓄电池接线柱SBK 28.后部中间安全带锁扣开关 29.远程通信系统盒2 TCB2 30.左后安全带锁扣开
关 31.左后安全带（取决于带有自动拉紧器的国家规格） 32.左后侧面安全气囊 33.驾驶员安全带锁扣开关 34.驾驶员侧面安
全气囊 35.驾驶员主动式防撞头枕 36.左前端头配件拉紧器 37.左前座椅位置传感器 38.驾驶员自动拉紧器 39.驾驶员自适应
带力限制器 40.左侧B柱加速度传感器 41.驾驶员可逆式电动机械式安全带收卷装置REMA 42.碰撞和安全模块ACSM 43.左侧
车门安全气囊传感器（压力） 44.左侧头部安全气囊 45.驾驶员膝部安全气囊 46.驾驶员安全气囊

图4-1-97

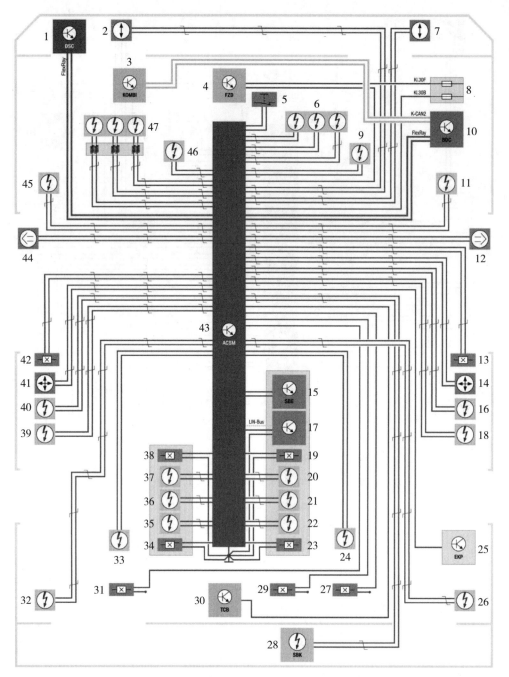

1.动态稳定控制系统（集成DSCi）　2.左侧安全气囊前部传感器（上部前部传感器）　3.组合仪表Kombi　4.车顶功能中心FZD 5.前乘客安全气囊关闭开关（仅韩国）　6.前乘客安全气囊　7.右侧安全气囊前部传感器（上部前部传感器）　8.右前配电盒保险 丝　9.前乘客膝部安全气囊　10.车身域控制器BDC　11.右侧头部安全气囊　12.右侧车门安全气囊传感器（压力）　13.前乘客可 逆式电动机械式安全带收卷装置REMA　14.右侧B柱加速度传感器　15.座椅占用识别垫（仅韩国）　16.前乘客自适应带力限制 器　17.座椅占用识别垫，CIS垫　18.前乘客自动拉紧器　19.右前座椅位置传感器　20.右前端头配件拉紧器　21.前乘客主动式防 撞头枕　22.前乘客侧面安全气囊　23.前乘客安全带锁扣开关　24.右后侧面安全气囊　25.电子燃油泵控制系统EKPS　26.右后安 全带（取决于带有自动拉紧器的国家规格）　27.右后安全带锁扣开关　28.安全型蓄电池接线柱SBK　29.后部中间安全带锁扣开 关　30.远程通信系统盒2 TCB2　31.左后安全带锁扣开关　32.左后安全带（取决于带有自动拉紧器的国家规格）　33.左后侧面安 全气囊　34.驾驶员安全带锁扣开关　35.驾驶员侧面安全气囊　36.驾驶员主动式防撞头枕　37.左前端头配件拉紧器　38.左前座椅 位置传感器　39.驾驶员自动拉紧器　40.驾驶员自适应带力限制器　41.左侧B柱加速度传感器　42.驾驶员可逆式电动机械式安全带 收卷装置REMA　43.碰撞和安全模块ACSM　44.左侧车门安全气囊传感器（压力）　45.左侧头部安全气囊　46.驾驶员膝部安全气 囊　47.驾驶员安全气囊

图4-1-98

228

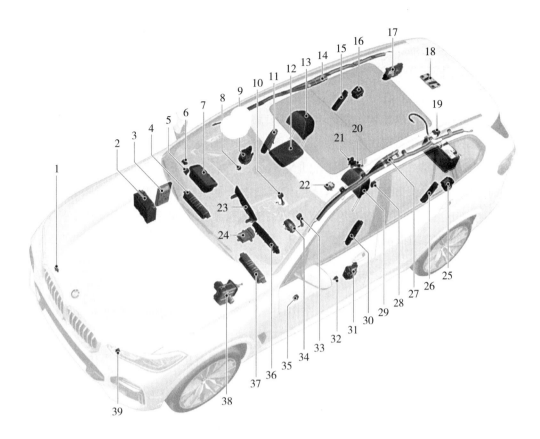

1.右侧安全气囊前部传感器（上部前部传感器）　2.锂离子蓄电池　3.车身域控制器BDC　4.前乘客膝部安全气囊　5.前乘客安全气囊关闭开关（仅韩国国家规格以及ECE车型）　6.右侧车门安全气囊传感器（压力）　7.前乘客安全气囊　8.右侧B柱加速度传感器　9.前乘客自动拉紧器　10.前乘客安全带锁扣开关　11.前乘客侧面安全气囊　12.车顶功能中心FZD　13.前乘客主动式防撞头枕　14.右侧头部安全气囊　15.右后侧面安全气囊　16.右后安全带（取决于带有自动拉紧器的国家规格）　17.行李箱配电盒　18.远程通信系统盒2 TCB2　19.安全型蓄电池接线柱SBK　20.后部中间安全带锁扣开关　21.右后安全带锁扣开关　22.电子燃油泵控制系统EKPS　23.中央信息显示屏CID　24.碰撞和安全模块ACSM　25.左后安全带（取决于带有自动拉紧器的国家规格）　26.左后侧面安全气囊　27.左侧头部安全气囊　28.左后安全带锁扣开关　29.驾驶员主动式防撞头枕　30.驾驶员侧面安全气囊　31.驾驶员自动拉紧器　32.左侧B柱加速度传感器　33.驾驶员安全带锁扣开关　34.驾驶员安全气囊　35.左侧车门安全气囊传感器（压力）　36.组合仪表Kombi　37.驾驶员膝部安全气囊　38.动态稳定控制系统（集成DSCi）　39.左侧安全气囊前部传感器（上部前部传感器）

图4-1-99

图4-1-100

229

②停用安全气囊（美国规格）。

为满足美国国家公路交通安全管理局NHTSA的规定，美国规格车辆配备了安全气囊自动停用装置。使用规定中所列儿童座椅运送儿童时必须停用安全气囊。为此在前乘客座椅上使用了带有占用识别和乘员分级功能的座椅占用识别垫。在宝马G05上使用了一个电容性内部传感垫，即CIS垫。CIS垫由两个元件组成：座椅垫内平行于座椅加热装置布置的一个传感器丝和一个分析单元。CIS垫以120kHz的频率测量传感器丝（正极）与车辆接地（负极）之间的电容量和欧姆电阻。CIS垫根据电容量和电阻的变化确定前乘客座椅上运送的是成人还是坐在儿童座椅上的儿童。通过前乘客安全气囊关闭指示灯显示前乘客安全气囊、前乘客侧的侧面安全气囊和膝部安全气囊的停用状态。如果识别出使用儿童座椅运送儿童（例如在前乘客座椅上使用按照NHTSA规定检验的儿童保护系统运送儿童）或无人占用前乘客座椅，则车顶功能中心内的前乘客安全气囊关闭指示灯亮起。

3.系统组件

（1）碰撞和安全模块。

在宝马G05上碰撞和安全模块ACSM位于车内中部两个前座椅之间的中控台下方。中央传感器系统集成在碰撞和安全模块ACSM内。宝马G05碰撞和安全模块ACSM如图4-1-101所示。宝马G05的ACSM是FlexRay上的总线设备。这样一来，过去通过集成式底盘管理系统ICM提供的中央传感器系统的传感器数据可以由碰撞和安全模块ACSM直接通过FlexRay进行传输。

（2）传感器和开关。

①横向和纵向加速度传感器。

横向和纵向加速度传感器可为识别正面碰撞、侧面碰撞和尾部碰撞提供支持。安全气囊传感器由一个纵向和一个横向加速度传感器组成。这些加速度传感器分别测量X方向和Y方向的正负加速度。由X和Y信号得出的信息是识别碰撞方向的决定性因素。在识别正面、侧面和车尾碰撞方面，安全气囊传感器可以提供辅助。左侧和右侧安全气囊传感器的结构相同，安装时通过机械设码方式确定。宝马G05横向和纵向加速度传感器如图4-1-102所示。

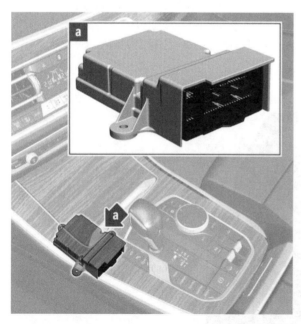

图4-1-101

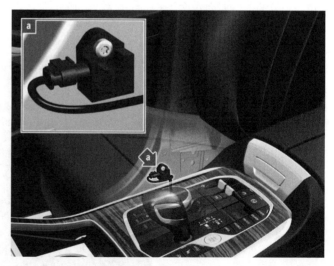

图4-1-102

②车门安全气囊传感器（压力）。

在宝马G05上驾驶员和前乘客车门内装有压力传感器。现在，不再像过去那样使用一个螺栓将压力传感器固定在车门中，而是将其拧入托架（车门内板）中，并且在对应的传感器安装完毕后才可以进行电器连接或者插头连接。车门内的安全气囊传感器可为识别侧面碰撞提供支持。发生侧面碰撞时，除横向加速度值外，车门空腔内的压力也会提高。车门内的安全气囊传感器用于识别侧面碰撞时验证B柱内安全气囊传感器以及碰撞和安全模块ACSM的加速度信号的可信度。安全气囊传感器位于车门内板上，用于测量发生侧面碰撞时的压力增高情况。发生撞向车门的侧面碰撞时向内挤压外部面板。因此造成车门内部空间减小且内部压力增高，安全气囊传感器可测量这种压力变化。除压力传感器外，安全气囊传感器内还有一个电子装置用于将压力值转化为数字信号并以周期形式发送给碰撞和安全模块ACSM。数据传输方式与B柱内的安全气囊传感器相似。在碰撞和安全模块ACSM内对压力值进行分析。宝马G05车门安全气囊传感器（压力）如图4-1-103所示。

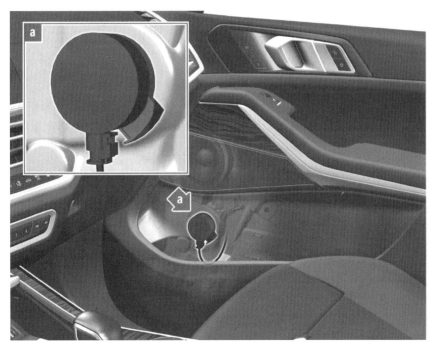

图4-1-103

③安全气囊前部传感器。

在美国规格车辆上发动机支架的前部区域装有两个上部前部传感器。其测量值传输给碰撞和安全模块ACSM并在此进行分析。左侧和右侧上部前部传感器可在识别正面碰撞时提供支持。传感器向碰撞和安全模块ACSM提供有关碰撞过程和严重程度的附加信息。传感器由用于探测减速度的加速度传感器、信号处理装置和用于传输数据的电子装置组成。测量值以数据电码形式传输至碰撞和安全模块ACSM并用于算法计算。宝马G05安全气囊前部传感器（上部前部传感器）如图4-1-104所示。

④带传感器的压力软管。

根据国家规格在宝马G05上装有主动式发动机室盖（SA 8TF）。用于主动式发动机室盖的传感器系统由两个压力传感器组成，它们与一个加注空气的压力软管两端连接。压力软管集成在保险杠支架与碰撞缓冲块之间。施加在压力软管上的作用力使其压缩。压力传感器测量压力增高并产生特性信号。这些信号通过数据导线传输至碰撞和安全模块ACSM。碰撞和安全模块ACSM根据数据确定是否达到或超过与行

231

人碰撞的识别限值，并且决定是否触发发动机室盖上的燃爆式执行机构。宝马G05带有传感器的压力软关（压力）如图4-1-105所示。

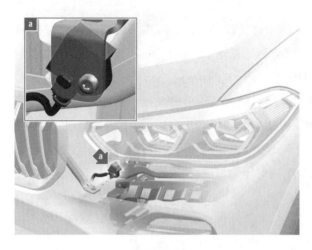

图4-1-104

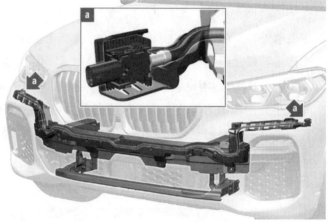

图4-1-105

⑤ACSM内的传感器。

在宝马G05上，中央传感器系统集成在碰撞和安全模块ACSM内。为了进行碰撞识别，碰撞和安全模块ACSM包含一个纵向和横向加速度传感器、一个垂直加速度传感器和一个侧翻速率传感器。此外，碰撞和安全模块ACSM还分别带有一个纵向和横向加速度传感器以及一个横摆率传感器，用于行驶动态的协调控制。用于识别碰撞的传感器数据在碰撞和安全模块ACSM内进行分析，为识别侧面、尾部或正面碰撞以及识别翻车情况提供支持。用于行驶动态协调控制的尚未分析的传感器数据通过FlexRay控制单元发送至DSC控制单元并在此进行处理。宝马G05碰撞和安全模块ACSM如图4-1-106所示。

⑥紧急呼叫按钮。

紧急呼叫按钮位于车顶功能中心内。宝马G05带紧急呼叫按钮的车顶功能中心FZD如图4-1-107所示。

⑦前乘客安全气囊关闭开关。

在带有SA 5DA前乘客安全气囊停用功能的车辆上使用前乘客安全气囊关闭开关来手动停用前乘客侧

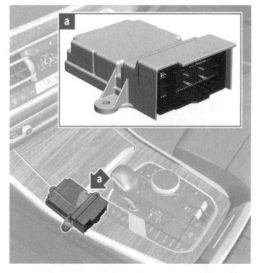

图4-1-106

图4-1-107

的正面安全气囊和侧面安全气囊。通过机械钥匙以手动方式操作前乘客安全气囊关闭开关。由一个霍尔传感器探测开关位置。由碰撞和安全模块ACSM对传感器进行分析并为其供电。宝马G05前乘客安全气囊关闭开关如图4-1-108所示。

⑧美规车辆上的前乘客安全气囊关闭功能。

在美规车辆上前乘客座椅内装有电容性内部传感垫（CIS垫）。CIS垫识别前乘客座椅上是否有成人或坐在儿童座椅上的儿童。前乘客安全气囊关闭指示灯亮起时表示停用了前乘客安全气囊、前乘客侧的侧面安全气囊和膝部安全气囊。

图4-1-108

⑨前乘客安全气囊关闭指示灯。

在宝马G05上，前乘客安全气囊关闭指示灯位于车顶功能中心内。欧洲规格车辆与美国规格车辆的前乘客安全气囊关闭指示灯相同。对于欧洲规格车辆，如果前乘客安全气囊和前乘客侧的侧面安全气囊通过前乘客安全气囊关闭开关停用，则会启用前乘客安全气囊关闭指示灯，并且发出黄色的光。在美国规格车辆上，CIS垫识别到使用儿童座椅运送幼儿或前乘客座椅未占用时，就会自动启用前乘客安全气囊关闭指示灯。宝马G05前乘客安全气囊关闭指示灯如图4-1-109所示。

1.前乘客安全气囊关闭指示灯

图4-1-109

⑩座椅位置传感器。

按照美国法规要求（FMVSS208），驾驶员和前乘客座椅必须带有乘员身高识别功能。通过座椅纵向调节装置的调节行程进行身高识别。在美国规格车辆上通过驾驶员和前乘客座椅的座椅位置传感器来确定准确位置。座椅位置识别装置的任务是在座椅纵向调节范围内区分身高相对矮小的乘员和身高正常的乘员。这项识别功能是用于提高乘员安全性的另一个技术特点。根据驾驶员和前乘客的座椅位置调节安全气囊两级的触发情况。座椅位置识别装置采用双线霍尔传感器设计，由碰撞和安全模块ACSM控制单元供电。座椅位置传感器的电流强度随座椅位置而变化。

（3）执行机构。

在宝马G05上装有以下执行机构：

· 单级驾驶员安全气囊（仅欧洲规格车辆）。

· 两级驾驶员安全气囊（仅美国规格车辆）。

· 单级前乘客安全气囊（仅欧洲规格车辆）。

· 两级前乘客安全气囊（仅美国规格车辆）。

· 左前和右前膝部安全气囊。

· 左侧和右侧头部安全气囊。

· 左前和右前主动式防撞头枕。

· 左前和右前侧面安全气囊。

· 左后和右后侧面安全气囊。

· 带线性带力限制器的自动拉紧器（仅欧洲规格车辆）。

· 带自适应带力限制器的自动拉紧器（仅美国规格车辆）。

· 安全型蓄电池接线柱。

此外还通过以下指示灯为车辆乘员提供安全系统状态信息：

· 安全气囊指示灯。

· 安全带指示灯。

· 前乘客安全气囊关闭指示灯。

二、显示和操作

（一）操作元件

1.简介

（1）宝马G05中的创新。

表4-1-2所示列出了宝马G05显示和操作元件的创新之处和更改内容。

表4-1-2

功能		创新/更改
控制器 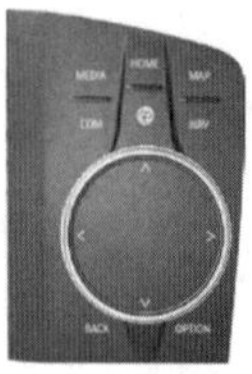		带有8个直接进入式按钮的控制器
中央信息显示屏 		Headunit High 3的12.3英寸中央信息显示屏
操作界面 		全新的操作界面ID7
车灯操作单元 		用按钮代替了旋钮调节器

（2）车内空间概览。

对宝马G05的车内空间和驾驶舱进行了全新设计。新的设计元素包括空调操作面板以及音频操作单元的布局。图4-1-110所示的是宝马G05的显示和操作元件。

（3）显示概览。

宝马G05显示概览如图4-1-111所示。

234

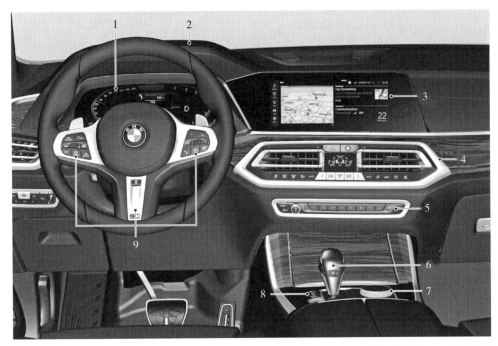

1.组合仪表　2.平视显示屏　3.中央信息显示屏　4.空调操作面板　5.音频操作单元　6.选挡开关
7.控制器　8.中控台操作面板　9.多功能方向盘

图4-1-110

1.平视显示屏HUD　2.中央信息显示屏CID　3.组合仪表KOMBI

图4-1-111

（4）音频操作单元。

宝马G05音频操作单元如图4-1-112所示。

（5）自动恒温空调。

宝马G05自动恒温空调如图4-1-113所示。

2.中控台操作中心

图4-1-114所示的是中控台的操作元件。

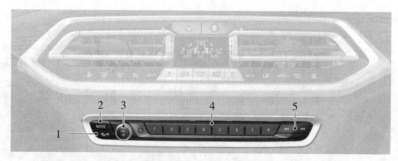

1.交通信息　2.切换娱乐系统源　3.按压：接通/关闭音频输出；旋转：调节音量　4.优选按钮　5.按压一次：切换电台/曲目；按住：曲目快进/后退

图4-1-112

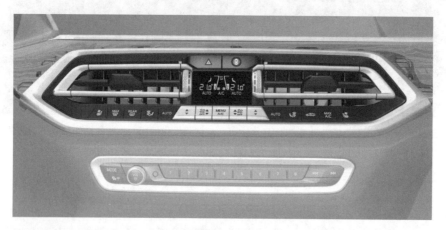

图4-1-113

1.选挡开关　2.控制器　3.高度调节系统　4.xOffroad模式　5.Hill Descent Control（下坡车速控制系统）　6.电动机械式停车制动器　7.自动驻车　8.驾驶体验开关　9.START/STOP按钮　10.发动机启用/停用START/STOP　11.驻车辅助　12.环视系统　13.动态稳定控制系统

图4-1-114

（1）型号。

中控台操作中心由不同的装备型号组成：

·环视系统（SA 5DL）。

·自适应双轴空气悬架（SA 2VR）。

·xOffroad套件（SA 3E3）。

·玻璃加工"CraftedClarity"（SA 4A2）。

中控台操作中心型号如图4-1-115所示。

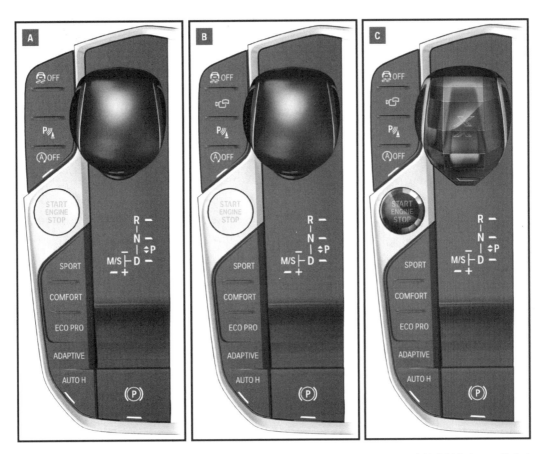

A.中控台操作中心　B.中控台操作中心，带有选装配置的环视系统（SA 5DL）　C.中控台操作中心，带有选装配置的环视系统（SA 5DL）和玻璃加工"Crafted Clarity"（SA 4A2）

图4-1-115

（2）双轴高度调节系统。

选装配置高度调节系统（SA 2VR）能够实现前桥和后桥的灵活调节，使得悬架适应车辆状态。借助xOffroad操作元件，可以激活驾驶模式，通过对不同的动力传动系和底盘控制系统进行各类调整，为驾驶员提供支持（SA 2E3）。运行策略宝马G05中的xOffroad底盘套件如图4-1-116所示。

在图4-1-117中，可以找到双轴高度调节系统以及xOffroad的操作元件。

3.车灯操作单元

在宝马G05上首次使用了一个全新的车灯操作单元。车灯开关元件位于方向盘的旁边。对于选装配置夜视系统（SA 6UK），车灯操作单元还额外配备了一个夜视系统按钮。宝马G05车灯操作单元如图4-1-118所示。图4-1-119中可以看到采用最大配置的车灯操作单元。

A.驾驶模式"xSnow"　B.驾驶模式"xSand"　C.驾驶模式"xGravel"　D.驾驶模式"xRocks"

图4-1-116

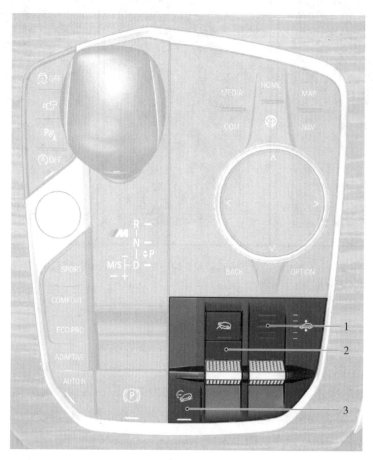

1.高度切换开关（选装配置舒适型底盘SA 2VR）　2.xOffroad操作元件［选装配置xOffroad的驾驶体验开关（SA 3E3）］　3.Hill Descent Control（下坡车速控制系统）

图4-1-117

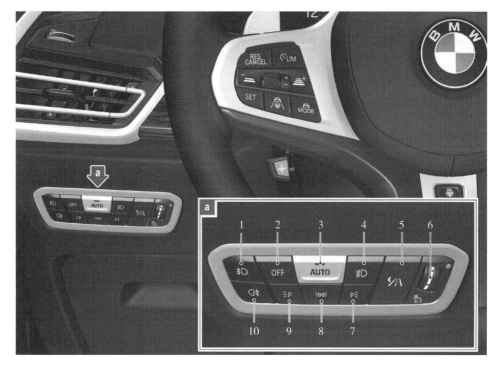

1.前雾灯　2.车灯关闭；日间行车灯　3.自动行车灯控制；自适应车灯功能　4.近光灯　5.夜视系统
（SA 6UK）　6.仪表照明　7.右侧驻车灯　8.停车示警灯　9.左侧驻车灯　10.后雾灯

图4-1-118

1.记忆按钮　2.用于调节座椅位置的按钮　3.用于调节座椅位置的按钮　4.按摩功能按钮　5.前乘
客座椅绅士功能　6.用于调节车外后视镜的按钮　7.调节后视镜，路边石自动识别功能　8.收起
和展开车外后视镜　9.前乘客侧车窗升降器　10.驾驶员侧车窗升降器　11.车窗升降器，前乘客
侧第2排座椅　12.车窗升降器，驾驶员侧第2排座椅　13.安全开关　14.用于车辆锁止的按钮

图4-1-119

4.车门

此处可以看到一个车门操作单元的概览。宝马G05驾驶员侧车门操作元件如图4-1-119所示。G05车窗升降器，第2排座椅如图4-1-120所示。

1.车窗升降器，第2排座椅

图4-1-120

5.12V插座

宝马G05的标准配置中提供3个12V插座。12V插座安装在以下区域中：

· 在前部中控台中。

· 在第2排座椅中。

· 在行李箱饰板中。

宝马G05 12V插座安装位置如图4-1-121所示。

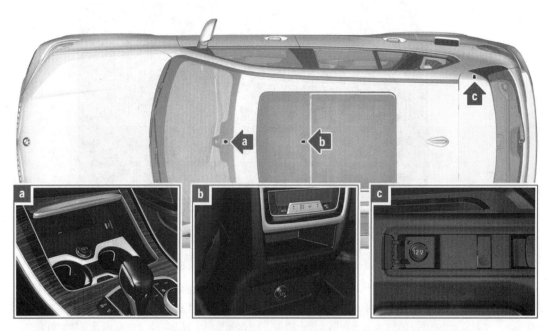

a.12V插座在前部中控台中　b.12V插座在第2排座椅中间扶手后面　c.12V插座在右后行李箱饰板中

图4-1-121

6.空调操作面板

宝马G05的标准配置中配有一台采用2/3区域控制装置的自动空调器。它能够以如下方式实现车辆内部空间的空调调节：

·为后排乘客实现共同的温度控制。

·5挡强度的自动程序，驾驶员和前乘客可以单独调节。

作为选装配置，可以提供一台采用3/4区域控制装置的自动空调器（SA 4NB）。宝马G05空调操作面板新鲜空气格栅如图4-1-122所示。

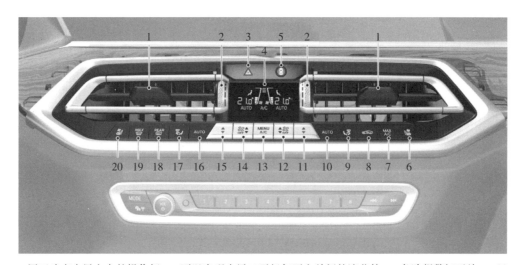

1.用于改变出风方向的操作杆　2.可以实现出风口无级打开和关闭的滚花轮　3.危险报警灯开关　4.显示屏　5.智能型安全按钮　6.右侧主动式座椅通风装置/座椅加热装置　7.接通/关闭最大冷却　8.循环空气模式　9.手动调节右侧空气分布　10.右侧自动程序　11.调节右侧温度　12.减小或者增大右侧空气量　13.向上空调菜单，向下A/C接通或关闭　14.减小或者增大左侧空气量　15.调节左侧温度　16.左侧自动程序　17.手动调节左侧空气分布　18.接通/关闭后窗玻璃加热装置　19.风挡玻璃除霜和除雾　20.左侧主动式座椅通风装置/座椅加热装置

图4-1-122

（1）第2排座椅的空调操作面板。

通过选装配置采用3/4区域控制装置的自动空调器（SA 4Nb），为第2排座椅的乘客在后部中控台中安装了一个单独的空调操作面板。宝马G05后座区第2排座椅的空调操作单元，如图4-1-123所示。

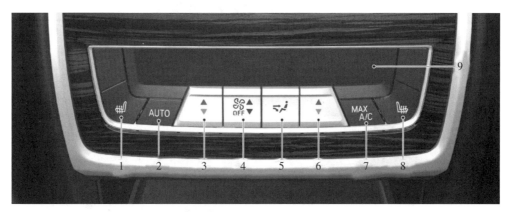

1.左侧座椅加热装置　2.自动程序　3.调节左侧温度　4.减小或者增大空气量　5.手动调节空气分布　6.调节右侧温度　7.接通/关闭最大冷却　8.右侧座椅加热装置　9.显示屏

图4-1-123

（2）第3排座椅的暖风和通风功能。

通过选装配置第3排座椅（SA 4Ub），使得宝马G05在第3排座椅中具有了暖风和通风功能，可以对第3排座椅区域的空气进行加热或者循环。出风口位于座椅之间的物品存储区域和第3排座椅的脚踏位置处。第3排座椅的宝马G05暖风和通风功能划分如图4-1-124所示。第3排座椅的暖风功能在不接通风扇的情况下不能运行。关闭暖风后，在高温条件下，可以使用风扇对车内空气进行循环。

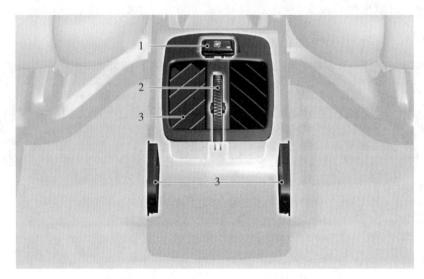

1.用于接通和关闭风扇的按钮　2.用于温度调节的滚花轮　3.出风口

图4-1-124

（二）组合仪表

1.简介

在宝马G05中安装了一种全新的组合仪表。组合仪表的显示采用的是一个12.3英寸大尺寸TFT显示屏。宝马G05组合仪表如图4-1-125所示。

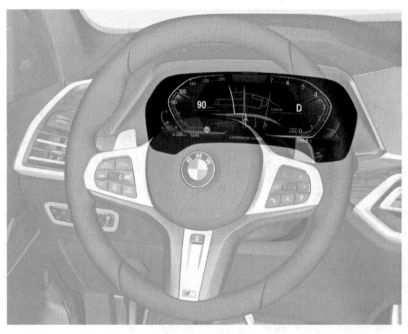

图4-1-125

2.连接

组合仪表通过一个以太网导线和Headunit High 3相连接。宝马G05组合仪表与Headunit的连接如图4-1-126所示。

1.组合仪表KOMBI　2.Headunit

图4-1-126

通过选装配置平视显示屏（SA 610），使得平视显示屏额外通过一个APIX连接与组合仪表相连。宝马G05平视显示屏连接如图4-1-127所示。

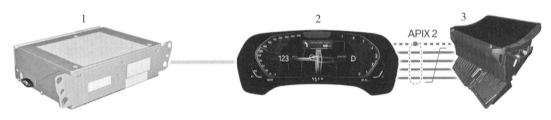

1.平视显示屏（SA610）　2.组合仪表KOMBI　3.Headunit High 3

图4-1-127

（三）控制器

1.概览

宝马G05采用了一块新型的控制器。控制器带有8个直接进入式按钮。宝马G05控制器视图如图4-1-128所示。

2.安装位置

控制器位于中央操作单元中。宝马G05控制器视图4-1-129所示。

（四）中央信息显示屏

宝马G05结合BMW Live Cockpit Professional（SA 6U3）配备了一个12.3英寸屏幕的中央信息显示屏。宝马G05中央信息显示屏如图4-1-130所示。

1.ID7

宝马G05采用全新的操作界面，该界面称为ID7（第7代BMW iDrive），ID7菜单视图如图4-1-131所示。在ID7的操作界面上可以对菜单视图进行个性化的调整。ID7的菜单视图如图4-1-132所示。

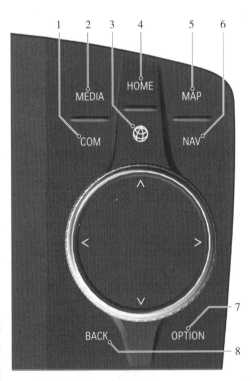

1.通信　2.媒体　3.ConnectedDrive　4.Home　5.导航地图　6.导航　7.选项　8.返回

图4-1-128

243

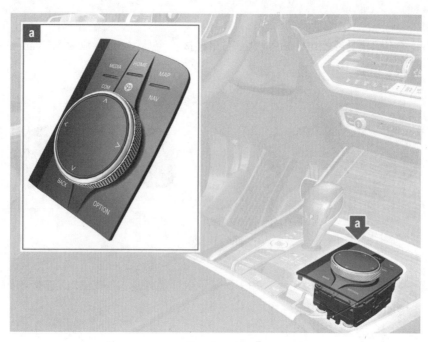

图4-1-129

图4-1-130

图4-1-131

图4-1-132

（五）手势控制

1.简介

通过宝马手势控制，就可以通过移动双手来操作部分iDrive的功能。在宝马G05上，宝马手势控制被作为选装配置（SA 6U8）提供。在宝马G05上，通过手势控制可以由手势摄像机额外识别3种新的手势。新的手势功能如图4-1-133所示。手势摄像机的探测范围覆盖方向盘、中央信息显示屏CID直至手套箱。宝马G05手势摄像机的探测范围4-1-134所示。

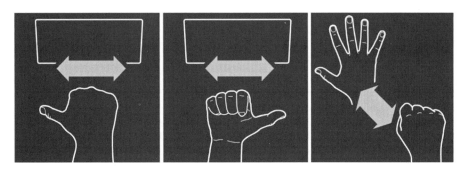

图4-1-133

2.安装位置

手势摄像机集成在车顶功能中心FZD中。宝马G05手势摄像机的安装位置如图4-1-135所示。

3.系统电路图

宝马G05手势控制系统电路图如图4-1-136所示。

图4-1-134

a.车顶功能中心　1.手势摄像机
图4-1-135

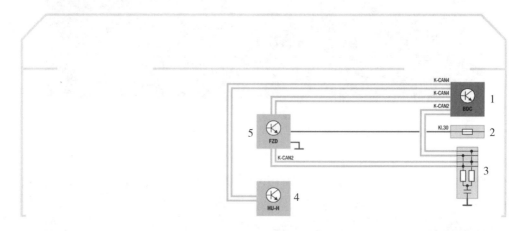

1.车身域控制器BDC　2.右前配电盒保险丝　3.CAN终端电阻　4.Headunit　5.车顶功能中心FZD
图4-1-136

（六）平视显示屏

1.简介

平视显示屏HUD会将一个虚拟透明的图像投影到风挡玻璃上，从而进入驾驶员的视野范围内。此外，驾驶员还可以直接在行车道上方的视野中获取行车过程的信息。平视显示屏在宝马G05上作为选装配置（SA 610）提供。

2.系统电路图

宝马G05平视显示屏系统电路图如图4-1-137所示。

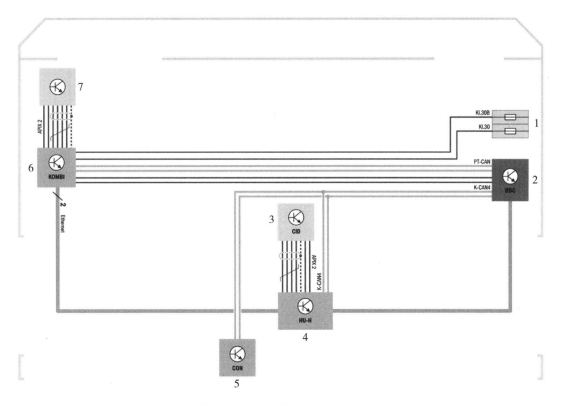

1.右前配电盒保险丝　2.车身域控制器BDC　3.中央信息显示屏CID　4.Headunit　5.控制器　6.组合仪表KOMBI　7.平视显示屏HUD

图4-1-137

（七）多功能方向盘

1.辅助系统

在图4-1-138中可以看到最大装备情况下多功能方向盘上辅助系统按钮的概览。

2.多媒体

在图4-1-139中可以看到多功能方向盘上多媒体应用按钮的概览。

通过选择清单按钮可以在组合仪表或者平视显示屏中显示清单，例如娱乐清单或者播放列表。选择清单的显示如图4-1-140所示。

3.方向盘加热装置

宝马G05方向盘加热装置如图4-1-141所示。

1.用于更改设置　2.LED显示　3.限速接通/关闭　4.增加与前车的距离　5.辅助系统选择按钮。可能的选项：仅ACC Stop&Go或者ACC Stop&Go以及转向和车道导向辅助系统，包括堵车辅助系统　6.可启用或停用通过MODE按钮选择的辅助系统（辅助系统按钮）　7.保存当前的车速。对于带有限速辅助系统的车辆，自动沿用已停用：在实际启用的定速巡航控制系统中沿用推荐的车速限制，自动沿用已启用：切换回最后的设置车速　8.减小与前车的距离　9.中断定速巡航控制系统/用最后的设置继续定速巡航

图4-1-138

1.翘板开关-，减小音量　2.滚花轮，在选择清单中进行选择　3.LED显示　4.翘板开关+，增大音量　5.按压一次：切换电台/曲目；按住：曲目的快进　6.语音输入系统　7.选择清单　8.电话　9.按压一次：切换电台/曲目；按住：曲目的快退

图4-1-139

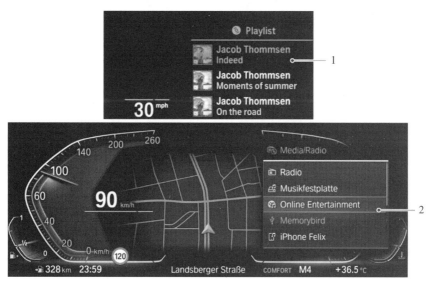

1.在平视显示屏中显示播放列表　2.组合仪表中的娱乐清单

图4-1-140

1.方向盘加热装置按钮

图4-1-141

三、辅助系统

（一）简介

宝马G11/G12上市时已介绍针对具体宝马车型提供的众多不同辅助系统。很多创新系统已被引入并为高度自动驾驶奠定了基础。宝马G30在一年后扩展了产品多样性，增加了新的辅助系统。而新款研发名称为宝马G05的BMW X5延续了这样的创新。随着第四代BMW X5投放市场，首次提供了倒车辅助系统，它能够实现舒适且自动导向的倒车。除此以外，宝马G30中引入的许多辅助系统为车辆带来了新的功能，因而使得驾驶员能够更轻松地操控车辆，具体实现方法包括以下几种：

· 为驾驶员提供信息。

· 为驾驶员提供操作建议。

· 主动介入驾驶过程。

1.概览

（1）产品结构"行驶"。

表4-1-3和表4-1-4提供了产品结构和所使用的辅助系统及对其系统组件之间的紧密关系的概述。除此以外，它们还列出了宝马G05中可用的辅助系统。该概览提供了欧洲规格宝马G05投产以来的信息。根据投产的市场或者国家的不同，可能会采用其他辅助系统、特殊功能以及不同的产品供应结构。在列举内容中，产品创新之处会用粗体字加以表述。

①标准配置。

客户不能单独订购Active Guard Plus（SA 5AQ），实施EuroNCAP测试的国家会配置该设备。因此，宝马G05始终配备KAFAS Mid摄像机和前部雷达传感器FRS。

表4-1-3

Active Guard Plus（SA 5AQ）	
带制动功能的碰撞警告系统 带城市制动功能的碰撞警告系统 带城市制动功能的行人和自行车警告系统 带有主动转向干预的车道偏离警告系统 带有禁止超车显示的交通标志识别 带有限速器的限速辅助系统	
带有制动功能的定速巡航控制系统（标配）	
带有定速巡航控制系统的限速辅助系统 手动限速器	

②选装配置。

在宝马G05中，客户可以在3种选装配置中进行选择。行驶辅助系统（SA 5AS）和带有停车和起步功能的主动定速巡航控制系统（SA 5DF）可以单独订购。在订购专业版行驶辅助系统（SA 5AU）的情况下，已包含上述两种选装配置，但专业版行驶辅助系统和选装配置BMW Live Cockpit Professional系统（SA 6U3）必须一起订购。

表4-1-4

| 专业版行驶辅助系统（SA 5AU）
转向和车道导向辅助系统包括堵车辅助系统
带主动侧面碰撞警告系统的车道保持辅助系统
带有停车和起步功能的主动定速巡航控制系统（至210km/h）
前部交叉行驶警告系统
自动限速辅助系统
行人警告情况下的避让绕行辅助系统
带城市制动功能的交叉路口警告系统
优先行驶警告系统
错误行驶警告系统 |  |

行驶辅助系统（SA 5AS）	带有停车和起步功能的主动定速巡航控制系统（SA 5DF）
车道变更警告系统 后部交叉行驶警告系统 车尾碰撞警告系统 带有禁止超车显示的交通标志识别 	带有停车和起步功能的主动定速巡航控制系统（至160km/h） 限速辅助系统 

（2）产品结构"驻车"。

在新款BMW X5上，同样也提供已知的选装配置驻车辅助系统（SA 5DM）以及高级驻车辅助系统（SA 5DN），如表4-1-5所示。选装配置驻车辅助系统（SA 5DM）增加了倒车辅助系统和驶出停车位功能，而与此同时，选装配置高级驻车辅助系统（SA 5DN）的产品结构则保持不变。宝马G05不提供选装配置遥控驻车功能（SA 5DV）。在不带驻车操作辅助系统PMA、带有驻车距离监控系统PDC的车辆上配备一个独立的控制单元，进行诊断时将其识别为PMA控制单元，在总线示意图中也将其称为PMA控制单元。也就是说，在此不再对PDC与PMA控制单元名称进行区分（但就硬件规格而言，各控制单元仍然有所区别，软件也根据具体规格进行了调整）。

表4-1-5

高级驻车辅助系统（SA 5DN）
环视系统 全景系统（基于GPS） 远程3D视图［必须配套远程服务（SA 6AP）］ 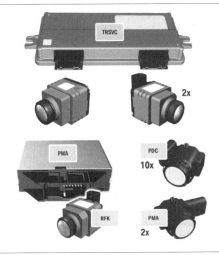

驻车辅助系统（SA 5DM）
带有纵向和横向泊车以及驶出停车位功能的驻车操作辅助系统 PMA 倒车辅助系统 主动驻车距离监控系统PDC 侧面保护 倒车摄像机  

驻车距离监控系统PDC（标配）

前部和后部
自动PDC

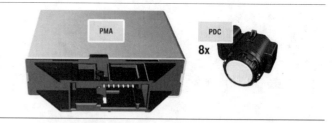

（3）创新之处。

·宝马G05在前部区域始终配有一台KAFAS摄像机以及一个雷达传感器。

·组合仪表配有一个朝向驾驶员的摄像机（驾驶员摄像机系统DCS）。

·选装配置高级行驶辅助系统（SA 5AT）升级为专业版行驶辅助系统（SA 5AU）。

·在多功能方向盘上辅助系统操作面板中增加了一个新的MODE按钮。

·方向盘上的LED显示（仅选装配置专业版行驶辅助系统SA 5AU）。

·带有城市制动功能的行人警告系统现在同样也会针对骑自行车的人发出报警。

·具有制动功能的定速巡航控制系统DCC可以配套限速辅助系统。

·选装配置带有停车和起步功能的主动定速巡航控制系统（SA 5DF）可以配套限速辅助系统，过去该系统和选装配置行驶辅助系统（SA 5AS）是强制绑定在一起的。

·通过自动限速辅助系统，前方的限速会被自动应用到定速巡航控制系统中。

·使用避让绕行辅助系统也可以对行人发出警告信号。

·城市制动功能扩展了交叉路口警告功能。

·车道偏离警告系统和Active Guard Plus（SA 5AQ）一起，已经可执行朝向车道中心的主动转向干预。而在过去，为此需要选装配置高级行驶辅助系统（SA 5AT）。

·驻车操作辅助系统PMA首次支持从纵向停车位中驶出。

·在通过驻车操作辅助系统停车入位的过程中，不再需要按住驻车辅助按钮。

·首次应用了倒车辅助系统。

（4）传感器安装位置。

根据具体车辆配置，会用到所示的传感器。新的或者改款传感器会在一个放大镜下放大显示。宝马G05辅助系统传感器概览如图4-1-142所示。

2.总线概览

宝马G05总线概览如图4-1-143所示。

3.系统电路图

（1）带有停车和起步功能的主动定速巡航控制系统（ACC Stop&Go）。

配有选装配置ACC Stop&Go（SA 5DF）的宝马G05如图4-1-144所示。

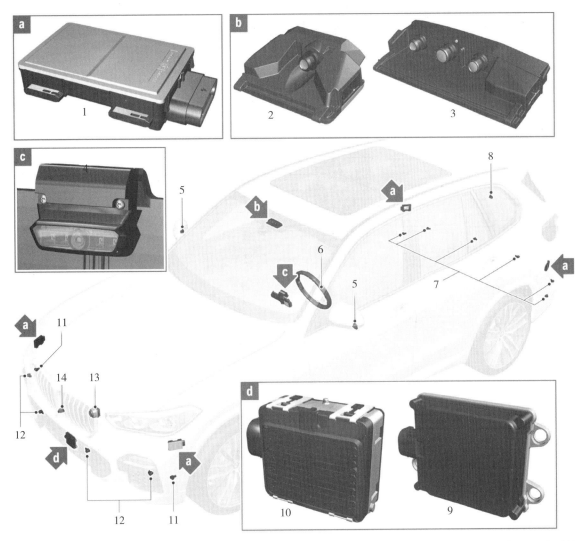

1.侧面雷达传感器（HRSNR、HRSNL、SRSNVR、SRSNVL） 2.KAFAS Mid摄像机 3.KAFAS High摄像机 4.驾驶员摄像机系统DCS 5.左侧侧视摄像机 6.方向盘环圈上的电容式传感器垫 7.后部驻车距离监控系统PDC超声波传感器 8.倒车摄像机RFK 9.远距离前部雷达传感器FRSF 10.前部雷达传感器FRS 11.驻车操作辅助系统PMA超声波传感器 12.前部驻车距离监控系统PDC超声波传感器 13.夜视摄像机 14.前部摄像机

图4-1-142

（2）行驶辅助系统。

配有选装配置行驶辅助系统（SA 5AS）的宝马G05如图4-1-145所示。

（3）专业版行驶辅助系统。

配有选装配置专业版行驶辅助系统（SA 5AU）的宝马G05如图4-1-146所示。

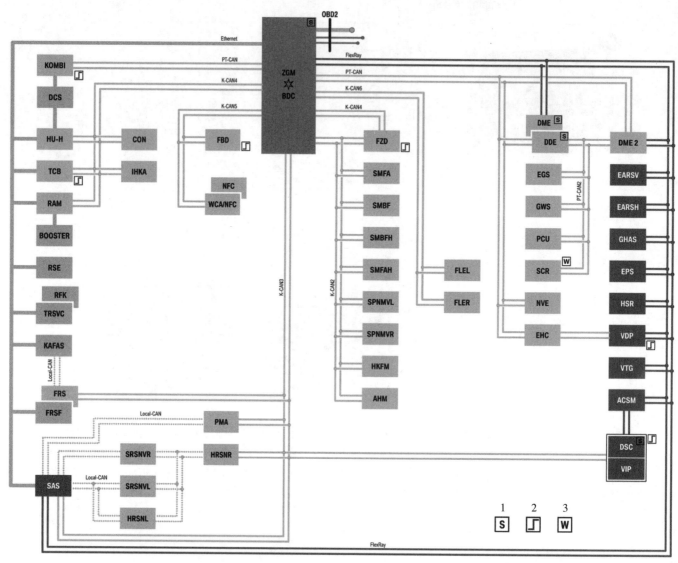

ACSM.碰撞和安全模块　AHM.挂车模块　BDC.车身域控制器　BOOSTER.放大器　CON.控制器　DCS.驾驶员摄像机系统　DDE.数字式柴油机电子系统　DME.数字式发动机电子系统　DME2.数字式发动机电子系统2　DSC.动态稳定控制系统　EGS.变速器电子控制系统　EHC.电子高度控制系统　EPS.电子助力转向系统　FDB.遥控信号接收器　FLER.右前部车灯电子装置　FLEL.左前部车灯电子装置　FRS.前部雷达传感器　FRSF.远距离前部雷达传感器　FZD.车顶功能中心　GHAS.控制式后桥差速锁　GWS.选挡开关　HU-H.Headunit High　HKA.后座区自动空调　HKFM.行李箱盖功能模块　HRSNL.左侧近距离车尾雷达传感器　HRSNR.右侧近距离车尾雷达传感器　IHKA.自动恒温空调　KAFAS.基于摄像机的驾驶员辅助系统　KOMBI.组合仪表　NFC.近距离通信系统　PCU.电源控制单元　PMA.驻车操作辅助系统　RAM.接收器音频模块　RFK.倒车摄像机　RSE.后座区娱乐系统　SAS.选装配置系统　SCR.选择性催化剂还原　SMBF.前乘客座椅模块　SMFA.驾驶员座椅模块　SMBFH.前乘客侧后部座椅模块　SMFAH.驾驶员侧后部座椅模块　SPNMVL.左前座椅气动模块　SPNMVR.右前座椅气动模块　SRSNVL.左前近距离侧面雷达传感器　SRSNVR.右前近距离侧面雷达传感器　TCB.远程通信系统盒　TRSVC.顶部后方侧视摄像机　VDP.垂直动态管理平台　VIP.虚拟集成平台　VM.视频模块　VTG.分动器　WCA/NFC.带有近距离通信电子控制装置的无线充电盒　ZGM.中央网关模块　1.用于FlexRay总线系统启动和同步的启动节点控制单元　2.有唤醒权限的控制单元　3.控制单元额外与总线端15WUP连接

图4-1-143

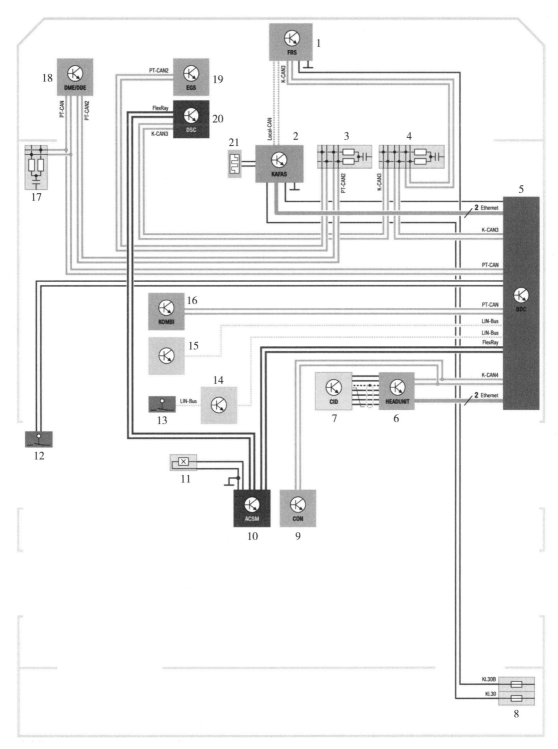

1.前部雷达传感器FRS　2.KAFAS Mid摄像机　3.CAN终端电阻　4.CAN终端电阻　5.车身域控制器BDC　6.Headunit　7.中央信息显示屏CID　8.右后配电盒内的保险丝　9.控制器CON　10.碰撞和安全模块ACSM　11.驾驶员座椅安全带锁扣触点　12.驾驶员车门的车门触点开关　13.智能型安全按钮　14.音频操作单元　15.转向柱开关中心SZL　16.组合仪表KOMBI　17.CAN终端电阻　18.数字式发动机电子系统DME/数字式柴油机电子系统DDE　19.变速器电子控制系统EGS　20.动态稳定控制系统DSC　21.KAFAS Mid摄像机的加热装置

图4-1-144

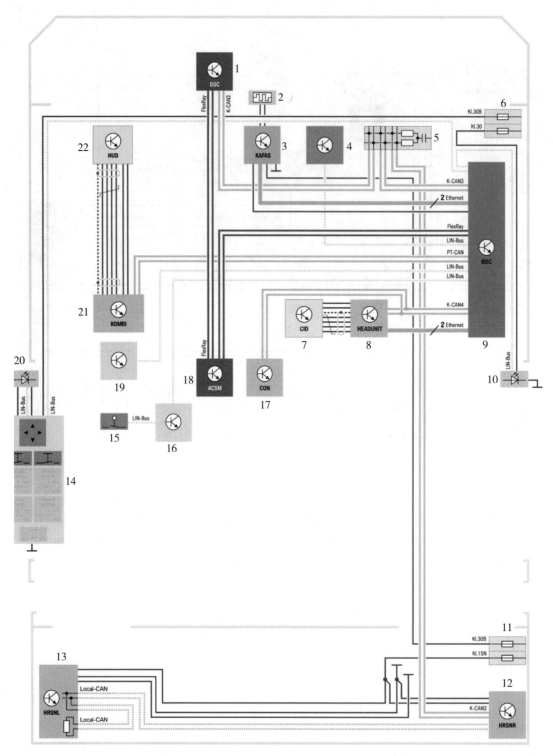

1.动态稳定控制系统DSC　2.KAFAS Mid摄像机的加热装置　3.KAFAS Mid摄像机　4.晴雨/光照/水雾传感器RLSBS　5.CAN终端电阻　6.右前配电盒保险丝　7.中央信息显示屏CID　8.Headunit　9.车身域控制器BDC　10.右侧后视镜玻璃中的信号单元（LED）　11.右后配电盒内的保险丝　12.右侧近距离车尾雷达传感器HRSNR　13.左侧近距离车尾雷达传感器HRSNL　14.驾驶员车门开关组件　15.智能型安全按钮　16.音频操作单元　17.控制器CON　18.碰撞和安全模块ACSM　19.转向柱开关中心SZL　20.左侧后视镜玻璃中的信号单元（LED）　21.组合仪表KOMBI　22.平视显示屏HUD

图4-1-145

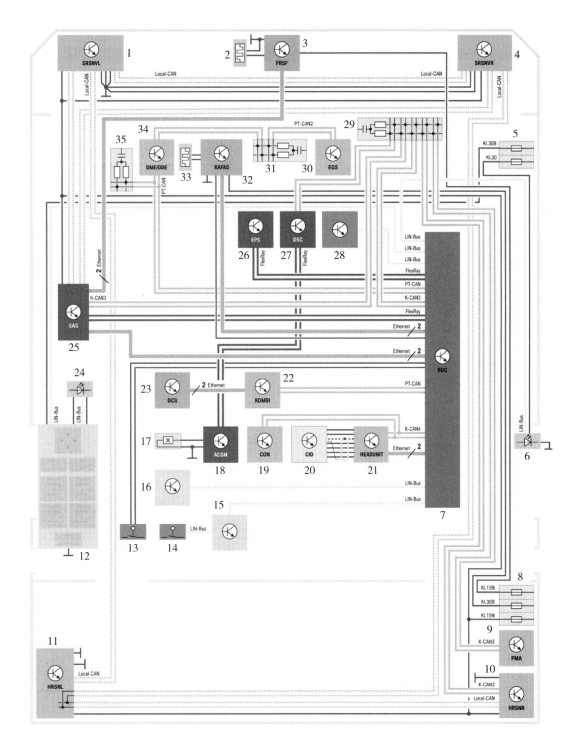

1.右前近距离侧面雷达传感器SRSNVR 2.远距离前部雷达传感器FRSF加热装置 3.远距离前部雷达传感器FRSF 4.左前近距离侧面雷达传感器SRSNVL 5.右前配电盒保险丝 6.右侧后视镜玻璃中的信号单元（LED） 7.车身域控制器BDC 8.右后配电盒内的保险丝 9.驻车操作辅助系统PMA控制单元 10.右侧近距离车尾雷达传感器HRSNR 11.左侧近距离车尾雷达传感器HRSNL 12.驾驶员车门开关组件 13.驾驶员车门的车门触点开关 14.智能型安全按钮 15.音频操作单元 16.转向柱开关中心SZL 17.驾驶员座椅安全带锁扣触点 18.碰撞和安全模块ACSM 19.控制器CON 20.中央信息显示屏CID 21.Headunit 22.组合仪表KOMBI 23.驾驶员摄像机系统DCS 24.左侧后视镜玻璃中的信号单元（LED） 25.选装配置系统SAS 26.电子助力转向系统EPS 27.动态稳定控制系统DSC 28.晴雨/光照/水雾传感器RLSBS 29.CAN终端电阻 30.变速器电子控制系统EGS 31.CAN终端电阻 32.KAFAS High摄像机 33.KAFAS High摄像机的加热装置 34.数字式发动机电子系统DME/数字式柴油机电子系统DDE 35.CAN终端电阻

图4-1-146

（4）驻车辅助系统。

宝马G05配有的选装配置驻车辅助系统（SA 5DM）如图4-1-147所示。只有选装配置专业版行驶辅助系统（SA 5AU）才会触发选装配置系统SAS控制单元的安装，而选装配置驻车辅助系统（SA 5DM）则不会触发此安装。因此，如果在宝马G05中没有安装SAS，则PMA控制单元和DSC控制单元将会负责驻车操作辅助系统PMA的纵向和横向导向。

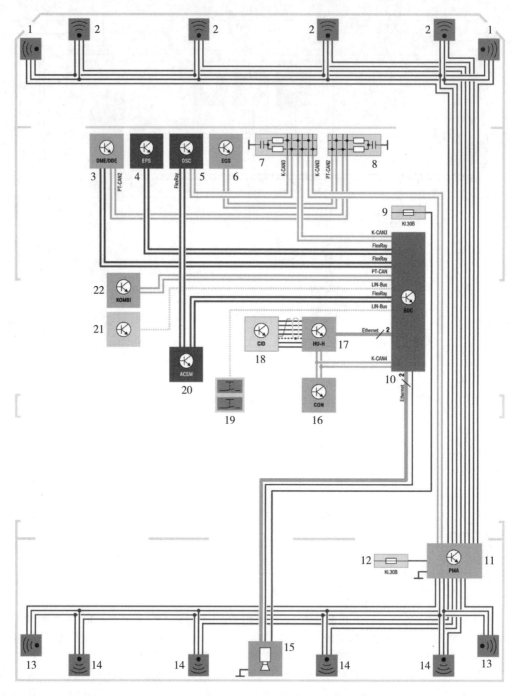

1.PMA超声波传感器　2.前部PDC超声波传感器　3.数字式发动机电子系统DME/数字式柴油机电子系统DDE　4.电子助力转向系统EPS　5.动态稳定控制系统DSC　6.变速器电子控制系统EGS　7.CAN终端电阻　8.CAN终端电阻　9.右前配电盒保险丝　10.车身域控制器BDC　11.驻车操作辅助系统PMA　12.右后配电盒内的保险丝　13.侧后部PDC超声波传感器　14.后部PDC超声波传感器　15.倒车摄像机RFK　16.控制器CON　17.Headunit High 3　18.中央信息显示屏CID　19.驻车辅助按钮和全景按钮　20.碰撞和安全模块ACSM　21.转向柱开关中心SZL　22.组合仪表KOMBI

图4-1-147

（5）高级驻车辅助系统。

配有选装配置高级驻车辅助系统（SA 5DN）的宝马G05如图4-1-148所示。

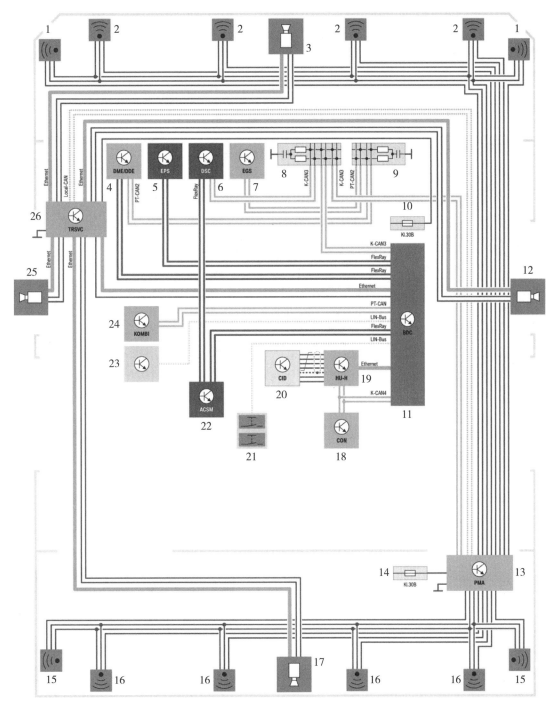

1.PMA超声波传感器　2.前部PDC超声波传感器　3.前部摄像机　4.数字式发动机电子系统DME/数字式柴油机电子系统DDE　5.电子助力转向系统EPS　6.动态稳定控制系统DSC　7.变速器电子控制系统EGS　8.CAN终端电阻　9.CAN终端电阻　10.右前配电盒保险丝　11.车身域控制器BDC　12.右侧侧视摄像机　13.驻车操作辅助系统PMA　14.右后配电盒内的保险丝　15.侧后部PDC超声波传感器　16.后部PDC超声波传感器　17.倒车摄像机RFK　18.控制器CON　19.Headunit High 3　20.中央信息显示屏CID　21.驻车辅助按钮和全景按钮　22.碰撞和安全模块ACSM　23.转向柱开关中心SZL　24.组合仪表KOMBI　25.左侧侧视摄像机　26.顶部后方侧视摄像机TRSVC

图4-1-148

（二）操作元件

在行驶过程中，通过以下4个操作元件实现辅助系统的操作：

· 车灯操作单元。

· 多功能方向盘上的操作面板。

· 智能型安全按钮。

· 中控台操作面板。

宝马G05辅助系统操作元件如图4-1-149所示。智能型安全菜单中的设置是通过控制器进行的。

1.车灯操作单元　2.多功能方向盘上的辅助系统操作面板　3.智能型安全按钮　4.驻车辅助按钮　5.全景按钮

图4-1-149

1.车灯操作单元

在中央信息显示屏CID中，用于启用热成像视图的夜视按钮位于车灯操作单元中。宝马G05用于CID中热成像视图的夜视按钮如图4-1-150所示。

2.多功能方向盘

宝马G05多功能方向盘上的辅助系统操作面板如图4-1-151所示。

为了能够方便地操作越来越多的辅助系统，同时不增加额外的按钮，选装配置专业版行驶辅助系统（SA5AU）

1.夜视按钮

图4-1-150

的操作已经发生了改变。通过反复按下MODE按钮，就可以选择辅助系统，使得辅助按钮（位于其左侧）的指令对其生效。例如：驾驶员在使用ACC Stop&Go系统，并且希望接通转向和车道导向辅助系统。如果按下辅助按钮，那么，就会停用当前正在使用的辅助系统，此处为ACC Stop&Go。因此，驾驶员必须通过MODE按钮选择带有ACC Stop&Go系统的转向和车道导向辅助系统，以便能够使用两种功能。如果现在按

A.标准配置情况下的操作面板　　B.配有选装配置"具有停车和起步　　C.配有选装配置"专业版行驶辅助系
　　　　　　　　　　　　　　　　功能的主动定速巡航控制系统"　　　统"（SA 5AU）情况下的操作面板

图4-1-151

下辅助按钮，那么，转向和车道导向辅助系统以及ACC Stop&Go系统都会被停用。可以通过MODE按钮选择的辅助系统会在组合仪表中的驱动器上以一个选择列表的形式显示。对于选装配置专业版行驶辅助系统（SA 5AU），在左侧和右侧操作面板上方均有一个LED。对于在组合仪表以及中央信息显示屏CID中输出的操作指令，两个LED提供了以下的额外的可视化功能：

· 绿色：辅助系统处于活跃状态并且负责横向导向（取决于具体市场）。

· 黄色：即将中断辅助系统。

· 红色：辅助系统被停用。

可以通过iDrive菜单停用LED：

· "设置"。

· "驾驶员辅助"。

· "方向盘上的反馈""照明元件"。

3.智能型安全按钮

通过其他宝马车型为大家所熟知的智能型安全按钮可用于集中操作辅助系统。通过智能型安全按钮既可以直接接通和关闭系统，也可以调用智能型安全菜单，以便开展进一步的个性化设置。宝马G05能够根据具体的车辆配置，通过智能型安全菜单个性化设置以下辅助系统：

· 碰撞警告系统。

· 交叉路口警告系统。

· 动态标记灯。

· 侧面碰撞警告系统。

· 车道偏离警告系统。

· 车道变更警告系统。

· 主动转向干预。

· 优先行驶警告系统。

4.驻车辅助按钮

在使用驻车操作辅助系统PMA停车入库的过程中，不再需要按住驻车辅助按钮。只需一次性启用即可。

（三）行人警告系统

带有城市制动功能的行人警告系统在宝马G05中是Active Guard Plus（SA 5AQ）的组成部分并且是借助KAFAS Mid摄像机和前部雷达传感器FRS实现的。在有着NCAP测试的欧盟国家，配置会被自动添加，因而在欧洲规格中始终配套提供。

作为创新,通过带有城市制动功能的行人警告系统,驾驶员现在也可以获得针对自行车骑行人的警告。

自行车警告系统和行人警告系统相同,仅在5~85km/h的车速范围内才会发出严重警告。一旦输出了严重警告,则在5~65km/h的车速范围内,必要时会启动一次自动制动干预,直至完全减速。对于严重警告显示,无论是行人警告还是自行车警告,都会在组合仪表KOMBI以及必要时在平视显示屏HUD中使用相同的图标。对于行人和自行车警告系统,在智能型安全菜单中不能进行配置。只能够通过长按智能型安全按钮进行停用。在每次总线端切换后,行人和自行车警告系统都会重新自动接通。由于避让绕行辅助系统的新功能,现在,在发出行人和自行车警告时驾驶员同样也可以使用避让绕行辅助系统。

(四)交叉路口警告系统

交叉路口警告系统同样也应用在宝马G05上。由于该功能必须对车辆前方的环境进行非常精确的分析,包括评估KAFAS High摄像机、远距离前部雷达传感器FRSF以及前部近距离侧面雷达传感器(SRSNVL和SRSNVR)的数据。所以,只能够通过选装配置专业版行驶辅助系统(SA 5AU)才能获得带有城市制动功能的交叉路口警告系统。在过去的功能特性中,会进行一次严重警告以及一次制动系统的预处理。但驾驶员仍然必须自行负责,避免可能的碰撞发生。随着宝马G05的问世,现在,带有城市制动功能的交叉路口警告系统在10~80km/h的车速范围内会在必要时执行一次辅助性的制动干预。根据情况会调节制动干预的强度。除此以外,还在严重警告的基础上增加了一个预警。带有城市制动功能的交叉路口警告系统的警告时间点只能够和带有城市制动功能的碰撞以及行人警告系统的警告时间点一起在iDrive菜单中进行设置。注意:带有城市制动功能的交叉路口警告系统不能免除驾驶员准确评估能见度和交通情况的自身责任。根据交通情况调整驾驶方式,观察交通情况并结合具体情况进行主动干预。

(五)车道偏离警告系统

在宝马G05上,车道偏离警告系统中的主动转向干预功能可通过装备选装配件Active Guard Plus(SA 5AQ)执行,因而在实施NCAP测试的国家其已经包含在标准配置中。而在过去,只有在装备选装配件高级行驶辅助系统(SA 5AT)的情况下才能实现。根据具体的车辆配置,功能逻辑在不同的控制单元上实现,如表4-1-6所示。

表4-1-6

选装配置	负责的控制单元
Active Guard Plus (SA 5AQ)	DSC KAFAS Mid摄像机
行驶辅助系统 (SA 5AS)	DSC KAFAS Mid摄像机
专业版行驶辅助系统 (SA 5AU)	选装配置系统SAS KAFAS High摄像机

(六)定速巡航控制系统

1.具有停车和起步功能的主动定速巡航控制系统

通过选装配置具有停车和起步功能的主动定速巡航控制系统(SA 5DF),可以使用新款前部雷达传感器FRS。对于该配置,车速的调节范围被限制为不超过160km/h,因为FRS的作用范围小于FRSF。对于带有选装配置专业版行驶辅助系统(SA 5AU)的车辆,车速一般被限制为不超过210km/h。在仅仅装备选装配置具有停车和起步功能的主动定速巡航控制系统（SA 5DF）的情况下，宝马G05同样也具备功能限速辅助系统。而在过去，必须强制关联选装配置行驶辅助系统（SA 5AS）。

2.限速辅助系统

（1）创新之处。

限速辅助系统的功能范围扩展到了其他一些定速巡航控制系统上，因而根据具体配置，同样也可供以下一些系统使用：

· 手动限速器。

· 具有制动功能的定速巡航控制系统DCC。

· 具有停车和起步功能的主动定速巡航控制系统。

这样一来，在启用的情况下，就可以在上述其中一种定速巡航控制系统中手动沿用前方的车速限制。除此以外，限速辅助系统已经包含在选装配置具有停车和起步功能的主动定速巡航控制系统（SA 5DF）中。而在过去，为此需要选装配置高级行驶辅助系统（SA 5AT）。手动沿用不再通过多功能方向盘上的左侧翘按钮进行，而是通过SET按钮进行。

（2）自动限速辅助系统。

通过自动限速辅助系统，前方的速度限制会被自动沿用到刚刚启用的定速巡航控制系统中，并且作为新的设置车速。功能必须配合选装配置专业版行驶辅助系统（SA 5AU）才可用。自动沿用可用于以下一些定速巡航控制系统：

· 手动限速器。

· 具有停车和起步功能的主动定速巡航控制系统。

在宝马G05启用限速辅助系统时组合仪表中的显示情况（自动和手动沿用）如图4-1-152所示。

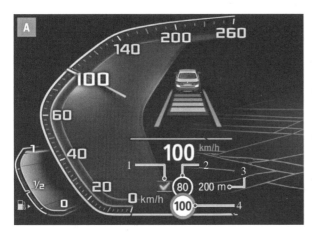 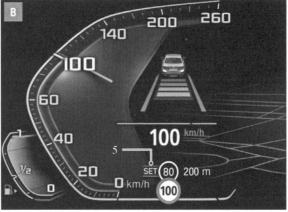

A.自动沿用　B.手动沿用　1.前方的车速限制会被自动沿用　2.前方的车速限制　3.至车速限制的距离　4.当前的车速限制　5.前方的车速限制必须通过按下"SET 按钮"进行沿用

图4-1-152

前方车速限制的自动沿用必须在iDrive菜单中启用，并且也可以在相同的菜单中进行配置以及停用。同样也可以通过按下"SET按钮"拒绝自动沿用所推荐的车速限制。手动沿用不再通过翘板按钮进行，而是通过按压多功能方向盘上的"SET按钮"进行。自动沿用可以在iDrive菜单中的下列菜单项下进行设置：

· "设置"。

- "驾驶员辅助""行驶"。
- "车速辅助系统"。

（七）驻车操作辅助系统

1.驶出停车位

随着2018服务包的推出，驻车操作辅助系统PMA支持从纵向停车位中驶出。在此过程中，系统会负责加速、制动以及转向，直至车辆可以由驾驶员在无须任何转向动作的情况下从停车位中驶出为止。必要的行驶挡切换和转向信号灯的接通同样也由驻车操作辅助系统PMA负责。在此过程中，多功能方向盘的LED灯呈绿色。宝马G05 CID中的驶出停车位功能视图（借助驻车操作辅助系统PMA驶出停车位）如图4-1-153所示。注意：驾驶员仍然要对汽车从停车位驶出以及行驶的过程负责。

图4-1-153

为了让驻车操作辅助系统PMA能够为驶出停车位自动做好准备，必须满足以下多项功能前提条件：
- 车辆必须是之前用驻车操作辅助系统PMA驶入停车位的。
- 必须在车辆前识别到一个障碍物。
- 停车位必须至少比车辆长0.8m。

2.操作

在启动发动机后，可以通过按下驻车辅助按钮或者通过挂入倒车挡在中央信息显示屏CID中调用功能菜单。接下来，可以通过控制器或者通过中央信息显示屏CID直接选择功能。宝马G05驻车操作辅助系统PMA的操作如图4-1-154所示。

图4-1-154

为了开始调动过程，接下来必须通过控制器或者中央信息显示屏CID选择驶出停车位方向。在自动调动过程结束时，会通过中央信息显示屏CID中相应的指令，重新要求驾驶员接管对车辆的控制。

（八）倒车辅助系统

1.工作原理

在入口、车道或者停车楼倒车的过程中，倒车辅助系统可以为驾驶员提供辅助。为此，在车辆停放前，倒车辅助系统会保存所行驶的路径以及在此过程中执行的转向动作。在车速低于35km/h且最后前进距离为50m时，会自动执行上述操作。宝马G05倒车辅助系统（可能的应用示例）如图4-1-155所示。

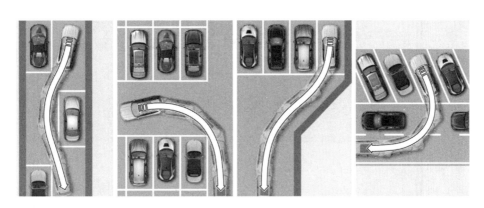

图4-1-155

在启用倒车辅助系统后，对于保存的路段，车辆将会负责横向导向。在此过程中，多功能方向盘上的LED灯呈绿色。注意：驾驶员仍然需要自行负责加速和制动。对于路径存储后发生的环境变化，例如另一台车的驻车位置发生改变，将不提供相应辅助功能。因此，驾驶员必须负责监控车辆的周围环境，并且必须相应执行制动，或者在必要时执行转向操作。

2.操作

在启动发动机后，也可以通过按下驻车辅助按钮或者通过挂入倒车挡，在中央信息显示屏CID中调用功能菜单。接下来，可以通过控制器或者在中央信息显示屏CID中直接启用该功能。宝马G05 CID中的倒车辅助系统视图如图4-1-156所示。

1.操作指令　2.选项："驻车操作辅助系统PMA"　3.选项："倒车辅助系统"　4.设置菜单："摄像机图像"（亮度和对比度）　5.设置菜单："驻车和调动"　6.可视化显示：剩余的路程　7.可视化显示：车辆负责横向导向

图4-1-156

在自动倒车过程中，会显示剩余的路程。在保存的路段行驶结束时，会通过中央信息显示屏CID中相应的指令，重新要求驾驶员接管对车辆的控制。

四、信息娱乐系统

（一）Headunit

1.总线概览

总线概览如图4-1-157所示。

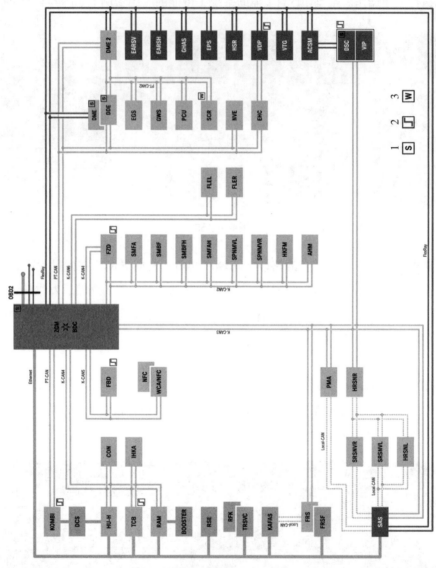

ACSM.碰撞和安全模块　AHM.挂车模块　BDC.车身域控制器　BOOSTER.放大器　CON.控制器　DCS.驾驶员摄像机系统　DDE.数字式柴油机电子系统　DME.数字式发动机电子系统　DME2.数字式发动机电子系统2　DSC.动态稳定控制系统　EGS.变速器电子控制系统　EHC.电子高度控制系统　EPS.电子助力转向系统　FDB.遥控信号接收器　FLER.右前部车灯电子装置　FLEL.左前部车灯电子装置　FRS.前部雷达传感器　FRSF.远距离前部雷达传感器　FZD.车顶功能中心　GHAS.控制式后桥差速锁　GWS.选挡开关　HU-H.Headunit High　HKA.后座区自动空调　HKFM.行李箱盖功能模块　HRSNL.左侧近距离车尾雷达传感器　HRSNR.右侧近距离车尾雷达传感器　IHKA.自动恒温空调　KAFAS.基于摄像机的驾驶员辅助系统　KOMBI.组合仪表　NFC.近距离通信系统　NVE.夜视系统电子装置　PCU.电源控制单元　PMA.驻车操作辅助系统　RAM.接收器音频模块　RFK.倒车摄像机　RSE.后座区娱乐系统　SAS.选装配置系统　SCR.选择性催化还原技术　SMBF.前乘客座椅模块　SMFA.驾驶员座椅模块　SMBFH.前乘客侧后座椅模块　SMFAH.驾驶员侧后部座椅模块　SPNMVL.左前座椅气动模块　SPNMVR.右前座椅气动模块　SRSNVL.左前近距离侧面雷达传感器　SRSNVR.右前近距离侧面雷达传感器　TCB.远程通信系统盒　TRSVC.顶部后方侧视摄像机　VDP.垂直动态管理平台　VIP.虚拟集成平台　VM.视频模块　VTG.分动器　WCA/NFC.带有近距离通信电子控制装置的无线充电盒　ZGM.中央网关模块　1.用于FlexRay总线系统启动和同步的启动节点控制单元　2.有唤醒权限的控制单元　3.控制单元额外与总线端15WUP连接

图4-1-157

2.Headunit High 3

宝马G05搭载了BMW新一代Headunit High 3，简称HU-H3。Headunit High 3如图4-1-158所示。此外，在中央信息显示屏中为新的Headunit开发了操作界面ID7，ID7视图如图4-1-159所示。

（1）系统组件。

以下是Headunit High 3的iDrive系统的系统组件概览，如图4-1-160所示。G05Headunit系统组件概览如图4-1-160所示。

图4-1-158

图4-1-159

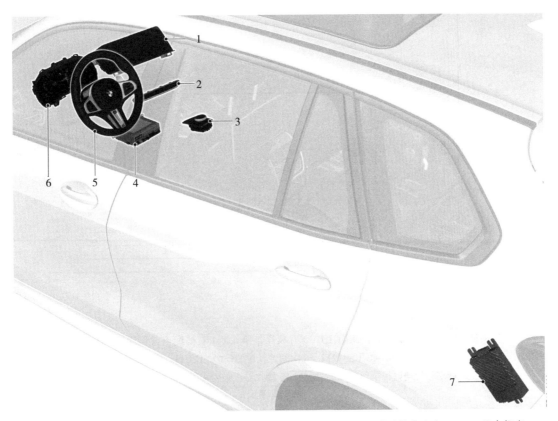

1.中央信息显示屏CID　2.音频操作单元　3.控制器CON　4.Headunit　5.多功能方向盘MFL　6.组合仪表KOMBI　7.接收器音频模块RAM

图4-1-160

（2）系统电路图。

宝马G05 HU-H3系统电路图如图4-1-161所示。

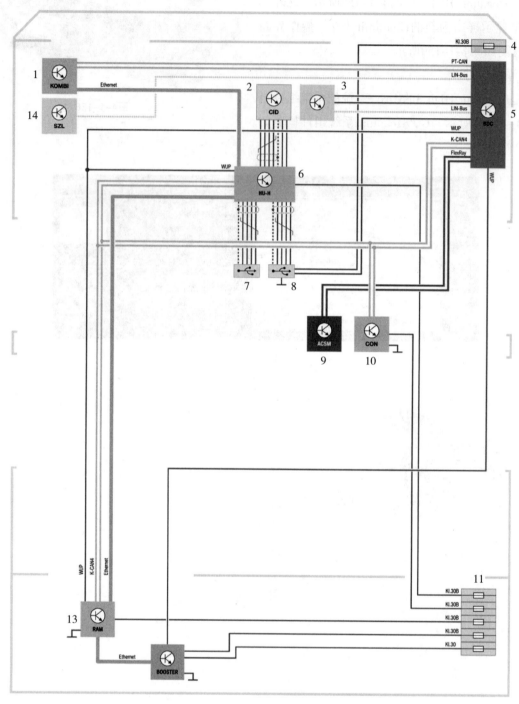

1.组合仪表KOMBI　2.中央信息显示屏CID　3.音频操作单元　4.右前配电盒保险丝　5.车身域控制器BDC　6.Headunit　7.中控台中的A型USB接口　8.中间臂托中的C型USB接口　9.碰撞和安全模块ACSM　10.控制器CON　11.行李箱配电盒保险丝　12.放大器　13.接收器音频模块RAM　14.转向柱开关中心SZL

图4-1-161

（3）安装位置。

Headunit High 3位于中控台的前部区域中控面板下面。Headunit High安装位置如图4-1-162所示。

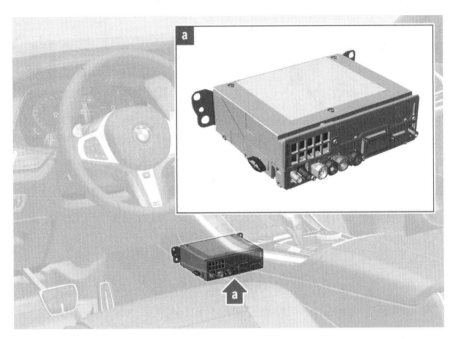

a.Headunit High 3

图4-1-162

3.USB接口

（1）USB型号。

根据具体配置，在宝马G05上安装了以下3种不同的USB接口：

·带有充电和数据传输功能的USB A型接口。

·带有充电和数据传输功能的USB C型接口。

·带有充电功能的USB C型接口。

宝马G05中的USB接口概览如图4-1-163所示。

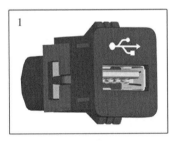  

1.带有充电和数据传输功能的USB A型接口　2.带有充电和数据传输功能的USB C型接口　3.带有充电功能的USB C型接口

图4-1-163

①标准配置。

在标准配置中安装了以下的USB接口：

·带有1.5A充电和数据传输功能的USB A型接口。

·带有3A充电和数据传输功能的USB C型接口。

宝马G05标准配置USB接口概览如图4-1-164所示。

②选装配置旅行和舒适系统（SA 4FL）。

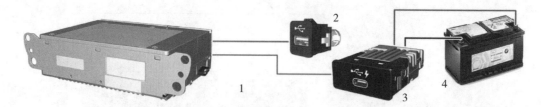

1.Headunit　2.带有1.5A充电和数据传输功能的USB A型接口　3.带有3.0A充电和数据传输功能的USB C型接口　4.供电

图4-1-164

在配合选装配置旅行和舒适系统（SA 4FL）的情况下，额外多安装了2个USB接口。它们位于前座椅的靠背上，专为第2排座椅的乘客所设计。第2排座椅的USB接口具有以下一些特点：

· USB C型接口。

· 用于移动设备的充电。

· 充电电流：最高3A。

配合选装配置旅行和舒适系统的USB接口概览如图4-1-165所示。

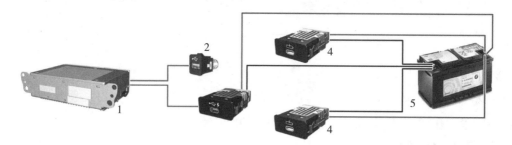

1.Headunit　2.带有1.5A充电和数据传输功能的USB A型接口　3.带有3.0A充电和数据传输功能的USB C型接口　4.带有3.0 A充电功能的USB C型接口　5.供电

图4-1-165

此外，在前座椅靠背上还有一个插塞连接器，旅行和舒适系统的附件设备可以连接到插塞连接器上。旅行和舒适系统如图4-1-166所示。

1.USB C型接口　2.连接特殊附件的插塞连接器

图4-1-166

不同的旅行和舒适系统组件会被插入插塞连接器中并且锁止，可以为旅行和舒适系统提供以下附件，旅行和舒适系统附件概览如图4-1-167所示。

1.平板电脑安全盒　2.通用挂钩　3.折叠桌板　4.挂衣钩　5.高速摄像机支架　6.Apple iPad支架　7.平板电脑通用支架（必须配套平板电脑安全盒）

图4-1-167

（2）USB接口系统电路图。

宝马G05 USB系统电路图如图4-1-168所示。

（3）安装位置。

图4-1-169所示的是USB接口的安装位置概览。

4.外接光盘驱动器

（1）简介。

在新款Headunit High 3中没有集成CD/DVD驱动器。在订购车辆时，客户可以订购选装配置"外接光盘驱动器（SA 65A）"。在此必须注意的是，这里只提供用于连接外部CD驱动器的线束，以便连接外接光盘驱动器。外接光盘驱动器属于特殊附件，车辆后续不能加装选装配置"外接光盘驱动器（SA 65A）"。在购买特殊附件时，车间会将框架以及光盘驱动器安装到车辆中。在车辆休眠后，光盘驱动器会被Headunit自动识别。这样一来，也就无须设码。外接光盘驱动器安装在手套箱中。驱动器不能和选装

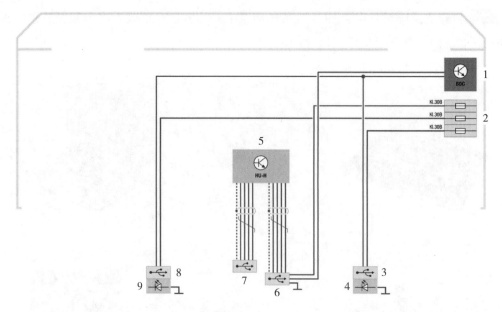

1.车身域控制器BDC（用于可调光照明的接线端58g） 2.右前配电盒保险丝 3.前乘客座椅靠背USB接口（SA 4FL） 4.前乘客座椅靠背LED（SA 4FL） 5.Headunit 6.中控台中间扶手下的USB接口 7.前部中控台USB接口 8.驾驶员座椅靠背USB接口（SA 4FL） 9.驾驶员座椅靠背LED（SA 4FL）

图4-1-168

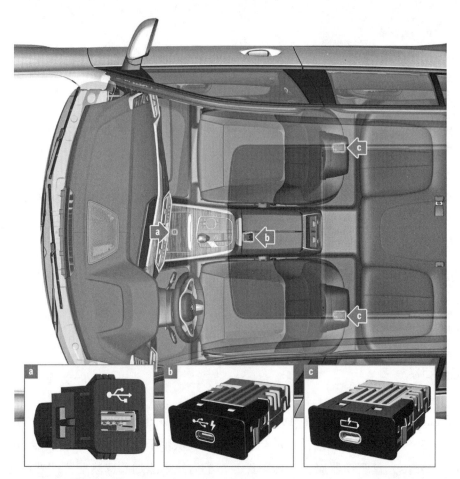

a.中控台中带有充电和数据传输功能的USB A型接口 b.中控台中带有充电和数据传输功能的USB C型接口 c.前座椅靠背后部带有充电功能的USB C型接口（SA 4FL）

图4-1-169

272

配置环境空气套件（SA 4NM）一起订购。光盘驱动器读取的音频数据或者ID3 Tags将通过一个USB连接传输至Headunit。Headunit进行数据处理，并且将它们转移至接收器音频模块，它负责通过扬声器输出音乐。光盘驱动器支持以下一些文件格式：

· MP3。
· M4A。
· WAV。
· CD-DA FLAC。
· ID3-Tag。

光盘驱动器不会识别DVD，外接光盘驱动器不具备诊断能力。

（2）正视图。

外接光盘驱动器正视图如图4-1-170所示。

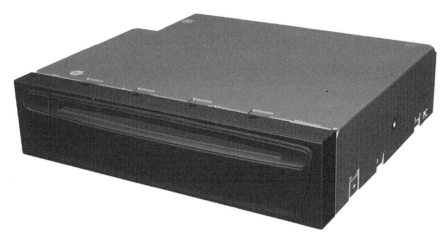

图4-1-170

（3）后视图。

图4-1-171所示的是光盘驱动器的USB接口。

1.USB接口

图4-1-171

（4）安装位置。

外接光盘驱动器位于手套箱的上部区域中。外接光盘驱动器安装位置如图4-1-172所示。

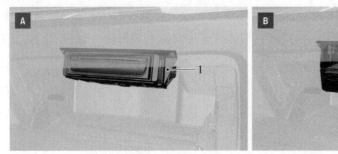

A.嵌入状态下的光盘驱动器　B.伸出状态下的光盘驱动器　1.光盘驱动器

图4-1-172

通过轻轻从下部按压外接光盘驱动器，会触发弹簧锁中的弹簧机构，使得光盘驱动器以机械的方式向下移动。为了锁止弹簧机构，必须将光盘驱动器向上按压，直至限位位置。在此过程中，弹簧机构会张紧，弹簧锁会被锁止。

（二）电话/远程通信服务

宝马G05配有以下电话系统：

· 蓝牙免提通话装置（标准配置）。

· 无线充电电话系统（SA 6NW/6NV）。

1.蓝牙免提通话装置

宝马G05的标准配置提供一套蓝牙免提通话装置，如表4-1-7所示。

表4-1-7

特性	蓝牙免提通话装置（标准配置）
移动电话数量	可以有2台移动电话同时处于活跃状态。
USB接口	2
无线充电	－
蓝牙音频	是
屏幕镜像	是
话筒数量	1（驾驶员侧）
WLAN热点预留	－
WLAN热点（SA 6WD）	－
Office功能	－
用于宝马数字钥匙的NFC	是（配套SA322）
连接车辆的电话天线	－

2.无线充电电话系统（SA 6NW/6NV）

在宝马G05上，无线充电盒作为选装配置提供。无论是否配备无线充电电话系统（SA 6NW/6NV），车辆都可以配备用于宝马数字钥匙的NFC近距离通信系统（SA 322）。市场上提供的SA 6NW无线充电电话系统设备会带有一个LTE电位计，它负责放大天线信号。部分市场禁用LTE电位计。在此为客户提供选装配置SA 6NV。无线充电盒（SA 6NW/6NV），带有用于宝马数字钥匙的NFC（SA 322）如图4-1-173所示。

（1）安装位置。

在宝马G05中，无线充电盒位于饮料罐支架的前面。在配合选装配置加热饮料罐支架（SA 442）的情况下，会横向安装无线充电盒。宝马G05无线充电盒安装位置如图4-1-174所示。

（2）系统电路图。

宝马G05带有NFC的无线充电系统电路图如图4-1-175所示。

（3）智能手机存放盒。

提供两种不同的带有NFC电子装置的智能手机存放盒（如图4-1-176所示）：

·无线充电和NFC电子装置。

·带有NFC电子装置的智能手机存放盒。

图4-1-173

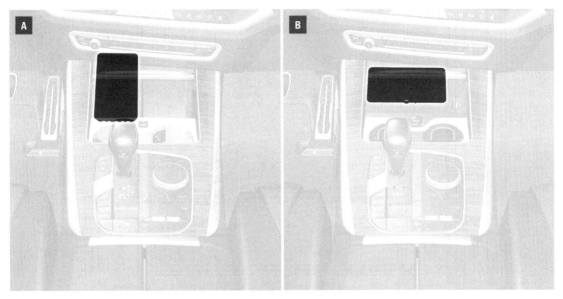

A.无线充电盒　B.无线充电盒配套选装配置加热饮料罐支架（SA 442）

图4-1-174

对于未配备选装配置无线充电电话系统（SA 6NW），但配备有选装配置舒适登车系统（SA 322）的车辆而言，只会安装一个带有NFC的智能手机存放盒。通过该存放盒不能对智能手机进行充电，但被用于配套宝马数字钥匙使用。该存放盒可以通过缺少的状态LED灯以及存放盒上缺少的蓄电池图标加以识别。

4.屏幕镜像

通过智能手机和Headunit之间的Wi-Fi直接连接，可以在控制显示屏上显示智能手机的屏幕。声音输出通过车辆的扬声器进行。宝马G05屏幕镜像视图如图4-1-177所示。Headunit不能区别哪些屏幕内容可通过屏幕镜像投射到车辆上。为了保证道路交通的安全，在车速大于7km/h的情况下，会隐藏CID中的内容。因此，只能在停车状态下使用屏幕镜像。

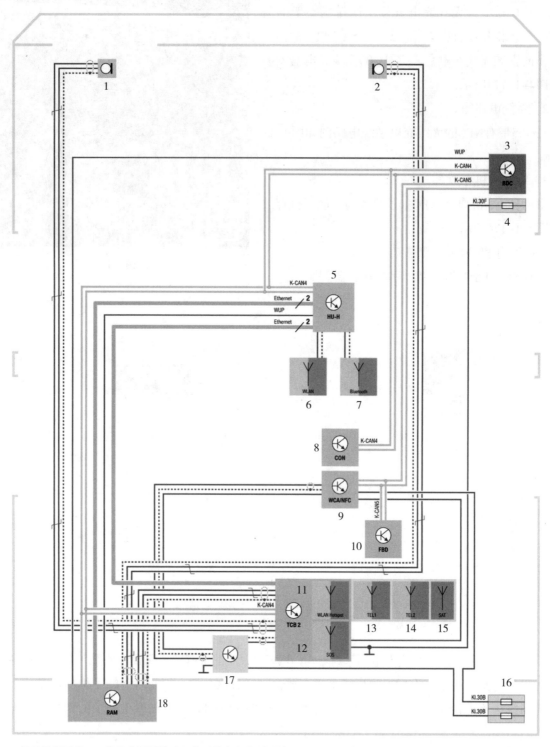

1.驾驶员侧话筒　2.前乘客侧话筒〔配套无线充电电话系统（SA 6NW）〕　3.车身域控制器BDC　4.右前配电盒保险丝　5.Headunit　6.用于车辆WLAN的WLAN天线　7.蓝牙天线　8.控制器CON　9.带有近距离通信系统NFC的无线充电盒WCA　10.遥控信号接收器　11.带集成式WLAN热点用WLAN天线的远程通信系统盒2TCB2　12.应急GSM天线　13.TEL1天线（客户移动电话连接）　14.TEL2天线　15.用于导航的卫星天线SAT　16.行李箱配电盒保险丝　17.LTE电位计　18.接收器音频模块RAM

图4-1-175

1.带有NFC电子装置的无线充电盒　2.带有NFC电子装置的智能手机存放盒

图4-1-176

图4-1-177

（三）扬声器系统

1.概览

宝马G05提供3个扬声器系统。采用标准配置时安装的立体声音响系统。根据具体的配置，宝马G05可以配套3种不同的扬声器系统：

·立体声音响系统（标准配置）。

·高保真音响系统（SA 676）。

·顶级高保真音响〔Harman Kardon环绕立体声音响系统（SA 688）〕。

High-End扬声器系统（Bowers & Wilkins Diamond环绕立体声音响系统）将从2018年12月开始配套用于宝马G05。参数如表4-1-8所示。

表4-1-8

	立体声音响系统	高保真音响系统（SA 676）	顶级高保真音响（Harman Kardon环绕立体声音响系统）（SA 688）
总功率	100W	205W	464W
高音扬声器数量	–	3	7
宽频扬声器数量	4	–	–
中音扬声器数量	–	5	7
低音扬声器数量	2	2	2
放大器	接收器音频模块	接收器音频模块	接收器音频模块和放大器

2.立体声音响系统

立体声音响系统由以下组件组成：

·4个宽频扬声器。

·2个低音扬声器。

·接收器音频模块RAM。

立体声音响系统安装的是宽频扬声器。它们在车辆内能够覆盖整个人耳听得见的频率范围。立体声音响系统的放大器位于接收器音频模块中。

（1）组件概览。

宝马G05立体声音响系统的系统概览如图4-1-178所示。

 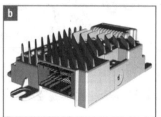

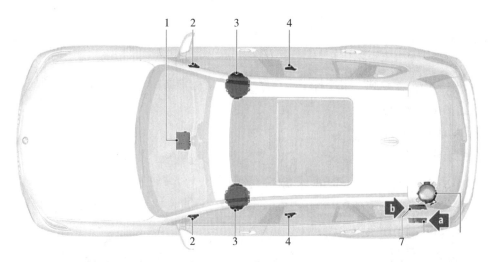

1.Headunit　2.前部宽频扬声器　3.低音扬声器　4.后部宽频扬声器　5.外接音源扬声器　6.接收器音频模块RAM　7.放大器

图4-1-178

（2）系统电路图。

宝马G05立体声音响系统的系统电路图如图4-1-179所示。

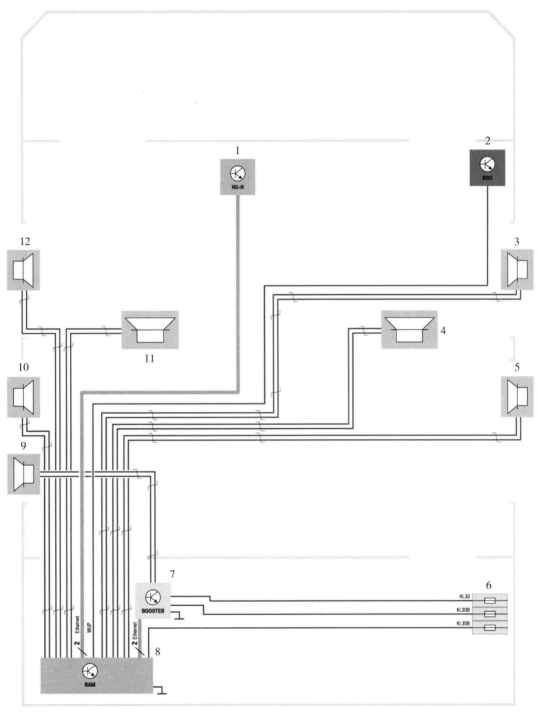

1.Headunit　2.车身域控制器BDC　3.右前宽频扬声器　4.右侧低音扬声器　5.右后宽频扬声器　6.行李箱配电盒保险丝　7.放大器　8.接收器音频模块RAM　9.外接音源扬声器（SA 1MA）　10.左后宽频扬声器　11.左侧低音扬声器　12.左前宽频扬声器

图4-1-179

3.顶级高保真音响系统

高保真音响系统由以下组件组成:

· 3个高音扬声器。

· 5个中音扬声器。

· 2个低音扬声器。

· 接收器音频模块RAM。

立体声音响系统的放大器位于接收器音频模块中。

（1）组件概览。

宝马G05高保真音响系统的系统概览如图4-1-180所示。

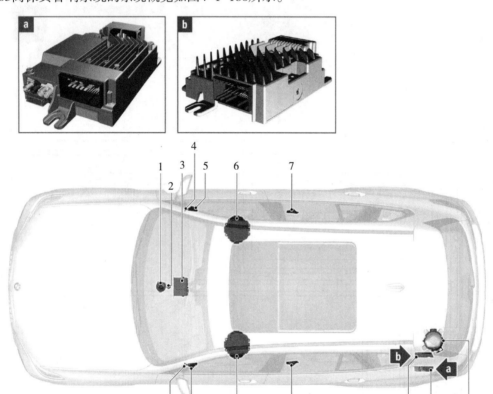

1.中间前部高音扬声器　2.中间前部中音扬声器　3.Headunit　4.前部高音扬声器　5.前部中音扬声器　6.低音扬声器　7.后部中音扬声器　8.外接音源扬声器　9.接收器音频模块RAM　10.放大器

图4-1-180

（2）系统电路图。

宝马G05高保真音响系统的系统电路图如图4-1-181所示。

4.顶级高保真音响系统

Harman Kardon环绕立体声音响系统由以下组件组成:

· 7个高音扬声器。

· 7个中音扬声器。

· 2个低音扬声器。

· 接收器音频模块RAM。

· 放大器。

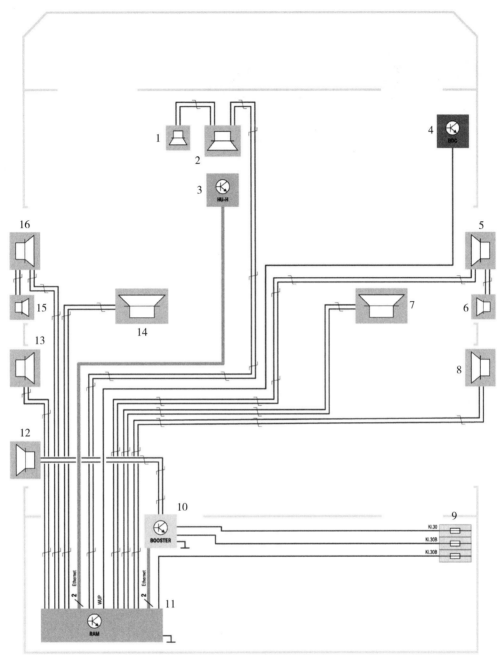

1.中间前部高音扬声器　2.中间前部中音扬声器　3.Headunit　4.车身域控制器BDC　5.右前高音扬声器　6.右前中音扬声器　7.右侧低音扬声器　8.右后中音扬声器　9.行李箱配电盒保险丝　10.放大器　11.接收器音频模块RAM　12.外接音源扬声器（SA 1MA）　13.左后中音扬声器　14.左侧低音扬声器　15.左前高音扬声器　16.左前中音扬声器

图4-1-181

（1）组件概览。

宝马G05顶级高保真音响系统的系统概览如图4-1-182所示。

（2）系统电路图。

宝马G05顶级高保真音响系统的系统电路图如图4-1-183所示。

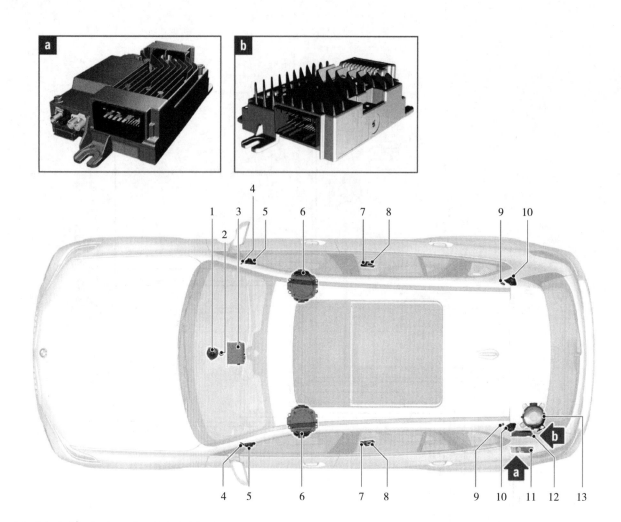

1.中间前部高音扬声器　2.中间前部中音扬声器　3.Headunit　4.前部高音扬声器　5.前部中音扬声器　6.低音扬声器　7.后部中音扬声器　8.后部高音扬声器　9.D柱高音扬声器　10.D柱中音扬声器　11.接收器音频模块RAM　12.放大器　13.外接音源扬声器

图4-1-182

5.接收器音频模块

接收器音频模块RAM首次应用在宝马G05上。根据具体配置，在RAM中集成了以下功能：

· AM/FM调谐器。

· DAB调谐器。

· 天线多相择优装置。

· 音频放大器（立体声音响系统、高保真音响系统）。

（1）型号。

根据具体配置，在宝马G05中应用了两种型号的RAM：

· RAM RAM。

· Mid high。

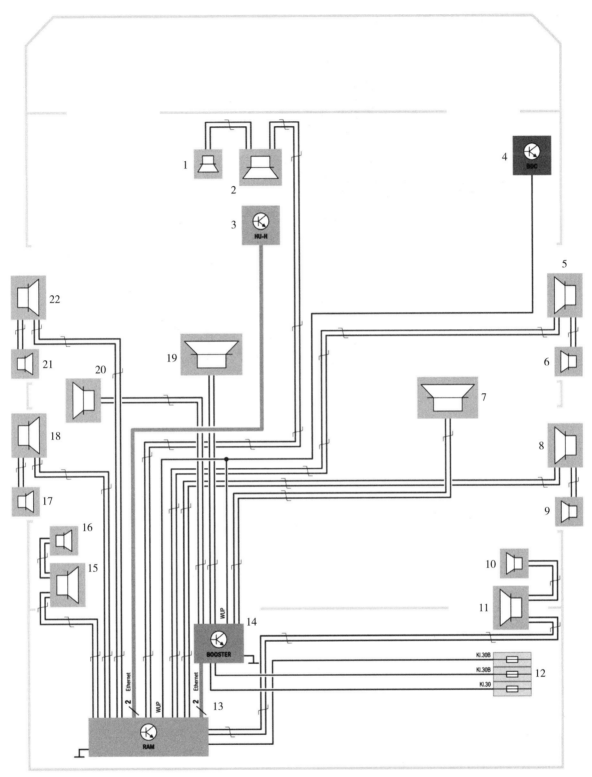

1.中间前部中音扬声器　2.中间前部高音扬声器　3.Headunit　4.前部高音扬声器　5.右前中音扬声器　6.右前高音扬声器　7.右侧低音扬声器　8.右后中音扬声器　9.右后高音扬声器　10.右侧D柱高音扬声器　11.右侧D柱中音扬声器　12.行李箱配电盒保险丝　13.接收器音频模块RAM　14.放大器　15.左侧D柱中音扬声器　16.左侧D柱高音扬声器　17.左后高音扬声器　18.左后中音扬声器　19.左侧低音扬声器　20.外接音源扬声器（SA 1MA）　21.左前高音扬声器　22.左前中音扬声器

图4-1-183

宝马G05中的RAM型号概览如图4-1-184所示。

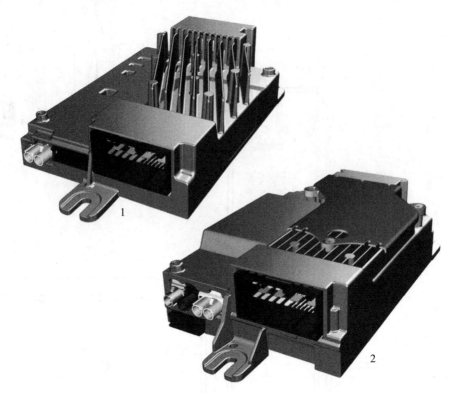

1.接收器音频模块RAM mid　2.接收器音频模块RAM high

图4-1-184

（2）系统电路图。

宝马G05接收器音频模块的系统电路图如图4-1-185所示。

（3）安装位置。

接收器音频模块位于行李箱内侧饰板的左后方。宝马G05接收器音频模块安装位置如图4-1-186所示。

6.放大器

（1）简介。

在宝马G05中使用了放大器，它是车辆中的一个附加音频放大器。

（2）型号。

在宝马G05中，安装了以下选装配置的放大器：

·外接音源扬声器（SA 1MA）。

·Harman Kardon环绕立体声音响系统（SA 688）。

宝马G05放大器视图如图4-1-187所示。

（3）安装位置。

放大器位于行李箱内侧饰板的左后方，如图4-1-188所示。

（四）天线装置

1.概览

图4-1-189所示的是宝马G05天线系统的概览。

表4-1-9所示的是不同的天线系统。

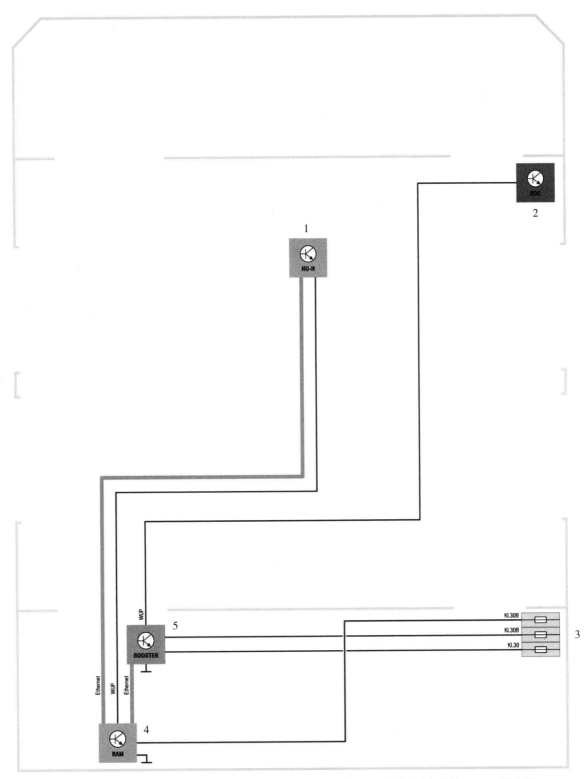

1.Headunit 2.车身域控制器BDC 3.行李箱配电盒中的保险丝 4.接收器音频模块RAM 5.放大器

图4-1-185

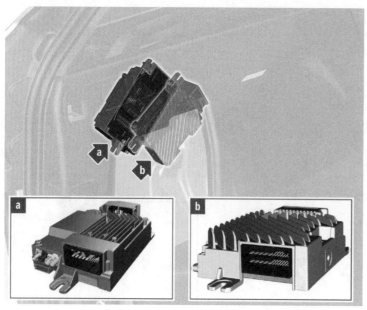

a.接收器音频模块RAM　b.放大器

图4-1-186

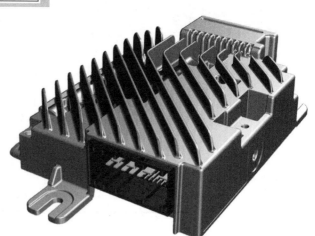

图4-1-187

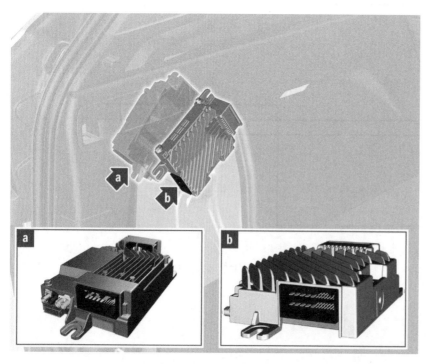

图4-1-188

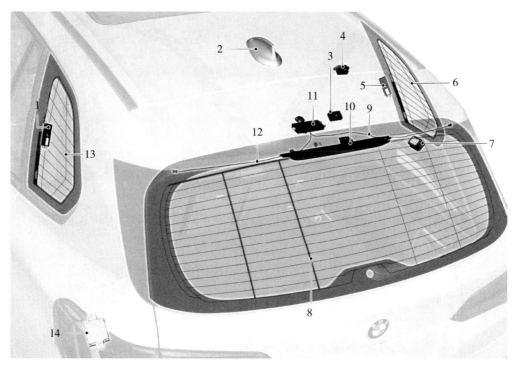

1.天线放大器（DAB天线）　2.车顶天线（用于导航的SAT天线以及TEL1和TEL2天线）　3.附加制动信号灯的抗干扰滤波器　4.后窗玻璃加热装置的带阻滤波器　5.天线放大器（DAB天线）　6.侧窗玻璃中的DAB Ⅲ波段天线　7.遥控信号接收器　8.FM1天线　9.FM2天线　10.附加制动信号灯　11.天线放大器（AM、FM1、FM2天线）　12.AM天线　13.侧窗玻璃中的DAB Ⅲ波段天线　14.LTE电位计

图4-1-189

表4-1-9

天线	系统	安装位置
FM天线	收音机	后窗玻璃中的FM1天线 车顶扰流板中的FM2天线探针
AM天线	收音机	车顶扰流板中的AM天线探针
DAB天线	收音机	左后侧窗玻璃中DAB Ⅲ波段天线 右后侧窗玻璃中的DAB Ⅲ波段天线
SAT天线	导航系统	车顶天线
电话天线	电话	车顶天线
蓝牙天线	电话	集成在导线束中
WLAN天线	电话	集成在导线束中
WLAN热点天线	电话	远程通信系统盒2
应急GSM天线	电话	远程通信系统盒2

2.组件概览

（1）侧窗玻璃。

在宝马G05的侧窗玻璃中集成了两根DAB Ⅲ波段天线。宝马G05侧窗玻璃天线如图4-1-190所示。

（2）车辆WLAN天线。

图4-1-191所示的是蓝牙天线以及车辆WLAN天线的安装位置概览。

（3）蓝牙天线。

图4-1-192所示的是蓝牙天线的安装位置。

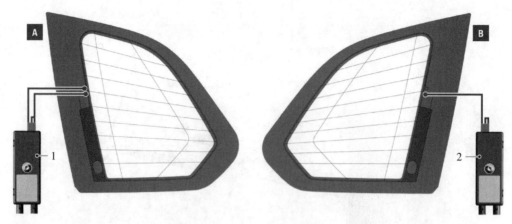

A.左侧侧窗玻璃　B.右侧侧窗玻璃　1.天线放大器DAB III波段　2.天线放大器DAB III波段

图4-1-190

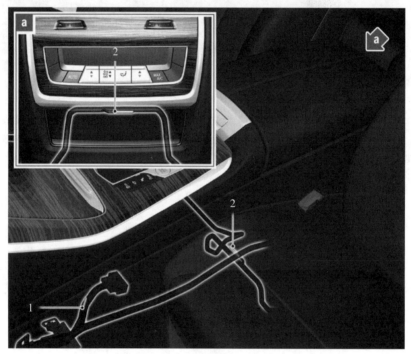

a.中控台后视图　1.蓝牙天线　2.车辆WLAN天线

图4-1-191

1.蓝牙天线

图4-1-192

3.系统电路图

（1）多媒体。

宝马G05多媒体天线如图4-1-193所示。

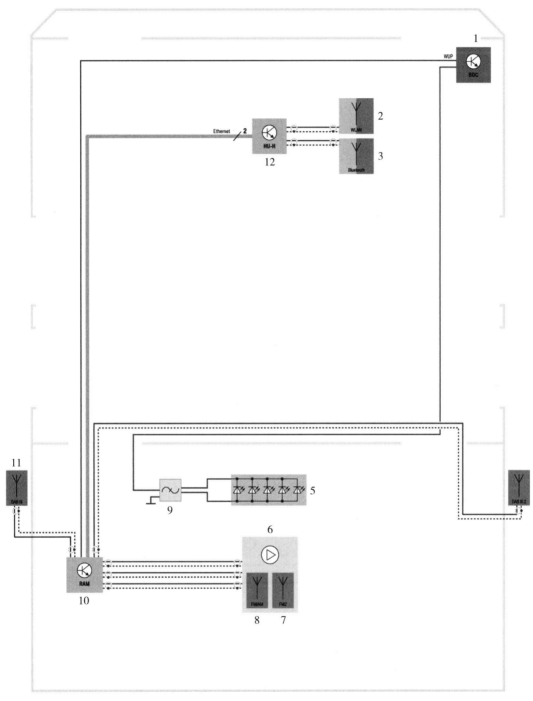

1.车身域控制器BDC　2.车辆WLAN天线　3.蓝牙天线　4.DAB Ⅲ波段天线　5.附加制动信号灯　6.天线放大器　7.FM2天线　8.AM/FM1天线　9.抗干扰滤波器　10.接收器音频模块RAM　11.DAB Ⅲ波段天线　12.Headunit

图4-1-193

（2）远程通信系统/连通性。

宝马G05远程通信服务天线如图4-1-194所示。

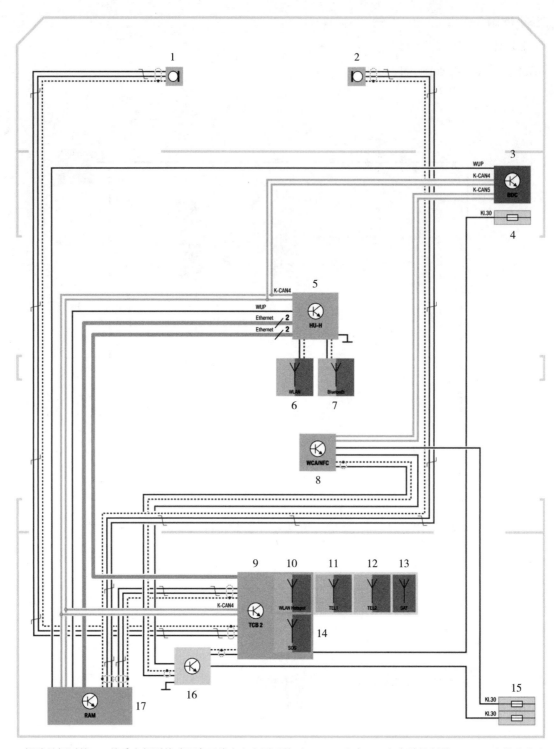

1.驾驶员侧话筒　2.前乘客侧话筒〔配套无线充电电话系统（SA 6NW）〕　3.车身域控制器BDC　4.右前配电盒保险丝　5.Headunit　6.车辆WLAN天线　7.蓝牙天线　8.带有近距离通信系统NFC的无线充电盒WCA　9.远程通信系统盒2 TCB2　10.用于WLAN热点的WLAN天线　11.TEL1天线（客户移动电话连接）　12.TEL2天线　13.用于导航的卫星天线SAT　14.应急GSM天线　15.行李箱配电盒中的保险丝　16.LTE电位计　17.接收器音频模块RAM

图4-1-194

第二节　宝马G70电气系统

一、电气系统

在宝马G70中还使用了以下特殊功能：

· 第2.2代48V车载网络，也用于插电式混合动力车和电动汽车。

· 自动车门。

· 分体式大灯。

· 全景式后排娱乐系统。

· 宝马G70 BMW Interaction Bar。

在宝马G70投入市场时，就已提供3种不同的驱动版本：

· 轻混动力汽车（MHEV）。

· 插电式混合动力车（PHEV）。

· 电动车（BEV）。

宝马G70规格如表4-2-1所示。

表4-2-1

系统	G70的规格
车载网络	BN2020-服务包2021
中央控制单元（网关）	基本中央平台BCP
被动安全系统控制单元	碰撞和安全模块ACSM 6
Headunit	Headunit High 5（HU-H5）
操作方案	宝马第八代iDrive操作系统操作说明 采用第8.5代宝马操作系统的BMW iDrive操作方案（从2023/07起）
显示及操作方案	G70车型显示和操作元件
远程信息通信控制单元	远程通信系统盒4（TCB4）
宝马数字钥匙型号	BMW Digital Key Plus
车内摄像机	车内摄像机
扬声器系统	G70扬声器系统
后座区娱乐系统	后部车门触控式面板（BTHL/BTHR） G70后排娱乐系统"全景式屏幕"

（一）总线概览

1.宝马G70 MHEV总线概览如图4-2-1所示

2.宝马G70 PHEV总线概览如图4-2-2所示

3.宝马G70 BEV总线概览如图4-2-3所示

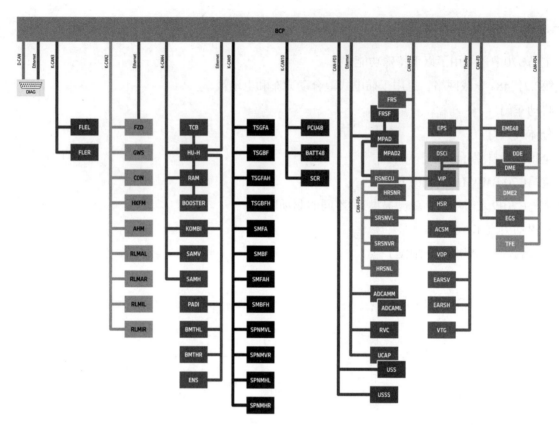

ACSM.碰撞和安全模块　ADCAML.自动驾驶摄像头低　ADCAMM.自动驾驶摄像头中　AHM.挂车模块BATT48.48V
蓄电池　BCP.基本中央平台　BMTHL.左后车门控制模块　BMTHR.右后车门控制模块　BOOSTER.放大
器　CON.控制器　DDE.数字式柴油机电子系统　DME.数字式发动机电子系统　DME2.数字式发动机电子系
统2　DSCi.集成动态稳定性控制系统　EARSH.后部电动主动式侧翻稳定装置　EARSV.前部电动主动式侧翻
稳定装置　EGS.变速器电子控制系统　EME48.电机电子装置48V　ENS.以太网交换机　EPS.电子助力转向
系统　FLEL.左前部车灯电子装置　FLER.右前部车灯电子装置　FRS.前部雷达传感器　FRSF.远程前部雷达
传感器　FZD.车顶功能中心　GWS.选挡开关　HKFM.行李箱盖功能模块　HRSNL.左侧后部近距离雷达传感
器　HRSNR.右侧后部近距离雷达传感器　HSR.后桥侧偏角控制系统　HU-H.主机High5　KOMBI.控制单元组
合仪表　MPAD.中平台自动驾驶　MPAD2.自动驾驶中级平台2　PADI.全景式后排娱乐系统　PCU48.电源控
制单元48V　RAM.收音机音响模块　RLMAL.左外侧尾灯模块　RLMAR.外部右侧尾灯模块　RLMIL.左侧内部
尾灯模块　RLMIR.右侧内部尾灯模块　RSNECU.雷达传感器近距离区域控制单元　RVC.后视摄像机　SAMH.后
部智能手机充电板模块　SAMV.前置智能手机盒模块　SCR.选择性催化剂还原（SCR）　SMBF.副驾驶座椅
模块　SMBFH.前乘客后部座椅模块　SMFA.驾驶员座椅模块　SMFAH.驾驶员侧后部座椅模块　SPNMHL.
左后座椅气动模块　SPNMHR.右后座椅气动模块　SPNMVL.左前座椅气动模块　SPNMVR.右前座椅气动模
块　SRSNVL.左前侧面近距离雷达传感器　SRSNVR.右前侧面近距离雷达传感器　TCB.远程通信盒　TFE.燃油
箱功能电子系统　TSGBF.副驾驶车门控制单元　TSGBFH.后乘客侧车门控制单元　TSGFA.驾驶员车门控制单
元　TSGFAH.后驾驶员侧车门控制单元　UCAP.超声波摄像头自动停车　USS.超声波传感器控制单元　USSS.超
声波传感器控制单元，侧面　VDP.垂直动态管理平台　VIP.虚拟集成平台　VTG.分动器

图4-2-1

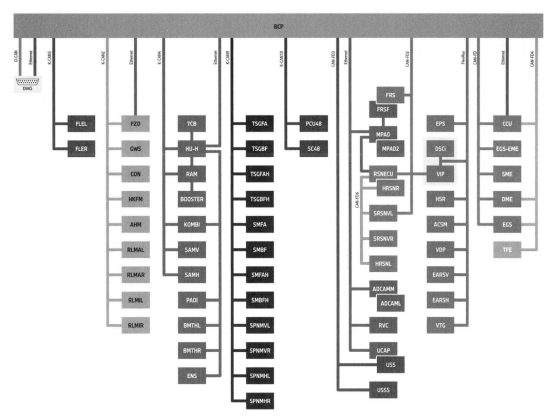

ACSM.碰撞和安全模块　ADCAML.自动驾驶摄像头低　ADCAMM.自动驾驶摄像头中　AHM.挂车模块　BCP.基本中央平台　BMTHL.左后车门控制模块　BMTHR.右后车门控制模块　BOOSTER.放大器　CCU.组合式充电单元　CON.控制器　DME.数字式发动机电子系统　DSCi.集成动态稳定性控制系统　EARSH.后部电动主动式侧翻稳定装置　EARSV.前部电动主动式侧翻稳定装置　EGS.变速器电子控制系统　EGS-EME.变速器控制系统电机电子伺控系统　ENS.以太网交换机　EPS.电子助力转向系统　FLEL.左前部车灯电子装置　FLER.右前部车灯电子装置　FRS.前部雷达传感器　FRSF.远程前部雷达传感器　FZD.车顶功能中心　GWS.选挡开关　HKFM.行李箱盖功能模块　ACSM.碰撞和安全模块　ADCAML.自动驾驶摄像头低　ADCAMM.自动驾驶摄像头中　AHM.挂车模块　BCP.基本中央平台　BMTHL.左后车门控制模块　BMTHR.右后车门控制模块　BOOSTER.放大器　CCU.组合式充电单元　CON.控制器　DME.数字式发动机电子系统　DSCi.集成动态稳定性控制系统　EARSH.后部电动主动式侧翻稳定装置　EARSV.前部电动主动式侧翻稳定装置　EGS.变速器电子控制系统　EGS-EME.变速器控制系统电机电子伺控系统　ENS.以太网交换机　EPS.电子助力转向系统　FLEL.左前部车灯电子装置　FLER.右前部车灯电子装置　FRS.前部雷达传感器　FRSF.远程前部雷达传感器　FZD.车顶功能中心　GWS.选挡开关　HKFM.行李箱盖功能模块　HRSNL.左侧后部近距离雷达传感器　HRSNR.右侧后部近距离雷达传感器　HSR.后桥侧偏角控制系统　HU-H.主机High 5　KOMBI.控制单元组合仪表　MPAD.中平台自动驾驶　MPAD2.自动驾驶中级平台2　PADI.全景式后排娱乐系统　PCU48.电源控制单元48V　RAM.收音机音响模块　RLMAL.左外侧尾灯模块　RLMAR.外部右侧尾灯模块　RLMIL.左侧内部尾灯模块　RLMIR.右侧内部尾灯模块　RSNECU.雷达传感器近距区域控制单元　RVC.后视摄像机　SAMH.后部智能手机充电板模块　SAMV.前置智能手机盒模块　SC48.Supercap 48 Volt　SMBF.副驾驶座椅模块　SMBFH.前乘客侧后部座椅模块　SME.蓄能器管理电子装置　SMFA.驾驶员座椅模块　SMFAH.驾驶员侧后部座椅模块　SPNMHL.左后座椅气动模块　SPNMHR.右后座椅气动模块　SPNMVL.左前座椅气动模块　SPNMVR.右前座椅气动模块　SRSNVL.左前侧面近距离雷达传感器　SRSNVR.右前侧面近距离雷达传感器　TCB.远程通信盒　TFE.燃油箱功能电子系统　TSGBF.副驾驶车门控制单元　TSGBFH.后乘客侧车门控制单元　TSGFA.驾驶员车门控制单元　TSGFAH.后驾驶员侧车门控制单元　UCAP.超声波摄像头自动停车　USS.超声波传感器控制单元　USSS.超声波传感器控制单元，侧面　VDP.垂直动态管理平台　VIP.虚拟集成平台　VTG.分动器

图4-2-2

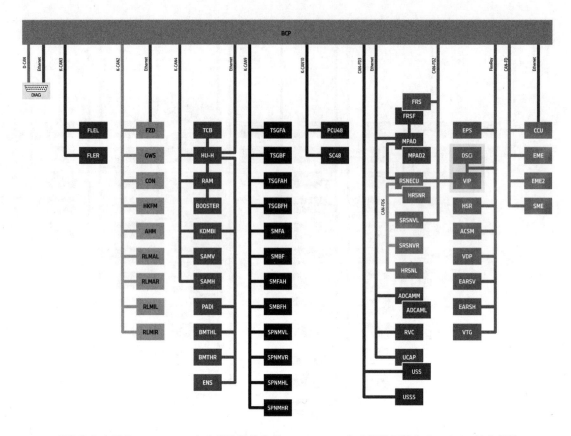

ACSM.碰撞和安全模块　ADCAML.自动驾驶摄像头低　ADCAMM.自动驾驶摄像头中　AHM.挂车模块　BCP.基本中央平台　BMTHL.左后车门控制模块　BMTHR.右后车门控制模块　BOOSTER.放大器　CCU.组合式充电单元　CON.控制器　DSCi.集成动态稳定性控制系统　EARSH.后部电动主动式侧翻稳定装置　EARSV.前部电动主动式侧翻稳定装置　EME.电机电子装置　EME2.电机电子装置2　ENS.以太网交换机　EPS.电子助力转向系统　FLEL.左前部车灯电子装置　FLER.右前部车灯电子装置　FRS.前部雷达传感器　FRSF.远程前部雷达传感器　FZD.车顶功能中心　GWS.选挡开关　HKFM.行李箱盖功能模块　HRSNL.左侧后部近距离雷达传感器　HRSNR.右侧后部近距离雷达传感器　HSR.后桥侧偏角控制系统　HU-H.主机High 5　KOMBI.控制单元组合仪表　MPAD.中平台自动驾驶　MPAD2.自动驾驶中级平台2　PADI.全景式后排娱乐系统　PCU48.电源控制单元48V　RAM.收音机音响模块　RLMAL.外部左侧尾灯模块　RLMAR.外部右侧尾灯模块　RLMIL.左侧内部尾灯模块　RLMIR.右侧内部尾灯模块　RSNECU.雷达传感器近距区域控制单元　RVC.后视摄像机　SAMH.后部智能手机充电板模块　SAMV.前置智能手机盒模块　SC48.Supercap 48 Volt　SMBF.副驾驶座椅模块　SMBFH.前乘客侧后部座椅模块　SME.蓄能器管理电子装置　SMFA.驾驶员座椅模块　SMFAH.驾驶员侧后部座椅模块　SPNMHL.左后座椅气动模块　SPNMHR.右后座椅气动模块　SPNMVL.左前座椅气动模块　SPNMVR.右前座椅气动模块　SRSNVL.左前侧面近距离雷达传感器　SRSNVR.右前侧面近距离雷达传感器　TCB.远程通信盒　TSGBF.副驾驶车门控制单元　TSGBFH.后乘客侧车门控制单元　TSGFA.驾驶员车门控制单元　TSGFAH.后驾驶员侧车门控制单元　UCAP.超声波摄像头自动停车　USS.超声波传感器控制单元　USSS.超声波传感器控制单元，侧面　VDP.垂直动态管理平台　VIP.虚拟集成平台　VTG.分动器

图4-2-3

4.宝马G70总线

在宝马G70中使用下列总线系统：

（1）CAN总线。

·D-CAN。

·K-CAN2。

·K-CAN3。

294

· K-CAN4。

· K-CAN9。

· K-CAN10。

· CAN-FD。

· CAN-FD2。

· CAN-FD3。

· CAN-FD4。

（2）FlexRay。

（3）以太网。

5.控制单元

在宝马G70上首次使用下列控制单元：

· 主机高级单元5 HU-H5。

· 全景式屏幕PADI。

· 外部左侧尾灯模块RLMAL。

· 外部右侧尾灯模块RLMAR。

· 内部左侧尾灯模块RLMIL。

· 内部右侧尾灯模块RLMIR。

· 左后车门控制模块BMTHL。

· 右后车门控制模块BMTHR。

· 超声波传感器控制单元，侧面USSS。

Basic Central Platform BCP用作中央控制单元（网关）。其中新集成了用于驾驶员安全气囊的组件防护。

（二）控制单元概览

1.宝马G70 MHEV控制单元概览如图4-2-4所示

2.宝马G70 PHEV控制单元概览如图4-2-5所示

3.宝马G70 BEV控制单元概览如图4-2-6所示

（三）低电压供电

在宝马G70的所有衍生型号上（MHEV、PHEV、BEV）安装有一个12V及70Ah的AGM电池，作为车载网络电池使用。视衍生型号不同，其位于发动机室或机组室前部（MHEV,BEV）或行李箱中（PHEV）。从2021年服务包（I20的首次生产开始）开始，需要对一些电源线（如刹车、转向、高压电池单元、外部照明、某些控制单元）进行安全可靠的供电。供电导线包括总线端30、总线端31、总线端40和总线端41。电源线中最多允许有一个维修区域。

1.宝马G70 MHEV低电压供电组件如图4-2-7所示

2.宝马G70 PHEV低电压供电组件如图4-2-8所示

3.宝马G70 BEV低电压供电组件如图4-2-9所示

4.宝马G70 MHEV低电压供电系统电路图如图4-2-10所示

5.宝马G70 PHEV低电压供电系统电路图如图4-2-11所示

6.宝马G70 BEV低电压供电系统电路图如图4-2-12所示

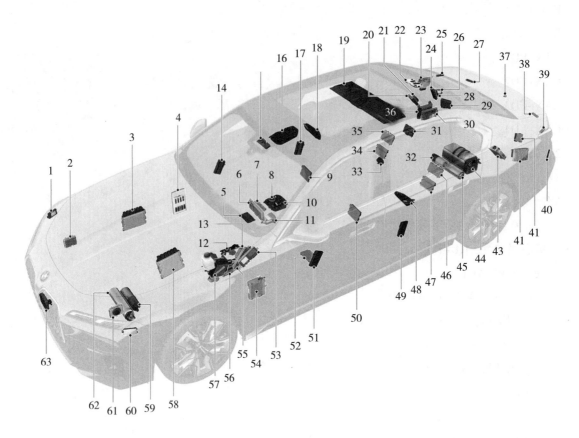

1.右前侧近距区域侧面雷达传感器SRSNVR　2.右侧前部车灯电子装置FLER　3.数字式发动机电子系统DME（S68发动机）　4.基本中央平台BCP　5.前部智能手机托板模块SAMV　6.控制单元组合仪表KOMBI　7.前乘客座椅模块SMBF　8.控制器CON　9.右前座椅气动模块SPNMVR　10.选挡开关GWS　11.碰撞和安全模块ACSM　12.变速器电子控制单元EGS　13.超声波传感器控制单元，侧面USSS　14.副驾驶车门控制单元TSGBF　15.自动驾驶摄像头低ADCAML　16.车顶功能中心FZD　17.后乘客侧车门控制单元TSGBFH　18.右后车门控制模块BMTHR　19.全景式屏幕PADI　20.选择性催化剂还原SCR　21.超声波传感器控制单元USS　22.远程通信盒TCB　23.垂直动态管理平台VDP　24.行李箱盖功能模块HKFM　25.外部右侧尾灯模块RLMAR　26.右侧近距区域尾部雷达传感器HRSNR　27.内部右侧尾灯模块RLMIR　28.近距离雷达传感器控制单元RSNECU　29.挂车模块AHM　30.自动驾驶中级平台MPAD　31.后部智能手机充电板模块SAMH　32.后桥侧偏角控制系统HSR　33.燃油箱功能电子系统TFE　34.右后座椅气动模块SPNMHR　35.前乘客侧后部座椅模块SMBFH　36.电源控制单元48V PCU48　37.后视摄像机RVC　38.内部左侧尾灯模块RLMIL　39.外部左侧尾灯模块RLMAL　40.左后近距离雷达传感器HRSNL　41.以太网交换机ENS　42.放大器　43.收音机音响模块RAM　44.48V电池BATT48　45.电子主动式后部滚转稳定控制单元EARSH　46.驾驶员侧后部座椅模块SMFAH　47.左后座椅气动模块SPNMHL　48.左后车门控制模块BMTHL　49.后驾驶员侧车门控制单元TSGFAH　50.左前座椅气动模块SPNMVL　51.驾驶员车门控制单元TSGFA　52.驾驶员座椅模块SMFA　53.自动驻车超声波摄像机UCAP　54.主机高级单元5 HU-H　55.自动驾驶摄像头中ADCAMM　56.电机电子装置48V EME48　57.综合动态稳定性控制系统DSCi　58.数字式发动机电子系统2 DME2（S68发动机）　59.电子助力转向系统EPS　60.左前侧面近距离雷达传感器SRSNVL　61.左侧前部车灯电子装置FLEL　62.电子主动式前部滚转稳定控制单元EARSV　63.远程前部雷达传感器FRSF

图4-2-4

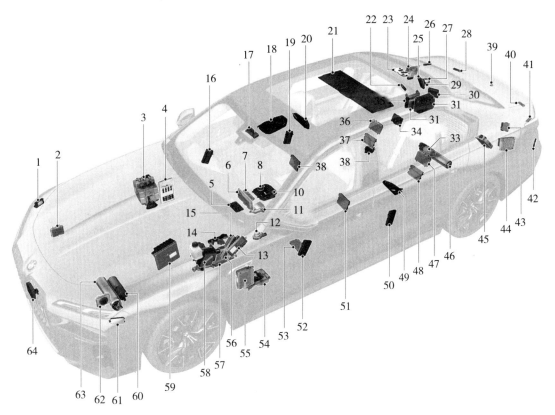

1.右前侧近距区域侧面雷达传感器SRSNVR　2.右侧前部车灯电子装置FLER　3.组合式充电单元CCU　4.基本中央平台BCP　5.前部智能手机托板模块SAMV　6.控制单元组合仪表KOMBI　7.前乘客座椅模块SMBF　8.控制器CON　9.右前座椅气动模块SPNMVR　10.选挡开关GWS　11.碰撞和安全模块ACSM　12.分动器VTG　13.自动驻车超声波摄像机UCAP　14.变速器电子控制单元EGS　15.超声波传感器控制单元，侧面USSS　16.副驾驶车门控制单元TSGBF　17.自动驾驶摄像头低ADCAML　18.车顶功能中心FZD　19.后乘客侧车门控制单元TSGBFH　20.右后车门控制模块BMTHR　21.全景式屏幕PADI　22.超声波传感器控制单元USS　23.远程通信盒TCB　24.垂直动态管理平台VDP　25.行李箱盖功能模块HKFM　26.外部右侧尾灯模块RLMAR　27.右侧近距区域尾部雷达传感器HRSNR　28.内部右侧尾灯模块RLMIR　29.近距离雷达传感器控制单元RSNECU　30.挂车模块AHM　31.Supercap 48 Volt SC48　32.自动驾驶中级平台MPAD　33.后桥侧偏角控制系统HSR　34.后部智能手机充电板模块SAMH　35.电源控制单元48V PCU48　36.前乘客侧后部座椅模块SMBFH　37.右后座椅气动模块SPNMHR　38.燃油箱功能电子系统TFE　39.后视摄像机RVC　40.内部左侧尾灯模块RLMIL　41.外部左侧尾灯模块RLMAL　42.左后近距离雷达传感器HRSNL　43.以太网交换机ENS　44.放大器　45.收音机音响模块RAM　46.电子主动式后部滚转稳定控制单元EARSH　47.驾驶员侧后部座椅模块SMFAH　48.左后座椅气动模块SPNMHL　49.左后车门控制模块BMTHL　50.后驾驶员侧车门控制单元TSGFAH　51.左前座椅气动模块SPNMVL　52.驾驶员车门控制单元TSGFA　53.驾驶员座椅模块SMFA　54.蓄能器管理电子装置SME　55.主机高级单元5HU-H　56.自动驾驶摄像头中ADCAMM　57.变速器控制系统电机电子伺控系统EGS-EME　58.综合动态稳定性控制系统DSCi　59.数字式发动机电子系统DME　60.电子助力转向系统EPS　61.左前侧面近距离雷达传感器SRSNVL　62.左侧前部车灯电子装置FLEL　63.电子主动式前部滚转稳定控制单元EARSV　64.远程前部雷达传感器FRSF

图4-2-5

297

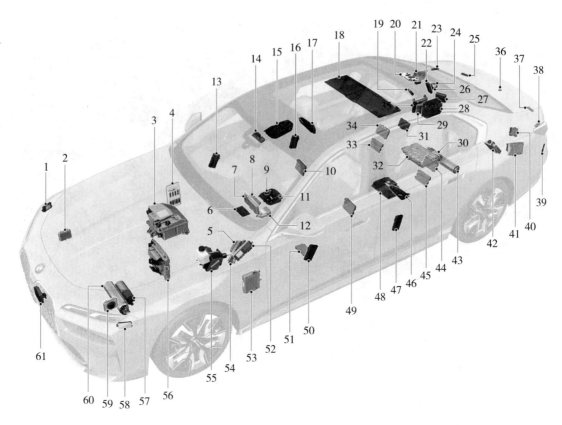

1.右前侧近距区域侧面雷达传感器SRSNVR 2.右侧前部车灯电子装置FLER 3.组合式充电单元CCU 4.基本中央平台BCP 5.超声波传感器控制单元，侧面USSS 6.前部智能手机托板模块SAMV 7.控制单元组合仪表KOMBI 8.前乘客座椅模块SMBF 9.控制器CON 10.右后座椅气动模块SPNMVR 11.选挡开关GWS 12.碰撞和安全模块ACSM 13.副驾驶车门控制单元TSGBF 14.自动驾驶摄像头低ADCAML 15.车顶功能中心FZD 16.后乘客侧车门控制单元TSGBFH 17.右后车门控制模块BMTHR 18.全景式屏幕PADI 19.超声波传感器控制单元USS 20.远程通信盒TCB 21.垂直动态管理平台VDP 22.行李箱盖功能模块HKFM 23.外部右侧尾灯模块RLMAR 24.右侧近距区域尾部雷达传感器HRSNR 25.内部右侧尾灯模块RLMIR 26.近距离雷达传感器控制单元RSNECU 27.挂车模块AHM 28.Supercap 48 Volt SC48 29.自动驾驶中级平台MPAD 30.后桥侧偏角控制系统HSR 31.后部智能手机充电板模块SAMH 32.电机电子系统EME 33.右后座椅气动模块SPNMHR 34.前乘客侧后部座椅模块SMBFH 35.电源控制单元48V PCU48 36.后视摄像机RVC 37.内部左侧尾灯模块RLMIL 38.外部左侧尾灯模块RLMAL 39.左后近距离雷达传感器HRSNL 40.以太网交换机ENS 41.放大器 42.收音机音响模块RAM 43.电子主动式后部滚转稳定控制单元EARSH 44.驾驶员侧后部座椅模块SMFAH 45.左后座椅气动模块SPNMHL 46.左后车门控制模块BMTHL 47.后驾驶员侧车门控制单元TSGFAH 48.蓄能器管理电子装置SME 49.左前座椅气动模块SPNMVL 50.驾驶员车门控制单元TSGFA 51.驾驶员座椅模块SMFA 52.自动驻车超声波摄像机UCAP 53.主机高级单元5 HU-H 54.自动驾驶摄像头中ADCAMM 55.综合动态稳定性控制系统DSCi 56.电机电子装置2 EME2 57.电子助力转向系统EPS 58.左前侧面近距离雷达传感器SRSNVL 59.左侧前部车灯电子装置FLEL 60.电子主动式前部滚转稳定控制单元EARSV 61.远程前部雷达传感器FRSF

图4-2-6

298

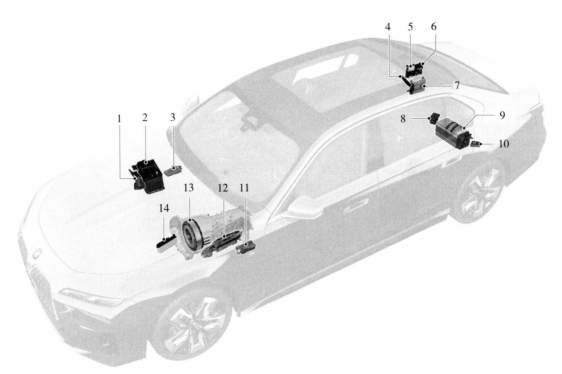

1.发动机舱配电盒　2.12V蓄电池　3.右前配电盒　4.蓄电池配电盒　5.智能配电盒　6.右后配电盒　7.电源控制单元48V PCU48　8.基础配电器　9.电池48V BATT48　10.配电盒48V　11.左前配电盒　12.电机电子装置48V EME48　13.48V电机　14.集成式供电模块

图4-2-7

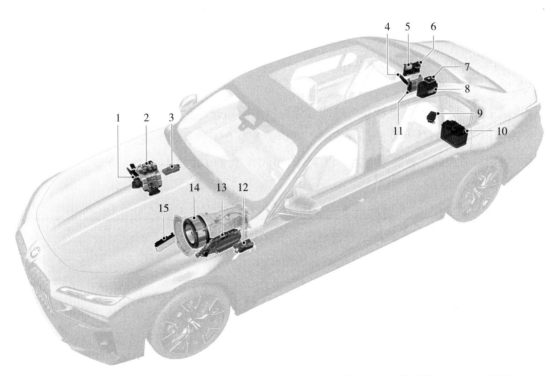

1.发动机舱配电盒　2.组合式充电单元CCU　3.右前配电盒　4.蓄电池配电盒　5.智能配电盒　6.右后配电盒　7.配电盒48V　8.Supercap 48 Volt SC48　9.基础配电器　10.12V蓄电池　11.电源控制单元48V PCU48　12.左前配电盒　13.变速器控制系统电机电子伺控系统EGS-EME　14.电机　15.集成式供电模块

图4-2-8

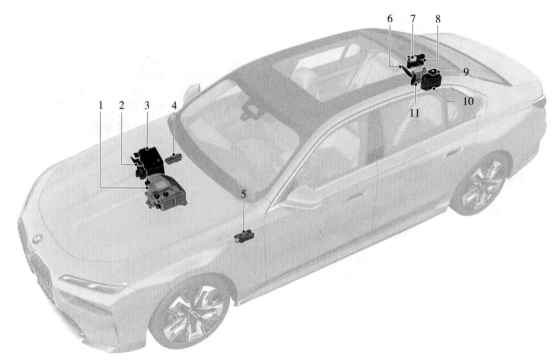

1.组合式充电单元CCU 2.发动机舱配电盒 3.12V蓄电池 4.右前配电盒 5.左前配电盒 6.蓄电池配电盒 7.智能配电盒 8.右后配电盒 9.配电盒48V 10.Supercap 48V SC48 11.电源控制单元48V PCU48

图4-2-9

在G70 MHEV中，低电压供电能量由48V电机产生，并通过电机电子伺控系统48V EME48提供。在宝马G70 PHEV和宝马G70 BEV中，低电压供电能量由高压蓄电池单元通过组合式充电单元CCU提供。传统的启动机仅还在宝马G70的轻混动力汽车中使用。

1.智能配电盒

智能配电盒实现了对各种继电器和终端的智能控制，例如通过它将总线端KL30B切到左前和右前的配电盒中（子网运行），它作为独立的部件安装于右后方配电盒上。智能配电盒通过LIN总线与基础中央平台BCP连接，且由后者控制。智能配电器（以宝马G70 BEV 为例）如图4-2-13所示。

2.48V车载网络

宝马G70 MHEV第2.2代48V车载网络系统概述如图4-2-14所示。

宝马G70 PHEV第2.2代48V车载网络系统概况如图4-2-15所示。

宝马G70 BEV第 2.2代48V车载网络系统概况如图4-2-16所示。

在宝马G70中采用了第2.2代48V车载网络。在不带高压系统的车辆中，它是标配。在带高压系统的车辆（PHEV,BEV）中，它只能与选装配置"魔毯智能空气悬架系统"（SA 2VS）连接使用。在不带高压系统的宝马G70中，使用了48V电池、48V DC/DC转换器及48V电机（"曲轴起动器发电机"）。48V电机位于变速器外壳（GA8HPTU3）中且直接与发动机的曲轴连接。在宝马G70 PHEV和宝马G70 BEV上使用了一个48V DC/DC转换器和一个额外的蓄能器。后者由超级电容器（Supercaps）串联而成，并允许使用电动机械式动态行驶稳定装置（ARS）。

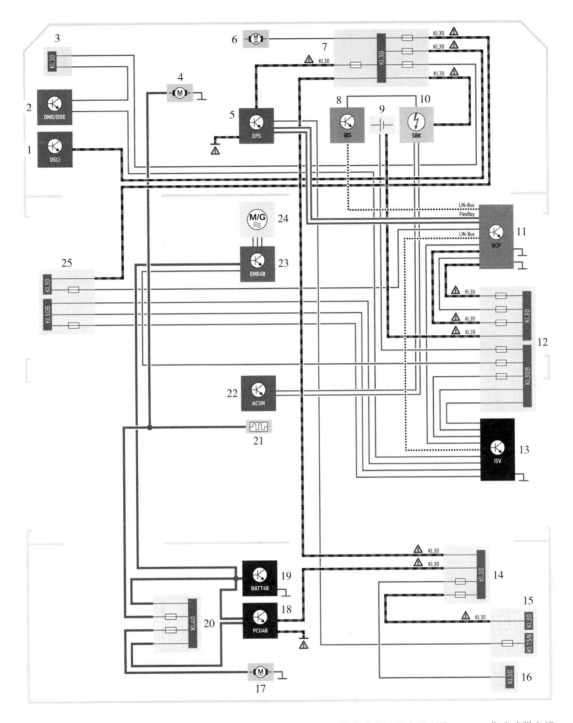

1.综合动态稳定性控制系统DSCi　2.数字式发动机电子系统DME；数字式柴油机电子系统DDE　3.集成式供电模块　4.前部电动主动式侧翻稳定装置EARSV　5.电子助力转向系统EPS　6.启动机　7.发动机舱配电盒　8.智能型蓄电池传感器IBS　9.12V蓄电池　10.安全蓄电池接线柱SBK　11.基本中央平台BCP　12.右前配电盒　13.智能配电盒　14.基础配电器　15.右后配电盒　16.电池配电盒　17.后部电动主动式侧翻稳定装置EARSH　18.电源控制单元48V PCU48　19.48V电池BATT48　20.配电盒48V　21.电控辅助加热器　22.碰撞和安全模块ACSM　23.电机-电子伺服控制系统48V EME48　24.48V电机　25.左前配电盒

图4-2-10

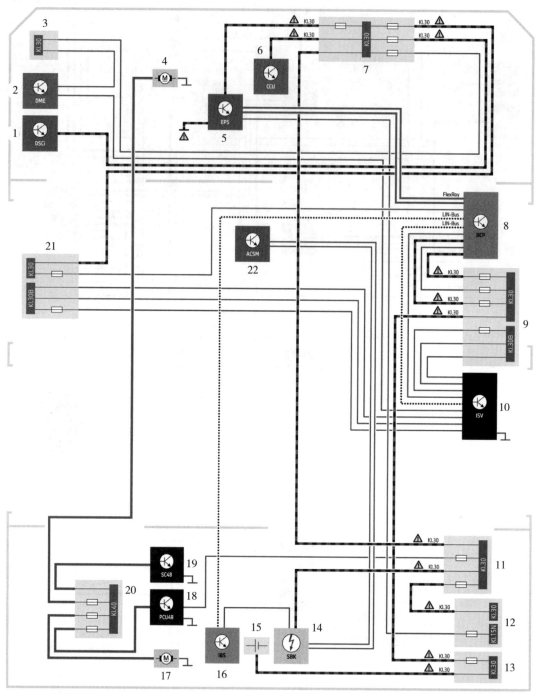

1.综合动态稳定性控制系统DSCi　2.数字式发动机电子系统DME　3.集成式供电模块　4.前部电动主动式侧翻稳定装置EARSV　5.电子助力转向系统EPS　6.组合式充电单元CCU　7.发动机舱配电盒　8.基本中央平台BCP　9.右前配电盒　10.智能配电盒　11.基础配电器　12.右后配电盒　13.蓄电池配电盒　14.安全蓄电池接线柱SBK　15.12V蓄电池　16.智能型蓄电池传感器IBS　17.后部电动主动式侧翻稳定装置EARSH　18.电源控制单元48V PCU48　19.Supercap 48V SC48　20.配电盒48V　21.左前配电盒　22.碰撞和安全模块ACSM

图4-2-11

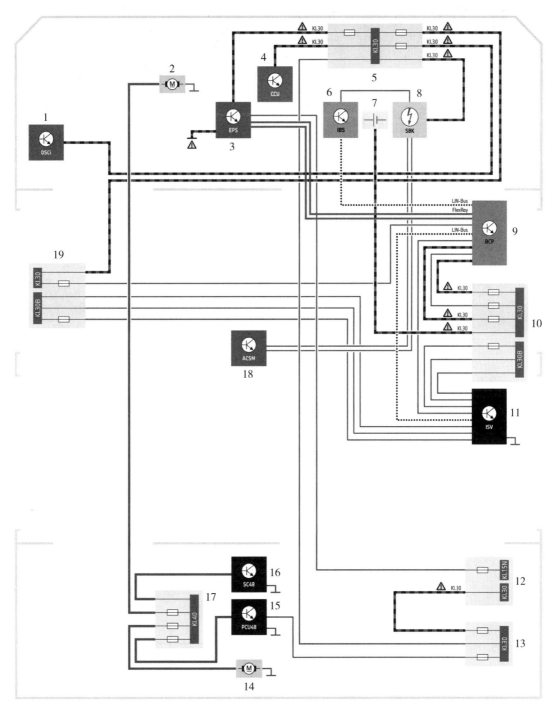

1.综合动态稳定性控制系统DSCi 2.前部电动主动式侧翻稳定装置EARSV 3.电子助力转向系统EPS 4.组合式充电单元CCU 5.发动机舱配电盒 6.智能型蓄电池传感器IBS 7.12V蓄电池 8.安全蓄电池接线柱SBK 9.基本中央平台BCP 10.右前配电盒 11.智能配电盒 12.右后配电盒 13.蓄电池配电盒 14.后部电动主动式侧翻稳定装置EARSH 15.电源控制单元48V PCU48 16.Supercap 48V SC48 17.配电盒48V 18.碰撞和安全模块 ACSM 19.左前配电盒

图4-2-12

图4-2-13

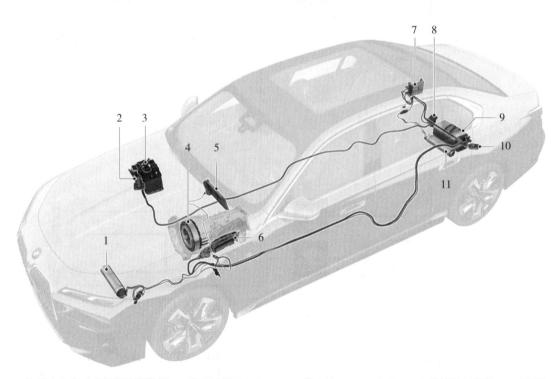

1.前部电动主动式侧翻稳定装置　2.发动机舱配电盒　3.12V蓄电池　4.48V电机　5.电控辅助加热器48V（仅限柴油机车辆）　6.电机电子装置48V　7.电源控制单元PCU 48V　8.基础配电器　9.48V电池　10.配电盒48V　11.后部电动主动式侧翻稳定装置

图4-2-14

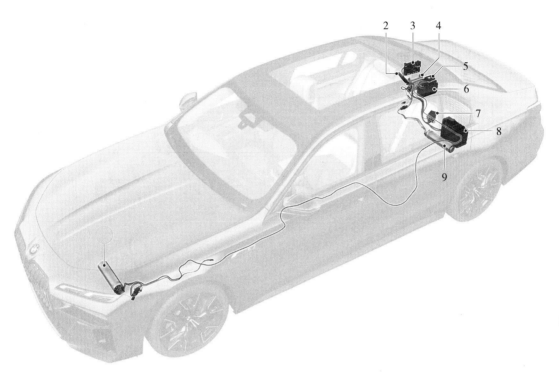

1.前部电动主动式侧翻稳定装置　2.蓄电池配电盒　3.右后配电盒　4.电源控制单元PCU 48V　5.配电盒48V
6.Supercap 48V　7.基础配电器　8.12V蓄电池　9.后部电动主动式侧翻稳定装置

图4-2-15

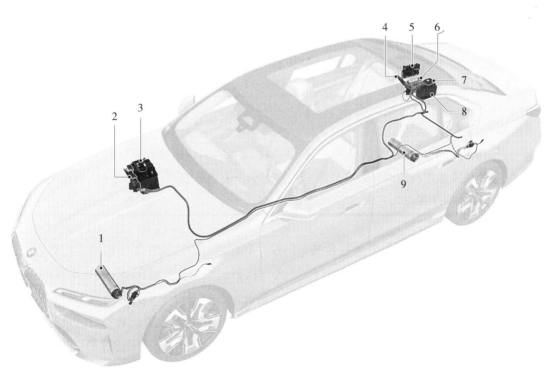

1.前部电动主动式侧翻稳定装置　2.发动机舱配电盒　3.12V蓄电池　4.蓄电池配电盒　5.右后配电盒　6.电源控
制单元PCU 48V　7.配电盒48V　8.Supercap 48V　9.后部电动主动式侧翻稳定装置

图4-2-16

在宝马G70 MHEV上，48V车载网络的组件也位于低温冷却液循环回路中。系统包括从发动机室到行李箱的过道下冷却液管。在此存在一个适配接口，它将过道下冷却液管与车厢内部的冷却液管连接在一起。在宝马G70 PHEV和宝马G70 BEV上，48V车载网络的组件不用冷却液冷却。宝马G70低温冷却液循环回路（示例BMW 760i xDrive）如图4-2-17所示。

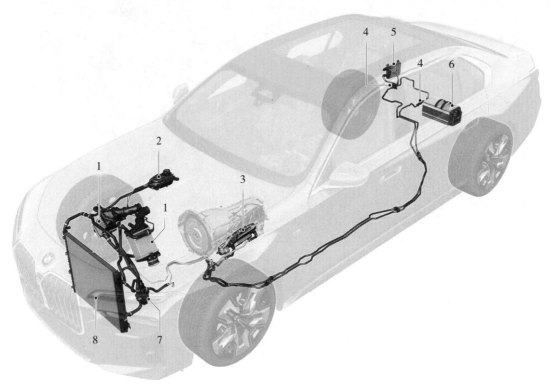

1.增压空气冷却器　2.冷却液补液罐　3.电机电子装置48V　4.适配接口（过道下冷却液管-车厢内部冷却液管）
5.电源控制单元PCU 48V　6.48V电池　7.电动冷却液泵　8.冷却液散热器
图4-2-17

3.深度睡眠模式

与U06一样，在采用轻度混合动力技术的宝马G70上也可以启动沉睡模式。这意味着根据蓄电池的充电状态，使用寿命最多可延长27周。带有高压系统的车辆没有沉睡模式，因为在12V电池电量较低时，其高压系统将启动，以便为12V电池充电。

（四）车门

与I20一样，宝马G70也配备了电动打开的车门锁，在此通过电动操作掣子打开车门锁。可以通过与面平齐的外部门把手中的开门按钮或通过门内侧的开门按钮进行操作。在Basic Central Platform BCP上对电动车门锁进行控制。在缺少供电或电气功能故障的情况下，也可以手动打开所有车门，包括从内部和外部紧急开门。卡爪通过内开口拉线或外开口拉线进行机械操作。为了防止从外部擅自打开，从外部紧急开门时需要集成式钥匙。当缺少供电时，例如在12V电池断开接线时，只能通过紧急开门打开车门。在此情况下，请始终确保有相应的进入方式。可选装的自动车门（SA 3CD）是宝马G70的新配置。在此通过电机支持手动打开和关闭车门，或者也可以全自动打开和关闭车门。宝马G70左侧自动车门部件一览如图4-2-18所示。

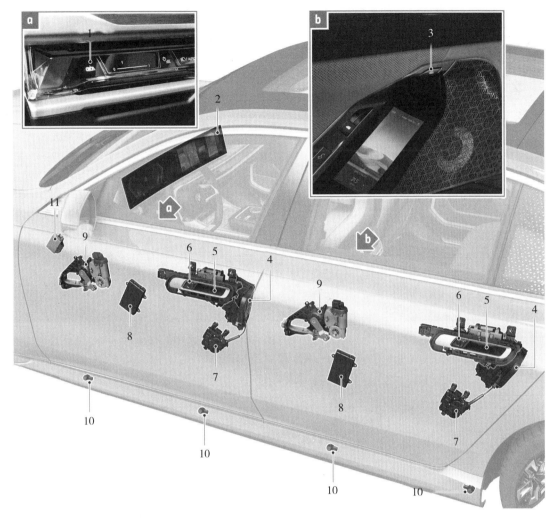

1.驾驶员侧前方自动车门触控式面板 2.多功能显示屏MFD 3.驾驶员侧后方自动车门按键 4.电动车门锁 5.车门外侧拉手 6.超声波传感器（门把手） 7.自动软关功能传动装置 8.车门控制装置 9.车门驱动 10.超声波传感器（门边装饰条） 11.超声波传感器控制单元，侧面 USSS

图4-2-18

（五）车外照明装置

1.前大灯

宝马G70配备了全LED车灯、动态照明功能和FLA远光辅助系统作为标准配置。12段LED矩阵远光灯支持具有动态光线分布效果的近光灯（市内灯光、乡村道路光和高速公路光分布），同时不断进行调整。激光大灯不可用于宝马G70。

在宝马G70上采用分体式大灯：

· 大灯下部承担近光灯、远光灯和转弯灯等主灯功能。

· 大灯上部用作日间行车灯、转向显示以及示宽灯和驻车灯。

近光和远光分别在2个LED模块中产生。转弯灯光在一个LED模块中产生，并经由反射罩传送。日间行车灯、转向显示以及示宽灯和驻车灯同样采用LED技术并通过光导管传送。在带有选装配置宝马"经典发光双肾格栅"（SA 3DN）的车辆上，也允许使用散热格栅照明作为示宽灯和驻车灯。宝马G70大灯前视图（宝马水晶大灯Iconic Glow）如图4-2-19所示。宝马G70大灯后视图（宝马炫影光幕水晶大灯）如图4-2-20所示。

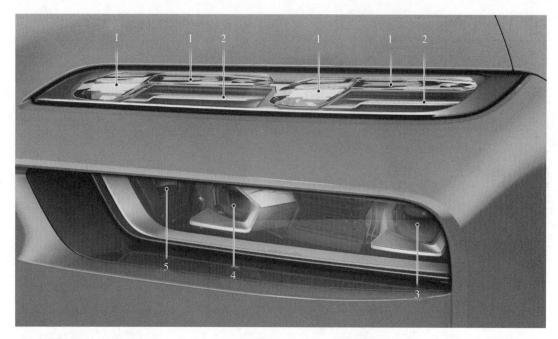

1.水晶玻璃元件　2.日间行车灯、方向指示灯、泊车灯和驻车灯　3.近光灯（不对称）、远光灯（12 段矩阵）
4.近光灯（前部）、远光灯（云）　5.静态随动转向灯

图4-2-19

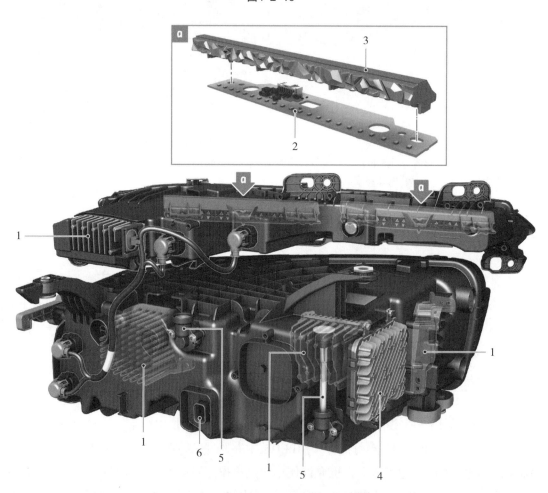

1.LED模块散热体　2.矩阵芯片　3.厚壁光学件　4.左侧前部车灯电子装置FLEL　5.前灯调节　6.电气接口

图4-2-20

（1）炫影光幕水晶大灯。

宝马炫影光幕水晶大灯（SA 3DM）可作为选装配置使用。在大灯上部安装了施华洛世奇公司的4个水晶玻璃元件，高精度水晶切割带来彩虹色的紫外光。灯光由2个矩阵芯片产生，并通过2个厚壁光学件传导至水晶玻璃元件，由此产生较高的光功率。通过水晶灯主动营造迎接/告别的灯光效果。在运行时，其被接通用作日间行车灯、转向显示以及示宽灯和驻车灯。

（2）后部车灯。

宝马G70标配全LED规格的尾灯：

·侧围与保险杠之间的外部尾灯，其包括尾灯、制动灯和转向显示。

·尾门上的内部尾灯，其包括尾灯、制动灯和转向显示。

·保险杠上的中间尾灯，其包括倒车灯和国家/地区特定的后雾灯（不适用于美国规格）。

宝马G70后部车灯如图4-2-21所示。

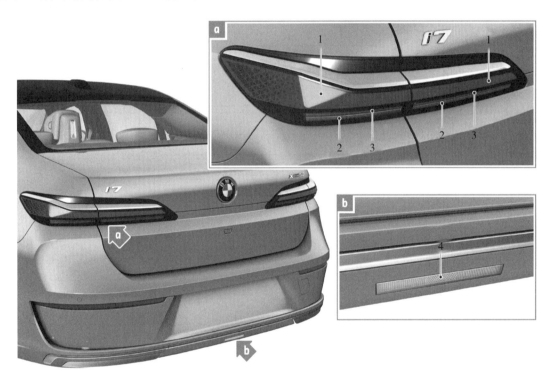

1.尾灯 2.转向信号灯 3.制动信号灯 4.倒车灯、后雾灯

图4-2-21

2.控制

根据基本中央平台BCP的要求，左前车灯电子设备FLEL或右前车灯电子设备FLER控制相应照明功能和大灯的步进电机。尾灯和散热格栅照明的照明功能直接由BCP控制。两个光毯的照明功能通过LIN总线由BCP控制。宝马G70前部车外照明装置系统电路图如图4-2-22所示。宝马G70后部车外照明装置的系统电路图如图4-2-23所示。

（六）车内照明灯

宝马G70车内照明灯系统电路图如图4-2-24所示。

宝马G70氛围灯系统电路图如图4-2-25所示。

宝马G70车内照明灯SA 6F1（Bowers&Wilkins钻石环绕音响系统）系统电路图如图4-2-26所示。

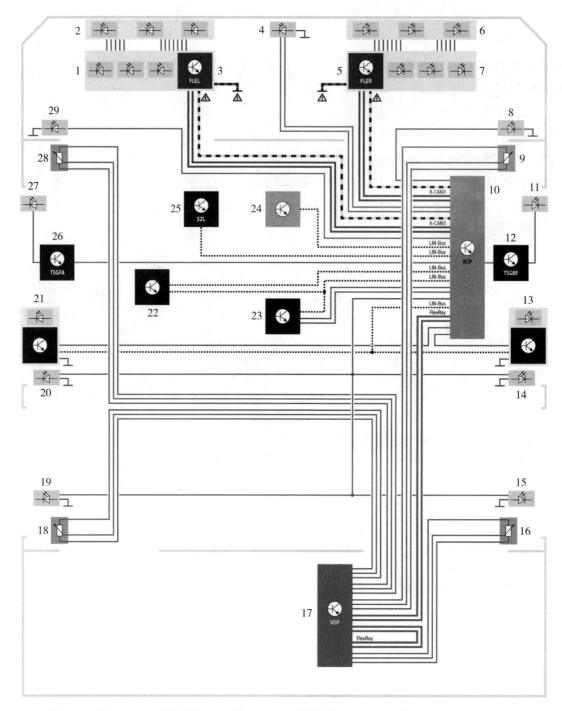

1.左侧前灯 2.左侧大灯2 3.左侧前部车灯电子装置FLEL 4.散热格栅照明 5.右侧前部车灯电子装置FLER 6.右侧大灯 2 7.右侧前灯 8.右前侧面示廓灯（仅限美国规格） 9.右前车辆高度传感器 10.基本中央平台BCP 11.右侧车门外后视镜内的转向信号灯 12.副驾驶车门控制单元TSGBF 13.右侧光毯 14.右前车门外侧拉手照明装置 15.右后车门外把手照明装置 16.右后高度位置传感器 17.垂直动态管理平台 VDP 18.左后车辆高度传感器 19.左后车门外把手照明装置 20.左前车门外把手照明装置 21.左侧光毯 22.驾驶员触控式面板 23.空调操作面板 24.晴雨/光照/水雾传感器 25.转向柱开关中心SZL 26.驾驶员车门控制单元TSGFA 27.左侧车外后视镜内的转向信号灯 28.左前车辆高度传感器 29.左前侧面示廓灯（仅限美国规格）

图4-2-22

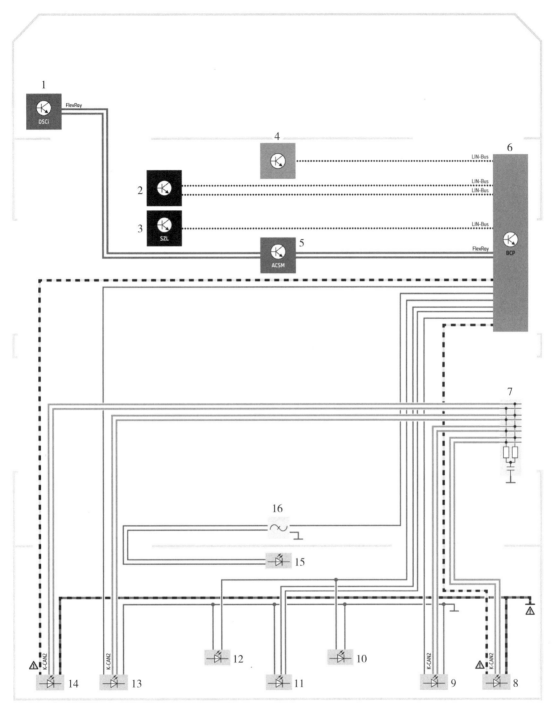

1.综合动态稳定性控制系统DSCi 2.空调操作面板 3.转向柱开关中心SZL 4.晴雨/光照/水雾传感器 5.碰撞和安全模块 ACSM 6.基本中央平台BCP 7.CAN终端电阻 8.右侧外部尾灯装置 9.右侧内部尾灯装置 10.右侧牌照灯 11.后雾灯/倒车灯 12.左侧牌照灯 13.左侧内部尾灯装置 14.左侧外部尾灯装置 15.第三制动信号灯 16.抗干扰滤波器

图4-2-23

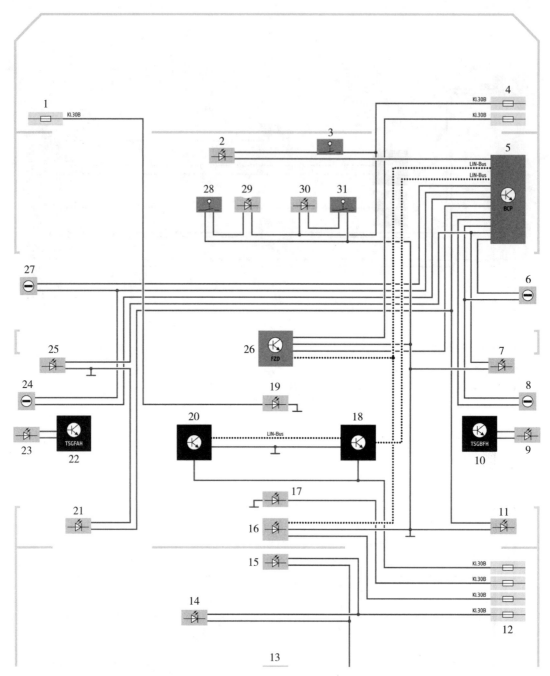

1.左前配电盒 2.手套箱照明灯 3.手套箱照明灯开关 4.右前配电器 5.基本中央平台BCP 6.前乘客车门锁 7.右前登车槛板照明灯 8.前乘客侧后部车门锁 9.前乘客侧后部登车照明灯 10.后乘客侧车门控制单元TSGBFH 11.右后登车槛板照明灯 12.右后配电器 13.行李箱盖锁 14.行李箱盖上的行李箱照明灯 15.行李箱照明灯 16.后部车内照明灯 17.后部中间扶手灯 18.全景玻璃天窗右侧车内照明灯 LIN 从站 19.中控台照明装置 20.全景玻璃天窗左侧车内照明灯 LIN 从站 21.左后登车槛板照明灯 22.后驾驶员侧车门控制单元TSGFAH 23.驾驶员侧后部登车照明灯 24.驾驶员侧后部车门锁 25.左前登车槛板照明灯 26.车顶功能中心 FZD 27.驾驶员车门锁 28.左前化妆镜灯开关 29.左前化妆镜灯 30.右前化妆镜灯 31.右前化妆镜灯开关

图4-2-24

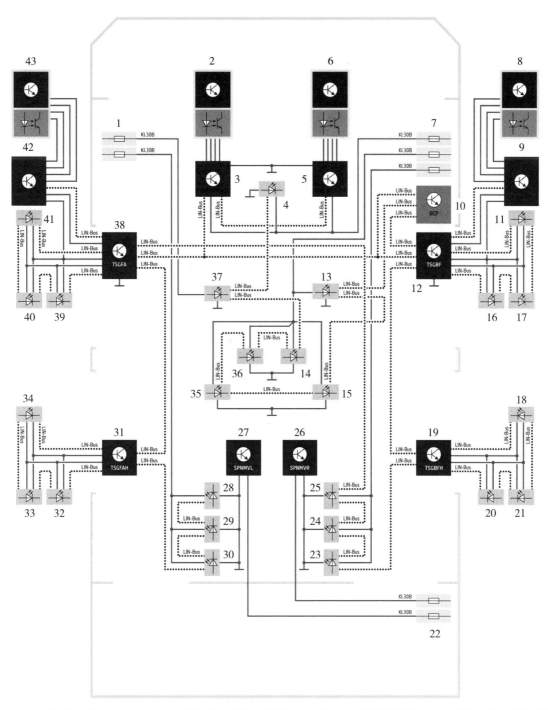

1.左前配电盒 2.仪表板左侧 Interaction Bar 3.仪表板左侧车内照明灯 LIN 从站 4.多功能显示屏 MFD 照明 5.仪表板右侧车内照明灯 LIN 从站 6.仪表板中间和右侧 Interaction Bar 7.右前配电盒 8.前乘客侧车门 Interaction Bar 9.右前车门车内照明灯 LIN 从站 10.基本中央平台BCP 11.前乘客侧车门装饰条照明 12.副驾驶车门控制单元TSGBF 13.右前脚部空间照明灯 14.右前杯座照明 15.乘客侧中央控制台照明 16.前乘客侧车门袋照明 17.前乘客侧车门内把手照明 18.乘客侧后方车门装饰条照明 19.后乘客侧车门控制单元TSGBFH 20.乘客侧后方车门袋照明 21.前乘客侧后部车门内侧拉手照明装置 22.右后配电盒 23.右后侧脚部空间照明灯 24.前乘客座椅靠背照明装置 25.前乘客座椅右侧靠背照明 26.右前座椅气动模块SPNMVR 27.左前座椅气动模块SPNMVL 28.驾驶员座椅右侧靠背照明 29.驾驶员座椅靠背照明装置 30.左后侧脚部空间照明灯 31.后驾驶员侧车门控制单元TSGFAH 32.驾驶员侧后方车门袋照明 33.驾驶员侧后部车门内侧拉手照明装置 34.驾驶员侧后方车门装饰条照明 35.驾驶员侧中央控制台照明 36.左前杯座照明 37.左前脚部空间照明灯 38.驾驶员车门控制单元TSGFA 39.驾驶员侧车门袋照明 40.驾驶员侧车门内把手照明 41.驾驶员侧车门装饰条照明 42.左前车门车内照明灯 LIN 从站 43.驾驶员侧车门 Interaction Bar

图4-2-25

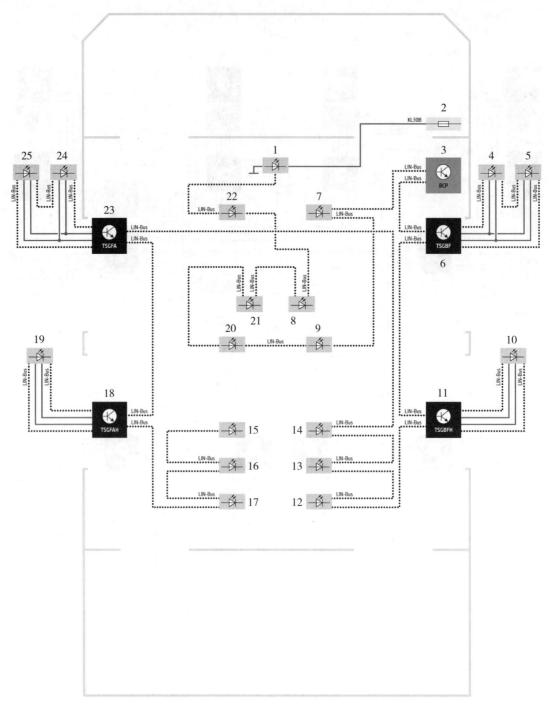

1.多功能显示屏MFD照明 2.右前配电盒 3.基本中央平台BCP 4.前乘客侧车门高音扬声器照明 5.前乘客侧车门中音扬声器照明 6.副驾驶车门控制单元TSGBF 7.右前脚部空间照明灯 8.右前杯座照明 9.乘客侧中央控制台照明 10.乘客侧后方车门中音扬声器照明 11.后乘客侧车门控制单元TSGBFH 12.右后脚部空间照明灯 13.前乘客座椅靠背照明装置 14.前乘客座椅右侧靠背照明 15.驾驶员座椅右侧靠背照明 16.驾驶员座椅靠背照明装置 17.左后侧脚部空间照明灯 18.后驾驶员侧车门控制单元TSGFAH 19.驾驶员侧后方车门中音扬声器照明 20.驾驶员侧中央控制台照明 21.左前杯座照明 22.左前脚部空间照明灯 23.驾驶员车门控制单元TSGFA 24.驾驶员侧车门高音扬声器照明 25.驾驶员侧车门中音扬声器照明

图4-2-26

宝马G70标配氛围灯，与车内照明灯一样，其也由 Basic Central Platform BCP 控制。氛围灯有各种预定义的灯光设计，可通过控制器或CID上的触摸功能进行选择。借助车顶功能中心上的触摸操作可直接访问车内照明灯菜单。仪表板和前车门上的 Interaction Bar 是宝马G70 的一大特点。在 Interaction Bar上有大约 100个RGB LED，通过子总线系统由相应LIN从站控制，在借助动态多色车内灯为车厢内部营造灯光效果方面有两种不同功能：

·场景：永久性车内设计。效果取决于车辆装备和选择的 My Modes。

·动画：受舒适、信息和安全功能支持。效果取决于车辆装备以及各种舒适、信息和安全系统的状态。例如迎接/告别、开门碰撞预警、自动车门、语音控制、通话的灯光效果或 Interaction Bar 的照明。

（七）全景玻璃天窗，全景式屏幕

宝马G70 标配全景玻璃天窗，可选择性订购星空全景天窗（SA 407）。两种款式均配备全景天窗遮阳卷帘。在全景玻璃天窗的钢制框架上，还安装了全景天窗遮阳卷帘的驱动装置和联动装置以及选配的全景式屏幕〔SA 6FR，专业级后排娱乐系统（带智能后排触控系统）〕。宝马G70全景玻璃天窗，全景式屏幕如图4-2-27所示。

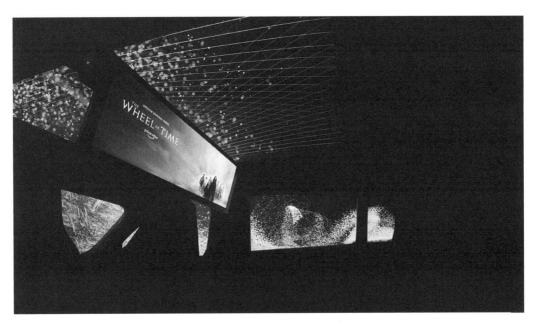

图4-2-27

（八）刮水和清洗装置

宝马G70 配备了挡风玻璃清洗系统，带车窗玻璃刮水器臂的上车窗清洗喷嘴。车窗玻璃清洗喷嘴位于宝马G70的刮水臂上。每个车窗玻璃刮水器臂都使用了多个车窗清洗喷嘴。通过挡风玻璃清洗泵为其提供清洗液，在向下刮擦到下方反转点附近时涂抹清洗液。另外，宝马G70还配备了用于倒车影像或用于选配的后部无人泊车系统摄像头的清洗泵。根据车辆装备，其也可配备用于前部无人泊车系统摄像头的清洗泵。可以选择将前部无人泊车系统摄像头和后部无人泊车系统摄像头与选装配置自动泊车辅助系统 Plus（SA 5DN）或自动泊车辅助系统Pro（SA 5DW）一起安装。刮水器模块由Basic Central Platform BCP通过LIN总线控制。挡风玻璃清洗泵和所有清洗泵由BCP直接控制。

1.售后服务信息

宝马G70的清洗泵无法单独更换。发生故障时，必须将清洗液罐与所有清洗泵一起更换。随后必须执行用于传感器清洁设备试运行的服务功能。宝马G70刮水和清洗装置系统电路图如图4-2-28所示。

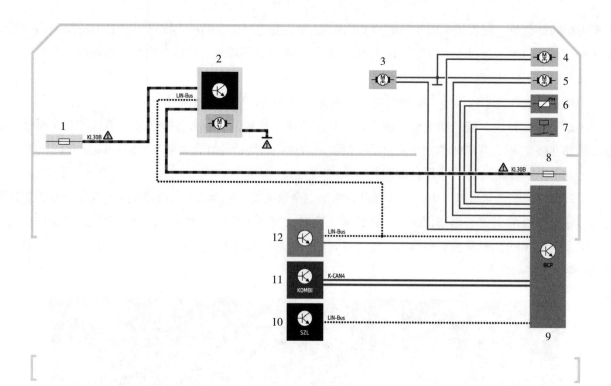

1.左前配电盒 2.刮水器模块 3.清洗泵（前部无人泊车系统摄像头，选配） 4.清洗泵（倒车影像/后部无人泊车系统摄像头） 5.车窗玻璃清洗泵 6.车外温度传感器 7.针对低液位的清洁液位传感器 8.右前配电盒 9.基本中央平台BCP 10.转向柱开关中心SZL 11.控制单元组合仪表KOMBI 12.晴雨/光照/水雾传感器

图4-2-28

（九）电动主动式侧翻稳定装置

与宝马G11和G12一样，在宝马G70上也提供电控主动动态行驶稳定装置与选装配置魔毯智能空气悬挂系统（SA 2VS）的组合。但宝马G70上的新特点是通过48V车载网络为电控主动动态行驶稳定装置供电。在不带高压系统的车辆上通过标配的48V电池进行供电，而在带有高压系统的车辆（PHEV, BEV）上

采用的是 Supercap 48 Volt。所有驱动版本均通过竖向动态平台VDP对电控主动动态行驶稳定装置进行调节。 借助48V电压水平可通过优化能量回收改善系统的能量平衡。宝马G70电控主动动态行驶稳定装置系统电路图如图4-2-29所示。

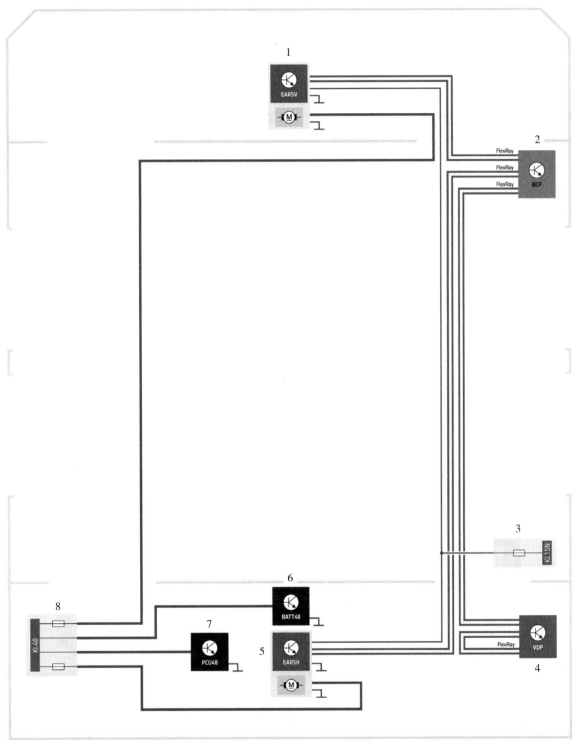

1.前部电动主动式侧翻稳定装置EARSV 2.基本中央平台BCP 3.右后配电盒 4.垂直动态管理平台VDP 5.后部电动主动式侧翻稳定装置EARSH 6.电池48V BATT48（或PHEV与BEV上的Supercap 48V SC48） 7.电源控制单元48V PCU48 8.48V蓄电池配电盒

图4-2-29

（十）空调

在宝马G70上使用的空调系统具有以下几个新特点：

·驾驶员和副驾驶的脚部空间温度可通过中央信息显示器个性化调整。

·在后座区使用额外的光照传感器，其安置在后窗置物架的后部区域中间位置。借助两个光照传感器，空调系统可以更好地补偿透过全景玻璃天窗的阳光照射。考虑到全景玻璃天窗的尺寸，需要更准确的计算。主要分为开放式和封闭式全景天窗遮阳卷帘。

在宝马G70上不再提供芳香器。

（十一）驾驶员界面

在宝马G70的驾驶员界面方面，在I20上引入的显示操作系统宝马第8代iDrive操作系统操作说明得到进一步发展。全新的宝马G70 BMW Interaction Bar以及后座区新增的触控显示器（宝马G70后排娱乐系统"操作"）额外丰富了显示操作系统。"我的模式"扩充了新的模式。2023年7月发布了第8.5代宝马操作系统。配备Headunit High 5（HU-H5）的车辆可于2023年11月起通过宝马远程软件升级服务升级至新操作系统。

宝马G70的信息娱乐系统经过改进，在某些情况下与I20相比甚至就是再次更换。例如，全新Headunit High 5（HU-H5）沿用了Headunit High 4的设计。经过改进后，性能更强的远程通信系统盒4（TCB4）版本〔TCB4 High Extended（HAF版本）〕首次安装在宝马车辆上。以此可实现HAV级别2+。宝马G70的信息娱乐领域的最终亮点是全景显示器。这块在营销中被称为"宝马悬浮式巨幕"的显示屏，集成了适用于Amazon Fire TV的流连接。该触摸屏显示器的对角线尺寸为31.3英寸，最大屏幕分辨率为8K。无线充电计划在全新宝马7系（2022）上得到大规模扩展。此外，在连接性主题方面也有创新：USB、Wi-Fi和流处理（音乐流和新的视频流）。全新互联驾驶服务，例如"Multimapping"和"Login Mapping Merge"首次在宝马G70上批量使用。宝马G70 Bowers & Wilkins顶级高保真系统和BMW Interaction Bar如图4-2-30所示。

图4-2-30

二、信息娱乐系统

宝马G70的信息娱乐系统经过改进，在某些情况下与I20相比甚至就是再次更换，如图4-2-31所示。例如，Headunit High 4升级为新的Headunit High 5（HU-H5）。此外，经过改进后，性能更强的远程通信系统盒4（TCB4）版本〔TCB4 HAF 版本（5G）〕首次用于宝马车辆。TCB4"HAF 版本"首次结合高速公路辅助系统（SA 5AX）使用并为此创造基本条件。高速公路辅助系统朝自动驾驶方向又迈进了一步。宝马G70的信息娱乐系统方面的终极亮点是全景式屏幕。这块在营销中被称为"宝马悬浮式巨幕"的显示屏，集成了适用于Amazon Fire TV 的流连接。屏幕对角线尺寸为31.3英寸。全景式屏幕被设计为最大屏幕分辨率为8K的触摸屏显示器。本书介绍了宝马G70扬声器系统中顶级高保真系统与高端音响的创新以及RAM与增强器系统和全新的主动音效设计（ASD 3.5）的进一步发展。无线充电主题在全新宝马7系（2022）上得到大规模扩展。此外，在连通性方面也有以下创新：

- 宝马G70 USB接口。
- Wi-Fi和流处理（音乐流和新的视频流）。

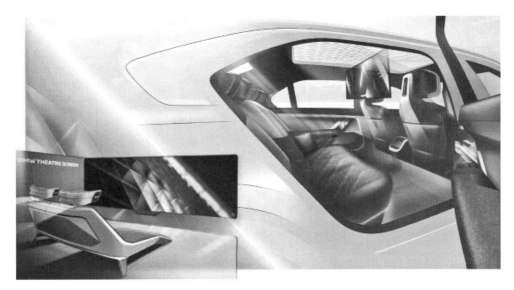

图4-2-31

三、Headunit High 5 和天线系统

（一）主机High 5

　　Headunit High 5 HU-H5的基础架构与Headunit High 4的架构非常相似。该架构从基于Linux的英特尔系统转换为基于Linux的骁龙系统。在Headunit High 5中也使用BMW Operating System8作为操作方案。2022年，Headunit High 5在宝马G70上批量使用。在宝马G70上，HU-H5的安装位置在左侧驾驶员脚部空间的饰盖后面。主机在辅助系统方面提供扩展功能，尤其体现在与宝马G70上引入的、有两个控制单元地址（MPAD和MPAD2）的MPAD4C协作上。宝马G70 Headunit High 5安装位置如图4-2-32所示。

（二）天线系统

　　宝马G70的天线系统以I20的车载网

图4-2-32

319

络为基础，那里安装了非常多的LTE天线。全新Headunit High 5与"HAF版本"的远程信息处理单元TCB4相结合，需要大量天线来执行新功能，例如高速公路辅助系统（SA 5AX）。此外，实现个人eSIM也需要天线。宝马G70天线系统如图4-2-33所示。

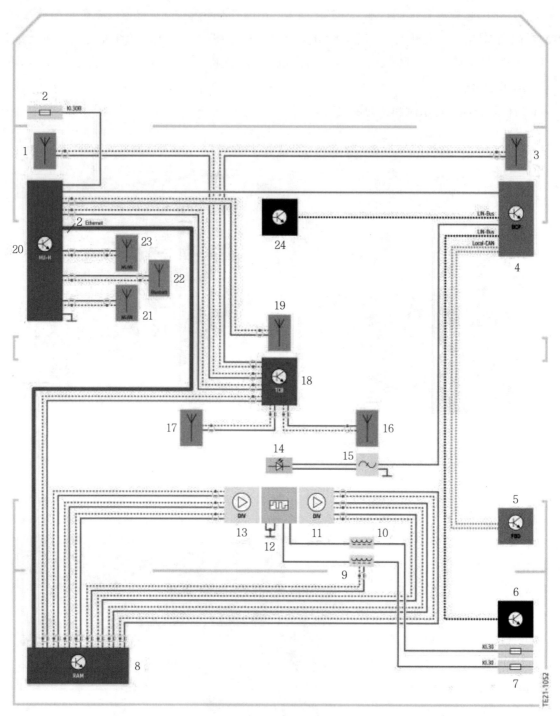

1.左前 LTE 天线/个人eSIM（A 柱）   2.主机供电   3.右前LTE天线/个人eSIM（A 柱）   4.基本中央平台BCP   5.远程操作服务FBD   6.集成供电   7.后部配电器   8.收音机音响模块RAM   9.后窗玻璃加热装置带阻滤波器1   10.后窗玻璃加热装置带阻滤波器2   11.左侧天线放大器   12.后窗玻璃加热   13.右侧天线放大器   14.刹车灯   15.过滤器   16.车顶天线空壳中的LTE 1-4（4xMIMO LTE）   17.车顶天线空壳中的紧急呼叫天线/卫星数字音频广播服务（仅限美国规格）   18.远程通信盒TCB   19.GNSS天线（视国家而定）   20.主机High 5   21.Wi-Fi 天线（连通性）   22.蓝牙天线   23.主机壳体内的 Wi-Fi 天线（Wi-Fi 热点）   24.冷暖空调操作面板（MAX 按钮）

图4-2-33

四、USB接口

USB接口的设置根据设备的不同而定，宝马G70有多达7个USB-C接口，由于采用无面板式集成，因此只能看到接口的开口。在前部中央控制台和后部中间扶手上分别标配2个接口。装备选装配置舒适旅行系统（SA 4FL）时，在前排座椅的靠背上分别集成了另一个USB接口。USB接口概述如图4-2-34所示。

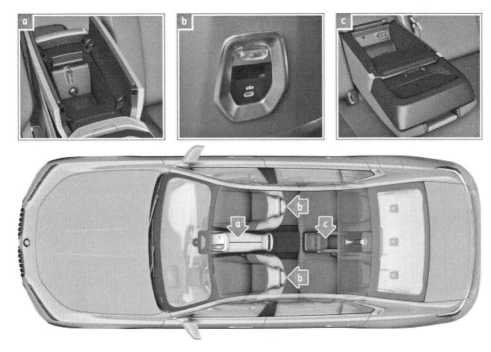

a.前侧中控台　b.前排座椅靠背　c.后部中间扶手

图4-2-34

（一）车载电源连接

所有USB接口连接至车载网络的12V供电。在乘客车厢前部的接口还具有与主机相连的数据连接，从而实现播放音频文件。USB-C接口的车载网络连接如图4-2-35所示。

（二）中央控制台USB-C接口

前部接口位于中央控制台储物格中，通过安装"双向插口"实现，如图4-2-36和图4-2-37所示。

技术数据：

（1）最大充电功率。

·C型USB：$2 \times 15W$（分别为$5V \times 3A$）。

·借助适配接口的A型USB：在蓄电池充电模式下分别为$5V \times 1.5A$（7.5W）（根据USB-BC1.2充电标准）在数据传输方面，两个接口仅支持USB 2.0数据标准（480 Mbit/s）。

（2）白色照明，不受宝马G70上的氛围灯功能影响。

（三）中间扶手USB-C接口

后部接口位于后排中央扶手上的储物格中。在此安装"Dual Charger Power Delivery（PD）"，后部中间扶手USB-C接口如图4-2-38所示，USB模块"Dual Charger PD"如图4-2-39所示。

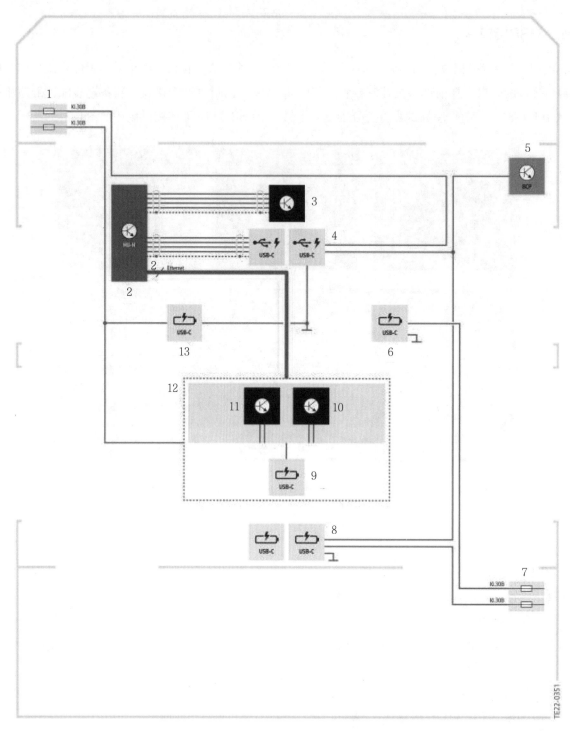

1.质量　2.主控单元　3.控制单元组合仪表　4.前部中央控制台USB-C接口　5.基本中央平台BCP　6.副驾驶员座椅上的USB-C接口PD　7.质量　8.后部中间扶手USB-C接口　9.全景式屏幕PADI上的USB-C接口　10.PADI控制单元，CPU卡　11.PADI 控制单元，显卡　12.PADI 整个系统　13.驾驶员座椅上的USB-C接口PD

图4-2-35

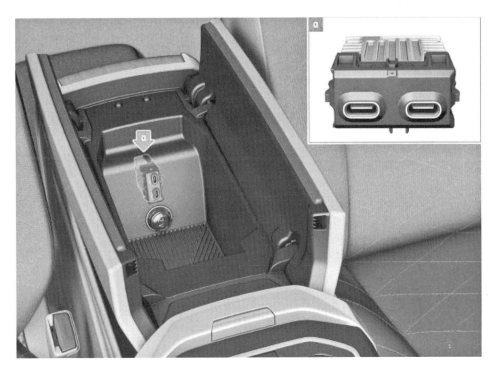

图4-2-36

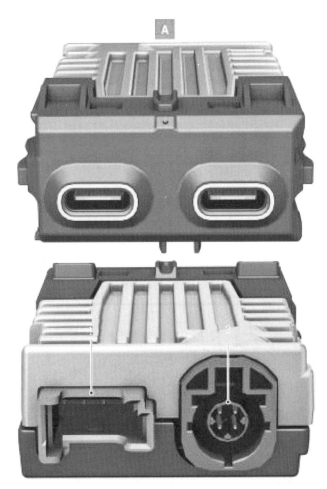

A.USB 模块正视图　1.外部12V供电插头　2.带连接主机的数据导线的插头

图4-2-37

图4-2-38

A.USB 模块正视图　1.外部12V供电插头

图4-2-39

324

技术数据：

（1）无数据传输。

（2）充电功率：45W（两个接口的总功率）。

（3）白色照明，不受宝马G70上的氛围灯功能影响。

（四）靠背USB-C接口

若订购选装配置舒适旅行系统（SA 4FL），则需要在前排座椅的靠背上各有一个接口。相关部件为Single Charger PD MQS，可通过关闭集成的滑动门完全遮盖接口。在打开滑动门方面可以有两个卡止点。通过将滑动门开至中间卡止点可开放USB接口。若开至上方卡止点，则也可接近舒适旅行系统的定位件，靠背USB-C接口如图4-2-40所示，靠背USB-C接口安装情况如图4-2-41所示。

技术数据：

（1）通过10针MQS插口的C型USB端口。

（2）USB Power Delivery：充电功率最大可达45W或3A。

（3）支持的充电协议：5V×3A、9V×3A、15V×3A、20V×2.25A和PPS（可编程电源）。

（4）无数据传输。

（五）选装配置舒适旅行系统2.0

舒适旅行系统2.0（SA 4FL）可搭配多功能座椅（SA 4FM）订购。该系统为客户的平板电脑在前排座椅背面提供高品质设计的定位件，舒适旅行系统支架定位件如图4-2-42所示，放置在T&C支架上的平板电脑如图4-2-43所示。

（1）座椅接口预留装置为平板电脑支架以及舒适旅行系统产品组合中的所有特殊附件提供快速简便的定位件/固定装置。

（2）在最畅销平板电脑的支持下，使用移动终端设备丰富后座区乘客的娱乐体验。

（3）用于无级调整和倾斜平板电脑位置的双横臂。

（4）平板电脑可旋转360°。

（5）采用成熟的夹式机械机构的座椅接口方便安装和取出。

a.滑动门已关闭的USB-C 接口

图4-2-40

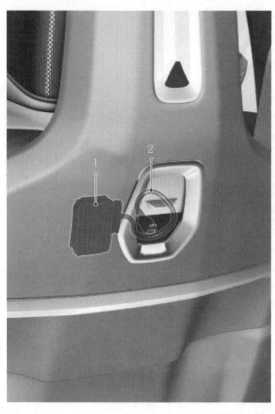

1.Single Charger Power Delivery MQS   2.USB-C接口电缆

图4-2-41

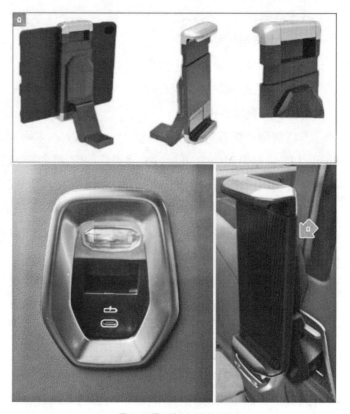

a.带和不带平板电脑的视图

图4-2-42

图4-2-43

（六）带USB-C接口的全景式屏幕

通过订购专业级后排娱乐系统（带智能后排触控系统）（SA 6FR），宝马G70在后座区配有全景式屏幕。在全景式屏幕的背面，除了两个AUX输出端和一个HDMI输入端，还有另一个USB-C接口。其没有数据连接，主要用于为设备充电。全景式屏幕后视图如图4-2-44所示。

a.UX 输出端（2x）、HDMI和USB-C接口

图4-2-44

五、后排娱乐系统"全景式屏幕"

凭借宝马悬浮式巨幕（下称全景式屏幕），宝马在车载娱乐系统领域树立了新标准，为后座区乘客提供如同置身影院的娱乐体验。屏幕提供超宽全景显示，屏幕对角线几乎在乘客车厢的整个宽度上水平延伸。在高度上，屏幕利用从车顶顶棚到前排座椅靠背的整个空间。全景式屏幕是选装配置专业级后排娱乐系统（带智能后排触控系统）（SA 6FR）的一部分。客户可通过触摸全景式屏幕的显示屏或通过全新车门控制模块（由车门饰件上与智能手机相似的小型平板电脑组成）操作全景式屏幕。对于不带选装配置专业级后排娱乐系统（带智能后排触控系统）（SA 6FR）的宝马G70，可使用舒适旅行系统（SA 4FL）的支架。前排座椅上的舒适旅行系统特别适合操作平板电脑或在后座区使用手提电脑。宝马G11/G12仍配备用于后部的中央主机、RSE控制单元和2个后排显示屏。相比之下，宝马G70如今将全部3个控制单元一起集于全景式屏幕。宝马G70上的全景式屏幕如图4-2-45所示。

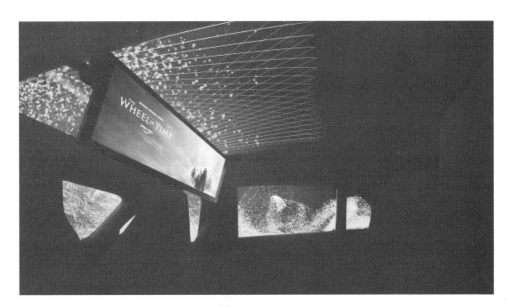

图4-2-45

327

（一）车载电源连接

1.全景式屏幕电路图

通过将后排显示屏、RSE控制单元和附加接口集于一台设备，全景式屏幕与系统网络的连接非常紧凑和简单。尤其是相比于宝马G11/G12的系统，其在总线连接方面仍使用MOST总线、FBAS、OABR以太网和APIX。对于宝马G70，全景式屏幕的完整解决方案足以实现通过以太网的简单连接和通过硬布线连接至BCP的唤醒导线。通过车辆尾部的右后方配电器为全景式屏幕进行供电。全景式屏幕系统电路图如图4-2-46所示。

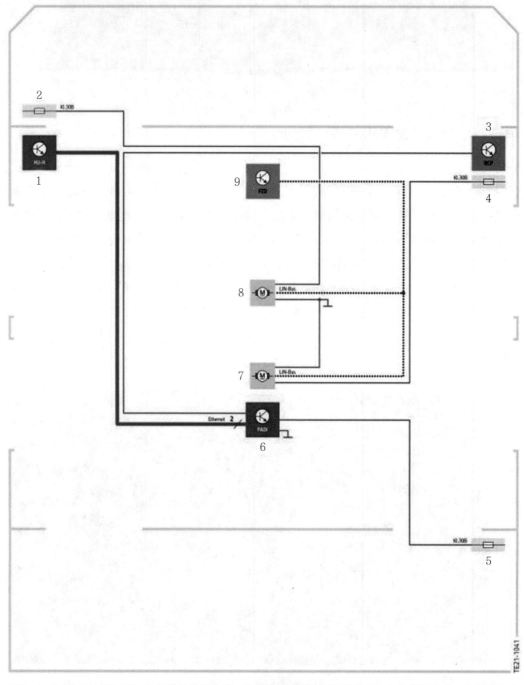

1.Headunit High 5 HU-H5　2.发动机舱配电盒　3.全景式屏幕至BCP的接口　4.右前配电盒　5.右后配电盒　6.全景式屏幕PADI　7.联动装置1调整电机　8.联动装置2调整电机　9.车顶功能中心FZD

图4-2-46

2.背面接口

在全景式屏幕的背面有用于供电和总线连接的接口以及用于有线流媒体的各种接口。全景式屏幕车载网络接口如图4-2-47所示。全景式屏幕背面的接口如图4-2-48所示。

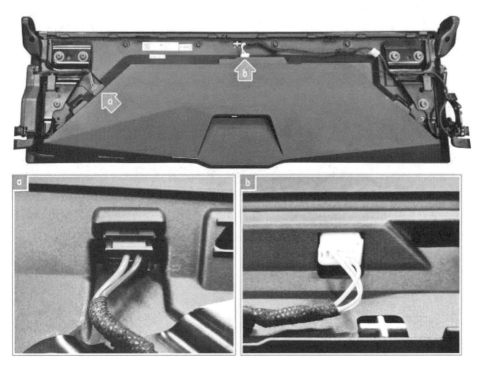

a.供电插头　b.BCP和OABR以太网与主机的接口

图4-2-47

图4-2-48

（二）全景式屏幕硬件

1.显示屏概述

全景式屏幕是31.3英寸大的显示屏，其以32：9的比例和高达8K的分辨率为客户显示智能电视功能。全景式屏幕的核心部分是高通公司带有相应扩展卡的智能PC卡（SD8185/SD81509）。基于安卓的操作系统以BMW Operating System 8的观感设计通过触摸屏幕进行触控操作，也可以通过全新的车门控制模块对全景式屏幕进行操作。宝马G70上对角线尺寸为31.3英寸的全景式屏幕如图4-2-49所示。

图4-2-49

2.全景式屏幕中的模块

智能PC卡具有6GB的内存，操作系统为安卓9。

此外，全景式屏幕中还装有附加接口板。接口板包含以下配置：

（1）摄像机。

（2）话筒。

（3）棘爪式插座。

（4）HDMI接口。

（5）USB-C插口（仅限充电）。

全景式屏幕中的模块如图4-2-50所示。

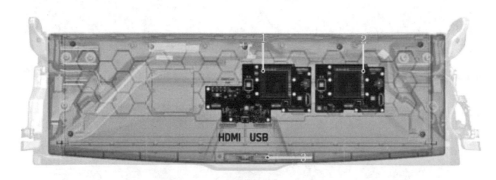

1.带外部接口的CPU卡　2.显卡　3.带话筒和蓝牙接口的图像采集卡

图4-2-50

3.摄像头和话筒

宝马G70上装有与车辆区域相适应的前摄像头，其具有满足视频会议要求的8MP分辨率。此外，用于声波集束的2个话筒可确保在宝马G70后座区的视频会议的高性能质量。在宝马G70批量生产开始时，还没有软件（应用）可用于全景式屏幕上的前摄像头。在采用前摄像头之前，仅通过HDMI反映手提电脑的摄像头图像。全景式屏幕上的话筒仅用于视频会议。在车顶顶棚的左后和右后有2个单独的话筒可用于后排电话。全景式屏幕摄像头和话筒如图4-2-51所示。

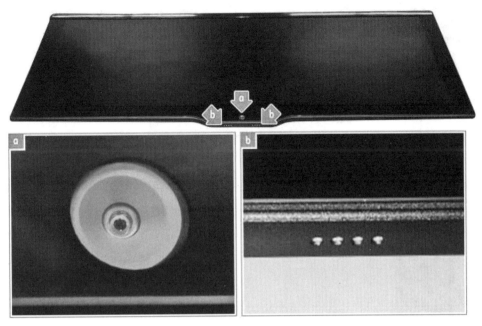

a.摄像机　b.全景式屏幕底面上的话筒

图4-2-51

4.全景式屏幕接口（外部设备）

全景式屏幕有多个接口可用于连接有线流媒体和有线耳机的2个棘爪式插座。用于有线视频流的1个HDMI接口、用于为外部无线HDMI Dongle设备供电的1个USB-C插口和用于外部设备的全景式屏幕接口如图4-2-52所示。用于HDMI流媒体（有线）或iPhone带有相应适配接口的预留装置如图4-2-53所示。

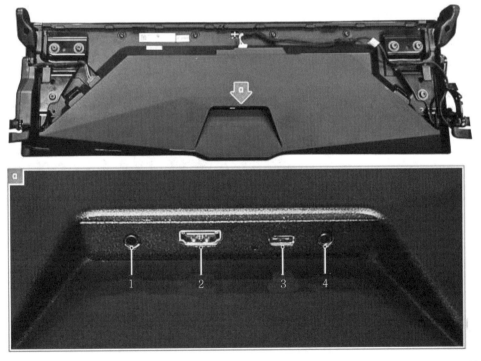

1.音频模式/耳机1棘爪式插座　2.HDMI输入端　3.USB-C 插口（仅限充电）　4.音频模式/耳机2棘爪式插座

图4-2-52

331

图4-2-53

（三）外翻功能/机械结构

具有智能电视功能的大尺寸显示屏，根据请求在通过侧面的2个铰接导轨引导的精细旋转运动中，从车顶顶棚伸出。可借助触摸屏控制在以下不同车载娱乐系统的控制菜单中改变全景式屏幕的倾角：

（1）全景式屏幕上。

（2）车门控制模块的触控显示器上。

（3）驾驶员或副驾驶的前部CID菜单上。

外翻功能和倾角由2个智能电动机控制。将全景式屏幕切换到影院模式时，会先检查前排座椅的位置，以免前排座椅与全景式屏幕之间发生碰撞。若存在碰撞危险，则全景式屏幕不会移动至"影院"位置，而是留在"车顶顶棚"上的"静止位置"。此外，在车门控制模块的触控显示器上将显示一则提示：由于识别到碰撞危险，全景式屏幕无法伸出。全景式屏幕的外翻功能如图4-2-54所示。

1.全景式屏幕内翻于车顶顶棚上　2.全景式屏幕处于外翻状态

图4-2-54

（四）全景式屏幕的操作

1.通过触摸操作

在宝马G70的所有座椅位置上均提供最佳操作方式，以保证极其舒适的最佳观影体验。在左侧和右侧边缘均布置了全景式屏幕的触控式面板，主要用于选择屏幕比例和音量。通过将触控式面板定位在边缘处确保所有后座区乘客都能简单方便地进行操作。全景式屏幕触控显示器如图4-2-55所示。

1.左侧触控式面板（BMW OS 8 小组件）　2.Amazon Fire TV或通过HDMI连接的CE设备显示区　3.安卓触控式面板/CE内容　4.右侧触控式面板（BMW OS 8 小组件）

图4-2-55

2.通过车门控制模块操作

乘客可通过后部车门上标配的车门控制模块（BMTHL/BMTHR）来使用全景式屏幕和控制娱乐系统。车门控制模块如图4-2-56所示。

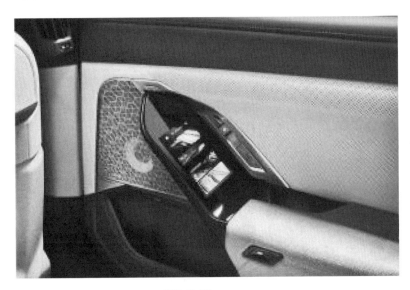

图4-2-56

3.通过个人eSIM的流式传输

若启动个人eSIM卡，则可通过Wi-Fi功能将外部供应商的内容流式传输至车辆中。此外，客户在宝马G70上首次可于车辆前部用流式传输YouTube的内容，如图4-2-57所示。宝马G70的CID上的 YouTube流式传输如图4-2-58所示。

图4-2-57

图4-2-58

在车辆的后座区，甚至可以在行驶期间通过Amazon Fire TV访问Amazon和各种第三方供应商的电影、音乐和应用。通过Amazon Fire TV将一切集中于一种体验中，无论是自制剧、体育赛事直播还是新闻资讯，客户可以搜索流媒体门户或设置相应过滤器。此外，全景式屏幕上装有HDMI接口，以便使用外部电子设备的屏幕镜像。Amazon Fire TV如图4-2-59所示。宝马G70后座区的流式传输如图4-2-60所示。

图4-2-59

图4-2-60

六、导航

在宝马G70上采用已因I20为人所知的BMW Operating System 8，类似于I20采用的"BMW地图"智能功能。因此，通过学习驾驶员的习惯，与宝马G11/G12相比，必须输入目的地的次数显著减少。除其他外，宝马G70的导航功能必须适应宝马正在进行的电气化。导航、泊车和充电等数字化服务已完全以用户为导向地集成到基于云的"BMW地图"系统中。随着宝马G70开始批量生产，Headunit High 5 HU-H5也首次投入使用。这个性能显著地提升了主机允许传送的最大数据量，并优化其联网性能。高速公路辅助系统在宝马G70中是首次使用。为实现高速公路辅助系统的功能，需要高精度的实时导航地图（高清晰度地图）。必须在线传输至车辆的高清地图的高数据量又需要车辆具有非常好的联网状态，性能强大的Telematic Communication Box 4控制单元"HAF 版本"对此负责。数据在约2.5km的半径范围内可通过移动网络按需传送至Headunit High 5 HU–H5。High 5 HU–H5主机能够临时存储这些数据，并在与标准地图数据合并后，给驾驶员提供"高速公路辅助系统"功能。在宝马G70上，增强视图功能可在交通情况中进行非常精确地定位。随着宝马G70的上市，首次可在驾驶员显示器上显示Augmented View，为此在驾驶员显示器上可显示驾驶员角度的实时视频流。通过在实时视频流中显示上下文附加信息，驾驶员可获得其他有用信息。Augmented View是选装配置宝马智能互联驾驶座舱专业版（SA 6U3）的组成部分。宝马G70导航如图4-2-61所示。

图4-2-61

七、扬声器系统

宝马G70的基本装备就包含 Bowers & Wilkins 的顶级高保真系统。在宝马的历史上，Bowers & Wilkins 首次提供顶级高保真系统和选配的高端音响系统。顶级高保真系统，"Bowers & Wilkins 环绕音响系统"在发动机版本（MHEV）和PHEV/BEV版本的宝马G70上具有655W的输出功率。选配的高端音响系统"Bowers&Wilkins钻石环绕音响系统"进一步实现巨大的功率提升。全新低音扬声器、带2个风扇的高功率增强器和多达3个钻石振膜的高音扬声器以1965W的总功率为车内带来优美音色。36个扬声器（MHEV）或35个扬声器（PHEV/BEV）的精心定位确保驾驶员和乘客无论坐在哪里，都能随时享受最佳音色。创新的扬声器材料实现音质与车辆重量的完美平衡。Bowers & Wilkins 为宝马G70独家提供的高保真系统如图4-2-62所示。

图4-2-62

（一）扬声器系统概览

扬声器系统参数如表4-2-2所示。

表4-2-2

扬声器系统	基础型号或选装配置	品牌开发	功率	扬声器数量（MHEV/BEV，PHEV）	增强器	RAM	手动均衡
立体声音响系统	G70不提供						
高保真音响系统	G70不提供						
顶级高保真系统"品牌化"	基本装备SA6F4	Bowers&Wilkins	655W	（18/17）扬声器	是	×	是
高端系统	选装配置SA6F1	Bowers&Wilkins	1965W	（36/35）扬声器	是	×	是

（二）顶级高保真音响系统

Bowers & Wilkins 环绕音响系统（SA 6F4）属于宝马G70的基本装备，Bowers & Wilkins 标志如图4-2-63所示。其特点在于平衡的低音喇叭和车门上额外的脉冲补偿低音扬声器（低音演奏PLUS）。配备电动驱动装置的宝马G70车辆在低音扬声器技术方面有新的特点。两款车辆的不同版本的顶级高保真系统因极高的系统功率而出众。

B&W Bowers&Wilkins

图4-2-63

· 在配备发动机的宝马G70（MHEV）上和配备电动驱动装置的车辆（PHEV/BEV）上均为655W。

· 与之相比，宝马G12的基本装备具有465W的系统功率。

1.顶级高保真系统中的扬声器电路图

· 在配备发动机的宝马G70（MHEV）上有18个扬声器。

· 在混合动力汽车或电动车上（在PHEV和BEV上）有17个扬声器。

·与之相比，宝马G12的高保真系统共有16个扬声器。

宝马G70 MHEV上的Bowers & Wilkins环绕音响系统如图4-2-64所示。

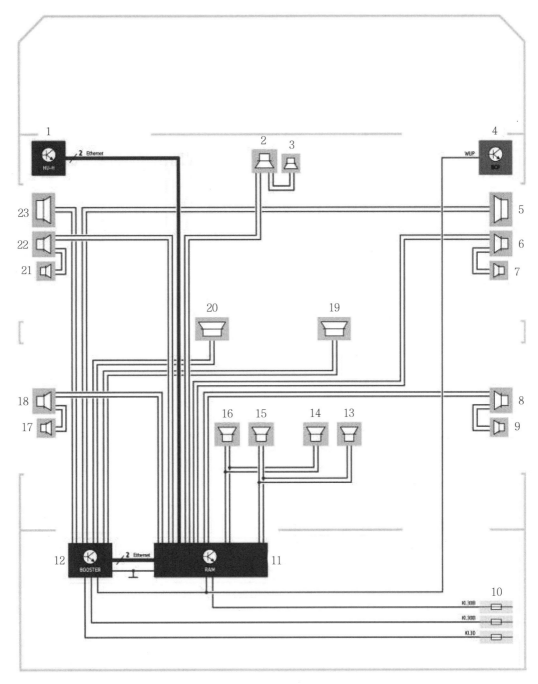

1.主机High 5　2.中音中央扬声器（玻璃纤维膜片）　3.高音中央扬声器（铝膜）　4.基本中央平台BCP　5.前部车门脉冲补偿低音扬声器　6.前部车门中音扬声器（Continuum 膜片）　7.前部高音扬声器（铝膜）　8.后部车门中音扬声器（Continuum 膜片）　9.后部高音扬声器（铝膜）　10.后部配电器　11.收音机音响模块RAM　12.增强器　13.后头枕扬声器　14.后头枕扬声器　15.后头枕扬声器　16.后头枕扬声器　17.后部高音扬声器（铝膜）　18.后部车门中音扬声器（Continuum 膜片）　19.座椅下方前部低音扬声器　20.座椅下方前部低音扬声器　21.前部高音扬声器（铝膜）　22.前部车门中音扬声器（Continuum 膜片）　23.前部车门脉冲补偿低音扬声器

图4-2-64

宝马G70 PHEV/BEV 上的 Bowers & Wilkins 环绕音响系统如图4-2-65所示。

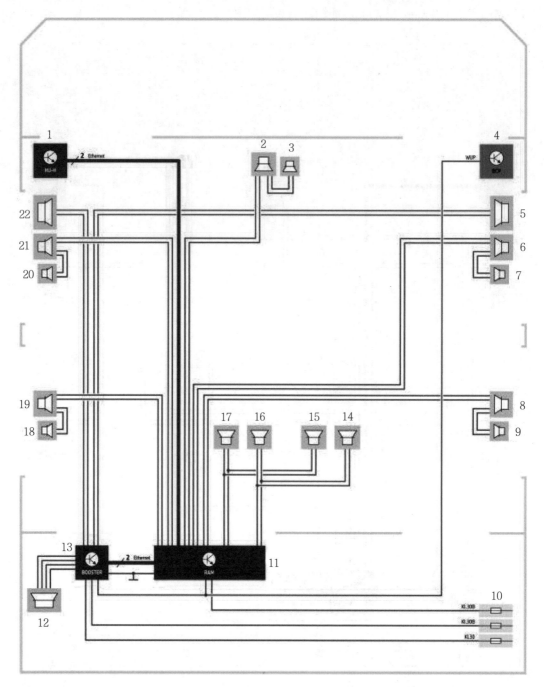

1.主机High 5　2.中音中央扬声器（玻璃纤维膜片）　3.高音中央扬声器（铝膜）　4.基本中央平台BCP　5.前部车门脉冲补偿低音扬声器　6.前部车门中音扬声器（Continuum 膜片）　7.前部高音扬声器（铝膜）　8.后部车门中音扬声器（Continuum 膜片）　9.后部高音扬声器（铝膜）　10.后部配电器　11.收音机音响模块RAM　12.行李箱低音炮　13.增强器　14.后头枕扬声器　15.后头枕扬声器　16.后头枕扬声器　17.后头枕扬声器　18.后部高音扬声器（铝膜）　19.后部车门中音扬声器（Continuum 膜片）　20.前部高音扬声器（铝膜）　21.前部车门中音扬声器（Continuum 膜片）　22.前部车门脉冲补偿低音扬声器

图4-2-65

2.宝马 G70 MHEV/PHEV/BEV 顶级高保真系统的比较

（1）7频段均衡器。

（2）动态驾驶音色调节。

（3）9个功率放大器通道。

（4）低音演奏PLUS：车门上的2个附加低音扬声器。

（5）行李箱中带附加低音炮的BEV/PHEV。

（6）TrueSurround音响的新特点：后部头枕扬声器作为宝马G70的基本装备。

（7）环绕音响。

（8）前部和后部车门上的Bowers & Wilkins品牌营销。

（9）系统功率：655W（MHEV）/655W（PHEV/BEV）。

扬声器数量：18（MHEV）/17（PHEV/BEV）。

（1）5个高音扬声器（铝质振膜）。

（2）4个中音扬声器（Continuum振膜）。

（3）1个中央扬声器中的中音扬声器（玻璃纤维振膜）。

（4）2个中置低音喇叭（MHEV）。

（5）1个低音炮（PHEV/BEV）

（6）2个前部车门脉冲补偿低音扬声器。

（7）4个第2排座椅头枕扬声器。

宝马G70扬声器总平面图MHEV如图4-2-66所示。

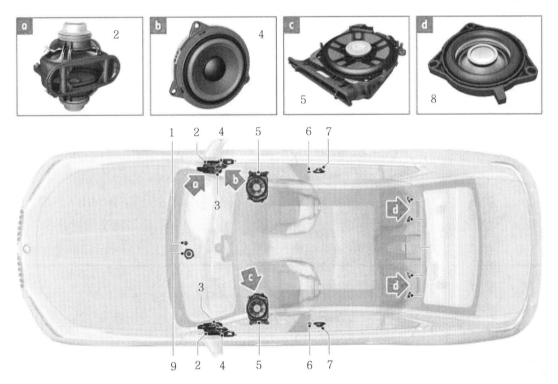

1.高音中央扬声器（铝膜）　2.前部车门脉冲补偿低音扬声器　3.前部高音扬声器（铝膜）　4.前部车门中音扬声器（Continuum 膜片）　5.座椅下方前部低音扬声器　6.后部车门高音扬声器（铝膜）　7.后部车门中音扬声器（Continuum 膜片）　8.后头枕扬声器　9.中音中央扬声器（玻璃纤维膜片）　a.前部车门脉冲补偿低音扬声器　b.前部车门中音扬声器（Continuum 膜片）　c.座椅下方前部低音扬声器　d.后头枕扬声器

图4-2-66

宝马G70扬声器总平面图PHEV和BEV如图4-2-67所示。

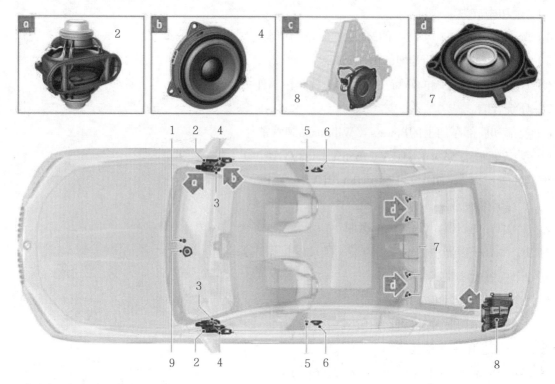

1.高音中央扬声器（铝膜）　2.前部车门脉冲补偿低音扬声器　3.前部高音扬声器（铝膜）　4.前部车门中音扬声器（Continuum 膜片）　5.后部车门高音扬声器（铝膜）　6.后部车门中音扬声器（Continuum 膜片）　7.后头枕扬声器　8.行李箱低音炮　9.中音中央扬声器（玻璃纤维膜片）　a.前部车门脉冲补偿低音扬声器　b.前部车门中音扬声器（Continuum 膜片）　c.行李箱低音炮　d.后头枕扬声器

图4-2-67

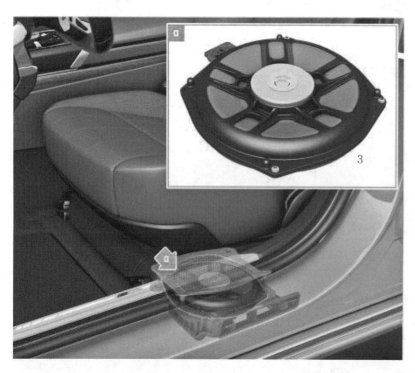

a.低音扬声器安装位置　3.放大镜内容：低音扬声器

图4-2-68

3.顶级高保真系统组件

（1）宝马G70 MHEV上的顶级高保真系统低音扬声器。

宝马G70 MHEV的两个中置低音喇叭位于两个前排座椅下方。结构类型与I20上已知的中置低音喇叭非常相似。宝马G70 MHEV低音扬声器如图4-2-68所示。

（2）前车门上的低音扬声器的创新。

作为宝马G70顶级高保真系统方面的创新，在前部车门上安装了脉冲补偿低音扬声器作为所谓的"低音演奏 PLUS"系统。在配备Bowers &Wilkins 环绕音响系统的宝马G70上，脉冲补偿低音扬声器仅位于前车门。两个扬声器采用同相控制。因此，两个膜片同时向上或向下运动。在这种被称为"Push/Push"的布置方式下，作用在外壳上的力几乎相互抵消。通过防止振动传送到壳体以及整个车辆，实现在宝马G70上的完美演奏。具有全新低音扬声器安装位置的前车门如图4-2-69所示。前部车门上的脉冲补偿低音扬声器如图4-2-70所示。

1. "脉冲补偿"低音扬声器的安装位置

图4-2-69

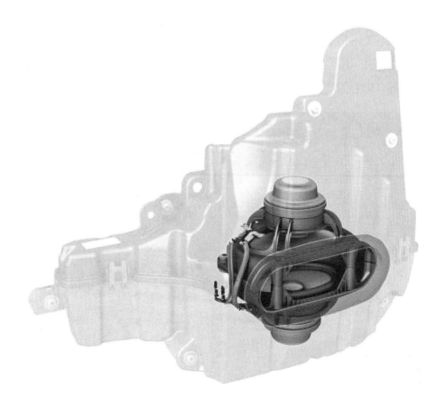

图4-2-70

（3）BEV和PHEV上的行李箱低音炮的新特点。

作为配备电动驱动装置的宝马G70的顶级高保真系统方面的创新，首次提供行李箱中的中央低音炮设置。这个行李箱中的低音炮可以弥补在前排座椅下方的车辆地板中缺少低音扬声器的不足。低音炮配备2个音圈。PHEV和BEV的宝马G70尾部安装位置（低音炮/增强器）如图4-2-71所示。PHEV和BEV车辆上的行李箱低音炮如图4-2-72所示。

1.行李箱中的低音炮　2.增强器（高保真系统）　3.收音机音响模块 RAM

图4-2-71　　　　　　　　　　　　　　　　　　　图4-2-72

（4）Bowers & Wilkins扬声器挡板/全新中音扬声器"Continuum Core"。

G70的顶级高保真系统也会在车门上使用由金属制成并带有Bowers & Wilkins 品牌营销的高品质扬声器挡板。在4个车门上的扬声器挡板后面，除了高音扬声器，还有4个带有特殊膜片的全新中音扬声器。在宝马G70上，宝马首次使用采用全新膜片材料的Continuum Core中音扬声器。Bowers & Wilkins 扬声器挡板如图4-2-73所示。宝马G70上的高音和中音扬声器如图4-2-74所示。

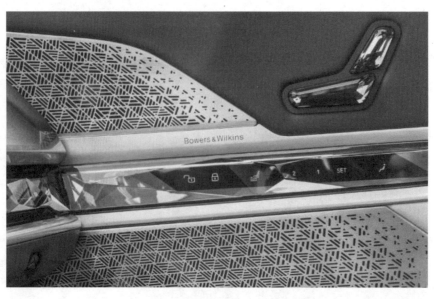

图4-2-73

342

1.高音扬声器　2.中音扬声器

图4-2-74

（5）中音扬声器Continuum音盆中芯。

在宝马G70上有4个采用Continuum技术的中音扬声器：

·2个在前部车门上。

·2个在后部车门上。

中央扬声器的中音扬声器膜片依然采用成熟的玻璃纤维技术。为避免中音扬声器上发生意外波动（过度振荡/局部振荡），可使用由合成纤维制成的全新膜片材料"Continuum Core"。与先前采用膜片材料"Kevlar"的高端中音扬声器进行直接比较，"Continuum Core"在材料刚度和固有振荡特性上远胜一筹。中音扬声器Continuum音盆中芯如图4-2-75所示。宝马G70上的高音和中音扬声器如图4-2-76所示。

图4-2-75　　　　　　　　A.Kevlar膜片局部振荡特性　B.Continuum Core膜片局部振荡特性

图4-2-76

（6）后座区头枕扬声器。

继2021年宝马在I20上引入头枕扬声器后，如今后座区头枕扬声器已成为所有宝马G70车型的标准装备。后座区头枕扬声器如图4-2-77所示。后座区头枕扬声器，后排座椅概览如图4-2-78所示。

图4-2-77

图4-2-78

（三）高端系统

作为选装配置，在宝马G70上提供高端的Bowers&Wilkins钻石环绕音响系统（SA 6F1）。该选装配置包括全新的低音演奏PLUS系统，由车门上的4个附加脉冲补偿低音扬声器组成，其仍然使用来自I20的已知元件：

·3D环绕音响。

·车顶顶棚上的4个扬声器。

来自I20的4D音频元件，通过（第1排座椅）靠背上的各两个振动器扩展低音感知。宝马G70上，振动器现首次在第2排座椅上搭配多功能座椅使用。在True Surround方面，宝马G70也为车辆中的4个座位考虑，在每个头枕中各安装两个环绕扬声器。在宝马G70上，高端音响系统的系统功率合计为1965W。前任车型G11/G12在此仍有1375W的最大系统功率。在宝马G70的MHEV/PHEV和BEV车型上，各有36/35个扬声器（相对于G12上的16个扬声器）。采用Continuum技术的创新的Bowers & Wilkins音扬声器首次用于宝马。Bowers & Wilkins标志如图4-2-79所示。

B&W Bowers&Wilkins

图4-2-79

1.高端音响系统扬声器电路图

高端扬声器系统宝马G70 MHEV如图4-2-80所示。高端扬声器系统宝马G70 PHEV/BEV如图4-2-81所示。

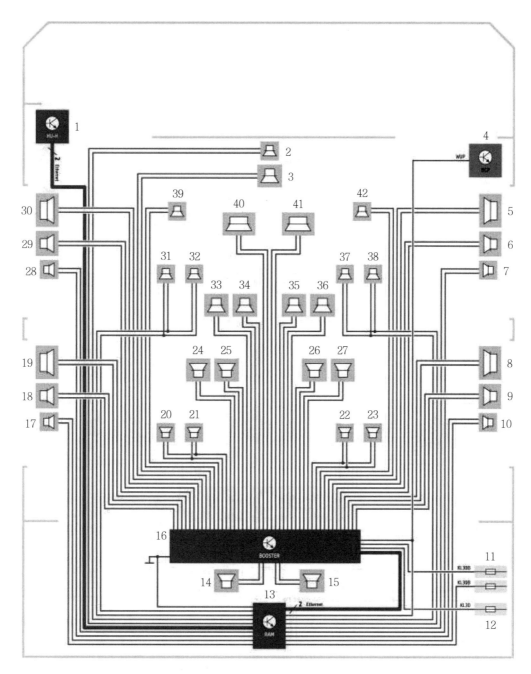

1. 主机High 5 2. 中音中央扬声器（Continuum 膜片） 3. 高音中央扬声器（钻石膜片） 4. 基本中央平台BCP 5. 前部车门脉冲补偿低音扬声器 6. 前部车门中音扬声器（Continuum 膜片） 7. 前部高音扬声器（钻石薄膜） 8. 后部车门脉冲补偿低音扬声器 9. 后部车门中音扬声器（Continuum 膜片） 10. 后部高音扬声器（铝膜） 11. 总线端KL30B后部配电器 12. 总线端 KL30 后部配电器 13. 收音机音响模块RAM 14~15. 车顶顶棚前部的3D环绕音响扬声器 16. 增强器 17. 后部高音扬声器（铝膜） 18. 后部车门中音扬声器（Continuum 膜片） 19.后部车门脉冲补偿低音扬声器 20~23.后头枕扬声器 24~27.后部4D音频振动器 28.前部高音扬声器（钻石薄膜） 29.前部车门中音扬声器（Continuum 膜片） 30.前部车门脉冲补偿低音扬声器 31~32.前部4D音频振动器 33~36.前头枕扬声器 37~38.前部4D音频振动器 39.车顶顶棚前部的3D环绕音响扬声器 40~41.座椅下方前部低音扬声器 42.车顶顶棚前部的3D环绕音响扬声器

图4-2-80

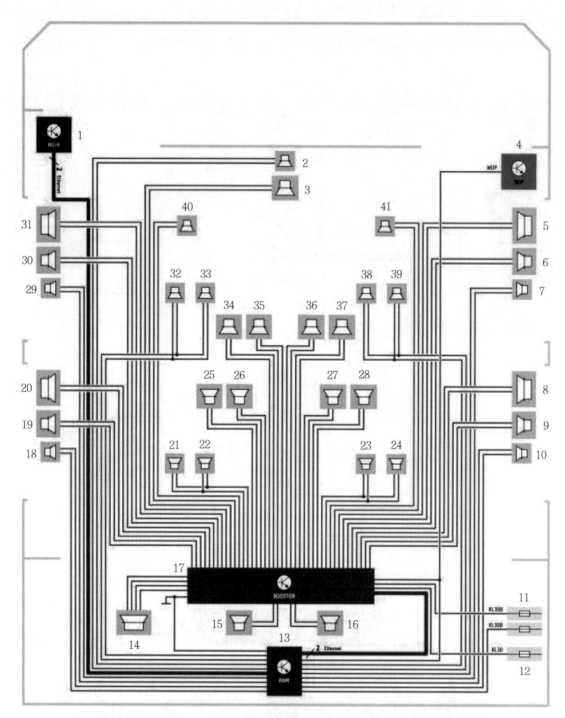

1.主机High 5　2.中音中央扬声器（Continuum 膜片）　3.高音中央扬声器（钻石膜片）　4.基本中央平台BCP　5.前部车门脉冲补偿低音扬声器　6.前部车门中音扬声器（Continuum 膜片）　7.前部高音扬声器（钻石薄膜）　8.后部车门脉冲补偿低音扬声器　9.后部车门中音扬声器（Continuum 膜片）　10.后部高音扬声器（铝膜）　11.总线端 KL30B 后部配电器　12.总线端KL30后部配电器　13.收音机音响模块RAM　14.行李箱低音炮　15~16.车顶顶棚后部的 3D 环绕音响扬声器　17.增强器　18.后部高音扬声器（铝膜）　19.后部车门中音扬声器（Continuum 膜片）　20.后部车门脉冲补偿低音扬声器　21~24.后头枕扬声器　25~28.后部4D 音频振动器　29.前部高音扬声器（钻石薄膜）　30.前部车门中音扬声器（Continuum 膜片）　31.前部车门脉冲补偿低音扬声器　32~33.前部4D音频振动器　34~37.前头枕扬声器　38~39.前部4D音频振动器　40~41.车顶顶棚前部的3D环绕音响扬声器

图4-2-81

2.宝马G70MHEV/PHEV/BEV高端音响系统的比较

（1）7频段均衡器。

（2）话筒支持的动态驾驶音色调节。

（3）4种音色模式（预设）。

（4）有源系统（离散控制扬声器），32个功率放大器通道。

（5）3D环绕音响：车顶顶棚上4个扬声器。

（6）低音演奏PLUS：车门上的4个附加低音扬声器。

（7）TrueSurround：第1排和第2排座椅上的头枕扬声器。

（8）前部和后部车门上的Bowers & Wilkins品牌营销。

（9）系统功率：1965W。

扬声器数量：36（MHEV）/35（BEV，PHEV）。

（1）3个钻石高音扬声器。

（2）2个后部高音扬声器（铝膜）。

（3）5个中音扬声器（Continuum振膜）。

（4）2个中置低音喇叭（MHEV）/1x低音炮（BEV，PHEV）。

（5）4个车门低音扬声器。

（6）4个车顶顶棚上的3D扬声器。

（7）座椅扬声器与振动器（最多16个元件）。

（8）4个前部头枕。

（9）4个第2排座椅头枕扬声器。

（10）8x座椅中的振动器〔第2排座椅仅与"后座多功能座椅"（SA 46A）相结合〕。

宝马G70高端扬声器总平面图MHEV如图4-2-82所示。

宝马G70高端扬声器总平面图BEV、PHEV如图4-2-83所示。

3.扬声器挡板照明电路图

在宝马G70上，车门上的扬声器设置如下：

·前部：高音扬声器（Nautilus，鹦鹉螺）和中音扬声器。

·后部：仅中音扬声器。

高端音响系统扬声器照明如图4-2-84所示。宝马G70车内照明灯（SA 6F1）（Bowers&Wilkins钻石环绕音响系统）系统电路图如图4-2-85所示。

4.高端音响系统中的组件

（1）前后车门上的低音扬声器的创新。

在配备Bowers&Wilkins钻石环绕音响系统的宝马G70上，脉冲补偿低音扬声器安装在前车门和两个后车门上。前部和后部车门上的脉冲补偿低音扬声器如图4-2-86所示。全新低音扬声器的安装位置如图4-2-87所示。

（2）行李箱中的低音炮的新特点（BEV/PHEV）。

与顶级高保真系统一样，在高端音响系统中也装有低音炮。这个中央低音炮在配备电动驱动装置的两款宝马G70车辆上，与RAM和增强器一起安装于行李箱内左侧。PHEV和BEV尾部的行李箱低音炮如图4-2-88所示。适用于PHEV和BEV的宝马G70尾部安装位置（低音炮/增强器/RAM）如图4-2-89所示。

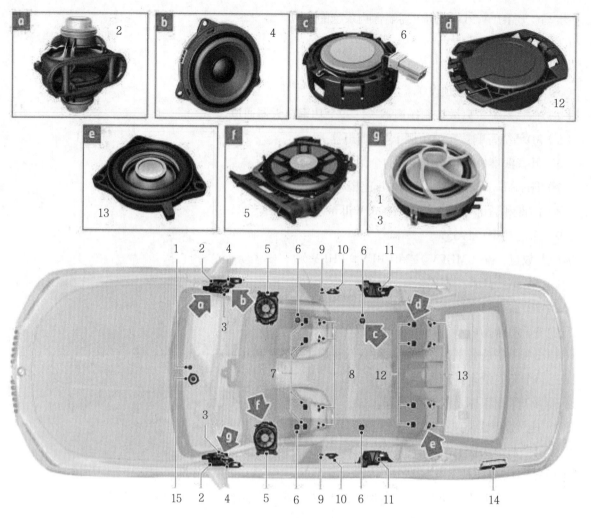

1.高音中央扬声器（钻石膜片）　2.前部车门脉冲补偿低音扬声器　3.前部高音扬声器（钻石薄膜）　4.前部车门中音扬声器（Continuum 膜片）　5.座椅下方前部低音扬声器　6.车顶顶棚前部和后部的3D环绕音响扬声器　7.前部4D音频振动器　8.前头枕扬声器　9.后部高音扬声器（铝膜）　10.后部车门中音扬声器（Continuum 膜片）　11.后部车门脉冲补偿低音扬声器　12.后部4D音频振动器　13.后头枕扬声器　14.增强器　15.中音中央扬声器（Continuum 膜片）　a.前部车门脉冲补偿低音扬声器　b.前部车门中音扬声器（Continuum 膜片）　c.车顶顶棚前部的 3D 环绕音响扬声器　d.后部4D音频振动器　e.后头枕扬声器　f.座椅下方前部低音扬声器　g.前部高音扬声器（钻石薄膜）

图4-2-82

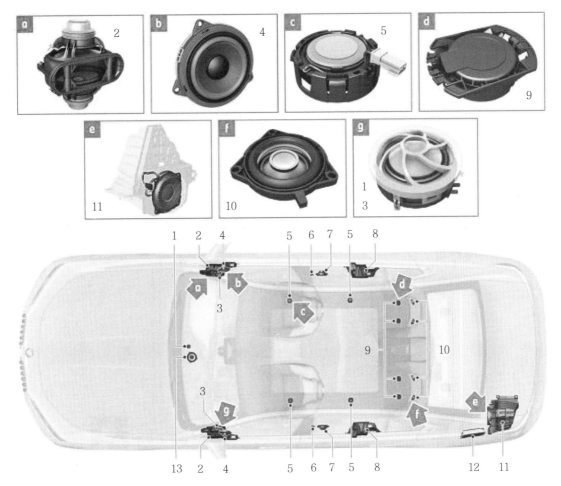

1.高音中央扬声器（钻石膜片）　2.前部车门脉冲补偿低音扬声器　3.前部高音扬声器（钻石薄膜）　4.前部车门中音扬声器（Continuum 膜片）　5.车顶顶棚前部和后部的3D环绕音响扬声器　6.后部高音扬声器（铝膜）　7.后部车门中音扬声器（Continuum 膜片）　8.后部车门脉冲补偿低音扬声器　9.后部4D音频振动器　10.后头枕扬声器　11.行李箱低音炮　12.增强器　13.中音中央扬声器（Continuum 膜片）　a.前部车门脉冲补偿低音扬声器　b.前部车门中音扬声器（Continuum 膜片）　c.车顶顶棚前部和后部的3D环绕音响扬声器　d.后部4D音频振动器　e.行李箱低音炮　f.后头枕扬声器　g.前部高音扬声器（钻石薄膜）

图4-2-83

图4-2-84

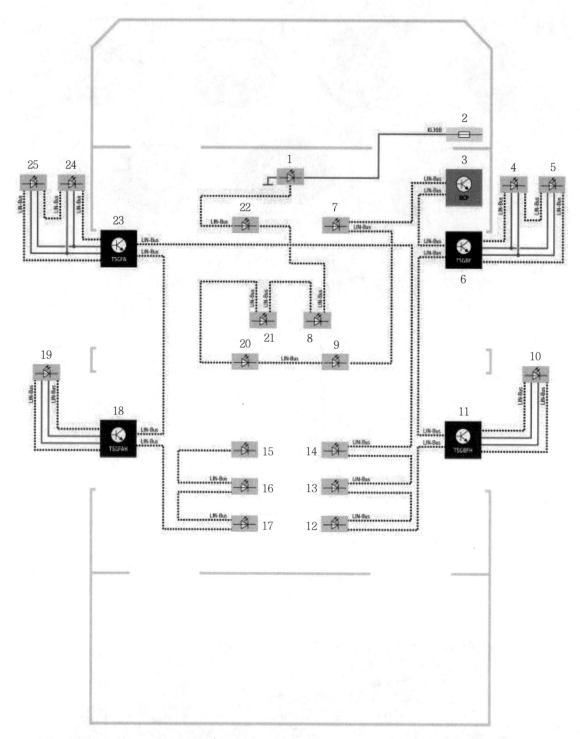

1.多功能显示屏MFD照明　2.右前配电盒　3.基本中央平台BCP　4.前乘客侧车门高音扬声器照明　5.前乘客侧车门中音扬声器照明　6.副驾驶车门控制单元TSGBF　7.右前脚部空间照明灯　8.右前杯座照明　9.乘客侧中央控制台照明　10.乘客侧后方车门中音扬声器照明　11.后乘客侧车门控制单元TSGBFH　12.右后侧脚部空间照明灯　13.前乘客座椅靠背照明装置　14.前乘客座椅右侧靠背照明　15.驾驶员座椅右侧靠背照明　16.驾驶员座椅靠背照明装置　17.左后侧脚部空间照明灯　18.后驾驶员侧车门控制单元TSGFAH　19.驾驶员侧后方车门中音扬声器照明　20.驾驶员侧中央控制台照明　21.左前杯座照明　22.左前脚部空间照明灯　23.驾驶员车门控制单元TSGFA　24.驾驶员侧车门高音扬声器照明　25.驾驶员侧车门中音扬声器照明

图4-2-85

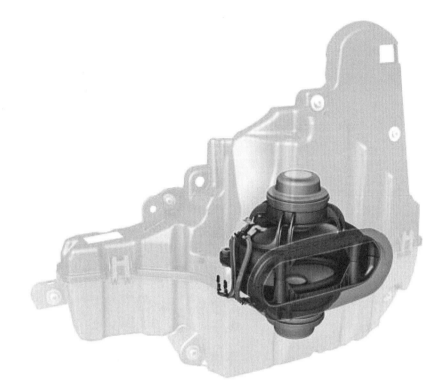

图4-2-86

1.前部"脉冲补偿"低音扬声器的安装位置　2.后部"脉冲补偿"低音扬声器的安装位置

图4-2-87

图4-2-88

1.低音炮　2.增强器（高保真系统）　3.收音机音响模块RAM

图4-2-89

（3）钻石高音扬声器。

在Bowers&Wilkins钻石环绕音响系统中，在车辆前部区域装有3个采用钻石膜片的高音扬声器而非铝膜高音扬声器。由于其刚度较强，钻石是可用于高音扬声器膜片的最保真、最优质的材料，位于宝马G70的1个中央高音扬声器和2个前车门上的2个高音扬声器上。与顶级高保真系统一样，在高端音响系统中也使用Continuum Core中音扬声器，在宝马G70上共有5个高品质扬声器，其位于中央扬声器中和4个车门上。不同于顶级高保真系统，Bowers&Wilkins钻石环绕音响系统的Continuum Core中的音扬声器功率可得到提升。高端音响系统中的钻石高音扬声器如图4-2-90所示。中音扬声器Continuum音盆中芯如图4-2-91所示。

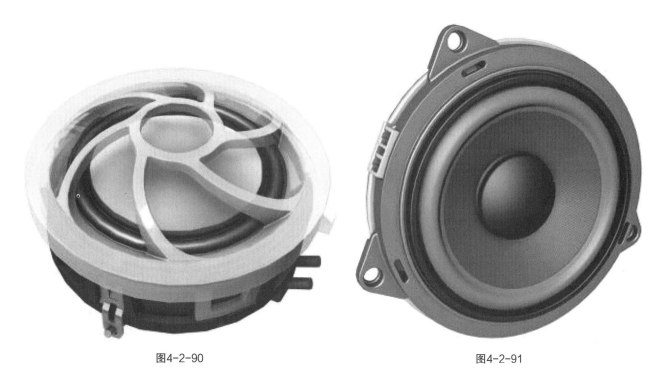

图4-2-90   图4-2-91

（4）3D环绕音响。

对于3D环绕音响，与I20的高端音响系统一样，在宝马G70的车顶顶棚上也安装了4个扬声器。3D环绕音响：车顶顶棚上的4个扬声器，如图4-2-92所示。

图4-2-92

（5）座椅上的扬声器。

①头枕式扬声器。

在宝马G70的Bowers&Wilkins钻石环绕音响系统中，在第1排和第2排座椅上共有8个头枕式扬声器：

·前部各有2个在驾驶员和副驾驶员座椅上。

·宝马G70的后座区各有2个安装在后排座椅的头枕上。

驾驶员和副驾驶员座椅上的头枕扬声器如图4-2-93所示。后座区头枕扬声器如图4-2-94所示。

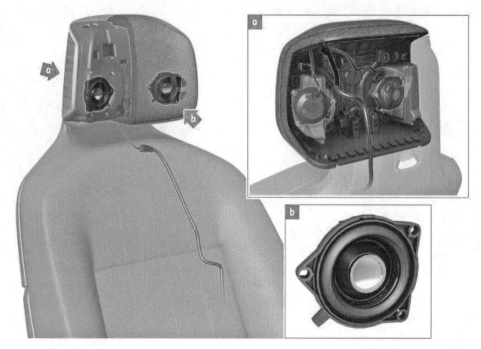

图4-2-93

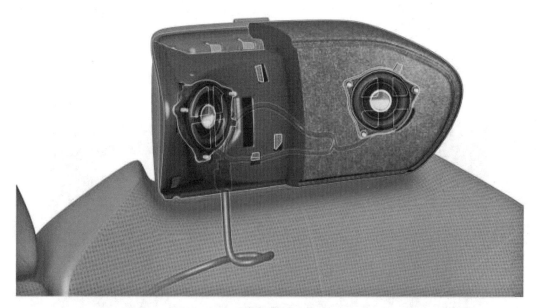

图4-2-94

②4D音频振动器。

关于4D音频：在宝马G70上，在第1排和第2排座椅上总共安装了8个振动器以实现该特性。在前部和后部后座椅靠背上分别成对装有2个4D音频振动器。第2排座椅上的4D音频振动器仅结合选装配置"后座多功能座椅"（SA 46A）安装在车辆上。高端音响系统中前排座椅上的4D音频振动器如图4-2-95所示。宝马G70的2个后排座椅上的4D音频振动器如图4-2-96所示。

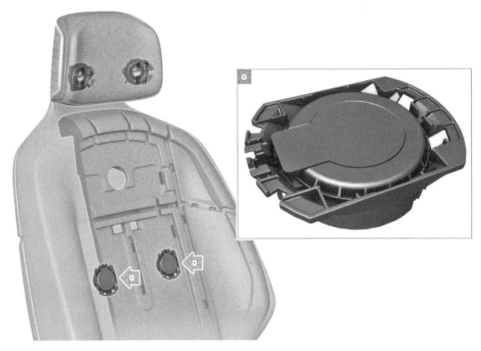

图4-2-95

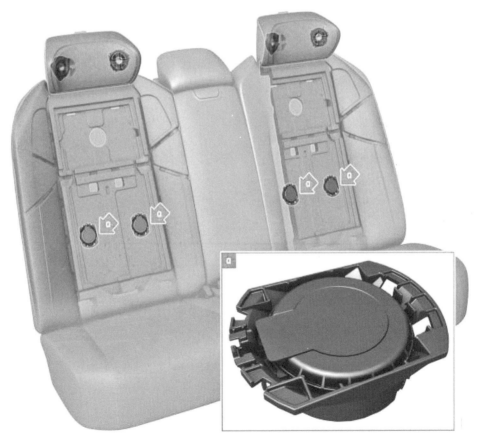

图4-2-96

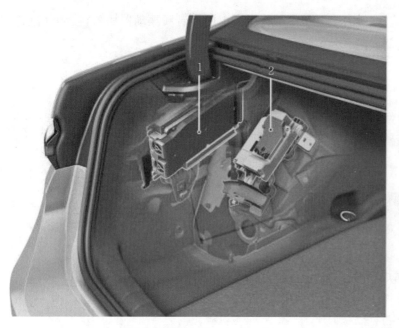

1.增强器安装位置　2.RAM 安装位置

图4-2-97

（四）调谐器/功率放大器系统

与宝马G05（服务包2018）一样，宝马G70（服务包2021）的调谐器系统在接收器音频模块RAM中，不再位于主机中。除了用于调频FM、调幅AM和数字音频广播（DAB调谐器）的调谐器组件，RAM中还有集成了数码音响处理器的音频功率放大器。宝马G70上不再提供电视调谐器系统。宝马G70上的RAM和增强器如图4-2-97所示。

1.接收器音频模块RAM中的调谐器系统

除了调谐器，接收器音频模块RAM中还有用于主动音效设计的电子控制装置。下面两种增强器版本之一可通过车辆自己的音频系统执行这些音频信号。此外，在宝马G70的PHEV和BEV车型中还有车辆声音发生器以提供行人保护。接收器音频模块RAM通过K-CAN4和以太网与Headunit High 5（HU-H5）连接。在宝马G70上，接收器音频模块RAM的安装位置在行李箱饰件后面左后方。

2.增强器音频末级

作为音频末级，在不同的宝马G70车型上安装了两种不同的增强器。对于基本装备Bowers & Wilkins环绕音响系统（SA 6F4）的车辆，安装了较小的音频末级。作为比较，右侧所示的较大音频末级是用于Bowers&Wilkins钻石环绕音响系统（SA 6F1）的增强器。宝马G70顶级高保真系统或高端音响系统的增强器版本如图4-2-98所示。

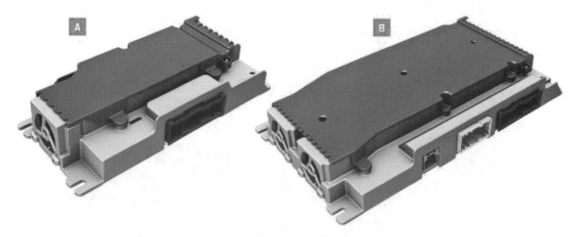

A.顶级高保真系统增强器　B.高端音响系统增强器

图4-2-98

八、无线充电板2.0

无线充电板让客户可以为所放入的采用Qi标准的设备无线充电，并包括使用宝马数字钥匙所需的NFC接口。在宝马I20（BMW iX）上首次投入使用的无线充电板2.0（WCA）根据装备情况，在宝马G70上最多安装在两个位置上。若订购无线充电板（SA 6NX），则在车辆的前部中央控制台上有一个WCA。此外，如果与后座区的多功能座椅（SA 46A）相结合，则客户可订购第二个无线充电板，其位于后排座椅的中间扶手上。

（一）安装位置

和在宝马I20上一样，安装于中央控制台中的前部智能手机支架SAMV也集合了无线充电板2.0和NFC电子装置，如图4-2-99所示。首次安装于后排座椅的中间扶手中的模块被称为后部智能手机充电板模块SAMH，如图4-2-100所示。

共同点如下：

（1）根据Qi标准1.2高达15W的感应式充电。

（2）客户可关闭"充电"功能。

（3）用于防止设备过热的主动式CE设备冷却。

（4）通过弹出窗口显示设备过热。

（5）通过弹出窗口显示识别到异物。

（6）可以更新，通过宝马远程进行软件升级。

（7）用于与车辆通信的CAN接口（有完全诊断功能）。

（8）近场通信（宝马数字钥匙）。

（9）移动电话的最大尺寸170mm×85mm×18mm。

（10）只能使用厚度小于2mm的保护套和保护壳。

说明：由特定材料（如金属）制成的保护套即使厚度较小，也会影响充电功率。如果充电功率不足可能导致充电过程变慢或移动电话放电。注意：由于技术原因，充电过程只能在车门关闭的情况下进行。若车门打开，充电过程将中断，并在关闭车门后方可继续。这也适用于尾门打开的情况。

1.前置智能手机盒模块　2.搁板上的智能手机

图4-2-99

357

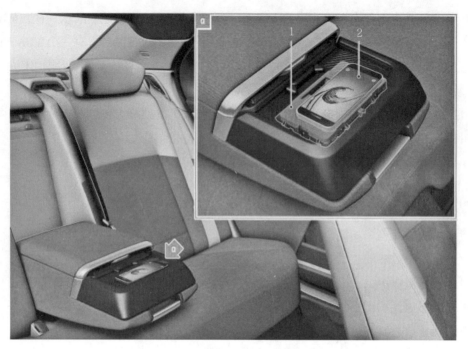

1.后部智能手机充电板模块　2.搁板上的智能手机　a.无线充电板详细视图

图4-2-100

（二）SAMV/SAMH区别

1.前部无线充电板

（1）CID上的状态栏中的电量状态显示。

（2）一旦充电过程已启动，将覆盖CID并提示从无线充电板上移除所有电子卡片。

（3）可在CID上关闭前部和后部充电功能。

（4）CID上的移动电话遗忘提醒及信息。

2.后部无线充电板

（1）车门控制模块BMT上的电量状态显示。

（2）一旦充电过程已启动，将覆盖BMT并提示从无线充电板上移除所有电子卡片。

（3）可通过左侧或右侧BMT关闭后部充电功能。

（4）后座区的无线充电板没有移动电话遗忘提醒。

说明：后座区的所有显示和覆盖图会同时在左侧和右侧BMT上显示。

宝马G70的CID上的充电指示灯如图4-2-101所示。

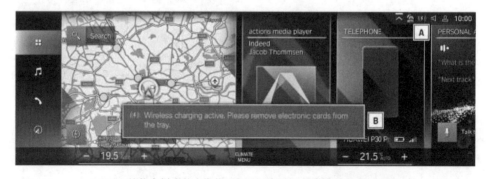

A.CID上的状态栏中的充电指示灯　B.充电过程启动时的弹出通知

图4-2-101

(三) 兼容性

支持采用Qi标准的所有移动电话，前提是其不超过无线充电板的尺寸。支持的智能手机示例：

（1）Apple iPhone 13/iPhone 12/iPhone 11/iPhone X/iPhone SE（2020）。

（2）Samsung Galaxy S22/S21/S20/S10。

（3）Google Pixel 6/Pixel 5/Pixel 4。

（4）华为 Mate 40 pro/30 pro/P40/P30。

（5）小米12 /12pro / Mi 11。

宝马G70 BMT上的移动电话充电指示灯如图4-2-102所示。

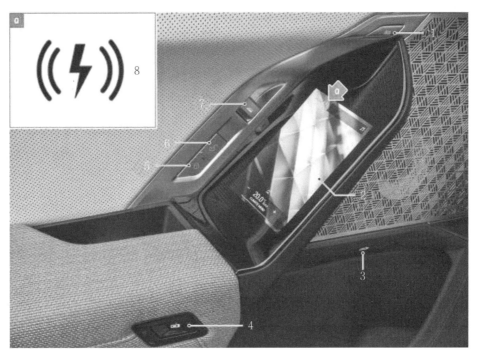

1.自动开门　2.控制模块门（触摸显示屏）　3.门手动解锁（鲍登电缆）　4.门解锁（电动）　5.锁止　6.开锁　7.车窗升降机　8.充电显示符号　a.BMT中的充电显示符号

图4-2-102

(四) 车载电源连接

2个智能手机充电板模块通过K-CAN4连接至车载网络，因此具有全面诊断功能。这些模块结构相同。通过将后部无线充电板的诊断线脚接地，使得在车载网络中的唯一标识成为可能，实现在诊断上区分SAMV和SAMH的目标。宝马G70系统电路图SAMV和SAMH如图4-2-103所示。

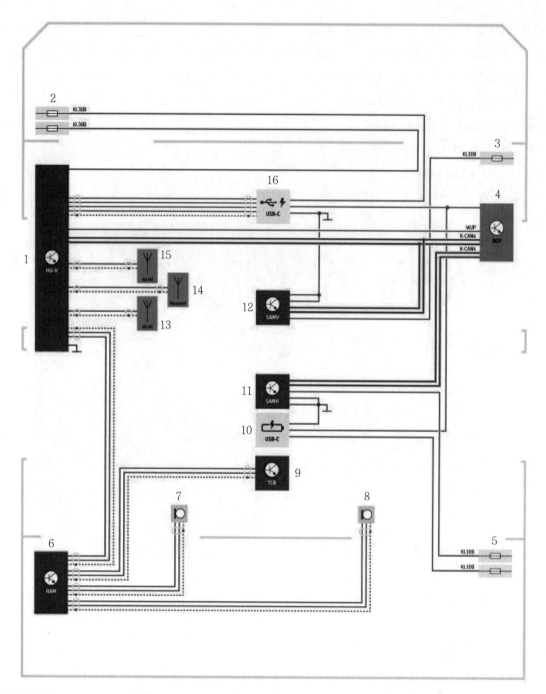

1.主机高级单元5 HU-H5　2.左前配电盒　3.右前配电盒　4.基本中央平台BCP　5.右后配电盒　6.接收器音频模块RAM　7.后座区驾驶员侧话筒　8.后座区乘客侧话筒　9.远程通信盒TCB　10.后部中间扶手C型USB接口　11.后部智能手机充电板模块　12.SAMV　13.WLAN天线　14.蓝牙天线　15.WLAN天线　16.前部中央控制台C型USB接口

图4-2-103

九、电话系统

　　宝马G70在基本装备中配有宝马智能互联驾驶座舱高级版（SA 6U2），其中主要包括通过Bluetooth®或Wi-Fi连接移动电话与车辆。首次在宝马I20上使用的无线充电板2.0（SA 6NX）在宝马G70上也有使用。若订购该选装配置，则在车辆的前部中央控制台上有一个无线充电板。此外，如果与选装配置后座多功能座椅（SA 46A）相结合，则可订购第二个无线充电板。无线充电板2.0在宝马G70上主要用于为移动电话充电。与之前的无线充电板不同，不会电容耦合至车辆的外部天线。宝马G70的突出亮点在于选装配置个人eSIM（SA 6PA），其实现激活集成在Telematic Communication Box 4TCB4中的"客户eSIM"。"客户eSIM"是指个人eSIM，可在个人移动服务供应商处激活。选装配置个人eSIM可实现更好的连接质量，原因在于使用个人eSIM时直接使用的车辆外部天线。个人eSIM同样用于在后座区使用的全景式屏幕。全景式屏幕是选装配置专业级后排娱乐系统（带智能后排触控系统）（SA 6FR）的一部分。凭借全景式屏幕，宝马在车载娱乐系统领域树立了新标准，为后座区乘客提供影院般的体验。宝马G70个人eSIM卡选装配置具备下列功能：

（1）高级电话。

没有移动电话也可以在车辆上打电话。也就是说，客户不一定要启动其智能手机，因为可通过激活的个人eSIM打电话。通过使用车辆的外部天线进行连接可提升通话质量并减少乘客车厢中的无线电辐射。

（2）个人热点。

最多10台移动终端设备（如手提电脑）可通过个人热点在车辆上访问互联网。在此使用的是5G移动网络，由此实现100Mbit/s以上的速度。个人热点使用个人移动通信合同的流量。在使用个人热点期间，智能手机也无须位于车辆上。在宝马G70上，首次可以在车辆前部使用YouTube或流式传输至中央信息显示器 CID。前提是车辆没有移动。在车辆后座区，结合选装配置专业级后排娱乐系统（带智能后排触控系统）（SA 6FR）甚至可在行驶期间进行连接。在这种情况下，在全景式屏幕上集成的Amazon Fire TV模块通过个人eSIM的热点建立起到Amazon服务器的连接。全景式屏幕的硬件也可以访问互联网，并在全景式屏幕上显示各种流内容。同时，后座区乘客可由此访问众多应用。例如，用可流式传输最喜欢的电视剧或在全景式屏幕上访问社交媒体渠道。说明：由于集成了选装配置气候舒适性复合式玻璃（SA 356），在信号较弱的地区，根据频率情况，在使用免提装置（移动电话已配对）时可能受到限制。若车辆具有气候舒适性复合式玻璃，则推荐订购选装配置"个人eSIM"（SA 6PA），以便最佳接收电话信号。

（3）使用个人eSIM时的特点。

如果客户在车辆中激活了个人eSIM卡，同时智能手机通过蓝牙连接到车辆，则电话系统优选使用个人eSIM。

（一）通过车门控制模块打电话

宝马G70的另一个特点是通过车门控制模块打电话。可借助车门控制模块拨打电话或操作免提装置，前提是已启用车门控制模块的电话功能，可通过蓝牙连接到"添加移动设备"子菜单中并进行激活。如果该连接已启动，则可使用车门控制模块进行通话。在切换通话方、访问联系人列表或恢复最近通话方面有多种方式。

（二）分区

宝马G70的免提装置允许分区音频播放。如果在车辆的后排头枕上集成了扬声器，则后座区乘客可进行秘密通话。除了前部乘客车厢的2个话筒，还有2个话筒可用于在后座区打电话。可选择以下区域：

（1）"整个车辆"。

（2）"驾驶员"。

（3）"前部"。

（4）"后部"。

若通过车门控制模块接听来电，则车辆的后部区域将自动设置为音频区。在进行通话期间，可更改音频区：

（1）"当前通话"。

（2）"音频区"。

（3）"头枕"（视需要，根据车辆装备可选择头枕中的扬声器来输出声音）。

（4）选择所需音频区。

（三）后排电话设置

车门控制模块（BMT）的电话功能可按如下方式启用或停用：

（1）"移动设备"。

（2）"后座区"。

（3）激活或停用BMT的电话功能。

（4）一旦停用车门控制模块（BMT）的电话功能，BMT则不能用于控制电话功能。可在"移动设备"菜单中启用或停用后座区电话系统。

（5）如果后排电话被停用并且有来电，则无法在后座区进行来电接听。但是，可以通过将驾驶员/前排乘客的电话呼叫转移（服务）到后座区来接听。

十、进入车辆/BMW Digital Key Plus

宝马G70的基本装备具有无钥匙进入功能（SA 322）。除了便捷上车2.0，该功能还包含BMW Digital Key Plus。若驾驶员以不到1.5m的距离接近车辆，车辆将自动解锁。无论客户携带的是识别传感器还是装有BMW Digital Key Plus的智能手机，都会发生该操作。因此，客户也可以通过智能手机使用"2.0版无钥匙进入功能"，前提是智能手机上已安装了BMW Digital Key Plus。通过采用超宽频无线电技术UWB使之成为可能。除了明显提高客户的舒适度外，还显著提高了安全性。使用UWB技术，提高了对中继攻击的保护效果。具有选装配置无钥匙进入功能（SA 322）的宝马G70在交付时均随附一张BMW Digital Key卡。客户可以将宝马数字钥匙卡放在车辆的无线充电板上并按照主机中的说明自行激活。激活后，客户可以通过宝马数字钥匙卡解锁或锁定车辆，并使其做好行驶准备。随着宝马I20的上市，其采用了新一代识别传感器。宝马G70同样具有这代技术装置。相比于上一代识别传感器，如今的识别传感器也可利用UWB技术。但是，识别传感器中的UWB技术并不是为了持续定位，而是为了提供额外的安全保护。通过使用基于信号传播时间的UWB技术，可阻止传统的继电器攻击。在进入车辆方面，宝马G70带来一项创新——除了借助宝马数字钥匙Plus的无钥匙进入功能2.0的全部功能范围，自动车门首次可供客户使用。通过选装

配置自动车门（SA 3CD）可全自动打开和关闭所有车门。车门制动器上集成的电力驱动装置负责自动开门和关门。宝马G70借助UWB进入车辆如图4-2-104所示。

图4-2-104

十一、音频与视频流

宝马G70上的流式传输将客户最看重的内容汇于一处，方法是将热门的"流媒体原创剧集"、体育直播和新闻资讯合并为一种体验。此外，客户仍然可以浏览、搜索和筛选。在宝马G70上，驾驶员和副驾驶首次可于车辆静止时使内容从YouTube流式传输至车辆并在中央信息显示器上显示。为了在车辆后座区的全景式屏幕上实现"流式传输"创新，BMW Group选择了Amazon Fire TV作为合作伙伴。目的是将内容与科技相结合，从而在车辆上实现无缝衔接的娱乐体验。此外，乘客可通过Amazon Fire TV在后排座椅上观看来自热门的第三方应用（如Netflix）的海量内容。此外，与以往车辆一样，可通过有线流媒体经HDMI创建作为来源的各种电子设备的镜像。在后座区甚至可于行驶期间使用流式传输，通过Amazon Fire TV显示在宝马G70的全新全景式屏幕上。通过个人eSIM卡的个人热点功能实现所有这些流式传输功能。

（一）流式传输至车辆（TCB4）

宝马和Amazon Fire TV为车辆中的视频流提供了一种前所未有的可能性。随着7系的第七代车型宝马G70于2022年7月开始批量生产，对该技术也进行了批量的使用。通过集成Amazon Fire TV模块，全景式屏幕成为车辆上的数字客厅。其中，Amazon Fire TV模块通过个人eSIM卡的热点和远程通信系统盒4（TCB4）的远程信息处理连接建立到Amazon服务器的连接。就像在家里的客厅中一样，内容以高达8K的最大分辨率流式传输至车辆并显示。宝马G70上通过TCB4（个人eSIM）进行的流式传输如图4-2-105所示。

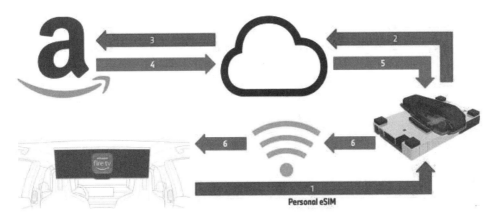

1.全景式屏幕上的Amazon Fire TV（个人 eSIM 作为热点）   2.TCB4作为与后端服务器建立数据连接的调制解调器   3.后端服务器到Amazon   4.Amazon到后端   5.后端到车辆（TCB4）   6.通过个人 eSIM 的热点"流"传输到车辆中的TCB4全景式屏幕

图4-2-105

（二）通过个人eSIM实现

对于车辆中的这种无线流式传输，个人eSIM卡（SA 6PA）是强制性的前提条件。通过个人eSIM内置的"个人热点"允许车辆上最多10台移动终端设备（如手提电脑）访问互联网。此外，全景式屏幕的硬件也可访问互联网，并向客户显示各种流内容。在此使用的是5G移动网络，由此实现100Mbit/s以上的速度。个人热点使用私人移动电话合约或个人eSIM卡的附加合约的数据量。在使用热点期间，私人智能手机不必位于车辆上，仅在首次设置功能时需要与私人智能手机配对。即使市场上的移动无线电网络服务商（供应商）不提供个人eSIM卡（SA 6PA），该选装配置在车辆上仍是绝对必要的。通过订购该选装配置带来的硬件仅随着订购该选装配置自出厂时安装在车辆上。在宝马G70后座区通过个人eSIM的流式传输如图4-2-106所示。

图4-2-106

图4-2-107

BMW SIM卡读卡器：

为了在移动服务供应商不提供个人eSIM的情况下仍可使用热点功能，除了用于硬件的个人eSIM卡（SA 6PA）外，在这些选定市场可从BMW Group零件部购买BMW SIM卡读卡器。这是一种小型便携式电池供电设备，配有Nano SIM卡托架。此外，BMW SIM卡读卡器通过蓝牙LE与车辆的信息娱乐系统连接。BMW SIM卡读卡器如图4-2-107所示。

（三）车辆上的流式传输预留装置

个人eSIM卡在车辆上通过"移动设备"菜单启动。成功设置后，车辆可通过个人eSIM卡使用Wi-Fi热点，通过该Wi-Fi热点实现车辆上的流式传输。宝马G70上通过TCB4（个人eSIM）的流式传输如图4-2-108所示。

在个人eSIM的设置菜单中，可以停用Wi-Fi热点（通过eSIM使用移动数据）。之后在车辆上无法再进行流式传输。个人eSIM与BMW ID绑定。只有当相应BMW ID已完全设置且关联的个人eSIM已启动时，车辆上的流式传输才能运行。个人eSIM设置菜单如图4-2-109所示。

1.个人eSIM 已设置完毕并选择"移动设备"　A.个人eSIM 电话服务　B.个人eSIM Wi-Fi 热点

图4-2-108

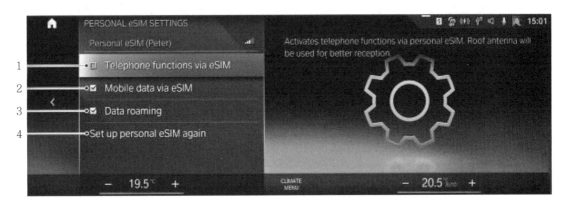

1.个人eSIM 电话功能开/关　2.个人eSIM 移动数据开/关　3.个人eSIM 数据漫游开/关　4.重新设置个人eSIM

图4-2-109

（四）宝马G70前部音频和视频流

预计自2022年秋冬起，驾驶员和副驾驶可在车辆静止时在中央信息显示器上的"信息娱乐应用"下使用全新应用"YouTube"。宝马G70前部的YouTube如图4-2-110所示。选择一个YouTube频道如图4-2-111所示。

图4-2-110

图4-2-111

（五）后部音频与视频流

1.概览

BMW Group与Amazon合作将Amazon Fire TV完全集成至全景式屏幕，从而让客户体验流式传输。这样乘客便可访问海量内容以及在路上使用以下功能：

（1）流式传输和观看视频。

（2）流式传输和收听音乐及播客。

（3）使用集成在Amazon Fire TV中的各种第三方应用，例如"YouTube"。

国家/地区特定的面向中国客户的流媒体服务与华为的合作正在准备中。除了流媒体服务，还可以有线方式从客户的电子设备经HDMI"流式传输"至全景式屏幕。宝马G70的全景式屏幕上的Amazon Fire TV如图4-2-112所示。

图4-2-112

2.Amazon Fire TV

客户在宝马G70的后座区可于行驶期间通过流媒体供应商观看视频、收听音乐和使用下载程序（应用）。关于应用程序的流式传输，在Amazon Fire TV生态系统中2022年（截至2022年7月）有超过1000个应用可以使用。这是Amazon Fire TV首次集成至车辆，并支持4K内容（在Youtube应用中可高达8K）。在2022年年中提供最高分辨率并结合全景式屏幕提供最大显示器（截至2022年7月），让乘客在车辆上体验Amazon Fire TV。成功设置个人eSIM卡是Amazon Fire TV无线流式传输的前提条件。Amazon Fire TV图标如图4-2-113所示。

图4-2-113

此外，客户可凭借其Amazon个人资料使用个性化流式传输以及YouTube、Amazon Prime或Netflix等应用。可使用内容推荐、电视历史记录和播放列表。以用户名和密码成功登录后，Amazon将生成一个5位的令牌用于设置。在https：//www.amazon.com/code网站上输入令牌后，在全景式屏幕上完成注册并成功退出。客户可通过使用Amazon个人资料登录获益。这样后座区乘客便可在路上从同一位置继续观看从家里开始播放的电影或电视节目。Amazon Fire TV登录流程如图4-2-114所示。

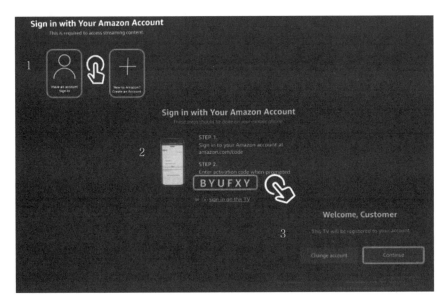

1.输入用户名和密码　2.5位令牌　3.完成登录流程

图4-2-114

3.作用

（1）电影、视频和音乐流。

在宝马G70的后座区，乘客可在成功登录后欣赏Amazon Fire TV的内容。全景式屏幕上的Amazon Fire TV如图4-2-115所示。

（2）Apps。

除了电影和音乐内容，宝马G70也提供众多应用，如twitch、Red Bull TV、News或YouTube。全景式屏幕上的YouTube应用如图4-2-116所示。

367

图4-2-115

图4-2-116

（六）有线流式传输"全景式屏幕"

1.全景式屏幕的背面

在全景式屏幕周围有多个接口可用于有线流媒体。

·用于有线耳机的2个棘爪式插座。

·用于有线视频流的1个HDMI接口。

·用于为外部无线HDMI Dongle设备供电的1个USB-C接口。

为了让客户更容易连接，在全景式屏幕的操作菜单中内置了视觉辅助，让连接外部设备更容易。用于外部设备的全景式屏幕接口如图4-2-117所示。

用于HDMI流媒体（有线）或iPhone带有相应适配接口的预留装置如图4-2-118所示。

2.作用

视频通话/视频会议。

虽然全景式后排娱乐系统配备了摄像头和话筒，但用于视频会议的流媒体应用预计要到2023年才能启用。为了在批量生产开始时就能通过全景式屏幕进行视频通话或视频会议，全景式屏幕额外配有一个HDMI接口。由此可使在手提电脑上开始的视频会议作为镜像内容显示在全景式屏幕上。通过全景式屏幕进行视频会议如图4-2-119所示。

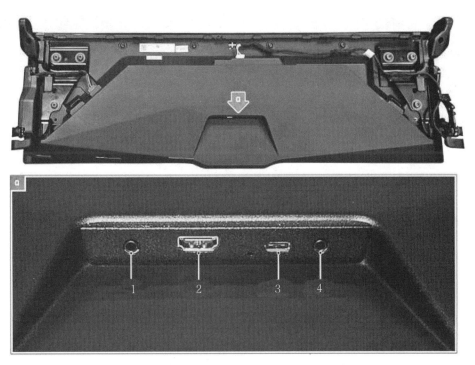

1.音频1棘爪式插座　2.HDMI接口　3.USB-C 接口（仅限充电）　4.音频2棘爪式插座

图4-2-117

图4-2-118

图4-2-119

3.外部HDMI DONGLE设备

对于无宝马互联驾驶的市场或不提供Amazon Fire TV的市场，HDMI适配器作为用于流式传输的解决方案，为此可使用iPhone或外部HDMI Dongle设备（如Google Chromecast）作为流式传输源。其可以单独购买，然后由客户自己或由售后服务经销商永久安装在全景式屏幕的背面。为此全景式屏幕设有一个特殊凸起，以便在显示器向上翻起时，附加设备不会对联动装置造成损坏。全景式屏幕背面的USB-C接口也可用于为外部Dongle设备供电。通过外部Dongle设备的HDMI流式传输如图4-2-120所示。全景式屏幕外部设备接口如图4-2-121所示。

图4-2-120

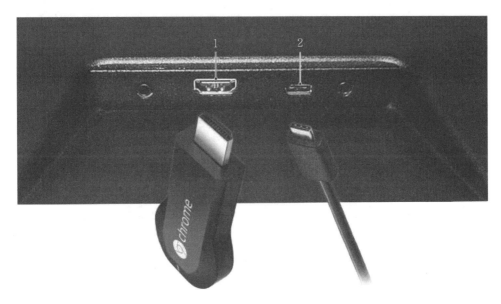

1.HDMI接口　2.USB-C接口（仅限充电）

图4-2-121

十二、恒温空调

随着动力系统对电气化程的提升，在宝马G70上实现了多种规格的恒温空调。这样一来，车辆在专用系统和操作选项方面存在区别。在本书中，将会详细阐述宝马G70中的区别和共性以及客户功能。宝马G70的恒温空调负责下列任务：

（1）为乘客车厢加热。

（2）冷却乘客车厢。

（3）高压蓄电池SE30（宝马G70 BEV）的温度调节。

（4）高压蓄电池SP56（宝马G70插件式混合动力）的冷却。

（5）BEV和PHEV的专属充电和驱动组件导电温度调节功能。

（6）车辆类型专属48V组件的温度调节。

宝马G70中使用的暖风空调系统具有下列创新：

（1）驾驶员和副驾驶员区域的脚部空间可以单独进行温度调节。

（2）一个额外的光照传感器可提升后座区的舒适性。

（3）窄小的出风口取代了传统的通风格栅，实现了低调但却有效的温度调节。

（4）经过声音优化的风扇和用于空气引导的冷却通道。

（5）一个纳米微粒过滤器能够降低颗粒物污染，继而为所有乘客提升空气质量。

（6）借助座椅和靠背中的珀耳帖元件可实现主动座椅冷却功能。

宝马G70恒温空调如图4-2-122所示。宝马G70出风口如图4-2-123所示。宝马G704/3区系统概况如图4-2-124所示。

图4-2-122

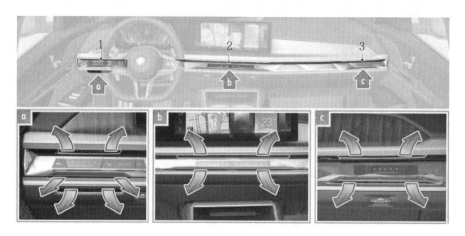

1.驾驶员侧BMW Interaction Bar出风口　　2.中间BMW Interaction Bar出风口　　3.乘客侧BMW Interaction Bar出风口

图4-2-123

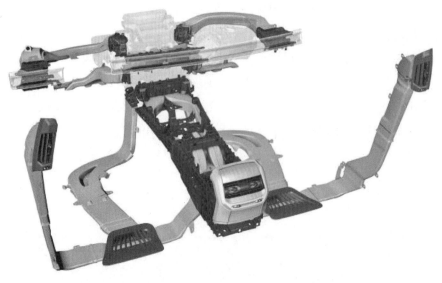

图4-2-124

（一）暖风和空调器

冷暖空调器包含所有必要的作动器和传感器，它们和一套智能且个性化调节装置一起负责热量的分配。其中包括以下装置：

（1）鼓风机。

（2）带风门的空气分配器壳体。

（3）暖风热交换器。

（4）蒸发器。

（5）内部空间过滤器。

（6）辅助加热器。

（7）控制单元。

为了实现高效且尽可能低噪声的空气分配，对宝马G70中采用的空调系统进行了噪声和气流优化。其中包括下列优化措施：

（1）风扇电机高效且智能的调节。

（2）直接进气装置采用了经过气流优化的设计。

（3）针对后座区B柱出风口实现了气流优化的出风功能。

（4）借助针对性定位的吸音器，在冷暖空调器上实现了声音隔绝功能。

（5）通过对应的启动和极限位置电流调节，优化了空气风门控制装置。

（6）气流区域中3mm厚的声音装饰件。

（7）作动器智能且针对具体座位的个性化调节，同时实现额外的无噪声的加热和冷却功能。

这些措施使得温度调节在所有运行状态下都能表现出和谐的声音效果。冷暖空调器声音措施如图4-2-125所示。

（二）智能舒适型自动空调的操作

宝马G70暖风空调系统的特点在于量产标配的3/4区温度调节功能选项。本书将会以这里的3/4区自动空调为例阐述区域的分配。第一个数字代表不

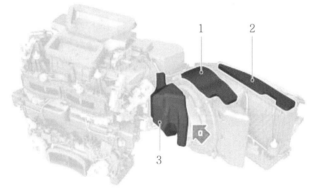

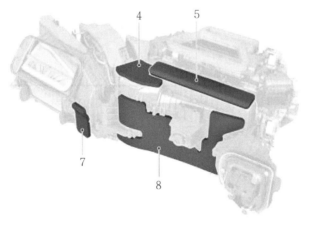

1.上部风扇电机声音措施　2.上部空气导管声音措施　3.风扇电机声音措施　4.暖风热交换器空气导管声音措施　5.上部暖风热交换器声音措施　6.执行器声音措施　7.隔板声音措施　a.风扇电机声音措施

图4-2-125

同的温度区域，在本例中，整个乘客车厢中提供4个不同的设置选项。数字3表示不同的风量调节方式，在本例中，为整个乘客车厢可进行3种调节。在宝马7系中，首次可以通过中央信息显示器多功能显示屏个性化地调节驾驶员和副驾驶脚部空间温度。宝马G70为乘客车厢中的乘客提供最高的温度舒适性。在这里，空调系统低调地集成到车内空间设计中，并且在可操作性方面树立了标杆。通过后车门中的控制模块为后座区实现了集中操作，同时也贯彻了指导方针，针对性地实现操作便捷性，同时聚焦于核心诉求，即"less switches，not switchless"。此处是对宝马I20中采用的空调功能智能自动化的扩展。和宝马I20一样，系统的自动化依据的是一个规定的标准温度，同时也会在用户要求和空调菜单设置的基础上，一并调节所有附加组件。为此，在宝马G70中在后座区额外使用了一个光照传感器，它居中定位在后窗置物架的后部区域。通过两个光照传感器接收到的阳光，有助于通过玻璃天窗补偿阳光照射。考虑到全景玻璃天窗的大小，需要予以更细致的考量。会区分开放式和封闭式活动饰板。宝马G70恒温空调操作选项如图4-2-126所示。宝马G70 3/4区自动空调概览如图4-2-127所示。

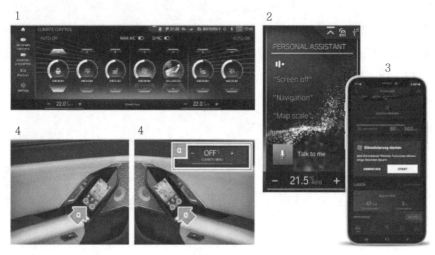

1.冷暖空调菜单　2.语音控制　3.My BMW应用程序　4.车门控制模块

图4-2-126

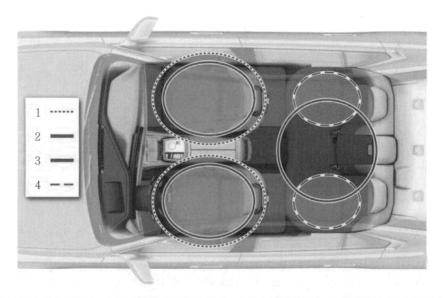

1.驾驶员/副驾驶风量调节　2.驾驶员/前乘客温度调节　3.后座区风量调节　4.后座区左侧/右侧温度调节

图4-2-127

宝马G70恒温空调系统电路图如图4-2-128所示。宝马G70恒温空调系统电路图，后座区部分如图4-2-129所示。

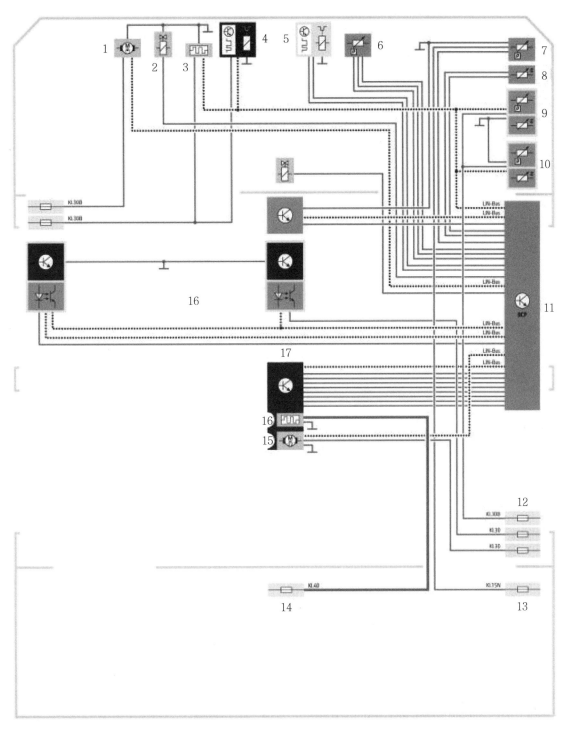

1.冷却液泵 3 2.驻车暖风冷却液切换阀（仅限PHEV） 3.电控辅助加热器（仅限PHEV和BEV） 4.电动空调压缩机（仅限PHEV和BEV） 5.空调压缩机（仅限MHEV） 6.制冷剂压力传感器（仅限MHEV和PHEV） 7.AUC传感器 8.车外温度传感器 9.低压制冷剂压力和温度传感器 10.高压制冷剂压力和温度传感器 11.基本中央平台BCP 12.右前配电盒 13.右后配电盒 14.48V蓄电池配电器 15.鼓风机 16.前部电控辅助加热器（仅限搭载柴油发动机的轻混动力汽车） 17.暖风和空调器 18.中间仪表板BMW Interaction Bar 19.晴雨/光照/水雾传感器 20.乘客车厢制冷剂单向阀（仅限PHEV和BEV） 21.左侧仪表板BMW Interaction Bar 22.左前配电盒

图4-2-128

375

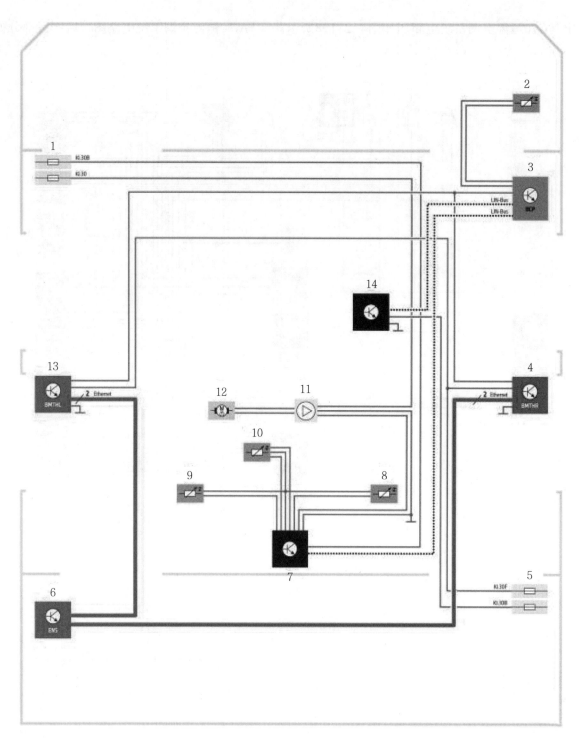

1.左前配电盒 2.车外温度传感器 3.基本中央平台BCP 4.右后部车门控制模块BMTHR 5.右后配电盒 6.以太网交换机ENS 7.后座区空调操作面板 8.右后脚部空间温度传感器 9.左后脚部空间温度传感器 10.后座区通风格栅温度传感器 11.后座区风扇电机末级 12.后座区风扇电机 13.左右部车门控制模块BMTHL 14.后窗玻璃光照传感器

图4-2-129

376

（三）智能舒适型自动空调的操作选项

1.多功能显示屏

（1）多功能显示屏上的主要操作。

"气候条"位于多功能显示器的下方区域。"气候条"包含以下3个功能：

· 可以设置温度（目标温度）。

· 直接跳转到"舒适气候"菜单。

· 驾驶员和副驾驶员位置的温度调节可视化系统。

空调操作嵌条如图4-2-130所示。

1.空调菜单按钮

图4-2-130

（2）多功能显示屏上的次要操作。

如果有必要，客户可以通过多功能显示屏上的触摸操作对加热/空调设置进行更改。多功能显示屏中的操作菜单如图4-2-131所示。

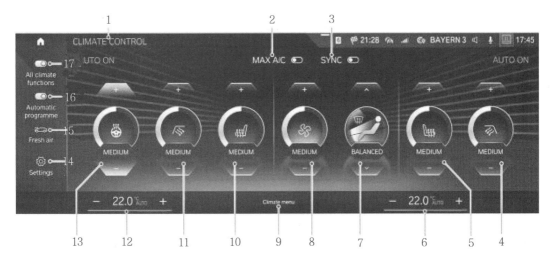

1.空调舒适度 2.MAX/AC（开启/关闭最大制冷能力） 3.同步程序 4.设置右侧表面和扶手加热的强度 5.设置右侧座椅加热的强度 6.设置右侧温度 7."自动开启"时的设置选项"平衡"或"动态"，"自动关闭"时手动设置气流分布 8.设置风量 9.空调调节菜单 10.设置左侧座椅加热强度 11.设置左侧表面和扶手加热的强度 12.设置左侧温度 13.设置方向盘加热的强度 14.设置 15.选项：循环空气模式/新鲜空气 16.自动程序 17.所有气候功能

图4-2-131

（3）多功能显示屏上的附加功能第三级操作。

在"高级设置菜单"中，可以为不同的区域进行个性化的调节：

·驾驶员和副驾驶员的脚部空间温度调节。

·驾驶员和副驾驶员座椅加热分配功能。

·驻车暖风。

·驻车空气调节。

·预调温。

2.恒温空调相关操作，宝马G70 BMW Interaction Bar

（1）左侧BMW Interaction Bar的操作选项（如图4-2-132）。

a.气流强度触控式面板　b.操作辊轮

图4-2-132

·气流的强度可以通过对应BMW Interaction Bar中的触控式面板进行调整。

·借助操作辊筒在水平和垂直方向调整校准气流。

（2）中间BMW Interaction Bar的操作选项（如图4-2-133所示）。

·气流的强度可以通过BMW Interaction Bar中对应的触控式面板进行调整。

·风量的调整（每个出风口一个滑条）。

·最大除霜功能和后窗玻璃加热装置按钮。

另外，在中间仪表板BMW Interaction Bar中还存在驻车通风和驻车暖风的显示。由于它们不具有操作功能，而仅仅具有显示功能，因此，它们在空挡状态下不可见。如果驻车温度调节或者驻车暖风处于活跃状态，则它们会显示为红色或者蓝色。

（3）右侧BMW Interaction Bar的操作选项（如图4-2-134所示）。

·气流的强度可以通过对应BMW Interaction Bar中的触控式面板进行调整。

·借助操作辊筒在水平和垂直方向调整校准气流。

a.气流强度触控式面板　b.操作辊轮

图4-2-133

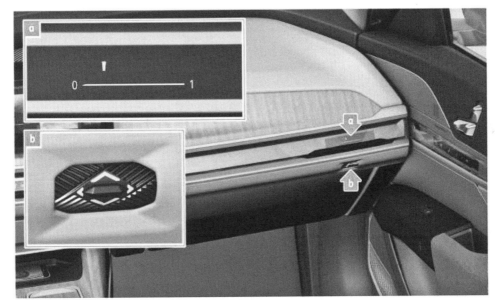

a.气流强度触控式面板　b.操作辊轮

图4-2-134

（4）后座区操作选项。

①第3代BMW智能后排触控系统操作选项。

在显示器车门控制模块上，"空调操作嵌条"位于下部区域中。

"气候条"包含以下3个功能：

·可以设置温度（目标温度）。

·直接跳转到"舒适气候"菜单。

·温度调节可视化系统。

乘客侧后方车门控制模块如图4-2-135所示。

a.车门控制模块空调操作嵌条

图4-2-135

②后座区操作面板的操作选项（如图4-2-136所示）。

·借助操作辊筒在水平和垂直方向调整校准气流。

·借助旋转调节器2的气流截止能力。

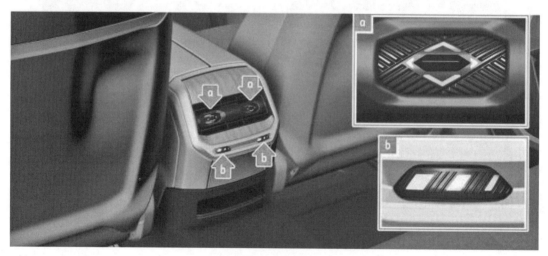

a.操作辊轮　b.旋转调节器

图4-2-136

（四）作用

表4-2-3概要地说明了宝马G70暖风空调系统的不同功能。

表4-2-3

功能	配置	汽油发动机轻度混合动力车（MHEV）	柴油发动机轻度混合动力车（MHVE）	插电式混合动力车（PHEV）	电动车（BEV）
表面加热	SA 4CH	×	×	×	×
接触加热	SA 4HC	×	×	×	×
前部座椅冷却	SA 453	×	×	×	×
后座区座椅冷却	SA 454	×	×	×	×
前部座椅加热装置	基础功能	×	×	×	×
后座区座椅加热装置	SA 4AH	×	×	×	×
方向盘加热装置	SA 4HC	×	×	×	×
驻车加热功能	选装配置对于柴油机车辆不适用PHEV/BEV标配	–	×	×	×
驻车冷却	PHEV/BEV标配	–	–	×	×
第2.0代热泵功能	PHEV/BEV标配	–	–	–	×
高压蓄电池单元加热	PHEV/BEV标配	–	–	–	×
高压蓄电池单元冷却	PHEV/BEV标配	–	–	×	×

（五）空调压缩机

根据驱动装置变型，采用机械式或者电动空调压缩机。

1.轻度混合动力车（MHEV）车型

搭载发动机的车型拥有一台借助一个皮带传动驱动的空调压缩机。这样一来，它只能在发动机运行的情况下压缩制冷剂。因此，在泊车和停留状态下，不能操作。

2.BEV和PHEV车型

搭载纯电动驱动装置的车型（BEV）和插电式混合动力车（PHEV）拥有一台电动空调压缩机，它可通过高电压驱动。因此，它位于皮带传动以外。与MHEV变型相比，优点是可以在PWF状态停留或者进行泊车操作。BEV或者PHEV车型具有驻车温度调节功能。例如，客户可以通过My BMW应用程序对车辆进行预调温，并且将乘客车厢的温度调节至一个舒适的水平。除了乘客车厢的温度调节以外，PHEV中的电动空调压缩机还负责直接冷却高压蓄电池单元。在BEV中，它则负责间接冷却高压蓄电池单元。宝马G70空调压缩机如图4-2-137所示。

A.MHEV变型　B.PHEV变型　C.BEV 变型

图4-2-137

（六）热泵的功能

1.BEV车型

对于采用电驱动技术的车辆而言，一个特殊的挑战是如何高效地落实所需的加热，以便在车外温度低的情况下加热乘客车厢。为了能够尽可能地使用车辆蓄电池的能量驱动车辆，在宝马G70 BEV上，借助热泵技术实现了乘客车厢的高效温度调节功能。车辆中的热泵使用的是环境热量。通过一台空调压缩机，将制冷剂压缩至超过20bar，并且温度升高至超过60℃。来自压缩过程的热量会在一个散热器（冷却液制冷剂热交换器）中传递给一种介质（空气或者水），然后释放给乘客车厢。在此过程中，制冷剂会冷却。随着制冷剂的膨胀，它会冷却下来，令其重新可以通过热源（大气、冷却液或者其他热源）吸收能量。通过使用热泵，就可以在电动车上节省大约50%的用于加热乘客车厢的加热功率。在车外温度为0℃的情况下，根据实际行驶周期，相应的可达里程优势率为10%~30%。热泵并不是一个零部件，而是将制冷和冷却液循环的不同组件巧妙地连接到一起。热力泵功能示意图如图4-2-138所示。

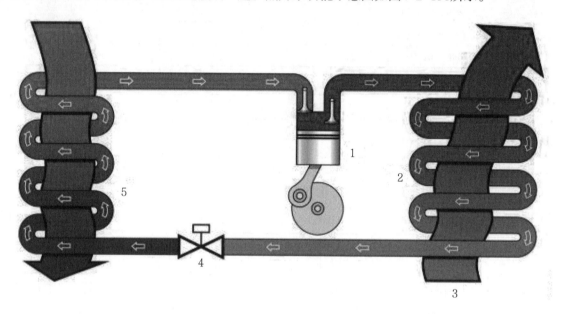

1.空调压缩机　2.制冷剂热交换器　3.用于加热的热量　4.膨胀阀　5.空调蒸发器

图4-2-138

（七）舒适加热套装SA 4HC中的表面和方向盘加热功能

在车辆供暖领域，宝马I20采用的表面加热通过间接加热面的方式实现了节能目标，它不仅能耗低，而且还能够显著提升舒适性。在宝马G70中，加热面分为直接以及间接加热面。例如，座椅加热功能是一种直接加热面，它通过与座椅面的"直接"身体接触将温度释放给乘客。间接意味着释放的热辐射在碰到一个固体的情况下才会起作用，类似于阳光照射的作用。此外，制热效果没有气流并且没有噪声。除此以外，加热功率还可以在局部准确地聚焦。为了提升效率，在没有其他乘客的情况下，可以将加热功率全部对准驾驶员。从今天的角度来看，车门饰件中、脚部空间中以及仪表板特定区域中集成的加热面都是不可或缺的。宝马G70仪表板间接加热面如图4-2-139所示。宝马G70车门间接加热面如图4-2-140所示。

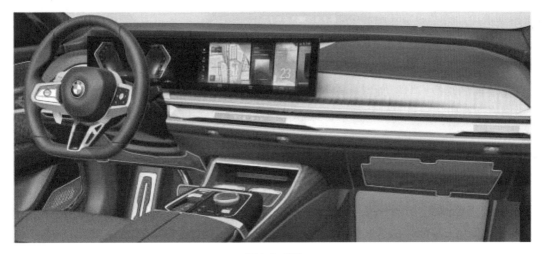

图4-2-139

图4-2-140

（八）MHEV中的制冷剂和冷却液循环

对于发动机，同样也存在取决于变型的区别。接下来，会在制冷剂和冷却液循环的基础上，详细予以阐述。

1.高温冷却液循环回路

宝马G70中的高温冷却液循环回路负责发动机冷却，并且负责乘客车厢的加热。为此，一台冷却液泵会在冷却液循环中负责冷却液的循环。冷却液吸收的热量会通过一个暖风热交换器释放给通过无刷风扇电机吸入的新鲜空气。

2.低温冷却液循环回路

在宝马G70中，根据机动化装置，额外采用了一个单独的低温冷却液循环回路，其中包含下列一些组件：

（1）电机电子装置EME GA8HP Steptronic变速器。

（2）GA8HP Steptronic变速器的电机电子伺控系统48V EME48。

（3）电池48V BATT48。

（4）电源控制单元48V PCU48（DC/DC转换器）。

根据发动机型号，在宝马G70的低温冷却液循环回路中还安装了其他组件：

（1）冷却液冷却的增压空气冷却装置。

（2）通过冷却液冷却的空调冷凝器。

在冷却系统上作业后，以及在重新加注后，必须根据维修手册的规定执行排气过程。必须遵守加注规定，没有真空加注设备（均衡加注）则不允许进行加注，然后应执行冷却系统排气程序。根据安装的冷却液循环回路（仅限高温冷却液回路或高温和低温冷却液回路），观察冷却系统排气程序中的差异。否则可能导致部件或发动机损坏。

3.制冷剂循环回路

在宝马G70 MHEV变型中，采用了为人熟知的空调系统技术：

（1）采用1234yf的制冷循环回路。

（2）蓄能蒸发器。

（3）配有内部热交换器的制冷剂管路。

（4）根据具体规格，选择具有不同冷却液的空调冷凝器。

宝马G70低温冷却液循环回路（示例BMW 760i xDrive）如图4-2-141所示。宝马G70低温冷却液循环回路（示例BMW 760i xDrive）如图4-2-142所示。

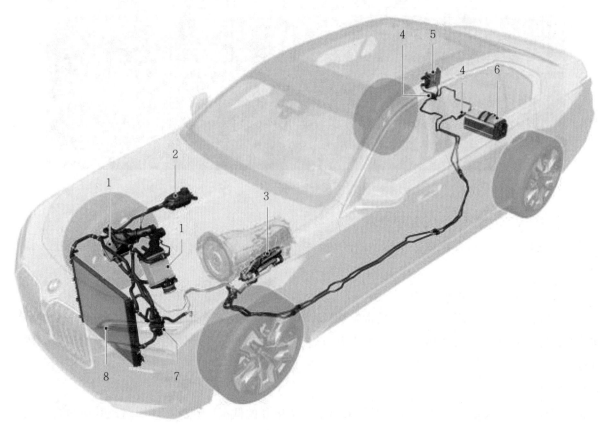

1.增压空气冷却器　2.冷却液补液罐　3.电机电子伺控系统48V EME48　4.适配接口（过道下冷却液管–车厢内部冷却液管）　5.电源控制单元48V　6.48V电池　7.电动冷却液泵　8.冷却液散热器

图4-2-141

384

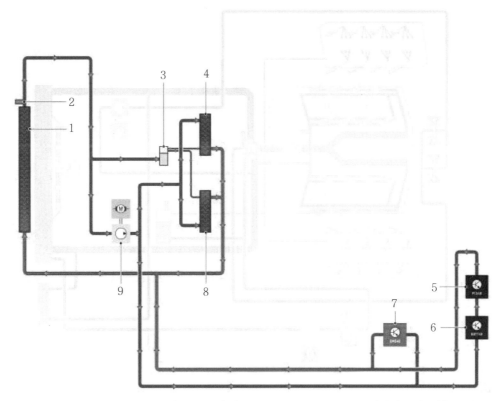

1.冷却液散热器　2.散热器出口冷却液温度传感器　3.增压空气低温循环回路冷却液膨胀罐　4.气缸列1间接增压空气冷却器　5.电源控制单元48V　6.48V电池　7.48V电机电子伺控系统　8.气缸列1间接增压空气冷却器　9.增压空气低温循环回路电动冷却液泵

图4-2-142

（九）宝马G70 MHEV柴油版的特色

1.48V电控辅助加热器

在宝马G70中，48V电控辅助加热器可以在所有条件下确保乘客车厢的舒适性。48V电控辅助加热器集成在冷暖空调器中，并且由多个加热元件组成。控制取决于以下不同的因素：

（1）温度信号脚部空间温度传感器。

（2）车载网络的能量管理系统。

48V电控辅助加热器工作时采用为人熟知的PTC原理（正温度系数）。加热元件越热，其电阻就越高。48V电控辅助加热器如图4-2-143所示。

2.宝马G70柴油版的驻车暖风

对于宝马G70柴油版而言，同样也可以利用驻车暖风的优势。因此，可以选择在出厂时订购驻车暖风。宝马G70制冷循环回路和驻车

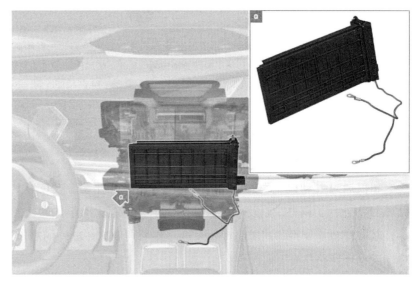

图4-2-143

暖风如4-2-144所示。

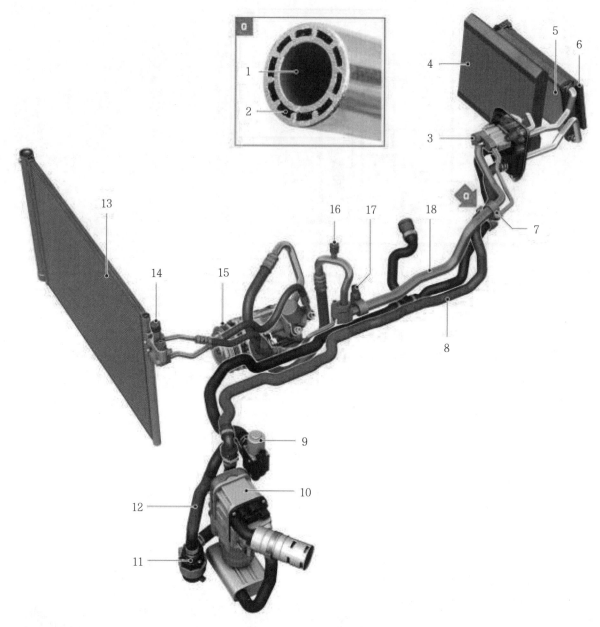

1.连至空调压缩机的回流吸管　2.连至蒸发器的进流高压管路　3.膨胀阀接口　4.空调系统蒸发
器　6.48V辅助加热器　7.内部热交换器分离位置　8.驻车暖风冷却液入口　9.冷却液转换阀　10.驻车暖风　11.电动冷却
液泵　12.至冷却液切换阀的出口　13.风冷式空调冷凝器　14.高压加注阀　15.空调压缩机　16.低压加注阀　17.压力传感
器支座　18.内部热交换器制冷剂管路

图4-2-144

（十）PHEV的制冷剂和冷却液循环

和仅通过发动机驱动的宝马G70 MHEV变型相比，宝马G70 PHEV冷却系统的结构区别在于对高温
循环回路进行了调整，以及一个额外的用于充电和驱动组件的低温循环回路。除了发动机排放的热量以
外，其同样也需要冷却高压组件，而这一要求则令这一额外的需求成为必需。宝马G70 PHEV中的制冷剂
冷却液循环回路具有下列作用：

（1）为乘客车厢加热。

（2）冷却乘客车厢

（3）为充电和驱动组件调节温度。

（4）冷却高压蓄电池单元。

1.回路冷却器

宝马G70 PHEV中采用的经过改进的B58TU2发动机具有一个经过调整的高温循环回路，它通过加热循环回路加热乘客车厢。

2.电加热装置

电子暖风装置EH通过一个2路3通阀和一个附加水泵集成在高温循环回路中。在宝马G70 PHEV中，安装了BorgWarner®的新款电子暖风装置EH。该电子暖风装置是宝马I20采用的新款电子暖风装置（9kW变型）的一个小型化变型，并且具有5.5kW的加热功率。该电子暖风装置EH在宝马G70 PHEV中仅用于加热乘客车厢。

3.低温冷却液循环回路

在低温冷却液循环回路中，由于动力系统的电气化，同样也可以识别到变化。宝马G70 PHEV的专属组件集成在低温冷却液循环回路中，高压组件运行在一个较低的温度窗口中。冷却液循环由下列组件组成：

（1）低温冷却液散热器。

（2）冷却液制冷剂热交换器

（3）集成式间接增压空气冷却器。

（4）电动冷却液泵（80W）。

（5）补液罐。

（6）冷却液管路。

电动冷却液泵和/或电动风扇由数字式发动机电子伺控系统DME促动。可以在发动机运行时进行控制，以便实现增压空气冷却，满足高压组件或者乘客车厢的冷却需求。宝马G70 PHEV制冷剂和冷却液循环如图4-2-145所示。5.5kW变型的电子暖风装置如图4-2-146所示。

4.制冷剂循环回路

宝马G70 PHEV中的制冷循环回路与驱动变型宝马G70 MHEV和宝马G70 BEV存在根本性的区别。最重要的是借助制冷剂实现了高压蓄电池单元的直接冷却。此外，高压蓄电池的结构影响到了冷却器总成的内部接线和调节。由于高压蓄电池SP56由两半部分的蓄电池组成，因此，同样也有2个相互独立的用于冷却的制冷循环回路。每个制冷循环回路拥有单独的制冷剂接口，分别配有一个膨胀和关断阀。如图4-2-147所示，乘客车厢的制冷循环回路是并联的，因而可以实现循环回路的个性化调节。电动制冷剂压缩机EKK是一个高压组件，并且出于安全原因不允许打开。

5.BEV的制冷剂和冷却液循环

宝马G70 BEV的制冷剂和冷却液循环经过了调整，以匹配新研发的电气化驱动单元以及高压蓄电池SE30。宝马G70 BEV中的制冷剂冷却液循环回路具有下列作用：

（1）加热乘客车厢。

（2）冷却乘客车厢。

（3）为充电和驱动组件调节温度。

（4）为高压蓄电池单元调节温度。

为了能够实现上述作用，宝马G70 BEV具有彼此相连的多条冷却液循环回路。不同冷却液循环回路的冷却液通过同一个冷却液补液罐加注。

加热乘客车厢所需的热量通过热泵功能从冷却液循环中取得。此时使用了下列热源：

（1）电动制冷剂压缩机驱动功率的余热。

（2）驱动组件的余热。

（3）来自环境空气的剩余热量

在热泵加热功率不足的情况下，可以通过控制电子暖风装置EH产生额外的热量。热泵并不是一个零部件，而是将制冷和冷却液循环的不同组件巧妙地连接到一起，热泵功能及代次的详细描述可以参见文章热泵。宝马G70 BEV制冷剂和冷却液循环如图4-2-148所示。

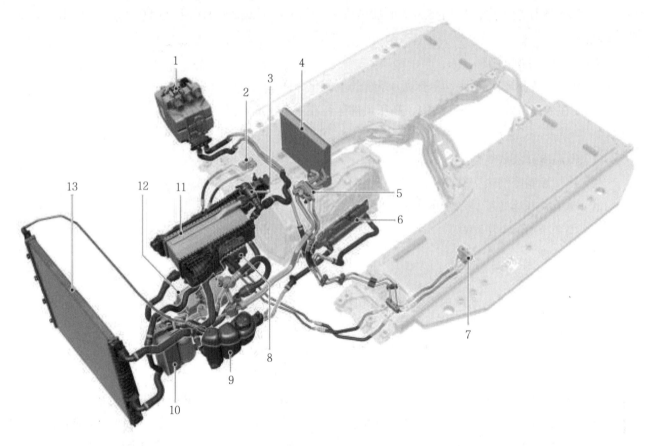

1.组合式充电单元 CCU　2.膨胀和关断阀2　3.集成式间接增压空气冷却器的关断阀　4.车厢内部空调冷凝器　5.车厢内部膨胀和关断阀　6.电机电子系统 EME　7.膨胀和关断阀1　8.附加冷却液泵　9.低温循环回路冷却液膨胀罐　10.通过冷却液冷却的空调冷凝器　11.集成式间接增压空气冷却器　12.电动制冷剂压缩机EKK　13.低温冷却液散热器

图4-2-145

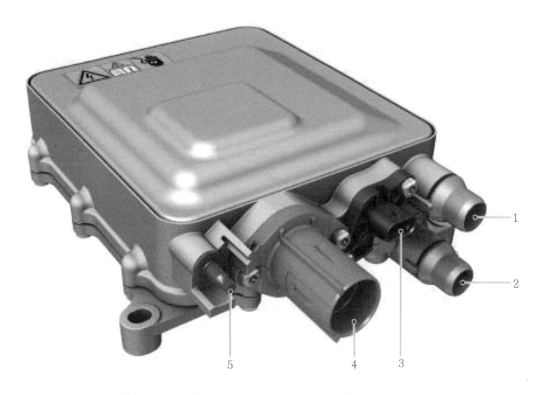

1.冷却液供给　2.回流冷却液　3.低电压插入式接口　4.高压接口　5.电位补偿接口

图4-2-146

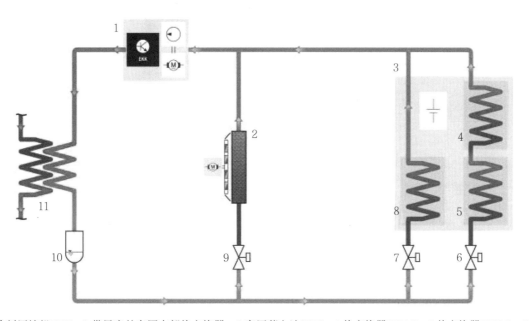

1.电动制冷剂压缩机EKK　2.带风扇的车厢内部热交换器　3.高压蓄电池SP56　4.热交换器EZM 3　5.热交换器DZM 2　6.膨胀和关断阀 2　7.膨胀和关断阀 1　8.热交换器DZM 1　9.车厢内部膨胀和关断阀　10.干燥剂瓶　11.热交换器/空调冷凝器

图4-2-147

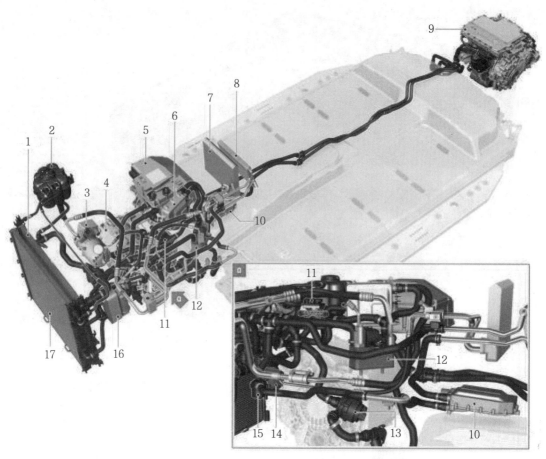

1.高压电系统充电及驱动组件冷却液冷却器 2.冷却液补液罐 3.电动制冷剂压缩机EKK 4.前桥电气化驱动单元 5.组合式充电单元CCU 6.高压蓄电池单元5.5kW电子暖风装置EH 7.温度调节蒸发器 8.暖风热交换器 9.后桥电气化驱动单元 10.乘客车厢9kW电子暖风装置EH 11.转换阀 12.冷却液制冷剂热交换器 13.电动冷却液泵 14.电动冷却液泵 15.电动冷却液泵 16.通过冷却液冷却的空调冷凝器 17.乘客车厢温度调节附加冷却器

图4-2-148

（十一）车内空气处理

1.纳米微粒过滤器

宝马G70的车内过滤器设计为纳米微粒过滤器，并且可以显著改进乘客车厢的空气质量。总共只使用了1个滤芯，其更换周期为正常更换周期。不同研究机构的研究结果表明，车辆乘客车厢中的微尘污染比路边同等测量值最多可能高出20倍，这可能是因为新鲜空气是在车辆前部吸入的，也就是说前车所排放的废气就在附近。现代车辆的车内过滤器可以从空气中过滤最多大约500纳米的颗粒物，这相当于飘散的花粉的大小。更小的颗粒物，例如直径小于100纳米的柴油烟灰颗粒，可以不受阻挡地随着空气输送进入乘客车厢中。由于尺寸小，因此，这样的纳米微粒可以深入肺部，继而导致健康问题。为了尽可能减少乘客车厢的污染，可以启动内循环模式。然而，这会阻止新鲜空气的输送，继而又会导致乘客车厢内二氧化碳污染加剧。在这里，纳米微粒过滤器可以提供帮助，它通过高品质的无纺纤维布几乎能够滤除直径10纳米以上的所有颗粒物。宝马G70乘客车厢空气路径如4-2-149所示。宝马G70纳米微粒过滤器如图4-2-150所示。

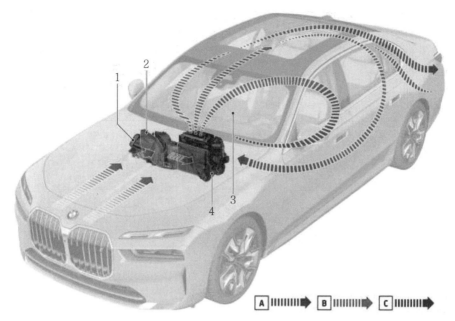

1.新鲜空气进气装置　2.纳米微粒过滤器　3.乘客车厢　4.暖风和空调器　A.吸入的新鲜空气　B.净化的新鲜空气　C.消耗的乘客车厢空气

图4-2-149

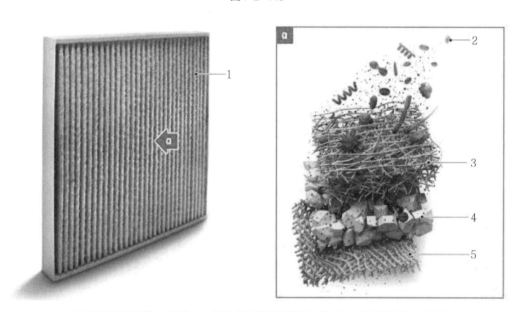

1.纳米微粒过滤器　2.污染　3.带纳米涂层的颗粒物无纺布　4.活性炭层　5.基层

图4-2-150

十三、显示和操作元件

宝马G70搭载了升级功能后，于2021年在I20上引入的显示及操作方案采用第8代BMW操作系统的BMW iDrive。2023年7月发布了第8.5代宝马操作系统，配备Headunit High5（HU-H5）的车辆可于2023年11月起通过宝马远程软件升级服务升级至新操作系统。除了有关导航和街上停车信息的显示外，Augmented View还延伸到驾驶员辅助系统。首次可选择在驾驶员显示器或者像以前一样在中央信息显示器上进行选择。新元素使显示及操作方案更加丰富，例如车辆前部适用于驾驶员和副驾驶员的G70 BMW Interaction Bar以及后座区的宝马智能后排触控系统。采用OS8的BMW iDrive G70如图4-2-151所示。

图4-2-151

十四、BMW智能后排触控系统

在宝马G70中全系配备了第3代宝马触控指令系统。它由两个控制模块组成，左后门BMTHL和右后门BMTHR，安装在宝马G70的左右后门中。门控制模块均配备有5.5英寸的触摸显示屏，操作方式类似于智能手机。通过车门控制模块，BMT可以实现全景显示（SA 6FR），并且可以在车辆中控制信息娱乐和舒适功能：

· 媒体。

· 收音机。

· 电话。

· 无线充电（无线充电板）。

· 触摸显示屏BMT：显示功能和亮度。

图4-2-152

· 全景显示：设置和控制功能。

· 控制PADI全景显示屏的源（例如：Amazon Fire TV等）。

· PADI遥控器。

· 空调功能控制。

· 车内照明灯。

· 环境照明灯。

· 座椅调节。

· 遮阳帘。

· My Modes。

嵌入在宝马G70门板中的宝马触摸指令系统如图4-2-152所示。

（一）功能概览

每个可用功能的车门控制模块（BMT）主菜单中都会显示一个图块。选择一个图块会进入相应功能的子菜单。以下菜单项可用于控制信息娱乐和舒适功能：

·"媒体/广播"：更改音频源，例如音乐或收音机。

·"Fire TV"：Amazon Fire TV显示在全景显示屏中，可通过BMT进行操作。

·"电话"：电话功能、联系人和无线充电都可以操作。

·"显示器"：全景显示屏可以在此处翻折，并且可以调整位置（倾斜度和与客户的距离）。您还可以缩放屏幕内容和更改位置以及调整全景显示屏的亮度。此外，可以在此菜单中设置BMT的触摸显示屏的亮度。

·"My Modes"：将我的模式更改为影院模式、悦动模式、个性模式、休闲模式，并且从2022年11月起还有数字化艺术模式。

·"座椅"：调节座椅位置、按摩和座椅空调。

·"遮阳卷帘"：打开或关闭后窗后侧窗和全景天窗遮阳帘的调节选项。

·"灯"：设置阅读灯和氛围灯。

·"空调菜单"：调整所需空调功能。

BMT的功能概述如图4-2-153所示。

（二）车载电源连接

两个BMTHL和BMTHR作为控制单元安装在宝马G70的车载网络中，并显示在车辆诊断中。通过OABR以太网连接到车载网络上。后门中两个控制模块的电路图如图4-2-154所示。

1.媒体/收音机　2.Fire TV　3.电话　4.显示屏　5.我的模式　6.座椅　7.遮阳卷帘　8.车灯　9.空调菜单

图4-2-153

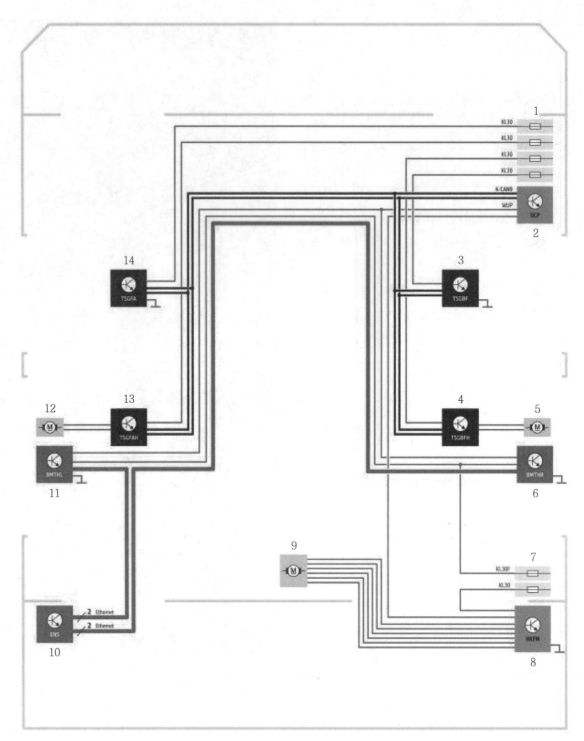

1.前部配电盒　2.基本中央平台BCP　3.副驾驶车门控制单元TSGBF　4.后乘客侧车门控制单元TSGBFH　5.自动门的驱动装置　6.右后部车门控制模块BMTHR　7.后部配电器　8.行李箱盖功能模块HKFM　9.电动电机　10.以太网交换机ENS　11.左右部车门控制模块BMTHL　12.自动门的驱动装置　13.驾驶员车门控制单元TSGFA　14.后驾驶员侧车门控制单元TSGFAH

图4-2-154

（三）安装位置

BMTHL/BMTHR模块通过6个Torx螺钉连接到门板的背面。模块用4针插头连接到车载网络或电源上。

394

BMT固定在门板上，如图4-2-155所示。

车载电网连接如图4-2-156所示。

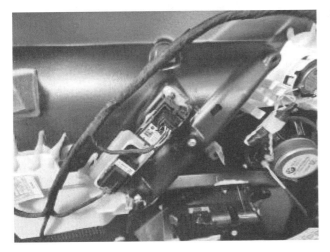

图4-2-155

图4-2-156

（四）BMT安装/拆卸

BMT的安装/拆卸的详细步骤可查询维修说明。门板的安装/拆卸如图4-2-157所示。

十五、KOMBI和显示系统

以前的组合仪表在I20上就已分成两个电子组件：一个是核心部分，计算中心和电子接口装置——控制单元组合仪表KOMBI。在电子零件目录ETK中，其同样被称为组合仪表控制单元。另一个是单独的集成显示器——多功能显示屏MFD。组合仪表的前一个显示已集成到MFD中。其包括以下3个组件：

图4-2-157

· 驾驶员显示器FAD（之前是组合仪表的显示）。

· 驾驶员摄像机系统DCS。

· 中央信息显示器CID。

驾驶员摄像头系统是宝马G70驾驶辅助系统的一部分。宝马全彩平视显示系统是一个纯显示接收器。来源是控制单元组合仪表KOMBI搭配宝马G70上新引入的Headunit High 5（HU-H5）。宝马G70信息娱乐系统组合如图4-2-158所示。宝马G70多功能显示屏MFD如图4-2-159所示。

（一）控制单元组合仪表KOMBI

组合仪表控制单元KOMBI在宝马G70上借助以太网连接至Headunit High5（HU-H5）。此外，与中央控制单元基本中央平台BCP之间存在K-CAN4连接。有关更多信息，请参阅本文控制单元组合仪表KOMBI。宝马G70 KOMBI连接至车载网络的线路如图4-2-160所示。宝马G70组合仪表KOMBI的控制单元的安装位置如图4-2-161所示。

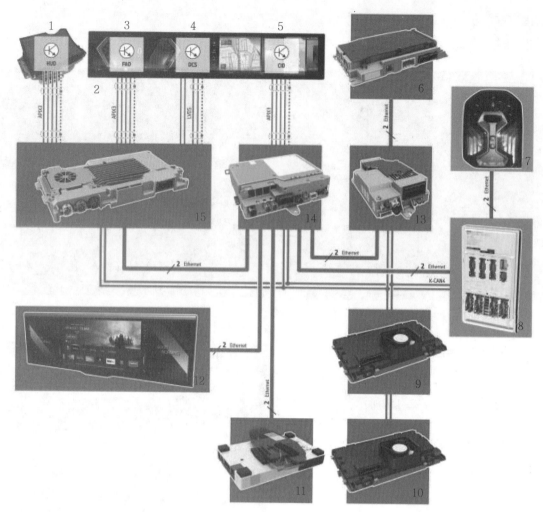

1.平视显示屏HUD　2.多功能显示屏MFD（集成显示器）　3.驾驶员显示屏FAD　4.驾驶员摄像机系统DCS（因车辆配置而异）　5.中央信息显示屏CID　6.增强器　7.车顶功能中心FZD　8.基本中央平台BCP　9.前部智能手机放置模块SAMH（WCA 2.0）　10.前部智能手机放置模块SAMV（WCA 2.0）　11.远程通信系统盒 4 TCB4或接收器音频模块RAM　12.全景式屏幕PADI　13.增强器　14.主机高级单元 5 HU-H5　15.控制单元组合仪表KOMBI

图4-2-158

图4-2-159

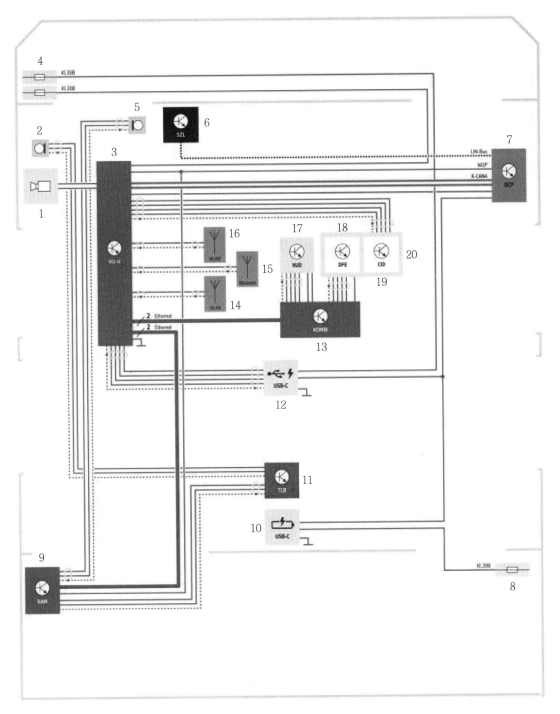

1.增强现实摄像机　2.驾驶员侧话筒　3.主机高级单元5 HU-H5　4.前部配电盒　5.前排乘客侧话筒　6.转向柱开关中心SZL　7.基本中央平台BCP　8.后部配电器　9.接收器音频模块RAM　10.前排座椅靠背上的后部USB-C（仅限充电）　11.远程通信系统盒4 TCB4　12.中间扶手下方的前部USB-C接口　13.控制单元组合仪表KOMBI　14.车顶天线空壳中用于非BMW互联驾驶市场的GPS天线（车顶鲨鱼鳍）　15.直接连接到Headunit的蓝牙天线　16.直接连接到Headunit的车辆WLAN天线　17.平视显示屏HUD　18.驾驶员显示器FAD　19.中央信息显示屏CID　20.多功能显示屏（集成显示器），带驾驶员摄像头系统DCS

图4-2-160

397

（二）多功能显示屏MFD

1.组件/结构

多功能显示屏MFD是各种显示系统与驾驶员摄像头系统的显示和摄像头网络，布置在驾驶员面前。MFD在营销中被称为宝马曲面显示器。全数字集成显示器由方向盘后面的12.3英寸驾驶员显示器和中央信息显示器的14.9英寸操作屏幕组成。显示器布置在同一块玻璃表面下，符合人体工学地朝向驾驶员，让本就直观的触摸操作更加轻松。以下电子装置封装在壳体中：

图4-2-161

· 驾驶员显示器FAD（之前是组合仪表的显示）。

· 驾驶员摄像机系统DCS。

· 中央信息显示器CID起到Headunit的作用。

宝马G70 MFD如图4-2-162所示。

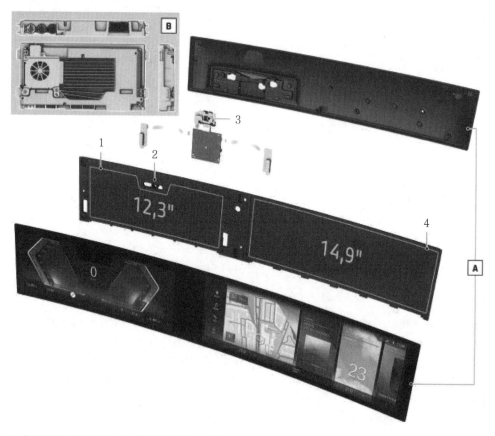

A.多功能显示屏MFD　B.控制单元组合仪表KOMBI　1.对角线尺寸为 12.3 英寸的彩色显示屏FAD　2.用于安置 DCS 的 FAD 上的缺口　3.驾驶员摄像机系统DCS　4.对角线尺寸为 14.9 英寸的中央信息显示器CID

图4-2-162

2.宝马G70驾驶员显示器内容

在宝马G70上，只能在My Modes"个性模式"和"影院模式"下选择个性化设置。My Modes与驾驶员显示器相结合一览：

· 个性模式（驾驶=标准/可变）。

· 运动模式（专注，不可变）。

· 节能模式（驾驶，不可变）。

· 悦动模式（画廊，不可变）。

· 休闲模式（画廊，不可变）。

· 数字化艺术模式（画廊，不可变，自2023年起）。

· 影院模式（驾驶，可变）。

My Mode的FAD布局概览如图4-2-163所示。

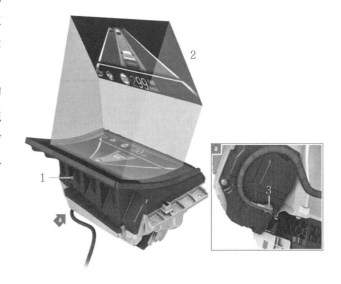

图4-2-163

（三）宝马平视显示系统HUD

宝马G70上的宝马全彩平视显示系统（HUD High 4）采用了全新的设计，并且被完全嵌入仪表板中。这是"环抱式"设计理念。因此，驾驶员完全看不到这些硬件。在技术上，HUD通过APIX2直接连接至组合仪表控制单元KOMBI。宝马全彩平视显示系统是一个纯显示接收器。作为来源，控制单元组合仪表KOMBI充当宝马全彩平视显示系统的车辆诊断。在宝马G70上，宝马全彩平视显示系统4的分辨率为560×280像点（像素）。图像尺寸为7"×2.3"。成像光学系统由2个反射镜组成，其中1个为光学主动反射镜。直径为3.1英寸的红绿蓝（RGB）显示器用作光源。它由26个蜂窝状结构的LED组成。宝马全彩平视显示系统的核心部分是AMD公司的Indigo处理器。图像数据的"扭曲"在HUD中独立发生。关于高度、旋转角度和亮度，在BMW Operating System 8中的"设置"菜单、显示器/平视显示系统子菜单中有以下设置选项：

· 平视显示屏打开/关闭。

· 高度设置。

· 旋转设置。

· 亮度设置。

HUD High 4+如图4-2-164所示。

1.平视显示器　2.挡风玻璃上的HUD显示　3.APIX2接口

图4-2-164

十六、后排娱乐系统"操作"

宝马G70后排娱乐系统包括一个分辨率为8K的31.3英寸全景式屏幕和一个Bowers & Wilkins 环绕音响系统（宝马G70扬声器系统）。此外，宝马G70后部有集成式车门控制模块，具有远程控制功能，可通过触摸屏控制全景式屏幕和后座区的其他设备。这些车门控制模块分别安装在宝马G70后座两侧的车门饰件中。左后和右后侧的车门控制模块BMT（简称BMTHL/BMTHR）均属于宝马G70的标准装备。两个车门控制模块共同构成了宝马第三代触控系统。此外，宝马G70中的全新的"我的模式"同样属于宝马G70后排娱乐系统的操作范围。例如，经由"影院模式"，全景式屏幕将从车顶顶棚降下，伴随着特别的声音和灯光设计。为此，还将关闭侧窗、后窗和全景玻璃天窗上的遮阳帘，并调暗车辆后座区的氛围灯。此外，如果有后座多功能座椅（SA 46A）或头等舱级后排座椅（SA 4F4），则这些座椅将进入影院位置。宝马G70后排娱乐系统"操作"如图4-2-165所示。

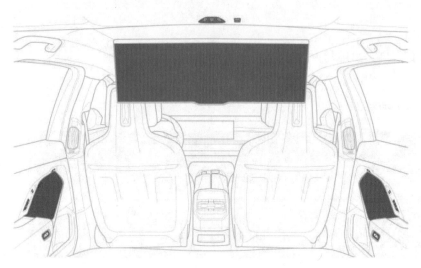

图4-2-165

（一）基于触摸功能的全景式屏幕操作

全景式屏幕的操作可由后座区乘客直接通过全景式屏幕的触摸功能进行。

设置内容包括以下方面：

· "INPUT"输入媒体源设置。

· 倾斜角度、亮度和缩放等全景式屏幕设置。

· 蓝牙设置。

· 音频模式设置。

· 音量/静音设置。

全景式屏幕设置菜单如图4-2-166所示。

1.INPUT输入菜单

在全景式屏幕的INPUT输入菜单中，客户可以在两个输入选项之间进行选择：

· Amazon Fire TV。

· 通过HDMI线连接。

Amazon Fire TV使用内置于全景式屏幕的Amazon Fire TV Stick电子装置连接个人eSIM卡或BMW SIM卡读卡器。这里需要客户的Amazon Prime App用户名和密码。HDMI接口可用于将相连CE（电子消费）设备的视

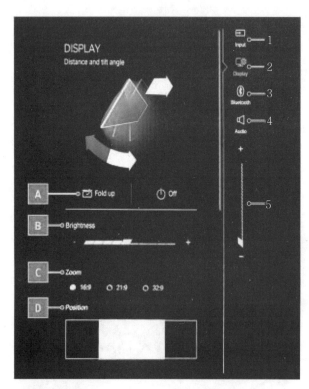

1.输入　2.全景式屏幕亮度　3.Bluetooth　4.音频模式　5.声强　A.折叠功能/关闭　B.亮度　C.缩放　D.中央窗口定位

图4-2-166

频流传输到全景式屏幕上（镜像）。对此，除了手提电脑、游戏机、手机外，也可以使用平板电脑。如果要进行屏幕镜像，设备应配备有HDMI接口。此外，对于没有HDMI接口的设备，还应提供对应的HDMI适配器。INPUT输入菜单如图4-2-167所示。在宝马G70全景式屏幕上播放Amazon Fire TV如图4-2-168所示。

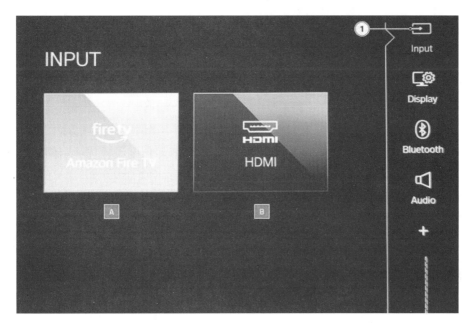

图4-2-167

图4-2-168

对于连接线与HDMI接口之间的HDMI连接，在选择"HDMI"源时，全景式屏幕中将出现一个帮助窗口。这可以使客户轻松连接外部设备，而无须费力摸索全景式屏幕背面。HDMI接口的优点在于，对于已经存在于CE设备上的文件（下载），则不再需要从互联网加载。因此，即使在信号较弱的区域，也能实现连续播放。用于连接外部CE设备的帮助窗口如图4-2-169所示。

图4-2-169

2.DISPLAY显示器菜单

（1）倾斜角度和亮度。

此外，可以直接在全景式屏幕上设置以下内容：

·全景式屏幕倾斜角度。

·位置/与后座区乘客的距离。

·全景式屏幕亮度。

·缩放。

·主窗口定位。

倾斜角度设置选项示例如图4-2-170所示。

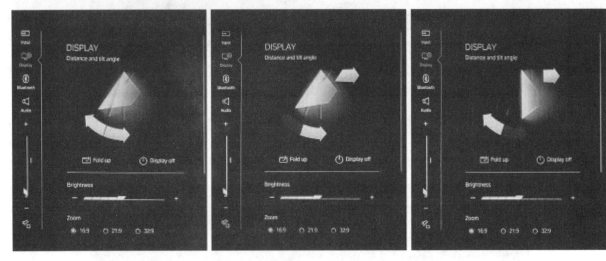

图4-2-170

（2）缩放。

此外，对于娱乐节目的画面，可以使用缩放功能选择16：9、21：9或32：9的长宽比格式进行播放。

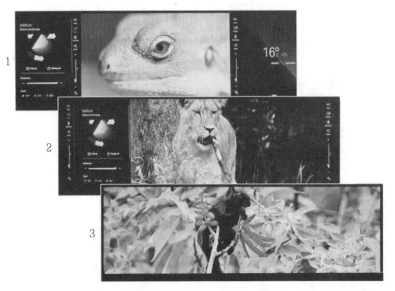

图4-2-171

在缩放时，根据具体影片的原始格式，可对画面进行大幅裁剪，尤其是在32：9格式中。每列屏幕都具有8000×2000像素（Pixel）的高显示分辨率，可带来极致清晰、细节丰富的视觉体验，特别是在播放超高清画质的电影时。为打造超高品质、富有层次的声音体验，可选装宝马G70扬声器Bowers & Wilkins 环绕音响系统（ALEV3）或Bowers & Wilkins钻石环绕音响系统（ALEV4）。全景式屏幕缩放选项如图4-2-171所示。

3.BLUETOOTH蓝牙菜单

如有需要，可以在蓝牙菜单中配对蓝牙耳机（如Apple AirPods）来播放全景式屏幕媒体内容，可以选择所需的左侧或右侧座位。无法通过连接到全景式屏幕的蓝牙耳机和有线耳机来播放主机媒体（USB流媒体、收音机、Spotify等）。目前，Amazon Fire TV Stick的Amazon遥控器无法与全景式屏幕配对。

4.虚拟遥控器

Amazon Fire TV菜单中的各个菜单项可以使用特殊的虚拟遥控器进行选择。如有需要，可在全景式屏幕上通过"遥控器"图标激活该功能。虚拟遥控器如图4-2-172所示。

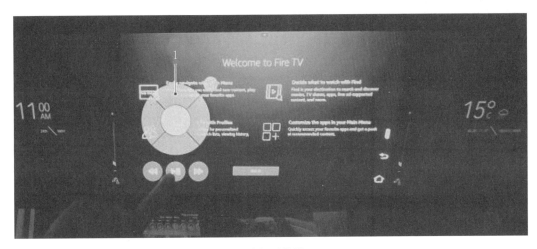

1.虚拟遥控器

图4-2-172

（二）前部全景式屏幕操作

驾驶员或前乘客可以对全景式屏幕及其校准或内容的某些设置进行调整。对此，选择应用程序——"信息娱乐系统应用程序"区域中的一个专门的菜单。应用程序"移动设备"使客户能够创建个人eSIM。借助个人eSIM的Wi-Fi热点功能，就可以在车辆中使用流媒体服务。

1.后排控制（驾驶员/前乘客）图标

信息娱乐系统应用程序——BMW Theatre Screen（影院屏幕）使用的图标如图4-2-173所示。

图4-2-173

2.全景式屏幕设置（影院屏幕应用程序）

宝马G70后排娱乐系统"影院屏幕"菜单内容如图4-2-174所示。

3.创建个人eSIM（移动设备应用程序）

宝马G70个人eSIM的创建如图4-2-175所示。

（三）使用宝马智能后排触控系统进行的操作

全景式屏幕的使用可以直接在全景式屏幕上操作，或者通过后部两侧车门中集成的控制模块BMT进行。控制功能是直接通过两个BMT（BMTHL/BMTHR）的集成式触摸显示屏执行的。两者的使用方式都类似于智能手机操作。其中，BMT的操作界面很大程度上参照了操作系统BMW Operation System 8。宝马G70车门控制模块如图4-2-176所示。后部两个车门控制模块（BMTHL/BMTHR）的触摸显示屏中提供了众多选项，其中包括后座区的设置和媒体播放以及有关全景式屏幕的设置。全景式屏幕设置如图4-2-177所示。Amazon Fire TV触控式面板选择如图4-2-178所示。

图4-2-174

图4-2-175

图4-2-176

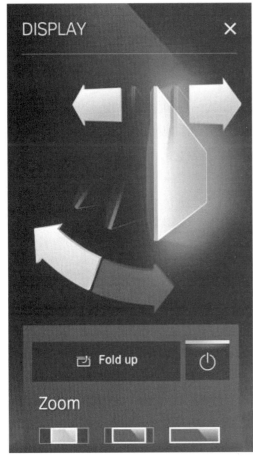

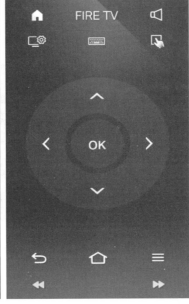

图4-2-177

图4-2-178

（四）MY MODES "影院模式"（驾驶员/前乘客或后座区）

当切换到影院模式时，各种车辆功能将自动执行，降下全景式屏幕、关闭遮阳帘并调暗照明。这样，后座区乘客能够充分准备好享受优质的娱乐体验。影院模式可由驾驶员/前乘客启动，也可使用后座区的车门控制模块进行BMT激活。如果在前部驾驶员开关组件中通过"安全开关"启动了儿童锁，那么在儿童锁关闭之前，两个后部车门控制模块中的所有功能都将被锁定。如果驾驶员选择了"运动模式"或"节能模式"，则两个后部车门控制模块中的"影院模式"及其他模式都将被锁定，无法从后座区进行激活。控制面板选择中的My Modes菜单如图4-2-179所示。安全开关如图4-2-180所示。

图4-2-179

405

图4-2-180

全新的车载娱乐功能体验来自从车顶顶棚移出的全景式屏幕。环绕式场景音效使用的是由著名电影配乐家、奥斯卡金像奖得主Hans Zimmer专门为此创作的声音序列。当全景式屏幕到达最终位置时，场景音效正好结束。同时，显示屏上将出现一个由宝马用户界面设计师专门为该模式设计的图像动画。正在使用的影院模式如图4-2-181所示。

图4-2-181

十七、开关和按钮

全新宝马7系以驾驶员为主导的驾驶舱设计极具品牌特色，采用前卫风格进行了重新诠释。通过数字化设计，可明显减少前排座舱中按钮、开关和调节器的数量。尽管如此，宝马G70车款中仍有开关和按钮，方便客户在车内操作。此外，核心部件仍是中央操控中心BZM。宝马G70新亮点在于BMW Interaction Bar的操作区。另外，宝马G70还配备车顶功能中心FZD和转向柱开关，后者用于转向信号灯远光开关和雨刮/清洗开关。全新设计的方向盘也有助于缔造独特的驾驶员体验。方向盘操作区包括翘板按键和滚轮（曾被用于I20），还有操作时提供触觉反馈的按键。另一处新亮点在于方向盘上的运动加速模式按钮，其与选装配置Steptronic运动型变速器（SA 2TB）结合使用。宝马车辆首次在G70的两个车门饰件上安装了第3代车门控制模块。车门控制模块各包含一个5.5英寸彩色显示屏，便于客户通过触控屏控制操作。这是基于BMW Operating System 8.0的设计。宝马G70中控台操作单元如图4-2-182所示。

（一）仪表板中间BMW INTERACTION BAR

宝马G70车型仪表板中央部分与I20类似，配备Shy Tech尽可能减少按键。这是通过仪表板中央的BMW Interaction Bar实现的。宝马G70的新亮点在于打开手套箱的按键，以及中央信息显示器中针对出风口的新开关/显示。中间BMW Interaction Bar如图4-2-183所示。宝马G70手套箱如图4-2-184所示。

图4-2-182

1.左侧中间出风口　2.除霜功能　3.警示闪烁装置　4.后窗玻璃加热　5.手套箱　6.右侧中间出风口

图4-2-183

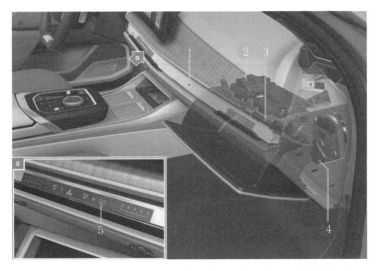

1.BMW Interaction Bar仪表板中央　2.电动盖锁　3.紧急状况操作通道　4.紧急状况开口　5.手套箱按钮

图4-2-184

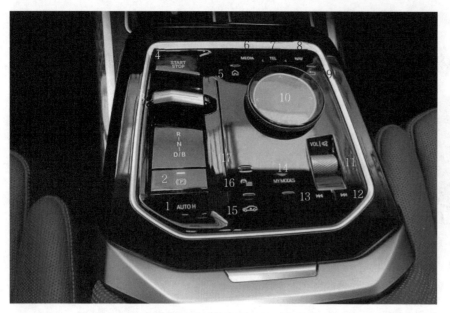

中控台操作单元延续G70仪表板的无开关方式，采用精简化设计。独特触觉操作元件包括玻璃制成的iDrive控制器、选挡杆和音量旋钮。所有其他功能均通过触摸屏控制。G70中保留了触摸屏控制的相关和常用基本功能，满足了客户的需求。这些操作元件还可以作为数字子菜单的直接入口，在控制显示器上有更多调整方式。由此确保G70中物理操作元件和数字操作元件之间的无缝过渡。G70中控台操作单元如图4-2-185所示。双轴高度调节系统如图4-2-186所示。

1.自动驻车　2.电动机械式驻车制动器　3.选挡杆　4.启停按键　5.HOME按键　6.多媒体/收音机按键　7.电话操作键（电话）　8.NAV按键（导航）　9.返回按键　10.iDrive控制器　11.用于导航、娱乐和通信的音量或静音切换滚轮。长按可建立车辆泊车PWF状态　12.用于导航、娱乐和通信的后退按钮　13.用于导航、娱乐和通信的前进按钮　14.MY MODES－G70中可用模式的功能按钮　15.双桥自调标高悬架控制按键　16.菜单驾驶设置"我的车"　17.驻车辅助按钮

图4-2-185

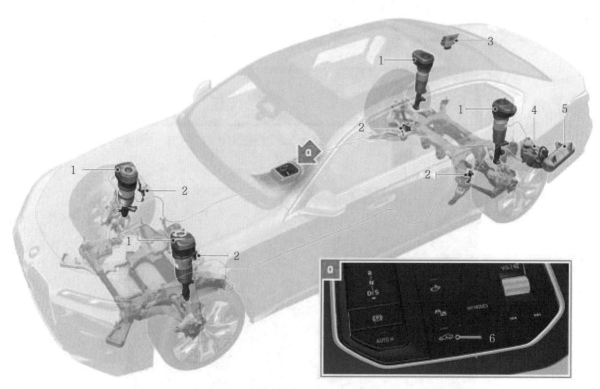

1.空气弹簧减震支柱　2.高度位置传感器　3.垂直动态管理平台VDP　4.空气供给单元　5.蓄压器（6L）　6.双桥自调标高悬架控制按键

图4-2-186

（三）BMW INTERACTION BAR仪表板左侧（含车灯开关）

宝马G70中的车灯开关也考虑Shy Tech设计。宝马G70中的车灯开关非常简约，它集成至BMW Interaction Bar仪表板左侧。新亮点在于按键"自动打开车门"。BMW Interaction Bar仪表板左侧如图4-2-187所示。宝马G70自动车门的车门驱动如图4-2-188所示。

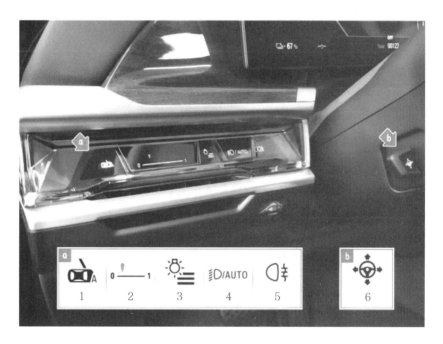

1.自动打开和关闭车门　2.左侧出风口　3.车外照明灯/远光辅助菜单　4.行驶灯光自动控制、近光灯、自适应照明功能　5.后雾灯　6.电动转向柱调节装置　a.BMW Interaction Bar　b.转向柱调节装置

图4-2-187

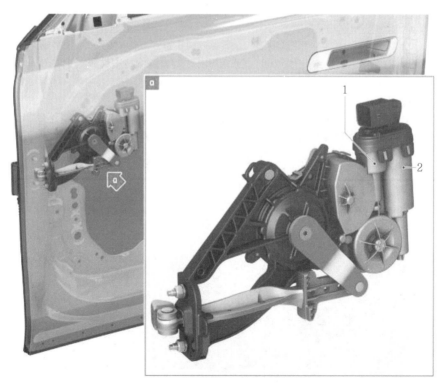

1.车门制动器伺服电机　2.车门驱动伺服电机

图4-2-188

（四）车顶功能中心FZD按钮

车顶功能中心FZD在宝马G70中有许多功能和控制选项。宝马首次使用了FZD中的许多功能，例如，从这里可在车内照明灯菜单中调出选装配置星空全景天窗（SA 407）的氛围灯。曾用于I20的车内摄像机在宝马G70中再次作为选装配置内部摄像头（SA 4NR）提供。宝马G70的按键和内部摄像头FZD High如图4-2-189所示。星空全景天窗选装配置如图4-2-190所示。

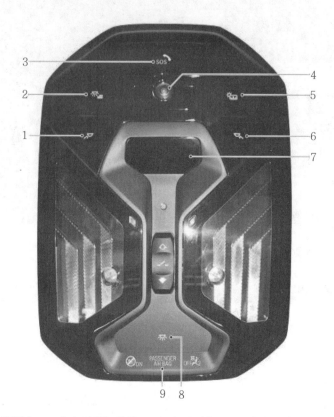

1.左侧阅读灯　2.车内照明灯菜单　3.紧急呼叫按钮　4.车内摄像机　5.全景天窗　6.右侧阅读灯　7.手势摄像机　8.车内照明灯　9.前乘客安全气囊关闭指示灯

图4-2-189

图4-2-190

（五）多功能方向盘MFL

1.MFL键盘右键

设置驾驶员显示器和宝马全彩平视显示系统的按键及用于在驾驶员显示器FAD显示菜单栏（LAYOUT、INHALT和HUD菜单）的相应滚轮。例如，带有"备注"图标的按键可用于选择视听设备列表，它继承了BMW OS7的前三行列表符号。通过"听筒"图标按键，可接听或挂断电话。带有"话筒"图标的按键可用于调出宝马智能个人助理。组合仪表和宝马全彩平视显示系统设置菜单如图4-2-191所示。右侧多功能按钮如图4-2-192所示。

图4-2-191

1.LED指示灯FAS　2.增大音量　3.音频模式，导航、娱乐功能和通信的设置　4.语音控制，宝马智能个人助理，简称IPA　5.电话　6.组合仪表和宝马全彩平视显示系统设置菜单　7.降低音量

图4-2-192

2.MFL-左键盘

左侧多功能方向盘上的按键区属于驾驶员辅助系统，这是自2015年以来宝马车辆的惯例。其中有以下按键：

· 打开/关闭最后一个主动定速巡航控制系统（I/O图标）。

· 存储速度；限速辅助：手动应用建议的速度；交通标志识别：停用/启用警告（SET图标）。

· 设定速度（符号–/+）。

· 选择定速巡航控制系统（MODE图标）。

右侧多功能按钮和LED指示灯FAS如图4-2-193所示。

3.配备换挡拨片的方向盘

客户可以选择运动型电动加速功能。前提条件是选装配置Steptronic运动型变速器（SA 2TB）。这样方向盘就会在左右侧配备额外的换挡拨片。这些设计元素源自赛车运动，驾驶员的双手无须离开方向盘便可快速换挡。GA8HP3 Steptronic变速器还可实现一项特殊功能，通过左侧换挡拨片的BOOST按键启动。在此启动10s的定时器菜单，以便能调用额外的发动机功率。在驾驶员显示器上提供合适的虚拟显示。配备换挡拨片和BOOST按键的方向盘如图4-2-194所示。显示在驾驶员显示器FAD上的BOOST菜单如图4-2-195所示。

1.LED 指示灯 FAS（用于状态识别的发光元件）　2.提高设置车速　3.降低设置车速　4.选择所需的行驶速度控制系统　5.打开/关闭最后一个可激活的行驶速度控制系统　6.保存当前速度

图4-2-193

1.BOOST按键

图4-2-194

图4-2-195

412

（六）转向信号灯、远光灯开关，刮水和清洗装置开关

左右两侧的转向柱上有两个组合开关，布置方便。左侧杠杆形状的操作元件包含转向显示、远光灯和大灯变光功能。在右侧，转向柱开关可用于启动雨刮器。此外，可以通过中间的滚轮调整晴雨传感器的灵敏度，并开始清洁风挡玻璃。宝马G70组合开关如图4-2-196所示。

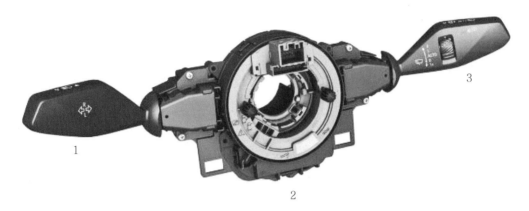

1.转向信号灯和远光灯开关　2.带滑环和接口MFL的完整零件　3.刮水和清洗装置开关

图4-2-196

（七）驾驶员侧车门饰件按钮

1.概览

宝马G70在驾驶员侧车门饰件的BMW Interaction Bar（A）上配备操作栏，其中包括座椅记忆功能和中控锁功能"上锁"和"解锁"。另外，驾驶员侧车门饰件包含用于车窗升降器、外后视镜调节、遮阳帘、儿童锁的开关组（如图4-2-197中B）以及打开尾门的按键。"打开驾驶员侧车门"按键可（如图4-2-197中C）用于手动打开车门（无须启动自动功能）。

2.驾驶员侧车门BMW Interaction BAR

宝马G70驾驶员侧车门BMW Interaction Bar包含下列按键：

·带状态显示的中控锁按钮（颜色变化）。

·座椅附加功能（座椅记忆和跳转至座椅菜单）。

针对PHEV车辆，驾驶员侧车门BMW Interaction Bar还有解锁油箱门的按键。通过该按键启动燃油箱减压并释放油箱盖，锁止油箱盖的伺服电机受到控制，现可手动打开油箱门及油箱盖。

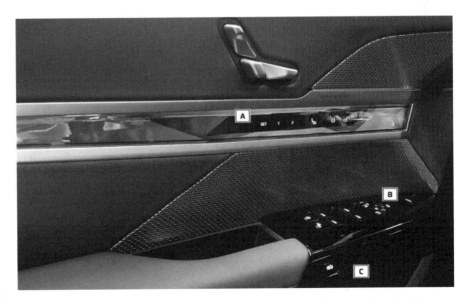

A.驾驶员侧车门BMW Interaction Bar按键　B.驾驶员车门开关组件　C.打开驾驶员车门

图4-2-197

驾驶员侧车门BMW Interaction Bar如图4-2-198所示。宝马G70 PHEV油箱排气如图4-2-199所示。

413

1."保存"记忆功能　2.记忆存储器1　3.记忆存储器2　4.座椅设置菜单　5.锁止　6.开锁　A.驾驶员侧车门BMW Interaction Bar按键

图4-2-198

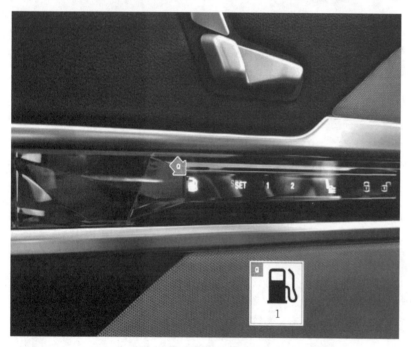

1.油箱排气按键

图4-2-199

3.开关组件

驾驶员侧车门开关组包含经典功能。驾驶员侧车门开关组概述如图4-2-200所示。

4.手动打开驾驶员侧车门

另外，宝马G70在所有车门上都配备机械杆，在紧急情况下可通过拉线手动解锁车门。驾驶员侧车门门把手如图4-2-201所示。

（八）仪表板右侧BMW Interaction Bar和前乘客侧车门BMW Interaction Bar

仪表板右侧BMW Interaction Bar包含下列功能：

·自动车门（SA 3CD）。

·右侧出风口。

借助前乘客侧车门BMW Interaction Bar可操作下列功能：

·带状态显示的中控锁按钮（颜色变化）。

·座椅附加功能（座椅记忆和跳转至座椅菜单）。

仪表板右侧BMW Interaction Bar和前乘客侧车门BMW Interaction Bar如图4-2-202所示。

（九）座椅调整装置开关

驾驶员和副驾驶员座椅可通过座椅调整装置开关调节靠背以及将座椅移动至所需位置。根据要求，车门饰件的开关可与iDrive控制器、起动/停止按钮、音量滚轮与选挡杆一同作为选装配置"CraftedClarity"内饰元件的水晶玻璃套装（SA 4A2）提供。例如，座椅加热功能、按摩功能和座椅通风等其他设置可视车辆选装配置而定，通过座椅功能菜单实现。座椅调节开关如图4-2-203所示。驾驶员侧车门BMW Interaction Bar的座椅功能菜单如图4-2-204所示。

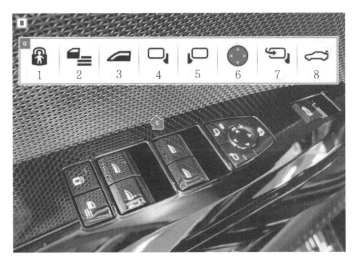

1.安全开关　2.车门和车窗菜单　3.车窗升降机　4.左外后视镜的路沿自动识别功能　5.选择右外后视镜　6.设置外后视镜　7.折回和折出车外后视镜　8.打开和关闭行李箱　B.驾驶员车门开关组件

图4-2-200

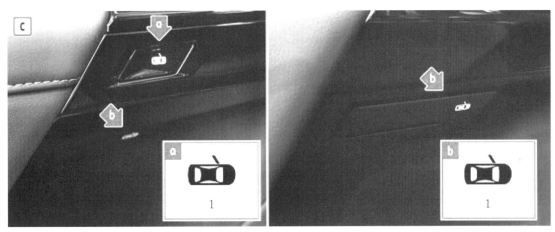

1.打开门　a.打开车门（无自动功能）　b.手动打开车门　C.打开驾驶员车门

图4-2-201

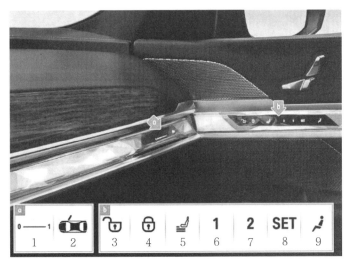

1.右侧出风口　2.自动打开和关闭车门　3.开锁　4.锁止　5.座椅设置菜单　6.记忆存储器1　7.记忆存储器2　8."保存"记忆功能　9.记忆存储器3（未占用副驾驶员座椅）　a.仪表板右侧BMW Interaction Bar　b.前乘客侧车门BMW Interaction Bar

图4-2-202

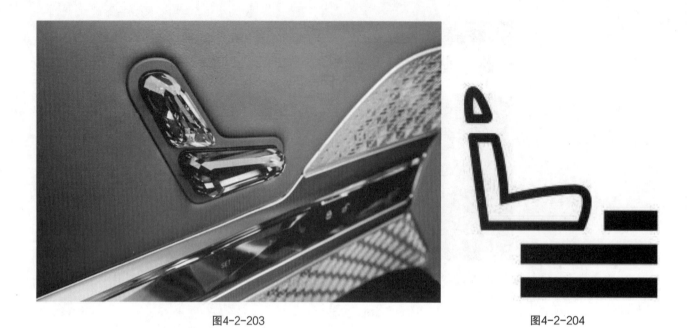

图4-2-203   图4-2-204

（十）含车门控制模块的左后车门饰件开关

宝马G70后座区车门饰件包括可控制车辆后部的车门与车窗升降器的多个按钮。新亮点在于各侧数字式操作元件，属于车门控制模块。乘客可通过触摸屏控制的5.5英寸彩色显示屏，在相应装备的车辆中选择所需的娱乐节目、屏幕显示与音量。31.3英寸全景式后排娱乐系统与车门控制模块属于选装配置专业级后排娱乐系统（SA 6FR）的部分内容。此外，通过触摸屏还可操作音频系统、空调功能、座椅调整装置、氛围灯和后部遮阳板。车门控制模块及周围开关如图4-2-205所示。座椅调节如图4-2-206所示。

1.自动打开车门　2.车门控制模块　3.解锁车门（手动通过拉线）　4.解锁车门（电动）　5.锁止　6.开锁　7.车窗升降机

图4-2-205

416

图4-2-206

十八、BMW Interaction Bar

BMW Interaction Bar作为新型控制和设计元素在全新7系宝马G70中首次亮相。部件采用了晶体表面结构及有效的背光，从装饰条下方一直延伸到了车门饰件，覆盖了整个仪表板宽度。BMW Interaction Bar设有触控灵敏的操作区，用于风扇设置、温度调节、激活闪烁报警灯及打开手套箱。BMW Interaction Bar的设计以通过在"我的模式"中选择的模式为导向。根据所选模式，用户也可以进行单独设置。BMW Interaction Bar将以下功能范围集于内部装饰条：

·显示。

·操作方式。

·环境照明灯。

·装饰条。

基本想法来自表面平静的内部装备的理想画面，没有用于操作、氛围灯和出风口开口的单独分开的区域。BMW Interaction Bar一开始被设计为包括出风口在内的仪表板的组成部分，而在宝马G70上已包含在标准装备中。配有BMW Interaction Bar的G70乘客车厢视图如图4-2-207所示。

图4-2-207

在BMW Interaction Bar的整个长度上共装有约100颗在颜色和亮度上可相互独立控制的RGB LED，其可以在BMW Interaction Bar上呈现静态和动态的灯光效果。在客户的操作点上有已经为人所知的以及在宝马G70上新引入的一些操作元件，其配有按压式传感器，部分带声音操作反馈。配有BMW Interaction Bar的G70乘客车厢的夜间视图如图4-2-208所示。

图4-2-208

宝马G70的总线端状态决定着BMW Interaction Bar的效果。在静止状态下，即"总线端状态-泊车"（氛围灯关闭），BMW Interaction Bar显示为具有透明深度效果的装饰条。在该状态下，触控式面板不可见。在活跃状态下，即"总线端状态-停留"（带背景照明），BMW Interaction Bar成为车内操作和氛围灯的重要组成部分。BMW Interaction Bar"开启状态与关闭状态"如图4-2-209所示。

1.BMW Interaction Bar无背景照明　2.BMW Interaction Bar带背景照明
图4-2-209

（一）车载电源连接

BMW Interaction Bar不同区域装饰条的"氛围灯"通过多个LIN总线从属段进行连接。对于空调、灯光和座椅功能以及自动车门（SA 3CD），传感器分别通过LIN总线连接至Basic Central Platform和其他控制单元。闪烁报警功能、中控锁和压力箱解锁功能（仅限PHEV）各有一个离散电气接口，也就是用于数据传输的多条单线。传感器的兼容性是为宝马G70与BN2020-服务包2021相结合而设计的。已知的I20主控制单元（例如用于冷暖功能的BCP）包括与传统操作元件的已有接口。宝马G70氛围灯系统电路图如图4-2-210所示。

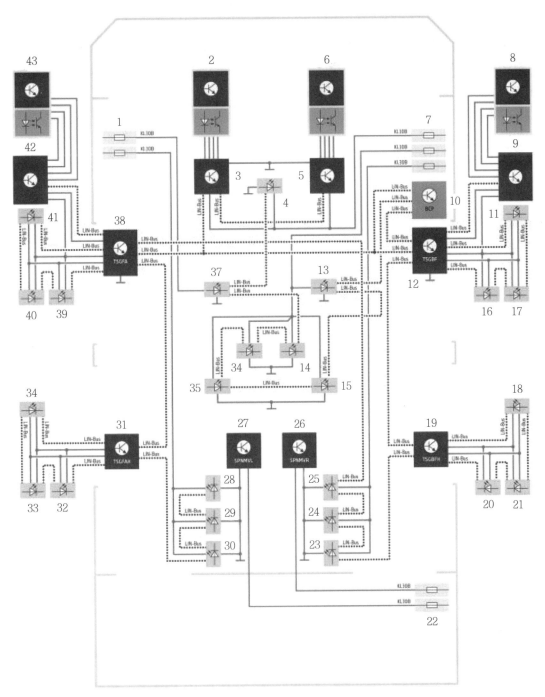

1.左前配电盒 2.仪表板左侧Interaction Bar 3.仪表板左侧车内照明灯LIN从站 4.多功能显示屏MFD照明 5.仪表板右侧车内照明灯LIN从站 6.仪表板中间和右侧Interaction Bar 7.右前配电盒 8.前乘客侧车门Interaction Bar 9.右前车门车内照明灯LIN从站 10.基本中央平台BCP 11.前乘客侧车门装饰条照明 12.副驾驶车门控制单元TSGBF 13.右前脚部空间照明灯 14.右前杯座照明 15.乘客侧中央控制台照明 16.前乘客侧车门袋照明 17.前乘客侧车门内把手照明 18.乘客侧后方车门装饰条照明 19.后乘客侧车门控制单元TSGBFH 20.乘客侧后方车门袋照明 21.前乘客侧后部车门内侧拉手照明装置 22.右后配电盒 23.右后侧脚部空间照明灯 24.前乘客座椅靠背照明装置 25.前乘客座椅右侧靠背照明 26.右前座椅气动模块SPNMVR 27.左前座椅气动模块SPNMVL 28.驾驶员座椅右侧靠背照明 29.驾驶员座椅靠背照明装置 30.左后侧脚部空间照明灯 31.后驾驶员侧车门控制单元TSGFAH 32.驾驶员侧后方车门袋照明 33.驾驶员侧后部车门内侧拉手照明装置 34.驾驶员侧后方车门装饰条照明 35.驾驶员侧中央控制台照明 36.左前杯座照明 37.左前脚部空间照明灯 38.驾驶员车门控制单元TSGFA 39.驾驶员侧车门袋照明 40.驾驶员侧车门内把手照明 41.驾驶员侧车门装饰条照明 42.左前车门车内照明灯LIN从站 43.驾驶员侧车门Interaction Bar

图4-2-210

419

（二）BMW Interaction Bar结构

BMW Interaction Bar是一个黑色面板玻璃外观嵌条，配有单独的出风口开口。它还装有用于各种照明效果和背景亮度的LED灯以及包括压力传感器在内的操作元件。适用于BMW Interaction Bar上的操作元件的各个触控式面板配有以下触感与压感传感器的部件：

· 电容薄膜。

· 挺杆。

· 压敏垫。

· 光学传感器。

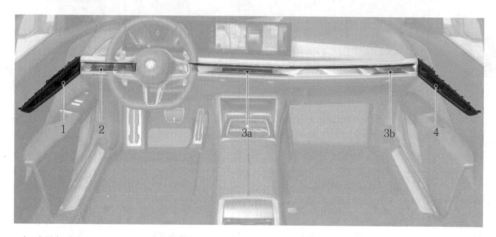

通过G70的中央高保真系统发出信号音作为操作反馈（类似中央信息显示器上的触摸屏控制），例如在打开手套箱时。BMW Interaction Bar的结构由许多单层组成。装饰条如图4-2-211所示。BMW Interaction Bar的结构"整体图"如图4-2-212所示。

1.驾驶员侧车门Interaction Bar　2.仪表板左侧Interaction Bar　3a.仪表板中间Interaction Bar　3b.仪表板右侧Interaction Bar　4.前乘客侧车门Interaction Bar

图4-2-211

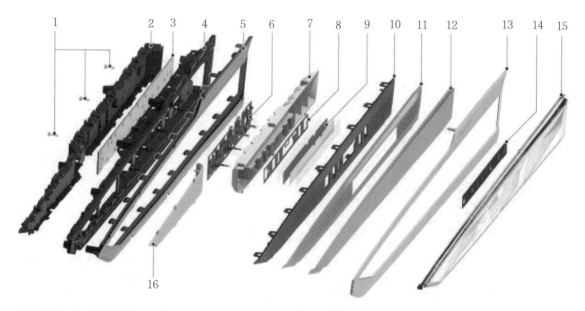

1.固定螺栓　2.底架下部件　3.带光学传感器和RGB ISELED®的电路板　4.底架上部件　5.框架挡板　6.带推杆的压敏垫　7.用于推杆的缓冲挡块　8.中间层　9.电容薄膜　10.用于触控式面板的矩阵条　11.扩散器　12.图形装饰膜　13.电镀铝装饰条　14.触摸操作区图标栏　15."Fascia"黑色面板玻璃外观嵌条　16.前饰板

图4-2-212

（三）技术数据

技术数据如表4-2-4所示。

表4-2-4

主控制器	4×32位 ATMEL ATSAMD21×ARM Corte×M0+
子控制器	1×32位 ATMEL ATSAMDA1×ARM Corte×M0+
触摸传感器	光学/多点触控/声音反馈
LED技术	101×ISELED OSRAM（1200 mcd，8位）
接口	4×LIN 2.2+4×ISE 总线
盖板	切面玻璃仿制品/背面反射/NoShow
作用	触摸控制适用于以下功能与配置：空调功能、座椅附加功能、车门功能、车外灯光功能 动态内表面灯光、前门、仪表板

（四）工作原理

1.带背景照明的装饰条工作原理

约8mm厚的高亮双层饰板（如图4-2-213中1）构成装饰条的核心部分。其由聚碳酸酯（如图4-2-213中3）（PC）塑料制成并带有PUR涂层（如图4-2-213中2）以防刮擦。装饰条具有自愈效果，类似于自I20起全新宝马双肾格栅的效果。额外的PVD层（如图4-2-213中4）（物理气相沉积）蒸发到饰板背面，确保带折射效果的高贵透明外观。由此使饰板呈现金属质感。该PVD层看起来像侧面透明的镜子。光线可以从后面借助LED向前射出，若背景照明关闭（当车载网络休眠/泊车时），则装饰膜从前面看起来像一面镜子，操作元件不可见。铺有装饰膜（如图4-2-213中5）的扩散器元件（如图4-2-213中9）由灯箱（如图4-2-213中8）中的RGB ISELED®（如图4-2-213中6）照亮，为氛围灯形成一个可动态变化的平面背景，增强透明饰板的效果。

2.操作区工作原理

在BMW Interaction Bar上，带触控式面板的操作区采用电容传感器薄膜。在电容薄膜后面有一个额外的压力传感器，通过光学系统实现。两个系统一起确保在精确性和可操作性方面给予客户无与伦比的体验。在触摸电容传感器薄膜时，触控式面板的特殊操作区启动。通过按压装饰条上绘制的相应图标，压力也会施加到推杆

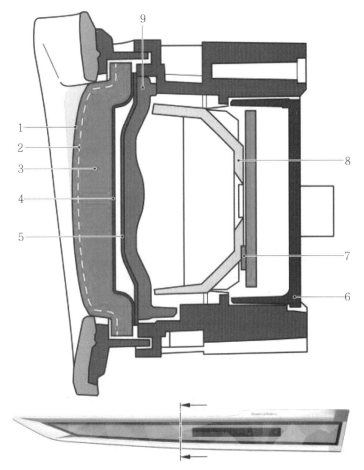

1."Fascia"黑色面板玻璃外观嵌条　2.PUR 涂层　3.聚碳酸酯 PC 饰板　4.PVD 层　5.装饰膜　6.底架下部件　7.RGB ISELED®（和电路板）　8.灯箱　9.扩散器（实现平面光分布）

图4-2-213

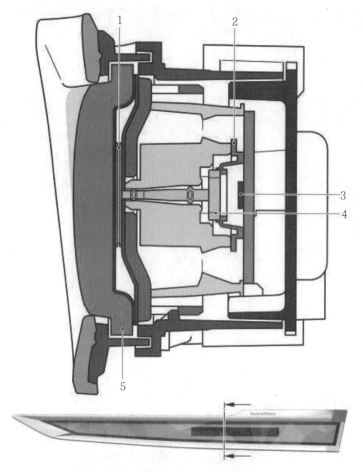

上。推杆抵抗压敏垫弹力的微米级运动足以改变投射到光学传感器上的阴影。原则上，车外照明灯/远光辅助菜单等按键是为更大压力的反应特性而设计的。相反，用于出风口的相邻"滑块"是为非常灵敏的压力而设计的，以实现真正的"滑动"。需要持续可以被找到的功能（如警示闪烁装置或中控锁）部分被设计为永久图标。其余功能的工作方式与上一章所述相似（PVD层作为镜子），并具有"消失效果"。BMW Interaction Bar的结构"采用压力传感器的触摸屏控制"，如图4-2-214所示。

1.带图标的电容薄膜　2.橡胶压敏垫　3.光学传感器　4.挺杆　5."Fascia"黑色面板玻璃外观嵌条

图4-2-214

（五）环境照明灯

整个BMW Interaction Bar长度总共包含100多个可自由控制亮度和颜色的RGB LED。不在BMW Interaction Bar内部进行LED控制。LED完全从外部由中心或车内灯控制进行控制，以实现与氛围灯效果最大限度的同步。宝马G70的FZD上的"车内照明灯菜单"触摸屏控制如图4-2-215所示。车内照明装置菜单中的设置选择如图4-2-216所示。

BMW Interaction Bar上的特殊灯光效果：

· MY MODES 效果。

· 欢迎/告别。

· 动车门/安全下车。

· 来电。

· 解锁/中控锁按钮。

· 宝马智能个人助理。

"欢迎"灯光效果 1示例如图4-2-217所示。

"运动模式"灯光效果 2示例如图4-2-218所示。

（六）驾驶员侧车门BMW Interaction Bar

集成在宝马G70的驾驶员侧车门上的BMW Interaction Bar 包括以下开关传感器：

· 带状态显示（颜色变化）的中控锁按钮。

· 座椅附加功能（座椅记忆和直接进入座椅设置的菜单）。

驾驶员侧车门BMW Interaction Bar如图4-2-219所示。

图4-2-215

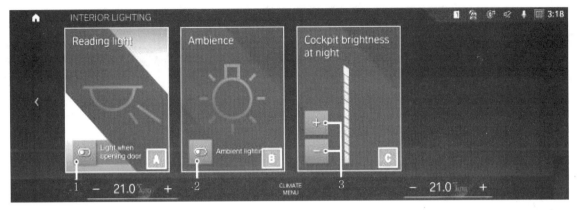

1.打开车门时车内灯激活　2.氛围灯开闭开关　3.强度更强/更弱（+/−）　A.阅读灯　B.环境照明装置（包括颜色设置功能）　C.驾驶室亮度

图4-2-216

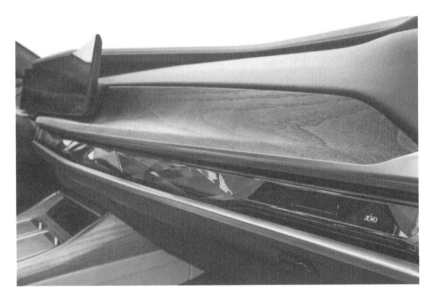

图4-2-217

图4-2-218

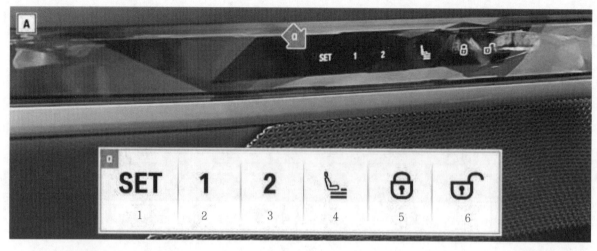

1."保存"记忆功能　2.记忆存储器1　3.记忆存储器2　4.座椅设置菜单　5.锁止　6.开锁　a.驾驶员侧车门BMW Interaction Bar开关条

图4-2-219

在PHEV车辆的驾驶员侧车门BMW Interaction Bar上，还有用于解锁油箱盖的按钮，使用该按钮可进行油箱减压并释放油箱盖。用于锁止油箱盖的伺服电机受到控制，然后可手动控制油箱盖和加油口盖。G70 PHEV油箱排气如图4-2-220所示。PHEV燃油箱排气系统的系统电路图（以宝马G70为例）如图4-2-221所示。

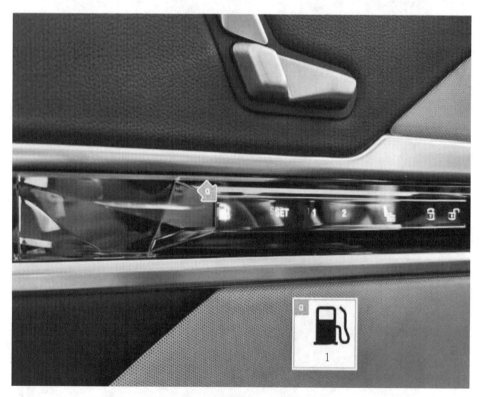

1.宝马G70 PHEV驾驶员侧车门上的油箱排气按钮

图4-2-220

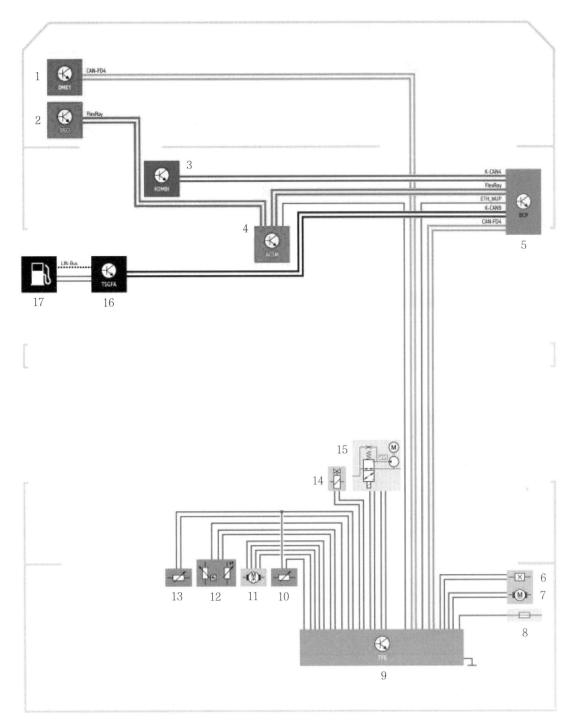

1.数字式发动机电子系统DME　2.集成动态稳定控制系统DSCi　3.组合仪表KOMBI　4.碰撞和安全模块ACSM　5.基本中央平台BCP　6.油箱盖的位置传感器　7.用于锁止燃油箱盖板的执行机构　8.右后配电盒　9.压力油箱电子控制系统（TFE-High）　10.右侧油箱液位传感器（集成在输送单元中）　11.电动燃油泵（集成在输送单元中）　12.压力温度传感器（SENT）　13.左侧油箱液位传感器　14.燃油箱隔离阀　15.燃油箱泄漏诊断模块（DMTL）　16.驾驶员车门控制单元TSGFA　17.驾驶员侧车门BMW Interaction Bar的控制面板上的加油按键

图4-2-221

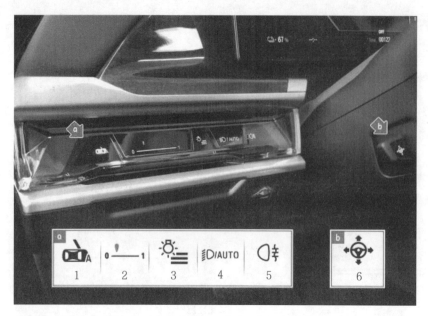

1.自动打开和关闭车门 2.左侧出风口 3.车外照明灯/远光辅助菜单 4.行驶灯光自动控制、近光灯、自适应照明功能 5.后雾灯 6.电动转向柱调节装置 a.BMW Interaction Bar b.转向柱调节装置

图4-2-222

1.左侧中间出风口 2.除霜功能 3.警示闪烁装置 4.后窗玻璃加热 5.手套箱 6.右侧中间出风口

图4-2-223

·右侧出风口。

通过前乘客侧车门上的Interaction Bar可以控制以下功能：

·带状态显示（颜色变化）的中控锁。

·座椅附加功能（座椅记忆和直接进入座椅设置菜单）。

仪表板右侧和前乘客侧车门BMW Interaction Bar如图4-2-224所示。

（七）仪表板左侧BMW Interaction Bar

仪表板左侧的BMW Interaction Bar包括以下开关传感器：

·自动车门（SA 3CD）。

·左侧出风口。

·车外灯功能。

左侧BMW Interaction Bar如图4-2-222所示。

（八）仪表板中间BMW Inter-action Bar

仪表板中间的BMW Interaction Bar包括以下开关传感器：

·风量设置（每个出风口一个滑块）。

·用于除霜功能和后窗玻璃加热装置的按钮。

·警示闪烁装置。

·手套箱按钮。

此外，在仪表板中间Interaction Bar上还有驻车通风与驻车暖风显示。由于其并非操作功能，只是显示功能，因此在中性状态下不可见。当驻车温度调节或驻车暖风启动时，可见其亮起红色或蓝色灯。中间BMW Interaction Bar如图4-2-223所示。

（九）仪表板右侧和前乘客侧车门BMW Interaction Bar

仪表板右侧BMW Interaction Bar包括以下开关传感器：

·自动车门（SA 3CD）。

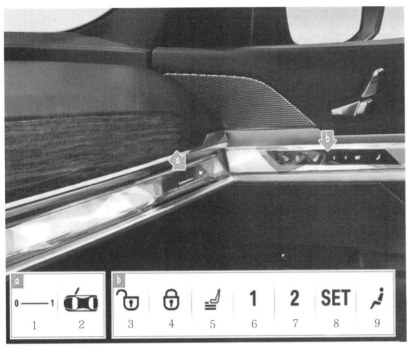

十九、操作方案 iDrive BMW Operating System 8

宝马G70的BMW iDrive通过结合多种操作方式、多功能显示屏MFD（宝马曲面显示器）、BMW Interaction Bar或"我的模式"等创新细节，提供一种全新的数字化车内空间体验。根据由I20为人所知的"行动、定位、信息"原则，可实现信息的清晰分配并杜绝冗余，在2022年的宝马7系上，宝马典型的以驾驶员为核心的理念在前排座舱设计方面达到了最高水平。宝马G70通过驾驶员显示器上的小组件的全新显示方式重新诠释了"行动、定位、信息"这一原则。具有宝马曲面显示器和宝马全彩平视显

1.右侧出风口 2.自动打开和关闭车门 3.开锁 4.锁止 5.座椅设置菜单 6.记忆存储器1 7.记忆存储器2 8."保存"记忆功能 9.记忆存储器3（未占用副驾驶员座椅） a.副驾驶仪表板右侧 b.前乘客侧车门

图4-2-224

示系统的宝马G70集成显示器可完美协调地显示信息。与相应行驶状况相关的信息已为驾驶员预筛选，并始终呈现在驾驶员可以尽快轻松获取信息的位置上。宝马第8代iDrive操作系统操作说明承担了众多的任务，远远超出了传统的显示和操作方案。在宝马G70上驾驶员和副驾驶员重新通过iDrive控制器或触摸屏控制进行操作。2023年7月发布了第8.5代宝马操作系统。配备Headunit High 5（HU-H5）的车辆可于2023年11月起通过宝马远程软件升级服务升级至新操作系统。宝马G70前部iDrive系统元件如图4-2-225所示。

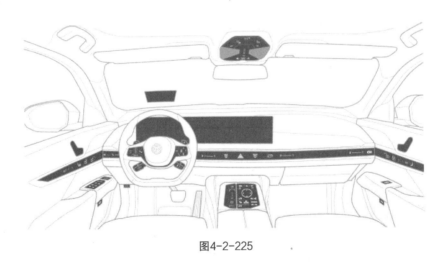

图4-2-225

车辆后座区专门的iDrive操作方案借助全景式屏幕（宝马悬浮式巨幕）和车门控制模块BMT（宝马智能后排触控系统）提供一种全新的操作方案。BMT由宝马G70后门上的两个触控显示器组成。G70后部iDrive系统元件如图4-2-226所示。

图4-2-226

图4-2-227

（一）显示器上的动态配色

2021年，在I20（BMW iX）上就已为宝马第8代iDrive操作系统的操作说明奠定了基石。每种My Mode都有固定分配的色彩世界，并在BMW Interaction Bar、驾驶员显示器、平视显示系统、中央信息显示器和车门控制模块上反映出来。切换模式时，在BMW Interaction Bar和所有显示器上都会进行动态色调变换，从而在整个乘客车厢实现统一设计。例如，My Mode"悦动模式"的典型"蓝黄"色调除了出现在全新BMW Interaction Bar上，也反映在采用BMW Operating System 8的CID显示及其特殊的My Mode配色中。My Mode"悦动模式"下的乘客车厢如图4-2-227所示。My Mode"悦动模式"风格的CID显示如图4-2-228所示。

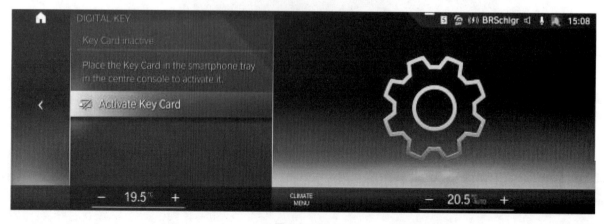

图4-2-228

（二）应用菜单调整

相比于在2021年引入BMW Operating System 8之时，应用菜单得到进一步划分。2021年只能根据"全部应用"和"车辆应用"排序，自2022年起如今也提供根据"信息娱乐应用"的排序选项。现在可以一目了然地显示来自该主题领域的应用，并更容易被客户找到。"信息娱乐应用"中的应用排序如图4-2-229所示。

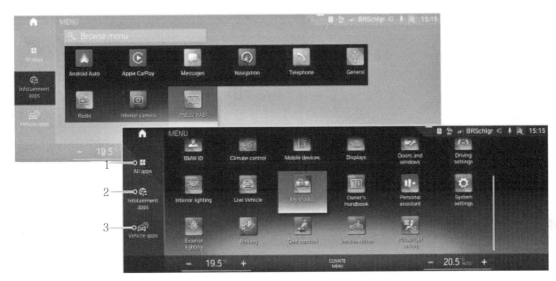

1. "全部应用"排序 2. "信息娱乐应用"排序 3. "车辆应用"排序

图4-2-229

（三）驾驶员显示器调整

1.附加小组件"G值显示表"

2022年7月，由BMW Operating System 7为人所知的表明加速力的G值显示表在宝马G70上的BMW Operating System 8中批量使用。在此实现以下功能：

· 横向/纵向加速度：张开"目标蛛网"。

· 个性模式+运动模式。

· 不同布局。

宝马G70 G值显示表如图4-2-230所示。

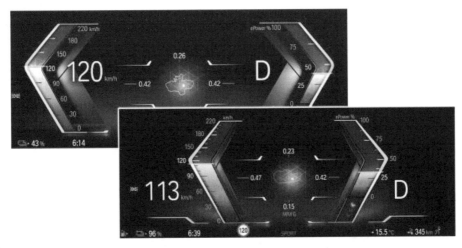

图4-2-230

2.附加小组件"Augmented View导航"

与宝马智能互联驾驶座舱高级版（SA 6U2）相比，在选装配置宝马智能互联驾驶座舱专业版（SA 6U3）中还有增强视图功能。I20具有很多功能，包括转弯提示、车道推荐、重要位置显示，且支持停车位搜索，带导航引导的Augmented View仅在CID上显示。在宝马G70上，如今可以在全数字多功能驾驶员显示器上提供该显示。可在可用于驾驶员显示器的小组件中选择Augmented View显示。Augmented View "转弯提示" 如图4-2-231所示。

图4-2-231

3.Augmented View驾驶员辅助系统

此外，驾驶员显示器上的Augmented View扩充了各个辅助系统的显示。FAD "驾驶员辅助系统显示" 中的Augmented View如图4-2-232所示。

图4-2-232

4.附加SPORT BOOST 模式

若在宝马G70 PHEV上订购了选装配置Steptronic运动型变速器（SA 2TB），则客户可使用SPORT BOOST功能。在这种情况下，宝马G70在方向盘的左右两侧配有附加换挡拨片。这些元件从赛车运动衍生而来，实现快速换挡，驾驶员无须将双手从方向盘移开。此外，GA8HPTU3 Steptronic变速器还实现一种特殊功能，可通过左侧换挡拨片上的BOOST按键将其启动。在此可启动一个10s的定时器，以获取额外的发动机功率。在驾驶员显示器上提供合适的虚拟显示。宝马G70 SPORT BOOST如图4-2-233所示。

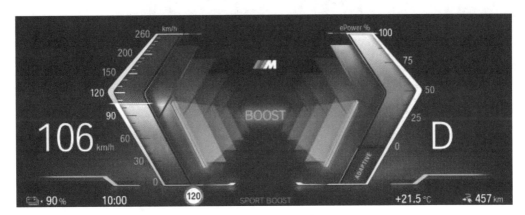

图4-2-233

（四）后排娱乐系统调整

关于后座区的设置，以前在每款宝马7系上都可以从驾驶员和副驾驶的位置提供功能。宝马G70的BMW Operating System 8也允许翻开全景式屏幕和设置全景式屏幕的距离与视角。此外，还可特别设置拨入和拨出的电话。宝马G70的免提装置可以在音频播放/分区方面做出改变。对于宝马G70后排娱乐系统菜单"悬浮式巨幕"，驾驶员和副驾驶员的设置选项如图4-2-234所示。

图4-2-234

（五）My Modes扩展

在宝马G70上，除了因I20为人所知的My Modes，即个性模式、运动模式和节能模式，还有3种新的My Modes：

· 有表现力。

· 放松。

· 数字化艺术模式（自2023年3月起）。

此外，若结合选装配置专业级后排娱乐系统（带智能后排触控系统）（SA 6FR），则可提供面向后座区的"影院模式"。在影院模式下，降低全景式屏幕、照明和关闭遮阳帘等不同车辆功能将相互配合，让乘客为无与伦比的沉浸式娱乐体验做好充分准备。宝马G70 My Modes如图4-2-235所示。

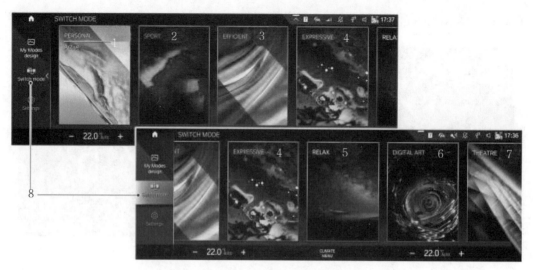

1.个性模式 2.SPORT 模式 3.高效模式 4.悦动模式 5.休闲模式 6.数字化艺术模式 7.影院模式 8.切换模式

图4-2-235

二十、语音处理

随着BMW Operating System 8的推出，宝马智能个人助理也新增了额外的功能。这使得该系统成为车辆中理想的"数字式伴侣"。为了在车辆乘员和车辆之间创建"自然"对话，宝马智能个人助理受到了特别关注。由于人与人之间交流的很大一部分信息是通过非语言方式传达的，因此，G70上的宝马智能个人助理在可视化方面也进行了进一步优化。首次提供有关可视化的不同设置。客户可以选择宝马智能个人助理的"和谐"或"活泼"风格的外观。虽然设置的"和谐"提供了众所周知的"和谐可视化"风格，但在显示的外观设置为"活泼"时其朝着"负有表现力"的方向变化。"悦动模式"的可视化在某种程度上类似于一张人脸。宝马G70在语音控制领域引入的另一项创新是"转换图标"。根据语音命令，宝马智能个人助理现在可以使用新的图标进行响应。

二十一、辅助系统

G70配备了宝马提供的所有可用辅助系统。由于宝马G70还附带了2021服务包，自I20面世以来，大多数硬件组件都已熟知。尽管如此，宝马G70可以通过一些创新重新获得细分市场的领导地位。高速公路辅助系统让我们向自动驾驶又迈进了一步。新配置的自

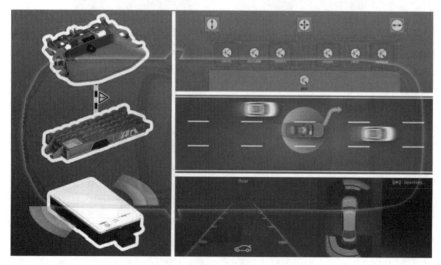

图4-2-236

动泊车辅助系统（SA 5DW）具有多种智能功能，使驾驶员可以轻松地在驻车场中搜索、查找车位并进行操控。随着宝马G70的推出，欧洲也在落实全新欧盟道路安全法。从2022年7月起，宝马已经确定将所选驾驶辅助系统强制安装至车辆。宝马G70辅助系统的标题图如图4-2-236所示。

（一）简介

宝马G70已经标配了许多最现代的辅助系统。在本文中，您将在欧洲规格中找到宝马G70的配置。根据市场和地区的特殊性，可能会使用其他辅助系统、功能特点及不同的配置。

（二）产品结构"行驶"

1.标准配置

（1）加强型碰撞防御辅助（SA 5AQ）。

客户不可在EURO NCAP国家单独订购选装配置加强型碰撞防御辅助（SA 5AQ）。宝马G70始终具备Autonomous Driving Camera Low ADCAML和前部雷达传感器FRS。在I20中已包含大部分功能。下文中显示了宝马G70首次推出的新功能或功能增强。

功能如下：

·具有主动倒车的车道偏离警告，包括迎面车辆。

·追尾碰撞警告，带制动功能，包括迎面车辆。

·具有城区行驶制动功能（包括转弯）的行人和自行车警告系统。

·带有城区制动功能的迎面车辆转弯警告系统。

·带禁止超车显示的预测交通标志识别。

·具有制动功能的定速巡航控制系统DCC。

·手动车速限制装置。

·手动采用识别到的道路限速。

加强型碰撞防御辅助如图4-2-237所示。

（2）专业型碰撞防御辅助（SA 5AW）。

专业型碰撞防御辅助（SA 5AW）配置属于特例。在EURO NCAP国家中也将增加该配置以实现目标。在两个前部侧面雷达传感器近距区域安装SRSNVL和SRSNVR。通过它们提高下面列出的警告功能准确性。在这种情况下，主控制单元是在行进方向左前侧近距离的雷达传感器SRSNVL。高级功能包括以下几种：

·具有城区行驶制动功能（包括转弯）的行人和自行车警告系统。

·交叉路口警告，带市区制动功能。

专业型碰撞防御辅助如图4-2-238所示。

（3）行驶辅助系统（SA 5AS）。

选装配置行车安全辅助系统（SA 5AS）是宝马G70的标准装备。每个宝马G70都配备了后部侧面雷达传感器的近距区域传感器HRSNL和 HRSNR。在这种情况下，主控制单元是行进方向右后近距离的雷达传感器HRSNR。如果宝马G70具有专业型碰撞防御辅助（SA 5AW）和驾驶助手（SA 5AS）选配，则安装4个侧面

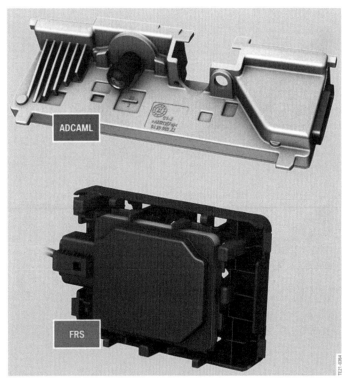

图4-2-237

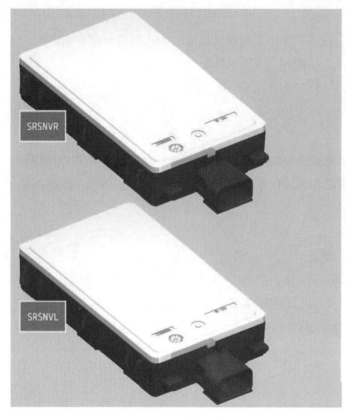

图4-2-238

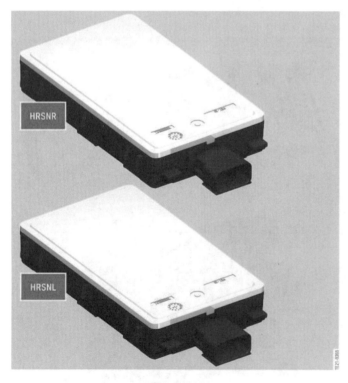

图4-2-239

雷达传感器，在主控制单元上没有控制器的近距离雷达传感器控制单元RSNECU。仅限与选配装置自动驾驶辅助系统Pro（SA 5AU）搭配使用。根据法律要求，侧面雷达传感器必须在售后中进行校准。功能如下：

· 具有主动倒车（包括转弯）的车道变更警告功能。

· 带制动功能的后方横向来车警告。

· 尾部碰撞警告系统。

· 开门碰撞预警。

行驶辅助系统如图4-2-239所示。

2.选装配置

（1）自动驾驶辅助系统（SA 5AT）。

带有触摸检测功能的方向盘（方向盘外圈中的电容传感器）安装在自动驾驶辅助系统Plus（SA 5AT）选装配置中。用于检测驾驶员是否将手放在方向盘上。此外，多功能方向盘的按钮上方还有能发光的发光二极管条。对于"具有启停功能的主动巡航控制"功能，在车道居中辅助系统功能中增加了简化版。这两个功能都支持最大180km/h的车速。这两种功能的组合称为辅助驾驶。在某些市场中，客户可以使用数字售后获得自动驾驶辅助系统选装配置。必须在车辆（SA 9QV）中考虑准备此种选配。必要部件安装在车辆中。通常，仅在一个套装中提供准备。功能如下：

· 速度高达180km/h的具有启停功能的主动巡航控制。

· 车道居中辅助（标准型）。

· 自动限速辅助系统。

高级行驶辅助系统如图4-2-240所示。

（2）专业版行驶辅助系统（SA 5AU）。

自动驾驶辅助系统Pro（SA 5AU）选装配置包括行车安全辅助系统选装配置（SA 5AS）和自动驾驶辅助系统（SA 5AT）。2018服务包堵车辅助系统中的已知第三代（SA 5AR）现在也属于选配的一部分，仅在美国、中国和日本可用。该系统提供了几乎所有当前可用的传感器和功能。在车辆中添加了整个范围的组件。前雷达传感器FRS替换为行程更大的远距前雷达传感器FRSF。高分辨率的中位自主驾驶摄像头与外控制单元一起安装，取代低位自动驾驶摄像头。中型平台自动驾驶MPAD在辅助功能计算中起着核心作用。4个侧面雷达传感器的数据由主控单元的近距区域雷达传感器RSNECU汇总，从而使系统能够通过方向盘轮圈中的电容传感器识别驾驶员的手是否在方向盘上。此外，在驾驶员显示器玻璃板下面集成了有附加红外线LED的驾驶员摄像头系统DCS。

图4-2-240

功能如下：

· 转向和车道导向辅助系统。

· 3代堵车辅助系统（仅在美国、中国和日本提供）。

· 带纵向控制的车道变更辅助系统。

· 速度高达210km/h的具有启停功能的主动巡航控制。

· 带驻车功能的红绿灯识别。

· 救援车道辅助。

· 避让辅助系统。

· 紧急停车辅助系统。

· 优先行驶警告系统。

· 错误行驶警告系统。

· 含主动侧面碰撞警告系统的车道保持辅助系统。

· 前方/后方横向来车警告（后部带刹车功能）。

专业版行驶辅助系统如图4-2-241所示。

（3）高速公路辅助系统（SA 5AX）。

新的选装配置高速公路辅助系统（SA 5AX）是车道

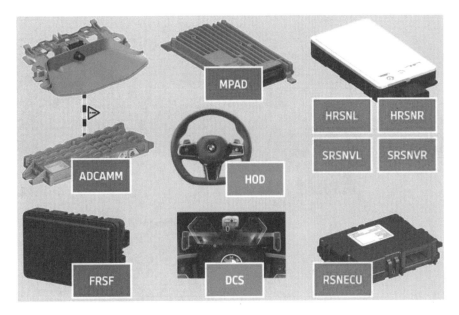

图4-2-241

居中辅助的附加功能，因此强制安装选配的自动驾驶辅助系统Pro（SA 5AU）。该创新功能让我们向自动驾驶又迈进了一步。原则上，高速公路辅助系统是G20引入的第三代交通拥堵辅助的扩展。主要区别在于，精神集中的驾驶员可以在135km/h（或85mph）的速度下将手离开方向盘。为了能够让车辆以如此高的速度安全地保持在车道上，必须对硬件和软件进行一些改动。MPAD成功替换了之前的版本，包括4个处理器内核，而不是之前的2个处理器内核，从而可以更快地计算环境。为此，您必须在线路中安装高精度HD卡，并安装更精确的GPS接收器，可以将车辆位置精确到几厘米。外部的两个MPAD版本看起来一样。该功能目前仅在所选市场可用。具有4个处理器内核的MPAD如图4-2-242所示。

图4-2-242

（三）产品结构"驻车"

1.标准配置

驻车辅助系统（SA 5DM）也是宝马G70的标准配置。驻车距离监控装置（PDC）的控制单元是超声波传感器控制单元USS，它带有服务包2021。有12个超声波传感器和一个带广角泊车影像的倒车影像。功能如下：

·自动泊车入位，可在纵向和横向驻车位内外驻车。

·倒车辅助系统。

·前后驻车距离监控系统（PDC），包括自动启用驻车雷达和侧方泊车碰撞预警。

·主动驻车距离监控系统。

·进近监测。

·带广角泊车影像的倒车影像。

驻车辅助系统如图4-2-243所示。

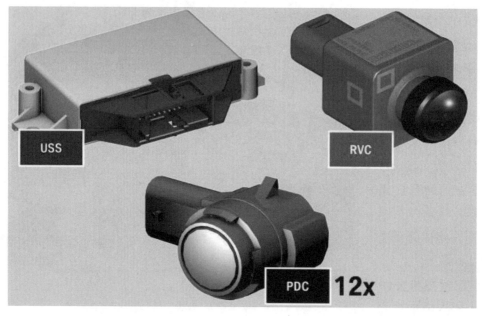

图4-2-243

2.选装配置

（1）自动泊车辅助系统Plus（SA 5DN）。

不仅配备了可选的自动泊车辅助系统Plus（SA 5DN），宝马G70还配备了超声波摄像头自动泊车UCAP控制单元和4个无人泊车系统摄像头。由于UCAP接管了USS的功能，因此省略了这一点。倒车影像也可替换为无人泊车系统摄像头。下文中显示了宝马G70首次推出的新功能或功能增强。

·拖车辅助。

・停车视图。

・广角泊车影像。

・远程3D驻车影像〔必须配套远程服务（SA 6AE）〕。

・防盗记录仪（外部）。

・宝马行车记录仪。

高级驻车辅助系统如图4-2-244所示。

（2）驻车助理专业人员（SA 5DW）。

专业版驻车辅助系统（SA 5DW）纯粹基于软件进行开发。该系统基于自动泊车辅助系统Plus（SA 5DN）选配的现有组件进行设计。这些功能与SLAM程序配合使用，并能够通过全方位摄像头了解环境情况。下文中显示了宝马G70首次推出的新功能或功能增强。

・循迹倒车辅助Pro。

・自动泊车入位Pro。

・遥控驻车2.0。

・泊车路径辅助。

泊车路径辅助如图4-2-245所示。

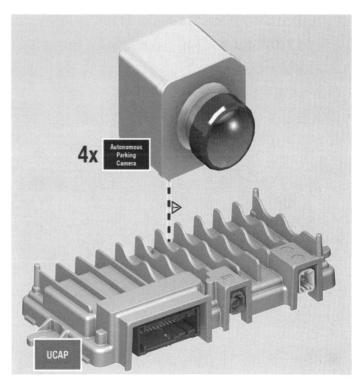

图4-2-244

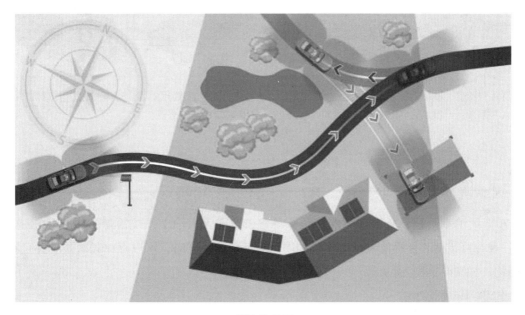

图4-2-245

（四）传感器安装位置

根据具体车辆配置，宝马G70会用到所示的传感器。根据设备的不同，以下控制单元的安装位置相同：

・前雷达传感器FRS和远程前雷达传感器FRSF。

437

· ADCAMM控制单元的ADCAML和ADCAM摄像头。

· 倒车影像RVC和无人泊车系统摄像头。

· 2核或4核的MPAD。

宝马G70系统组件如图4-2-246所示。

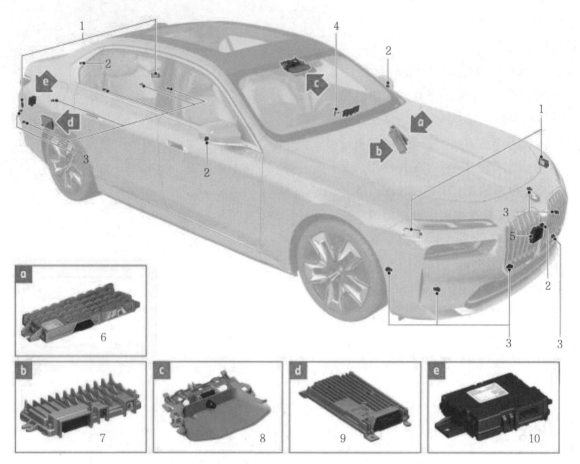

1.侧面雷达传感器　2.全景摄像机　3.超声波传感器　4.驾驶员摄像机系统DCS　5.远程前部雷达传感器FRSF　6.
ADCAMM控制单元　7.UCAP　8.ADCAM摄像机　9.MPAD　10.RSNECU

图4-2-246

二十二、创新辅助系统停车

宝马G70上的泊车系统领域最重要的新功能得益于智能无人泊车系统摄像头（Autonomous Parking Cameras），现在可借助环视摄像机创建虚拟的周围环境地图。同时，可以存储长轨迹，并且在需要时可以绕过障碍物，如图4-2-247所示。

（一）循迹倒车辅助Pro

循迹倒车辅助Pro是循迹倒车辅助系统的升级版本，于2018年在宝马G05中推出。其功能方式大体上相同，其主要区别在于，循迹倒车辅助Pro现在可以记录长达200m的距离，并且在倒车时相应提供支持。此外，该功能还能够在车辆路线边缘出现障碍物时自动绕过。只有当一起使用智能环视摄像机和UCAP来创建周围环境地图时，才能够使用该功能，如图4-2-248所示。

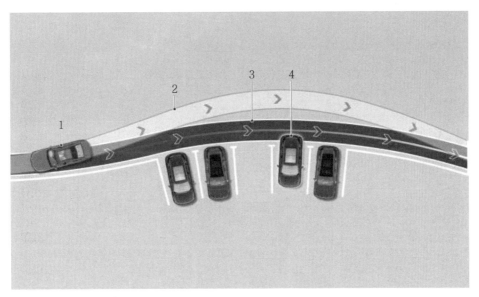

1.倒车轨迹上的本车　2.经过计算的避让操作　3.原始行驶距离　4.检测障碍物

图4-2-247

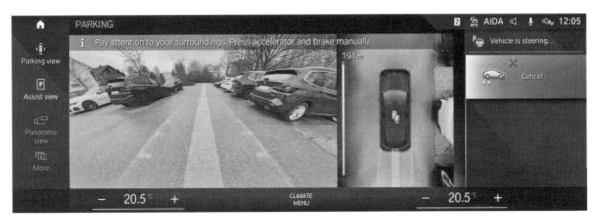

图4-2-248

（二）自动泊车入位Pro

自动泊车入位也在不断升级。到此前，在车位搜寻过程中始终有障碍物和路沿石，现在全新的自动泊车入位专业版也配置了智能环视摄像机。该摄像机可以识别车道上的标记线，从而可以采用全新方式进行车位搜寻，可以显著提升能够自动出库和入库的车位数量。此外，通过识别标记线还可以再次改善停车位置，如图4-2-249所示。

（三）泊车路径辅助

宝马上全新的一个功能是泊车路径辅助。该功能可以全自动完成每天都会重复的泊车和调车操作。驾驶员只需要在系统中输入一次该调车操作。该功能将会记录和保存这一手动过程。当车辆接近存储的调车操作时，系统可以接管全部车辆操作，直到完成泊车过程。调动路径可以长达200m，且调动次数不受限制。泊车路径辅助高度可靠、自动化感知，从而减轻驾驶员的压力，如图4-2-250所示。

（四）拖车辅助

挂车辅助可以帮助驾驶员在挂有挂车的情形下进行倒车操控。驾驶员借助控制器或者触摸CID给出所需的挂车转弯角度，该系统执行转向运动。在更换挂车时，该功能自动识别挂车牵引钩球头和挂车车桥之间的长度，从而可以让任何规格的挂车更加轻松地倒车，如图4-2-251所示。

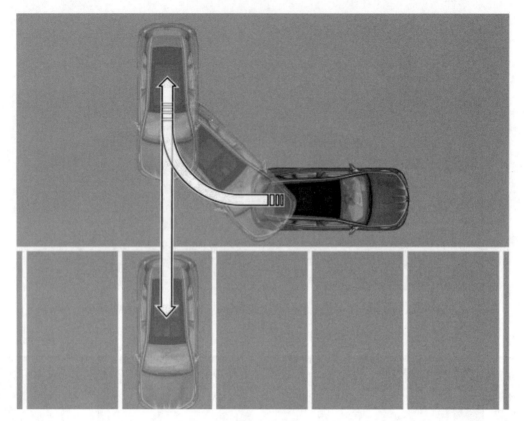

图4-2-249

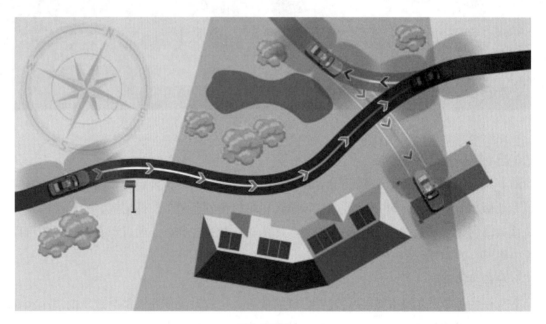

图4-2-250

440

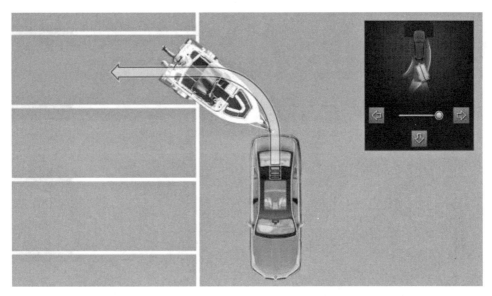

图4-2-251

二十三、创新驾驶辅助系统

在宝马I20中引入了新型车载网络2021服务包，在宝马7系初级车中，宝马G70上可以使用的驾驶功能明显更少。创新型高速公路辅助系统能够在批准的高速公路上，在车速达到135km/h时可靠地提供辅助。虽然自动化程度很高，但该系统还只是一套2级驾驶员辅助系统。车速高达135km/h时也可使用高速公路辅助系统如图4-2-252所示。

图4-2-252

（一）车道居中辅助基础

随着选装配置高级行驶辅助系统（SA 5AT）的2021服务包的引入，其开始提供具有启停功能的主动巡航控制系统和较低版本的车道居中辅助系统。该功能集成在挡风玻璃镜头ADCAML中并且还使用来自前部雷达传感器FRS的数据。该功能无须使用侧面雷达传感器。车道居中辅助基础在车速高达180km/h时依然能够工作。组合仪表中的"辅助驾驶模式"显示如图4-2-253所示。

1.限速器　2.主动定速巡航控制系统ACC　3.车道居中辅助基础 +ACC

图4-2-253

（二）高速公路辅助系统

全新高速公路辅助系统（SA 5AX）是自动驾驶道路上的又一块里程碑。使用该选装配置可以在允许的高速公路上在车速达到135km/h（高达85mph）时帮助驾驶员专注驾驶，而无须将双手握在方向盘上。高速公路辅助系统仅在选定的国家/地区可用。高级辅助驾驶如图4-2-254所示。

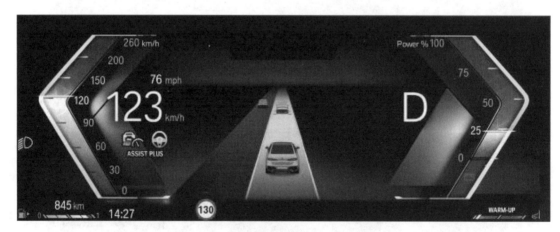

图4-2-254

第三节　宝马G60电气系统

一、电气系统

在最新一代宝马G60中，电气化、联网、自动驾驶体验以及驱动程序接口的配合也发挥着越来越重要的作用。主要推动因素在于高级舒适要求以及更严格的废气排放规定和安全规定。在这种情况下，近年来开发出了复杂的信息娱乐系统和驾驶辅助系统，这些系统只能通过许多控制单元的共同作用来实现。由于电器设备的数量大幅增加，能量需求也显著提高，因此必须通过电子能量管理系统来确保优化能量分配。因此，宝马G60具有多种规格的电气系统和操作选项。电气规格如表4-3-1所示。

表4-3-1

系统	宝马G60中的规格
车载网络	BN2020-服务包2021
中央控制单元（网关）	基本中央平台BCP
电源管理系统	柔性能源和电源管理2.1
总线端控制	以客户为导向的泊车-停留-行驶总线端控制
LIN配电器	子网络功能和智能总线端控制
低电压供电	AGM车载网络电池12V70Ah
配电器	6配电盒
安全供电	安全相关的组件
48V车载网络	第2.2代48V车载网络
被动安全系统控制单元	碰撞和安全模块ACSM6
Headunit	主机高级单元5HU-H5
操作方案	采用第8.5代宝马操作系统的BMW iDrive操作方案（从2023/7起）
显示及操作方案	宝马G60车型显示和操作元件
远程信息通信控制单元	远程通信系统盒4TCB4
宝马数字钥匙型号	BMW Digital Key Plus

（一）总线概览

宝马G60的车载网络基于带服务包2021的BN2020。不同于服务包2018，此车载网络提供以下优势：

·传输更大的数据量。

·优化的网络。

·通过加强集中化降低总线系统负载。

·增加在中央控制单元中计算和执行的功能。

主要通过智能使用不同总线系统实现传输更大数据量。随着网络化程度不断提高，瓶颈逐渐显现。

如不使用具有灵活数据速率的总线系统，则需要将有关联的网络区域细分为多个总线支线。因此，在宝马G60上越来越多地使用CAN-FD总线。CAN-FD可实现与总线负载相适应的通信。这种情况下，速度可高达3Mbit/s。64字节的有效载荷长度也会更有效率。CAN-FD以此为优化联网应用奠定基础。"Over the Air Update（空中更新）"的可靠性也有所提高。宝马G60 MHEV总线概览如图4-3-1所示。宝马G60 PHEV总线概览如图4-3-2所示。宝马G60 BEV总线概览如图4-3-3所示。

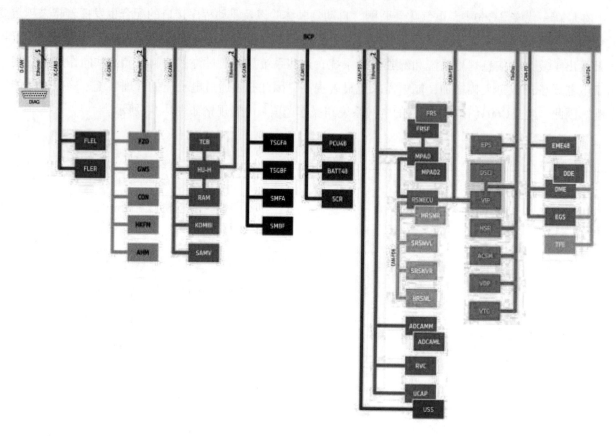

ACSM.碰撞和安全模块　ADCAML.自动驾驶摄像头低　ADCAMM.自动驾驶摄像头中　AHM.挂车模块　BATT48.48V蓄电池　BCP.基本中央平台　CON.控制器　DDE.数字式柴油机电子系统　DME.数字式发动机电子系统　DSCi.集成动态稳定性控制系统　EGS.变速器电子控制系统　EME48.电机电子装置48V　EPS.电子助力转向系统　FLEL.左前部车灯电子装置　FLER.右前部车灯电子装置　FRS.前部雷达传感器　FRSF.远程前部雷达传感器　FZD.车顶功能中心　GWS.选挡开关　HKFM.行李箱盖功能模块　HRSNL.左侧后部近距离雷达传感器　HRSNR.右侧后部近距离雷达传感器　HSR.后桥侧偏角控制系统　HU-H.主机High 5　KOMBI.控制单元组合仪表　MPAD.中平台自动驾驶　MPAD2.自动驾驶中级平台2　PCU48.电源控制单元48V　RAM.收音机音响模块　RSNECU.雷达传感器近距区域控制单元　RVC.后视摄像机　SAMV.前置智能手机盒模块　SCR.选择性催化剂还原（SCR）　SMBF.副驾驶座椅模块　SMFA.驾驶员座椅模块　SRSNVL.左前侧面近距离雷达传感器　SRSNVR.右前侧面近距离雷达传感器　TCB.远程通信盒　TFE.燃油箱功能电子系统　TSGBF.副驾驶车门控制单元　TSGFA.驾驶员车门控制单元　UCAP.超声波摄像头自动停车　USS.超声波传感器控制单元　VDP.垂直动态管理平台　VIP.虚拟集成平台　VTG.分动器

图4-3-1

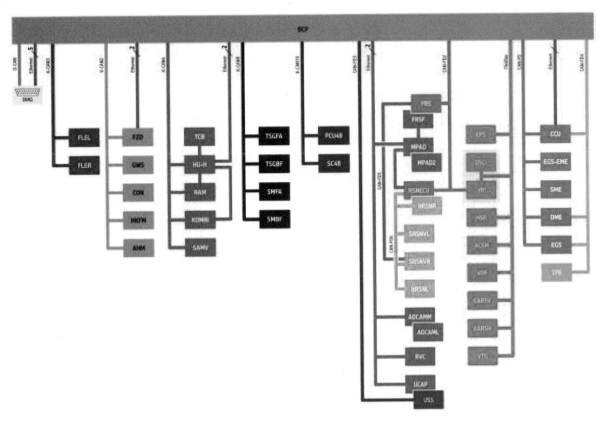

ACSM.碰撞和安全模块　ADCAML.自动驾驶摄像头低　ADCAMM.自动驾驶摄像头中　AHM.挂车模块　BCP.基本中央平台　CCU.组合式充电单元　CON.控制器　DME.数字式发动机电子系统　DSCi.集成动态稳定性控制系统　EARSH.后部电动主动式侧翻稳定装置　EARSV.前部电动主动式侧翻稳定装置　EGS.变速器电子控制系统　EGS-EME.变速器控制系统电机电子伺服系统　EPS.电子助力转向系统　FLEL.左前部车灯电子装置　FLER.右前部车灯电子装置　FRS.前部雷达传感器　FRSF.远程前部雷达传感器　FZD.车顶功能中心　GWS.选挡开关　HKFM.行李箱盖功能模块　HRSNL.左侧后部近距离雷达传感器　HRSNR.右侧后部近距离雷达传感器　HSR.后桥侧偏角控制系统　HU-H.主机High 5　KOMBI.控制单元组合仪表　MPAD.中平台自动驾驶　MPAD2.自动驾驶中级平台2　PCU48.电源控制单元48V　RAM.收音机音响模块　RSNECU.雷达传感器近距区域控制单元　RVC.后视摄像机　SAMV.前置智能手机盒模块　SC48.Supercap 48 Volt　SMBF.副驾驶座椅模块　SME.蓄能器管理电子装置　SMFA.驾驶员座椅模块　SRSNVL.左前侧面近距离雷达传感器　SRSNVR.右前侧面近距离雷达传感器　TCB.远程通信盒　TFE.燃油箱功能电子系统　TSGBF.副驾驶员车门控制单元　TSGFA.驾驶员车门控制单元　UCAP.超声波摄像头自动停车　USS.超声波传感器控制单元　VDP.垂直动态管理平台　VIP.虚拟集成平台　VTG.分动器

图4-3-2

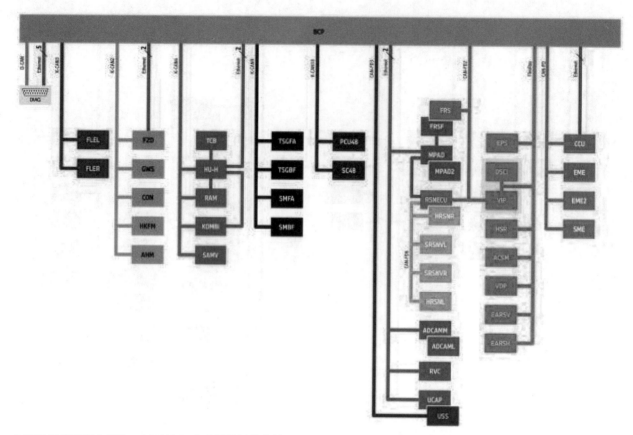

ACSM.碰撞和安全模块　ADCAML.自动驾驶摄像头低　ADCAMM.自动驾驶摄像头中　AHM.挂车模块　BCP.基本中央平台　CCU.组合式充电单元　CON.控制器　DSCi.集成动态稳定性控制系统　EARSH.后部电动主动式侧翻稳定装置　EARSV.前部电动主动式侧翻稳定装置　EME.电机电子装置　EME2.电机电子装置2　EPS.电子助力转向系统　FLEL.左前部车灯电子装置　FLER.右前部车灯电子装置　FRS.前部雷达传感器　FRSF.远程前部雷达传感器　FZD.车顶功能中心　GWS.选挡开关　HKFM.行李箱盖功能模块　HRSNL.左侧后部近距离雷达传感器　HRSNR.右侧后部近距离雷达传感器　HSR.后桥侧偏角控制系统　HU-H.主机High 5　KOMBI.控制单元组合仪表　MPAD.中平台自动驾驶　MPAD2.自动驾驶中级平台2　PCU48.电源控制单元 48V　RAM.收音机音响模块　RSNECU.雷达传感器近距区域控制单元　RVC.后视摄像机　SAMV.前置智能手机盒模块　SC48.Supercap 48 Volt　SMBF.副驾驶员座椅模块　SME.蓄能器管理电子装置　SMFA.驾驶员座椅模块　SRSNVL.左前侧面近距离雷达传感器　SRSNVR.右前侧面近距离雷达传感器　TCB.远程通信盒　TSGBF.副驾驶车门控制单元　TSGFA.驾驶员车门控制单元　UCAP.超声波摄像头自动停车　USS.超声波传感器控制单元　VDP.垂直动态管理平台　VIP.虚拟集成平台

图4-3-3

CAN-FD联网（具有灵活数据速率的CAN）。CAN-FD中的控制单元是串联在一起的。通过串联，CAN-FD通过控制单元形成回路。只有该拓扑才能保证在CAN-FD总线系统中控制单元之间的安全信号处理。售后服务经销商应注意，拔下控制单元会导致CAN-FD中断。因此，控制单元之间的数据传输是不可能的。在数据传输过程中，断电或有缺陷的控制单元不会造成影响。

在宝马G60上采用以下CAN-FD总线：

· CAN-FD。

· CAN-FD2。

· CAN-FD3。

· CAN-FD4。

· CAN-FD5。

· CAN-FD6。

与宝马G70一样，在驱动系统控制单元的网络中也没有PT-CAN。PHEV和BEV驱动版本的特点是在驱动系统控制单元的网络中，额外集成了通过CCU的以太网通信。Basic Central Platform BCP可作为中央控制单元使用并承担以下任务：

·连接所有总线系统（中央网关）。

·通过以太网将编程数据传送到不同控制单元。

·控制多个功能。

CAN-FD拓扑如图4-3-4所示。

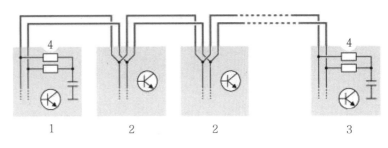

1.首个控制单元拓扑　2.中间控制单元（数量与装备和车型有关）　3.拓扑结构中最后一个控制单元　4.终端电阻

图4-3-4

（二）控制单元概览

宝马G60 MHEV控制单元概览如图4-3-5所示。

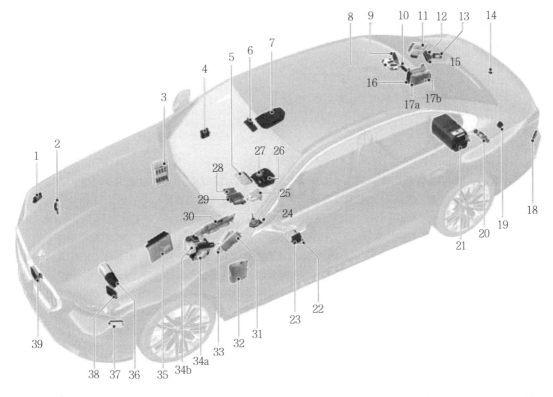

1.右前侧近距区域侧面雷达传感器SRSNVR　2.右侧前部车灯电子装置FLER　3.基本中央平台BCP　4.副驾驶车门控制单元TSGBF　5.前乘客座椅模块SMBF　6.自动驾驶摄像机ADCAM　7.车顶功能中心FZD　8.远程通信盒TCB　9.选择性催化还原SCR　10.超声波传感器控制单元USS　11.垂直动态管理平台VDP　12.近程传感器SSR　13.右侧近距车尾雷达传感器HRSNR　14.后视摄像机RVC　15.行李箱盖功能模块HKFM　16.电源控制单元48V PCU48　17a.自动驾驶中级平台MPAD　17b.自动驾驶中级平台MPAD2　18.左侧后部近距离雷达传感器HRSNL　19.非接触式尾门开启功能雷达传感器　20.收音机音响模块RAM　21.48V电池　22.驾驶员座椅模块SMFA　23.驾驶员车门控制单元TSGFA　24.分动器VTG　25.碰撞和安全模块ACSM　26.选择开关GWS　27.控制器CON　28.控制单元组合仪表KOMBI　29.位于SAMV前端的智能手机存储模块　30.电机电子装置48V EME48　31.自动驻车超声波摄像机UCAP　32.主机高级单元5 HU-H　33.自动驾驶摄像头中ADCAMM　34a.虚拟集成平台VIP　34b.集成式动态稳定控制系统DSCi　35.数字式发动机电子伺控系统DME/数字式柴油机电子伺控系统DDE　36.电子助力转向系统EPS　37.左前侧面近距离雷达传感器SRSNVL　38.左侧前部车灯电子装置FLEL　39.远程前部雷达传感器FRSF

图4-3-5

宝马G60 PHEV控制单元概览如图4-3-6所示。

宝马G60 BEV控制单元概览如图4-3-7所示。

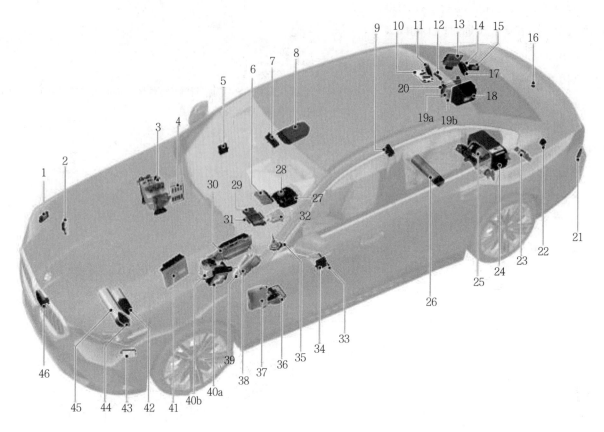

1.右前侧近距区域侧面雷达传感器SRSNVR　2.右侧前部车灯电子装置FLER　3.组合式充电单元CCU　4.基本中央平台BCP　5.副驾驶车门控制单元TSGBF　6.前乘客座椅模块SMBF　7.自动驾驶摄像机ADCAM　8.车顶功能中心FZD　9.混合动力-压力油箱电子控制系统TFE Low　10.远程通信盒TCB　11.挂车模块AHM　12.超声波传感器控制单元USS　13.垂直动态管理平台VDP　14.近程传感器SSR　15.右侧近距离车尾雷达传感器HRSNR　16.后视摄像机RVC　17.行李箱盖功能模块HKFM　18.超级电容器48V SC48　19a.自动驾驶中级平台MPAD　19b.Medium Platform Automatic Driving 2 MPAD2　20.电源控制单元48V PCU48　21.左侧后部近距离雷达传感器HRSNL　22.非接触式尾门开启功能雷达传感器　23.收音机音响模块RAM　24.48V电池　25.后桥侧偏角控制系统HSR　26.后部电动主动式侧翻稳定装置EARSH　27.选挡开关GWS　28.控制器CON　29.控制单元组合仪表KOMBI　30.电机电子系统EME　31.位于SAMV前端的智能手机存储模块　32.碰撞和安全模块ACSM　33.驾驶员座椅模块SMFA　34.驾驶员车门控制单元TSGFA　35.分动器VTG　36.蓄能器管理电子装置SME　37.主机高级单元5 HU-H　38.自动驻车超声波摄像机UCAP　39.自动驾驶摄像头中ADCAMM　40a.虚拟集成平台VIP　40b.集成式动态稳定控制系统DSCi　41.数字式发动机电子伺控系统DME　42. Electronic Power Steering EPS　43.左前侧面近距离雷达传感器SRSNVL　44.左侧前部车灯电子装置FLEL　45.前部电动主动式侧翻稳定装置EARSV　46.远程前部雷达传感器FRSF

图4-3-6

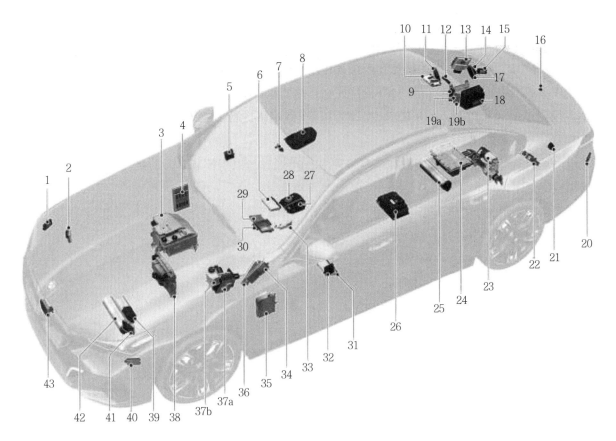

1.右前侧近距区域侧面雷达传感器SRSNVR　2.右侧前部车灯电子装置FLER　3.组合式充电单元CCU　4.基本中央平台BCP　5.副驾驶车门控制单元TSGBF　6.前乘客座椅模块SMBF　7.自动驾驶摄像机ADCAM　8.车顶功能中心FZD　9.电源控制单元48V PCU48　10.远程通信盒TCB　11.挂车模块AHM　12.超声波传感器控制单元USS　13.垂直动态管理平台VDP　14.近程传感器SSR　15.右侧近距离车尾雷达传感器HRSNR　16.后视摄像机RVC　17.行李箱盖功能模块 HKFM　18.超级电容器 48V SC48　19a.自动驾驶中级平台MPAD　19b.Medium Platform Automatic Driving 2 MPAD2　20.左侧后部近距离雷达传感器HRSNL　21.非接触式尾门开启功能雷达传感器　22.收音机音响模块RAM　23.后桥侧偏角控制系统HSR　24.电机电子系统EME　25.后部电动主动式侧翻稳定装置EARSH　26.蓄能器管理电子装置SME　27.选挡开关GWS　28.控制器CON　29.控制单元组合仪表KOMBI　30.位于 SAMV 前端的智能手机存储模块　31.驾驶员座椅模块SMFA　32.驾驶员车门控制单元TSGFA　33.碰撞和安全模块ACSM　34.自动驻车超声波摄像机UCAP　35.主机高级单元 5 HU-H　36.自动驾驶摄像头中ADCAMM　37a.虚拟集成平台VIP　37b.集成式动态稳定控制系统DSCi　38.电机电子装置2 EME2　39.电子助力转向系统EPS　40.左前侧面近距离雷达传感器SRSNVL　41.左侧前部车灯电子装置FLEL　42.前部电动主动式侧翻稳定装置EARSV　43.远程前部雷达传感器FRSF

图4-3-7

（三）车载电网

优化车载电网中能量平衡是应对日益严峻的车载电网挑战的重要而有效的措施。为此，与宝马G70一样，宝马G60越来越多地集成了不同电压范围，从而实现车载电网的融合。基于车载电网的融合，柔性能源和电源管理fEPM可使用更多资源来防止所有车辆状态下不同车辆功能的退化和维持这些功能。当考虑到能量供应、电能的产生和涉及能量平衡调节的接口时，车载网络的这种合并就变得清晰起来。车辆功能的安全供电理念在此也发挥着重要作用，例如为了能够以有效安全的方式实现未来的自动驾驶体验，在宝马G60中，安全供电理念不断得到进一步发展，并适应不同驱动版本的特定要求。在宝马G60上使用的这些技术同样需要干预动力系统。这对于借助48V电机或高电压电机实现更强大的制动能量回收系统、电动加速或零排放滑行或行驶等功能是必要的。由此在不同驱动版本的宝马G60上产生了车载电网方面的基本区别特征，下面将对此进行更详细地阐述。

1.宝马G60 MHEV

宝马G60 MHEV上车载电网的特点在于最大程度集成了48V车载网络。与在宝马G70 MHEV上一样，这也是 48V车载网络2.2。因此，借助48V侧集成在自动变速器中的48V电机，不仅能储能，还可以发电。通过动力控制单元PCU中的双向DC/DC转换器为12V车载网络进行供电。这是新一代与配有48V车载网络的前任车型的不同之处。

充电电压目标值预设，柔性能源和电源管理fEPM可通过与以下控制单元的接口根据状态不同有针对性地提高或降低车辆中的电压：

·发动机控制单元。

·电源控制单元48V PCU48。

·电机-电子伺控系统48V EME48。

宝马G60 MHEV 电流如图4-3-8所示。

宝马G60 MHEV 充电电压目标值预设如图4-3-9所示。

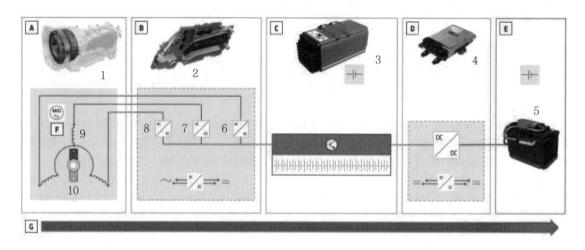

1.GA8HPTU3自动变速器　2.电机电子装置48VEME48　3.48V电池　4.电源控制单元48V　5.12V蓄电池　6.交流电流/直流电流整流器（V）　7.交流电流/直流电流整流器（U）　8.交流电流/直流电流整流器（W）　9.永励磁同步电动机转子　10.永励磁同步电动机定子　A.3相48V交流电流供应　B.3相48V交流电流整流　C.48V储能　D.48V车载网络和12V车载网络双向接口　E.12V车载网络　F.永励同步电机　G.电流方向

图4-3-8

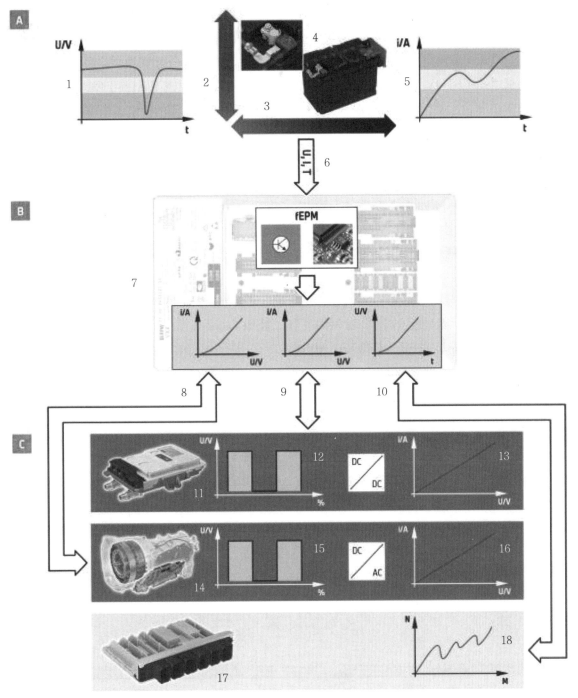

1.用于确定蓄电池状态的电压走势　2.12V电池电量　3.12V电池蓄电池状态　4.12V蓄电池　5.以安培为单位的低压车载网络负荷　6.测量的智能型蓄电池传感器IBS的特性参数：电压、电流、温度　7.充电电压目标值预设调节参数　8.电机-电子伺控系统48V EME48调节路径　9.电源控制单元48V PCU48调节路径　10.发动机控制系统调节路径　11.电源控制单元48V PCU48　12.电源控制单元48V PCU48功率电子装置上的脉冲负载参数　13.电流和电压调节参数　14.电机电子装置48V EME48　15.电机-电子伺控系统48V EME48功率电子装置上的脉冲负载参数　16.电流和电压调节参数　17.发动机控制单元　18.转速与扭矩调节参数　A.12V车载网络　B.灵活的能源和电源管理系统fEPM　C.充电电压目标值预设接口

图4-3-9

2.宝马G60 PHEV

宝马G60 PHEV的12V车载网络与宝马G70 PHEV的车载电网大体相同。主要区别在于，供电不再通过发电机，而是通过高压车载网络。通过Combined Charging Unit CCU中的DC/DC转换器将高压蓄电池单元中的高电压转换为低电压（约14V）。因此，行驶模式中12V车载网络的供电不再依赖于发动机的转速。

充电电压目标值预设，柔性能源和电源管理fEPM可通过以下控制单元的接口，根据状态不同有针对性地提高或降低车辆中的电压：

· 发动机控制单元。

· 组合式充电单元CCU。

· 变速器控制系统/电机-电子伺控系统EGS-EME。

宝马G60 PHEV电流如图4-3-10所示。

宝马G60 PHEV充电电压目标值预设如图4-3-11所示。

3.宝马G60 BEV

宝马G60 BEV的12V车载网络与宝马G60 PHEV的车载电网大体相同。对于宝马G60 BEV，主要区别也在于供电不再通过发电机，而是通过高压车载网络进行。通过Combined Charging Unit CCU中的DC/DC转换器将高压蓄电池单元中的高电压转换为低电压（约14V）。

充电电压目标值预设，柔性能源和电源管理fEPM可通过Combined Charging Unit CCU控制单元的接口，根据状态不同有针对性地提高或降低车辆中的电压。

宝马G60 BEV电流如图4-3-12所示。

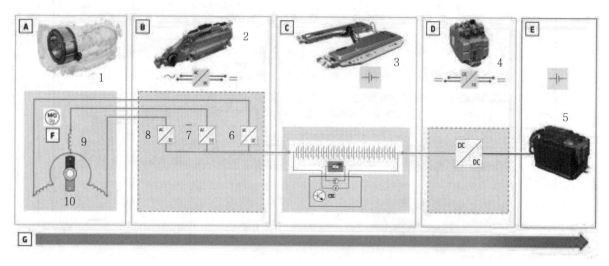

1.GA8HPTU3PH自动变速器 2.变速器控制系统电机电子伺控系统EGS-EME 3.高压电蓄电池 4.组合式充电单元CCU 5.12V蓄电池 6.交流电流/直流电流整流器定子绕组（V） 7.交流电流/直流电流整流器定子绕组（U） 8.交流电流/直流电流整流器定子绕组（W） 9.永励磁同步电动机定子 10.永励磁同步电动机转子 A.3相高电压交流电流供应 B.3相高电压交流电流整流 C.高电压储能 D.高压车载网络和12V车载网络单向接口 E.12V车载网络 F.永励同步电机 G.电流方向

图4-3-10

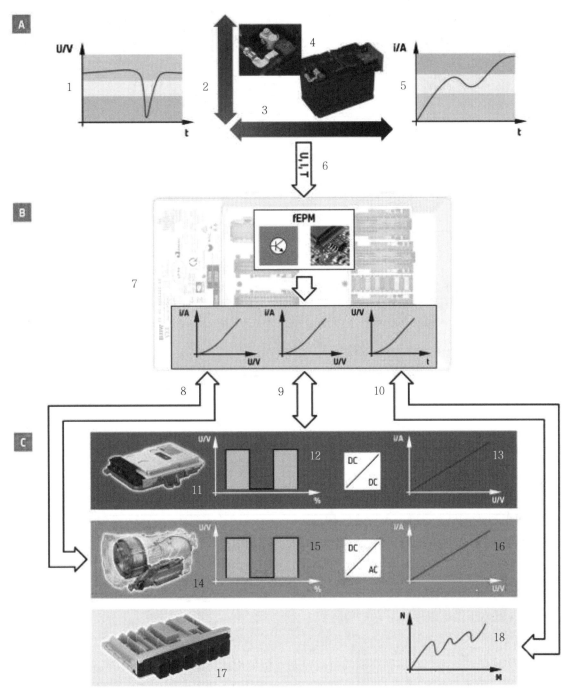

1.用于确定蓄电池状态的电压走势　2.12V电池电量　3.12V电池蓄电池状态　4.12V蓄电池　5.以安培为单位的低压车载网络负荷　6.测量的智能型蓄电池传感器IBS的特性参数：电压、电流、温度　7.充电电压目标值预设调节参数　8.变速器控制系统/电机-电子伺控系统EGS-EME调节路径　9.电源控制单元48V PCU48调节路径　10.发动机控制系统调节路径　11.电源控制单元48V PCU48　12.电源控制单元48V PCU48功率电子装置上的脉冲负载参数　13.电流和电压调节参数　14.变速器控制系统电机电子伺控系统EGS-EME　15.变速器控制系统/电机-电子伺控系统EGS-EME功率电子装置上的脉冲负载参数　16.电流和电压调节参数　17.发动机控制单元　18.转速与扭矩调节参数　A.12V车载网络　B.灵活的能源和电源管理系统fEPM　C.充电电压目标值预设接口

图4-3-11

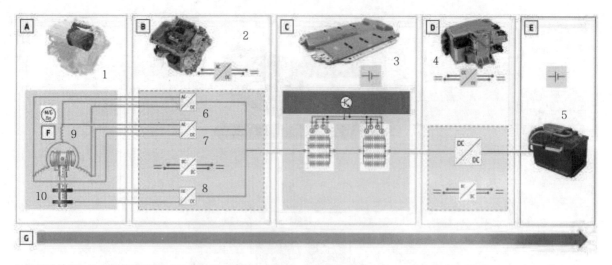

1.电驱动单元　2.电气化驱动单元的电机-电子伺控系统EME　3.高压电蓄电池　4.组合式充电单元CCU　5.12V蓄电池　6.交流电流/直流电流整流器定子绕组U、V、W　7.交流电流/直流电流整流器定子绕组 U、V、W　8.DC/DC 转换器励磁电路　9.励磁同步电动机定子　10.励磁同步电动机转子　A.3相高电压交流电流供应　B.3相高电压交流电流整流　C.高电压储能　D.高压车载网络和12V车载网络单向接口　E.12V车载网络　F.电流激励式同步电机　G.电流方向

图4-3-12

宝马G60 BEV充电电压目标值预设如图4-3-13所示。

（四）低电压供电

在宝马G60的所有驱动版本（MHEV，PHEV，BEV）上安装有一个12V及70Ah的AGM电池，作为车载网络电池使用。视版本不同，车载网络电池位于车前盖下方（MHEV，BEV）或行李箱中（PHEV）。自服务包2021起（I20首批量产开始），特定的供电导线（例如制动系统、转向系统、高压蓄电池单元、外部照明、特定的控制单元）由安全供电负责。供电导线包括总线端KL30、总线端KL31、总线端KL40和总线端KL41。供电导线上最多允许一处维修区域。

宝马G60 MHEV低电压供电组件，柴油发动机如图4-3-14所示。

宝马G60 MHEV低电压供电组件，汽油发动机如图4-3-15所示。

宝马G60 PHEV低电压供电组件如图4-3-16所示。

宝马G60 BEV低电压供电组件如图4-3-17所示。

1.智能配电盒

智能配电盒实现了对各种继电器和终端的智能控制。例如由此将总线端KL30B切换到左前和右前配电器中（子网运行）。智能配电器作为一个单独部件安装在右后配电器上。智能配电器通过LIN总线与Basic Central Platform BCP连接，且由后者控制。智能配电器（以宝马G60 MHEV为例）如图4-3-18所示。

2.48V车载网络

与宝马G70一样，在宝马G60上采用了第2.2代48V车载网络。在配有汽油发动机的MHEV车辆上，安装了48V电池、48V控制单元和48V电机（"曲轴启动器发电机"）。48V电机位于变速器外壳（GA8HPTU3）中，直接与发动机的曲轴连接。在带高压系统的车辆（PHEV，BEV）中，其只能与选装配置"专业版自适应M底盘"（SA 2VW）结合使用。在宝马G60 PHEV和宝马G60 BEV上采用一个48V DC/DC转换器和一个额外的蓄能器。后者由超级电容器（Supercaps）串联而成，并允许使用电控主动动态行驶稳定装置EARSV和EARSH。宝马G60 MHEV第2.2代48V车载网络系统概况，柴油发动机如图4-3-19所示。宝马G60 MHEV第2.2代48V车载网络系统概况，汽油发动机如图4-3-20所示。宝马G60 PHEV第2.2代

48V车载网络系统概述如图4-3-21所示。宝马G60 BEV第2.2代48V车载网络系统概况如图4-3-22所示。

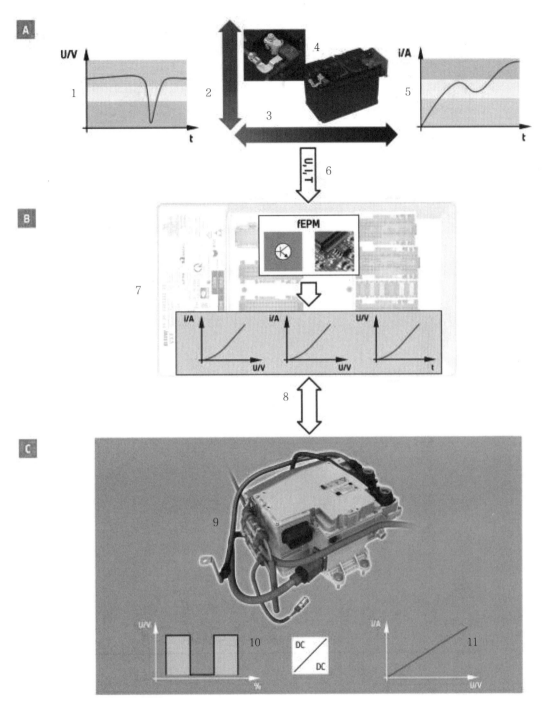

1.用于确定蓄电池状态的电压走势　2.12V电池电量　3.12V电池蓄电池状态　4.12V蓄电池　5.以安培为单位的低压车载网络负荷　6.测量的智能型蓄电池传感器IBS的特性参数：电压、电流、温度　7.充电电压目标值预设调节参数　8. Combined Charging Unit CCU调节路径　9.组合式充电单元CCU　10.Combined Charging Unit CCU功率电子装置上的脉冲负载参数　11.电流和电压调节参数　A.12V车载网络　B.灵活的能源和电源管理系统fEPM　C.充电电压目标值预设接口

图4-3-13

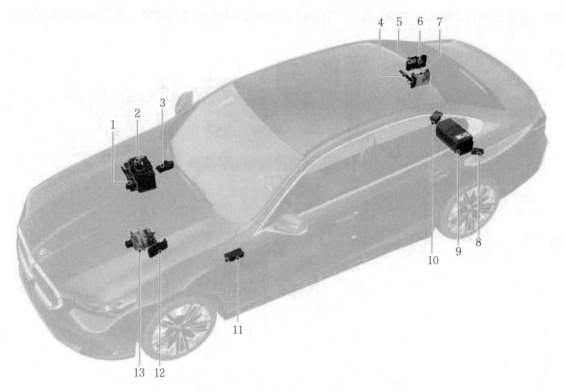

1.发动机舱配电盒　2.12V蓄电池　3.右前配电盒　4.蓄电池配电盒　5.智能配电盒　6.右后配电盒　7.电源控制单元48V PCU48　8.配电盒48V　9.电池48 V BATT48　10.基础配电器　11.左前配电盒　12.集成式供电模块　13.48V启动发电机

图4-3-14

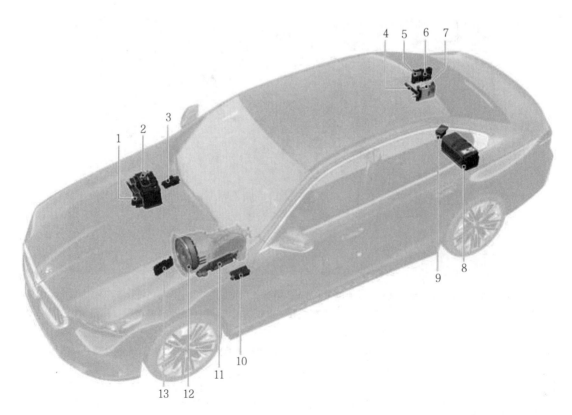

1.发动机舱配电盒　2.12V蓄电池　3.右前配电盒　4.蓄电池配电盒　5.智能配电盒　6.右后配电盒　7.电源控制单元48V PCU48　8.电池48V BATT48　9.基础配电器　10.左前配电盒　11.电机电子装置48V EME48　12.48V电机　13.集成式供电模块

图4-3-15

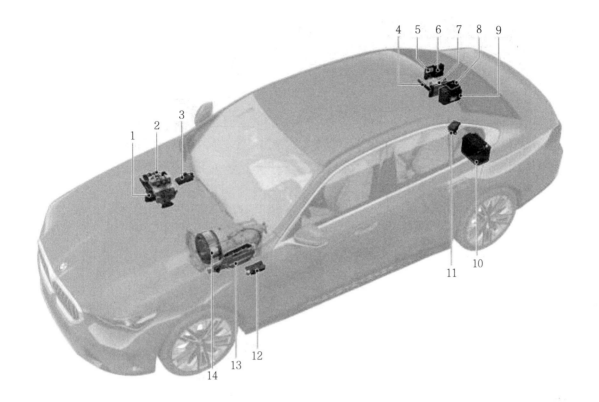

1.发动机舱配电盒　2.组合式充电单元CCU　3.右前配电盒　4.蓄电池配电盒　5.智能配电盒　6.右后配电盒　7.电源控制单元48V PCU48　8.配电器48V　9.超级电容器48V SC48　10.12V蓄电池　11.基础配电器　12.左前配电盒　13.电机电子装置48V EME48　14.48V 电机

图4-3-16

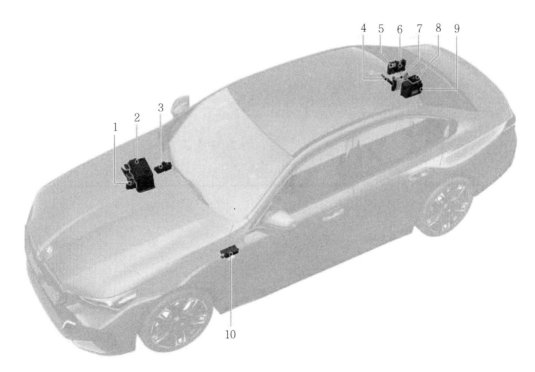

1.发动机舱配电盒　2.12V蓄电池　3.右前配电盒　4.蓄电池配电盒　5.智能配电盒　6.右后配电盒　7.电源控制单元48V PCU48　8.配电器48V　9.超级电容器48V SC48　10.左前配电盒

图4-3-17

图4-3-18

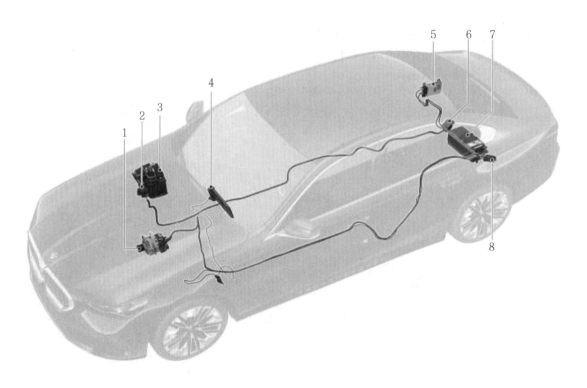

1.48V启动发电机　2.发动机舱配电盒　3.12V蓄电池　4.电控辅助加热器48V　5.电源控制单元48V PCU48　6.基础配电器　7.48V电池　8.配电盒48V

图4-3-19

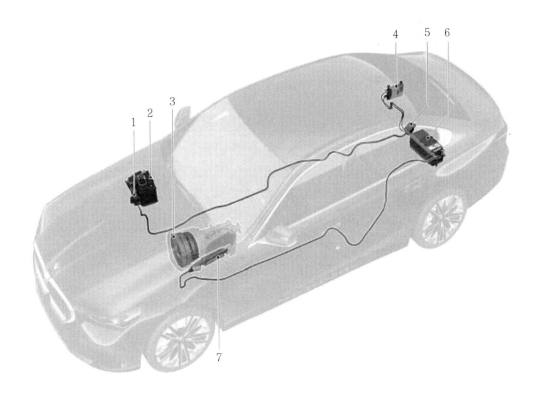

1.发动机舱配电盒　2.12V蓄电池　3.48V电机　4.电源控制单元48V PCU48　5.基础配电器　6.48V电池　7.电机电子装置48V EME48

图4-3-20

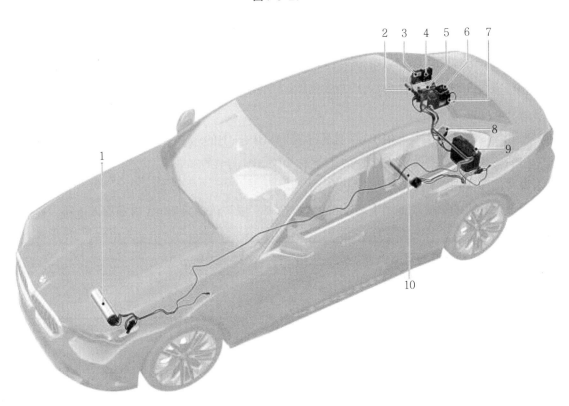

1.前部电动主动式侧翻稳定装置EARSV　2.蓄电池配电盒　3.智能配电盒　4.右后配电盒　5.电源控制单元48V PCU48　6.配电器48V　7.超级电容器48V SC48　8.基础配电器　9.12V蓄电池　10.后部电动主动式侧翻稳定装置EARSH

图4-3-21

459

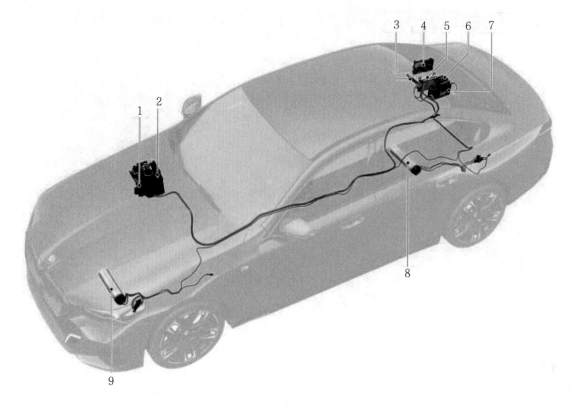

1.发动机舱配电盒　2.12V蓄电池　3.蓄电池配电盒　4.智能配电盒　5.右后配电盒　6.电源控制单元48V PCU48　7.配电器48V　8.超级电容器48V SC48　9.后部电动主动式侧翻稳定装置EARSH

图4-3-22

（1）GA8HP Steptronic变速器。

已经因宝马G70为人所知的GA8HPTU3 Steptronic变速器也在宝马G60上使用。宝马G60具有经过调整的变速器型号。自动变速器设计为：

·常规Steptronic变速器。

·采用轻度混合动力技术（MHEV）且名称为GA8HPxxMH的Steptronic变速器。

·采用插电式混合动力技术（PHEV）且名称为GA8PxxxPH的Steptronic变速器。

以下说明仅涉及MHEV版本之间的主要差异。

配备柴油发动机的驱动版本的宝马G60的特点在于，皮带传动采用48V启动器发电机，而非曲轴启动器发电机。

①配备48V启动发电机的车型概览（欧洲规格）（如表4-3-2所示）。

表4-3-2

车型	发动机	传动机构	48V电机（9.5~12.5kW）
BMW 520d	B47D202	GA8HPTU3	48V启动发电机在皮带传动中
BMW 520d xDrive	B47D202	GA8HPTU3	48V启动发电机在皮带传动中

因此，在采用汽油发动机的驱动版本的宝马G60上，曲轴启动器发电机安装在自动变速器中。

②配备48V电机的车型概览（欧洲规格）（如表4-3-3所示）。

460

表4-3-3

车型	发动机	传动机构	48V电机（9.5~22.5kW）
BMW 520d	B48B20M2	GA8HPTU3	自动变速器中的48V电机
BMW 530i	B48B20M2	GA8HPTU3	自动变速器中的48V电机
BMW 530i xDrive	B48B20M2	GA8HPTU3	自动变速器中的48V电机
BMW 540d xDrive	B48B20M2	GA8HPTU3	自动变速器中的48V电机

曲轴启动器发电机是能产生48V交流电压的永磁同步电动机。产生的交流电压由电机–电子伺控系统48V EME48通过定子绕组的三相分接并转换为直流电压。在EME48上又连接了48V电池。电机–电子伺控系统48V EME48双向工作。电机–电子伺控系统48V EME48是一个48V组件。只有满足所有要求的车间员工才能在标记的48V组件上工作：有效认证，遵守安全规定，完全按照修理厂信息系统ISTA中的维修手册进行操作。宝马G60 MHEV GA8HPTU3 Steptronic变速器采用的48V轻度混合动力技术如图4-3-23所示。宝马G60 MHEV GA8HPTU3 Steptronic 变速器，48V组件标记如图4-3-24所示。

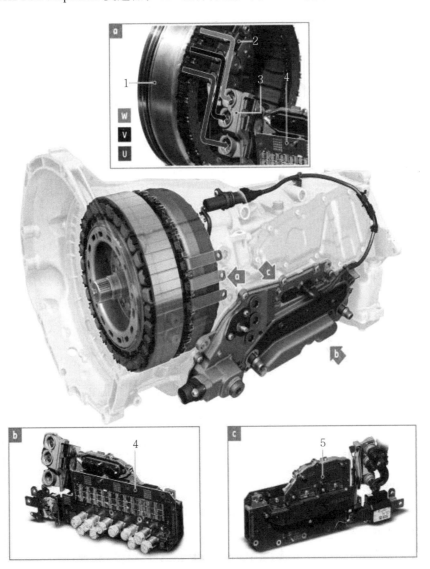

1.电机定子　2.线圈组的U、V和W接口　3.电机–电子伺控系统48V EME48 U、V 和 W 接口　4.电机–电子伺控系统48V EME48 正视图　5.电机–电子伺控系统48V EME48 后视图

图4-3-23

图4-3-24

（2）冷却系统。

与宝马G70 MHEV一样，在宝马G60 MHEV上48V车载网络的组件也位于低温冷却液循环回路中。系统包括从发动机室到行李箱的过道下冷却液管。此处有一个适配接口，可将过道下冷却液管与行李箱内的冷却液管连接。在宝马G60 PHEV和宝马G60 BEV上，48V车载网络的组件不用冷却液冷却。宝马G60 MHEV低温冷却液循环回路如图4-3-25所示。

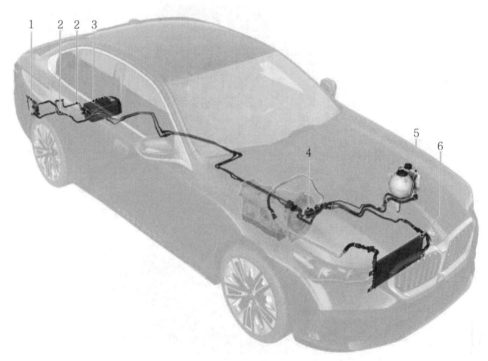

1.电源控制单元48V PCU48　2.适配接口（过道下冷却液管/车厢内部冷却液管）　3.48V电池　4.电动冷却液泵　5.冷却液补液罐　6.冷却液散热器

图4-3-25

3.MHEV配电器行李箱概览

宝马G60 MHEV如图4-3-26和图4-3-27所示。

4.宝马G60 PHEV配电器行李箱概览如图4-3-28所示。宝马G60 PHEV如图4-3-29所示。

5.48V车载网络行李箱概览

宝马G60 48V车载网络组件如图4-3-30和图4-3-31所示。

6.MHEV和BEV配电器发动机室概览

宝马G60 MHEV如图4-3-32所示。

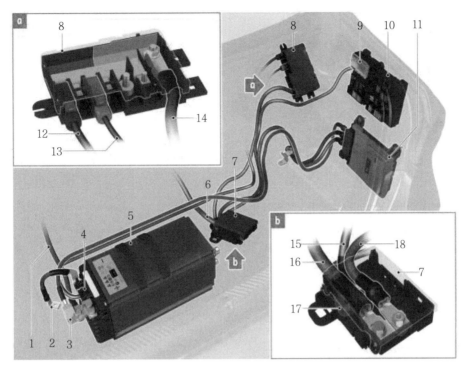

1.电机电子装置48V EME48　2.端子41　3.端子40　4.电气接口　5.电池48V BATT48　6.去向发动机舱配电器的导线　7.基础配电器　8.蓄电池配电盒　9.智能配电盒　10.右后配电盒　11.电源控制单元48V PCU48　12.去向电子式减震器控制装置High的导线　13.去向后桥侧向偏离调节HSR的导线　14.来自基础配电器的导线　15.去向蓄电池配电器的导线　16.去向发动机舱配电器的导线　17.去向右后配电器的导线　18.去向电源控制单元48V PCU48 的导线

图4-3-26

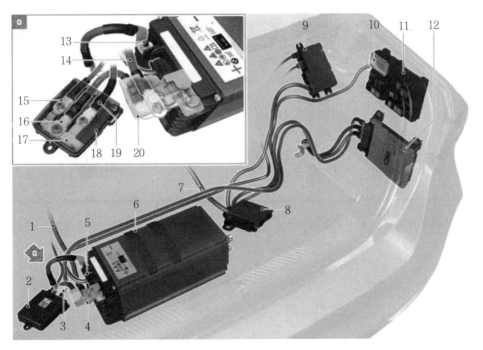

1.电机电子装置48V EME48　2.配电器48V　3.总线端41　4.总线端40饰盖，导电轨，电池48V BATT48　5.电气接口　6.电池48V BATT48　7.发动机舱配电盒　8.基础配电器12V　9.蓄电池配电器12V　10.智能配电盒　11.右后配电盒　12.电源控制单元48V PCU48　13.总线端41　14.电机电子装置48V EME48　15.去向电控辅助加热器48V的48V供电导线（仅限柴油发动机）　16.总线端40　17.导电轨配电器　18.配电器48V　19.电机电子装置48V EME48　20.总线端40饰盖，导电轨，电池48V BATT48

图4-3-27

463

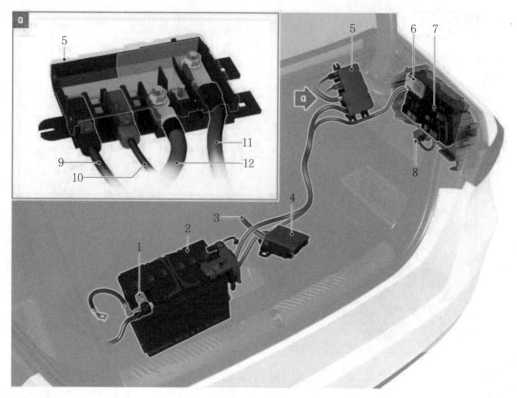

1.端子31　2.12V蓄电池　3.去向发动机舱配电器的导线　4.基础配电器　5.12V电池配电器　6.智能配电盒　7.右后配电盒　8.高电压安全插头（售后服务时断开连接）　9.去向电子式减震器控制装置High的导线　10.增强器　11.来自基础配电器的导线　12.去向后桥侧向偏离调节HSR的导线

图4-3-28

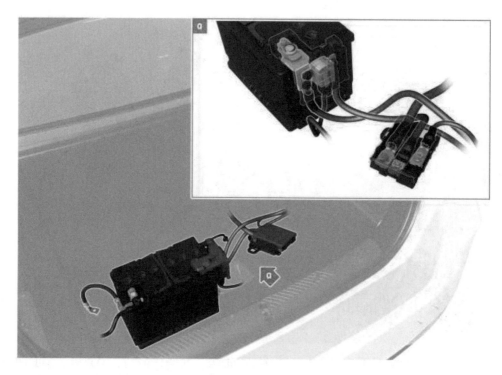

图4-3-29

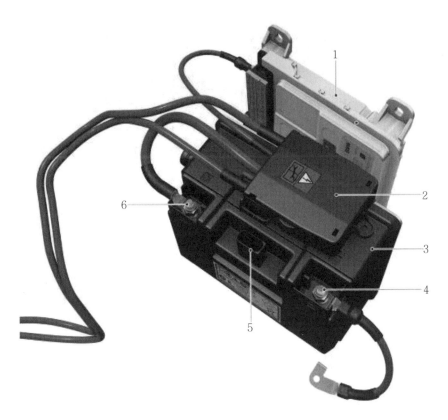

1.电源控制单元48V PCU48　2.配电器48V　3.超级电容器48V SC48　4.总线端41　5.电气接口　6.总线端40

图4-3-30

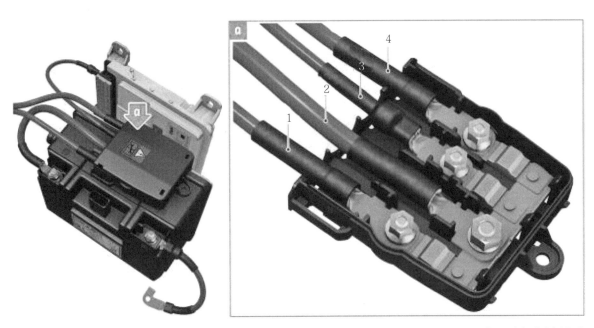

1.前部电动主动式侧翻稳定装置EARSV　2.超级电容器48V SC48　3.电源控制单元48V PCU48　4.后部电动主动式侧翻稳
定装置EARSH

图4-3-31

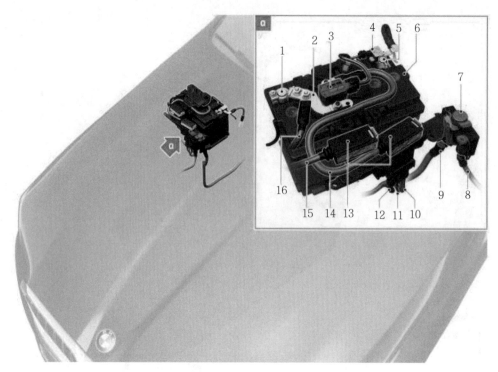

1.端子30 2.总线端KL30导电轨 3.安全型蓄电池接线柱 4.智能型蓄电池传感器IBS 5.端子31 6.12V蓄电池 7.跨接启动接线柱 8.电动机械式转向力辅助EPS 9.行李箱后部配电器 10.刮水和清洗装置雨刮器电机 11.发动机室通风器 12.启动机 13.总线端KL30C导电轨 14.端子30C 15.右前配电盒 16.左前配电盒

图4-3-32

宝马G60 BEV如图4-3-33所示。

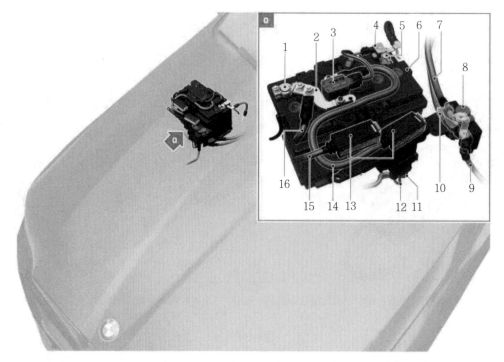

1.端子30 2.总线端KL30导电轨 3.安全型蓄电池接线柱 4.智能型蓄电池传感器IBS 5.端子31 6.12V蓄电池 7.行李箱后部配电器 8.跨接启动接线柱 9.电动机械式转向力辅助EPS 10.组合式充电单元CCU 11.刮水和清洗装置雨刮器电机 12.发动机室通风器 13.总线端KL30C导电轨 14.端子30C 15.右前配电盒 16.左前配电盒

图4-3-33

（五）可靠的能源供给

安全供电用于确保某些安全相关组件的电源和电器设备之间的电压降小于2V。同时，视车辆装备或组件的安装位置不同，导线截面、导线连接及其材料都可能有所变化。因此，该供电导线在其整个使用寿命期间及其总长度上，仅允许维修一次（在割断后，用连接器重新黏合）。第二处维修区会使接触电阻的总和过高，不再能确保安全供电。在ISTA应用程序中有测试模块和功能检查可用于安全供电。自服务包2021起（I20首批量产开始），特定的供电导线（例如制动系统、转向系统、高压蓄电池单元、外部照明、特定的控制单元）由安全供电负责。供电导线包括总线端30、31、40和41。供电导线上最多允许一处维修区域。

1. 宝马G60 MHEV

宝马G60 MHEV上的安全供电架构与驱动方案相适应。在此集中了以下控制单元：

· 集成式动态稳定控制系统DSCi。

· 基本中央平台BCP。

· 电动机械式助力转向系统EPS。

· 后桥侧偏角控制系统HSR。

· 电源控制单元48V PCU48。

以下配电器同样集成在安全供电中：

· 发动机舱配电盒。

· 左前配电盒。

· 右前配电盒。

· 右后配电盒。

· 基础配电器。

· 蓄电池配电盒。

行李箱内的电源控制单元48V PCU48构成48V车载网络与12V车载网络中的接口。在基础配电器处转入12V车载网络。该架构与性能强大的48V电机和所属48V电池相结合，产生稳定而安全的车载网络电压。经由右后配电器，将在此得到保护的控制单元间接集成到安全供电系统中。右后配电器上的总线端KL30由此为配电器本身的双稳态继电器的负载电路供电。遵守有关安全供电的提示。宝马G60 MHEV安全供电架构如图4-3-34所示。

2. 宝马G60 PHEV

宝马G60 PHEV上的安全供电架构与PHEV驱动方案相适应。在此集中了以下控制单元：

· 集成式动态稳定控制系统DSCi。

· 基本中央平台BCP。

· 电动机械式助力转向系统EPS。

· Combined Charging Unit CCU Delta 7.4kW。

此外，以下配电器也集成在安全供电中：

· 发动机舱配电盒。

· 左前配电盒。

· 右前配电盒。

· 右后配电盒。

·基础配电器。

·蓄电池配电盒。

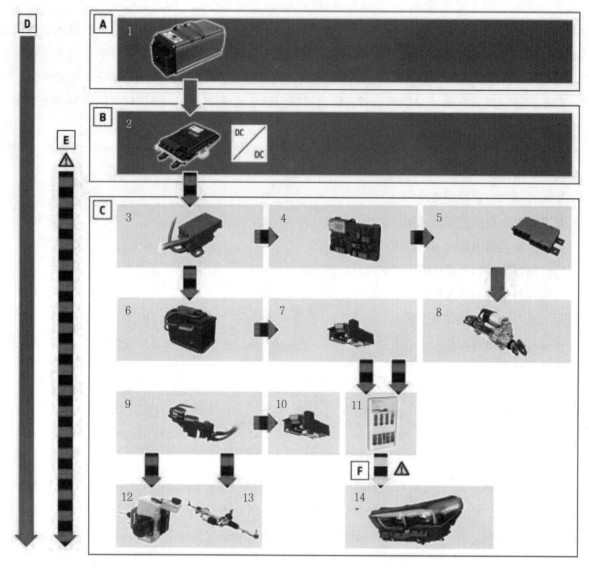

1.48V电池　2.电源控制单元48V PCU48　3.基础配电器　4.右后配电盒　5.蓄电池配电盒　6.发动机室12V电池（气体发生器，安全蓄电池接线柱）　7.右前配电盒　8.后桥侧偏角控制系统HSR　9.发动机舱配电盒　10.左前配电盒　11.基本中央平台BCP　12.集成式动态稳定控制系统DSCi　13.电动机械式助力转向系统EPS　14.前大灯　A.48V车载网络　B.48V车载网络和12V车载网络接口　C.12V车载网络　D.电流方向　E.安全供电，红色/黑色代表正极导线（总线端KL30）　F.安全供电，黄色/黑色代表信号线（通过控制单元供电）

图4-3-34

　　发动机室内的Combined Charging Unit CCU构成高压车载网络与12V车载网络中的接口，在发动机室配电器处转入12V车载网络。这种差异是由系统特定组件的结构布置导致的。该架构与性能强大的CCU和所属高压蓄电池相结合，产生稳定而安全的车载网络电压。与MHEV一样，经由右后配电器，在此将得到保护的控制单元间接集成到安全供电系统中。右后配电器上的总线端KL30由此为配电器本身的双稳态继电器的负载电路供电。遵守有关安全供电的提示。宝马G60 PHEV安全供电架构如图4-3-35所示。

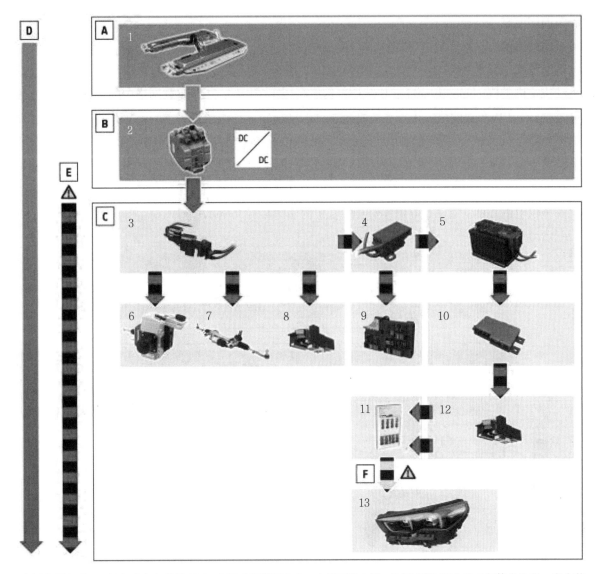

1.高压电蓄电池　2.组合式充电单元CCU　3.发动机舱配电盒　4.基础配电器　5.行李箱12V电池（气体发生器，安全蓄电池接线柱）　6.集成式动态稳定控制系统DSCi　7.电动机械式助力转向系统EPS　8.左前配电盒　9.右后配电盒　10.蓄电池配电盒　11.基本中央平台BCP　12.右前配电盒　13.前大灯　A.高压车载网络　B.高压车载网络和12V车载网络接口　C.12V车载网络　D.电流方向　E.安全供电，红色/黑色代表正极导线（总线端KL30）　F.安全供电，黄色/黑色代表信号线（通过控制单元供电）

图4-3-35

3.宝马G60 BEV

宝马G60 BEV上的安全供电架构与BEV驱动方案相适应。在此集中了以下控制单元：

· 集成式动态稳定控制系统DSCi。

· 基本中央平台BCP。

· 电动机械式助力转向系统EPS。

· Combined Charging Unit CCU Panasonic 11kW/CCU Delta 22kW。

此外，以下配电器也集成在安全供电中：

· 发动机舱配电盒。

· 左前配电盒。

· 右前配电盒。

· 右后配电盒。

· 蓄电池配电盒。

发动机室内的Combined Charging Unit CCU构成高压车载网络与12V车载网络中的接口相连。在发动机室配电器处转入12V车载网络。由于系统特定组件的结构布置产生了这种差异。该架构与性能强大的CCU和所属高压蓄电池相结合，产生稳定而安全的车载网络电压。与宝马G60 MHEV和PHEV一样，经由右后配电器，将在此得到保护的控制单元间接集成到安全供电系统中。右后配电器上的总线端KL30由此为配电器本身的双稳态继电器的负载电路供电。宝马G60 BEV的不同之处在于行李箱中未安装基础配电器。遵守有关安全供电的提示。宝马G60 BEV安全供电架构如图4-3-36所示。

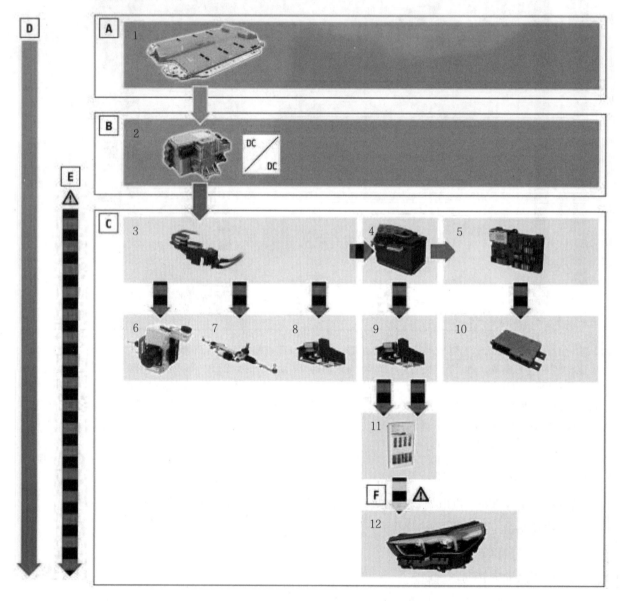

1.高压电蓄电池　2.组合式充电单元CCU　3.发动机舱配电盒　4.发动机室12V电池（气体发生器，安全蓄电池接线柱）　5.右后配电盒　6.综合动态稳定性控制系统DSCi　7.电动机械式助力转向系统EPS　8.左前配电盒　9.右前配电盒　10.蓄电池配电盒　11.基本中央平台BCP　12.前大灯　A.高压车载网络　B.高压车载网络和12V车载网络接口　C.12V车载网络　D.电流方向　E.安全供电，红色/黑色代表正极导线（总线端KL30）　F.安全供电，黄色/黑色代表信号线（通过控制单元供电）

图4-3-36

（六）总线端控制

在宝马G60上实现智能按需控制物理总线端。此外，还实施了众所周知的逻辑总线端理念，使得车载网络的子网能够在不同状态下优化能量地运行：

· 作为停止状态的泊车：客户不在车辆上、车辆已锁上或在一定时间内未使用和车辆功能不可操作。

· 作为运行就绪状态的停留：客户在车辆上和无法操作在静止时有用的行驶就绪状态的功能。

· 作为行驶就绪状态的行驶：客户在车辆上、已建立行驶就绪状态和所有车辆功能都可用。

从客户角度，车辆始终处于适当状态。在考虑到客户行为的情况下进行车辆状态的切换，由此针对特定总线端功能将电器设备相应分组。车辆状态管理集成至Basic Central Platform BCP控制单元，其中包括用于调节可能的车辆状态的所有功能，例如以下功能：

· 逻辑总线端控制PWF主控。

· 子网主控。

· 物理总线端控制。

为实现客户能感受到的状态，在宝马G60上使用已知的智能配电器。车辆状态的简化概览如图4-3-37所示。

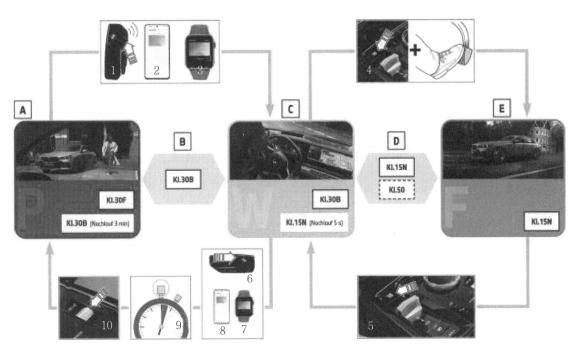

1.通过遥控钥匙解锁车辆　2.通过智能手机解锁车辆　3.通过智能手表解锁车辆　4.启动/关闭按钮＋踩下制动踏板　5.按下启动/关闭按钮　6.通过遥控钥匙上锁车辆　7.通过智能手机上锁车辆　8.通过智能手机上锁车辆　9.10min未识别出用户交互活动　10.按住主机的媒体按钮　A."泊车"车辆状态　B.驻车功能过渡状态　C."停留"车辆状态　D.建立行驶准备就绪、结束行驶准备就绪或检查/分析/诊断的过渡状态　E."行驶"车辆状态

图4-3-37

（七）灵活的能源和电源管理系统FEPM

柔性能源和电源管理fEPM在宝马G60 MHEV、PHEV和BEV驱动版本上负责低压车载网络中的输入功率、能耗、储能和发电。fEPM的功能集成在 Basic Central Platform BCP中。此为自I20起为人所知的第2.1代。

1.作用

fEPM提供一系列功能，以确保蓄电池有足够的充电电压，由此保持车辆的启动功能和所有电器设备

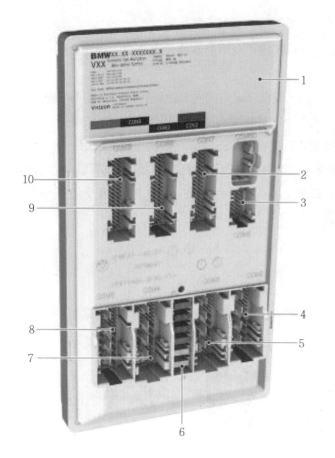

1.基本中央平台BCP 2.插座（54针） 3.插座（24芯） 4.插座（42芯） 5.插座（54针） 6.保险丝 7.插座（54针） 8.插座（42芯） 9.插座（54针） 10.插座（54针）

图4-3-38

的可用性，为客户提供最大的便利。在此未说明fEPM的所有功能。

2.车载网络电压的最佳选择

充电电压目标值预设将fEPM与组件的最小和最大电压要求相协调，以获得最佳蓄电池充电电压。在此，相应宝马G60版本上的发电机额定电压的选择应确保能温和而有效地为蓄电池充电并且所有组件和车辆功能都可充分发挥作用，力求在车载网络中实现平稳的能量平衡。但充电电压目标值的预设尤其取决于以下参数：

·车载网络和48V车载网络电池温度。低温电池在相同电压下消耗的电流更少，因此当电池温度较低时充电电压会增加。车载网络电池的温度由IBS确定并通过LIN信息发送至BCP。48V电池的温度通过K-CAN 10传送至BCP。

·电池保护功能。防止电池在电量不佳时出现持续过高电压和持续放电。

·车载网络请求。车载网络的组件和功能（例如外部和内部照明或动态稳定控制系统）对最小或最大必要电压的请求不得低于或超过这些极限值，否则可能会出现功能限制或功能失效。

在这种情况下，fEPM也会通过车辆中不同车载电网的相应总线连接来协调接口之间的通信。

因此，fEPM的功能是能量管理的协调中心。基本中央平台BCP如图4-3-38所示。

3.驻车周期中的能量管理

在能量方面也考虑到"泊车"车辆状态下的舒适和监控功能。为此，Basic Central Platform BCP会根据蓄电池参数、电量、蓄电池状态、休眠电流和使用行为计算能量。这实现了在"泊车"车辆状态下最佳利用车辆上的可用能量，这意味着在保证蓄电池容量的同时，最大限度地为客户提供车辆功能。在这些计算和循环测量蓄电池参数的基础上，可以确定在车辆静止时所定义功能的可用时长。据此，使访问功能和靠近效果的可用性与蓄电池状态相适应。在临界的蓄电池状态下，个别优化驻车功能。对无钥匙进入功能而言，这意味着在靠近车辆时没有欢迎效果。借助该措施实现为车载网络电池节能。必要时，功能范围可精简到后备级别，这意味着只能通过驾驶员侧车门把手上的NFC功能进入车辆。同样，在"停留"车辆状态下也会提供一定的额定电容，以便能够在无"发动机运行"的情况下尽可能不受限制地使用舒适功能。在该额定电容用完后，亦即虚拟电池"电量耗尽"时，首先会向客户显示一条检查控制消息："车辆即将关闭。如需继续使用驻车功能，请建立行驶就绪状态。"不久后车辆关闭。

（八）非接触式行李箱盖操纵机构

在宝马G60上，宝马首次采用基于雷达的非接触式尾门拉手。这是基于雷达的非接触式尾门拉手为客户提供操作尾门的另一种方式，现在可非接触式打开和关闭尾门。检测区域位于尾灯之间。雷达传感器固定在后保险杠的内侧。非接触式行李箱盖操纵机构如图4-3-39所示。

1.雷达传感器　2.探测角度　3.探测范围

图4-3-39

（九）驾驶员界面

在驱动程序接口方面，宝马G60是首款配备采用巧控浮窗技术的全新BMW iDrive和第8.5代宝马操作系统的车型。在I20和G70上引入的宝马第8代iDrive操作系统的操作说明显示操作系统经过全面改进，提供众多优化和新功能。再次采用已知的Telematic Communication Box 4 TCB4作为远程控制单元，以及Headunit High 5 HU-H5作为主机。为了在宝马G60上实现高速公路辅助系统的功能，需要高精度的实时导航地图（高清晰度地图）。必须在线传输至车辆的高清地图的高数据量又需要车辆具有非常好的联网状态，性能强大的控制单元Telematic Communication Box 4 "HAF版本"可以实现。除了全新应用和服务，宝马G60还为游戏和流媒体带来全新可能性。携手AirConsole游戏平台，实现顶级的车内娱乐功能。通过多功能显示屏MFD上的二维码，智能手机将变为游戏控制器。在宝马G60中，乘客可直接在车辆上播放互联网视频，尽享无限娱乐，例如在娱乐区，中央信息显示器CID还可通过YouTube应用成为了解世界之窗。增强视图功能可在交通情况中非常精确地定位。为此，在驾驶员显示器上显示从驾驶员角度的实时视频流。通过在实时视频流中显示上下文附加信息，驾驶员可获得其他有用信息。在宝马G60中，AR导航是选装配置宝马智能互联驾驶座舱专业版（SA 6U3）的组成部分。宝马G60包含即插即充等全新应用，即插即充可实现非接触式身份验证功能，可访问多个合同。宝马G60的电动车也是适合使用即插即充功能的首款宝马车辆。即插即充更加便于在兼容的公共充电站充电，因为访问无须再通过应用或充电卡进行数字身份验证，车辆通过技术接口自行验证身份。宝马G60标配功率100W的6扬声器音频系统，另外，标配安装的DAB调谐器可确保数字收音机接收。作为选装配置提供的Harman/Kardon高端音响系统（SA 6F4）凭借12个扬声器和205W的放大器功率为乘员带来高水平的听觉体验。凭借18个扬声器和提高到655W的放大器功率，选配的Bowers &Wilkins环绕音响系统（SA 6F1）保证卓越的听觉体验。车门扬声器的发光金属面板凸显音频系统的独特个性。七通道数字放大器确保所有座位都能享受令人沉醉的透彻音响体验。I20和G70中熟悉的RAM与升压器系统作为G60的音频功率放大器。详尽信息请见文章宝马G60扬声器系统。此外，宝马G60还标配了2个USB-C接口用于数据传输以及在前部为个人设备充电，后座区有2个附加USB-C充电接口，不会与车辆进行数据连接，驾驶员和副驾驶座椅的靠背上还可选配另一个USB-C接口作为电源，中央控制台前部可放置无线充电座。购买选装配置SA 6NX后，用于为合适的智能手机感应式充电的无线充电板位于这里，旁边的另一半存放架未配备无线充电电子装置。采用巧控浮窗技术的BMW iDrive和第8.5代宝马操作系统如图4-3-40所示。

图4-3-40

二、显示和操作元件

在宝马G60中，使用因I20和G70为人所知的多功能显示屏MFD（宝马曲面显示器）以及宝马全彩平视显示系统设计方案。主要创新在于改动第8.5代宝马操作系统。在该版本中，着重于简化操作和提升布局清晰度。为此，用户界面经过重新设计，增加一些直接进入键。宝马G60的新亮点还在于宝马G70首次安装的BMW Interaction Bar，其具有功能按钮，有助于增强车辆氛围灯。

三、iDrive BMW OS 8.5操作方案

宝马G60是配备巧控浮窗功能和第8.5代宝马操作系统的全新BMW iDrive首款车型。新的初始画面持续显示导航系统的地图模式或其他可选显示。在同一层级，多功能显示屏的驾驶员侧提供垂直布置的小组件。通过垂直滑动，可在小组件之间切换。与智能手机相似，它们会显示车载电脑数据、天气或正在播放的曲目。中央信息显示器底部的菜单栏经过重新设计，中间的主页图标特别方便点按。它可随时导航回初始画面，其左侧和右侧是直接访问常用菜单的图标。您可控制空调、应用、导航、多媒体、电话，以及Apple CarPlay或Android Auto（如果智能手机已连接并且该功能已激活）。此外，巧控浮窗按钮可以更快地促发访问功能，它们集成至小组件以及主显示中，它们用于操作各种功能或在全屏模式下调用相应的应用。菜单栏中的温度显示也是巧控浮窗按钮，按下该按钮后，会显示方向盘加热、座椅加热和座椅通风的操作元件。现可直接操作这些功能，无须跳转到子菜单。宝马G60不仅凭借驾驶动力赢得青睐，还提供诸多娱乐服务和应用。携手AirConsole游戏平台，实现顶级的车内娱乐功能。在旅行休憩期间，旅客可选择多款游戏。游戏种类不断增加，多人游戏模式允许车内所有乘客共同游玩或PK。只需调出应用，接着扫描宝马曲面显示器上的二维码，智能手机便成为控制器。此外，YouTube和Bundesliga应用还可提供流媒体内容。随着I20引入"行动、定位和通知"原则，实现信息的清晰布局，宝马G70则是引入第8代宝马操作系统的新功能，宝马操作系统的进一步开发如今将在2023年继续。它依然基于Linux，虽然软件基础不同，但外观与基于Android的第9代宝马操作系统相似。BMW Operating System 8.5如图4-3-41所示。

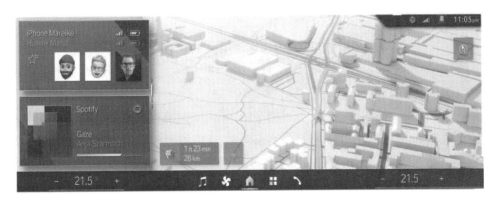

图4-3-41

四、KOMBI和显示系统

在宝马G60中，以前的组合仪表也可分为以下2个电子组件：

· 控制单元组合仪表KOMBI。

· 多功能显示屏MFD。

多功能显示屏或所述宝马曲面显示器是为驾驶员精心打造的一体式显示单元。显示器彰显内部装备的精简风，由下列3个组件构成：

· 驾驶员显示器FAD。

· 驾驶员摄像机系统DCS。

· 中央信息显示器CID。

驾驶员摄像头系统是驾驶辅助系统的一部分，几乎完全隐藏在多功能显示屏的玻璃后部。组合中的最后一个组件是宝马全彩平视显示系统，它在驾驶员视野内直接向其展示信息。因此，您可时刻观察道路。宝马G60显示系统如图4-3-42所示。

（一）控制单元组合仪表KOMBI

组合仪表控制单元KOMBI借助以太网连接至Headunit High 5（HU-H5）。此外，与中央控制单元Basic Central Platform BCP之间存在K-CAN4连接。组合仪表控制单元安装位置（示例宝马G70）如图4-3-43所示。

（二）多功能显示屏

多功能显示屏MFD是各种显示系统与驾驶员摄像头系统的显示和摄像头网络，布置在驾驶员面前。MFD在营销中被称为宝马曲面显示器。全数字集成显示器包括以下几种：

· 驾驶员显示器，尺寸12.3英寸，分辨率2400×900像素。

· 中央信息显示器，尺寸14.9英寸，分辨率2880×960像素。

图4-3-42

图4-3-43

·驾驶员摄像头系统，用于驾驶辅助系统。

显示器布置在同一块玻璃表面下，符合人体工学地朝向驾驶员，让本就直观的触摸操作更加轻松。MFD具有自动调光功能，可适应环境亮度，包括日间/夜间切换。多功能显示屏集成显示器如图4-3-44所示。

（三）宝马平视显示屏

宝马全彩平视显示系统（HUD High4）完全嵌入仪表板。因此，驾驶员完全看不到这些硬件。在技术上，HUD通过APIX2直接连接至组合仪表控制单元KOMBI。此外，还可诊断车辆。宝马全彩平视显示系统High4的分辨率为560×280像素。图像尺寸为7英寸×2.3英寸。成像光学系统由2个反射镜组成，其中1个为光学主动反射镜，直径为3.1英寸的红绿蓝（RGB）显示器用作光源，它由26个蜂窝状结构的LED组成。图像数据的"扭曲"（修正和旋转能力）在HUD中独立发生。高度、旋转和亮度可以在车辆操作系统中进行调整。其他调整方式如下：

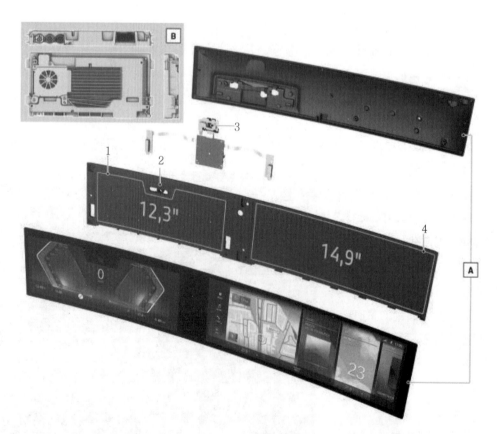

1.对角线尺寸为12.3英寸的驾驶员显示器　2.用于安置DCS的开口　3.驾驶员摄像机系统DCS　4.对角线尺寸为14.9英寸的中央信息显示器　A.多功能显示屏MFD　B.控制单元组合仪表KOMBI

图4-3-44

476

· 平视显示屏打开/关闭。

· 高度设置。

· 旋转设置。

· 亮度设置。

宝马全彩平视显示系统High4如图4-3-45所示。

五、开关和按钮

得益于第8.5代宝马操作系统的操作理念，前排座舱内的按钮、开关和调节器的数量显著减少。现有物理操作元件专注于必要功能。驾驶和信息娱乐系统功能依然负责中央操控中心。宝马G60新亮点还在于BMW Interaction Bar的操作区，借此可操作座椅、风扇和灯光。通过车顶功能中心FZD依然可操作内部照明和遮阳帘。全新设计的方向盘也有助于缔造独特的驾驶体验。方向盘操作区包括翘板按键和滚轮（曾被用于I20），还有操作时提供触觉反馈的按键。宝马G60中控台操作单元如图4-3-46所示。

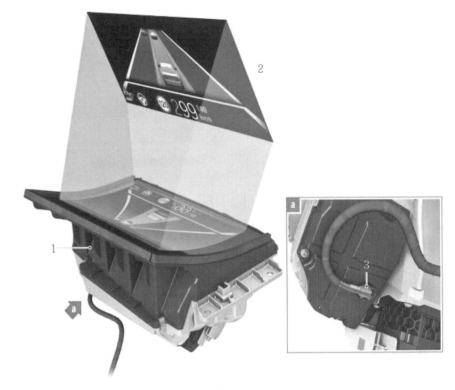

1.平视显示器　2.挡风玻璃上的 HUD 显示　3.APIX2 接口

图4-3-45

（一）BMW Interaction Bar

宝马G70中首次安装的BMW Interaction Bar 也同样用于G60。各个组件包含用于座椅设置、风扇设置和灯光的触摸操作区。组件中分布着如下各项功能：

· 左侧仪表板：车外灯功能和出风口。

· 右侧仪表板：通风出风口。

· 左前车门：驾驶员座椅设置和锁定/解锁车门。

· 右前车门：副驾驶座椅设置和锁定/解锁车门。

· 中间仪表板：出风口、除霜功能、警示闪烁装置和后窗玻璃加热装置。

BMW Interaction Bar操作元件如图4-3-47所示。

图4-3-46

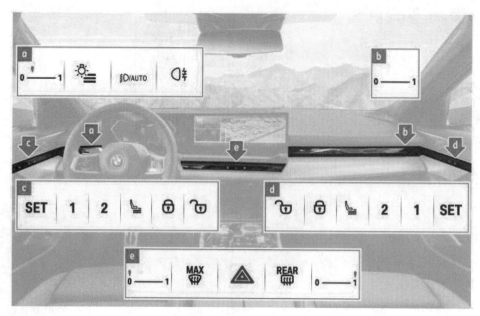

a.左侧仪表板　b.右侧仪表板　c.左前车门　d.右前车门　e.中间仪表板

图4-3-47

（二）车门开关中心

车门开关中心包含儿童锁、车窗升降和外后视镜的常见功能。尾门开关位于下部储物格。宝马G60左侧车门开关和按键如图4-3-48所示。

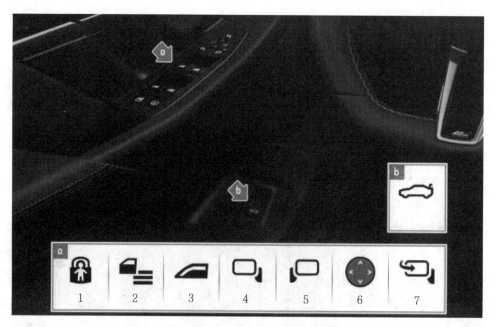

1.儿童安全锁　2.车门和车窗菜单　3.车窗升降机　4.左侧外后视镜选项　5.右侧外后视镜选项　6.调整车外后视镜　7.折回和折出外后视镜　a.车门开关中心　b.后备箱盖开关

图4-3-48

（三）多功能方向盘

多功能方向盘左右两侧各有一个操作区，用于操作常用功能。这些按键无缝安装在通用控制面板上。尽管功能无限，但外观低调内敛。通过左侧操作区操作驾驶辅助系统的下列功能：

478

·打开/关闭最后一个主动定速巡航控制系统（I/O图标）。

·存储速度，车速限制辅助：手动应用建议的速度和交通标志识别；停用/启用警告（SET图标）。

·设定速度（符号-/+）。

·选择定速巡航控制系统（MODE 图标）。

右侧操作区包括下列按键：

·驾驶员显示器和宝马全彩平视显示系统设置。

·信息娱乐系统功能按键。

·语音操作。

如果订购Steptronic变速器（SA 2TE），方向盘还配备换挡拨片。取消带手动挡槽的选挡杆后，仍然可以通过换挡拨片进行手动换挡。在MHEV/PHEV中，方向盘两侧都有换挡拨片，BEV则只有左侧。通过左侧换挡拨片，客户可启动BOOST功能。宝马G60多功能方向盘如图4-3-49所示。

1.带BOOST 功能的换挡拨片（取决于配置） 2.多功能方向盘操作区 3.降低音量 4.增大音量 5.驾驶员显示器和全彩平视显示系统菜单 6.媒体控制 7.电话 8.语音控制 9.滚花轮 10.提高设置车速 11.降低设置车速 12.定速巡航控制系统选项 13.打开/关闭定速巡航控制系统 14.保存当前速度

图4-3-49

（四）中控台操作中心

中央操控中心BZM在功能和价值方面沿用自I20和G70。第8.5代宝马操作系统可完全通过其上包含的按键和iDrive控制器进行操作。BZM由此成为中央信息显示器上触摸屏控制的备选。除了机械按键外，还采用压感按键，其由操作设备表面的小凸起分隔，由此可感觉按键位置。另外，按下按钮时还有触觉反馈。宝马G60中央操控中心如图4-3-50所示。

479

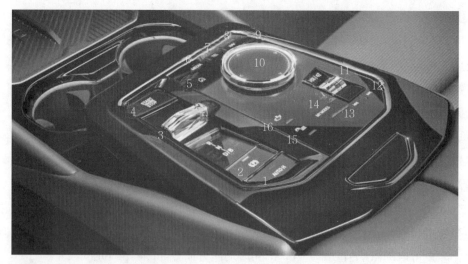

1.自动驻车　2.电动机械式驻车制动器　3.选挡杆　4.启停按键　5.HOME按键　6.MEDIA按键　7.电话操作键（电话）　8.NAV按键（导航）　9.返回按键　10.iDrive控制器　11.用于音量或静音切换的滚轮。长按可建立车辆泊车PWF状态　12.用于导航、娱乐和通信的后退按钮　13.用于导航、娱乐和通信的前进按钮　14.我的模式　15.菜单驾驶设置"我的车"　16.驻车辅助按钮

图4-3-50

（五）车顶功能中心

视装备而定，车顶功能中心FZD包含下列功能按键：

· 车内照明灯。

· 遮阳帘。

· 紧急呼叫按钮。

车顶遮阳帘的开关是唯一的机械开关，所有其他按钮都是触摸感应操作元件。宝马G60车顶功能中心如图4-3-51所示。

1.前乘客安全气囊关闭指示灯　2.车内照明灯　3.全景玻璃天窗遮阳帘　4.手势摄像机　5.左侧阅读灯　6.车内照明灯菜单　7.紧急呼叫按钮　8.后窗玻璃遮阳帘（SA 416）　9.右侧阅读灯　10.车内摄像机

图4-3-51

（六）手套箱

打开手套箱的按键位于仪表板乘客侧。宝马G60手套箱按键如图4-3-52所示。

（七）座椅调节开关

驾驶员和副驾驶座椅可通过座椅调整装置开关调节移动至所需位置。基本调节开关位于相应座椅的外侧。下列功能仅可通过中央信息显示器操作：

- ·座椅加热装置。
- ·座椅通风。
- ·靠背宽度调节装置。
- ·按摩功能。

宝马G60座椅设置操作如图4-3-53所示。

（八）后部空调操作面板

宝马G60的新亮点在于后座区空调操作面板，其在订购高级四区自动空调（SA4NB）时安装，它由单色触摸屏构成，操作区包括以下功能：

- ·左侧/右侧后排座椅加热（取决于配置）。
- ·空气量。
- ·空气分布。
- ·左侧/右侧温度设置。
- ·手动/自动模式。

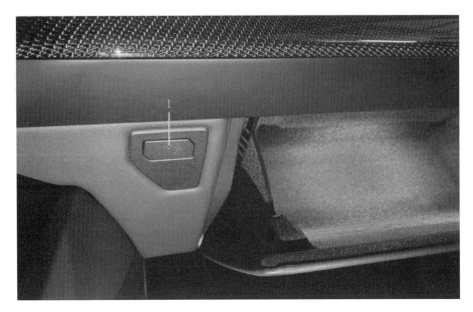

1.手套箱开启按钮

图4-3-52

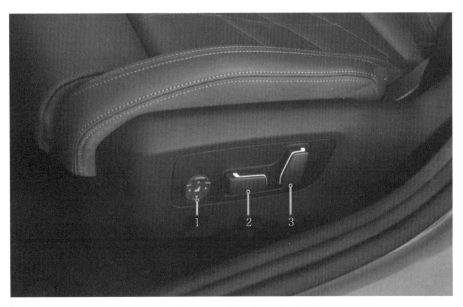

1.腰部调整　2.座椅调节　3.靠背调整

图4-3-53

所有功能均位于第一操作级别。无缝融入的操作设备具有电容性触控屏。操作是纯触摸屏控制，没有力传感器或触觉反馈。关闭状态下，所使用的烟色玻璃盖会变成图标消失效果。宝马G60后座区空调操作面板如图4-3-54所示。

1.左侧后排座椅加热　2.空气量　3.空气分布　4.右侧后排座椅加热　5.左侧温度设置　6.右侧温度设置

图4-3-54

六、BMW Interaction Bar

BMW Interaction Bar是外观独特的内部装饰条，通过一种设计组件融合操作、氛围灯和装饰效果。它从整

图4-3-55

个仪表板延伸至前车门，包括用于座椅设置、风扇设置和灯光的触摸感应操作元件。此外，BMW Interaction Bar还可整合车辆灯效，例如搭配My Modes或欢迎/告别效果。与宝马G70相比，宝马G60的BMW Interaction Bar首次采用两种不同款式。"基本"款型包含在基本装备内。如果选择选装配置"氛围灯"（SA 4UR），将安装BMW Interaction Bar "High"。宝马G60 BMW Interaction Bar如图4-3-55所示。

（一）功能

BMW Interaction Bar的操作区配备触摸和压敏传感器，操作区上的所有零件均使用电容式传感器薄膜。与此相反，车门组件的压力传感器与仪表板组件的区别如下：

·车门BMW Interaction Bar：应变仪作为压力传感器。

·仪表板BMW Interaction Bar：压电传感器作为压力传感器。

注重与服务包2021车载网络的兼容性。主控制单元保留传统操作元件的现有接口。与车载网络的连接视功能而异：

·空调、灯光和座椅：分别是LIN总线。

·闪烁报警灯和车门锁：分别离散。

需要持续可以找到的功能（如闪烁报警灯或中控锁）部分被设计为永久图标，始终显示。功能指示灯（例如后窗玻璃加热装置）不是由单独的发光元件显示，而是通过图标里的颜色变化显示。通过中央音频系统发出信号音作为操作反馈，类似于中央信息显示器中的操作。此外，BMW Interaction Bar 还可将以下功能整合至不同灯效：

- 我的模式。
- 欢迎/告别。
- 来电呼叫。
- 解锁/中控锁按钮。
- 宝马智能个人助手。
- 蓄电池充电（PHEV/BEV）。

BMW Interaction Bar High 的LED灯通过车内灯控制中枢操控。通过这种方式，实现最大程度的灯效同步，BMW Interaction Bar不通过中枢操控，因此，两种款式不可互换。如果更换BMW Interaction Bar，则其只能更换为相同的款式。

（二）BMW Interaction Bar Basis

在宝马G60的基本装备中，安装BMW Interaction Bar Basis。其中每个零件均有轮廓照明，可以通过不同的颜色和模式照明。G60 BMW Interaction Bar Basis如图4-3-56所示。前车门G60 BMW Interaction Bar Basis如图4-3-57所示。

（三）BMW Interaction Bar High

订购选装配置"氛围灯"（SA 4UR）时，车辆配备BMW Interaction Bar High，其中包括70多个LED灯，颜色和亮度可以独立控制。因此，可呈现静态和动态灯效。关闭时，BMW Interaction Bar显示为透明深度效果的装饰条。启用时，其成为氛围灯的中央组成部分。G60 BMW Interaction Bar High如图4-3-58所示。前车门G60 BMW Interaction Bar High如图4-3-59所示。

图4-3-56

图4-3-57

图4-3-58

图4-3-59

图4-3-60

（四）组件

BMW Interaction Bar从第一排联排座椅贯穿整个车辆，一直延伸至前车门。其共由5个零件构成：

· 左前车门。

· 左侧仪表板。

· 中间仪表板。

· 右侧仪表板。

· 右前车门。

G60 BMW Interaction Bar组件如图4-3-60所示。

1.左前/右前车门BMW Interaction Bar

左前和右前的车门具有下列操作元件（取决于配置）：

· 锁定/解锁车门。

· 座椅记忆功能。

· 直接跳转至座椅设置菜单。

左前/右前车门的G60 BMW Interaction Bar如图4-3-61所示。

2.左侧仪表板BMW Interaction Bar

仪表板左侧的BMW Interaction Bar包括以下操作元件：

· 通风出风口。

· 车外灯功能。

左侧G60 BMW Interaction Bar如图4-3-62所示。

3.中间仪表板BMW Interaction Bar

仪表板中间的BMW Interaction Bar包括以下操作元件：

· 通风出风口。

· 除霜功能和后窗玻璃加热装置的按键。

· 警示闪烁装置。

中间G60 BMW Interaction Bar如图4-3-63所示。

4.仪表板右侧BMW Interaction Bar

仪表板右侧的BMW Interaction Bar仅包括一个操作元件，用于调整出风口。G60 BMW Interaction Bar右侧如图4-3-64所示。

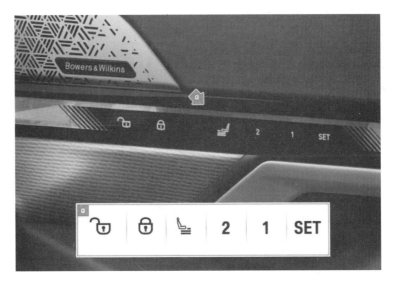

a.前车门操作元件

图4-3-61

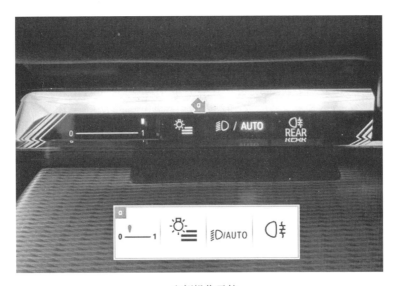

a.左侧操作元件

图4-3-62

1.左侧中间出风口　2.除霜功能　3.警示闪烁装置　4.后窗玻璃加热　5.右侧中间出风口　a.中间操作元件

图4-3-63

1.通风出风口　a.右侧操作元件

图4-3-64

七、语音处理

伴随着宝马G60的问世，采用第8.5代宝马操作系统的BMW iDrive操作方案投入使用。全新图形化表面以及优化菜单结构更加依赖于通过触摸屏与自然语言交互。多功能显示屏MFD（宝马曲面显示器）的触摸屏功能与自然语言对话代表着车辆乘客与车辆之间的现代化互动形式。正如宝马G70所知，提供关于显示的不同设置。客户可以选择宝马智能个人助理的"和谐"或"活泼"风格的外观。虽然设置"和谐"提供"和谐显示"风格，但显示的外观在设置为"活泼"时朝着"富有表现力"的方向变化。"活泼"显示在某种程度上类似于一张人脸。随着BMW Operating System 8.5的推出，宝马智能个人助理也新增了额外的功能。由于人与人之间的交流中有很大一部分信息是通过非语言方式传达的，因此，随着第8.5代宝马操作系统的引入，宝马智能个人助理在显示方面也进行了进一步优化。与此同时，在控制选项方面进行扩展。例如，在辅助系统领域及智能驾驶主题方面，越来越多的功能可通过语音操作。"变换图标"的数量也有所增加。根据语音命令，宝马智能个人助理会使用新的图标应答，这使得该系统成为车辆中理想的"数字式伴侣"。为了在车辆乘员和车辆之间创建"自然"对话，宝马智能个人助理受到了特别关注。

八、辅助系统

在全新宝马5系（G60）中，开始销售前均提供宝马可用的驾驶辅助系统。从配备高精度的本地导航卫星系统（GNSS）与高清地图的高速公路辅助系统到使用智能手机遥控泊车，客户可以体验先进辅助系统的所有便利。由于宝马G60还附带了车载网络服务包2021，因此传感器和系统大部分已从I20和G70中被人熟知。随着宝马G60的推出，欧洲也在进一步落实全新欧盟道路安全法。从2023年7月起，首次引入声音限速预警，每次建立行驶就绪状态后都会自行重新激活。

（一）简介

宝马G60已经标配了许多最先进的辅助系统。根据市场和地区的特殊性，可能会使用其他辅助系统、功能特点及不同的配置。

（二）产品结构"行驶"

1.标准配置

大多数功能以挡风玻璃镜头Autonomous Driving Camera Low ADCAML计算，因此其安装在每辆宝马G60中。许多功能已从宝马G70中被人熟知：

· 具有主动倒车的车道偏离警告，包括迎面车辆。

· 追尾碰撞警告，带制动功能，包括迎面车辆。

· 具有城区行驶制动功能（包括转弯）的行人和自行车警告系统。

· 带有城区制动功能的迎面车辆转弯警告系统。

·带禁止超车显示的预测交通标志识别。

·具有制动功能的行驶速度控制系统。

·手动车速限制装置。

·手动采用识别到的道路限速。

挡风玻璃镜头ADCAML如图4-3-65所示。

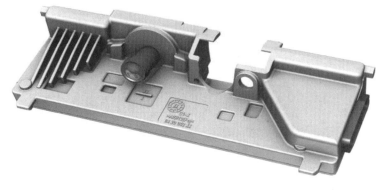

图4-3-65

选装配置行车安全辅助系统（SA 5AS）是Euro-NCAP国家的标准装备。因此，宝马G60配备有后部近距离侧面雷达传感器HRSNL和HRSNR。在这种情况下，主控制单元是右后近距离雷达传感器HRSNR。

功能如下：

·具有主动倒车（包括转弯）的车道变更警告功能。

·带刹车功能的后方横向来车警告。

·尾部碰撞警告系统。

·下车警示。

根据法律要求，侧面雷达传感器必须在售后中进行校准。行驶辅助系统如图4-3-66所示。

2.选装配置

（1）高级行驶辅助系统（SA 5AT）。

带有触摸检测的方向盘（方向盘外圈中的电容传感器）安装在自动驾驶辅

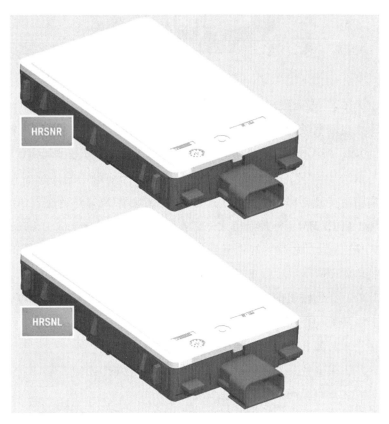

图4-3-66

助系统Plus（SA 5AT）选装配置中。用于检测驾驶员是否将手放在方向盘上。此外，多功能方向盘的按钮上方还有发光二极管条。另外，前部雷达传感器FRS安装在车辆前部。对于"具有启停功能的主动巡航控制"功能，在车道居中辅助系统功能中增加了简化版。这两个功能都支持最大180km/h的车速，这两种功能的组合称为辅助驾驶模式。在某些市场中，客户可以使用数字售后获得自动驾驶辅助系统选装配置。必须在车辆（SA 9QV）中考虑准备此种选配。必要部件安装在车辆中。

功能如下：

·高达180 km/h的具有启停功能的主动巡航控制。

·转向和车道导向辅助系统（标准型）。

·自动限速辅助系统。

高级行驶辅助系统如图4-3-67所示。

图4-3-67

（2）专业版行驶辅助系统（SA 5AU）。

自动驾驶辅助系统Pro（SA 5AU）选装配置包括行车安全辅助系统选装配置（SA 5AS）和自动驾驶辅助系统（SA 5AT）。服务包2018堵车辅助系统中配备的第3代（SA 5AR）现在也属于选装配置的组成部分（取决于国家），该装备提供了几乎所有当前可用的传感器和功能。在车辆中添加了整个范围的组件。前雷达传感器FRS替换为行程更大的前部远距离雷达传感器FRSF。高分辨率的Autonomous Driving Camera Mid ADCAMM与外控制单元一起安装，取代Autonomous Driving Camera Low ADCAML。自动驾驶中级平台MPAD在辅助系统计算中起着核心作用。4个侧面雷达传感器的数据由主控制单元的近距离雷达传感器控制单元RSNECU汇总，从而使系统能够通过方向盘轮圈中的电容传感器识别驾驶员的手是否在方向盘上，此外，在驾驶员前方的驾驶员显示器玻璃板下面集成有附加红外线LED的驾驶员注意力摄像头DCS。

功能如下：

· 转向和车道导向辅助系统。

· 第3代交通拥堵助手（并非所有市场均提供）。

· 具有纵向控制的车道变更辅助系统。

· 高达210km/h的具有启停功能的主动巡航控制。

· 带驻车功能的红绿灯识别。

· 救援车道辅助。

· 避让辅助系统。

· 紧急停车辅助系统。

· 优先行驶警告系统。

· 错误行驶警告系统。

· 含主动侧面碰撞警告系统的车道保持辅助系统。

· 前方和后方横向来车警告（后部带刹车功能）。

专业版行驶辅助系统如图4-3-68所示。

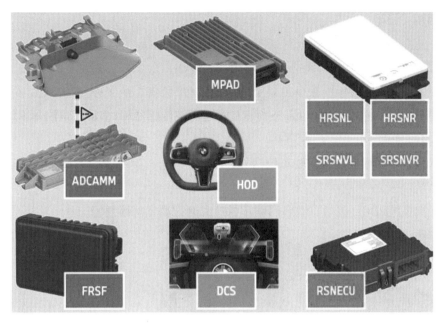

图4-3-68

（3）高速公路辅助系统（SA 5AX）。

新的选装配置高速公路辅助系统（SA 5AX）是车道居中辅助的附加功能，因此强制安装选装配置自动驾驶辅助系统Pro（SA 5AU）。该创新功能让我们向自动驾驶又迈进了一步。高速公路辅助系统是G20引入的交通拥堵助手第3代交通拥堵辅助的扩展。主要区别在于，精神集中的驾驶员可以在135km/h的速度下将手离开方向盘。为了能够让车辆以如此高的速度安全地保持在车道上，必须对硬件和软件进行一些改动。MPAD替换成功能更强大的版本，包括4个处理器内核，而不是之前的2个处理器内核，从而可以更快地计算车辆周围情况。为此，您必须在线路中安装高精度HD地图，并安装更精确的GPS接收器，可以将车辆位置精确到几厘米。外部的2个MPAD版本看起来一样。此外，从集成等级23-07起可使用自动变道。因此，在免手动驾驶期间可以触发系统建议的变道，驾驶员只需观察外后视镜。高速公路辅助系统仅在选定的国家/地区可用。具有4个处理器内核的 MPAD如图4-3-69所示。

图4-3-69

489

（三）产品结构"驻车"

1.标准配置

（1）驻车辅助系统（SA 5DM）。

自动泊车辅助系统（SA 5DM）装备也是宝马G60的标准装备。从服务包2021起，驻车距离监控控制单元的后续产品是超声波传感器控制单元USS，有12个超声波传感器和1个带广角泊车影像的倒车影像。

功能如下：

·自动泊车入位，可在纵向和横向驻车位内外驻车。

·倒车辅助系统。

·前后驻车距离监控PDC，包括自动启用驻车雷达和侧方泊车碰撞预警。

·主动驻车距离监控系统。

·进近监测。

·拖车辅助。

·带广角泊车影像的倒车影像。

驻车辅助系统如图4-3-70所示。

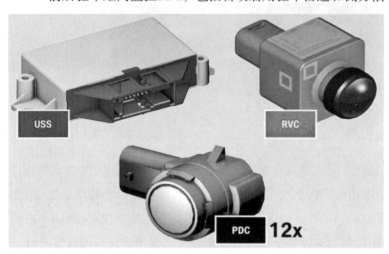

图4-3-70

2.选装配置

（1）高级驻车辅助系统（SA 5DN）。

其不仅配备了可选的自动泊车辅助系统Plus（SA 5DN），宝马G60还配备了控制单元自动驻车超声波摄像机UCAP和4个无人泊车系统摄像头ADCAM摄像头。由于UCAP接管了USS的功能，因此省略了这一点。倒车影像也可替换为无人泊车系统摄像头。

功能如下：

·停车视图。

·广角泊车影像。

·远程3D驻车影像［必须配套远程服务（SA 6AE）］。

·防盗记录仪（外部）。

·宝马行车记录仪。

高级驻车辅助系统如图4-3-71所示。

（2）自动驻车辅助系统Pro（SA 5DW）。

自动泊车辅助系统Pro（SA 5DW）选装配置纯粹基于软件进行开发。该系统基于自动泊车辅助系统Plus（SA

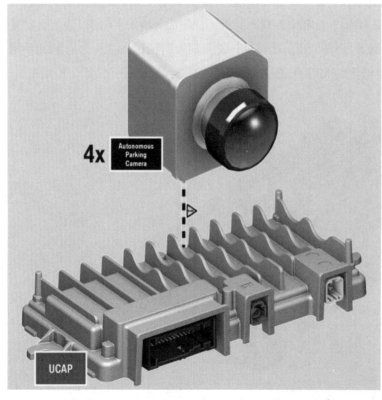

图4-3-71

5DN）选配的现有组件进行设计，该选装配置可以通过数字售后获得。这些功能与SLAM程序配合使用，并能够通过环视摄像机了解环境情况。

功能如下：

·循迹倒车辅助Pro。

·自动泊车入位Pro。

·遥控驻车2.0。

·泊车路径辅助。

泊车路径辅助如图4-3-72所示。

（四）传感器安装位置

根据具体车辆配置，宝马G60会用到所示的传感器。根据设备的不同，以下控制单元的安装位置相同：

·前雷达传感器FRS和远程前雷达传感器FRSF。

·ADCAMM 控制单元的ADCAML和ADCAM摄像头。

·倒车影像RVC和无人泊车系统摄像头。

·2核或4核的MPAD。

宝马G60系统组件如图4-3-73所示。

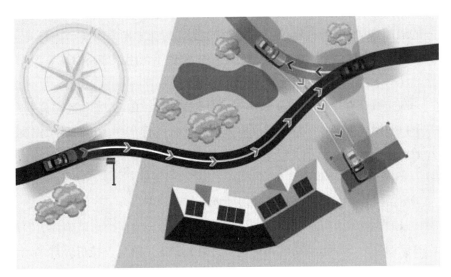

图4-3-72

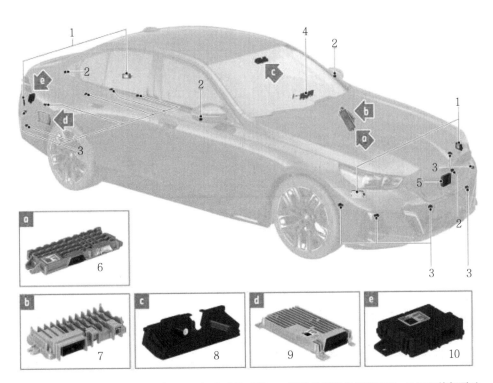

1.侧面雷达传感器　2.全景摄像机　3.超声波传感器　4.驾驶员摄像机系统DCS　5.远程前部雷达传感器 FRSF　6.ADCAMM 控制单元　7.UCAP　8.ADCAM 摄像机　9.MPAD　10.RSNECU

图4-3-73

九、外部照明

宝马G60标配全LED车灯、静态照明功能和远光辅助FLA。宝马G60中的大灯系统数字化还允许有针对性地控制12段LED矩阵。这又能够确保理想的动态光分布和光强度，使驾驶员在任何情况下都能拥有良好的道路视野。12段LED矩阵实现了近光灯的动态光分布（市内灯光、乡村道路灯光和高速公路灯光分布），在此进行无级调整，宝马智能激光大灯不可用于宝马G60。

（一）前大灯

与宝马G70一样，宝马G60并未使用双段式大灯。近光和远光分别在2个LED模块中产生。转弯灯光在一个LED模块中产生，并经由反射罩传送。日间行车灯、转向显示以及示宽灯和驻车灯同样采用LED技术并通过光缆传送。其中，近光灯和远光灯分别由不同光源产生：

·2个LED灯（近光灯）。

·2个LED矩阵灯（远光灯+辅助近光灯）。

LED矩阵式大灯与宝马远光自动控制FLA配合使用，可消除前方行驶和对向行驶车辆的眩目问题。可同时针对多台车辆起到防眩目作用。此外，LED矩阵灯支持近光灯的动态光分布（城市车灯、乡村道路光和高速公路车灯光线分配）。远光灯和转弯灯借助GPS进行预判性控制。在近光灯和远光灯的下方是一个带有蓝光的灯光分期，在行驶期间也会被照亮。

·远光灯辅助系统FLA。

·车灯光线分配。

宝马G60大灯正视图如图4-3-74所示。宝马G60大灯后视图如图4-3-75所示。

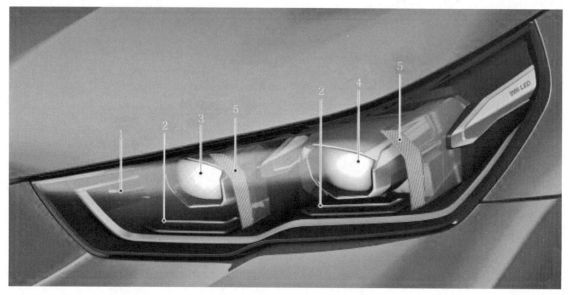

1.静态随动转向灯　2.强化照明　3.近光灯（近距离）、远光灯　4.近光灯（不对称）、远光灯（12段LED矩阵）　5.日间行车灯、方向指示灯、泊车灯和驻车灯

图4-3-74

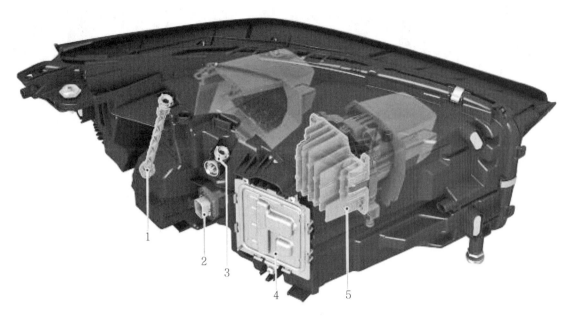

1.竖向大灯调节　2.电气接口　3.水平大灯调节　4.左侧前部车灯电子装置FLEL　5.LED模块散热体

图4-3-75

1.车灯光线分配

宝马G60光分布如图4-3-76、图4-3-77和图4-3-78所示。

1.防眩目局部区域　2.照亮的局部区域　3.以减弱强光照亮的局部区域　4.前摄像头视场

图4-3-76

1.前摄像头视场　2.不对称近光灯　3.照亮的局部区域　4.防眩目局部区域　5.以减弱光强照亮的局部区域

图4-3-77

1.关闭的LED矩阵段　2.关闭的LED矩阵段　A.左侧LED矩阵式大灯　B.右侧LED矩阵式大灯

图4-3-78

2.售后服务信息

始终从下往上调整前灯，以消除可能存在的误差。如果前灯设置得太高，请将前灯调整到标记线以下，然后从下往上调整。

（二）后部车灯

宝马G60标配全LED设计的尾灯。

侧围与保险杠之间的外部尾灯：其包括尾灯、制动灯功能和转向显示。

尾门上的内部尾灯：其包括尾灯、制动灯功能和转向显示。

保险杠上的中间尾灯：其包括倒车灯和后雾灯。

宝马G60尾灯如图4-3-79所示。

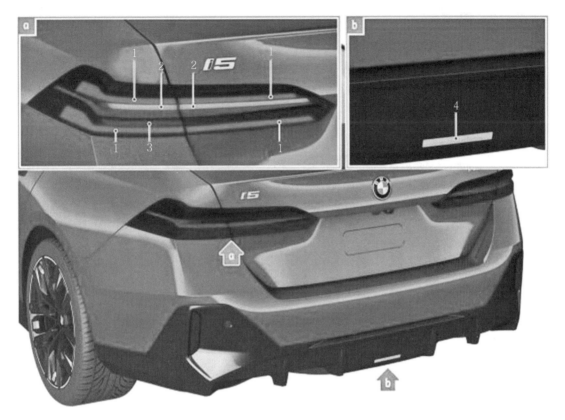

1.尾灯　2.转向信号灯　3.制动信号灯　4.倒车灯、后雾灯
图4-3-79

（三）散热格栅照明

宝马G60的散热格栅配有LED轮廓照明。对此，集成的光缆围绕散热格栅，从而在行车期间确保宝马典型的鲜明外观。当携带识别传感器靠近车辆时，迎宾灯将启动。LED轮廓照明被一并集成到迎宾灯中。客户必须在中央信息显示器CID上的菜单中配置轮廓照明的激活按键。配置将被应用到车辆状态"泊车""停留"和"行驶"中。除了上述照明场景外，视国家/地区而定，宝马G60 BEV中还首次在车辆充电时使用 LED轮廓照明。这是一种面向客户的充电唤醒式附加可视化效果，它未采用与高压电充电接口中充电状态显示类似的方式，无法在行驶期间激活或停用。

1.设计

为了散热格栅的照明，散热格栅的顶部和底部安装有 2 个 LED 模组。这些 LED 模组中各有 2 个 LED 发光体。2 根塑料光缆通常由PMMA聚甲基丙烯酸甲酯组成，它们防振动地嵌入到散热格栅的框架中。通过 LED 发光元件以及相应的电子装置，光线从两侧馈入到光缆内，从而确保散热格栅的均匀轮廓，由此实现无眩目的光分布。其中，灯出光面为3.5mm。宝马G60前格栅外部如图4-3-80所示。

2.功能

光缆从两侧借助2个LED发光元件馈光。为了使光线在特定区域射出，光缆在该区域内具有特定的光学结构。这种特定的光学结构生成在光缆上侧，这种结构破坏了光缆内部的全反射条件，使得光线从对置的另一侧射出，因此能够以精确且可投影的方式照亮指定的区域。散热格栅照明通过3针插头连接被接入车载网络。Basic Central Platform（BCP）按脉冲宽度调制的方式启闭散热格栅照明。

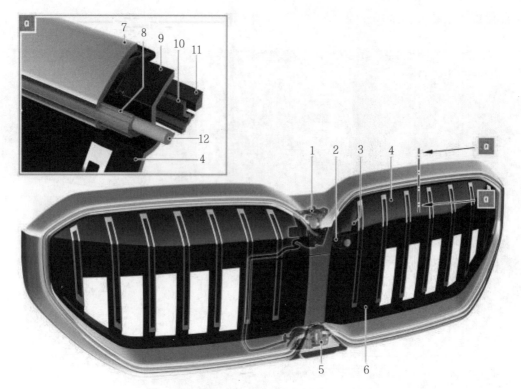

1.散热格栅照明 LED 模组　2.前部摄像机　3.清洁喷嘴　4.散热格栅盖板　5.散热格栅照明 LED 模组　6.前部雷达传感器加热区　7.装饰盖板　8.玻璃外观嵌条　9.底架　10.内部支撑架　11.内部框架　12.光纤

图4-3-80

（1）照明场景：迎宾灯（调暗）

①散热格栅和尾灯中的灯条同时启动。

②接着是日间行车灯（可选配闪烁的水晶灯）、前景照明和车内照明灯。

宝马G60 BEV 照明场景：车辆充电（国家/地区特定选装配置）

当充电电缆被触通并开始为高压蓄电池单元充电时，发光散热格栅内的充电体验可视化效果就会启用。此时，BCP按脉冲宽度调制的方式以指定时间和规定频率控制LED轮廓照明，如表4-3-4所示。

表4-3-4

情况	量产时间
车辆上锁	28s
车辆开锁	120s

客户可以选择使用第8.5代宝马操作系统中的车内灯菜单来相应调整充电体验可视化效果。宝马G60照明场景调整方式：车辆充电，如图4-3-81所示。

1. "内部照明"应用菜单按钮　2. "氛围灯"菜单按钮　3. "照明场景"菜单按钮
4.充电场景调整方式

图4-3-81

十、手动空调

宝马G60中也引入了在可操作性和舒适性方面的最新创新。因此，宝马G60同样秉承"精简开关绝非去开关化"的理念。为此，宝马沿用了因G70为人所熟知的BMW Interaction Bar概念。全新操作方案——第8.5代BMW操作系统（自2023年起）进一步完善了操作舒适性。从I20中还可以得知，系统自动化遵循标准温度的规定。智能自动空调还可根据用户规格和空调菜单设置来调节所有可用的附加组件。宝马G60在后座区为3/4区系统配备了附加的光照传感器，它定位在尾门的后部区域，通过这两个光照传感器接收到的阳光有助于补偿经由全景玻璃天窗的阳光照射。考虑到全景玻璃天窗的尺寸，需要予以更细致的考量。尤其是要区分开放式和封闭式活动饰板。宝马G60中不再提供芳香器和臭氧发生器。宝马G60出风口如图4-3-82所示。

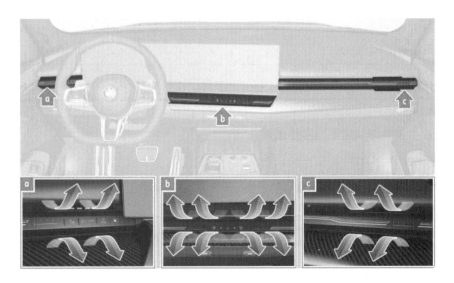

a.通风喷嘴 BMW Interaction Bar，左侧　b.通风喷嘴 BMW Interaction Bar，中间　c.通风喷嘴 BMW Interaction Bar，右侧

图4-3-82

宝马G60 4/3区系统概览如图4-3-83所示。光照传感器如图4-3-84所示。

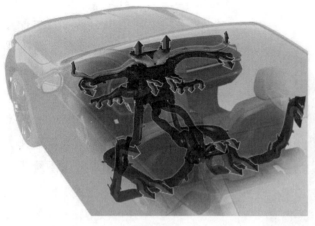

图4-3-83

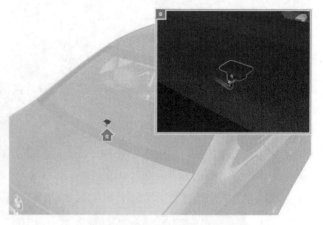

a.后窗置物架上的附加光照传感器

图4-3-84

表4-3-5简要介绍了宝马G60冷暖空调器的各项功能。

表4-3-5

功能	配置	汽油发动机轻度混合动力车（MHEV）	柴油发动机轻度混合动力车（MHEV）	插电式混合动力车（PHEV）	电动车（BEV）
前部座椅冷却	SA453	×	×	×	×
前部座椅加热装置	SA459	×	×	×	×
后座区座椅加热装置	SA4HA	×	×	×	×
方向盘加热装置	SA248	×	×	×	×
驻车加热功能	选装配置对于柴油发动机不适用 PHEV/BEV标准装备	—	×	×	×
驻车冷却功能	PHEV/BEV标准装备	—	—	×	×
第2.0代热泵功能	PHEV/BEV标准装备	—	—	—	×
高压蓄电池单元加热	PHEV/BEV标准装备	—	—	—	×
高压蓄电池单元冷却	PHEV/BEV标准装备	—	—	×	×

（一）操作方式

1.BMW Interaction Bar

BMW Interaction Bar 能够利用下列多传感操作区：

· BMW Interaction Bar，左侧。

· BMW Interaction Bar，中间。

· BMW Interaction Bar，右侧。

通过狭长通风喷嘴上的触控式面板无级调节气流强度。中间的BMW Interaction Bar可提供附加操作选项：

· 风量的调整（每个出风口一个滑条）。

· 用于最大除霜功能和后窗玻璃加热装置的按键。

另外，在中间的BMW Interaction Bar上还设有驻车温度调节指示灯与驻车暖风指示灯。由于它们不具

498

有操作功能，而仅仅具有显示功能，因此在空挡状态下不可见。当驻车温度调节或驻车暖风启用时，这些指示灯会变成红色或蓝色并可见。G60 BMW Interaction Bar操作方案如图4-3-85所示。

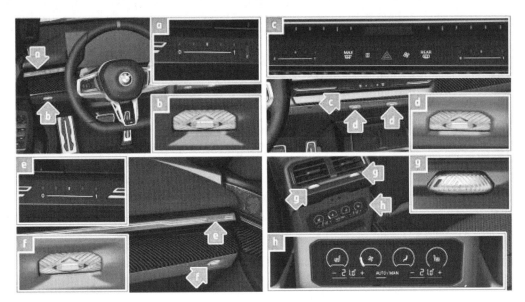

a.气流强度触控式面板，左侧　b.操作辊，左侧　c.气流强度触控式面板，中间　d.操作辊，中间　e.气流强度触控式面板，右侧　f.操作辊，右侧　g.后座区乘客中央控制台操作辊　h.中央控制台手动空调触控式面板

图4-3-85

2.BMW Operating System 8.5

手动空调操作方案的一大特点是第8.5代宝马操作系统中多功能显示屏上的"菜单栏"，由此也可以直接进入空调功能的二级操作。在第8代宝马操作系统中，"菜单栏"包含以下3项功能：

· 可以设置温度（目标温度）。

· 直接跳转到"舒适气候"菜单。

· 驾驶员和副驾驶员位置的温度调节可视化系统。

在第8.5代宝马操作系统中，"菜单栏"内的操作选项新增了如下的温度设置直接进入键：

· 前排主动式座椅通风功能调整方式。

· 座椅加热调整方式。

· 方向盘加热调整方式。

G60第8.5代宝马操作系统——手动空调操作方案如图4-3-86所示。

（二）车厢内部空气处理

最新一代的宝马G60被称为"畅吸登车"。先进的空调概念造就了高标准的乘客车厢空气质量。4区控制和3区控制中的纳米微粒过滤器可吸附大部分气体和微尘，它还抑制过敏原和微生物危害。宝马G60纳米微粒过滤器如图4-3-87所示。

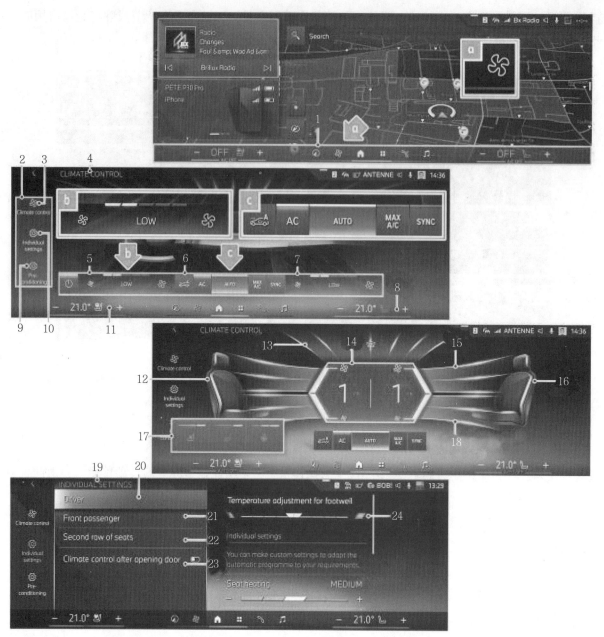

1.菜单栏按钮　2.二级操作直接进入键　3.设置　4."空调功能"菜单（在自动程序中）　5.空调功能按钮　6.内循环模式/新鲜空气模式调整方式　7.副驾驶侧气流强度调整方式　8.副驾驶侧期望温度调整方式　9."预调温"菜单直接进入按钮　10."个性化设置"菜单直接进入按钮　11.驾驶员侧期望温度调整方式　12.驾驶员侧可视化效果　13.气流方向可视化效果　14.气流强度与气流方向调整方式　15.副驾驶上身范围气流方向可视化效果　16.乘客侧可视化效果　17.用于座椅通风功能、座椅加热和方向盘加热的巧控浮窗按钮　18.副驾驶下身范围气流方向可视化效果　19."个性化设置"菜单　20."驾驶员设置"菜单　21."副驾驶设置"菜单　22."后座区设置"菜单　23.车门打开时的手动空调整方式　24.脚部空间温度调节　a.空调功能直接进入键　b.设定空气量　c.自动程序按钮

图4-3-86

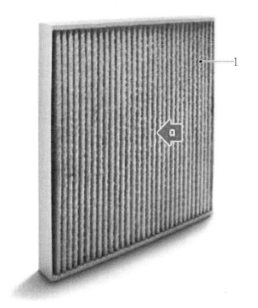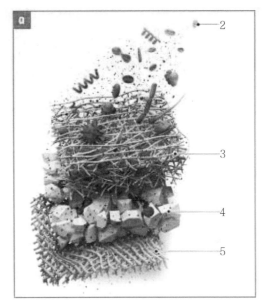

1.纳米颗粒过滤器 2.污染 3.带纳米涂层的颗粒物无纺布 4.活性炭层 5.基层

图4-3-87

十一、信息娱乐系统

宝马G60是配备巧控浮窗和Headunit High 5（HU-H5）第8.5代宝马操作系统的全新BMW iDrive首款车型。熟悉的远程通信系统盒4（TCB4）再次作为车载远程控制单元，为实现宝马G60的高速公路辅助系统功能，需要高精度的实时导航地图（高清晰度地图），必须在线传输至车辆的高清地图的高数据量又需要车辆具有非常好的联网状态。性能强大的控制单元Telematic Communication Box 4 "HAF版本"可以实现。除了全新应用和服务，宝马G60还为游戏和流媒体带来全新可能性，携手AirConsole游戏平台，实现顶级的车内娱乐功能。通过多功能显示屏MFD上的二维码，智能手机将变为游戏控制器。在宝马G60中，乘客可直接在车辆上播放互联网视频，尽享无限娱乐，例如在娱乐区，中央信息显示器CID还可通过YouTube应用成为了解世界之窗。增强视图功能可在交通情况中非常精确地定位。为此，在驾驶员显示器上显示从驾驶员角度的实时视频流。通过在实时视频流中显示上下文附加信息，驾驶员可获得其他有用信息。在宝马G60中，AR导航是选装配置宝马智能互联驾驶座舱专业版（SA 6U3）的组成部分。宝马G60搭载即插即充等新应用。即插即充实现非接触式身份验证，可访问多个合同。全新宝马5系纯电动车型也是首款适合使用即插即充的宝马车辆。即插即充更加便于在兼容的公共充电站充电，因为访问无须再通过应用或充电卡进行数字身份验证。车辆通过技术接口自行验证身份。宝马G60标配功率100W的6扬声器音频系统。另外，标配安装的DAB调谐器可确保数字收音机接收，可作为选装配置选购的Harman/Kardon高端音响系统（SA 674），凭借12个扬声器和205W的放大器功率，带来巅峰音响体验。通过18个扬声器和提升至655W的放大器功率，选配Bowers & Wilkins环绕音响系统（SA 6F4），并带来卓越音响体验。车门扬声器的发光金属面板凸显音频系统的独特个性。七通道数字放大器确保所有座位都能享受令人沉醉的透彻音响体验。I20和G70中熟悉的RAM与升压器系统可作为G60的音频功率放大器。宝马G60标配的2个USB-C接口，用于数据传输和前部个人设备充电。后座区有2个附加USB-C充电接口，不会与车辆进行数据连接。驾驶员和副驾驶座椅的靠背上还可选配另一个USB-C接口作为电源。中央控制台前部可放置无线充电座。订购选装配置SA 6NX后，此处将放置无线充电板，为适配的移动电话进行感应式充电。旁边的另一半存放未配备无线充电的电子装置。宝马G60信息娱乐系统如图4-3-88所示。

图4-3-88

十二、音频、视频流和游戏

图4-3-89

除了全新应用和服务，宝马G60还为游戏和流媒体带来全新可能性。携手AirConsole游戏平台，实现顶级的车内娱乐功能。通过多功能显示屏MFD上的二维码，智能手机将变为游戏控制器。在宝马G60中，乘客可直接在车辆上播放互联网视频，尽享无限娱乐，例如，中央信息显示器CID还可通过YouTube应用成为了解世界之窗或是通过DFL应用直播德甲球赛。宝马G60游戏如图4-3-89所示。宝马G60视频流YouTube如图4-3-90所示。

图4-3-90

十三、车辆访问接口、宝马数字钥匙和宝马数字钥匙PLUS

宝马G60开始批量生产，并提供选装配置宝马数字钥匙（SA 3DK）以及BMW Digital Key Plus。在宝马G60中，除了便捷上车2.0之外，宝马数字钥匙Plus也是选装配置（SA 322）的一部分。有关选装配置无钥匙进入功能（SA 322）搭配宝马数字钥匙Plus的提示：由于可能的监管限制，某些市场可能仅提供宝马数字钥匙的功能。宝马数字钥匙使用NFC技术（近场通信）。为使车辆开锁和锁定，必须将相应智能手机或宝马数字钥匙卡靠近驾驶员车门的车门外把手保持不动。建立行驶就绪状态时，必须将智能手机或宝马数字钥匙卡放入无线充电板或NFC盒内。然后，必须按下启动/关闭按钮。在宝马G60中搭配宝马数字钥匙Plus使用已在其他车型中熟悉的超宽带无线电技术，简称UWB。因此，除了可明显提高客户的舒适度外，还显著提高安全性。使用UWB技术，提高了对中继攻击的保护效果。如果驾驶员在距离车辆不到1.5m的距离内，则无论客户使用识别传感器还是装有BMW数字钥匙Plus的智能手机，车辆都会解锁。因此，客户也可以通过智能手机使用"2.0版无钥匙进入功能"，前提是智能手机上已安装了宝马数字钥匙Plus。配备选装配置SA 322或选装配置SA 3DK的每台宝马G60在交付时均随附一张宝马Digital Key卡。客户可以将宝马数字钥匙卡放在车辆的无线充电板上并按照主机中的说明自行激活。激活后，客户可以通过宝马数字钥匙卡解锁或锁定车辆，并使其做好行驶准备。随着I20的上市，宝马车采用了新一代识别传感器。G60同样具有这代技术装置。相比于上一代识别传感器，如今的识别传感器也可利用UWB技术。但是，识别传感器中的UWB技术并不是为了持续定位，而是为了提供额外的安全保护。基于信号传播时间的UWB技术可以阻止常见的中继攻击。伴随着宝马G60的问世，基于雷达的非接触式尾门拉手首次投入使用。通过朝后保险杠（"踢动或滑动动作"）前后来回的特定脚部运动，可以打开和关闭行李箱盖板。雷达传感器具有集成电子分析装置，可以非接触式记录运动方向和速度。宝马数字钥匙和宝马数字钥匙Plus如图4-3-91所示。

图4-3-91

十四、Headunit High 5

2022年的Headunit High 5搭配宝马G60，成为全新操作方案的关键。随着HU-H5应用于新款宝马5系，G60成为宝马首款搭载第8.5代宝马操作系统和BMW iDrive操作方案的全新批量车。为此，完全沿用在宝马G70中批量使用的Headunit High 5。Headunit High 5与安装位置如图4-3-92所示。宝马G60控制单元概览如图4-3-93所示。

图4-3-92

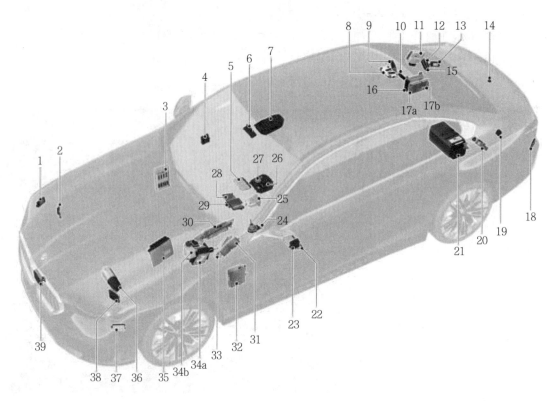

1.右前侧近距区域侧面雷达传感器SRSNVR　2.右侧前部车灯电子装置FLER　3.基本中央平台BCP　4.副驾驶车门控制单元TSGBF　5.前乘客座椅模块SMBF　6.自动驾驶摄像机ADCAM　7.车顶功能中心FZD　8.远程通信盒TCB　9.选择性催化剂还原SCR　10.超声波传感器控制单元USS　11.垂直动态管理平台VDP　12.近程传感器SSR　13.右侧近距离车尾雷达传感器HRSNR　14.后视摄像机RVC　15.行李箱盖功能模块HKFM　16.电源控制单元48V PCU48　17a.自动驾驶中级平台MPAD　17b.自动驾驶中级平台MPAD2　18.左侧后部近距离雷达传感器HRSNL　19.非接触式尾门开启功能雷达传感器　20.收音机音响模块RAM　21.48V电池　22.驾驶员座椅模块SMFA　23.驾驶员车门控制单元TSGFA　24.分动器VTG　25.碰撞和安全模块ACSM　26.选挡开关GWS　27.iDrive 控制器CON　28.控制单元组合仪表KOMBI　29.位于 SAMV 前端的智能手机存储模块　30.电机电子伺控系统 48V EME48　31.自动驻车超声波摄像机UCAP　32.主机高级单元 5 HU-H　33.自动驾驶摄像头中ADCAMM　34a.虚拟集成平台VIP　34b.集成式动态稳定控制系统DSCi　35.数字式发动机电子系统DME；数字式柴油机电子系统DDE　36.电子助力转向系统EPS　37.左前侧面近距离雷达传感器SRSNVL　38.左侧前部车灯电子装置FLEL　39.远程前部雷达传感器FRSF

图4-3-93

十五、扬声器系统

宝马G60中有3种不同的扬声器系统可供使用。在基本装备中，安装了功率为100W的无品牌系统。此外，您还可以选择另外2个扬声器系统。Harman Kardon顶级高保真系统配备12个扬声器，功率为205W。另外，还可选择 Bowers & Wilkins 高端音响系统。在MHEV中包括18个扬声器（PHEV/BEV：17个扬声器），总功率为655W，带照明扬声器挡板。高系统功率、扬声器数量和布置为每个座椅带来高保真音色。宝马G60没有头枕扬声器。座椅上的4D振动器不可用。Bowers & Wilkins高音扬声器如图4-3-94所示。

图4-3-94

（一）扬声器系统概览

扬声器系统概览如表4-3-6所示。

（二）基础高保真系统

标配安装的基础高保真系统配备由塑料板保护的6个扬声器。它们通过接收器音频模块RAM Basis连接，总功率为100W。系统包括以下核心功能：

· 低音/高音。

· 左右平衡/前后平衡。

· 动态驾驶音色调节。

1.MHEV中的基础高保真系统概览

针对带发动机的车辆，该系统由以下组件组成：

· 4个中音扬声器。

· 2个中央低音。

· 1个接收器音频模块 RAM Basis。

表4-3-6

扬声器系统	配置	品牌开发	功率	扬声器数量	增强器	RAM
基础高保真系统	基础型号	–	100W	6个扬声器	–	基础
顶级高保真音响系统	特种配置（SA674）	Harman Kardon	205W	12个扬声器	–	高
高端系统	特种装备（SA6F4）	Bowers & Wilkins	655W	18（MHEV）/（PHEV/BEV）扬声器	是	高

中音扬声器分别安装在车门上。两个中置低音喇叭位于前排座椅下方。基础高保真系统宝马G60

MHEV概览如图4-3-95所示。基础高保真系统宝马G60 MHEV电路图如图4-3-96所示。

2.PHEV/BEV 中的基础高保真系统概览

针对PHEV和BEV，该系统由以下组件组成：

·4个中音扬声器。

·2个复合低音炮。

·1个接收器音频模块RAM Basis。

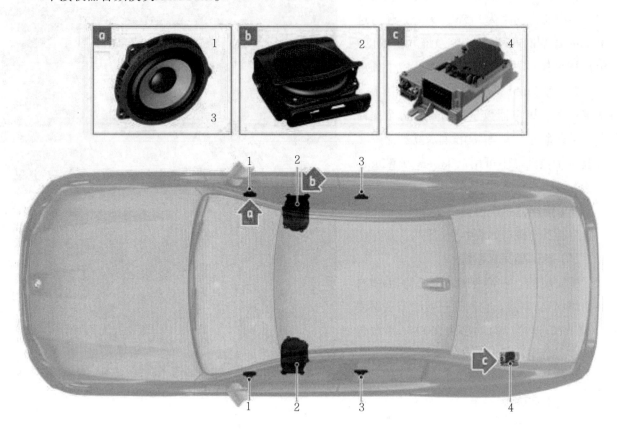

1.中音扬声器　2.中置低音扬声器　3.中音扬声器　4.接收器音频模块RAM Basis　a.中音扬声器　b.中置低音扬声器　c.接收器音频模块RAM Basis

图4-3-95

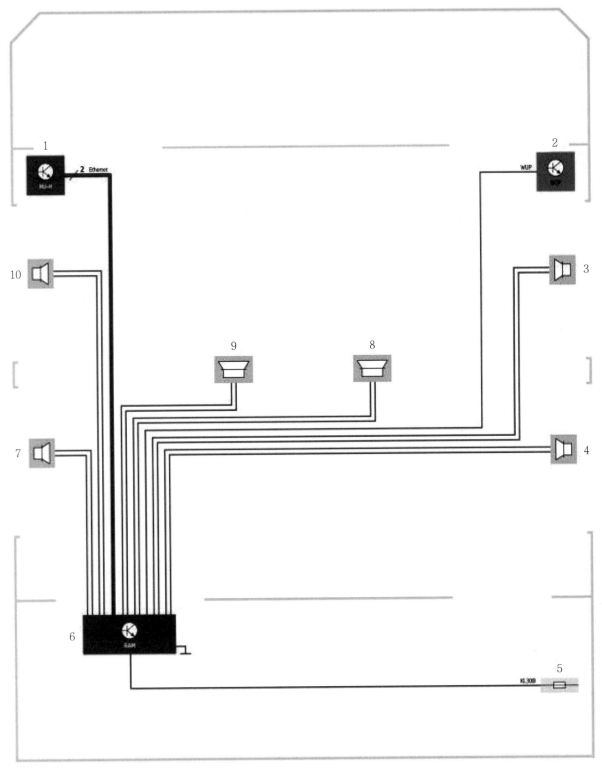

1.主机高级单元5 HU–H5　2.基本中央平台BCP　3.右前车门中音扬声器　4.右后车门中音扬声器　5.总线端 KL30B 后部配电器　6.接收器音频模块RAM　7.左后车门高音扬声器　8.右前排座椅中置低音喇叭　9.左前排座椅中置低音喇叭　10.左前车门中音扬声器

图4-3-96

中音扬声器分别安装在车门上。两个复合低音炮位于前车门。宝马G60 PHEV/BEV中的基础高保真系统概览如图4-3-97所示。宝马G60 PHEV/BEV基础高保真系统电路图如图4-3-98所示。

3.基础高保真系统的零件

MHEV的中置低音喇叭分别位于两个前排座椅下方。中音扬声器安装在车门上，在所有驱动款式中的构造均相同。中置低音喇叭安装位置如图4-3-99所示。中音扬声器零件如图4-3-100所示。在PHEV和BEV中，前排座椅下方的安装空间过小。因此，取消了中置低音喇叭，而是安装宝马G70中熟悉的复合低音炮。这是脉冲补偿低音喇叭，壳体内有两个相对的扬声器。两个扬声器采用同相控制。两个膜片同时向上或向下运动。因此，作用在壳体的力几乎相互抵消。这样可以改善音色，最大限度地减少振动传递至车门。复合低音炮零件如图4-3-101所示。复合低音炮安装位置如图4-3-102所示。

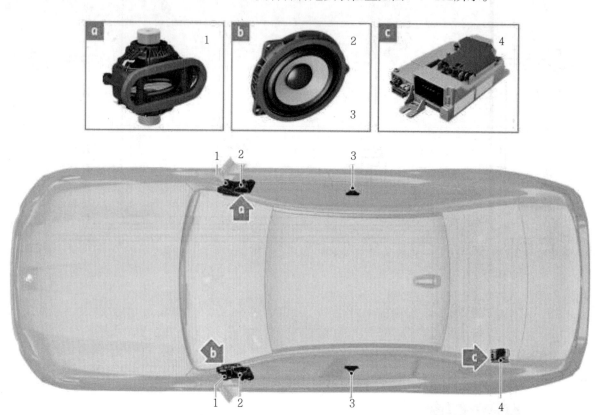

1.复合低音喇叭　2.中音扬声器　3.中音扬声器　4.接收器音频模块 RAM Basis

图4-3-97

508

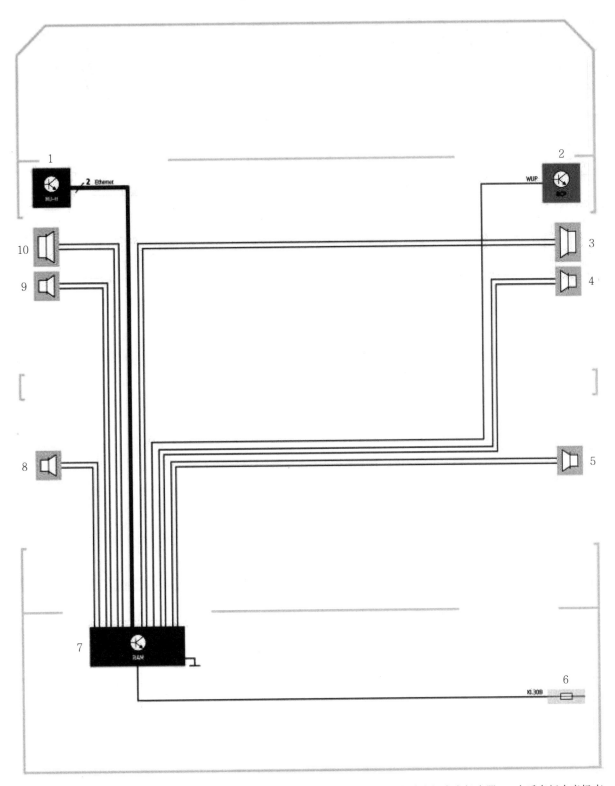

1.主机高级单元 5 HU-H5   2.基本中央平台BCP   3.右前车门复合低音喇叭   4.右前车门中音扬声器   5.右后车门中音扬声器   6.总线端KL30B后部配电器   7.接收器音频模块RAM   8.左后车门高音扬声器   9.右前排座椅中置低音喇叭   10.左前车门复合低音喇叭

图4-3-98

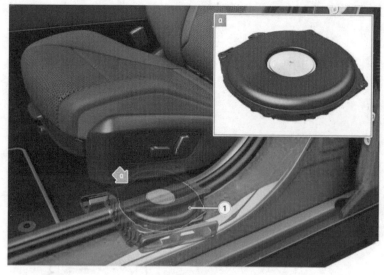

图4-3-99

图4-3-100

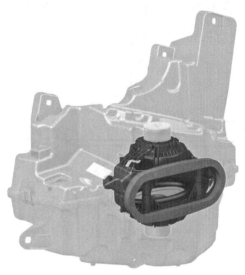

图4-3-101

1.左前车门复合低音炮

图4-3-102

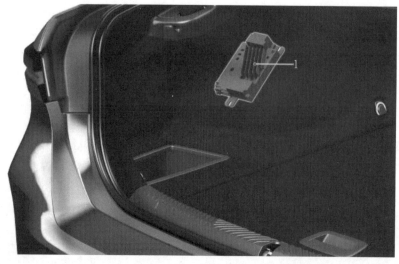

图4-3-103

4.前排座椅下方的中置低音喇叭接收器音频模块RAM Basis位于车辆左侧的行李箱盖板下方。除了用于调频FM、调幅AM和数字音频广播（DAB 调谐器）的调谐器组件，RAM中还有集成了数码音响处理器的音频功率放大器。基础高保真系统RAM安装位置如图4-3-103所示。

（三）顶级高保真音响系统

Harman Kardon 顶级高保真系统

（SA 674）配备12个扬声器。该系统可以通过带有"Harman/Kardon"标志的扬声器挡板进行识别：

· 带金属盖的前车门高音扬声器。

· 带塑料板的后车门中音和高音扬声器。

通过接收器音频模块RAM High进行连接，总功率为205W，相比基本装备提升2倍多。通过内置高音扬声器，优化音量信号的分辨率。系统包括以下核心功能：

· 低音/高音。

· 左右平衡/前后平衡。

· 动态驾驶音色调节。

· 音色模式"笼罩"。

1.MHEV中的顶级高保真系统概览

针对带发动机的车辆，该系统由以下组件组成：

· 5个中音扬声器。

· 5个高音扬声器。

· 2个中央低音。

· 1个接收器音频模块RAM High。

高音和中音扬声器分别安装在车门上，还加装在仪表板内。两个中置低音喇叭位于前排座椅下方。顶级高保真系统宝马G60 MHEV概览如图4-3-104所示。顶级高保真系统G60 MHEV电路图如图4-3-105所示。

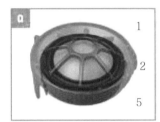   

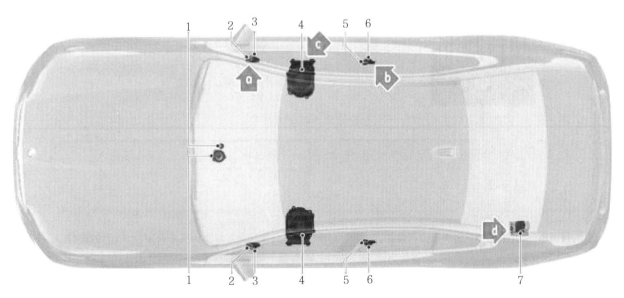

1.高音扬声器　2.高音扬声器　3.中音扬声器　4.中置低音扬声器　5.高音扬声器　6.中音扬声器　7.接收器音频模块RAM High　8.中音扬声器

图4-3-104

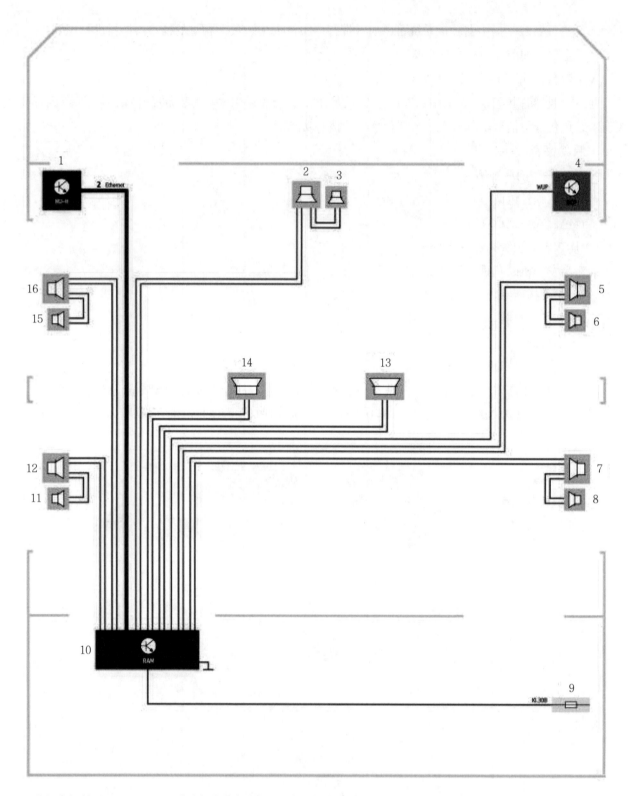

1.主机高级单元 5 HU-H5　2.中音扬声器仪表板　3.高音扬声器仪表板　4.基本中央平台BCP　5.右前车门中音扬声器　6.右前高音扬声器　7.右后车门中音扬声器　8.右后车门高音扬声器　9.总线端KL30B后部配电器　10.接收器音频模块RAM　11.左后车门中音扬声器　12.左后车门高音扬声器　13.右前排座椅中置低音喇叭　14.左前排座椅中置低音喇叭　15.左前车门高音扬声器　16.左前车门中音扬声器

图4-3-105

2.PHEV/BEV中的顶级高保真系统概览

针对PHEV和BEV，该系统由以下组件组成：

·5个中音扬声器。

·5个高音扬声器。

·2个复合低音炮。

·1个接收器音频模块RAM High。

高音和中音扬声器分别安装在车门上，还加装在仪表板内。两个复合低音炮位于前车门。宝马G60 PHEV/BEV中的顶级高保真系统概览如图4-3-106所示。宝马G60 PHEV/BEV顶级高保真系统电路图如图4-3-107所示。

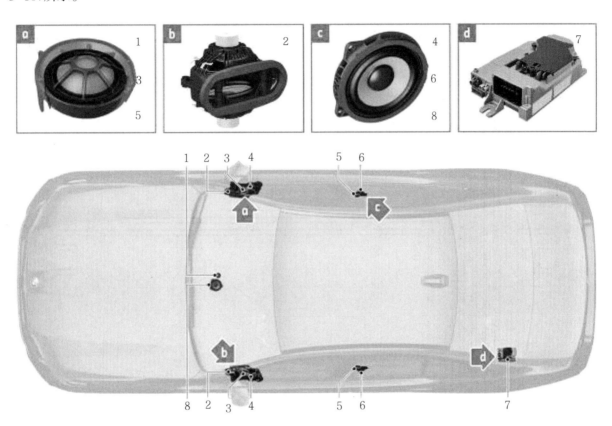

1.高音扬声器　2.复合低音炮　3.高音扬声器　4.中音扬声器　5.高音扬声器　6.中音扬声器　7.接收器音频模块RAM High　8.中音扬声器　a.高音扬声器　b.复合低音炮　c.中音扬声器　d.接收器音频模块RAM High

图4-3-106

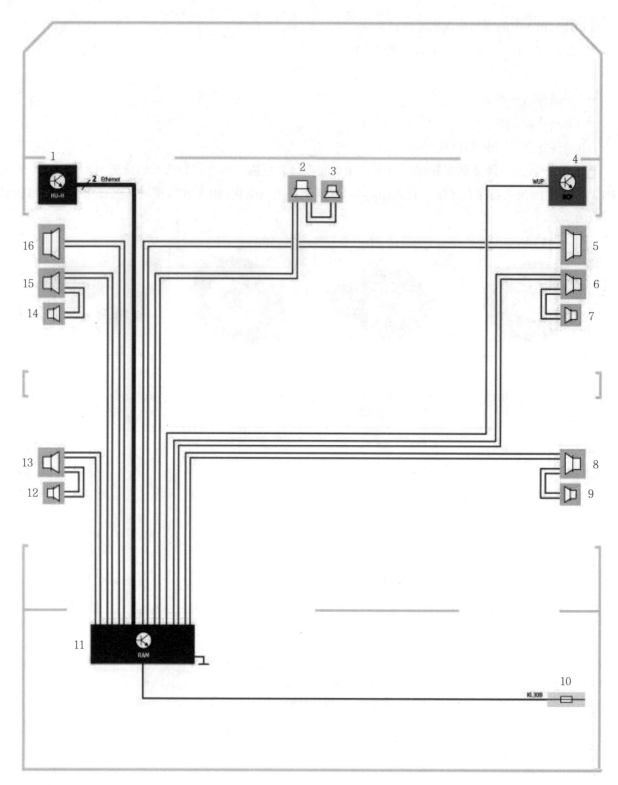

1.主机高级单元 5 HU-H5　2.中音扬声器仪表板　3.高音扬声器仪表板　4.基本中央平台BCP　5.右前车门复合低音炮　6.右前车门中音扬声器　7.右前高音扬声器　8.右后车门中音扬声器　9.右后车门高音扬声器　10.总线端KL30B后部配电器　11.接收器音频模块RAM　12.左后车门中音扬声器　13.左后车门高音扬声器　14.左前车门高音扬声器　15.左前车门中音扬声器　16.左前车门复合低音炮

图4-3-107

3.顶级高保真系统的零件

除了基本装备中安装的组件，顶级高保真系统还配备蚕丝膜的高音扬声器。接收器音频模块RAM High是数字式9通道放大器，提供手动均衡功能。安装位置在行李箱饰板左后部下方。顶级高保真音响系统零件如图4-3-108所示。顶级高保真系统RAM安装位置如图4-3-109所示。

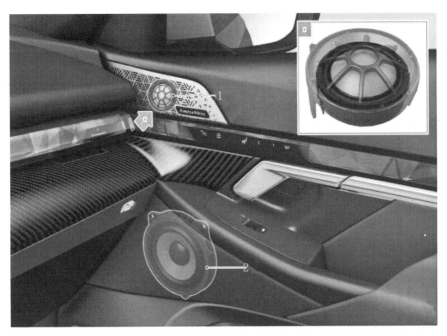

1.高音扬声器　2.中音扬声器

图4-3-108

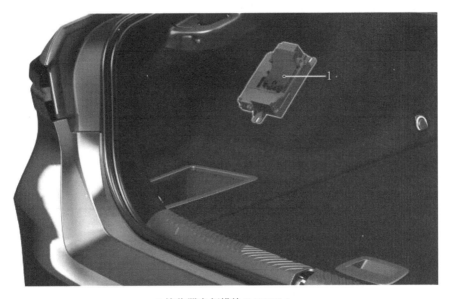

1.接收器音频模块 RAM High

图4-3-109

（四）高端系统

Bowers & Wilkins高端系统（SA 6F4）包括18个扬声器（PHEV/BEV：17个扬声器），总功率655W。通过使用创新的优质材质，扬声器可提供出色的声学体验。数字式9通道放大器为所有座位带来极致清澈音色。此外，还使用升压器呈现强劲低音。发光金属盖板在视觉上凸显系统的专属特征。系统包括以下核心功能：

· 低音/高音。

· 左右平衡/前后平衡。

· 动态驾驶音色调节。

· 音色模式"Logic7 Surround"。

· 7频段均衡器。

宝马G60高端音响系统与宝马G70顶级高保真系统具有相同的系统功率和组件。

1.MHEV高端音响系统概览

针对带发动机的车辆，该系统由以下组件组成：

· 7个中音扬声器（其中4个带有"Continuum Core"）。

· 7个高音扬声器。

· 2个复合低音炮。

· 2个中央低音。

· 1个接收器音频模块RAM High。

· 1个升压器。

高音和中音扬声器分别安装在车门、仪表板还有后窗置物架内。两个中置低音喇叭位于前排座椅下方。除了该选装配置，车门还使用复合低音炮。宝马G60 MHEV高端音响系统概览如图4-3-110所示。宝马G60 MHEV高端音响系统电路图如图4-3-111所示。

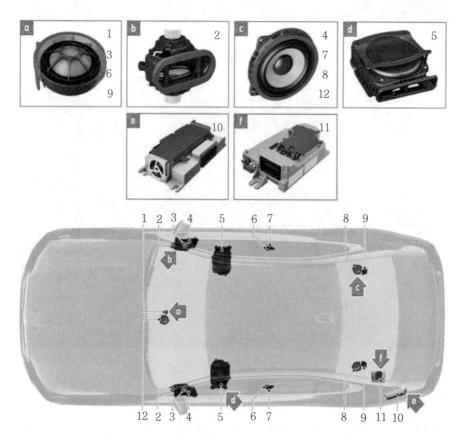

1.高音扬声器　2.复合低音炮　3.高音扬声器　4.中音扬声器"Continuum Core"　5.中置低音扬声器　6.高音扬声器　7.中音扬声器"Continuum Core"　8.中音扬声器　9.高音扬声器　10.接收器音频模块RAM High　11.增强器　12.中音扬声器　a.高音扬声器　b.复合低音炮　c.中音扬声器"Continuum Core"　d.中置低音扬声器　e.接收器音频模块RAM High　f.增强器

图4-3-110

516

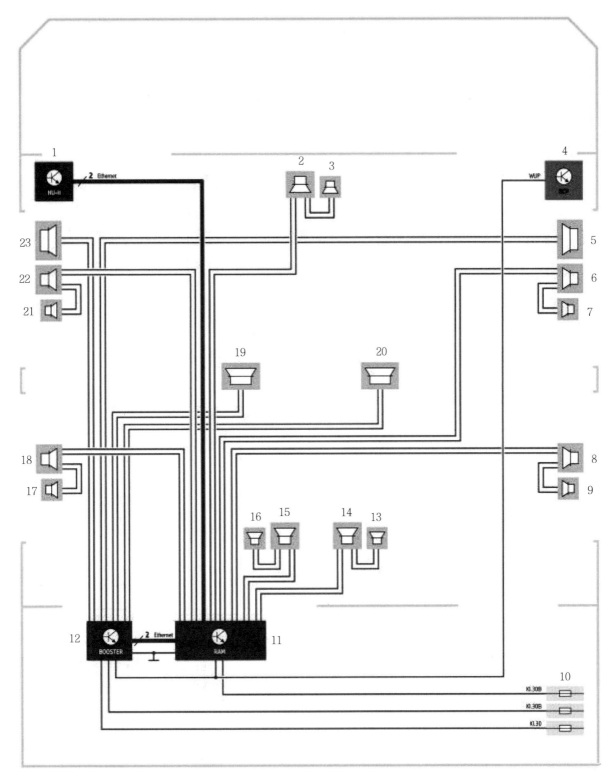

1.主机高级单元5 HU-H5　2.中音扬声器仪表板　3.高音扬声器仪表板　4.基本中央平台BCP　5.右前车门复合低音炮　6.右前车门中音扬声器　7.右前高音扬声器　8.右后车门中音扬声器　9.右后车门高音扬声器　10.总线端KL30B后部配电器　11.接收器音频模块RAM　12.增强器　13.右侧后窗台板处的高音扬声器　14.右侧后窗台板处的中音扬声器　15.左侧后窗台板处的中音扬声器　16.左侧后窗台板处的高音扬声器　17.左后车门中音扬声器　18.左后车门高音扬声器　19.中置低音扬声器　20.中置低音扬声器　21.左前车门高音扬声器　22.左前车门中音扬声器　23.左前复合低音炮

图4-3-111

2.PHEV/BEV高端音响系统概览

针对PHEV和BEV，该系统由以下组件组成：

·7个中音扬声器（其中4个带有"Continuum Core"）。

·7个高音扬声器。

·2个复合低音炮。

·1个双音圈低音炮。

·1个接收器音频模块RAM High。

·1个升压器。

高音和中音扬声器分别安装在车门、仪表板还有后窗置物架内。两个复合低音炮位于前车门。而且在高端音响系统中，行李箱内使用低音炮。宝马G60 PHEV/BEV高端音响系统概览如图4-3-112所示。宝马G60 PHEV/BEV高端音响系统电路图如图4-3-113所示。

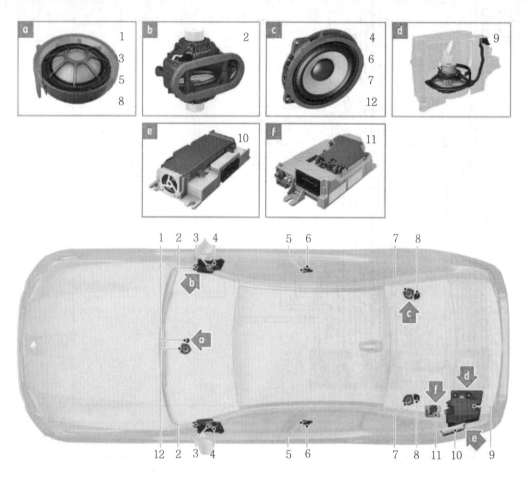

1.高音扬声器 2.复合低音炮 3.高音扬声器 4.中音扬声器"Continuum Core" 5.高音扬声器 6.中音扬声器"Continuum Core" 7.中音扬声器 8.高音扬声器 9.双音圈低音炮 10.增强器 11.接收器音频模块RAM High 12.中音扬声器 a.高音扬声器 b.复合低音炮 c.中音扬声器"Continuum Core" d.低音炮 e.接收器音频模块RAM High f.增强器

图4-3-112

518

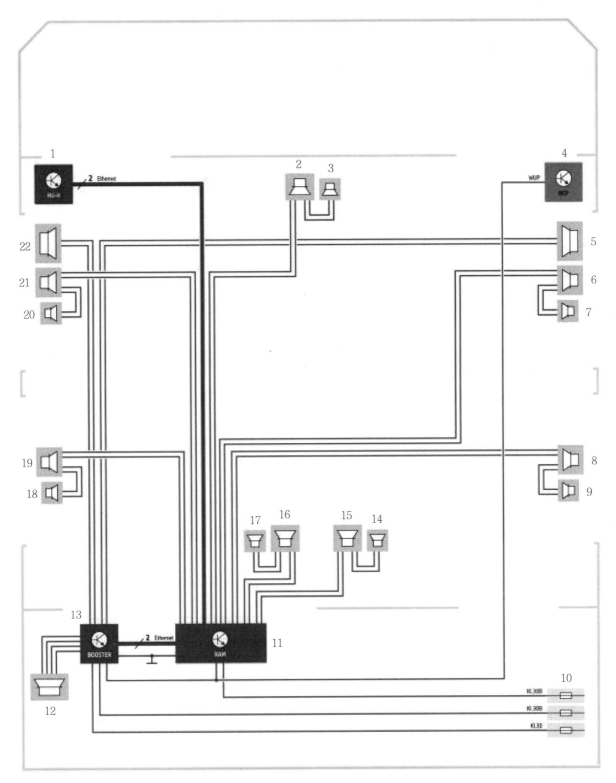

1.主机高级单元5 HU-H5　2.中音扬声器仪表板　3.高音扬声器仪表板　4.基本中央平台BCP　5.右前车门复合低音炮　6.右前车门中音扬声器　7.右前高音扬声器　8.右后车门中音扬声器　9.右后车门高音扬声器　10.总线端KL30B后部配电器　11.接收器音频模块RAM　12.低音炮　13.增强器　14.右侧后窗台板处的高音扬声器　15.右侧后窗台板处的中音扬声器　16.左侧后窗台板处的中音扬声器　17.左侧后窗台板处的高音扬声器　18.左后车门中音扬声器　19.左后车门高音扬声器　20.左前车门高音扬声器　21.左前车门中音扬声器　22.左前复合低音炮

图4-3-113

3.高端音响系统中的零件

高端音响系统不仅增加内置高音扬声器和中音扬声器的数量。组件本身也由特殊优质材料制成。车门中音扬声器的膜片采用"Continuum Core"技术。由此显著改善材料刚性和自振动行为。高音扬声器有铝制膜片。在声音方面，它们优于带蚕丝膜的高音扬声器。尾部中间和高音扬声器安装位置如图4-3-114所示。铝膜高音扬声器如图4-3-115所示。

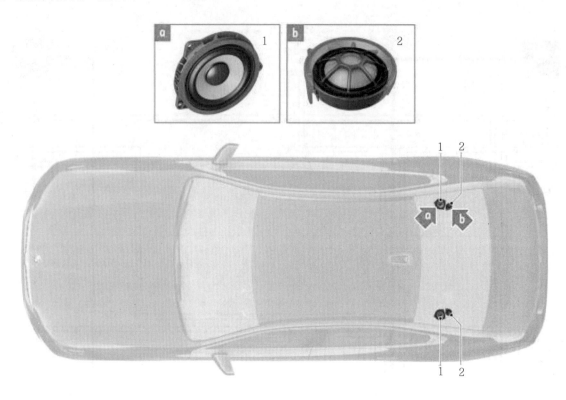

1.中音扬声器"Continuum Core"安装位置　2.中音扬声器安装位置　a.中音扬声器零件　b.高音扬声器零件

图4-3-114

图4-3-115

接收器音频模块RAM High是数字式9通道放大器，提供手动均衡功能。安装位置在行李箱饰板左后部下方。升压器为高端音响系统提供额外功率。由此控制复合低音炮、中置低音喇叭（MHEV）和低音炮（PHEV/BEV）。低音炮仅安装在PHEV/BEV上。它采用双音圈设计，功率为240W。安装位置位于车辆左侧行李箱盖板下方的RAM和升压器后部。PHEV/BEV的行李箱低音炮如图4-3-116所示。高端音响系统音频组件安装位置如图4-3-117所示。

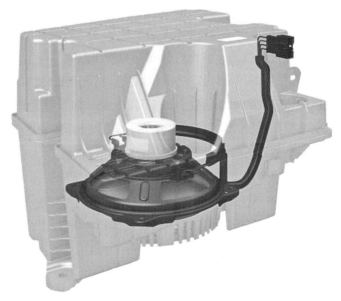

图4-3-116

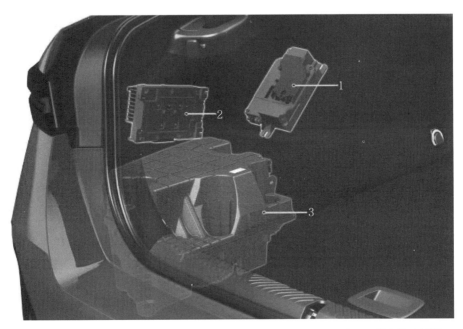

1.接收器音频模块 RAM High（MHEV/PHEV/BEV）　2.升压器（MHEV/PHEV/BEV）　3.低音炮（仅限 PHEV/BEV）

图4-3-117

十六、导航

除其他外，宝马G60的导航功能必须适应宝马总车队正在进行的电气化。因此无须奇怪的是，类似于宝马G70，导航、泊车和充电等数字化服务已完全以用户为导向地集成到基于云的"宝马地图"系统。为实现高速公路辅助系统的功能，需要高精度的实时导航地图（高清晰度地图）。必须在线传输至车辆的高清地图的高数据量又需要车辆具有非常好的联网状态。性能强大的控制单元Telematic Communication Box 4 "HAF 版本"可以实现这一点。数据在约2.5km的半径范围内通过移动网络按需传送至Headunit High 5 HU-H5。High 5 HU-H5主机能够临时存储这些数据，并在与标准地图数据合并后，在驾驶时提供"高速公路辅助系统"功能。增强视图功能可在交通情况中进行非常精确的定位。为此，在驾驶员显示器上显示从驾驶员角度的实时视频流。通过在实时视频流中显示上下文附加信息，驾驶员可获得其他有用信息。在宝马G60中，AR导航是选装配置宝马智能互联驾驶座舱专业版（SA 6U3）的组成部分。整个宝马操作系统进行改进，实现时尚布局和操作方案。与宝马G70不同的是，在宝马G60中，客户将获得从2023年7月起使用的第8.5代宝马操作系统。搭配第8.5代宝马操作系统，宝马地图可在驾驶期间带来更加简单的目的地输入和附加信息。以宝马i5为例，可计算考虑到充电的优化路线。为使宝马G70的客户接受第8.5代宝马操作系统，提供第8代宝马操作系统到第8.5代宝马操作系统的更新。根据车型和生产日期，同样提供其他车型的更新。以下是可升级的车型列表：

· BMW 7系（G70），自2022年7月起生产。

· BMW iX（i20），自2023年3月起生产。

· BMW X5（G05 LCI）、BMW X6（G06 LCI）、BMW X7（G07 LCI）、BMW X5 M（F95 LCI）、BMW X6 M（F96 LCI）分别自2023年4月起生产。

提示：

· 针对已生产的车辆。

· 为此，前提条件是车辆已安装Headunit High 5（HU-H5）。

· 如果所列出的其中一种车型在进厂检修期间进行编程，则它将同样更新至第8.5代宝马操作系统。

十七、电话系统

宝马G60在基本装备中配有宝马智能互联驾驶座舱高级版（SA 6U2），其主要具有通过Bluetooth®或Wi-Fi连接移动电话与车辆的功能。当然，宝马G60还配备可选的无线充电板（SA 6NX）。无线充电板在宝马G60上主要用于为移动电话充电。与之前的无线充电板不同，不会电容耦合至车辆的外部天线。宝马G60标配安装2个前部麦克风。根据所选选装配置，后座区还可选择加装2个附加麦克风。后座区的2个附加麦克风通常组合选装配置无线充电板（SA 6NX），并且仅能搭配选装配置宝马智能互联驾驶座舱专业版（SA 6U3）。其他宝马车型中熟悉的选装配置个人eSIM（SA 6PA）同样用于宝马G60。个人eSIM可激活Telematic Communication Box 4 TCB4内集成的"客户eSIM"。"客户eSIM"是指个人eSIM，可在个人移动服务供应商处激活。选装配置个人eSIM可实现更好的连接质量。原因在于当使用个人eSIM时直接使用的车辆外部天线。

宝马G60个人eSIM选装配置具备下列功能：

· 高级电话：没有移动电话也可以在车辆上打电话。也就是说，客户不一定要启动其智能手机，因为可通过激活的个人eSIM打电话。使用车辆的外部天线进行连接，由此提升通话质量并减少乘客车厢中的无线电辐射。

· 个人热点：最多10台移动终端设备（如手提电脑）可通过个人热点在车辆上访问互联网。在此使用的是5G移动网络，由此实现100Mbit/s以上的速度。个人热点使用个人移动通信合同的流量。在使用个人热点期间，智能手机也无须位于车辆上。

十八、USB接口

在宝马G60上，根据装备情况最多有6个USB-C接口，由于采用无面板式集成，因此只能看到接口的开口。前部杯座标配2个接口。后座区中央控制台背面各有2个接口。装备选装配置舒适旅行系统2.0（SA 4FL）时，在前排座椅的靠背上分别集成了另一个USB接口。

（一）车载电源连接

所有USB接口连接至车载网络的12V供电装置。在乘客车厢前部的接口还具有与主机的数据连接，因此可播放音频文件，但无法播放视频文件。后座区没有USB接口的数据连接。USB-C接口的车载网络连接如图4-3-118所示。

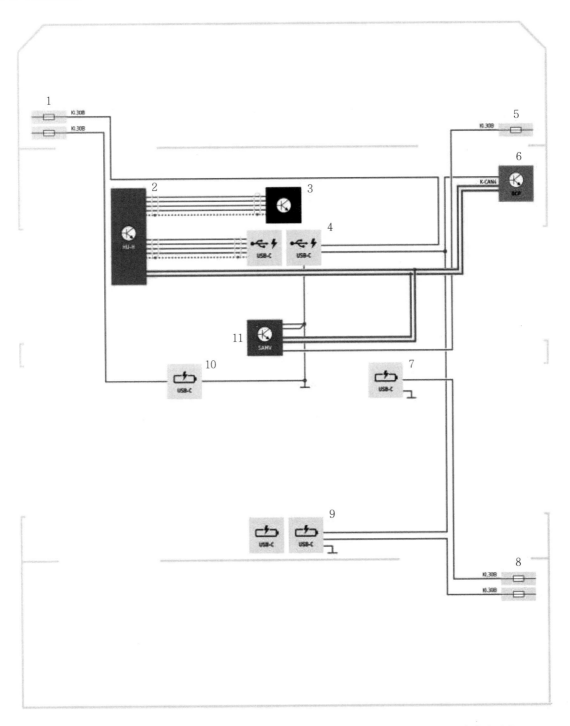

1.质量 2.Headunit HU 3.控制单元组合仪表KOMBI 4.前部杯座USB-C接口 5.质量 6.基本中央平台BCP 7.副驾驶员座椅上的USB-C接口PD 8.质量 9.后部中央控制台USB-C接口 10.驾驶员座椅上的USB-C接口PD 11.无线充电板（前部智能手机托架模块SAMV）

图4-3-118

（二）前部杯座USB-C接口

前部接口位于中央控制台杯座中，通过安装"双向插口"实现。

技术数据：

· 最大充电功率。C型USB：2×15W（分别为5V×3A）和带适配接口的A型USB，在蓄电池充电模式下分别为5V×1.5A（7.5W）（根据USB-BC 1.2充电标准）。

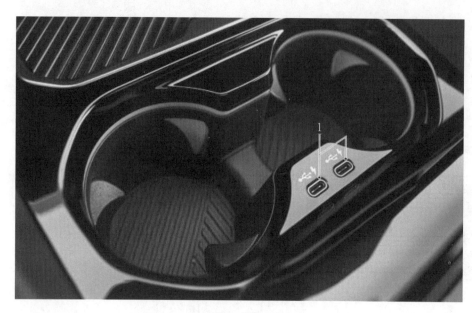

1.USB-C 接口

图4-3-119

· 对于数据传输，两个接口仅支持数据标准USB 2.0（480Mbit/s）。

· 白色照明，不受氛围灯功能影响。

前部杯座USB-C接口如图4-3-119所示。

（三）后座区中央控制台USB-C接口

后座区接口位于中央控制台背面。在此安装"Dual Charger"。

技术数据：

· 充电功率：2×15W（分别为5V×3A）。

· 白色照明，不受氛围灯功能影响。

· 没有数据传输。

后座区中央控制台USB-C接口如图4-3-120所示。

（四）靠背USB-C接口

订购舒适旅行系统（SA 4FL）时，则在前排

图4-3-120

座椅的靠背上各有一个接口。配套部件为"Single Charger PD"。接口下方有舒适旅行系统定位件。它覆盖有滑动门，并且可以打开。

技术数据：

· USB Power Delivery：充电功率最大可达45W和3A。

· 支持的充电协议：5V×3A、9V×3A、15V×3A、20V×2.25A和PPS（可编程电源）。

· 没有数据传输。

靠背USB-C接口如图4-3-121所示。

1.USB-C 接口

图4-3-121

（五）选装配置舒适旅行系统2.0

舒适旅行系统2.0（SA 4FL）可搭配运动型座椅（SA 481）或多功能座椅（SA 4FM）订购。该系统为前排座椅背面的平板电脑提供高品质设计的定位件。

· 座椅接口预留装置为平板电脑支架以及舒适旅行系统产品组合中的所有特殊附件提供快速简便的定位件/固定装置。

· 在最畅销平板电脑的支持下，使用移动终端设备丰富后座区乘客的娱乐体验。

· 用于无级调整和倾斜平板电脑位置的双横臂。

· 平板电脑可旋转360°。

· 采用成熟的夹式机械机构的座椅接口以方便安装和取出。

CE设备的舒适旅行系统支架如图4-3-122所示。带平板电脑的舒适旅行系统如图4-3-123所示。

1.无设备的支架

图4-3-122

1.带平板电脑的支架

图4-3-123

十九、无线充电

无线充电板让客户可以为所放入的符合Qi标准的设备无线充电，并包括一个NFC接口以便使用宝马数字钥匙。在I20（BMW iX）上首次使用的无线充电板2.0也被用于宝马G60。若订购选装配置SA 6NX，则无线充电板安装在车辆前部的中央控制台上。

（一）安装位置与功能

无线充电板与NFC电子装置一起构成前部智能手机托板模块 SAMV。在中央控制台中的杯座前面有用于存放两部移动电话的置物面，但无线充电板仅在左侧置物面上可用。

特征如下：

· 根据Qi标准1.2高达15W的感应式充电。

· 客户可关闭"充电"功能。

· 用于防止设备过热的主动设备冷却功能。

· 通过弹出窗口显示设备过热。

· 通过弹出窗口显示识别到异物。

· 可以更新，通过宝马远程软件升级。

· 用于与车辆通信的CAN接口（有完全诊断功能）。

· 近场通信（宝马数字钥匙）。

· 移动电话的最大尺寸为170mm×85mm×18mm。

· 只能使用厚度小于2mm的保护套和保护壳。

宝马G60无线充电板如图4-3-124所示。

说明：由特定材料（如金属）制成的保护套即使厚度较小，也会影响充电功率。这可能导致充电过程变慢或移动电话放电，如果充电功率不足的话。注意：由于技术原因，充电过程只能在车门关闭的情况下进行。当车门打开时，充电过程将中断，仅在车门关闭后方可重新继续。这也适用于尾门打开的情况。

图4-3-124

（二）兼容性

支持采用Qi标准的所有移动电话，前提是其不超过无线充电板的尺寸。

受支持的智能手机示例：

· Apple iPhone 14/iPhone 13/iPhone 12/iPhone 11/iPhone X/iPhone SE（2022）。

· Samsung Galaxy S23 Ultra/S22/S21/S20/S10。

· Google Pixel 7/Pixel 6/Pixel 5/Pixel 4。

· Huawei Mate 50 pro/Mate 40 pro/P60 pro/P50 pro。

· Xiaomi 13 pro/12 pro/Mi 11。

（三）车载电源连接

智能手机托板模块通过K-CAN4集成至车载网络，从而具备全面诊断功能。该模块配有风扇，可在充电过程中使设备冷却，从而防止在炎热的夏季月份或车外温度较高的市场智能手机在充电过程中过热。宝马G60无线充电板车载网络连接如图4-3-125所示。

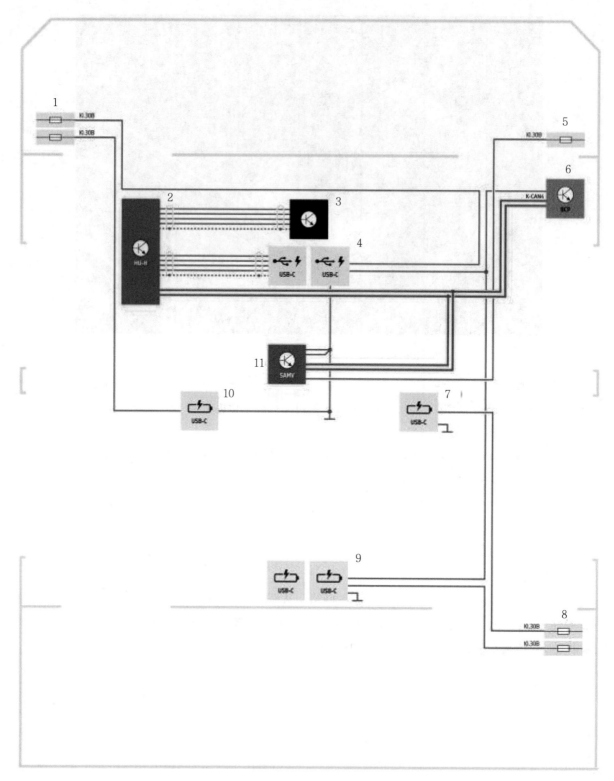

1.质量　2.主控单元　3.组合仪表控制单元　4.前部杯座USB-C接口　5.质量　6.基本中央平台BCP　7.副驾驶员座椅上的USB-C接口PD　8.质量　9.后部中央控制台USB-C接口　10.驾驶员座椅上的USB-C接口PD　11.无线充电板（前部智能手机托架模块SAMV）

图4-3-125

第四节　宝马G61电气系统

一、电气系统

宝马G61的常规车辆电气系统与宝马G60相同，本文将介绍与宝马G60的不同之处。宝马G61的规格如表4-4-1所示。

表4-4-1

系统	宝马G61中的规格
车载网络	BN2020-服务包2021
中央控制单元（网关）	Basic Central Platform BCP
电源管理系统	柔性能源和电源管理2.1
总线端控制	以客户为导向的泊车-停留-行驶总线端控制
LIN配电器	子网络功能和智能总线端控制
低电压供电	AGM车载网络电池12V70Ah
配电器	6配电盒
安全供电	安全相关的组件
48V车载网络	第2.2代48V车载网络
被动安全系统控制单元	碰撞和安全模块ACSM 6

（一）尾部控制单元概览

宝马G61的一些控制单元的安装位置不同于宝马G60的安装位置。不同之处在于放置在尾部区域的控制单元。由于旅行车车身系列的原因以及为了充分利用可用安装空间以实现行李箱容积最大化，这些控制单元可能安装在不同安装位置。宝马G61 MHEV尾部控制单元概览如图4-4-1所示。

（二）清洗液罐

与宝马G60相比，宝马G61的刮水/清洗装置在结构和功能范围上扩充了后窗玻璃清洁功能。用于宝马G61的挡风玻璃和后窗玻璃的刮水/清洗装置的清洗泵1与宝

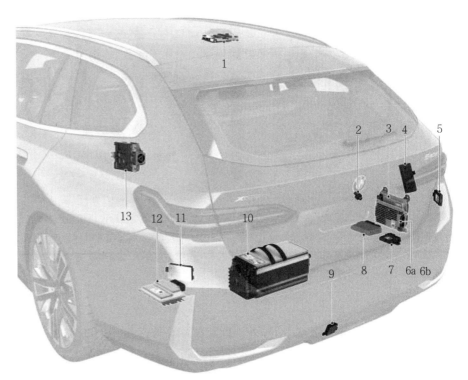

1.远程通信盒TCB　2.后视摄像机RVC　3.电源控制单元48V PCU48　4.行李箱盖功能模块HKFM　5.右侧近距离车尾雷达传感器HRSNR　6a.自动驾驶中级平台MPAD　6b.Medium Platform Automatic Driving 2 MPAD2　7.雷达传感器近距区域控制单元RSNECU　8.选择性催化剂还原SCR　9.非接触式尾门开启功能雷达传感器　10.48V电池　11.左侧后部近距离雷达传感器HRSNL　12.垂直动态管理平台VDP　13.收音机音响模块 RAM

图4-4-1

马G60的清洗泵相同，其具有2个软管接口并可沿2个旋转方向控制。在宝马G60上，Basic Central Platform BCP向一个触点施加电压。第二个触点与车身接地连接，清洗泵沿一个旋转方向工作，将清洗液输送至挡风玻璃刮水器的车窗玻璃清洗喷嘴处。在宝马G61上，也可朝相反的旋转方向控制清洗泵。为此，清洗泵1的2个触点与Basic Central Platform BCP连接。若要改变旋转方向，可调换触点的极性。因此，宝马G61的挡风玻璃和后窗玻璃无法同时清洁。清洗泵的总数（最多3个泵）因选装配置自动泊车辅助系统Pro（OE 5DW）而异。

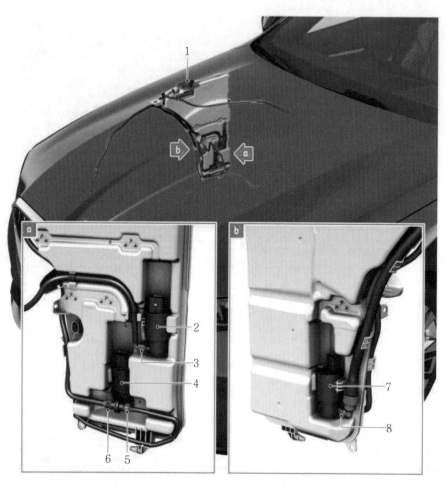

标准装备自动泊车辅助系统（OE 5DN）中用于刮水/清洗装置的清洗泵如下：

·用于挡风玻璃和后窗玻璃的清洗泵1（2个旋转方向）。

·用于后部无人泊车系统摄像头的清洗泵3（1个旋转方向）。

选装配置自动泊车辅助系统Pro（OE 5DW）中用于刮水/清洗装置的清洗泵：

·用于挡风玻璃和后窗玻璃的清洗泵1（2个旋转方向）。

·用于前部无人泊车系统摄像头的清洗泵2（1个旋转方向）。

·用于后部无人泊车系统摄像头的清洗泵3（1个旋转方向）。

宝马G61带清洗泵的清洗液罐如图4-4-2所示。

1.带密封盖的清洗液加注口　2.用于后视摄像机RVC的3号清洗泵　3.后视摄像机喷嘴软管连接　4.用于车窗玻璃清洗喷嘴的1号清洗泵　5.后窗玻璃车窗玻璃清洗喷嘴软管连接　6.挡风玻璃车窗玻璃清洗喷嘴软管连接　7.2号清洗泵　8.用于前部无人泊车系统摄像头喷嘴的软管连接　a.左侧视图　b.右侧视图

图4-4-2

（三）非接触式行李箱盖操纵机构

与宝马G60一样，宝马G61配有全新非接触式尾门拉手。除了踢脚动作，现在基于雷达的非接触式尾门拉手还能识别侧面的脚部滑动动作。通过明显增大探测范围，与原来的电容性系统相比更加便利。可非接触式打开或非接触式打开和关闭尾门。雷达传感器以及电子分析装置组合成一个部件。该部件位于后部保险杠饰件下方中间位置。若在探测范围内识别到有效手势，电子分析装置将发送一个LIN总线信号到Basic Central Platform BCP。接下来，BCP会检查尾部区域是否存在有效的车钥匙（也可通过智能手机以数字方式进行）。成功分析后，尾门受后行李箱盖功能模块控制。宝马G61非接触式尾门拉手如图4-4-3所示。

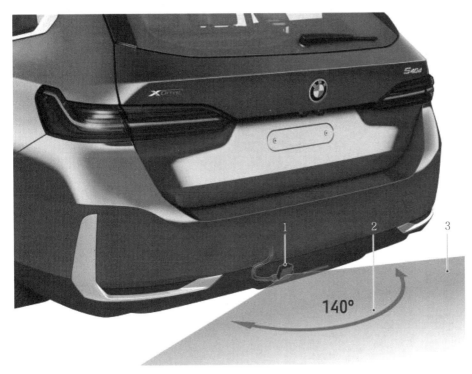

1.雷达传感器　2.探测角度　3.探测范围

图4-4-3

1.BMW平视显示屏　2.车顶功能中心FZD　3.BMW Interaction Bar　4.中控台开关中心　5.无线充电板　6.多功能显示屏

图4-4-4

二、驱动程序接口

全新宝马5系旅行车的信息娱乐系统与大型豪华轿车略有不同。差异源自车身尾部的造型和对充分利用行李箱容积的关注。这主要涉及娱乐功能组件的安装位置。在驱动程序接口方面，宝马G61完全沿用了如下宝马G60的技术：

·采用巧控浮窗技术的BMW iDrive和第8.5代宝马操作系统。

·远程通信系统盒4TCB4。

·主机高级单元 5 HU-H5。

·多功能显示屏MFD。

·无线充电板。

·使用AirConsole打游戏。

·来自YouTube的视频流。

·增强视图。

宝马G61显示和操作元件如图4-4-4所示。

（一）High End系统 Bowers & Wilkins

凭借选装配置ＳＡ6F4，宝马G61也得到来自Bowers & Wilkins的High End系统。只是某些扬声器的定位与宝马G60不同，区别在于以下几点：

宝马G60后窗置物架上的中音和高音扬声器位于宝马G61顶框护板的后部区域。低音炮（仅在PHEV/BEV上）位于行李箱可拆卸底板下方。宝马G61 BEV High End系统的Bowers & Wilkins（SA 6F4）如图4-4-5所示。宝马G61 MHEV High End系统的Bowers & Wilkins（SA 6F4）如图4-4-6所示。

1.高音扬声器　2.复合低音炮　3.高音扬声器　4.中音扬声器"Continuum Core"　5.高音扬声器　6.中音扬声器"Continuum Core"　7.中音扬声器　8.高音扬声器　9.低音炮　10.后置放大器　11.接收器音频模块 RAM High　12.中音扬声器　a.高音扬声器　b.复合低音炮　c.中音扬声器"Continuum Core"　d.低音炮　e.接收器音频模块 RAM High　f.后置放大器

图4-4-5

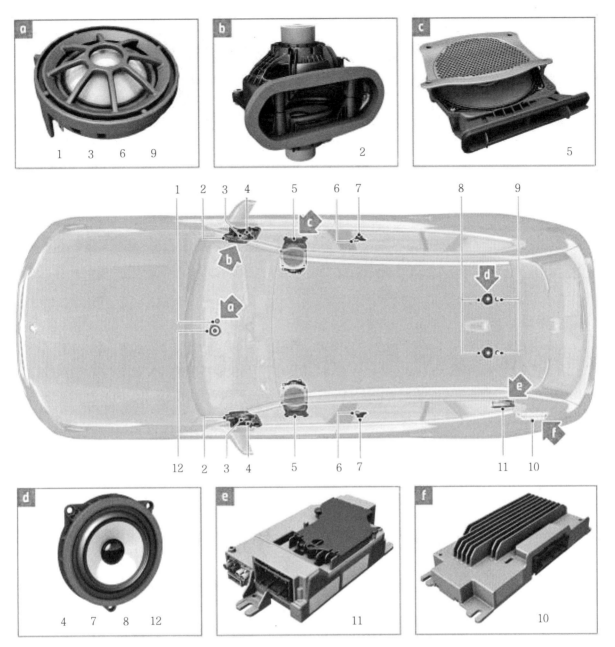

1.高音扬声器　2.复合低音炮　3.高音扬声器　4.中音扬声器"Continuum Core"　5.中置低音扬声器　6.高音扬声器　7.中音扬声器"Continuum Core"　8.中音扬声器　9.高音扬声器　10.后置放大器　11.接收器音频模块RAM High　12.中音扬声器　a.高音扬声器　b.复合低音炮　c.中音扬声器"Continuum Core"　d.中置低音扬声器　e.接收器音频模块RAM High　f.后置放大器

图4-4-6

　　在PHEV和BEV驱动版本中，采用选装配置High End系统Bowers & Wilkins（SA 6F4）的宝马G61的低音炮安装在行李箱可拆卸底板下方。对于PHEV，可使用第2联排座椅正后方的储物格。对于宝马G61 BEV，由于后置电气化驱动单元的存在，该地方不可用。相应地，低音炮放置在后面的储物格内。宝马G61低音炮在PHEV/BEV上的安装位置如图4-4-7所示。

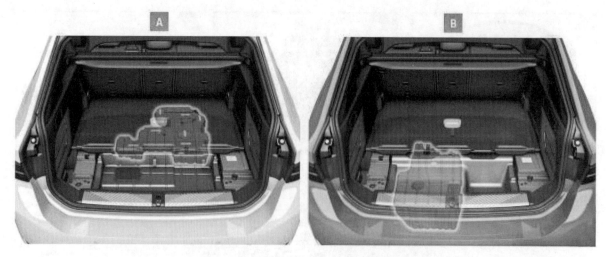

A.低音炮安装位置PHEV　B.低音炮安装位置BEV

图4-4-7

（二）话筒

宝马G61标配2个前部话筒。根据所选选装配置，后座区还可选择加装2个附加麦克风。用于后座区的另外2个话筒可结合选装配置无线充电板（SA 6NX）使用，并且仅能搭配选装配置宝马智能互联驾驶座舱专业版（OE 6U3）选购。与全景玻璃天窗（SA 402）相结合，后部话筒的位置更偏向两边。宝马G61车顶内衬如图4-4-8所示。

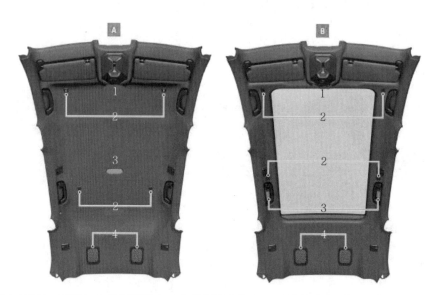

1.车顶功能中心FZD　2.话筒　3.车内照明灯　4.车顶顶棚后喇叭　A.无全景玻璃天窗　B.带全景玻璃天窗

图4-4-8

第五章　宝马PHEV车系

第一节　宝马G70 PHEV

研发代码为G70 PHEV的BMW 750e和M760e基于G70产生。BMW750e和M760e两种型号仅搭配xDrive全轮驱动系统提供。因此，这两款车型的完整销售名称为BMW 750e xDrive和BMW M760e xDrive。此处用于xDrive的分动器是ATC14-1，它是ATC13-1的后继研发产品。在两款车型中，插电式混合动力型驱动装置兼具品牌典型的动态驾驶特点与本地无排放电动驾驶的可能性。同时，该驱动装置可在长距离内提供最高效率。在两款车型中，宝马G70 PHEV均配备高压蓄电池单元第5.0代高压（高压蓄电池SP56），可在特定条件下进行维修。宝马G70 PHEV是一款高电压车辆，只有满足以下所有前提条件的售后服务员工才允许对带标记的高电压组件进行作业：有效认证，遵守安全规定，完全按照维修说明进行操作。宝马G70插件式混合动力规格如表5-1-1所示。

表5-1-1

销售名称	BMW 750e xDrive BMW M760e xDrive
生产日期	2022-
混合动力代次	5.0
混合动力驱动	并联式混合动力驱动 B58TU2 发动机 （230~280kW）
自动变速器	GA8p80HP 自动变速器中的同步电机 EH 145kW
高压电池组	高压蓄电池SP56 代次5.0 22.1kWh（总功率）
充电	交流充电（三相）最大7.4kW
电力可达里程	750e中约80km（WLTP）
前身型号	G11/G12LCI PHEV

一、定位

宝马汽车向第5.0代高压继续前进，致力于增加电动驾驶在道路行驶中的占比。这不仅促进本地零尾气排放，还有助于整体的二氧化碳减排。宝马G70 PHEV的驱动系统包含采用宝马涡轮增压发动机技术的6缸汽油发动机（B58TU2发动机）、8挡自动变速器（GA8P80PH）和电机。与传统动力宝马7系车型相比，宝马G70 PHEV中使用的混合动力技术的主要优势在于进一步提高效率和增加驱动功率。同时，燃油消耗也有所降低。搭载提升性能的高压蓄电池单元，宝马G70 PHEV的性能数据和续航里程相较于前任车型G11/G12 PHEV都有进一步提升。宝马G70 PHEV的电动驱动装置能够实现车速高达140km/h的纯电动无排放行驶，最大电动续航里程约为89km。此外，混合动力特有发动机节能启停功能还通过停在交通信号灯前或堵车时关闭发动机开发额外的效率潜能。混合动力代次5.0如图5-1-1所示。

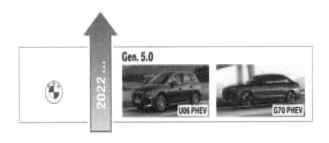

U06 PHEV.BMW 225e 和 230e　G70 插件式混合动力.BMW 750e和 M760e

图5-1-1

（一）识别标记

1.外饰

宝马G70 PHEV也有一些有别于传统宝马G70的特征。车前盖和尾门上的宝马品牌标识附加蓝色边框。4个车轮的轮毂盖上也有相同的蓝色标记。两侧前围分别印有字标electrified by i。与前任车型一样，取消发动机隔音罩上的"eDrive"字标。左侧前围板充电接口盖彰显出这是一款插电式混合动力车。尾门上的车型名称750e或M760e也表明车辆为电动宝马7系。外部装备识别特征以M套件为例如图5-1-2所示。外部识别特征如图5-1-3所示。

1.带蓝色标记的尾门品牌标识　2.尾门上的车型名称 M760e 或 750e　3.充电接口盖　4.带蓝色标记的轮毂盖板　5.带蓝色标记的车前盖品牌标识

图5-1-2

1.带蓝色标记的尾门品牌标识　2.两侧前围上的 electrified by i 字标　3.充电接口盖　4.带蓝色标记的轮毂盖板　5.带蓝色标记的车前盖品牌标识

图5-1-3

批量生产开始后不久，左侧围的字标使用发生变化。根据装备系列使用所示字标，不再使用electrified by i字标。宝马G70 PHEV前侧围字如图5-1-4所示。

1.标配　2."M运动套件"装备系列　3."BMW M 高性能套件"装备系列

图5-1-4

2.内部

另一个特点是位于驾驶员侧车门功能栏内的加油按键。方向盘上的宝马品牌标志有蓝色边框。此外，在前部迎宾踏板上也有"eDrive"字标。混合动力特有运行状态和高压蓄电池单元充电状态在组合仪表内以及（根据需要）在中央信息显示屏（简称CID）内显示。在CID和组合仪表内显示都需要打开点火开关。中央控制台上有用于混合动力专用驾驶功能（例如eDrive或eBOOST）的固定专用键。宝马G70 PHEV的车内空间情况与宝马G70完全相同。宝马G70 PHEV的行李箱容积为525L，略小于普通宝马G70 ICE的540L。内部识别特征如图5-1-5所示。

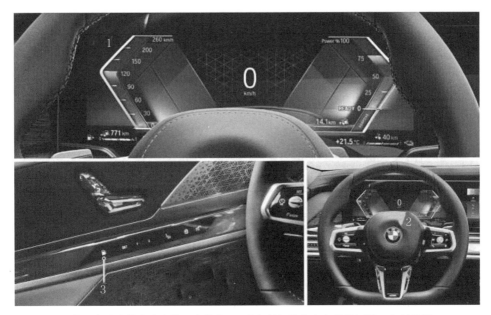

1.带混合动力特有内容的组合仪表　2.蓝色标记的方向盘品牌标识　3.加油按键

图5-1-5

（二）配置

宝马G70的两款PHEV车型（BMW 750e xDrive和BMW M760e xDrive）可选配挂车钩。这是设计为带有13针插头的电动摆动式挂车钩。配置表如表5-1-2所示。

表5-1-2

车型	牵引杆垂直负荷	非制动状态的拖挂负荷	制动状态的拖挂负荷 坡度高达12%	总重量 牵引车坡度高达12%
BMW 750e xDxrive	80kg	750kg	2000kg	5120kg
BMW M760e	80kg	750kg	2000kg	5130kg

二、驱动系统

驱动系统规格如表5-1-3所示。

表5-1-3

驾驶性能	BMW 750e xDrive G70 PHEV	BMW M760e xDrive G70 PHEV
组合式系统功率	360kW（489PS） 700N·m	420kW（571PS）800N·m
0~100Km/h加速时间	4.8s	4.3s
最高车速	250km/h	250km/h
电力可达里程*	80~89km	80~84km
耗油量和有害物质排放量	BMW 750e xDrive G70 PHEV	BMW M760e xDrive G70 PHEV
平均油耗*	1.0~1.2 L/100km	1.1~1.2 L/100km
平均的二氧化碳排放量*	28~22g/km	28~25g/km

*根据WLTP的数据，依据配置而定

宝马G70 PHEV中的驱动组件如图5-1-6所示。

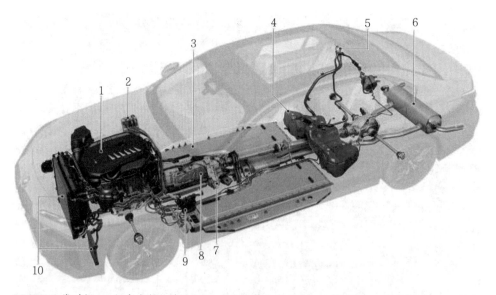

1.B58TU2 发动机　2.组合式充电单元CCU　3.高压蓄电池 SP56　4.燃油箱　5.燃油加注口　6.排气系统　7.分动器ATC14-1　8.电气化自动变速器　9.充电接口　10.热交换器/散热器

图5-1-6

（一）改进的B58TU2发动机

6缸汽油发动机B58针对配备发动机的宝马G70重新改进。凭借全新B58TU2发动机，宝马G70 PHEV还

538

采用高效的6缸发动机。B58TU2在宝马G70 PHEV中以2个功率级使用，分别是BMW 750e中的B58B30U2发动机和BMW M760e中的B58B30M2。PHEV中的发动机编号名称也发生变化。B58B30U2成为XB1151U2，B58B30M2成为XB1151M2，规格表如表5-1-4所示。

表5-1-4

车型	发动机编号	结构形式	排量cm³	功率kW（hp）	扭矩（N·m/r/min）
BMW 750e	XB1151U2	R6	2998	230（313）	450
BMW M760e	XB1151M2	R6	2998	280（381）	520

宝马G70 PHEV中的B58TU2发动机特点如下：

· 批量使用eVANOS。

· 在PHEV车型中，可通过排气切换凸轮推杆停用排气门。

· 新的燃烧室几何形状。

· 发动机米勒燃烧过程。

· 双喷射。

· 主动点火线圈。

· 搭配新款8挡自动变速器GA8P80PH。

· 由于PHEV车型中取消12V发电机，因此改动了皮带传动机构。

（二）排气消音器系统

1.B58B30U2发动机带PHEV（XB1151U2）（如图5-1-7所示）

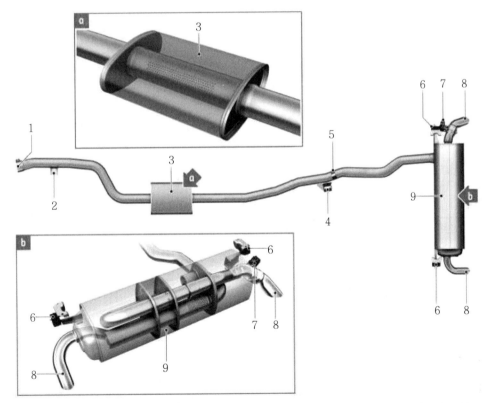

1.热端连接元件　2.变速器悬挂组件　3.前消音器　4.减震器的链轮　5.吊环　6.后消音器悬挂组件　7.废气风门伺服驱动装置　8.隐藏式排气尾管　9.后消音器

图5-1-7

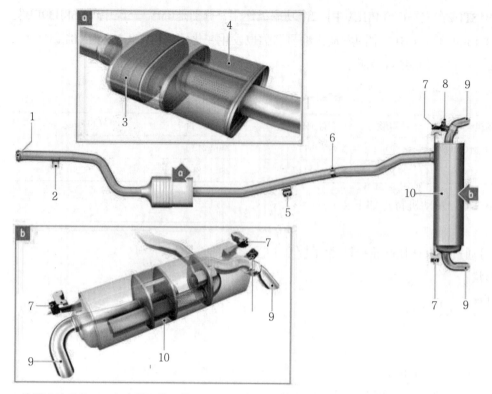

1.热端连接元件　2.变速器悬挂组件　3.三元催化转换器　4.前消音器　5.减震器的链轮　6.吊环　7.后消音器悬挂组件　8.废气风门伺服驱动装置　9.隐藏式排气尾管　10.后消音器

图5-1-8

1.热端连接元件　2.变速器悬挂组件　3.前消音器　4.减震器的链轮　5.吊环　6.后消音器悬挂组件　7.废气风门伺服驱动装置　8.可见式排气尾管　9.后消音器

图5-1-9

适用于BMW 750e xDrive的宝马G70上的排气系统带有如下选装配置：

·SA 1DK排气技术JPN-WLTP 2018。

·SA 1DT排气技术L7。

·6.5L前消音器。

·41.3L后消音器。

2.B58B30U2发动机带PHEV（XB1151U2）RDE（如图5-1-8所示）

适用于BMW 750e xDrive的宝马G70上的排气系统带有如下选装配置：

·SA 1DF排气技术EU6 RDE II。

·结合三元废气触媒转换器。

·3.25L前消音器。

·41.3L后消音器。

3.B58B30M2发动机带PHEV（XB1151M2）（如图5-1-9所示）

适用于BMW M760e xDrive的宝马G70上的排气系统带有如下选装配置：

·SA 1DR排气技术SULEV30。

·6.5L前消音器。

·41.3L后消音器。

4.B58B30M2发动机带PHEV（XB1151M2）RDE（如图5-1-10所示）

适用于BMW M760e

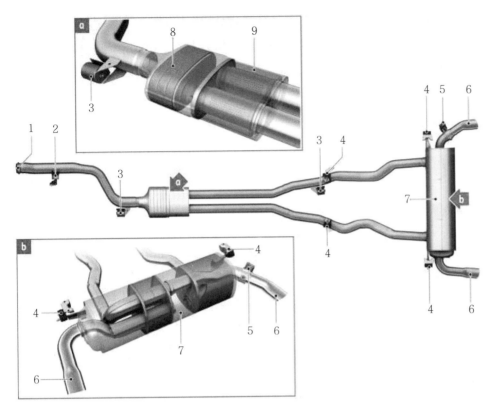

1.热端连接元件　2.变速器悬挂组件　3.减震器的链轮　4.后消音器悬挂组件　5.废气风门伺服驱动装置　6.可见式排气尾管　7.后消音器　8.三元催化转换器　9.前消音器

图5-1-10

xDrive的宝马G70上的排气系统带有如下选装配置：

・SA 1DF排气技术EU6 RDE II。

・SA 1DD排气技术C6b RDE。

・三元废气触媒转换器并结合。

・3.25L前消音器。

・41.3L后消音器。

5.燃油供给系统

为运行发动机，宝马G70 PHEV装备了一个不锈钢燃油压力油箱。这样可在纯电动行驶模式下确保汽油蒸气留在压力燃油箱内。只有在发动机运行过程中，才会通过活性炭过滤器吸入新鲜空气进行清污，且汽油蒸气会进入燃烧室内。在前任车型G11/G12 PHEV中，高压蓄电池单元固定在后排座椅下方区域的燃油箱位置。这导致燃油箱安装在行李箱底板下方。与G11/G12 ICE类型相比，这会减少行李箱容积，同时显著缩小燃油箱容量，容量仅为46L。通过在前排乘客区域下方安装SP56高压蓄电池，燃油箱可以保

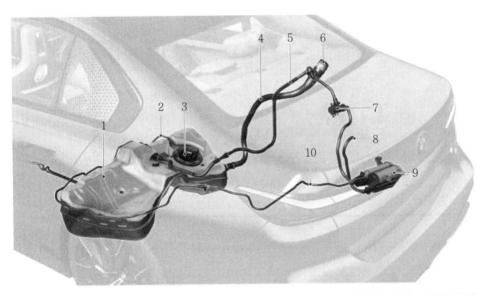

1.不锈钢制燃油箱　2.燃油供给管路　3.带液位传感器的输送单元　4.燃油加注管　5.燃油箱排气　6.带油箱盖的燃油加注管接头　7.燃油箱隔离阀　8.油箱排气活性炭过滤器　9.活性炭过滤器　10.清洁空气管路

图5-1-11

留在宝马G70 PHEV上的常用位置。与宝马G70 ICE类型一样，宝马G70 PHEV上的燃油箱现在也位于后排座椅下方的区域。内置不锈钢燃油箱可容纳65L燃油。宝马G70 PHEV中的燃油箱如图5-1-11所示。

不允许在高压电蓄电池单元充电的同时向燃油箱加油。充电电缆已连接时，应与易燃物品保持足够

的安全距离。如未按规定插入或拔下充电电缆，有造成人员受伤或物品损坏的危险。

在宝马G70 PHEV车辆中，仅使用"高"版本燃油箱功能电子系统TFE。TFE安装在行李箱内的右后方，TFE在宝马G70 PHEV中具有以下任务：

· 在规定的燃油低压下向发动机输送燃油。

· 燃油箱液位检测。

· 部件和信号诊断（车载诊断）。

· 借助自然真空检漏NVLD对汽油发动机进行被动燃油箱泄漏诊断（仅限美国、中国、韩国）。

· 控制油箱隔离阀。

· 借助DMTL燃油箱泄漏诊断模块主动诊断燃油箱泄漏（仅限美国、中国和韩国）。

加油按键如图5-1-12所示。

a.功能栏上的加油按键　b.释放油箱门消息

图5-1-12

此外，燃油箱功能电子系统TFE支持碰撞后的安全状态，TFE确保碰撞后停止供油。加油前必须为高压燃油箱排气。开始加油程序时，必须首先操作加油按键，该按键位于驾驶员侧车门的功能栏。TFE分析按钮操作并执行功能。宝马G70 PHEV油箱排气系统概况如图5-1-13所示。宝马G70 PHEV油箱排气系统电路图如图5-1-14所示。

（三）电气化自动变速器GA8P80PH

在宝马G70 PHEV中，仅使用全新改进款电气化自动变速器GA8P80PH。该变速器源自ZF的GA8HPTU3自动变速器。其变速器外壳中装有GC1P28电机，取消变矩器。变速器由电动双路叶片式供油泵提供油压。其与在ICE车辆中的"同系列变速器"一样，共有4个行星齿轮组和熟悉的5个离合器a、b、c、d和e。此外，GA8P80PH具备K0离合器（K-Null），用于耦合或分离电机与发动机。宝马G70 PHEV中的自动变速箱 GA8P80PH如图5-1-15所示。

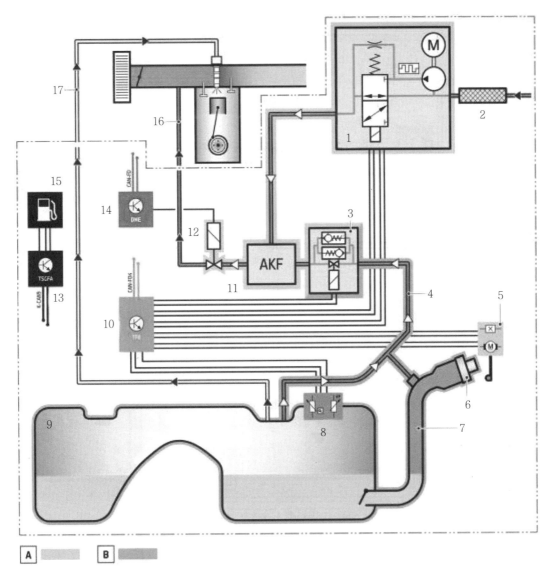

1.燃油箱泄漏诊断模块（欧洲规格车辆目前暂无） 2.滤尘器 3.油箱隔离阀，包括适用于过压和欠压的旁通阀 4.油箱通风管路 5.带杯形盖的油箱门，包括用于锁定的伺服电机和油箱门的位置传感器 6.燃油箱盖 7.燃油加注管 8.压力温度传感器（SENT） 9.压力燃油箱 10.燃油箱功能电子系统 TFE "High" 11.活性炭过滤器 12.燃油箱通风阀 13.驾驶员车门控制单元TSGFA 14.数字式发动机电子系统DME 15.加油按键 16.清洁空气管路 17.燃油供给管路 A.无压区 B.加压区

图5-1-13

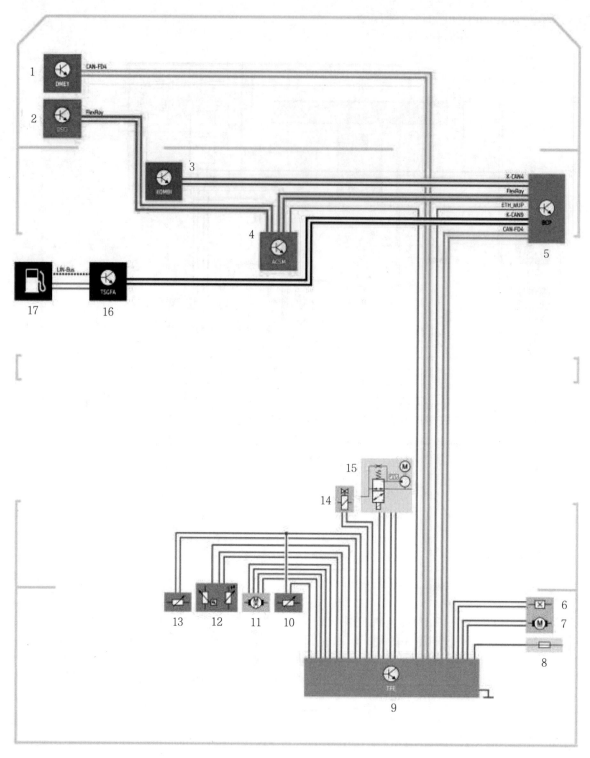

1.数字式发动机电子系统DME　2.综合动态稳定性控制系统DSCi　3.组合仪表KOMBI　4.碰撞和安全模块ACSM　5.基本中央平台BCP　6.油箱门的位置传感器　7.用于锁止燃油箱盖板的执行机构　8.右后配电器（通过总线端KL30为TFE供电）　9.燃油箱功能电子系统TFE "High"　10.右侧燃油油位传感器（集成在输送单元中）　11.电动燃油泵（集成在输送单元中）　12.压力温度传感器（SENT）　13.左侧油箱液位传感器　14.燃油箱隔离阀　15.燃油箱泄漏诊断模块（欧洲规格车辆目前暂无）　16.驾驶员车门控制单元TSGFA　17.BMW Interaction Bar操作元件中的加油按键（以 宝马G70 为例）

图5-3-14

图5-1-15

三、高压电系统

（一）概览

高压系统属于第5.0代高压。宝马G70 PHEV中的电机为永磁同步电动机，位于自动变速器中。电机电子伺控系统EME集成至自动控制单元EGS，位于自动变速器。因此该单元也称为EGS-EME。宝马G70 PHEV同样配备高压蓄电池单元第5.0代高压（高压蓄电池SP56），可在特定条件下进行维修。原则上只能通过交流电（交流充电）以7.4 kW最大充电功率为高压蓄电池单元充电。宝马G70 PHEV高压组件如图5-1-16所示。宝马G70 PHEV高压系统如图5-1-17所示。

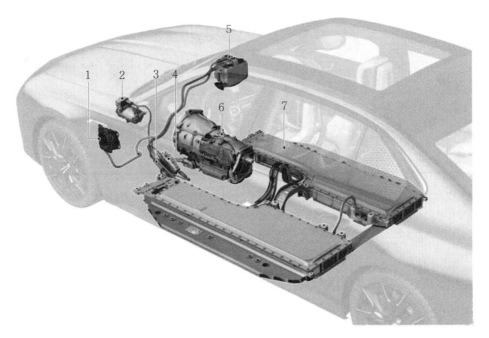

1.充电接口　2.电动制冷剂压缩机EKK　3.高压分电器　4.电气加热装置EH　5.组合式充电单元CCU　6.电气化自动变速器　7.高压蓄电池SP56

图5-1-16

545

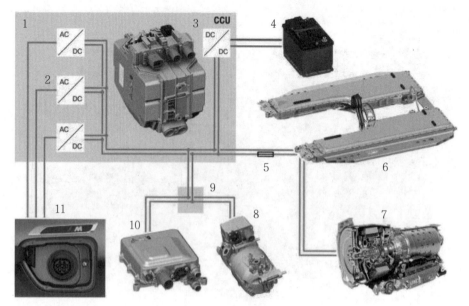

1.组合式充电单元CCU　2.单向AC/DC 转换器　3.单向DC/DC转换器　4.12V蓄电池　5.高压电保险丝　6.高压蓄电池SP56　7.电气化自动变速器　8.电动制冷剂压缩机EKK　9.高压分电器　10.电气加热装置EH　11.充电接口

图5-1-17

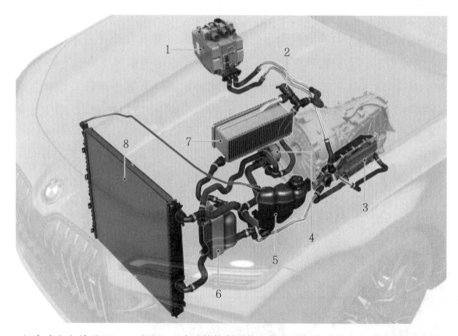

1.组合式充电单元CCU　2.阀门　3.变速箱控制系统电机电子伺控系统EGS-EME　4.电动冷却液泵　5.低温冷却液循环回路储罐　6.制冷剂冷却液热交换器　7.增压空气-冷却液-换热器　8.空气冷却液热交换器

图5-1-18

（二）低温冷却液循环回路

变速器控制系统电机电子伺控系统EGS-EME和Combined Charging Unit CCU通过一个独立的冷却液循环回路进行冷却。冷却液循环回路包括以下几种：

· 1个冷却液制冷剂热交换器。

· 2个空气冷却液热交换器。

· 1个电动冷却液泵。

· 1个补液罐。

· 冷却液管路。

空气和冷却剂热交换器集成在冷却模块内，取决于变速器控制系统电机电子伺控系统EGS-EME的冷却要求，根据需要以耗油量优化方式控制电动冷却液泵和电动风扇。根据需要控制电子扇和电动冷却液泵，这样可避免影响电子装置使用寿命的剧烈温度波动，同时达到能量优化的冷却效果。电动冷却液泵和/或电动风扇不是由变速器控制系统电机电子伺控系统EGS-EME控制，而是由数字式发动机电子伺控系统DME通过LIN总线进行控制。在发动机运行时，控制被激活，从而进行增压空气冷却；当高压部件或车厢内部需要冷却时，控制也被激活。宝马G70 PHEV低温冷却液循环回路如图5-1-18所示。

四、低压汽车电气网络

（一）12V车载网络

宝马G70 PHEV的12V车载网络与宝马G70的供电网络基本相符。主要区别在于，不再由发电机而是由高压车载网络进行供电。通过Combined Charging Unit CCU中的DC/DC转换器将高压蓄电池单元中的高电压转换为低电压（约14V）。因此，行驶模式中12V车载网络的供电不再依赖于发动机的转速。在宝马G70 PHEV中，车载网络电池设计为70Ah容量的12V AGM电池，其位于行李箱内。

（二）48V车载网络

如果已为车辆订购选装配置Executive Drive Pro（SA 2VS），则宝马G70 PHEV仅具有额外的48V车载网络。选装配置SA 2VS是指前桥和后桥电动机械式主动防侧倾系统ARS。与宝马G70 ICE相比，宝马G70 PHEV没有48V电池，而是Supercap 48Volt SC48。该部件是为48V车载网络供电的电容器。电源控制单元48V PCU48如图5-1-19所示。超级电容器48V SC48如图5-1-20所示。宝马G70 PHEV 48V车载网络组件如图5-1-21所示。宝马G70 PHEV 48V车载网络电路图如图5-1-22所示。

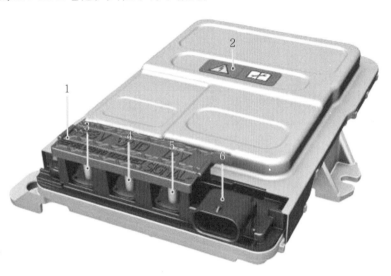

1.接口盖板　2.48V警告牌　3.48V接口（正极）　4.接地连接　5.12V接口（正极）　6.低压电信号插头

图5-1-19

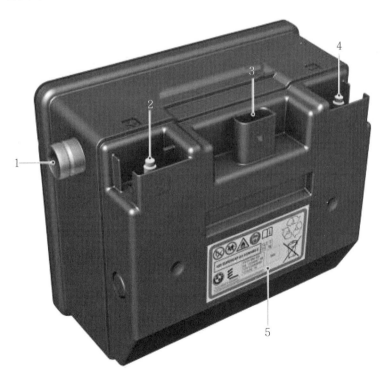

1.排气　2.48V正极接口　3.低压电信号插头　4.48V负极接口　5.48V警告牌

图5-1-20

547

（三）总线系统

宝马G70 PHEV总线系统以宝马G70总线系统为基础。在宝马G70 PHEV中也使用了宝马G70的所有主总线和子总线系统。与宝马G70总线系统相比，增加若干全新控制单元。对宝马G70 PHEV中的部分控制单元加以调整，部分取消安装。Basic Central Platform BCP用作中央控制单元（网关），其中新集成了用于驾驶员安全气囊的组件防护。宝马G70 PHEV总线概览如图5-1-23所示。宝马G70 PHEV控制单元概述如图5-1-24所示。

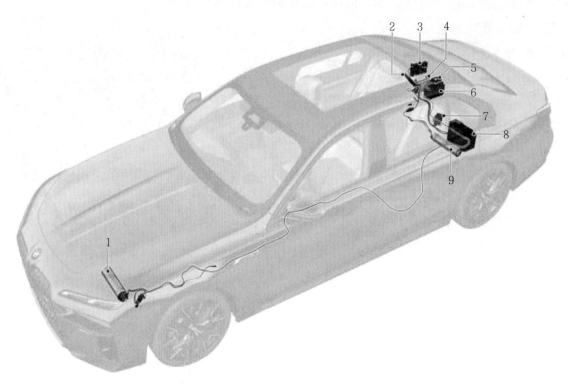

1.ARS前桥电机 2.蓄电池配电盒 3.右侧行李箱配电器 4.电源控制单元48V PCU48 5.48V车载网络配电器 6.超级电容器48V SC48 7.基础配电器 8.12V蓄电池 9.ARS后桥电机

图5-1-21

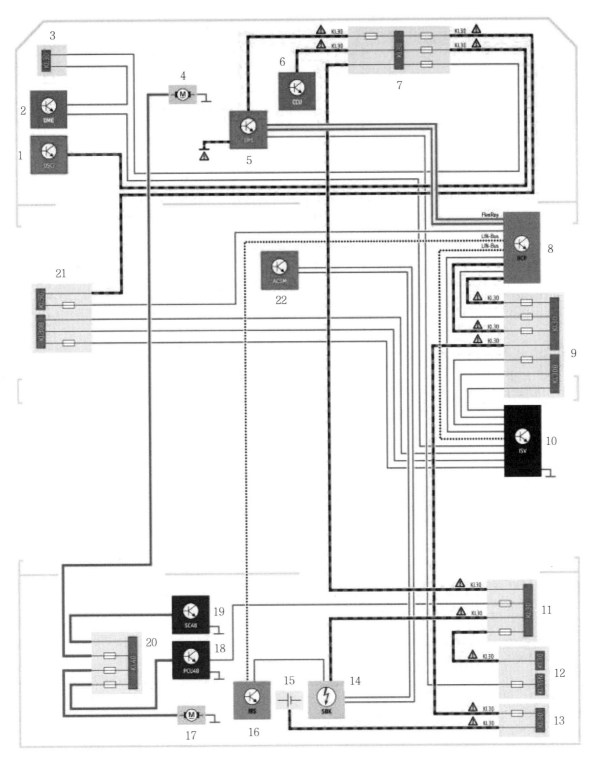

1.综合动态稳定性控制系统DSCi 2.数字式发动机电子系统DME 3.集成供电模块IVM 4.ARS前桥电机 5.电子助力转向系统EPS 6.组合式充电单元CCU 7.配电盒 8.基本中央平台BCP 9.配电盒 10.智能配电器ISV 11.基础配电器 12.右后配电盒 13.蓄电池配电盒 14.安全蓄电池接线柱SBK 15.12V蓄电池 16.智能型蓄电池传感器IBS 17.后部电动主动式侧翻稳定装置EARSH 18.电源控制单元48V PCU48 19.超级电容器48V SC48 20.48V车载网络配电器 21.左前配电盒 22.ACSM安全气囊控制单元

图5-1-22

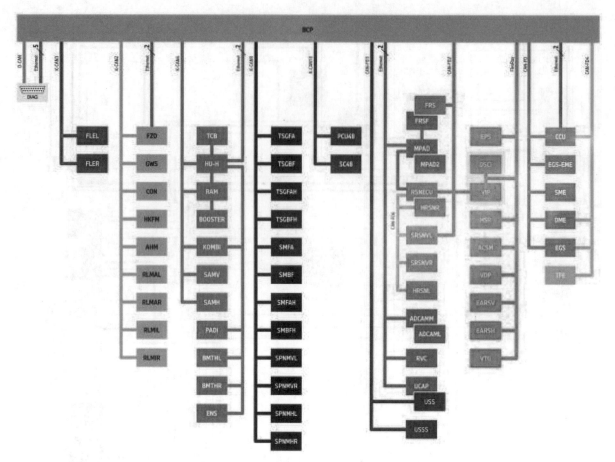

ACSM.碰撞和安全模块　ADCAML.自动驾驶摄像头低　ADCAMM.自动驾驶摄像头中　AHM.挂车模块　BCP.基本中央平台　BMTHL.左后车门控制模块　BMTHR.右后车门控制模块　CCU.组合式充电单元　CON.控制器　DME.数字式发动机电子系统　DSCi.集成动态稳定性控制系统　EARSH.后部电动主动式侧翻稳定装置　EARSV.前部电动主动式侧翻稳定装置　EGS.变速器电子控制系统　EGS-EME.变速器控制系统电机电子伺控系统　ENS.以太网交换机　EPS.电子助力转向系统　FLEL.左前部车灯电子装置　FLER.右前部车灯电子装置　FRS.前部雷达传感器　FRSF.远程前部雷达传感器　FZD.车顶功能中心　GWS.选挡开关　HKFM.行李箱盖功能模块　HRSNL.左侧后部近距离雷达传感器　HRSNR.右侧后部近距离雷达传感器　HSR.后桥侧偏角控制系统　HU-H.主机High 5　KOMBI.控制单元组合仪表　MPAD.中平台自动驾驶　MPAD2.自动驾驶中级平台2　PADI.全景式后排娱乐系统　PCU48.电源控制单元48V　RAM.收音机音响模块　RLMAL.左外侧尾灯模块　RLMAR.右外侧尾灯模块　RLMIL.左侧内部尾灯模块　RLMIR.右侧内部尾灯模块　RSNECU.雷达传感器近距区域控制单元　RVC.后视摄像机　SAMH.后部智能手机充电板模块　SAMV.前置智能手机盒模块　SC48.Supercap 48 Volt　SMBF.副驾驶座椅模块　SMBFH.前乘客后部座椅模块　SME.蓄能器管理电子装置　SMFA.驾驶员座椅模块　SMFAH.驾驶员侧后部座椅模块　SPNMHL.左后座椅气动模块　SPNMHR.右后座椅气动模块　SPNMVL.左前座椅气动模块　SPNMVR.右前座椅气动模块　SRSNVL.左前侧面近距离雷达传感器　SRSNVR.右前侧面近距离雷达传感器　TCB.远程通信盒　TFE.燃油箱功能电子系统　TSGBF.副驾驶车门控制单元　TSGBFH.后乘客侧车门控制单元　TSGFA.驾驶员车门控制单元　TSGFAH.后驾驶员侧车门控制单元　UCAP.超声波摄像头自动停车　USS.超声波传感器控制单元　USSS.超声波传感器控制单元，侧面　VDP.垂直动态管理平台　VIP.虚拟集成平台　VTG.分动器

图5-1-23

550

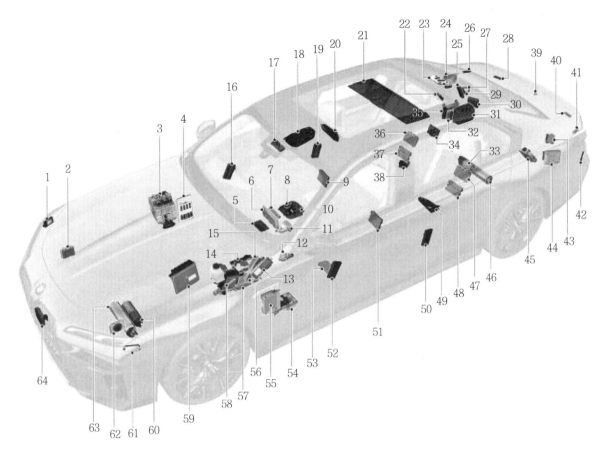

1.右前侧近距区域侧面雷达传感器SRSNVR　2.右侧前部车灯电子装置FLER　3.组合式充电单元CCU　4.基本中央平台BCP　5.位于SAMV前端的智能手机存储模块　6.控制单元组合仪表KOMBI　7.前乘客座椅模块SMBF　8.控制器CON　9.右前座椅气动模块SPNMVR　10.选挡开关GWS　11.碰撞和安全模块ACSM　12.分动器VTG　13.自动驻车超声波摄像机UCAP　14.变速器电子控制单元EGS　15.超声波传感器控制单元，侧面 USSS　16.副驾驶车门控制单元TSGBF　17.自动驾驶摄像头低ADCAML　18.车顶功能中心FZD　19.后乘客侧车门控制单元TSGBFH　20.右后车门控制模块BMTHR　21.全景式屏幕PADI　22.超声波传感器控制单元USS　23.远程通信盒TCB　24.垂直动态管理平台VDP　25.行李箱盖功能模块HKFM　26.右外侧尾灯模块RLMAR　27.右侧近距区域尾部雷达传感器HRSNR　28.内部右侧尾灯模块RLMIR　29.近距离雷达传感器控制单元RSNECU　30.挂车模块AHM　31.Supercap 48 Volt SC48　32.自动驾驶中级平台MPAD　33.后桥侧偏角控制系统HSR　34.后部智能手机充电板模块SAMH　35.电源控制单元 48V PCU48　36.前乘客侧后部座椅模块SMBFH　37.右后座椅气动模块SPNMHR　38.燃油箱功能电子系统TFE　39.后视摄像机RVC　40.内部左侧尾灯模块RLMIL　41.外部左侧尾灯模块RLMAL　42.左后近距离雷达传感器HRSNL　43.以太网交换机ENS　44.增强器　45.收音机音响模块RAM　46.电子主动式后部滚转稳定控制单元EARSH　47.驾驶员侧后部座椅模块SMFAH　48.左后座椅气动模块SPNMHL　49.左后车门控制模块BMTHL　50.后驾驶员侧车门控制单元TSGFAH　51.左前座椅气动模块SPNMVL　52.驾驶员车门控制单元TSGFA　53.驾驶员座椅模块SMFA　54.蓄能器管理电子装置SME　55.主机高级单元 5 HU-H5　56.自动驾驶摄像头中ADCAMM　57.变速器控制系统电机电子伺控系统EGS-EME　58.综合动态稳定性控制系统DSCi　59.数字式发动机电子系统DME　60.电子助力转向系统EPS　61.左前侧面近距离雷达传感器SRSNVL　62.左侧前部车灯电子装置FLEL　63.电子主动式前部滚转稳定控制单元EARSV　64.远程前部雷达传感器FRSF

图5-1-24

五、高压系统

宝马G70 PHEV高压电系统为电驱动提供动力。此外，其还为电气加热装置EH或电动制冷剂压缩机EKK等其他用电器提供直流电压。这意味着也可以在纯电动驾驶期间调节乘客车厢温度，可以通过电网的充电接口对高压蓄电池单元进行充电（插电式混合动力汽车）。所使用的高压组件为第5.0代混合动力，并且设计为本质安全。在特定条件下，允许相关资质的售后服务人员在高压系统和高压蓄电池单元内部进行工作。高压蓄电池SP56被用作高压电蓄电池单元。宝马G70 PHEV是一款高电压车辆，只有满足以下所有前提条件的售后服务员工才允许对带标记的高电压组件进行作业：有效认证，遵守安全规定，完全按照维修说明进行操作。宝马G70 PHEV高压系统如图5-1-25所示。

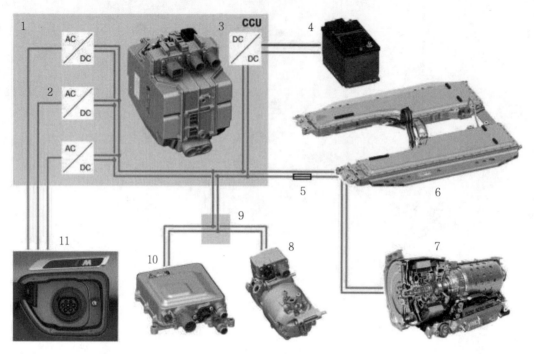

1.组合式充电单元CCU　2.单向AC/DC 转换器　3.单向DC/DC转换器　4.12V蓄电池　5.高压电保险丝　6.高压蓄电池SP56　7.电气化自动变速器　8.电动制冷剂压缩机EKK　9.高压分电器　10.电气加热装置EH　11.充电接口

图5-1-25

（一）安全工作

以下关于高压元件维修的描述仅为内容和操作方式的一般性列举。基本上且仅适用于当前版本维修说明中的规格和说明。对宝马G70 PHEV高压组件进行作业之前，必须遵守和落实以下电气安全规定：

·必须将高电压系统切换为无电压。

·必须防止高电压系统重新接通。

·必须确定高电压系统无电压。

在车辆处进行工作时，不要插上充电插头，以免发生危险和事故。一个可能的危险示例是在主动充电过程中电子扇自动启动。在诊断过程中仅可在一个测试模块发出插入充电插头进行功能测试或排除故障的指示时方可插入插头。

1.高电压安全插头

高压电安全插头的作用是开启宝马G70 PHEV车型的高压电系统。高压安全插头（"售后服务断电开关"）位于行李箱保险盒盖板的右后方。高压电安全插头的颜色为绿色。拔掉高压电安全插头一般会断开2条线路。一方面是端子30C，它为高压电池组中的电气接触器供电。另一方面是高压电安全插头状态识别线路，储存管理电子装置SME以此识别高压电安全插头是否被拔出。借助市面上常见的挂锁将高压安全插头锁好，防止重新接通。宝马G70 PHEV车型高压电安全插头的安装位置如图5-1-26所示。

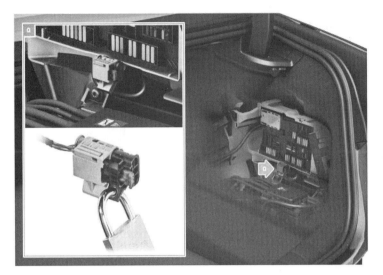

图5-1-26

2.确定系统无电压

确定宝马G70 PHEV车型无电压状态如图5-1-27所示。为了确定无电压状态，售后服务技术人员必须打开PAD模式并且等待至检查控制提示与图中所示标志在仪表组合中显示出来。只有在这种情况下方可确保高压电系统处于无电压状态。在确定无电压状态后，在开始实际工作前必须恢复车辆状态"驻车"。如果不能在组合仪表中确认无电压状态，应再次执行电气安全规定。为此车辆被还原至初始状态，并重复断电过程。如果重复断电不成功，则可在ISTA服务功能中确定无电压。如果以此同样不能明确地确定无电压状态，请联系技术支持部门或高压电专家。

图5-1-27

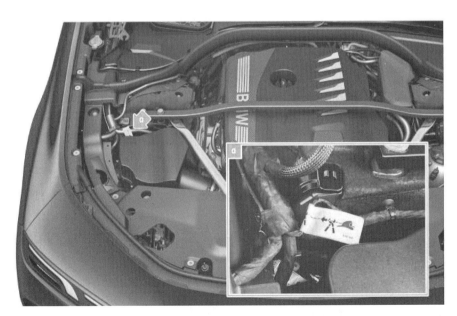

图5-1-28

3.救援切割部位

在发生交通事故的情况下，高压电系统会通过撞击识别传感器自动关闭。为了确保事故现场救援人员的自我保护，他们可以在救援工作前断开救援隔离点，从而强行关闭高压电系统。救援分离点位于车前盖下方发动机室的右侧减震支柱盖上。高压安全插头和救援分离点的位置记录在车辆相应的救援数据页。宝马G70 PHEV 车型救援隔离点如图5-1-28所示。

（二）系统组件

1.概览

宝马G70 PHEV高压组件如图5-1-29所示。

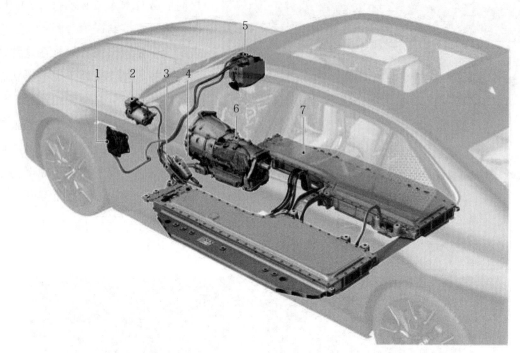

1.充电接口　2.电动制冷剂压缩机EKK　3.高压分电器　4.电气加热装置EH　5.组合式充电单元CCU　6.电气化自动变速器　7.高压蓄电池 SP56

图5-1-29

2.系统系统电路图

宝马G70 PHEV高压组件概览的系统电路图如图5-1-30所示。

3.高压导线和高压插头

Kostal® 的2针高压插头KS22曾在U06 PHEV中使用，如今同样用于宝马G70 PHEV。高压插头KS22仅位于高压蓄电池单元上，并将其与EGS-EME相连。高压插头KS22不具备用于高压触点监测装置的触点。导线截面为50mm² 时，插头外壳设计用于高达250A的电流。所连铝制电缆各有一个铜线屏蔽层。松开和插接高压插头时，注意笔直对准，以免高压导线受到机械应力。必要时，松开最近的高压导线固定装置。否则，增加高压导线的装配力和机械应力会损坏触点或锁止件。高压插头Kostal® KS22如图5-1-31所示。

4.组合式充电单元CCU

组合式充电单元CCU是核心高压组件，可在高压车载网络和12V车载网络中实现诸多功能。许多以前分布在多个控制单元中的功能现在经空间优化的方式组合在一个组件或控制单元中。CCU通过CAN-FD总线与下列控制单元进行通信：

·与电气化自动变速器及其集成的变速器控制系统电机电子伺控系统EGS-EME组合，用于控制电机。

·蓄能器管理电子装置SME，用于检查可供使用的电气线路和高压电池组的充电需求。

·控制单元Basic Central Platform BCP作为与车辆的接口。

组合式充电单元CCU 7.4 kW型如图5-1-32所示。组合式充电单元CCU 7.4 kW型的接口如图5-1-33所示。

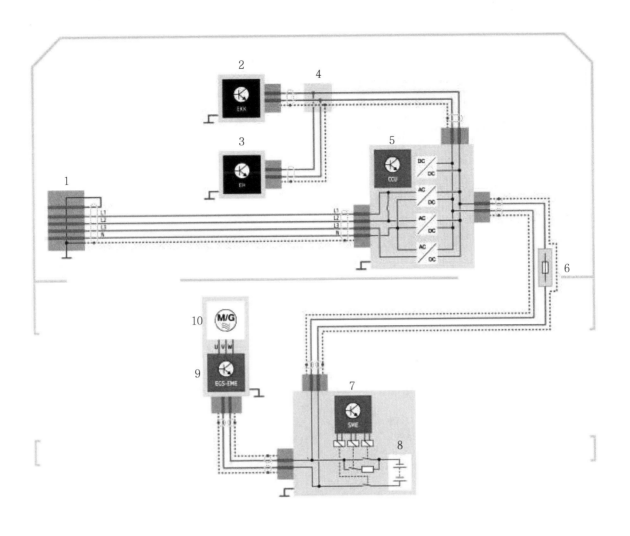

1.高压充电接口AC　2.电动制冷剂压缩机EKK　3.电气加热装置EH　4.高压分电器　5.组合式充电单元CCU　6.高压电保险丝　7.蓄能器管理电子装置SME　8.高压蓄电池SP56　9.GA8P80PH 中的变速器控制系统电机电子伺控系统EGS-EME　10.GA8P80PH 中的电机

图5-1-30

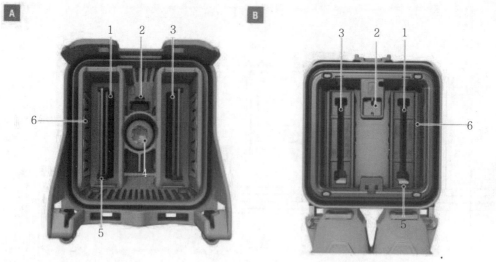

1.电气高压触点线脚1（正极） 2.机械编码 3.电气高压触点线脚2（负极） 4.高压接口的固定螺栓 5.高压触点的接触保护 6.屏蔽层的电气触点 A.组件的高压电接口 B.高压电插头

图5-1-31

图5-1-32

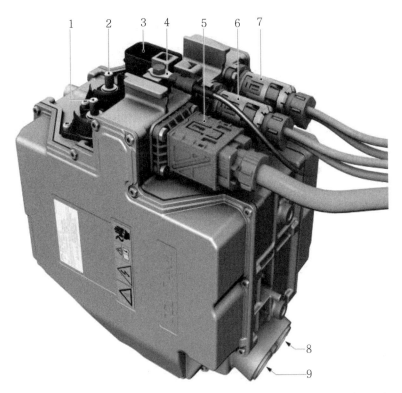

1.12V电源接口（负极）　2.12V电源接口（正极）　3.低压电信号插头　4.电位补偿导线　5.充电插头高压接口　6.附加机组高压接口（EH和EKK）　7.至高压电池组的高压电接口　8.冷却液供给接口　9.冷却液回流装置接口

图5-1-33

控制单元组合式充电单元CCU在车载网络中承担下述功能：

· 协调和监测充电过程。

· 与充电装置的通信。

· 为12V车载网络（直流电/直流电转换器）提供3.5kW的连续功率，并在限定的短时间内提供至4kW的最大功率。

· 热量管理系统。

· eDrive管理。

· 12V电源管理。

· 高电压电源管理系统。

· 将电能分配给电气加热装置EH和电气制冷剂压缩机EKK。

· 通过CAN-FD与其他控制单元进行总线通信。

· 诊断功能。

宝马G70 PHEV中的CCU电位补偿通过1条等电势导线保障。宝马G70 PHEV中 Combined Charging Unit CCU 的安装位置如图5-1-34所示。警告说明：组合式充电单元CCU是一个高压电组件，出于安全考虑不得将其打开。

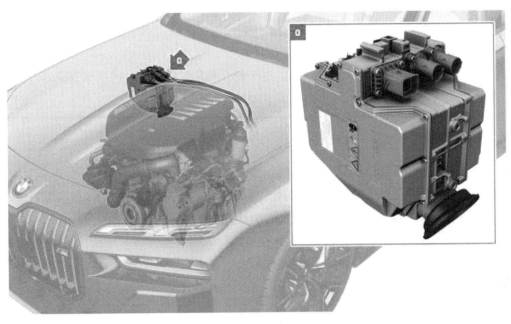

图5-1-34

5.电气化自动变速器GA8P80PH

（1）EGS-EME和电机。

变速器控制系统电机电子伺控系统EGS-EME和电机位于宝马G70 PHEV的全新自动变速器中。其与变速器和机械电子控制系统组成一个单元，即高压部件电气化自动变速器。GA8P80PH电气化自动变速器是一个高压组件，只有满足以下所有前提条件的售后服务员工才允许对带标记的高电压组件进行作业：有效认证，遵守安全规定，完全按照维修说明进行操作。宝马G70 PHEV中的自动变速器GA8P80PH如图5-1-35所示。

1.电机　2.分离离合器 K0　3.低压电接口　4.变速器控制系统电机电子伺控系统EGS-EME　5.冷却液供给　6.回流冷却液　7.高压蓄电池SP56的高压接口（Rosenberger 插头）　8.扭转减震器TD-2　9.减震器的链轮　10.扭转减震器 TD-1　11.双质量飞轮

图5-1-35

（2）EGS-EME。

变速器控制系统电机电子伺控系统EGS-EME在行驶方向左侧通过法兰连接至变速器外壳。其负责以下任务：

·通过CAN-FD与车辆通信。

·控制电机。

·从直流电压到交流电压以及从交流电压到直流电压的转换。

为了将直流电压转换为交流电压以及反向转换，EGS-EME具有交流/直流双向转换器。该功能对于根据需要将电机作为驱动电机或发电机进行操作是必要的。EGS-EME由冷却液冷却并连接至低温冷却液循环回路。通过Rosenberger®高压插头将HVS-240连接至高压系统。高压插头连接EGS-EME与高压蓄电池SP56。变速器控制系统电机电子伺控系统EGS-EME如图5-1-36所示。宝马G70 PHEV GA8PTU3系统电路图如图5-1-37所示。

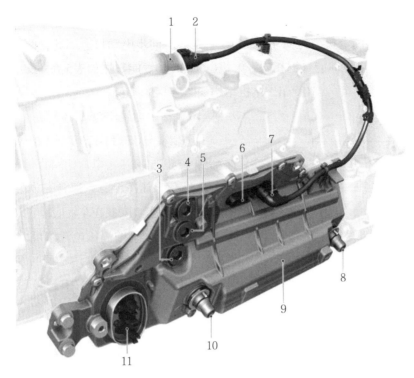

1.转子位置传感器 2.转子位置传感器电气接口 3.W相饰盖 4.U相饰盖 5.V相饰盖 6.低压电信号插头 7.转子位置传感器插头接口 8.冷却液供给接口 9.变速器控制系统电机电子伺控系统EGS-EME 10.冷却液回流装置接口 11.高压插头HVS-240（Rosenberger®）

图5-1-36

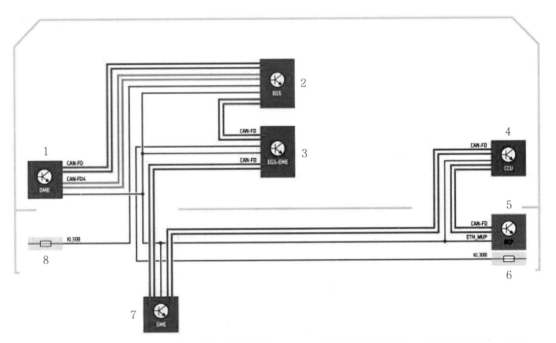

1.数字式发动机电子系统DME 2.变速器电子控制单元EGS 3.变速器控制系统电机电子伺控系统EGS-EME 4.Combined Charging Unit CCU 5.基本中央平台BCP 6.右前配电盒 7.蓄能器管理电子装置SME 8.左前配电盒

图5-1-37

（3）电机。

集成至电气化自动变速器的电机名为GC1P28M0，它是永磁同步电动机。因此，两款车型BMW 750e xDrive和BMW M760e xDrive的电机性能数据相同。电机GC1P28M0性能数据如表5-1-5所示。GA8P80PH变速器中的电机如图5-1-38所示。宝马G70 PHEV电机结构如图5-1-39所示。

表5-1-5

生产商	ZF Sachs AG
额定功率	EH 145kW
额定扭矩	280N·m
额定功率下的转速	70001/min
额定扭矩下的转速	100~5500r/min

6.高压蓄电池SP56

两款宝马G70 PHEV车型（BMW 750e和M760e）都具有与SP56高压蓄电池相同的高压蓄电池单元。对于第5.0代高压车辆，它通常安装在驾驶室下方中间的车辆底板上。安装在车辆底部有以下多个优点：

·一个大型的高压电池组可以相对容易地拆除和安装。

·由于高压蓄电池单元是车辆中的重型部件，因此车辆的重心进一步下移。这可带来行驶动力方面的诸多优点。高压电池组的所有接口和接口区均可从车辆底部触及由2个严密分隔的蓄电池半部组成的高压蓄电池SP56。两个蓄电池半部通过2个连接架和2个碰撞电桥相互连接。高压蓄电池SP56如图5-1-40所示。警告说明：SP56高压蓄电池是一个高压组件，只有满足以下所有前提条件的售后服务员工才允许对带标记的高电压组件进行作业：有效认证，遵守安全规定，完全按照维修说明进行操作。

（1）安装位置和固定。

高压蓄电池单元以26枚螺栓固定在车身上。高压蓄电池单元（M12，1.5cm×35cm）分别以6枚螺栓固定在两个车门槛的侧面。在前部区域，高压蓄电池单元以8枚螺栓（M14，1.5cm×105cm）固定在车身和带护板的前桥架梁上。另外6颗螺丝（M12，1.5cm×45cm）位于车辆底板的中间位置。各3个螺栓将高压蓄电池单元的半壳体从内侧连接至车身。通过这种方式可使重力以及行驶期间产生的加速力作用在车身上。所有固定螺栓均可从车辆底部触及。宝马G70 PHEV中高压蓄电池SP56的固定如图5-1-41所示。宝马G70 PHEV中高压蓄电池 SP56的安装位置如图5-1-42所示。

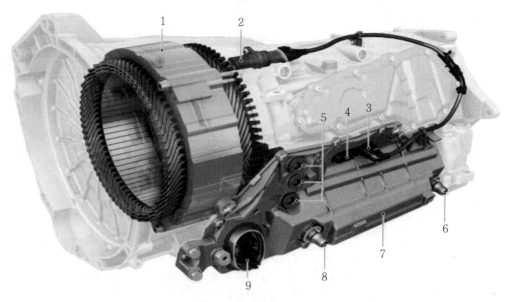

1.电机　2.转子位置传感器　3.转子位置传感器插头接口　4.低压电信号插头　5.电机U、V 和 W 接口　6.冷却液供给接口　7.变速器控制系统电机电子伺控系统EGS-EME　8.冷却液回流装置接口　9.高压插头HVS-240（Rosenberger®）

图5-1-38

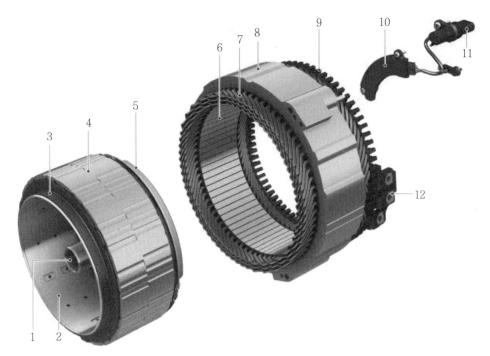

1.连接毂　2.永久磁铁的支承板　3.转子环　4.永久磁铁的转子片套装　5.转子支架　6.绝缘
纸　7.带发夹式绕组的线圈套装　8.定子片套装　9.绝缘涂层　10.转子位置传感器　11.转子位置
传感器接口　12.电机U、V和W接口

图5-1-39

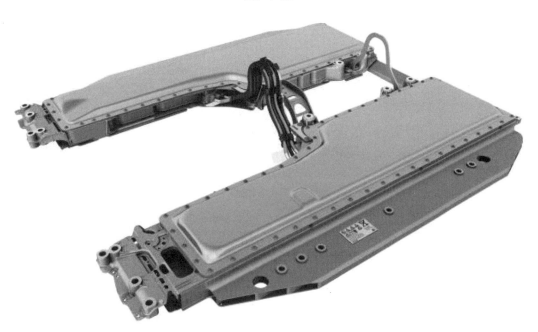

图5-1-40

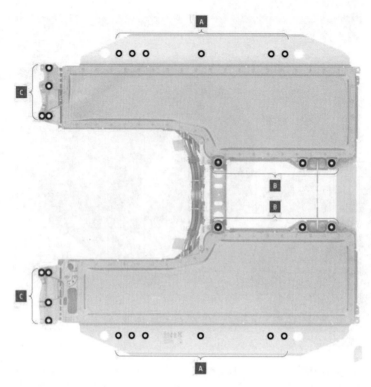

A.2×6个M12螺栓，1.5cm×35cm　B.6个M12螺栓，1.5cm×45cm　C.2×4个M14螺栓，1.5cm×105cm

图5-1-41

图5-1-42

（2）高压蓄电池SP56的结构。

拆卸高压电池组的售后服务人员必须满足下述重要的前提条件：

· 具备执行操作所需资质和认证。

· 精准使用诊断系统和专用工具。

· 恪守现行的维修说明。

这种工作仅可由具备拆卸高压电池组的资质并且经认证的售后服务员工执行，售后服务员工需经过BMW Group 高电压技术人员培训和车辆专用"第5.0代高压组件（G70 PHEV）"的认证。进行故障查询时应在拆除高压蓄电池单元之前使用诊断系统。仅在检测计划具有相应规定且满足"外部无机械损伤"这一前提下，方可拆除高压蓄电池单元。随后具有相应资质（"SP56高压蓄电池"）的售后服务员工可打开高压蓄电池单元，更换检测计划中确定的有故障的组件。以下是关于高压电蓄电池单元拆卸和安装的描述，仅涉及内容和操作方式的一般性列举。原则上，必须以最新版本的维修手册中的规定和说明为准。

根据维修手册执行以下准备工作（例如拆除车底衬板、轮罩盖）。

· 借助高压安全插头将高压系统切换为无电压状态，防止重新接通，并在组合仪表上确定无电压。

· 通过断开蓄电池负极导线关闭12V车载网络。

· 使用专门指定的制冷剂充放机抽吸制冷剂。

· 用密封塞封闭制冷剂管路的接口。

· 断开高压蓄电池单元的连接（低压车载网络、燃爆式插头连接和2个高压接口）。

· 拆除高压蓄电池单元前侧区域的两个车桥支撑架。

· 准备好具有固定元件和定位件的移动式升降台。

· 将移动式升降台放在高压蓄电池单元处并进行目视检查，以确保固定元件和定位件均牢固地装好。

· 松开并移除高压蓄电池单元处的固定螺栓。

· 小心谨慎地将高压蓄电池单元缓慢地降下。

· 检查畅通性，以避免损坏。

· 从所有方向上直观检查壳体是否有污物和损坏。

· 若出现问题并且断定高压蓄电池单元状况不明确，应检查热量方面的异常情况。

· 将移动式升降台运送到维修工位。

高压蓄电池单元是一个尺寸较大、重量较重的组件。因此，不应利用已为人所知的车间起重机WSK 1000运输完整的高压电池组。

若已拆除高压蓄电池SP56，则须在重新安装前更换所有隔音盖板。为此移除壳体盖上的所有6个隔音盖板，并将新的安装/粘接在同一位置。如果更换壳体盖，则它已随前部隔音盖板一并提供。在这种情况下，只需安装/粘接2个后盖。高压蓄电池SP56在重复使用的壳体盖中更换隔音盖板，如图5-1-43所示。高压蓄电池SP56在新壳体盖中安装的隔音盖板如图5-1-44所示。

（3）安装SP56高压蓄电池。

利用移动式升降台小心地将高压电池组移至车辆下面。若要举升高压蓄电池单元，请使用维修手册中规定的辅助工具（铅锤，零件号码83 30 5 A0E 073），以此对准升降台。缓慢地抬起高压电池组并且将固定螺栓放在预定的安装点上。其中，将固定

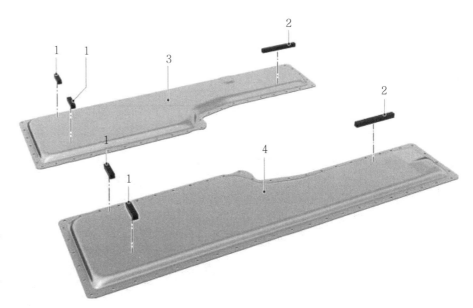

1.后部隔音盖板（4件）　2.前部隔音盖板（2件）　3.左壳体盖　4.右壳体盖

图5-1-43

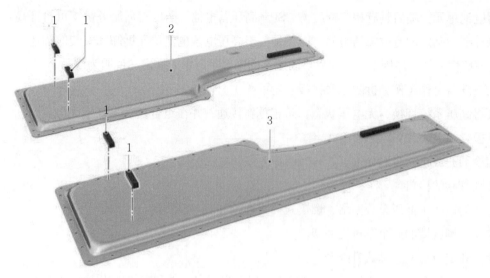

1.后部隔音盖板（4件）　2.左壳体盖　3.右壳体盖

图5-1-44

螺栓拧入3~4圈。先不要拧紧安装螺栓！在装入全部固定螺栓之前，务必继续保持高压电池组的可移动性。然后将高压电池组完全升起并且拧紧固定螺栓。固定螺栓的紧固顺序和紧固力矩务必以现行的维修说明为准。通过高压电池组的所有固定螺栓建立电位补偿。必须确保精准的螺栓连接并遵守正确的拧紧扭矩。第5.0代高压电池组的文件和四眼原则不再具有必要性。然后，在制冷剂接口上将制冷剂管路重新和高压蓄电池单元连接，并且将高压接口的2个插头、低压接口以及燃爆式插头连接插好。最后按相反顺序重新安装所有饰板部件。在高压电池组安装完毕后，必须进行以下收尾工作：

·使用制冷剂充放机加注制冷剂。

·将高压电池组重新投入使用。

7.高压电保险丝

高压电保险丝位于高压蓄电池SP56和Combined Charging Unit CCU之间的高压导线上，由此保护连接Combined Charging Unit CCU、电气加热装置EH和电动制冷剂压缩机EKK的高压导线。高压电保险丝不得单独更换，仅允许更换从高压蓄电池SP56到Combined Charging Unit CCU的整条高压导线，从而更换高压电保险丝。高压电保险丝如图5-1-45所示。

8.电气加热装置EH

宝马G70 PHEV装有BorgWarner®的全新电气加热装置EH。电气加热装置EH是I20中熟悉的全新较小款电气加热装置（9kW型），加热功率为5.5kW。宝马G70 PHEV中的电气加热装置EH仅用于加热乘客车厢。电气加热装置EH的功能与电控辅助加热器相同。恒温空调控制单元通过LIN总线连接发出开启加热装置的请求。电气加热装置

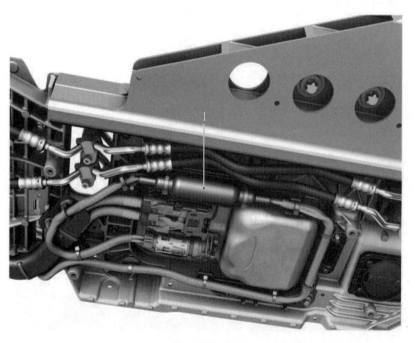

1.高压保险丝位置

图5-1-45

EH与电动空调压缩机EKK在CCU处有一个共同的高压接口。来自CCU的高压连接沿高压线进一步分开，两个高压组件单独供电。高压组件电气加热装置EH的电位补偿通过固定螺栓确保。宝马G70 PHEV中未使用电位补偿连接线。电气加热装置EH5.5 kW型如图5-1-46所示。警告说明：电气加热装置EH是一个高压电组件，出于安全考虑不得将其打开。

9.电动制冷剂压缩机EKK

像之前的宝马混合动力车辆一样，宝马G70 PHEV也使用一个电动驱动的空调压缩机。由于

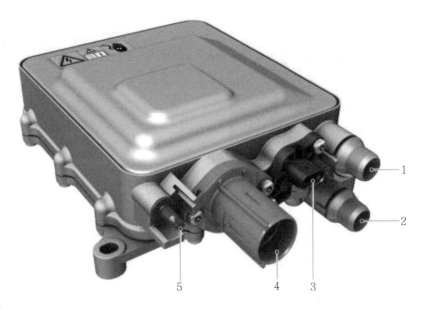

1.冷却液供给　2.回流冷却液　3.低电压插入式接口　4.高压接口　5.电位补偿接口
图5-1-46

空调压缩机具有电动驱动装置，因此，空调系统可以不依赖发动机运行。即便在纯电动行驶期间，空调系统也可以为客户提供制冷效果。停车时可启用驻车冷却，在此采用专用消音装置来隔绝噪声，因此即使在发动机关闭的静止状态下，也几乎感觉不到空调系统的噪声。压缩机的功能原理与F30H或F01H中压缩机的普遍原理相同，使用螺杆压缩机（也称为涡旋压缩机）来压缩制冷剂。宝马G70 PHEV中电动空调压缩机EKK的安装位置如图5-1-47所示。电动制冷剂压缩机EKK如图5-1-48所示。在宝马G70 PHEV中，电动制冷剂压缩机EKK用螺栓固定在B58TU2的发动机缸体上。警告说明：电动制冷剂压缩机EKK是高压组件，出于安全考虑不得将其打开。

图5-1-47

（三）系统功能

负责控制高电压系统的主控控制单元是组合式充电单元CCU。这些控制单元与高压电池组中的蓄能器管理电子装置SME共同实现下述系统功能：

·启动。

·常规断电。

·快速关断。

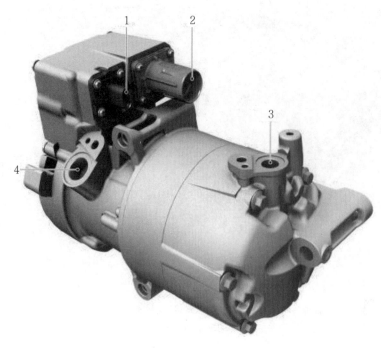

・对中间电路电容器进行放电。

・首次使用。

・充电。

・监测功能。

1.新特点

（1）燃爆式插头连接。

在宝马G70 PHEV中，燃爆式安全开关PSS不再由SME单独控制，而是由ACSM安全气囊控制单元控制。

・通过ACSM控制：PSS1、PSS2和PSS3。

・通过SME控制：PSS4。

由于附加控制来自高压蓄电池单元外部，因此需要另一个新的插头连接。

（2）预充电电路。

针对第5.0代PHEV高压蓄电池单元，预充电电路从HV正极线路移动

1.低压电接口　2.高压接口　3.压力侧制冷剂接口　4.吸入侧制冷剂接口

图5-1-48

至HV负极线路。切换至HV负极线路是由于Vitesco全新存储器电子管理系统SME的内部结构，并无技术差异。此外，预充电不再通过继电器切换，而是通过半导体切换。左半部高压蓄电池接口如图5-1-49所示。系统系统电路图如图5-1-50所示。

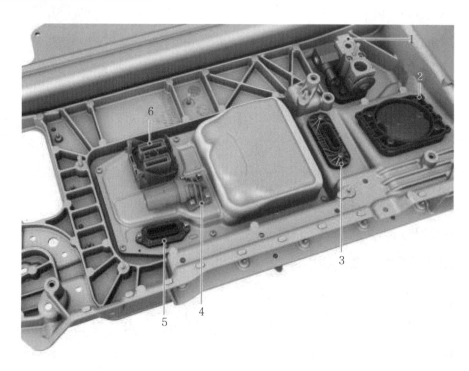

1.制冷剂接口　2.排气单元　3.燃爆式插头连接　4.至组合式充电单元CCU的高压电接口　5.低压电信号插头　6.电力驱动高压接口

图5-1-49

566

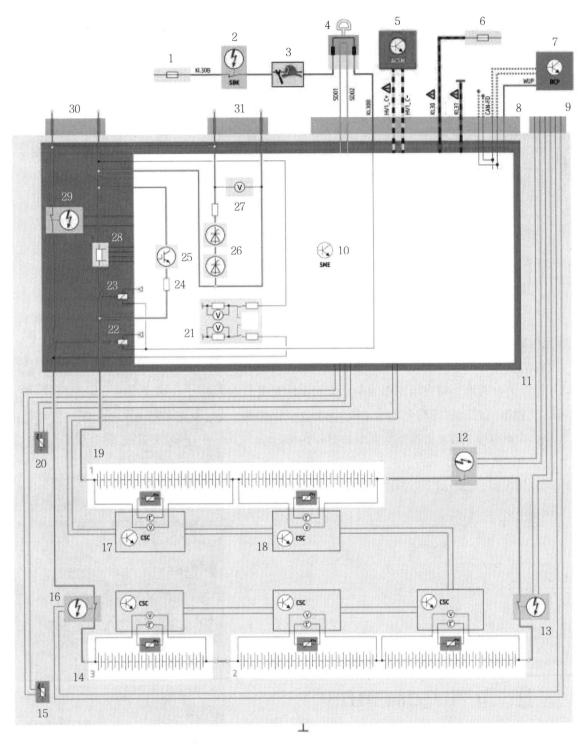

1.总线端30B供电　2.安全蓄电池接线柱SBK　3.救援切割部位　4.高电压安全插头（售后服务时断开连接）　5.碰撞和安全模块 ACSM　6.总线端30供电　7.带唤醒导线的基本中央平台BCP　8.低压电信号插头　9.燃爆式插头连接　10.SME 存储器电子管理系统处理器单元/电子板　11.蓄能器管理电子装置SME　12.燃爆式安全开关 PSS1　13.燃爆式安全开关 PSS2　14.单电池模块3　15.右半部高压蓄电池温度传感器　16.燃爆式安全开关 PSS3　17.电池监控电子设备 CSC 1a　18.电池监控电子设备 CSC 1b　19.双电池单元模块 1　20.左半部高压蓄电池温度传感器　21.绝缘监测　22.正电流电路中的电磁接触器　23.负电流电路中的电磁接触器　24.预充电电阻　25.绝缘栅双极晶体管 IGBT　26.晶闸管　27.电压测量　28.分流器　29.烟火安全开关PSS4　30.电气化驱动单元高压接口　31.至组合式充电单元CCU的高压电接口

图5-1-50

2.高压蓄电池单元充电

宝马G70 PHEV属于BMW Group第5.0代混合动力汽车，可通过单相以及三相交流电流充电。概览显示了欧洲版本宝马G70 PHEV的不同充电选项和充电功率。在左前侧围中，使用三相规格的2型充电接口作为高压充电接口。柔性快速充电器可以通过可互换的电源插头在家用插座和工业插座上进行交流充电，功率可达7.4kW。在家用插座上充电时，灵

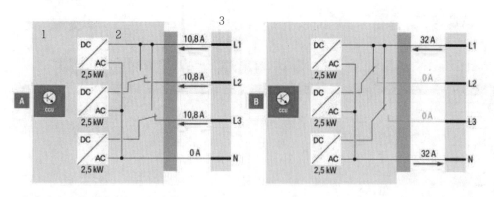

1.组合式充电单元 CCU　2.整流器　3.高压电充电接口　A.三相充电，每相最大10.8A　B.单相充电，每相最大32A

图5-1-51

活的快速充电器与配套的电源插头一起使用。因此，最大充电功率可实现2.3kW（230V）。在附墙充电箱或充电站亦可进行高达7.4kW的交流电充电。将高压蓄电池单元充满电的充电时间约为3h。车辆出厂时随附三相充电线（模式3），以供公共充电站充电。宝马G70 PHEV交流充电类型如图5-1-51所示，无法在直流充电站充电。

充电用时如表5-1-6所示。宝马G70 PHEV充电接口类型如图5-1-52所示。

表5-1-6

充电功率	充电状态	时间
EH 2.3kW	0~100%	约10h
EH 3.7kW	0~100%	约6h
EH 7.4kW	0~100%	约3h

第二节 宝马G60 PHEV

2024年春季，宝马G60的驱动产品组合将得到扩展，纳入了最新的插电式混合动力技术。新一代模块化产品有2种型号可供选择：Twin Power Turbo直列4缸汽油发动机和Twin Power Turbo直列6缸汽油发动机。这些车型与最新版本的BMW eDrive相结合，用于插电式混合动力系统。与之前车型的插电式混合动力汽车相比，性能、自动性和扭矩曲线以及效率和电动续航里程均有所提高。专为混合动力驱动系统开发的电动机与其功

A.AC充电插头 2 型（ECE 和 RoW）　B.AC充电插头GB/T（中国）　C.AC充电插头 1 型（USA）

图5-1-52

率控制装置都集成在8速Steptronic Sport变速器中。电动机从锂离子高压电池获取能量，该电池也集成在宝马G60 PHEV汽车的地板下区域。G60 PHEV是一款高电压汽车，只有满足以下所有前提条件的售后服务员工才允许对带标记的高电压组件进行作业：有效认证，遵守安全规定，完全按照维修说明进行操作。宝马G60 PHEV规格如表5-2-1所示。

表5-2-1

销售名称	BMW5系
生产日期	自2023年起
车辆等级	高中级
车身类型	轿车
发动机	汽油发动机： 2.0~3.0 1（220~360kWF）
长度	5060mm
宽度	1900mm
高度	1505mm
轴距	2995mm
前身型号	G30PHEV

一、车型

技术数据是指相应车型在应用时的数值。如果不同市场的车型名称相同，则技术数据是指欧洲规格的型号，如表5-2-2所示。

表5-2-2

车型	发动机	传动机构	功率	扭矩[N·m]	批量生产开始
BMW 530e	B48B20M2/XB1141M2	GA8HPTU3	220kW/299PS	450N·m	2023/11
BMW 550e xDrive	B58B30U2/XB1151U2	GA8HPTU3	360kW/489PS	700N·m	2023/11

务必将数值与最新的销售资料进行比对！

二、定位

宝马车向第5.0代高压继续前进，致力于增加电动驾驶在道路行驶中的占比。这不仅促进本地零尾气排放，还有助于整体的二氧化碳减排。搭载提升性能的高压蓄电池SP56，宝马G60 PHEV的性能数据和续航里程相较于前任车型宝马G30 PHEV都有进一步提升。宝马G60 PHEV的电力驱动系统可实现速度高达140km/h的纯电动零排放行驶。电动行驶的最大续航里程为79~102km，根据车辆类型而定。此外，在交通信号灯前停车或堵车时，混合动力汽车专用的发动机自动启停功能可以关闭发动机，从而进一步节省能耗。

（一）识别标记

1.外部配置

宝马G60 PHEV也有一些特征有别于传统的宝马G60。车前盖和尾门上的宝马品牌标识附加蓝色边框，4个车轮的轮毂盖上也有相同的蓝色标记，两侧前围分别印有字标"electrified by i"。与前任车型一样，取消发动机隔音罩上的"eDrive"字标。左侧前围板充电接口盖彰显出这是一款插电式混合动力车。尾门上的车型名称也表明车辆为电动宝马5系。宝马G60 PHEV外部配备的识别特征如图5-2-1所示。

569

1.带蓝色标记的尾门品牌标识　2.后盖上的车型名称　3.充电接口盖　4.带蓝色标记的轮毂盖板　5.带蓝色标记的车前盖品牌标识

图5-2-1

2.驾驶室设计

　　加油按钮是其特点之一，位于左侧灯控制单元中。方向盘上的宝马品牌标志有蓝色边框。此外，在前部迎宾踏板上也有"eDrive"字标。混合动力特有运行状态和高压蓄电池单元充电状态可在组合仪表内和（根据需要）中央信息显示屏CID内显示。无论是CID中的显示还是驾驶员显示屏中的显示，均随着"停留"状态的开启而激活。中央控制台上有用于混合动力专用驾驶功能（例如 eDrive或eBoost）的固定专用键。宝马G60 PHEV内部装备识别特征如图5-2-2所示。

1.带混合动力特有内容的组合仪表　2.蓝色标记的方向盘品牌标识　3.加油按钮

图5-2-2

三、驱动系统

宝马G60 PHEV的动力总成由采用BMW Twin Power Turbo技术的4缸汽油发动机或6缸汽油发动机（B48TU2 发动机或B58TU2发动机）组成。它与8速自动变速器（GA8P80PH）和电动机相结合。与传统动力宝马5系车型相比，宝马G60 PHEV中使用的混合动力技术的主要优势在于进一步提高效率和增加驱动功率。同时，燃油消耗也有所降低。

（一）技术数据

技术数据如表5-2-3所示。G60 PHEV驱动组件如图5-2-3所示。G60 PHEV发动机舱（示例）B48TU2发动机如图5-2-4所示。

表5-2-3

名称	单位	BMW 530e	BMW 550e xDrive
发动机系列	–	B48B20M2	B58B30U2
变速器型号名称	–	GA8HPTU3	GA8HPTU3
最高车速*	km/h	230*	250*
电动最高车速	km/h	140*	140*
0~100km/h加速时间	s	6.4	4，3
发动机额定功率	kW/PS	220/299	360/489
扭矩[N·m]	N·m	450	700
电机功率	kW	135	145
可用能量含量	kWh	19.4	19.4
燃油箱	I	60	60
电动可达里程（WLTP）	km	87~102	79~90
最大充电功率	kW	7.4	7.4
交流充电7.4kW0%/100%	km/h	3	3
交流充电2.3kW0%/100%	h	10	10
废气排放标准	h	Euro 6e RDE Ⅱ	Euro 6e RDE Ⅱ

*·电子锁止
务必将数值与最新的销售资料进行比对。

（二）B48TU2发动机

配备4缸汽油发动机的宝马G60 PHEV使用B48TU2发动机。B48TU2发动机符合Euro 6e实际驾驶排放2的排放标准，并且设计为可以兼容未来的排放标准。同时，可以实现功率和扭矩的增加。由于3缸4缸Bx8TU2发动机非常相似，因此在文章"B38TU2发动机"或相应的文章中描述了该创新。宝马G60 PHEV B48TU2发动机如图5-2-5所示。

（1）双喷射。

（2）在PHEV车型中，可通过排气切换凸轮推杆停用排气门。

（3）米勒燃烧过程。

（4）主动火线圈。

（5）DME 9。

（6）第2代汽油微粒过滤器。

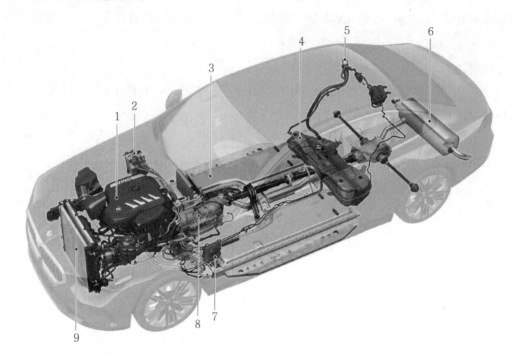

1.B48TU2 发动机　2.组合式充电单元CCU　3.高压蓄电池SP56　4.燃油箱　5.燃油加注口　6.排气系统　7.充电接口　8.电气化自动变速器　9.热交换器/散热器

图5-2-3

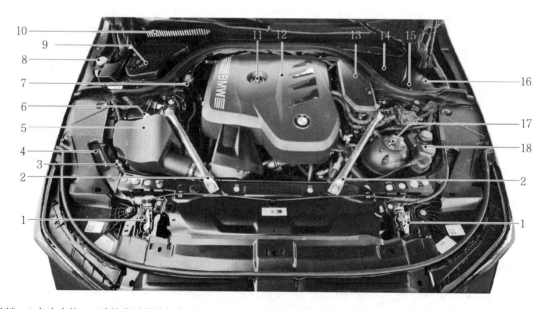

1.车前盖锁　2.车头支柱　3.跨接启动接线柱负极接线柱　4.车辆识别号　5.进气消音器　6.救援切割部位　7.跨接启动接线柱正极接线柱　8.清洗液补液罐　9.12V电池饰盖　10.用于乘客车厢温度调节的空气输送　11.机油加注管的锁盖　12.发动机舱盖　13.数字式发动机电子伺控系统DME饰盖　14.风窗框板盖板　15.弹簧减震支柱顶支撑杆　16.制动液补液罐盖板　17.高温冷却液膨胀箱闭锁装置　18.低温冷却液膨胀箱闭锁装置

图5-2-4

图5-2-5

（三）B58TU2发动机

6缸汽油发动机（B58TU2）针对配备发动机的宝马G70进行再次改进，并且也适用于宝马G60。凭借全新B58TU2发动机，现在可采用高效的6缸发动机，其不仅应用于发动机驱动系统中，也可用于PHEV。宝马G60 PHEV B58TU2发动机如图5-2-6所示。

B58TU2发动机具有以下特点：

（1）批量使用一个eVANOS。

（2）在PHEV车型中，可通过排气切换凸轮推杆停用排气门。

（3）新的燃烧室几何形状。

（4）米勒燃烧过程。

（5）双喷射。

（6）主动式点火线圈。

（7）搭配新款8挡自动变速器GA8P80PH启动发动机。

（8）由于PHEV车型取消了12V发电机，因此改动了皮带传动机构。

图5-2-6

（四）排气消音器系统

1.B48B20M2发动机欧洲版（XB1141M2）（如图5-2-7所示）

宝马G60 PHEV上适用于欧洲规格B48B20M2发动机的排气系统配有以下消音器：

（1）2.7L前消音器。

（2）39.5L后消音器。

2.美版B48B20M2发动机（XB1141M2）（如图5-2-8所示）

宝马G60 PHEV上适用于美国规格B48B20M2发动机的排气系统配有以下消音器：

（1）2.7L前消音器。

（2）39.5L后消音器。

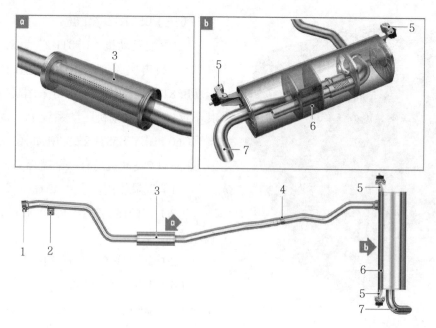

1.热端连接元件　2.变速器悬架组件　3.前消音器　4.吊环　5.后消音器悬架组件　6.后消音器　7.左侧隐藏式排气尾管

图5-2-7

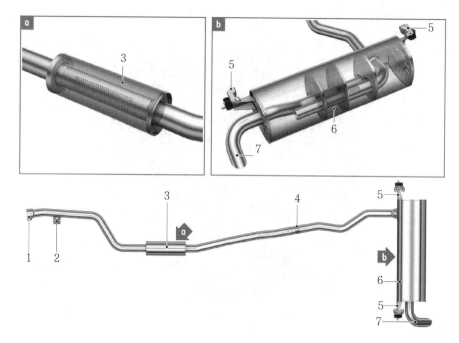

1.热端连接元件　2.变速器悬架组件　3.前消音器　4.吊环　5.后消音器悬架组件　6.后消音器　7.左侧隐藏式排气尾管

图5-2-8

3.欧版B58B30U2发动机（XB1151U2）（如图5-2-9所示）

宝马G60 PHEV上适用于欧洲规格B58B30U2发动机的排气系统配有以下消音器：

（1）三元催化转化器3.2L与3.2L前消声器组合。

（2）41.3L后消音器。

4.美版B58B30U2发动机（XB1151U2）（如图5-2-10所示）

宝马G60 PHEV上适用于美国规格B58B30U2发动机的排气系统配有以下消音器：

（1）6.4L前消音器。

（2）41.3L后消音器。

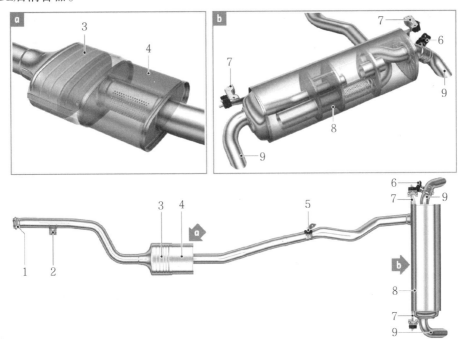

1.热端连接元件　2.变速器悬架组件　3.三元催化转换器　4.前消音器　5.吊环　6.废气风门伺服驱动装置　7.后消音器悬架组件　8.后消音器　9.左侧隐藏式排气尾管

图5-2-9

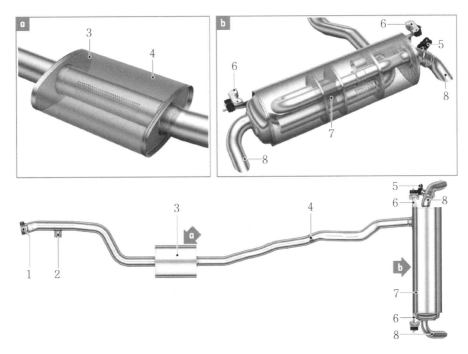

1.热端连接元件　2.变速器悬架组件　3.前消音器　4.吊环　5.废气风门伺服驱动装置　6.后消音器悬架组件　7.后消音器　8.左侧隐藏式排气尾管

图5-2-10

（五）燃油供给系统

为运行发动机，宝马G60 PHEV装备一个不锈钢燃油压力油箱。这样可在纯电动行驶模式下确保汽油蒸气留在压力燃油箱内。只有在发动机运行过程中，才会通过活性炭过滤器吸入新鲜空气进行清污，且汽油蒸气会进入燃烧室内。在前任车型宝马G30 PHEV中，高压蓄电池单元固定在后排座椅下方区域的燃油箱位置，这导致燃油箱安装在行李箱底板下方。与ICE类型相比，这会减少行李箱容积，同时显著缩小燃油箱容量。通过在前排乘客区域下方安装SP56高压蓄电池，燃油箱可以保留在宝马G60 PHEV上的常用位置。与宝马G60 ICE类型一样，宝马G60 PHEV上的燃油箱现在也位于后排座椅下方的区域。

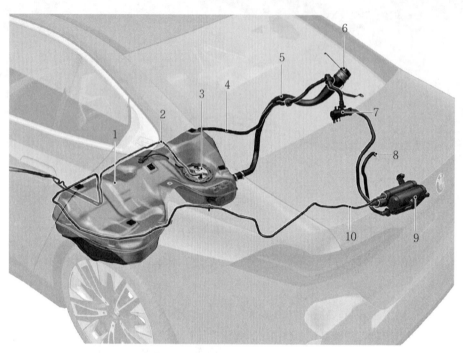

1.不锈钢制燃油箱　2.燃油供给管路　3.带液位传感器的输送单元　4.燃油箱排气　5.燃油加注管　6.带油箱盖的燃油加注管接头　7.燃油箱隔离阀　8.油箱排气活性炭过滤器　9.活性炭过滤器　10.清洁空气管路

图5-2-11

内置不锈钢水箱容量为60L。欧版和美版的燃油管路有所不同。为了更好地区分，燃油管路的颜色有所不同。因此，始终借助电子零件目录ETK识别燃油管。不允许在高压电蓄电池单元充电的同时向燃油箱加油。充电电缆已连接时，应与易燃物品保持足够的安全距离。如未按规定插入或拔下充电电缆，有造成人员受伤或物品损坏的危险。宝马G60 PHEV燃油供给（欧洲规格）如图5-2-11所示。

1.活性炭过滤器

在设计宝马G60 PHEV上的活性炭过滤器时，为满足地方性法规采用不同标准：

（1）欧洲规格。

（2）美国规格/巴西规格/韩国规格。

宝马G60 PHEV活性炭过滤器（欧洲规格）如图5-2-12所示。

美国规格/巴西规格/韩国规格宝马G60 PHEV活性炭滤清器如图5-2-13所示。

2.燃油箱功能电子系统TFE

在宝马G60 PHEV车辆

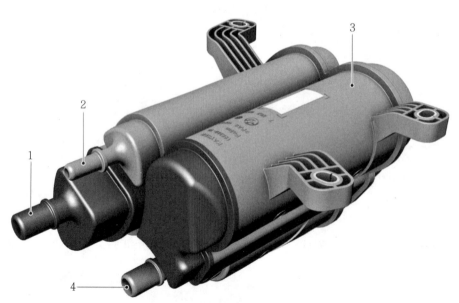

1.燃油箱排气管接口　2.吹洗空气管路接口　3.活性炭过滤器　4.喷气嘴

图5-2-12

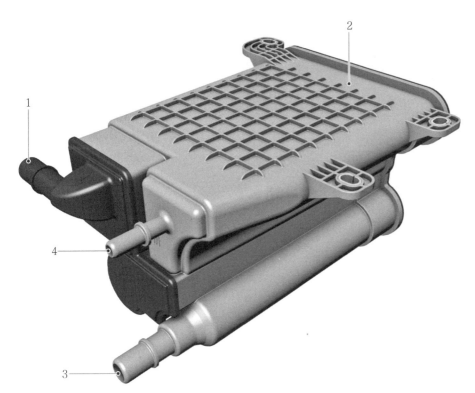

1.燃油箱排气管接口　2.活性炭过滤器　3.自然真空检漏接口　4.吹洗空气管路接口

图5-2-13

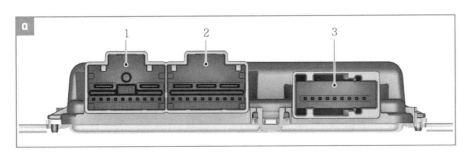

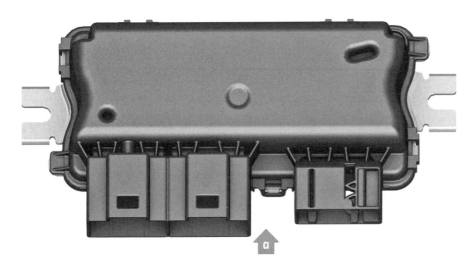

1.供电、通信、传感器和执行机构　2.电动燃油泵、传感器和执行器控制　3.传感器和执行机构

图5-2-14

中，仅使用"高"版本燃油箱功能电子系统TFE。TFE安装在行李箱内的右后方。TFE在宝马G60 PHEV中具有以下任务：

（1）在规定的燃油低压下向发动机输送燃油。

（2）燃油箱液位检测。

（3）部件和信号诊断（车载诊断）。

（4）控制油箱隔离阀。

借助DMTL燃油箱泄漏诊断模块主动诊断燃油箱泄漏（仅限美国、巴西和韩国）。此外，燃油箱功能电子系统TFE支持碰撞后的安全状态。TFE可确保碰撞后停止供油。加油前必须为高压燃油箱排气。开始加油程序时，必须首先操作加油按键。该按钮位于左侧灯光控制单元中。TFE评估按钮操作并执行功能。宝马G60 PHEV油箱功能电子装置TFE-High如图5-2-14所示。

（六）电气化自动变速器GA8P80PH

在宝马G60 PHEV中，仅使用全新改进款电气化自动变速器GA8P80PH。该变速器源自ZF的GA8HPTU3自动变速器，其变速器外壳中装有GC1P28电机，取消变矩器。变速器由电动双路叶片式供油泵提供油压。与其在ICE车辆中的"同系列变速器"一样，电

1.电机　2.分离离合器K0　3.低压电接口　4.变速器控制系统电机电子伺控系统EGS-EME　5.冷却液供给装置　6.冷却液回流装置　7.高压蓄电池SP56的高压接口（Rosenberger 插头）　8.扭转减震器TD-2　9.减震器的链轮　10.扭转减震器TD-1　11.飞轮

图5-2-15

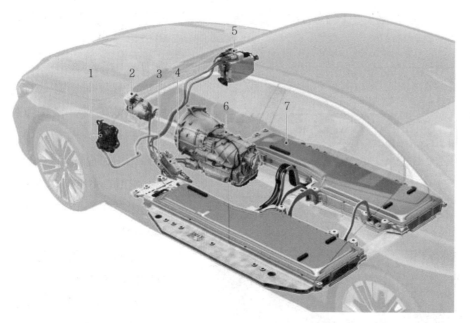

1.充电接口　2.电动制冷剂压缩机EKK　3.高压分电器　4.电气加热装置EH　5.组合式充电单元CCU　6.电气化自动变速器　7.高压蓄电池SP56

图5-2-16

动自动变速器GA8P80PH共有4个行星齿轮组和熟悉的5个离合器a、b、c、d、e。此外，GA8P80PH具备K0离合器（K-Null），用于耦合或分离电机与发动机。宝马G60 PHEV插电式混合动力 Steptronic变速器如图5-2-15所示。

四、高压电系统

（一）概览

高压系统属于第5.0代高压。宝马G60 PHEV中的电机为永磁同步电动机，位于自动变速器中。电机电子伺控系统EME集成至自动控制单元EGS，位于自动变速器。因此，该单元也可称为变速器控制系统电机电子伺控系统EGS-EME。宝马G60 PHEV同样配备第5.0代高压蓄电池单元（高压蓄电池SP56），可在特定条件下进行维修。原则上只能通过交流电（交流充电）以7.4kW最大充电功率为高压蓄电池单元充电。宝马G60 PHEV高压组件如图5-2-16所示。

（二）低温冷却液循环回路

变速器控制系统电机电子伺控系统EGS-EME和Combined Charging Unit CCU通过一个独立的冷却液循环回路进行冷却。

冷却液循环回路包括以下几种：

（1）1个冷却液制冷剂热交换器。

（2）2个空气冷却液热交换器。

（3）1个电动冷却液泵。

（4）1个补液罐。

（5）冷却液管路。

空气和冷却剂热交换器集成在冷却模块内，其取决于变速器控制系统电机电子伺控系统EGS-EME的冷却要求，根据需要以耗油量优化方式控制电动冷却液泵和电动风扇。通过根据需求控制电动风扇和电动冷却液泵，避免剧烈温度波动以便省电地进行冷却。电动冷却液泵和/或电动风扇不是由变速器控制系统电机电子伺控系统EGS-EME控制的，而是由数字式发动机电子伺控系统DME通过LIN总线进行控制。在发动机运行时，控制被激活，从而进行增压空气冷却；当高压部件或车厢内部需要冷却时，控制也被激活。宝马G60 PHEV低温冷却液循环回路如图5-2-17所示。

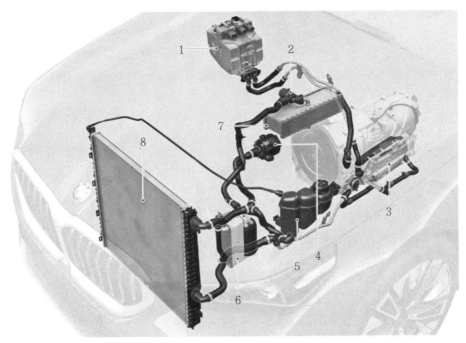

1.组合式充电单元CCU　2.阀门　3.变速器控制系统电机电子伺控系统EGS-EME　4.电动冷却液泵　5.低温冷却液循环回路储罐　6.制冷剂冷却液热交换器　7.增压空气-冷却液-换热器　8.空气冷却液热交换器

图5-2-17

（三）冷却系统排气程序

在对冷却系统进行操作或重新加注冷却系统后，必须按照维修说明的规定执行排气过程。必须遵守加注规定，没有真空加注设备（均衡加注）则不允许进行加注，然后应执行冷却系统排气程序。此外，需要注意的是，在高温冷却液循环回路的冷却系统排气程序期间，同时也会对低温冷却液循环回路进行排气。为避免损坏部件，必须填充两个冷却液循环，并且必须平衡两个冷却液平衡罐中的冷却液液位，否则可能导致部件或发动机损坏。遵守修理厂信息系统ISTA中的维修手册和最新信息。

五、低压汽车电气网络

（一）12V车载网络

宝马G60 PHEV的12V车载网络与宝马G60的供电网络基本相符。主要区别在于，不再由发电机而是由高压车载网络进行供电。通过Combined Charging Unit CCU中的DC/DC转换器将高压蓄电池单元中的高电压转换为低电压（约14V）。因此，行驶模式中12V车载网络的供电不再依赖于发动机的转速。在宝马G60 PHEV中，车载网络电池设计为70Ah容量的12VAGM电池，其位于行李箱内。

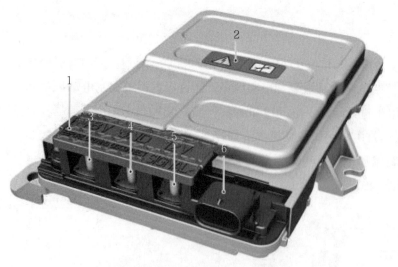

1.接口盖板　2.48V警告牌　3.48V接口（正极）　4.总线端31　5.12V接口（正极）　6.低压电信号插头

图5-2-18

1.排气　2.48V正极接口　3.低压电信号插头　4.48V负极接口　5.48V警告牌

图5-2-19

（二）48V车载网络

如果已为车辆订购选装配置专业版自适应M底盘（SA 2VW），则宝马G60 PHEV仅具有额外的48V车载网络。选装配置SA 2VW是指前桥和后桥电动式主动防侧倾系统eARS。与宝马G60 ICE相比，宝马G60 PHEV没有48V电池，而是Supercap 48V SC48。该部件是为48V车载网络供电的电容器。宝马G60 PHEV电源控制单元48V PCU48如图5-2-18所示。宝马G60 PHEV超级电容器48V SC48如图5-2-19所示。

六、运行策略

宝马G60 PHEV的运营策略很大程度上脱离了"我的模式"，而是基于宝马G70插件式混合动力。唯一的例外是运动模式，它依赖于发动机的运行。驾驶员可以通过设定驾驶设置来影响操作策略。在这里，客户可以选择以下设置：

· 激活ELECTRIC。

· 一次性激活"维持电量"。

· ELECTRIC自动。

（一）放电阶段（电荷耗尽）

宝马G60 PHEV的电动续航里程大于1km 时会激活放电阶段。在放电阶段，重点在于在最高140km/h的速度下最大限度地利用电力驱动。

（二）维持阶段（电荷维持）

宝马G60 PHEV的维持阶段在续航里程小于1km和高压蓄电池SP56的能量为600Wh时激活。在维持阶段，重点在于即使在高压蓄电池单元电量耗尽的情况下也能保持电动驾驶体验。在此状态下，电动行驶速度仍可达km/h，电动加速可达40km/h。通过智能化更改自动驾驶时的相位以及发动机负载点提升范围内的相位，来实现这一点。这样可以提高电力驱动的比例，并减少高压蓄电池单元的能量消耗或发动机的燃料消耗。在此，发动机在最佳范围内运行。

（三）保持充电状态

如果高压蓄电池单元保持在充电状态模式，则维持当前充电状态。宝马G60 PHEV切换到维持阶段（维持充电），如果高压蓄电池单元的充电状态非常低，则可有效充电至约10%（2kWh）。反之，又可以在下一次行程之前通过固定空调或暖气对乘客室进行远端空调设定。

七、高压系统

宝马G60 PHEV电机由集成在底板下区域的锂离子高压蓄电池供能，其提供大幅提升的可用能源含量。相比前任车型，最大充电功率翻倍，这使高压蓄电池能够从0%快速充电至100%。在传统的家用插座上，相应充电过程大约在10h内完成。宝马G60 PHEV高压系统如图5-2-20所示，宝马G60 PHEV高压系统规格如表5-2-4所示。

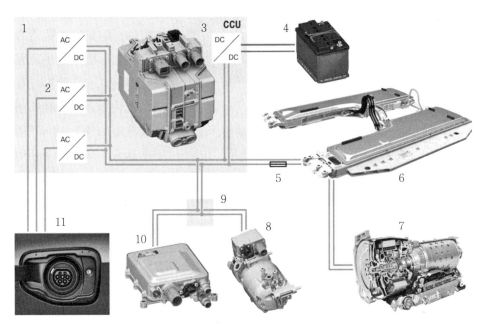

1.组合式充电单元CCU　2.AC/DC变流器　3.DC/DC转换器　4.12V蓄电池　5.高压电保险丝　6.高压蓄电池SP56　7.电气化自动变速器　8.电动制冷剂压缩机EKK　9.高压电配电盒　10.电气加热装置EH　11.高压电充电接口

图5-2-20

表5-2-4

系统	G60 PHEV 车型中的规格
世代	5.0代高压电
高压蓄电池	高压蓄电池SP56
存储器电子管理系统SME	存储器电子管理系统SME第5.0代PHEV
Combined Charging Unit CCU	组合式充电单元CCU
传动机构	GA8PTU3
电机电子装置	变速器控制系统电机电子伺控系统EGS-EME
电机	并联式混合动力驱动装置的电机
空调压缩机	电动制冷剂压缩机EKK
加热装置	电气加热装置EH
插接加接件	高压插头Kostal®KS22 高压插头Rosenberger®Hps40-2 高压插头Hirschmann®HPS40-4
美国充电插座	1型
ECE/世界其他地区充电插座	2型

图5-2-21

图5-2-22

图5-2-23

（一）安全工作

对宝马G60 PHEV高压组件进行作业之前，必须遵守和落实电气以下安全规定：

（1）必须将高电压系统切换为无电压。

（2）必须防止高电压系统重新接通。

（3）必须确定高电压系统无电压。

在车辆处进行工作时，不要插上充电插头，以免发生危险和事故。一个可能的危险示例是在主动充电过程中电子扇自动启动。在诊断过程中仅可在一个测试模块插入充电插头进行功能测试或排除故障的指示时方可插入插头。高压安全插头（售后服务断电开关）位于行李箱后部的饰盖右后方，通过拔下高压安全插头断开2条线路。一方面是端子30C，它为高压电池组中的电气接触器供电。另一方面是高压安全插头状态识别线路，存储器电子管理系统SME以此识别高压安全插头是否被拔出。使用市面上常见的挂锁将高压安全插头上锁，防止重新接通，宝马G60 PHEV高压安全插头如图5-2-21所示。

为了确定无电压状态，打开PAD模式并等待至检查控制信息与所示图标在组合仪表上显示，从而可确保高压系统无电压。在确定无电压状态后，在开始工作前必须恢复车辆状态"驻车"。宝马G60 PHEV车型无电压状态（示例）如图5-2-22所示。

在发生交通事故的情况下，高压电系统会通过撞击识别传感器自动关闭。为了确保事故现场救援人员的自我保护，他们可以在提供救援帮助时断开救援分离点，从而强制关闭高压电系统。救援分离点位于行驶方向前方右侧。宝马G60 PHEV救援分离点如图5-2-23所示。

（二）系统组件

1.概览

通过高压蓄电池SP56为GA8PTU3自动变速器中的电机和组合式充电单元CCU提供直流电流。电机所需的交流电流在变速器控制系统电机电子伺控系统EGS-EME中转换。组合式充电单元CCU将电能继续传送至电子暖风装置EH和电动空调压缩机EKK中。此外，集成的DC/DC转换器为12V车载网络提供直流电压。集成在组合式充电单元CCU中的整流器负责在充电时进行相交流电压的整流。高压蓄电池SP56没有单独的高压连接板。高压导线直接连接在带集成式连接板的新型存储器电子管理系统SME上。在组合式充电单元CCU与高压蓄电池SP56之间的负极导线上采用高压保险丝。宝马G60 PHEV具有熟悉的安全蓄电池接线柱SBK，带救援分离点和总线端KL30C。宝马G60 PHEV也可以与配备5.0代高压电的先前车型一样，取消高压触点监测装置。在拔出状态下，高压安全插头会中断总线端KL30C以及用于高压安全插头状态检测的线路。如果发生相应严重程度的事故，碰撞安全模块ACSM会反转HV_C+和HV_C-线路的极性，类似于I20。由此通过燃爆式安全开关PSS触发快速关闭，通过配备2个晶闸管的放电电路触发高压系统快速放电。宝马G60 PHEV高压组件如图5-2-24所示，宝马G60 PHEV高压系统电路图如图5-2-25所示。

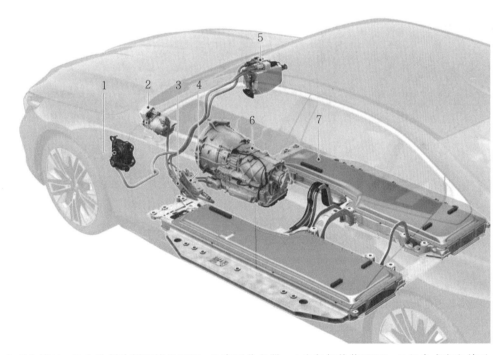

1.充电接口　2.电动制冷剂压缩机EKK　3.高压分电器　4.电气加热装置EH　5.组合式充电单元CCU　6.电气化自动变速器　7.高压蓄电池SP56

图5-2-24

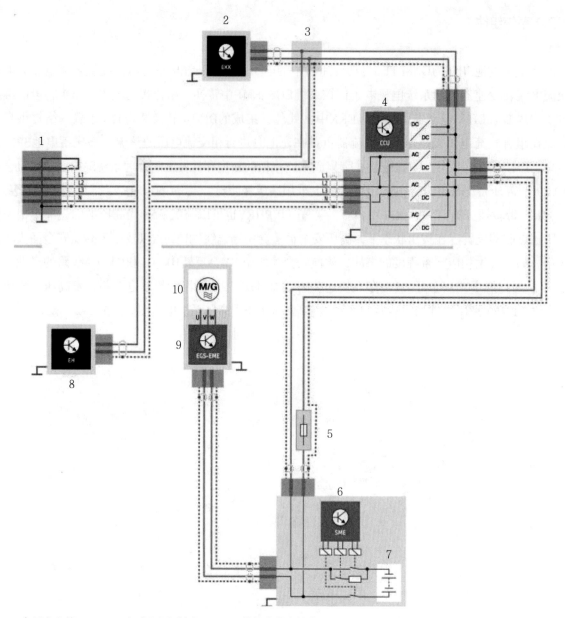

1.高压充电接口 AC　2.电动空调压缩机EKK　3.带屏蔽外壳的高压配电器　4.组合式充电单元CCU　5.高压电保险丝　6.蓄能器管理电子装置SME　7.高压蓄电池 SP56　8.电气加热装置EH　9.变速器控制系统电机电子伺控系统EGS–EME　10.电机

图5-2-25

2.高压导线和高压插头

（1）Rosenberger®高压插头。

Rosenberger® 插头HVS-240的特点是具有很高的抗振动性，因此可以在很大程度上省去复杂的固定。高压插头用于从5.0代高压电开始的车辆。与以前的扁平Kostal®插头相比，可以减少与高压组件的插头连接阻力，以及装配和拆卸时的插入力。最高工作电压和电流承载能力得到了提高。在宝马G60 PHEV上，Rosenberger®插头HVS 240用于高压铝线（宝马G70 PHEV铜线）的最大导线截面限制为50mm²。

（2）高压电插头Kostal®。

来自Kostal®的2芯高压插头KS22也在宝马G60 PHEV上使用。高压插头仅位于高压蓄电池单元上，并将其与变速器控制系统电机电子伺控系统EGS–EME连接。Kostal®插头不具备用于高压触点监测装置的触点。导线截面为50mm²时，插头外壳设计用于高达250A的电流。所连铝制电缆（宝马G70 PHEV铜线）各有1个铜导体屏蔽层。松开和插接高压插头时，注意笔直对准，避免高压导线出现机械应力。必要时，松开最近的高压导线固定装置。否则，增加的高压导线的装配力和机械应力会损坏触点或锁止件。

（3）高压配电器Hirschmann®。

高压车辆的类型越来越多，因此要求尽可能高效地将高压组件与高压导线相连。通过高压配电器可拆分高压导线，将电能分配至多个高压组件。在宝马G60 PHEV上，高压配电器（Y型分配器）将CCU的电功率分配至电动空调压缩机EKK和电子暖风装置EH。高压配电器不能单独更换，只能与整个导线一起更换。

（4）高压电保险丝。

在组合式充电单元CCU与高压蓄电池SP56之间的负极导线上采用高压保险丝。该高压保险丝用于保护组合式充电单元CCU、电子暖风装置EH和电动空调压缩机EKK。带高压保险丝的高压导线在车辆左侧，在高压蓄电池SP56带集成式连接板的存储器电子管理系统SME旁边延伸。高压保险丝不能单独更换。不允许打开或拆卸高压保险丝。损坏的保险丝必须连通整条高压导线一起更换。宝马G60 PHEV高压保险丝如图5-2-26所示。

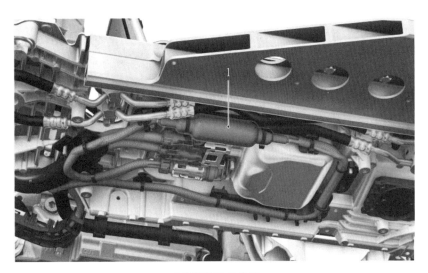

1.高压保险丝位置

图5-2-26

3.组合式充电单元CCU

组合式充电单元CCU是核心高压组件，在高压车载网络和12V车载网络中可实现诸多功能。宝马G60 PHEV CCU基于U06插件式混合动力和宝马G70插件式混合动力引入的版本。许多以前分布在多个控制单元中的功能现在经空间优化的方式组合在一个组件或控制单元中。宝马G60 PHEV组合式充电单元CCU如图5-2-27所示。宝马G60 PHEV组合式充电单元CCU接口如图5-2-28所示。

组合式充电单元CCU通过CAN-FD总线与下列控制单元通信：

（1）与GA8PTU3自动变速器及其集成的变速器控制系统电机电子伺控系统EGS-EME，可用于控制电机。

图5-2-27

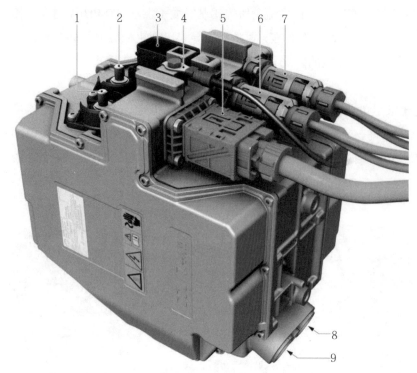

1.12V负极　2.12V正极　3.低压电信号插头　4.电位补偿导线　5.充电插头高压接口　6.附加机组高压接口　7.至高压电池组的高压电接口　8.冷却液供给接口　9.冷却液回流装置接口

图5-2-28

图5-2-29

（2）存储器电子管理系统SME，用于检查高压蓄电池的可用电功率和充电需求。

（3）作为车辆接口的基本中央平台BCP控制单元。

功能概览：

在宝马G60 PHEV上采用7.4kW版本的组合式充电单元CCU。组合式充电单元CCU控制单元在车载网络中承担下述功能：

（1）通过DC/DC转换器为12V车载网络供电。

（2）控制高压蓄电池单元的膨胀和截止组合阀。

（3）12V电源管理。

（4）高电压电源管理系统。

（5）将电能分配给电子暖风装置EH和电动空调压缩机EKK。

（6）通过CAN-FD与其他控制单元进行总线通信。

（7）协调和监控充电过程（仅交流电流）。

（8）与充电装置的通信。

（9）SME的冗余数据存储。

（10）诊断功能。

宝马G60 PHEV中的组合式充电单元CCU电位补偿可通过1条自有的等电势导线得到保障。组合式充电单元CCU是一个高压电组件，出于安全考虑不得不将其打开。宝马G60 PHEV组合式充电单元CCU的安装位置如图5-2-29所示。

4.高压蓄电池SP56

宝马G60 PHEV在投入市场时配有高压蓄电池SP56。高压蓄电池SP56安装于前桥和后桥之间的车辆底板上，占地面积较大。SP56高压蓄电池是锂离子电池，属于第5.0代。高压蓄电池SP56共有3个电池单元模块，具有两种不同的基本配置。锂离子电池中的3个电池单元模块能够存储大约22kWh的电能。新型蓄能器管理电子装置SME与第5.0代的其他高压蓄电池单元一样，负责控制和监控高压蓄电池单元。其与电动车的其他高压蓄电池单元一样，通过制冷剂冷却高压蓄电池SP56。通过高压蓄电池单元的固定螺栓建立电位补偿，必须确保精准的螺栓连接并遵守正确的拧紧扭矩。第5.0代高压电池组的文件和四眼原则不再具有必要性。宝马G60 PHEV高压蓄电池SP56如图5-2-30所示。宝马G60 PHEV高压蓄电池SP56安装位置如图5-2-31所示。宝马G60 PHEV高压蓄电池SP56底板下视图如图5-2-32所示。宝马G60 PHEV高压蓄电池SP56固定装置如图5-2-33所示。

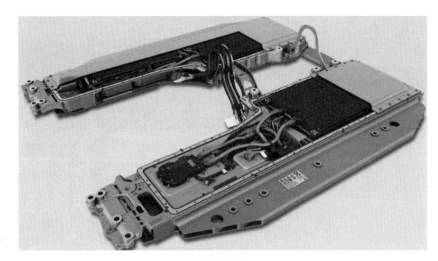

图5-2-30

5.变速器控制系统电机电子伺控系统EGS-EME

变速器控制系统电机电子伺控系统EGS-EME是高压蓄电池SP56和电机之间的接口。EGS-EME将高压转化为三相电流，由3个硅半导体模块组成。它们通过中间电路电容器与Rosenberger电源接口电气连接。通过Rosenberger电源接口，变速器控制系统电机电子伺控系统EGS-EME为整个高压车载网络供电。此外，变速器控制系统电机电子伺控系统EGS-EME通过电机启动宝马G60 PHEV的发动机。宝马G60 PHEV变速器控制系统电机电子伺控系统EGS-EME如图5-2-34所示。

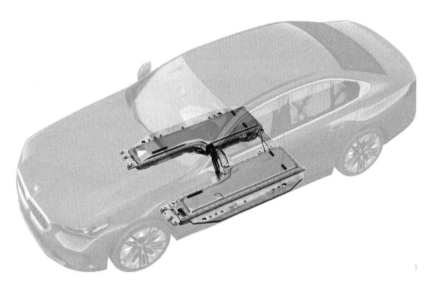

图5-2-31

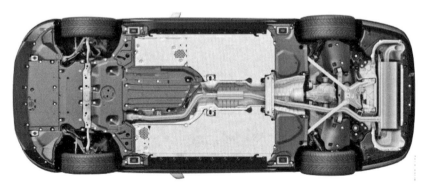

图5-2-32

6.电机

在宝马G60 PHEV的GA8P80PH自动变速器中，永磁同步电动机可作为电机。扭矩通过行星齿轮组（前传动比）传递至变速器输入端，由此能扩展电机的转速范围。GA8HPTU3的自动变速器的电机是第5.0高压。电机是GA8HPTU3自动变速器的一部分，负责动力系统中扭矩调节器的任务。宝马G60 PHEV电机内部如图5-2-35所示。宝马G60 PHEV电机如图5-2-36所示。

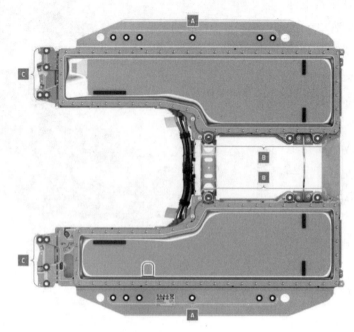

A.2×6个M12螺栓，1.5cm×35cm　B.6个M12螺栓，1.5cm×45cm　C.2×4个M14螺栓，1.5cm×105cm

图5-2-33

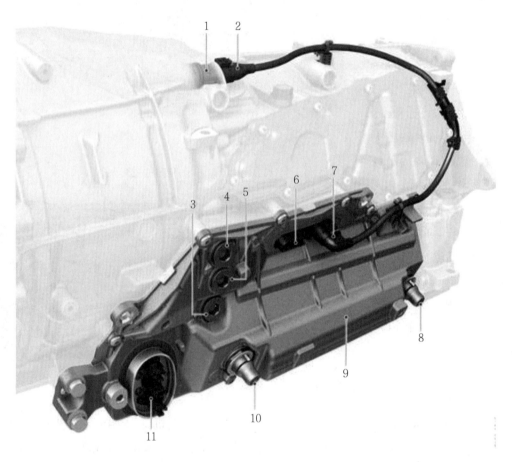

1.转子位置传感器　2.转子位置传感器电气接口　3.W相饰盖　4.U相饰盖　5.V相饰盖　6.12V车载网络电气接口　7.EGS-EME上的转子位置传感器电气接口　8.冷却液进流（低温循环回路）　9.变速器控制系统电机电子伺控系统EGS-EME　10.冷却液回流（低温循环回路）　11.Rosenberger线路接头（高压车载网络）

图5-2-34

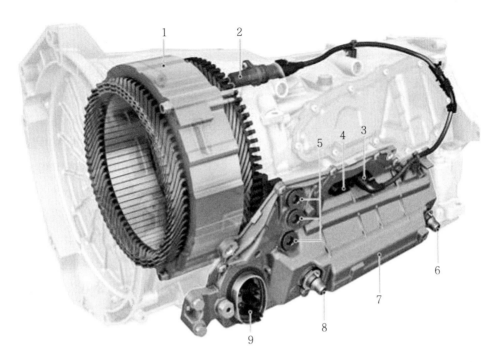

1.电机（定子） 2.转子位置传感器 3.转子位置传感器插头接口 4.低压电信号插头 5.电机相线端U、V、W 6.冷却液供给接口 7.变速器控制系统电机电子伺控系统EGS-EME 8.冷却液回流装置接口 9.高压接口Rosenberger® HVS-240

图5-2-35

1.连接毂 2.永久磁铁的支承板 3.转子环 4.永久磁铁的转子片套装 5.转子支架 6.绝缘纸 7.带发夹式绕组的线圈套装 8.定子片套装 9.绝缘涂层 10.转子位置传感器 11.转子位置传感器接口 12.电机相线端U、V、W

图5-2-36

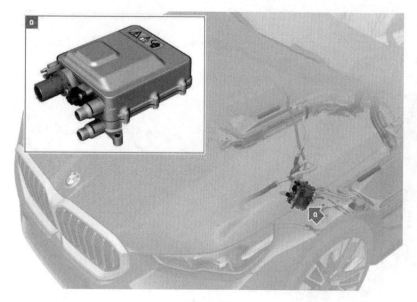

图5-2-37

7.电气加热装置EH

宝马G60 PHEV装有BorgWarner®的全新电气加热装置EH。电子暖风装置EH是I20中熟悉的9kW版本中的较小款，加热功率为5.5kW。宝马G60 PHEV中的电子暖风装置EH仅用于加热乘客车厢，并由组合式充电单元CCU提供高压直流电压。电子暖风装置EH安装在变速器通道左前侧（搭载B48发动机）的单独支架上。高压组件上的电位补偿通过与车身的等电势导线实现。宝马G60 PHEV电子暖风装置EH（搭载B48发动机）如图5-2-37所示。

8.电动制冷剂压缩机EKK

宝马G60 PHEV使用了其他第5.0代高压车辆中熟悉的电动空调压缩机EKK。为了能够提供必要的功率，由组合式充电单元CCU通过高压直流电压驱动电动空调压缩机EKK。电动空调压缩机EKK使空调系统在任何行驶状况下都能运行，同时也保证了驻车温度调节功能。除乘客车厢冷却外，还通过制冷剂循环回路冷却高压蓄电池SP56。电动空调压缩机EKK固定在发动机上，取代了机械空调压缩机。壳体几何形状已针对发动机固定进行更改。在宝马G60 PHEV中，电动空调压缩机EKK没有单独的等电势导线。电位补偿可通过固定螺栓进行。宝马G60 PHEV电动制冷剂压缩机EKK如图5-2-38所示。

1.控制单元　2.信号插头　3.高压接口　4.高压管路接口　5.消音器　6.吸管接口

图5-2-38

（三）系统功能

宝马汽车的高压电系统本质上是安全的，这意味着能够可靠识别带来危险的故障。高压蓄电池SP56和组合式充电单元CCU对于高压系统的核心功能至关重要。负责控制高电压系统的主控控制单元是组合式充电单元CCU。这些控制单元与高压电池组中的蓄能器管理电子装置SME共同实现下述系统功能：

（1）启动。

（2）常规断电。

（3）快速关断。

（4）对中间电路电容器进行放电。

（5）首次使用。

（6）高压电蓄电池充电。

（7）监测功能。

创新之处：

（1）带IGBT负电流线路中的预充电电路。

（2）高压启动发电机中的附加主动放电功能。

（3）主动电流线路中的燃爆式安全开关PSS1。

（4）带2个晶闸管的放电电路。

（四）充电

宝马G60 PHEV可用单相或三相交流电流充电。在欧洲，左前侧围上三相规格的2型充电接口作为高压充电接口使用。柔性快速充电器（Mode 2）能够通过可转换的电源插头在家用插座和工业插座上进行交流充电，最高功率为7.4kW。如需在家用插座上充电，则使用带有合适的电源插头的柔性快速充电器（Mode 2）。因此，最大充电功率可实现2.3kW（230V）。在宝马壁挂盒或充电站上亦可进行高达7.4kW的交流充电。为了在公共充电站充电，在出厂交付时会随车辆附上一条三相的公共充电用充电线（模式3），包括充电电缆收纳袋。宝马G60 PHEV交流充电类型如图5-2-39所示。宝马G60 PHEV车型充电选项和充电功率（欧洲规格、德国市场型号）如图5-2-40所示。

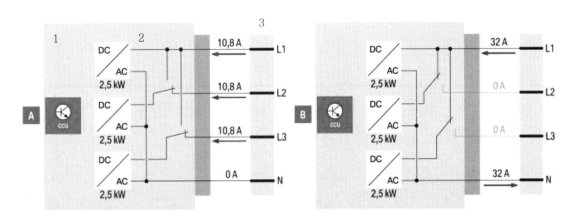

1.组合式充电单元CCU　2.整流器　3.高压电充电接口　A.三相充电，每相最大10.8A　B.单相充电，每相最大32A

图5-2-39

591

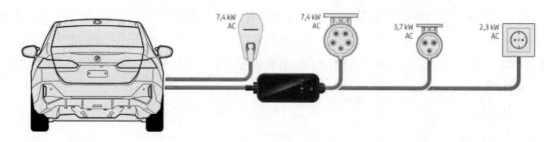

图5-2-40

所使用的其他高压充电接口也符合标准（IEC 62196-2）。根据车辆配置和国家规格使用不同高压充电接口，历史上已经发展出不同的标准。在国际上，以美国、欧洲、日本和中国为基础，建立了具有特定插头形状的各种充电标准。

第六章　经典实例

第一节　宝马G05经典实例

一、宝马G05排放警示灯亮起

车型：宝马G05。

故障现象：排放警示灯亮起。

故障诊断：在DME故障码存储器中记录了以下故障：213A2B - 信号齿轮，调校有错误，客户投诉故障主要发生在低行驶里程（低于1000km）时。

故障原因：信号齿轮调校相关的曲轴多极传感轮的部件匹配不当。

故障排除：进行编程或者使用ISTA 诊断。

二、宝马G05无法检测到遥控器/显示屏钥匙

车型：宝马G05。

故障现象：有时无法检测到遥控器/显示屏钥匙。

故障诊断：无法便捷进入和无钥匙启动发动机。只能通过钥匙按钮打开车辆和通过环形天线启动车辆。该故障可能偶尔出现，取决于温度。可能出现现象暂时自己消失的情况。

故障原因：BDC（车身域控制器）控制单元中的硬件。

故障排除：发生车辆进入或钥匙识别方面有问题的客户投诉时，首先要执行测试模块。测试模块"便捷进入功能天线"，AT6100_BD2ANFUA -->在一般钥匙投诉时测试模块"环形天线"：AT6100_TSFUA --> 发生在投诉"无法通过环形天线启动发动机"时，如果在执行测试模块时没有出现故障，则检查车身域控制器（BDC）控制单元的系列号。系列号的检查可通过诊断（在总线概览中）进行或通过直接在BDC控制单元的标签上目检进行，如图6-1-1所示。如果控制单元的生产日期在319和332之间，则必

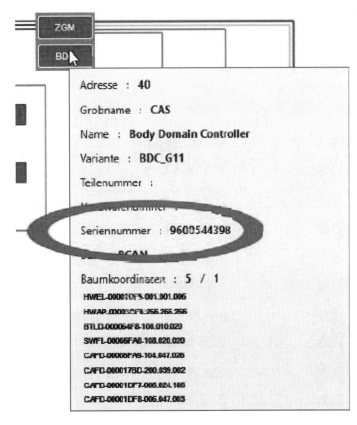

图6-1-1

593

须更换BDC控制单元并且用最新的集成等级给车辆编程和设码，然后重新评估车辆。示例：系列号中的日期说明：1831740184，18=生产年份；317=生产年份的日期；4=生产线。在该情况下，不更换BDC控制单元。

三、宝马G05组合仪表或平视显示系统（HUD）中的显示闪烁

车型：宝马G05。仅涉及带有以下选装配置的车辆：SA06U3 BMW专业驾驶座舱或SA09LC BMW 智能互联驾驶座舱或已安装SA610宝马平视显示系统的车辆。生产期（从/至）（年–月–日）：18-7-1 / 19-3-29。

故障现象：在组合仪表或宝马平视显示系统中显示闪烁，也可能出现自动接通组合仪表右侧中显示内容的情况。在总线端切换之后，暂时排除了该故障。但是，之后可能重新出现该故障。

故障原因：高配组合仪表的软件12.3（KOMBSP18）。

故障排除：读取车辆的集成等级。如果集成等级小于（低于）S18A–19–03–520，用最新的 ISTA 版本对车辆进行编程和设码，然后重新评估车辆。在该情况下，更换部件不能达到目的，因此是不允许的。或者如果集成等级为 S18A–19–03–520 或更大（更高），则不对车辆进行编程，用ISTA进行诊断并在必要时执行测试模块，然后重新评估车辆。

四、2021年宝马G05 B48发动机故障灯报警

车型：2021年宝马G05 B48。

行驶里程：21000km。

故障现象：客户反映车发动机故障灯报警。

故障诊断：检查车辆运行平稳，发动机故障灯确实报警，曾经因为发动机故障灯报警多次进店维修。询问客户得知汽油一直加中石油95号石油，此车平时就在市内接送孩子，很少跑长途和高速。

对车辆进行快速测试，提示20E120曲轴箱通风不密封故障码为未知，当前存在133710进气空气质量过量故障。执行检测计划，提示检查系统的密封情况，检查后系统密封没有发现问题。将车辆集成等级升级至最新，试车故障仍然存在。查阅无相关维修措施。读取车辆数据流，查看空气流量数值在9.7kg/h左右，计算值为5.88kg/h，如图6-1-2所示，相差很大。对比其他正常车辆数值为12.5kg/h左右，计算值为12.38kg/h，数值相差不多。将正常车辆空气流量传感器对倒到故障车后，数值仍然是13.4kg/h左右。读取混合气调校值为1.3，确认车辆

功能：	119 环境压力
状态：	1011.64 hPa
功能：	201 空气质量
状态：	9.70 kg/h
功能：	204 通过节气门的质量流量（计算得出的数值）
状态：	5.88 kg/h
功能：	205 节气门：节气门开度
状态：	3.28 % Drosselklappe
功能：	206 节气门：节气门开度标准值
状态：	3.17 %

图6-1-2

混合气确实稀。

查看空气流量数值在9.7kg/h左右，计算值为5.88kg/h，相差很大，正常车这两个数值基本是相同的。分析出现混合气稀的故障原因不是气多就是油少，有很多原因能造成混合气稀，大概归纳为以下几点：①曲轴箱不密封；②喷油器漏油；③燃油系统不密封；④高压泵故障；⑤进气系统不密封；⑥积碳过多；⑦气门室盖不密封；⑧排气不畅等。先从简单的开始排查，使用烟雾测漏仪检查发现曲轴箱通风和油箱排气完全密封，燃油箱排气管没有损坏的痕迹，进气连接部位安装牢固并正确锁止。为了排除气门室盖罩是否损坏或者漏气，倒换一个新的气门罩盖后，试车故障仍然存在。检查发现进气道以及曲轴箱密封情况良好。打开机油盖发现机油确实有很大的汽油味，更换机油并倒换高压油泵后，故障仍然存在。打开气门彻底清洗气门积碳，试车故障仍然存在。为了排除故障已经把车辆进气及燃油系统进气部位全部倒换一遍，但仍然没有排除故障。

造成气多的部位已经全部验证完，但故障没有解决，现在怀疑是油少的问题，又将其他车辆的喷油器整套倒换到故障车辆上试车，但故障仍然存在。接下来就是各种倒件和试车，满箱油已经试到还有几十千米。我们又重新对比车辆的数据流，发现其与正常车辆进气量的数值基本相同，唯一不同就是混合气调校值和通过计算得出的进气量。人为增加空气流量传感器后的进气量，观察空气流量传感器的数值一直在减少，说明空气流量传感器测量准确。如果计算出来的进气量有问题发动机也会报警。通过拆卸进气道检查进气门的积炭发现不是很严重，现在重点怀疑客户因为经常柔和驾驶排气阻力大，造成发动机产生的真空度不足，从而影响计算出来的进气量不准确。

为了验证故障是排气不畅的问题，执行混合气调校，测试氧传感器的状态，发现此车后氧传感器一直显示加热不足（如图6-1-3所示），对比正常车辆得知后氧传感器加热时间明显偏长。油箱里加两瓶燃油添加剂，手动挡4000~5000r/min行驶30km后，这个过程车辆始终没有报警提示，读取车辆数据计算值，发现与实际进气量基本相同，并且混合气调校值恢复在1左右（出现故障时在13），车辆恢复正常。通过反复的试车和回访，客户反馈车辆恢复正常。通过此车的维修经历，发现问诊的重要性，这样才能少走弯路，只有问清楚客户的使用情况，才能快速地解决车辆问题，客户车辆就是因为柔和驾驶造成车辆排气堵塞，不仅影响车辆动力还会造成发动机报警。

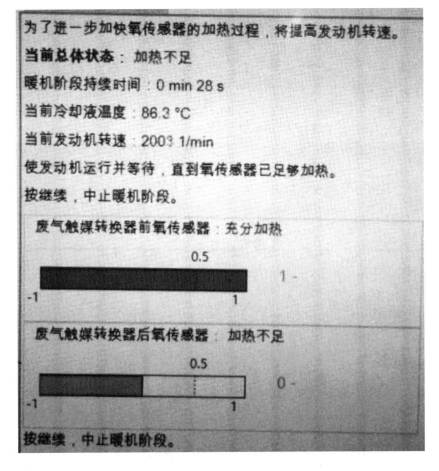

图6-1-3

五、宝马G05清除故障灯亮后机油保养无法复位

车型：宝马G05 B48发动机。

故障现象：清除故障灯亮后机油保养无法复位。

故障诊断：客户进店检查发动机故障灯亮的问题，诊断仪提示"燃油箱泄漏"和"混合气过浓"的故障，当时检查发现燃油箱排气阀损坏，和客户沟通后进行了更换并删除了故障码，还发现了机油保养到期，让客户一同进行了更换，然后对其进行保养并复位。客户将车辆开走后的第二天告知接待人员机油灯还是点亮的，随后我们调取数据，将所有的复位和保养照片上传。

一开始以为是软件问题导致的，上门给客户进行复位，但无法复位，于是将车辆开回店里，用服务功能ABL进行保养复位也没有解决故障。

图6-1-4

图6-1-5

随后对其进行快测发现有机油油位传感器、油压调节阀和曲轴箱冷却结止阀故障存储（如图6-1-4所示），测量了3个部件的供电发现没有电压，查看电路图发现这3个部件在PDM里面共用一个供电的保险丝，判断是PDM内部保险丝损坏。

将PDM锯开，发现控制这3个部件的保险丝已熔断（如图6-1-5所示），就想订个PDM直接更换，但仔细想想，好好的保险丝怎么会爆了？于是将问题放在机油油位传感器、油压调节阀和曲轴箱冷却结止阀上。

将PDM上坏的7.5A保险丝拆下来并更换成好的，然后一个个拔插头删故障码测试，发现将曲轴箱冷却结止阀上的插头拔下时，另外两个部件的故障码就可以删除了，确定是曲轴箱冷却结止阀内部短路导致的。因为该部件和热管理模块集成在一起无法单独订购，故需要换整个热管理模块。

车辆第一次进店时就有

该故障，不过也没有留意当时故障是否存在，我们怀疑删除故障码后该部件又可以正常运行，然后将PDM内部的保险丝烧断才出现的问题。第一次进店的故障码很重要，不能忽视。

最后换完热管理模块和PDM后问题解决。客户没有将换下来的热管理模块带走，我们将它锯开后发现内部进水，导致里面的电脑版短路，如图6-1-6所示。

图6-1-6

六、宝马G05刷隐藏导致的百叶窗故障

车型：宝马G05。

故障现象：前部事故更换上部和下部百叶窗后出现发动机故障灯报警。

故障诊断：用诊断仪检测有故障码138207，应为上部百叶窗在暖风时卡住故障，拆检前杠发现客户有改装中网和前杠下部进风口的行为。检查发现前部中网干涉上部百叶窗的打开和关闭，重新调整了中网，并再次试车，故障灯再次亮起，还是上部百叶窗卡住故障。根据措施编程后，多次试车故障排除。车辆交车两天后客户反馈故障灯再次亮起，随后进店再次检查。拆检前杠并检查上部和下部百叶窗无干涉卡滞现象，测量百叶窗Lin线波形无异常，如图6-1-7所示。

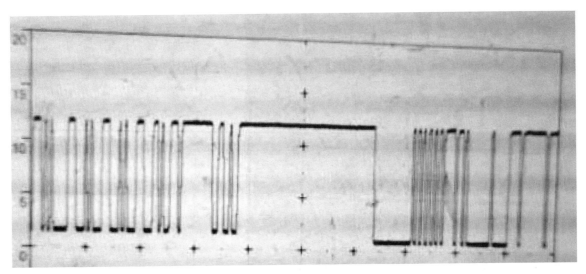

图6-1-7

事故车经常更换百叶窗还从来没有反复出现过这种故障，从试驾车拆下百叶窗并与故障车辆对调后（如图6-1-8所示），故障依旧。

图6-1-8

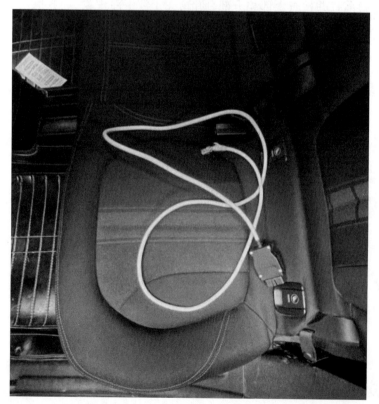

图6-1-9

在检查车辆时无意间发现车辆后座上有一个黄色的OBD诊断线（如图6-1-9所示），是不是客户提车后在外边刷过隐藏功能？

经确认客户提车后在外边刷过隐藏功能。再次对车辆编程，并反复多次试车，故障排除。这个故障的主要原因还是车辆编程后又再外边刷过隐藏功能，导致百叶窗偶发性故障，我们在不知情的情况下反复拆装检查，浪费了大量人力物力，对于有改装加装的车辆一定要多和客户沟通，避免重复维修。

七、宝马G05发动机涡轮增压器损坏

车型：宝马G05 B58。

故障现象：发动机涡轮增压器损坏。

故障诊断：该车因在高速上突然无法提速拖车回店。ISTA检查测试有102002空气质量过低，102002混合气调教汽油混合气过浓等故障码。查记录发现该车保养正常且刚更换机油、空气滤清器、空调滤清器、火花塞。试车发现车辆无法提速，油门踩到底发动机转速最高只到2500r/min。因刚做完保养后出现问题，怀疑在维修过程中是否有东西遗漏在进气系统内。拆下空气滤清器后启动车辆发现系统进气吸力很小，几乎感受不到。对发动机进行烟雾测试，进排气系统未发现漏气，目测进排气系统也未见任何异常，也无渗油情况。拆检涡轮进气管，检查是否有遗漏异物时发现管内有大量的机油流出，如图6-1-10所示。怀疑增压器内部泄漏导致机油淹没管路，从而进气不畅，增压器无法运行。与客户沟通，客户表示在出现问题前用车也未见排气管异常冒烟情况。更新技术案例后技术部老师建议更换涡轮增压器。更换后试车50km未见异常，正常交车，回访客户用车正常。

图6-1-10

第二节　宝马G70经典实例

2024年宝马735Li车辆传动系统报警，行驶中变速器跳到空挡且无法启动

车型：2024款第7代宝马G70 735Li，搭载第3代B58L发动机及采埃孚第4代型号8HP60MH型的48V轻混变速器。

故障现象：客户反映车辆传动系统报警，行驶中变速器跳到空挡且无法启动，如图6-2-1所示。

故障诊断：车辆出现故障后客户联系救援拖车进厂，维修人员检查发现车辆又可以启动了，只是仪表仍有报警信息。接下来，维修人员首先连接了诊断仪对车辆进行全面诊断，发现车辆的控制单元内存在大量的故障码记录，其关键的故障码列表如表6-2-1所示。

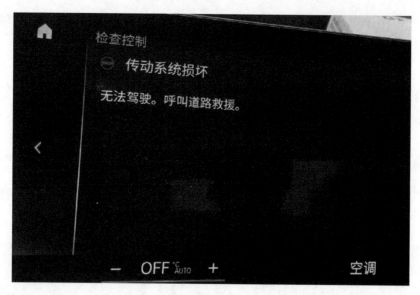

图6-2-1

表6-2-1

ECU	代码	描述	里程km	目前是否存在	故障组
BCP_SP21	0x030E06	电源管理：减少或关闭个别用电设备	2171.5	12：当前不存在故障	信息条目
BCP_SP21	0x030E07	电源管理：减少或关闭个别用电设备	2171.5	12：当前不存在故障	信息条目
BCP_SP21	0x030E0A	电源管理：交流发电机或DC/DC转换器故障	2170.5	12：当前不存在故障	电气/合理性故障
BCP_SP21	0x030E0B	电源管理：中止紧急充电	2177.8	12：当前不存在故障	电气/合理性故障
BCP_SP21	0x804233	发动机启动功能不可用	2170.5	12：当前不存在故障	运行状况
BCP_SP21	0x80432E	手套箱解锁功能不可用	2177.8	12：当前不存在故障	运行状况
BCP_SP21	0x80437F	行李箱遥控接收器（FBD5s_RM）：编程缺陷	2170.5	12：当前不存在故障	控制单元故障
BCP_SP21	0xCD1402	无信息（驾驶员侧车门把手按钮状态，0x2），接收器BCP，发射器TSGFA	2170.5	12：当前不存在故障	信息/信号故障
BCP_SP21	0xCD1407	无信息（驾驶员侧后部车门把手按钮状态，0x4），接收器BCP，发射器TSGFAH	2170.5	12：当前不存在故障	信息/信号故障
BCP_SP21	0xCD1408	无信息（乘客侧后部车门把手按钮状态，0x5），接收器BCP，发射器TSGBFH	2170.5	12：当前不存在故障	信息/信号故障
BCP_SP21	0xCD1409	无信息（乘客侧车门把手按钮状态，0x3），接收器BCP，发射器TSGBF	2170.5	12：当前不存在故障	信息/信号故障
BFS_I20	0x802C03	前排乘客座椅调节功能可用性受限	2170.5	77：上次测试周期的状态：存在故障	运行状况
BFS_I20	0xE4AD20	信号（-0x209）无效，发送器BCP/TSGBF	2170.5	8：当前不存在故障	信息/信号故障
BFS_I20	0xE4AD21	信号（操作、前排乘客车门、附加座椅功能、0x2C7）无效，发射器BCP/TSGBF	2170.5	77：上次测试周期的状态：存在故障	信息/信号故障
DME9FF_R	0x224F89	功能：加速行为在有限范围内可用	2177.8	40：当前不存在故障	运行状况
DME9FF_R	0x224F8A	功能：加速行为不可用	2177.8	40：当前不存在故障	运行状况
DME9FF_R	0x224F8F	功能：需要尽快采取修复措施	2173.9	40：当前不存在故障	运行状况
DME9FF_R	0x224F90	功能：紧急需要修复措施	2177.0	40：当前不存在故障	运行状况
FAS_I20	0x802A03	驾驶员座椅调节功能受限	2170.5	76：上次测试周期的状态：无故障	运行状况
FAS_I20	0xE46D10	信号（-0x208）无效，发送器SMFA/SMFAH/SMBF/SMBFH	2170.5	8：当前不存在故障	信息/信号故障
GSZF04GD	0x224F9F	功能：限制驱动位置选择的可用性	2177.5	12：当前不存在故障	运行状况

ECU	代码	描述	里程km	目前是否存在	故障组
GSZF04GD	0x421830	动力分流泵（LVP）：热运行1，部分性能下降	2177.5	72：上次测试周期的状态是无故障	信息条目
GSZF04GD	0x421897	动力分流泵（LVP）：EGS检测到通信故障导致的持续故障	2177.8	72：上次测试周期的状态是无故障	电气/合理性故障
GSZF04GD	0x42189E	系统功能：电力电子元件保护	2177.8	12：当前不存在故障	电气/合理性故障
IB_G70	0x480A1D	电动机械驻车制动器功能不可用	2170.5	104：上次测试周期的状态是未知	运行状况
IB_G70	0x480B57	电动机械式驻车制动器：由于远程软件升级，电动机械式驻车制动器释放受限	2170.5	40：当前不存在故障	信息条目
KOMBSP21	0xE12D00	信号（−0x1E0）无效，发送器VIP	2184.2	12：当前不存在故障	信息/信号故障
LEZF04VC	0x03DAC2	EME48，电机定子，部件保护：过热	2177.0	8：当前不存在故障	电气/合理性故障
LEZF04VC	0xBA0A97	EME48，电机定子，安全功能：过热（请求降低速度）	2177.0	8：当前不存在故障	电气/合理性故障
LEZF04VC	0xBA0A98	EME48，电机定子，安全功能：过热（停机）	2177.8	8：当前不存在故障	电气/合理性故障
UCAP_10	0xCA961F	消息（信息娱乐、视频、提供商、车辆型号、提供商）丢失，接收器UCAP，发射器HU	2170.5	8：当前不存在故障	信息/信号故障
UCAP_10	0xCA962A	信号（信息娱乐、车辆）无效，发射器BCP	2170.5	77：上次测试周期的状态是存在故障	信息/信号故障
VIP_I20	0x03064D	驾驶动态控制：全局电源管理、受限基本电气系统	2170.5	44：当前不存在故障	电气/合理性故障
VIP_I20	0xD76827	信号（主体，0x3E6）无效，发送器BCP	2177.8	44：当前不存在故障	信息/信号故障

备注1.模块名称BCP车辆网关；DME发动机控制单元；BFS/FAS座椅控制单元；GSZF变速器控制单元；IB集成制动控制单元；LEZF电机控制单元，集成在变速器内；KOMB仪表模块；VIP底盘集成控制单元且与IB共用硬件。

备注2.故障码列表以模块名称的字母排序。

备注3.故障码里程为该故障码最后一次出现的里程

根据以上故障码列表，结合变速器跳空挡的表现，维修人员认为车辆变速器方面是本次传动系统故障及行驶跳空挡的根源，由此笔者也介入该车辆的故障排查过程中。

表6-2-2

代码	描述	行驶里程
00029	您可以继续驾驶。动力传动系统	2173.9
00049	您可以继续驾驶。动力传动系统	2173.1
00170	呼叫道路救援。传动系统故障	2177.8
00203	变速器处于空挡	2177.5
00213	小心停车。电源	2170.5
00568	小心停车。传动系统	2177.5
00585	小心驾驶。传动系统故障	2177.8
00726	驻车制动器	2170.5
00987	诊断模式激活	2184.2

故障分析：根据维修人员的介绍，首先调取了该车仪表的报警信息，如表6-2-2所示。笔者发现车辆主要存在三个方面的问题：①传动系统故障，报警后跳空挡；②电源系统故障报警；③驻车系统故障报警。那么这些报警有无相关关联？是否都是由变速器的问题导致的？这是接下来需要重点进行验证的问题。

首先，从报警信息的里程来看，笔者做了一个前后顺序梳理，我们可以看到车辆首先出现的是电源及驻车制动故障，然后才是行驶后的传动系统故障。那么是否可能是车辆的电源系统或驻车系统导致的变速器问题？接下来就需要对大量的故障码进行排序。对于汽车诊断来讲，每个故障码的时间/里程，都是相互对应的关系，而调取故障码时需要读取每个故障码的冻结故障数据帧，这种方法比较麻烦。而简单的方法则是通过故障码的里程排序，如果里程相同，我们再调取相同里程故障码的时间帧，这样即可确认故障码的先后顺序。因此笔者将之前车辆所有关键故障码进行了里程上的排序，得到故障发生顺序如表6-2-3所示。

表6-2-3

ECU	代码	描述	里程km
BCP	030E0A	电源管理：交流发电机或 DC/DC 转换器故障	2170.5
BCP	804233	发动机启动功能不可用	2170.5
BCP	80437F	行李箱遥控接收器（FBD5s_RM）：编程缺陷	2170.5
BCP	CD1402	无信息（驾驶员侧门把手按钮状态）接收器 BCP，发射器 TSGFA	2170.5
BCP	CD1407	无信息（驾驶员侧后部门把手状态）接收器 BCP，发射器 TSGFAH	2170.5
BFS	802C03	前排乘客座椅调节功能可用性受限	2170.5
BFS	E4AD21	信号（操作前排乘客车门附加座椅功能）无效，发射器 BCP/TSGBF	2170.5
FAS	802A03	驾驶员座椅调节功能受限	2170.5
IB	480B57	电动驻车制动器由于远程升级，电动机械式驻车制动器释放受限	2170.5
VIP	03064D	驾驶动态控制：全局电源管理、受限基本电气系统	2170.5
BCP	030E06	电源管理：减少或关闭个别用电设备	2171.5
BCP	030E07	电源管理：减少或关闭个别用电设备	2171.5
DME	224F8F	功能：需要尽快采取修复措施	2173.9
DME	224F90	功能：紧急需要修复措施	2177.0
EME48	03DAC2	EME48，电机，定子，部件保护：过热	2177.0
EME48	BA0A97	EME48，电机，定子，安全功能：过热（请求降低速度）	2177.0
GSZF04	224F9F	功能：限制驱动位置选择的可用性	2177.5
GSZF04	421830	动力分流泵(LVP)：热运行 1，部分性能下降	2177.5
BCP	030E0B	电源管理：中止紧急充电	2177.8
DME	224F89	功能：加速行为在有限范围内可用	2177.8
DME	224F8A	功能：加速行为不可用	2177.8
GSZF04	421897	动力分流泵（LVP）：EGS 检测到通信故障导致的持续故障	2177.8
GSZF04	42189E	系统功能：电力电子元件保护	2177.8
EME48	BA0A98	EME48，电机，定子，安全功能：过热（停机）	2177.8
VIP	D76827	信号（主体，0x3E6）无效，发送器 BCP	2177.8

笔者对故障码简单梳理后，可以明显看到车辆发生的故障顺序如下：车辆电源系统先出现了问题，然后车身电器系统报警，接下来行驶之后变速器中的电机定子、电动油泵开始报警。因此笔者判断车辆的主要根源并非是变速器，而是要对车辆电源系统做进一步详细的分析判断。需要一一调取车辆电源、变速器的故障码数据冻结帧的细节信息。车身网关BCP电源管理故障码030E0A，冻结数据帧消息如表6-2-4所示。

表6-2-4

里程数	2170.512km
出现时间	24，601，411.530s
系统电压	12.143V
能量可用性	0%
48V充电状态	80%
DC/DC转换器状态	2

根据网关的时间信息再结合报文数据，具体时间为2024年5月30日15：14：41.530s，DC/DC转换器状态2为未工作状态。而车身网关BCP中故障码030E07发生里程在2171.5km，明显代表因系统亏电而减少或关闭个别用电设备，其冻结数据帧显示系统电压如表6-2-5所示。

查询变速器电机控制单元EME48中定子过热故障码03DAC2，数据冻结帧消息如表6-2-6所示。

变速器控制单元GSZF04中电动油泵LVP故障码421830，数据冻结帧消息如表6-2-7所示。

表6-2-5

里程数	2171.477km
出现时间	24，601，706.620s
系统电压	11.794V

表6-2-6

里程数	2173.093km
出现时间	24，602，019.810s
系统电压	11.446V

表6-2-7

里程数	2177.531km
出现时间	24，602，569.840s
系统电压	11.092V

笔者发现该故障码英文为421830-Power split pump（PSP）: reduced power due to vehicle voltage，直译汉语意思为由于车辆电源电压问题导致电动油泵（PSP）功率降低。所有故障码的系统电压存在不足的现象，并且有随着时间及里程逐渐下降的趋势。显然在此案例中，发电机似乎没有发电或者DC/DC转换器并没有把发电机电源转换给12V蓄电池充电。接下来检查蓄电池性能，由于宝马的维修流程规定车辆进店诊断必须连接外界12V电源给车辆供电，所以12V蓄电池经过充电后其电压也达到了12.59V，但是测试结果仍证实了蓄电池存在亏电迹象："良好—需充电"，该车蓄电池性能测试如图6-2-2所示。

接下来笔者在与首次接触该车的维修人员沟通后得知，在拖车进厂时，蓄电池明显亏电，后来因为需要诊断，所以按要求跨接了外接电源，蓄电池电压才慢慢充了上来，可以确认蓄电池进厂时存在严重的亏电迹象。结合该车的诊断故障码列表，判定车辆的DC/DC转换器出现问题首先报警，因此深度怀疑DC/DC转换器存在异常，但是DC/DC为何失效这是需要深入研究的问题。车辆在DC/DC转换器报错时又发生了什么？

此外还发现，故障码中并非DC/DC转换器出现问题，而是电动驻车功能不可用。查询制动控制单元IB的故障码含义：电动驻车制动器由于远程升级，电动机械式驻车制动器释放受限，这个故障码的意思是车辆正好处于远程升级OTA期间（远程升级功能宝马称为RSU）。这些问题及故障码会不会代表车辆在OTA期间，驾驶员的错误操作导致车辆进入故障模式从而引起了一系列的故障？笔者建议维修人员与驾驶员仔细地沟通了解其车辆的使用过程。在维修人员与驾驶员进行详细的问诊后，也证实了笔者的猜测：

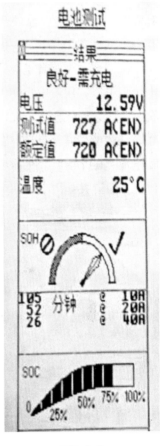

图6-2-2

①驾驶员在14：50点击的车机上的软件升级选项，然后锁车外出办事。

②大概15min回来，打开车门后仪表显示升级进度为63%，驾驶员想退出升级，却没有发现退出选项。

③由于车辆是关门状态，车内比较闷，驾驶员想打开电源、车窗，结果都无法使用，甚至刚开始都打不开车门，过了几分钟后才能打开。

④大概又过了10min左右，显示很多报警信息，当时车辆还能启动行驶，于是就开往经销商处，在行驶过程中就出现了跳空挡，无法启动以及更多的报警。

显然，这辆车的实际问题并非车辆自身，而是因为驾驶员在车辆OTA升级期间，错误的操作了车辆的电气开关，如点火按钮、玻璃升降器、电动座椅、电动门锁等部件。笔者认为可能有两种根源：①驾驶员在错误的时间操作了车辆的某些电气开关，这可能会影响到该模块的软件升级（猜测未网关BCP）；②因静止升级状态时操作电气，系统电源电压会有较大的波动，这可能会导致DC/DC电源转换器误认为有问题从而退出工作；而BCP的软件问题同样还会导致DC/DC转换器退出工作状态。一旦DC/DC转换器退出工作，那就意味着车辆的12V电源电量没有48V电源的补能，当车辆继续行驶时就会把12V电源耗干；最后变速器也会因低电压而跳空挡，且无法再次启动。当车辆被拖进厂后，没有着车，使用大功率电器，蓄电池性能会慢慢恢复一些，车辆可以短暂启动行驶。因此，笔者建议维修人员重新编程车辆到最新的版本，删除所有故障码，测试车辆功能。

维修人员根据建议实施了编程删码，再次测试车辆没有出现任何异常的情况。车辆交付给客户，并叮嘱客户在车辆OTA软件升级过程中，需参考升级说明要求，切勿退出升级或切换点火、使用操作车辆的相关电气设备。

由于该车型装备了48V系统，其电源控制与普通车型有明显区别，下面做一些简要的解释。由于48V电机也可以实现发电功能，因此发动机方面也取消了发电机；而电机有启动功能，因而12V的小启动机仅在故障应急模式使用，12V蓄电池可驱动实现启动；也就是说车辆没有传统常规的发电机，其车辆常规电气系统的电量完全来自48V电机；电源系统由48V电机（变速器内）、48V电机控制单元（EME48）、48V蓄电池（BAT48）、PCU48控制单元（也就是DC/DC转换器）、48V配电盒、12V蓄电池等部件组成，其部件位置及连接如图6-2-3和6-2-4所示。

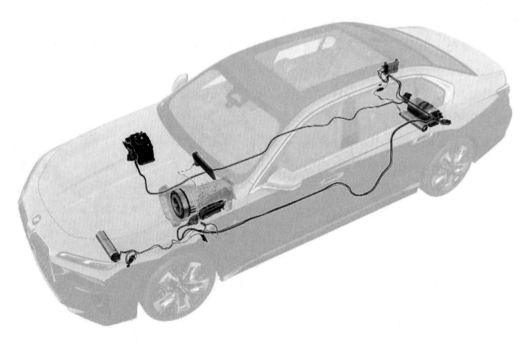

图6-2-3

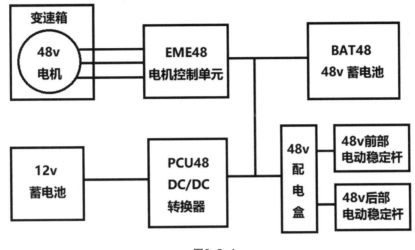

G70 MHEV 电能转换连接关系图

图6-2-4

故障总结：车辆的问题已经处理完毕，对于本则案例，可以看到以下几个关键点：

第一，问诊。现代汽车不同于以往车辆，每个系统都有密切的关联影响。如果在本案例的初始阶段，维修人员能仔细与客户沟通事情的前后细节，应该能很容易推测出车辆的故障表现与OTA升级直接相关。所以问诊是我们分析车辆问题、找到故障根源非常重要的前提条件。

第二，要有对故障码的分析能力。本案例中由于系统电压过低，无数控制单元都产生了大量的故障码。维修人员在面对海量的故障记录，又该如何下手分析？从本则案例来看时间顺序分析法非常有效：首先应该根据故障码发生的时间、里程等信息，整理出故障表现的先后顺序；然后再抽丝剥茧，根据先后顺序合理进行分析判断即可。

第三，掌握系统原理也是分析问题必不可少的因素。本案例中作为搭载48V电源系统的全新车型，需要我们维修人员熟知并掌握其电源管理。只有准确地掌握了系统的原理，才能有的放矢合理分析判断。

第三节　宝马G68经典实例

宝马G68全车扬声器音量小

车型：宝马G68。

年款：2024年。

发动机：B48TU。

行驶里程：2420km。

故障现象：

客户反映车辆音量开最大，但扬声器声音很小。

故障诊断：

（1）试车确认故障当前存在。

（2）车辆连接ISTA存在以下故障，如图6-3-1所示。

MRR_30	MRR-30-MRR	0x7E01A9 FRS：部分丧失识别能力	3866.4	否	信息条目
RAM01	RAM-01-RAM	0x031D24 扬声器输出导线，左后：对地短路	4764.0	未知	电气/可信度故障
RAM01	RAM-01-RAM	0x031D96 扬声器输出导线，左前：DC 偏差	5049.0	未知	电气/可信度故障
RAM01	RAM-01-RAM	0x031D97 右前侧扬声器输出线：DC 偏差	5049.0	未知	电气/可信度故障
RAM01	RAM-01-RAM	0x031D9D 扬声器输出导线，左后：DC 偏差	5049.0	未知	电气/可信度故障
RAM01	RAM-01-RAM	0x031D9E 扬声器输出导线，右后：DC 偏差	5049.0	未知	电气/可信度故障
RAM01	RAM-01-RAM	0xB7F493 RAM：功率放大器硬件损坏	5088.0	未知	控制单元故障

图6-3-1

（3）查询厂家维修通报，无相关PUMA措施。

（4）此车为新车，看到此故障怀疑客户对车辆音响系统做了改装，询问客户得知没有加装/改装过。

（5）根据故障码信息发现左后扬声器对地短路，而其他故障码都是信号偏差，本着由简到繁的原则，首先对左后扬声器进行测量，如图6-3-2所示。

故障数据

对于检测的功能或组件存储有如下故障数据：

31D24 扬声器输出导线，左后：对地短路

31D96 扬声器输出导线，左前：DC 偏差

31D97 右前侧扬声器输出线：DC 偏差

31D9B 右侧低音喇叭扬声器输出线：DC 偏差

31D9D 扬声器输出导线，左后：DC 偏差

31D9E 扬声器输出导线，右后：DC 偏差

B7F493 RAM：功率放大器硬件损坏

图6-3-2

（6）查看相关电路图测量，对左后门扬声器B85×1B的1、2号针脚的供电进行测量（如图6-3-3所示），测量电压为0V。

（7）断开B85×1B的1、2号针脚测量导通性，不存在互短现象；分别测量对地导通性，也不存在互短现象。

（8）测量左后扬声器电阻为3.8Ω，确定为正常。

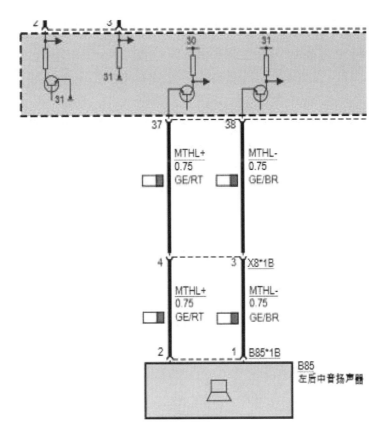

图6-3-3

（9）通过电路图发现扬声器是由RAM直接控制的，从RAM侧测量左后扬声器的供电，测量电压依然为0V，确认RAM无输出，从而判断RAM损坏，如图6-3-4所示。

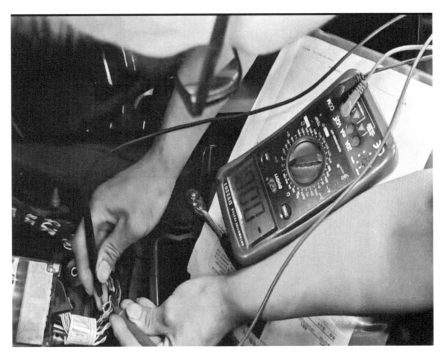

图6-3-4

故障排除：更换车辆RAM并重新编程。